西南交通大学年鉴

（2019）

《西南交通大学年鉴》编辑委员会　编

西南交通大学出版社

·成都·

图书在版编目（C I P）数据

西南交通大学年鉴. 2019 /《西南交通大学年鉴》编辑委员会编. —成都：西南交通大学出版社，2020.11
ISBN 978-7-5643-7847-9

Ⅰ. ①西… Ⅱ. ①西… Ⅲ. ①西南交通大学 – 2019 – 年鉴 Ⅳ. ①G649.287.11-54

中国版本图书馆 CIP 数据核字（2020）第 239706 号

Xinan Jiaotong Daxue Nianjian (2019)

西南交通大学年鉴

（2019）

《西南交通大学年鉴》编辑委员会　编

责任编辑　居碧娟
封面设计　曹天擎

出版发行　西南交通大学出版社
（四川省成都市金牛区二环路北一段 111 号
西南交通大学创新大厦 21 楼）
邮政编码　610031
发行部电话　028-87600564　028-87600533
官网　http: //www.xnjdcbs.com
印刷　成都勤德印务有限公司

成品尺寸　210 mm × 285 mm
印张　29.25
字数　824 千
版次　2020 年 11 月第 1 版
印次　2020 年 11 月第 1 次
定价　198.00 元
书号　ISBN 978-7-5643-7847-9

《西南交通大学年鉴》编辑委员会

目　录

一、西南交通大学概况

西南交通大学是教育部直属全国重点大学，国家首批“双一流”“211 工程”“特色 985 工程”“2011 协同创新计划”重点建设并设有研究生院的研究型大学，坐落于中国历史文化名城、国家中心城市——成都。

学校创建于 1896 年，前身为山海关北洋铁路官学堂（Imperial Chinese Railway College），是中国第一所工程教育高等学府，是中国土木工程、矿冶工程、交通工程高等教育的发祥地，同时也是“交通大学”最早两大源头之一。学校以“唐山交大”“唐院”之名享誉中外，素有“东方康奈尔”之美誉，毛泽东主席为学校题写校名。建校以来，学校先后定名交通大学唐山工（程）学院、国立交通大学贵州分校、中国交通大学、北方交通大学、唐山铁道学院等。学校先后经历了两次院系调整，一大批在全国卓有声誉的系组调整支援清华大学、天津大学等兄弟院校。1964 年学校积极响应党中央建设“大三线”的号召内迁四川，1972 年更名西南交通大学，1989 年学校办学主体迁至成都，2002 年在成都犀浦扩建新校区。现有九里、犀浦、峨眉三个校区，占地 300 多公顷，犀浦校区为主校区。

在 123 年的办学历程中，学校始终坚守大学使命、服务国家战略需求，始终与中华民族同呼吸、共命运，见证和参与了中华民族百折不挠、不断奋进的光辉历史，形成了“竢实扬华、自强不息”的交大精神，“严谨治学、严格要求”的办学传统和“精勤求学、敦笃励志、果毅力行、忠恕任事”的校训，培养和造就了以茅以升、竺可桢、林同炎、黄万里等为代表的 30 余万栋梁英才，师生中产生了 3 位“两弹一星”元勋、61 位海内外院士和 24 位国家工程勘察设计大师，改革开放以来轨道交通领域产生的院士几乎全部出自我校。邓小平同志给予学校高度评价：“这所学校出了不少人才”。

学校以工见长，设有 26 个学院（书院、中心），拥有交通运输工程、机械工程 2 个一级学科国家重点学科，车辆工程、桥梁与隧道工程等 10 个二级学科国家重点学科，18 个一级学科博士学位授权点，3 个博士专业学位授权类别，40 个一级学科硕士学位授权点，11 个博士后科研流动站。交通运输工程学科位居全国第一（A+）并进入国家“双一流”建设序列，土木工程学科位居全国第七（A-），材料科学、工程学、计算机科学进入 ESI 世界排名前 1%。

学校建有轨道交通国家实验室（筹）、牵引动力国家重点实验室等 13 个国家级科技创新平台和 36 个省部级科研基地，构建起世界轨道交通领域最完备的学科体系、人才体系和科研体系。学校围绕高速铁路、重载铁路、磁浮交通，新型城轨、真空管道超高速等领域大力开展基础研究与原始创新，构建了以世界公认的“沈氏理论”和“翟孙模型”为标志的铁路大系统动力学基础研究体系，科技成果四次入选“中国高校十大科技进展”。在轨道交通领域获得的国家科技奖励总数位居全国高校、科研院所和行业企业第一，为国家经济建设和社会发展，尤其是中国轨道交通事业发展做出了不可磨灭的贡献。此外，学校还在国防科技、智能制造、生物医药、大数据以及物理科学、人文社科等领域取得了许多重要成果。

学校大力实施人才强校主战略，现有专任教师 2448 人，其中，中国科学院院士 10 人（含 8 名双聘院士）、中国工程院院士 17 人（含 15 名双聘院士），国家人才计划入选者 29 人、重点领域创新团队 3 个，“长江学者奖励计划”入选者

23 人，国家杰出青年科学基金获得者 20 人；国家人才计划青年项目入选者 13 人、国家优秀青年科学基金获得者 8 人；国家自然基金委创新群体 1 个，教育部创新团队 6 个，国家级教学团队 8 个、国家级教学名师 5 人。此外，还聘请了近 50 位中国科学院、工程院院士及诺贝尔奖获得者担任兼职（名誉）教授。

学校致力培养德智体美劳全面发展的社会主义建设者和接班人，现有全日制本科生 29 025 人、硕士研究生 10 489 人、博士研究生 2364 人、留学生 900 人。有国家级特色专业 12 个、专业综合改革试点项目 4 个、卓越工程师教育培养计划专业 17 个、通过工程教育认证专业 16 个；承担国家教育体制改革试点项目 4 项；获国家级教学成果奖 29 项，其中特等奖 1 项、一等奖 6 项。有国家级精品课程 36 门，国家级精品资源共享课 24 门，国家级精品视频公开课 8 门，国家级精品在线开放课程 23 门，省级精品在线开放课程 73 门，国家级双语示范课程 3 门。毕业生就业率连续 30 年保持在 95%以上，位居全国高校前列。

学校坚持国际化办学，同 59 个国家和地区的 211 所高校及科研机构建立了合作关系，与英国利兹大学合作成立“西南交大-利兹学院”，“2+2”“本硕 4+1”“中法 4+4”等留学、游学、访学项目涵盖全部年级；作为中国政府指定高校，援建印度铁道大学。有 3 个国家外专创新引智基地（“111 计划”）。办有 3 个国际学术期刊。

学校设有国家级大学科技园、国家级科技企业孵化器、国家技术转移中心以及产业研究院，建立了“科技—孵化—产业”全链条成果转化模式，在全国率先探索“职务科技成果权属混合所有制”改革，被誉为科技领域的“小岗村实验”。

竢实扬华，交通天下。西南交通大学高举中国特色社会主义伟大旗帜，以习近平新时代中国特色社会主义思想为指引，主动对接“一带一路”倡议、“交通强国”“教育强国”等国家战略需求，全面深化改革，全面依法治校，深入推进“双一流”加快建设、特色建设、高质量建设，为实现中华民族伟大复兴中国梦矢志奋斗！

二、学校领导

党委常委： 王顺洪　徐　飞（—2019.07）　桂富强　张学龙　沈火明
朱健梅　蒲　云　冯晓云　姚发明　何　川

党委书记： 王顺洪

校　　长： 徐　飞（—2019.07）　杨　丹（2019.07—）

党委副书记： 徐　飞（—2019.07）　桂富强　张学龙　沈火明（2019.12—）

纪委书记： 张学龙

副 校 长： 朱健梅　蒲　云　冯晓云　姚发明　周仲荣　何　川

校长助理： 王晓茹　应松宝

三、机构与队伍

（一）党群机构设置

党政办公室

纪律检查委员会办公室（党委巡察工作办公室）

党委组织部（党校、人才工作办公室）

党委宣传部（新闻中心）

党委统战部（社会主义学院）

党委教师工作部

党委学生工作部

党委老干部部

党委人民武装部（党委保卫部）

峨眉校区党工委

校工会

校团委

（二）党的基层组织设置

土木工程学院党委

机械工程学院党委

电气工程学院党委

信息科学与技术学院党委

交通运输与物流学院党委

经济管理学院党委

马克思主义学院党委

人文学院党委

材料科学与工程学院党委

物理科学与技术学院党委

外国语学院党委

建筑与设计学院党委

生命科学与工程学院党委

力学与工程学院党委

数学学院党委

地球科学与环境工程学院党委

公共管理与政法学院党委

牵引动力国家重点实验室党委

机关党委

后勤与基建管理处党委

成都西南交通大学产业（集团）有限公司党委

离退休工作处党委

竺可桢书院党总支

茅以升学院党总支

附属中学党总支

图书馆党总支

远程与继续教育学院党总支

医学院直属党支部

利兹学院直属党支部

心理研究与咨询中心直属党支部

体育部直属党支部

国际教育学院直属党支部

子弟小学直属党支部

工程训练中心直属党支部

唐山研究生院（研究院）直属党支部

成都西南交大出版社有限公司直属党支部

（三）行政机构设置

战略与学科处

教务处

研究生院

学生工作处

招生就业处

科学技术发展研究院（川藏铁路工作办公室）

文科建设处

人事处

教师发展中心

计划财务处（采购与招标管理办公室）

资产与实验室管理处（分析测试中心）

对外合作与联络处

国际合作与交流处（港澳台事务办公室、国际教育学院）

后勤与基建管理处

信息化与网络管理处

审计处

监察处

保卫处

离退休工作处

产业处（国家大学科技园管理办公室）

峨眉校区管委会

（四）教学科研机构设置

- 土木工程学院
  - 道路与铁道工程系
  - 桥梁工程系
  - 地下工程系
  - 岩土工程系
  - 建筑工程系
- 机械工程学院
  - 机电测控系
  - 制造工程系
  - 热能与动力工程系
  - 机车车辆系
  - 建筑环境与设备工程系
  - 工程机械系
  - 交通设备与控制工程系
  - 摩擦学研究所
- 电气工程学院
  - 电力工程系
  - 电力电子与电力传动系
  - 电工电子系
  - 电子信息工程系
  - 城轨电气系
- 信息科学与技术学院
  - 计算机科学与技术系
  - 软件工程系
  - 通信工程系
  - 自动化系
  - 电子工程系
  - 铁道信息工程系
- 经济管理学院
  - 会计学系
  - 工程管理系
  - 金融与财务学系
  - 产业与区域经济学系
  - 管理信息系统与电子商务系
  - 市场学系
  - 组织与战略管理系
  - 运营管理系
  - 理论经济学系
  - 财会系
- 外国语学院
  - 英语系
  - 日语系
  - 德语系
  - 法俄系
  - 国际汉语系
  - 翻译系
  - 工程英语系
  - 商务英语系
- 交通运输与物流学院
  - 交通运输系
  - 交通工程系
  - 安全工程系
  - 物流工程系
  - 物流管理系
- 材料科学与工程学院
  - 生物医学工程系
  - 金属材料工程系
  - 材料加工系
  - 高分子材料系
- 地球科学与环境工程学院
  - 地质工程系
  - 测绘遥感信息系
  - 环境科学与工程系
  - 消防工程系
- 建筑与设计学院
  - 建筑系
  - 城乡规划系
  - 风景园林系
  - 艺术设计系
  - 工业设计系
  - 美术学系
- 物理科学与技术学院
  - 电子信息科学与技术系
  - 应用物理系
  - 物理系
- 人文学院
  - 中文系
  - 传播学系
  - 音乐系
  - 哲学与历史研究所
- 公共管理与政法学院
  - 公共管理系
  - 政治学系
  - 法学系
- 生命科学与工程学院
  - 化学化工系
  - 生物工程系
  - 药学系
- 力学与工程学院
  - 工程力学系
  - 飞行器设计与工程系
- 数学学院
  - 数学系
  - 信息与计算科学系
  - 统计系
- 马克思主义学院
  - 思想政治教育系
- 心理研究与咨询中心
  - 心理教育系
- 医学院
- 牵引动力国家重点实验室
- 利兹学院
- 茅以升学院
- 竺可桢书院
- 工程训练中心
- 体育工作部
- 轨道交通国家实验室（筹）
- 轨道交通电气化与自动化工程技术研究中心
- 超导与新能源研究开发中心
- 智能控制与仿真工程研究中心
- 信息化研究院
- 陆地交通地质灾害防治技术工程国家实验室
- 网络空间安全研究院
- 国家老龄科学研究院
- 唐山研究生院
- 深圳研究生院
- 青岛研究生院
- 智能检测研究院
- 人工智能研究院

（五）直属业务机构设置

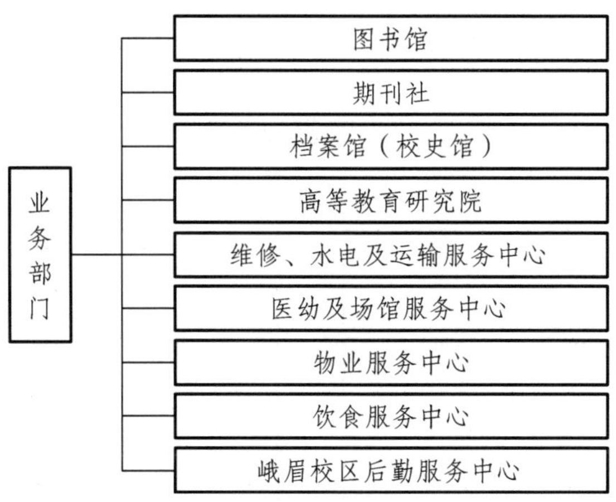

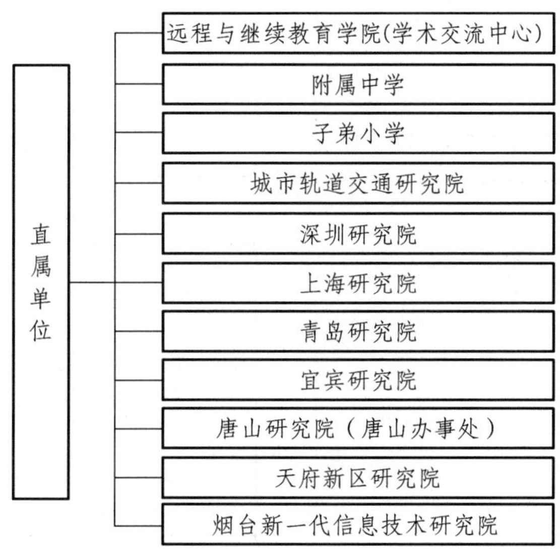

业务部门
图书馆
期刊社
档案馆（校史馆）
高等教育研究院
维修、水电及运输服务中心
医幼及场馆服务中心
物业服务中心
饮食服务中心
峨眉校区后勤服务中心

直属单位
远程与继续教育学院(学术交流中心)
附属中学
子弟小学
城市轨道交通研究院
深圳研究院
上海研究院
青岛研究院
宜宾研究院
唐山研究院（唐山办事处）
天府新区研究院
烟台新一代信息技术研究院

（六）中层领导干部名单

（截至 2019 年 12 月 31 日）

1. 党群部门

党政办公室

职　务	姓　名
主任兼 保密委员会办公室主任	靳能法
副主任	王　斌
副主任	贾兆帅
副主任	陈诗伟
副主任	孟新智（2019.07—）
副主任（兼）	孟新智（—2019.07）
副主任兼依法治校办公室主任	张则强（2019.09—）

党委组织部（党校、人才工作办公室）

职　务	姓　名
部长兼党校校长、 人才工作办公室主任	韩旭东
副部长兼党校副校长	陈青山
副部长兼党校副校长	沈　哲
人才工作办公室副主任	吴　坚
人才工作办公室副主任	雷国胜（—2019.09）
党校副校长兼人才工作办公室副主任	张长玲（2019.10—）
副部长（兼）	张江泉

纪律检查委员会办公室
（党委巡察工作办公室）

职　务	姓　名
纪委书记	张学龙
纪委副书记 兼监察处处长	吴晓雄（—2019.06）
纪委副书记 兼巡察办主任	李　立
纪委副书记 兼纪委办主任	李　琦
纪委办公室副主任	蒋　佳
纪委办公室副主任	周海林
纪委办公室副主任	蒋　佳
纪委办公室副主任	杨育鸿
巡察办副主任	迟艳艳
正处级纪检监察员	曹宏伟（2019.03—）
副处级纪检监察员	褚长玲（2019.09—）
副处级纪检监察员	徐高民
副处级纪检监察员	费玉芳（2019.12—）

党委宣传部（新闻中心）

职　务	姓　名
部　长	桂富强
常务副部长兼新闻中心 主任、校报总编辑	汪　铮
副部长兼新闻中心副主任	许金砖
副部长兼新闻中心副主任	颉　芳
副部长	李　猛（2019.06—）

党委统战部

职　务	姓　名
部　长	卢世炬
副部长	任黎立

党委教师工作部

职　务	姓　名
部　长	苏　谦（2019.04—）
副部长	李　箐
副部长	王　蔚（2019.10—）

党委学生工作部

职 务	姓 名
部 长	高平平
副部长	宋 刚
副部长	李 毅
副部长	张军琪
副部长（兼）	赵 煜

党委老干部部

职 务	姓 名
书 记	段雪芬
部长、关心下一代工作委员会主任	廖 军（2019.07— ）
副部长、关心下一代工作委员会副主任（主持工作）	廖 军（—2019.07）
副书记	王 琳
副书记兼副部长	谢 彬
关工委副主任	戈满寿

党委保卫部（党委人民武装部）

职 务	姓 名
部 长	张占军
副部长	刘 勇
副部长	岳 涛
副部长	朱云峰
副部长	李 骐（2019.03— ）

校工会

职 务	姓 名
主 席	阎开印（—2019.07）
主 席	郑 江（2019.09— ）
副主席	盛 鹏（—2019.03）
副主席	马德芹
副主席	李煜宏（2019.04— ）
副主席	喻碧君（2019.07— ）

校团委

职 务	姓 名
书 记	罗妍妍
副书记	王 蔚（—2019.10）
副书记	何诣寒（—2019.12）
副书记	朱 炜
副书记	李 娜（2019.12— ）

机关党委

职 务	姓 名
书 记	苏小桦
副书记	陈 璐

2. 行政业务部门及直属单位

战略与学科处

职 务	姓 名
处 长	邱延峻
高等教育研究所所长	闫月勤（—2019.06）
副处长	庞烈鑫（—2019.06）
副处长（兼）	庞烈鑫（2019.06— ）
副处长	蒋 晗

高等教育研究院

职 务	姓 名
院 长	闫月勤（2019.06— ）
副院长	何诣寒（2019.11— ）

教务处

职 务	姓 名
处 长	崔 凯
副处长	刘朝晖
副处长	代 宁
副处长（兼）	高 明（—2019.06）
副处长	季敬皓（2019.03— ）
副处长	康 锐（2019.03— ）

研究生院

职 务	姓 名
院长（兼）	冯晓云（—2019.09）
院长（兼）	周仲荣（2019.09— ）

续表

职　务	姓　名
常务副院长	周先礼
副院长	胡　伟
副院长	朱志武
副院长	艾长发
学位办公室主任	王　锋（—2019.03）
学位办公室主任	陈怡露（2019.11—）
专业学位管理办公室主任	邹　洋
专业学位管理办公室副主任	万　宇
研究生招生办公室主任	尹帮旭
培养办公室主任	华宝玉
综合管理办公室主任	陈志伟（2019.03—）

学生工作处

职　务	姓　名
处　长	高平平
副处长	宋　刚
副处长	李　毅
副处长	张军琪
副处长（兼）	赵　煜

招生就业处

职　务	姓　名
处　长	陈岩峰
副处长	黄春蓉
副处长	何安涛
副处长（兼）	杨德友

科学技术发展研究院（川藏铁路工作办公室）

职　务	姓　名
院　长	周祚万
川藏铁路办公室主任	王齐荣
副院长兼川藏办公室副主任	王　鹰（2019.09—）

续表

职　务	姓　名
副院长（兼）	周　南
副院长兼国防科研办公室主任	张兴博
副院长兼产学研合作办公室主任	张　骏
副院长兼综合办公室主任	邓永权
副院长兼基础研究办公室主任	吴广宁
副院长兼基地建设办公室主任	李怀龙

文科建设处

职　务	姓　名
处　长	张雪永
副处长（兼）	许金砖
副处长、"一带一路"开发研究院副院长	郑　澎（2019.11—）
副处长	陈姝君（2019.03—）

人事处

职　务	姓　名
处　长	刘长军
副处长	李煜宏（—2019.04）
副处长	翟东海（2019.06—）
副处长	张国正
副处长	朱同江（2019.06—）
副处长	王　超（2019.10—）

教师发展中心

职　务	姓　名
主　任	苏　谦（2019.04—）
副主任	陈曾川（—2019.04）
副主任	李　箐
副主任	王　蔚（2019.10—）

计划财务处（采购与招标管理办公室）

职　务	姓　名
处长兼主任	高增安（2019.01—）
副处长	李润华
副处长	喻碧君（—2019.07）
副处长	罗俊强（2019.09—）

续表

职　务	姓　名
副处长	杜　红
采购与招标管理办公室副主任（兼）	杜　红（2019.07—）
采购与招标管理办公室副主任	冯　涛（2019.06—）

资产与实验室管理处（分析测试中心）

职　务	姓　名
处长兼分析测试中心主任	钟　冲
副处长	徐云丽
副处长	董艳云
副处长	李印川
副处长	卫飞飞（2019.06—）
副处长	郭剑（2019.06—）

对外合作与联络处

职　务	姓　名
处　长	谭建鑫
副处长	潘　昱
副处长	阮　波（2019.03—）
副处长	王　兵（2019.10—）

国际合作与交流处（港澳台事务办公室）

职　务	姓　名
处　长（主任）	任新红
副处长（副主任）	郑海涛
副处长（副主任）	许炜萍
主任兼副处长	陆　霞（2019.07—）

后勤与基建管理处

职　务	姓　名
副书记（主持工作）兼副处长	杨　韬
处长兼副书记	宋　新
副书记兼社区管理办公室主任	郑　澎（—2019.11）
副书记兼副处长	孔书祥
副处长	苗文波
副处长	俞建海（—2019.03）

续表

职　务	姓　名
副处长	覃　维（—2019.09）
副处长	朱文杰
副处长兼副书记	高　磊（2019.04—）
维修、水电及运输服务中心主任	高　磊（—2019.04）
维修、水电及运输服务中心主任	王友松（2019.04—）
物业服务中心主任	郑简平
饮食服务中心主任	马勇锋
医幼及场馆服务中心主任	杜　伟
峨眉校区后勤服务中心主任	王友松（—2019.03）
峨眉校区后勤服务中心主任（兼）	盛　鹏（2019.04—）

信息化与网络管理处

职　务	姓　名
处长兼校首席信息官	赵彦灵
副处长	唐燕梅
副处长	杨亚群
副处长	罗俊强（—2019.09）
副处长	周　伟（2019.11—）

审计处

职　务	姓　名
处　长	王建琼（—2019.11）
副处长	曹宏伟（—2019.03）
副处长	孟　锦
副处长	俞建海（2019.03—）

监察处

职　务	姓　名
处长（兼）	吴晓雄（—2019.06）
副处长	周海林
副处长	杨育鸿
副处长（兼）	蒋　佳

保卫处

职　务	姓　名
处　长	张占军
副处长	刘　勇
副处长	岳　涛
副处长	朱云峰
副处长	李　骐（2019.03—）

离退休工作处

职　务	姓　名
书　记	段雪芬（2018.05—）
处长	廖　军（2019.07—）
副处长（主持工作）	廖　军（—2019.07）
副书记	王　琳
副书记兼副处长	谢　彬

产业处（国家大学科技园管理办公室）

职　务	姓　名
处　长	陈天利
副处长	胡　玲
副处长	刘剑峰

图书馆

职　务	姓　名
党总支书记	张东府
党总支副书记	周北川
馆　长	张祖涛
副馆长	谭　锐（—2019.12）
副馆长	罗秀云
副馆长	陈丽华

期刊社

职　务	姓　名
主　任	郭春生
副主任（兼）	闫月勤（—2019.06）

档案馆（校史馆）

职　务	姓　名
馆　长	熊　瑛
副馆长	蒋小忠

远程与继续教育学院

职　务	姓　名
党总支书记	闵光辉
党总支副书记	郑　波
院　长（兼）	应松宝（—2019.10）
院　长	钱晓群（2019.10—）
副院长	王　莉

续表

职　务	姓　名
副院长	金刚毅
副院长	罗　霄
副院长	欣　羚
副院长	贺　强

国际教育学院

职　务	姓　名
直属党总支书记（兼）	贺　平
院长（兼）	任新红
副院长	李　海
副院长（兼）	陆　霞（2019.07—）

附属中学

职　务	姓　名
党总支书记	朱剑松
党总支副书记	曾　俊
校　长	郑　江（—2019.09）
校　长	雷国胜（2019.09—）
副校长	魏明德
副校长	傅相万
副校长	董　鑫

子弟小学

职　务	姓　名
直属党支部书记	刘咏梅
校　长	王利琨
副校长	马　群

成都西南交通大学产业（集团）有限公司

职　务	姓　名
书记兼董事长（兼）	应松宝
副书记	田　红
总经理	阳　晓（—2019.11）
副总经理	刘兴宇
总会计师（兼）	李润华
副总经理（非校管兼）	赵世春

续表

职　务	姓　名
副总经理（非校管兼）	张洪涛
副总经理	王君秋（2019. 01—）
副总经理	钟　爽（2019. 03—）
副总经理	尚建勇（2019.10—）
副总经理	康凯宁

成都西南交大出版社有限责任公司

职　务	姓　名
总经理	阳　晓（—2019.10）
总经理	王建琼（2019.11—）
直属党支部书记	覃　维（2019.09—）
副总经理	易伯伦
副总经理	刘欣宇
总编辑	阳　晓（2019.11—）

3. 峨眉校区党工委（峨眉校区管委会）

职　务	姓　名
书　记（兼）	沈火明
副书记兼纪工委书记	杨德友
常务副书记、常务副主任	贺　平（2019.03—）
主　任（兼）	韩旭东
副主任	苏　谦（—2019.04）
副主任	盛　鹏（2019.03—）
副主任	张强锋（2019.04—）
副主任（兼）	钟　冲
副主任（兼）	刘长军

续表

职　务	姓　名
副主任（兼）	高平平
副主任（兼）	高增安（2019.01—）
副主任（兼）	靳能法（2019.01—）
副主任（兼）	张占军
副主任（兼）	崔　凯
副主任（兼）	宋　新
综合办主任	陈诗伟
学生工作部（处）部（处）长（兼）	赵　煜
党群工作部部长	张江泉

4. 教学科研单位

土木工程学院

职　务	姓　名
书　记	刘学毅
院　长	蒲黔辉
副书记	童万波
副书记	李彤梅
副书记	周　曦（2019.01—）
副院长	富海鹰
副院长	王明年
副院长	闻毓民
副院长	陈　嵘（2019.07—）
副院长	占玉林（2019.07—）
副院长	勾红叶（2019.07—）

机械工程学院

职　务	姓　名
书　记	董大伟
院　长	钱林茂
副书记	徐嘉宁
副书记	程　军
副书记	孟凡春（2019.01—）
副院长	曾东红
副院长	袁艳平
副院长	田怀文
副院长	丁国富

电气工程学院

职　务	姓　名
书　记	罗乾超
院　长	陈维荣
副书记	陈　勇
副书记	张春燕
副院长	何晓琼
副院长	何正友（—2019.09）
副院长	赵　舵（—2019.06）
副院长	马　磊
副院长	解绍锋

信息科学与技术学院

职　务	姓　名
书　记	冯军焕
院　长	郝　莉
副书记	戴　齐
副书记	马　琼
副书记、副院长	张强锋（—2019.04）
副院长	杨　燕
副院长	马　征
副院长	翟东海（—2019.06）
副院长	王小敏
副院长	邹喜华

经济管理学院

职　务	姓　名
书　记	郝辽钢
院　长	杨　平（2019.01—）
执行院长	黄登仕（—2019.06）
副书记	夏显波
副书记	江宇兰
副书记	杨宏毅
副院长	朱宏泉（—2019.09）
副院长	郭　强
副院长	耿黎辉（—2019.09）
副院长	周嘉南（2019.09—）
副院长	李　良（2019.09—）
副院长	聂佳佳（2019.09—）

外国语学院

职　务	姓　名
书　记	李卓慧
院　长	李成坚
副书记（学工组长）	王俊棋（—2019.03）
副书记	余清秀
副书记	武　俊（2019.07—）
副院长	王鹏飞
副院长	俞森林
副院长	杨安文
副院长	易　红

交通运输与物流学院

职　务	姓　名
书　记	甘　灵
院　长	刘晓波
副书记	王正彬
副书记	李国芳
副院长	罗　霞（—2019.09）
副院长	马　驷（—2019.03）
副院长	江欣国（—2019.09）
副院长	蒋阳升
副院长	唐优华
副院长	张光远
副院长	吴　刚
副院长	闫海峰（2019.09—）
副院长	蹇　明（2019.09—）

材料科学与工程学院

职　务	姓　名
书　记	贺　剑
院　长	朱旻昊
副书记	章春军
副院长	朱德贵（—2019.05）
副院长	李　涛
副院长	冷永祥

地球科学与环境工程学院

职　务	姓　名
书　记	刘国祥（—2019.07）
书　记	关秦川（2019.07—）
副书记兼副院长	许军华（2019.01—）
副书记	傅尤刚
院　长	Lutz Plümer
执行院长	刘国祥
副院长	胡卸文
副院长	欧阳峰
副院长	齐　华
副院长	王　鹰（—2019.09）
副院长	刘成龙
副院长	车　伟
副院长	Okubo Shuhei

建筑与设计学院

职　务	姓　名
书　记	沈中伟（—2019.06）
书　记	吴晓雄（2019.06—）
院　长	Odgaard
执行院长	沈中伟（2019.06—）
副书记	刘一杰
副院长	支锦亦
副院长	崔　叙
副院长	杨青娟

物理科学与技术学院

职　务	姓　名
书　记	刘　玉
院　长	刘庆想
副书记	唐眉江
副书记兼副院长	郭　剑（2019.03—）
副院长	李相强
副院长	何　钰（—2019.09）
副院长	李金龙

人文学院

职　务	姓　名
书　记	向仲敏
院　长	石　磊
副书记	郭立昌
副院长	邢　文
副院长	沈如泉
副院长	胡　红（2019.07—）

公共管理与政法学院

职　务	姓　名
书　记	高　凡
院　长	王永杰
副书记	余小英
副院长	雷　斌
副院长	雷叙川
副院长	李华强

生命科学与工程学院

职　务	姓　名
书　记	葛永明
院　长	李卫东
副书记	赵钢锋
副院长	封　顺
副院长	闫智勇
副院长	高　峰
副院长	李遂焰

力学与工程学院

职　务	姓　名
书　记	栗　民
院　长	康国政
副书记	孔祥彬（2019.01—）
副院长	高芳清
副院长	李翔宇
副院长	阚前华

数学学院

职　务	姓　名
书　记	徐　革
院　长	李维萍
常务副院长	杨　晗
副书记	黄　祥（2019.07—）
副院长	李志辉
副院长	潘小东
副院长	王　璐

马克思主义学院

职　务	姓　名
书　记	刘占祥
院　长	林伯海
副书记	熊　钰
副院长	胡子祥
副院长	李学勇
副院长	谢　瑜

心理研究与咨询中心

职　务	姓　名
直属党支部书记	宁维卫（—2019.12）
主　任	陈　华
直属党支部副书记	柯小君
副主任	雷　鸣
副主任	王　琛（2019.07—）

工程训练中心

职　务	姓　名
书　记	陈兴莲
主　任	李柏林
副主任	杨　平
副主任	曾家刚

体育工作部

职　务	姓　名
书　记	潘　喆
主　任	刘　江
副主任	何江明
副主任	李宏图（2019.09—）
副主任	高　平

茅以升学院

职　务	姓　名
党总支书记	甘　霖
常务副院长	崔　凯
党总支副书记	王　霞

医学院（临床医学院，基础医学院）

职　务	姓　名
直属党支部书记（兼副院长）	李锦红
院　长	何　庆（—2019.09）
副院长	翁　杰
副院长	高　峰

利兹学院

职　务	姓　名
直属党支部书记兼副院长	江久文
院　长	靳忠民
副院长	黄　涛
直属党支部副书记兼副院长	赵　舵（2019.06—）
副院长	朱　焱（2019.09—）

天佑铁道学院

职　务	姓　名
院　长（兼）	冯晓云（2019.09—）
建设办公室主任	张　铎

国际创新创业学院

职　务	姓　名
院　长	陈晋川
专职副院长	王书会
副院长（兼）	胡　伟
副院长（兼）	杨　平
副院长（兼）	黄春蓉
副院长（兼）	刘朝晖
副院长（兼）	宋　刚
副院长（兼）	耿黎辉（—2019.09）
副院长（兼）	罗妍妍

竺可桢书院

职　务	姓　名
书　记	杨德友
院　长（兼）	张强锋（2019.04—）
副书记	赵　煜
副院长	李雪飞

牵引动力国家重点实验室

职　务	姓　名
书　记	郭　俊
主　任	王开云
副书记	李　莹
副书记兼副主任	王　锋（2019.03—）
副主任	梁树林（—2019.11）
副主任	温泽峰
副主任	杨　冰
副主任	马光同（2019.03—）

超导与新能源研究开发中心

职　务	姓　名
主　任	赵　勇

轨道交通国家实验室

职　务	姓　名
副主任（兼）	康国政
副主任（兼）	何　川
副主任	徐志根
副主任	高仕斌
公共平台服务部副部长	陈燕灵
公共平台服务部副部长	周文祥（—2019.04）
运行管理部副部长	张　胜
运行管理部副部长（兼）	俞建海
常务副主任	何　川
公共平台服务部副部长	邓　超（2019.12—）
科技管理部副部长	熊嘉阳（2019.12—）

轨道交通电气化与自动化工程技术研究中心

职　务	姓　名
主任（兼）	高仕斌
常务副主任（兼）	陈维荣
副主任（兼）	何晓琼
副主任	王　力（2019.12—）

唐山研究院（唐山办事处）

职　务	姓　名
直属党支部书记	刘　伟（—2019.12）
党总支书记	刘　伟（2019.12—）
院长（主任）	钱晓群
副院长	梁思颖
副院长兼直属党支部副书记	梁思颖（2019.10—2019.12）
副院长兼党总支副书记	梁思颖（2019.12—）

深圳研究生院

职　务	姓　名
院　长	谭永东

交通运输工程学部

职　务	姓　名
主任	翟婉明
副主任	刘建新（2019.06—）
副主任（兼）	蒲黔辉（2019.06—）
副主任（兼）	郝　莉（2019.06—）
副主任（兼）	王开云（2019.06—）
副主任（兼）	刘晓波（2019.06—）
办公室副主任（主持工作）	庞烈鑫（2019.06—）

5. 其　他

深圳研究院

职　务	姓　名
副院长	欧阳国祥
副院长（兼）	谭永东

天府新区研究院

职　务	姓　名
院　长	孟廷会
副院长	夏　雨
副院长	李　涛（—2019.10）
副院长（非校管）	孙红霞

“一带一路”开发研究院

职　务	姓　名
常务副院长	孟新智（—2019.07）
常务副院长（兼）	孟新智（2019.07—2019.10）
副院长	刘晓冬

四川省产业经济发展研究院

职　务	姓　名
院长（兼）	蒲　云
常务副院长	骆　玲
副院长（兼）	林伯海
副院长（非校管）	戴　宾
副院长（非校管）	叶子荣

城市轨道交通研究院

职　务	姓　名
副院长	吴柏青
副院长（兼）	陈维荣
副院长（非校管）	罗世辉
副院长（兼）	郭　进
副院长（兼）	应松宝
副院长（兼）	黄登仕

（七）教师在国务院、教育部各学术委员会任职情况

国务院学位委员会第七届学科评议组成员信息汇总表

单位名称	学科评议组组名	姓　名
西南交通大学	46. 机械工程	周仲荣
西南交通大学	52. 电气工程	冯晓云
西南交通大学	58. 土木工程	何　川
西南交通大学	60. 测绘科学与技术	李志林
西南交通大学	67. 交通运输工程	翟婉明

（八）教师在各民主党派、社会团体任职情况

教师在各民主党派任职情况

民主党派名称	职　务	姓　名
民革中央	委　员	赵世春
九三学社中央	委　员	杨　丹（2019.07 调入学校）

续表

民主党派名称	职　务	姓　名
九三学社重庆市委	副主委	杨　丹（2019.07 调入学校）
民革四川省委	副主委	赵世春
民革四川省委	委　员	张祖涛
民盟四川省委	副主委	高增安
民盟四川省委	委　员	曾　京
致公党四川省委	副主委	罗　霞
致公党四川省委	委　员	江欣国
九三学社四川省委	委　员	蒲　云
九三学社四川省委	委　员	周先礼
民盟成都市委	副主委	高增安
民盟成都市委	常　委	曾　京
民盟成都市委	委　员	陈　辉
民建成都市委	常　委	翁　杰
农工党成都市委	常　委	赵　锐
致公党成都市委	主　委	罗　霞
致公党成都市委	常　委	江欣国
九三学社成都市委	副主委	周先礼
九三学社成都市委	委　员	张志强
九三学社成都市委	委　员	丁国富

教师在各社会团体任职情况

社会团体名称	职　务	姓　名
四川欧美同学会·四川留学人员联谊会	副会长	周仲荣
	副秘书长	林　青
	理　事	杨　飞
	理　事	江欣国
	理　事	翁　杰
	理　事	刘继才
	理　事	朱　焱
	理　事	郭春生
	理　事	陈滋利
四川知识分子联谊会	副会长	孙林夫
	常务理事	贾建民
	常务理事	潘　炜

续表

社会团体名称	职　务	姓　名
四川知识分子联谊会	理　事	王　奔
	理　事	韦联福
	理　事	杨　苹
	理　事	陈滋利
	理　事	周　丹
	理　事	赵海全
	理　事	徐　菱
四川省归国华侨联合会	委　员	江欣国（2019.03—）
成都欧美同学会·成都留学人员联谊会	会　长	罗　霞
	副会长	杨　飞
	副秘书长	江欣国
	常务理事	赵　锐
	常务理事	翁　杰
	理　事	杨维清
	理　事	邹喜华
	理　事	郑海涛
第十三届成都市青联	委　员	杨　飞
	委　员	赵　锐
	委　员	袁林果
成都市党外知识分子联谊会	副会长	杨　飞
	常务理事	赵海全
	理　事	李映辉
	理　事	陈滋利
	理　事	张昆仑
	理　事	徐　菱
成都市归国华侨联合会	委　员	杨　苹
	委　员	朱　焱
金牛区侨联	主　席	江欣国
	常　委	李子重
	委　员	缪远莉
	委　员	王　兴
	委　员	杨　苹
金牛区党外知识分子联谊会	会　长	袁林果
	常务理事	逄　鹏
	理　事	王　涛

续表

社会团体名称	职　务	姓　名
金牛区党外知识分子联谊会	理　事	袁　冉
	理　事	梅　红
	理　事	刘广宇
郫都区党外知识分子联谊会	常务理事	翁　杰
	常务理事	郝　莉
	理　事	乐　佳
	理　事	周　南
郫都区无党派人士联谊会	常务理事	王承竞
	常务理事	王衡禹

（九）教师担任党代表、各级人大代表、政协委员、政府参事等情况

政治安排		姓　名
党的十九大	代　表	翟婉明
第十三届全国人大	代　表	周仲荣
	代　表	罗　霞
第五届重庆市政协	常　委	杨　丹（2019.07 调入学校）
第十三届四川省人大	代　表	徐　飞（2019.07 调离学校）
	常　委	高增安
	代　表	赵世春
	代　表	潘　炜
	代　表	袁林果
第十二届四川省政协	常　委	王顺洪
	委　员	王晓茹
	常　委	张祖涛
	委　员	李恒超
	委　员	温泽峰
	委　员	郭春生
	委　员	杨维清
第十七届成都市人大	代　表	韩旭东
	代　表	翁　杰
	代　表	乐　佳
第十五届成都市政协	委　员	卢世炬
	副主席	罗　霞
	委　员	陈　辉

续表

政治安排		姓　名
第十五届成都市政协	委　员	崔　珩
	委　员	赵　锐
	常　委	江欣国
	委　员	舒泽亮
	委　员	周先礼（2019.01—）
	委　员	谢尚英
	委　员	杨　飞
	委　员	何　庆（2019.09 离开学校）
第七届金牛区人大	常　委	白天蕊
	代　表	袁林果
第七届金牛区政协	委　员	周　南
	委　员	汤家法
第十八届郫都区人大	代　表	丁国富
第十届郫都区政协	委　员	刘桓龙
第十七届峨眉山市人大	代　表	沈火明
	代　表	王懿萍
第十四届峨眉山市政协	常　委	王　伟
	委　员	张全文
	委　员	杜海忠
	委　员	王小可
重庆市人民政府参事		杨　丹（2019.07 调入学校）
四川省人民政府参事		叶子荣
		潘　炜
四川省人民检察院特约检察员		胡　玲
成都市人民政府参事		翟婉明
		戴　宾
		廖海黎（2019.09—）
成都市监察局特邀监察员		田雪梅
		孟　华
成都市交委特邀监察员		江欣国
成都市人民检察院特约检察员		周先礼

四、特载与专文

建功新时代　巾帼绽芳华

——王顺洪书记在纪念“三八”国际劳动妇女节 109 周年暨西南交通大学“巾帼文明岗”创建活动启动仪式上的讲话

（2019 年 3 月 7 日 15:00 犀浦校区大学生创新创业中心）

尊敬的刘科副主席，

老师们、同志们、姐妹们：

大家下午好！

今天，我们欢聚一堂，在这里共同举行“纪念‘三八’国际劳动妇女节 109 周年暨西南交通大学‘巾帼文明岗’创建活动启动仪式”。借此机会，我代表学校党委，向为学校改革、建设和发展，付出辛勤劳动和心血汗水的全体女教职工们，表示最崇高的敬意，并致以节日的美好祝愿与问候！

同志们，习近平总书记强调：“妇女是物质文明和精神文明的创造者，是推动社会发展和进步的重要力量。”回首人类文明进步和经济社会发展的征程，妇女是重要的参与者、积极的贡献者，更是卓越的引领者。毫不夸张地说，没有妇女，就没有人类，就没有社会。在我国建设社会主义现代化强国伟大征程中，亿万妇女的作用不可替代。对于学校来讲，西南交通大学披荆斩棘、跨越 123 个春秋而弦歌不辍，全体女教职工的作用同样至关重要、不可替代。

长期以来，学校高度重视女教职工的成长和发展，大力支持工会的女工工作。学校目前有在职教职工 4588 人，其中女教职工 1834 名，占比达到 40%。学校改革建设发展的持续推进、“双一流”建设的不断深入、立德树人根本任务的有效落实等，都离不开女教职工的辛勤付出。你们既有似潺潺清流的温柔谦和，也有水滴石穿的坚韧果敢；既有语重心长的耳提面命，又有善解人意的通情达理。你们身上有男教职工所不具备、无可比拟的优势和“闪光点”。你们所在的每个岗位都是一面旗帜，每个人都是一个标杆。在教学岗位上，你们潜心传道、精湛授业，指导学生做课题、钻项目，解疑惑、通心结，成为学生的引路良师、知心益友。在科学研究岗位上，你们矢志钻研，不断探索，永不示弱，成果斐然，成为众多领域的“佼佼者”“领跑者”。在管理服务岗位上，你们兢兢业业、热情奉献，事无巨细、考虑周全，成为我们身边的“服务明星”“示范岗位”。比如，获评“四川省三八红旗集体”的心理研究与咨询中心、荣获“全国五一巾帼标兵”称号的国家级教学名师罗霞教授，让“千里青藏一根轨”的戴虹教授，刚刚发言的物理科学与技术学院的祝凤荣副教授，还有被誉为“最美食堂阿姨”的食堂员工李菊容，等等。

这些成绩的取得，要感谢全体女教职工的共同奋斗、共同努力和共同拼搏，更要感谢四川省总工会对学校工作的大力支持与指导。这既是荣誉，更是担当，我们将认真总结经验，充分发挥先进典型的示范引领作用，组织、激励广大女教职工尽己所能做出新贡献，凝聚起建功新时代的磅礴巾帼力量。

借此机会，我谈几点要求：

一是要旗帜鲜明讲政治。习近平总书记强调，传道者自己首先要明道、信道。广大女教职工要自觉深入学习贯彻习近平新时代中国特色社会主义思想，树牢“四个意识”，坚定“四个自信”，坚决维护习近平总书记党中央的核心、全党的核心地位，坚决维护党中央权威和集中统一领导。坚定不移听党话、跟党走，自觉把个人的成长发展与国家的、民族的前途命运，与学校的改革、建设和发展紧密联系，把人生理想融于国家富强、民族振兴、人民幸福的伟业当中，融于学校建设交通特色鲜明的综合性研究型一流大学的实践当中，融入每一位学生的成才成长当中。

二是希望聚精会神抓立德树人。习近平总书记强调，广大教师要做学生锤炼品格的引路人，做学生学习知识的引路人，做学生创新思维的引路人，做学生奉献祖国的引路人。我们所处不同学科、不同专业，但目标是一致的，就是立德树人。广大女教职工要自觉秉承全员育人、全过程育人、全方位育人的理念，坚持教书和育人相统一，坚持言传和身教相统一，发挥我们身上独特的优势，比如敏锐的观察力、温和细腻的性格、更强的忍耐力，等等。勇于担负起时代赋予我们的光荣使命，将立德树人作为追梦、圆梦的舞台，积极参与“巾帼文明岗”创建活动，以奋斗创造幸福、以行动致敬新时代。

三是希望冲锋在前做师德表率。习近平总书记强调，要加强师德师风建设，把教育培养和自我修养结合起来，引导广大教师以德立身、以德立学、以德施教。当前我们的师德师风建设中暴露出了一些问题，严重影响教师队伍形象。广大女教职工一定要带好头、作表率，树立好典范，不管是课堂上，还是在生活中，要处处为人师表，关心学生、关爱学生、帮助学生，让学生真真切切感受到心贴心的教诲，手把手的指导，实打实的帮助，引导学生过有意义的人生、充实的人生。

四是勇于担当做荣校典范。实现学校历史性伟大复兴，绝不是轻轻松松、敲锣打鼓就能实现的。全校上下必须准备付出更为艰巨、更为艰苦的努力。只有学校事业发展蒸蒸日上，每一位教职工才能更有成就感和归属感。广大女教职工要心系交大，爱校如家，主动站位，靠前一步，与学校同心、同德、同向、同行，努力在本职岗位上对标一流、提升本领。柔弱双肩挑重担，在学校改革建设发展过程中，不论荆棘密布，还是急流险滩，我们的女教职工都要敢于胜利、敢于突破、敢于冒尖，在教学、科研、管理、服务等不同岗位，干出不一样的成绩，走出不一样的路子，展现“巾帼不让须眉”的精气神，成为我们爱校荣校的典范。

五是希望爱家顾家做家风示范。习近平总书记强调，要注重发挥妇女在弘扬中华民族家庭美德、树立良好家风方面的独特作用。这关系到家庭和睦，关系到社会和谐，关系到下一代健康成长。广大女教职工除了要在工作岗位上兢兢业业，还肩负着照顾老人、照顾孩子、照顾家庭的责任，比男教职工要付出更多心血。希望我们的女教职工更加坚韧，也更加宽容，在“柴米油盐”的琐碎日常中，积极倡导并带动家庭成员践行新时代家庭观，建设好家庭、涵养好家教、培育好家风，以优良家风滋养校风、社风、民风。

最后，希望广大女教职工发扬“竢实扬华，自强不息”的交大精神，立足岗位、真抓实干，为深入推进“双一流”加快发展、特色发展、高质量发展添砖加瓦，为推动治蜀兴川再上新台阶贡献力量，以优异成绩迎接新中国成立 70 周年，再谱新时代发展的崭新篇章。

谢谢！

强基固本　引领发展
全力营造风清气正良好政治生态和育人环境

——王顺洪书记在2019年全面从严治党工作会议上的讲话

（2019年3月27日）

同志们：

今天我们在这里召开2019年学校全面从严治党工作会议，回顾总结我校2018年全面从严治党工作，研究部署学校2019年全面从严治党主要任务。

2018年，我们把握方向抓大事。时刻绷紧讲政治这根弦，树牢“四个意识”，坚定“四个自信”，坚决做到“两个维护”。抓紧抓实习近平新时代中国特色社会主义思想的学习贯彻，组建宣讲团，提供“菜单式”宣讲服务。全力推进用党建和思政工作的一流带动全校各项工作实现一流，学校党委“把方向、管大局、作决策、抓班子、带队伍、保落实”能力和水平不断提升。积极接受教育部党组政治巡视，立知立改，坚决整改。

2018年，我们管好大局谋发展。学校党委认真履行“管党治党、办学治校”主体责任，坚定执行党的政治路线和党的教育方针，总揽学校改革发展稳定大局。以党中央“双一流”建设战略部署为牵总，以“成绩、成果、成效”为导向，推动学校综合改革。进一步明确学校现阶段面临的“两大主要矛盾”，把发展和民生两大主题有机统一。

2018年，我们整章建制固根本。聚焦关键领域和薄弱环节，坚持和完善党委领导下的校长负责制，落实全面从严治党党委主体责任和纪委监督责任，进一步加强纪检监察机构“转职能、转方式、转作风”等一系列制度建设。积极推动与新形势、新任务、新要求相匹配、相适应的全面从严治党制度体系在学校落地生根。

2018年，我们压实责任抓落实。践行新时代党的组织路线，基层党组织建设、干部队伍建设成果较为显著，各级党组织管党治党主体责任持续强化；时刻绷紧安全与稳定、保密这根弦不放松，全年没有发生失泄密案件、没有发生重大安稳安全事故。全面从严治党监督效能显著提升，纪检监察队伍整体精神面貌焕然一新；践行“四种形态”，切实把纪律挺在前面，全年给予党纪处分5人，政纪处分4人，诫勉谈话、批评教育、责令书面检查等组织处理48人，提醒谈话214人次。

总之，2018年学校以优良的党风引领优良的校风，校园政治生态呈现新气象，为我们营造风清气正的校园政治生态和育人环境奠定了新基础。

但是，也必须清醒地认识到，我校全面从严治党任务依然艰巨繁重。教育部党组第三巡视组巡视学校党委的时候，就指出了我们工作中存在的一些突出问题，比如：党委统揽全局的能力不够，党内政治生活质量不高，领导班子决策力、凝聚力、执行力不强，干部不担当、不作为现象依然没有根除，支部的战斗堡垒作用和党员先锋模范作用发挥不够，意识形态和思想政治工作存在短板弱项，对重点领域和关键环节监管仍有漏洞，机关部门形式主义、官僚主义依然存在，基层负担重、压力大的问题仍然突出，等等。

破解这些问题，需要智慧，需要毅力，更需要我们全校上下同心同德同向同行，坚持问题导向、责任导向和使命牵引，变压力为动力，主动担当、突出重点、系统落实，以永远在路上的坚韧和执着继续深入推进全面从严治党。

2019年是政治大年，是中华人民共和国成立70周年，是学校全面落实巡视整改工作任务、加快推进“双一流”建设的关键之年，也是我们完成第十四次党代会任务的收官之年。

科学谋划学校2019年全面从严治党工作，必须要观大势、谋大局，精准把握全面从严治党的新要求。

一是从国际形势来看，“世界正面临百年未有之大变局”，世界秩序面临坍塌、失序危险；美国与盟国关系、与中俄关系发生深刻变化、中美贸易摩擦升级、美俄军事摩擦不断，等等。变局中危机和机遇并存，只有以高度的政治自觉和全面加强党的领导，才能保持政治定力和战略定力，在大变局中抓住重要战略机遇，迎接各种风险挑战，打好“战略主动仗”。

二是从国内形势来看，“我国正处于实现‘两个一百年’奋斗目标的历史交汇期”。交汇期是大有可为的机遇期，更是攻坚克难的关键期。中国的改革已经进入深水区，“容易的、皆大欢喜的改革已经完成了，剩下的都是难啃的硬骨头”。学校也一样，还有不少经历了十年、二十年，甚至三十年的历史遗留问题。事业越前进、越发展，新情况新问题就会越多，面临的风险和挑战就会越多，肩负的任务就会越艰巨。所以，越是这样，越需要大家拧成一股绳，攻坚克难，越需要紧紧扭住全面从严治党这个关键，为党和国家事业发展提供坚强政治保证。

三是从高等教育发展阶段来看，中华民族和中国人民千年求索、百年奋斗的目标，将在不远的将来变为现实。党和国家对高等教育的需要比以往任何时候都更加迫切，对科学知识和卓越人才的渴求也比以往任何时候都更强烈。只有全面坚持和深化党的领导，牢牢掌握党对高校工作的领导权，才能坚持高校社会主义办学方向，保证高校始终成为培养社会主义事业建设者和接班人的坚强阵地。

四是从学校发展方位来看，我们处于“双一流”建设如火如荼的重要机遇期，也处于轨道交通事业蓬勃发展、交通强国、“一带一路”建设等纵深推进的重要窗口期，更处于深化改革、聚焦矛盾、攻坚克难、努力实现学校历史性伟大复兴的关键时期，困难交织复杂，任务艰巨繁重。只有坚持全面从严治党，不断加强和改进党的建设，才能激发广大师生敢想敢干、敢打敢拼、敢于冒尖、追求卓越的精气神，才能凝聚起全校上下一起加油、一起努力、一起奋斗、一起拼搏的磅礴力量。

形势越复杂，越是要听从党中央的号令；形势越复杂，越要加强全面从严治党，把党建设得更加坚强有力，领导团结全校上下把思想和行动统一到党中央的决策部署上来、统一到学校的建设发展上来，以拼搏奋进的姿态开创学校工作新局面。对今年的全面从严治党工作，我提八点要求：

一是要旗帜鲜明讲政治。

——要增强维护核心、捍卫核心、忠于核心的自觉性和主动性。要牢固树立“四个意识”，坚定“四个自信”，坚决做到“两个维护”，以习近平新时代中国特色社会主义思想武装头脑、指导实践，以习近平总书记关于教育的重要论述武装头脑、指导实践。

——要牢牢坚持社会主义办学方向。要坚定不移贯彻落实党委领导下的校长负责制，以党中央“双一流”建设战略部署为牵总，以“四个服务”为根本导向，主动对接“交通强国”“一带一路”倡议和川藏铁路建设等国家重大需求，扎根中国大地建设轨道交通领域世界第一的西南交通大学，积极谋划“大党建”“大思政”框架下的人才培养工作顶层设计。

——要以一流的党建和思想政治工作带动全校各项工作实现一流。要坚持“围绕中心抓党建，抓好党建促发展”工作思路，将全面从严治党贯彻到学校改革建设发展全过程，两手抓，两手都要硬，坚决反对“两张皮”。

——要坚决整治形式主义、官僚主义。严格执行中央重大事项请示报告制度，作为全面从严治党政治责任的重要内容进行考核评价。紧盯学校党委常委会和校长办公会决策、决议、决定，以及年度工作计划等的执行情况。对于形式化落实、机械呆板落实、选择性落实等“歪风”要坚决打击，发现一起查处一起，绝不姑息。

二是坚定不移抓好巡视整改。

学校党委确定了200项巡视整改任务，175项的任务要在3月底完成，时间紧、任务重。各单位、各部门一定要加紧加紧再加紧，不能有丝毫的讨价还价，确保规定时间内完成各项任务。巡视整改关键在质量，关键在实效，关键在推进学校发展。坚持巡视整改永远在路上，坚决反对敷衍、走过场式的整改，要把建立健全长效机制作为切入点和落脚点，将整改中的好经验、好做法、好措施固化下来，坚持好、落实好，以整改倒逼改革，以整改促进发展。要早思考、早谋划，对于完成的各项任务进行再梳理、再检查、再督促、再整改。做好巡视巡察对接，启动巡视整改落实情况督查及“回头看”专项工作，对巡视整改落实情况全面巡察，确保巡视整改真正落到实处、取得实效。

三是要坚持不懈抓学习。

新学期开始，校班子就带头优化了党委理论中心组学习组织方式；恢复了单周三下午召开党委书记工作会的制度，并且设置了集体学习环节；恢复和加强了周四下午教职员工业务学习、政治学习和党团活动交流学习制度；等等。

——要端正学习态度。全校上下要尽快调整心态，尽快进入“学习”频道，以学益智、以学修身、以学增才，时刻用习近平新时代中国特色社会主义思想武装头脑、提升本领、指导工作，切实把学习成果转化为我们坚定信念听党话、跟党走，为复兴交大一起加油、一起努力、一起奋斗、一起拼搏的思想自觉和实际行动。

——要狠抓有效组织。周四下午教职工集中学习交流研讨是学校的一项传统做法，但近年来要求不够严、做得不够好。教师之间缺乏沟通交流，特别是缺乏手把手“传帮带”。恢复这一传统，就是要通过小小的载体来增强单位的凝聚力，通过小小的切入口来加强教职工的纪律建设和集体荣誉感。希望全校务必高度重视，以集中学习研讨交流为基础，结合年度重点工作，结合系、所、教研室等特色，丰富学习形式，狠抓学习效果，坚决不能读读文件、走走过场、装装样子。要像认真贯彻落实中央八项规定精神、狠抓作风建设一样，持续增强全体教职工的学习能力、集体荣誉感，持续增强全体教职工的凝聚力、向心力。党员干部要带好头，全体教职工要按照要求认真参加，形成一级跟着一级学，一级做给一级看的良好氛围。

——要抓好督查检查。学校将定期或不定期地检查督导，并定期在一定范围内进行通报。教职工集中学习研讨交流的开展情况将纳入考评体系，作为年度党建工作考核的重要内容。

四是要抓班子强队伍。

——要抓校班子建设。新学期开始我们加开了专题民主生活会，针对班子存在的一系列问题进行深入剖析、深刻反思，针对性提出整改举措。我们就是要从校领导班子抓起，抓政治建设，抓思想建设，抓精气神，抓执行力，进一步推进领导班子谋大局议大事能力建设。

——要抓二级单位班子建设。加强并落实好党委会、党政联席会议等议事决策机制，推动决策科学化、民主化、规范化。在校院两级管理体制改革深入推进、基层拥有更多办学自主权的关键时期，二级单位班子要在办学方向、教师队伍建设、师生员工切身利益等重大事项上把好关，特别是在教师引进、课程建设、教材选用、学术活动等重大问题上把好政治关，确保基层党组织的政治核心作用充分发挥。

——要抓干部队伍建设。中央刚刚公布了最新修订的《党政领导干部选拔任用工作条例》，一个最为鲜明的特征，就是把政治要求贯穿到干部选拔任用全过程、各方面。首先，要规范选任程序，把合适的人用到合适的岗位上，真正把复兴学校的好干部选出来、用起来。其次，要坚持选拔任用“李云龙式”干部，加强正向引导激励，激发干部师生创业干事的奋进精神。对工作推诿、不担当、不作为、扯后腿的干部，要坚决清除出干部队伍。最后，要加强干部队伍年轻化建设，对于组织急需、特别优秀的年轻干部就要坚决重用，坚决打破论资排辈的做法，坚决推进干部工作年轻化。

五是要抓基层打基础。

——要加强二级党组织建设。要切实把落实全面从严治党的主体责任担起来，坚定不移落实学校党委各项决策部署。各二级党组织要适应学校快速发展趋势，在立德树人、“双一流”建设等工作中，找到自己的方位，创新职能实现方式，做到全面从严治党与中心工作同部署、同考核、同检查，坚决不能搞“两张皮”、走“两条路”。

——要加强党支部建设。2019年是教育部确定的“支部建设年”。解决好支部建设问题，就是要抓好支部书记这个“牛鼻子”。重选拔，落实教师党支部书记“双带头人”培育工程，优化党支部书记选任机制，注重从教学科研单位党员领导干部、学科带头人、教学科研管理骨干中选拔优秀党员担任党支部书记。抓培训，举办二级党组织书记、副书记的培训，以及新任党支部书记论坛，提高支部书记履职担当能力。给激励，将党支部书记工作量纳入绩效考核工作量；在学校干部选任中，明确党支部书记可等同于正科级工作经历。

——要抓好党员教育管理。要积极推动二级党组织开展党员培训、新发展党员培训；加强党员思想政治理论学习与考核力度，测试结果与二级党组织书记抓基层党建述职评议考核挂钩；开展好主题党日活动，引导党员以更高标准、更严要求，做先锋中的先锋，模范中的模范，成为发展学校、复兴学校的排头兵、冲锋队。

六是要锲而不舍抓作风。

——要认真贯彻落实中央八项规定实施细则精神。持续开展贯彻中央八项规定精神专项教育和检查，时刻防范“四风”隐形变异新动向，出重拳坚决痛打，坚决防止反弹回潮。加大力度查处顶风违纪问题，点名道姓通报曝光，持续释放越往后执纪越严的强烈信号。进一步改进会风文风，提倡“短实新”文风，提倡“少开会、开短会、开高质量的会”，确保集中力量抓落实。

——要坚决给基层减负。今年是“基层减负年”。机关各部门要在“精兵简政”上下功夫，开展“大排查”，不必要的各类材料、各类表格都要坚决清理；要用好现代信息技术手段，能依托网上解决的就要大胆用。各类督导、检查、评比、考核，特别是年底集中考核，要强化结果导向，严控数量，不得干扰基层正常工作。

——要持续增强服务意识。抓好作风建设，最关键的还是要融入服务师生、服务学校发展的每一个环节，每一个细节。引领树立“优质服务师生”的工作理念，进一步提升服务师生员工的能力和水平。要守住底线，启动“神秘访客”双访制度，形成纪检部门和机关党委双线背靠背作风监督模式。

七是要加强巡察创品牌。

——要突出政治巡察。突出党的领导这个根本，抓住党的建设这个关键，聚焦全面从严治党这个重点，盯住党风廉政建设和反腐败斗争这个要害，扎实推进全面从严治党向基层延伸、向纵深发展。切实发挥党委巡察利剑作用，以巡促改，以巡促建，实现学校工作全面提升。

——要提高思想站位。巡察工作是上门帮忙不添乱，绝不是摆花架子、搞形式、走过场，更不是瞎折腾。全校各二级党组织和广大党员干部必须要提高政治站位，深刻认识党委巡察工作的重大意义，深刻领会学校党委的良苦用心，自觉接受巡察监督，积极配合巡察工作开展。

——要打造巡察品牌。党委巡察工作是一项新生事物，工作理念、工作模式、工作方法都需要在实践中去摸索、去总结、去创新、去突破，对于我们来说是非常大的挑战，但反过来讲，也蕴藏着巨大机遇。只要肯动脑筋、肯用心、肯下功夫，认真总结，提升理念，凝练特色，也能做出大文章，也能打造交大品牌。

八是要全力支持纪委监督执纪问责。“一体推进不敢腐、不想腐、不能腐”是以习近平同志为核心的党中央作出的战略部署。“一体推进”就是要同向发力、同步推进。

——要实现监督“全覆盖”。纪律监督全覆盖，践行监督执纪“四种形态”，把纪律挺在前面，做深、做细、做出温度、做出品格，用我们的“严管”传递党对同志们的厚爱，“严管”一定是厚爱，放任才是对大家的不负责任。监察监督全覆盖，建立督查督办跟踪、反馈评估、问责纠错、工作联动等全链条工作机制；围绕立德树人根本任务，加强对政治纪律规矩执行情况、中央八项规定精神落实情况、重点部位关键环节廉政风险等的全面监督。巡察全覆盖，落实“六围绕一加强”基本要求，紧密结合学校实际，进一步细化观测点，实现巡察内容全覆盖。到2020年，完成全校各二级党组织、二级部门党支部巡察工作全覆盖。

——要做到问责“不手软”。狠抓问责追责，坚决向不担当、不作为的行为亮剑。以“问责”

倒逼工作落实，以问责倒逼学校各级领导干部担当尽责、主动作为。要精准追责问责，让问责成为常态，杜绝“上有政策、下有对策”或“欺上瞒下、弄虚作假”，落实党的方针政策和路线“走样”或打“折扣”等失职、失责或渎职问题。搞“上有政策、下有对策”或“欺上瞒下、弄虚作假”的，就是“两面人”，对“两面人”要坚决打击，这也是落实党中央的要求。

——要坚持反腐“零容忍”。坚持惩治腐败无禁区、全覆盖、零容忍，坚持削存量、遏增量、长震慑，严格审查和处置党员干部和党的干部违反党纪政纪、涉嫌违法的行为。各学院对学生、教师在各个环节、方方面面都要严格要求，坚决整治发生在师生身边的“微腐败”，防止特权思想和特权现象的滋长蔓延。

——要打造一支政治过硬、本领高强的纪检监察铁军。适应新时代全面从严要求，强化纪检监察干部政治建设、能力建设、组织建设、作风建设，不断锤炼纪检监察干部忠诚干净担当的政治品格，不断提升能力素质和业务水平，提升纪检监察工作质量，坚决防范被“围猎”，坚决防止“灯下黑”。全面推进二级纪委高质量建设，探索二级纪委书记选任新模式，切实有效保障工作时间和精力投入。

同志们，全面从严治党永远在路上。我们要更加紧密地团结在以习近平同志为核心的党中央周围，以习近平新时代中国特色社会主义思想为指导，全面贯彻落实党的十九大精神和全国教育大会、全国高校思想政治工作会议精神，以及部党组、四川省委等上级部门的决策部署，强化责任担当，狠抓工作落实，坚定不移推进学校全面从严治党高质量发展，全力营造风清气正的良好政治生态和育人环境，为复兴交大、创建一流大学引航护航，以优异成绩庆祝中华人民共和国成立 70 周年！

谢谢大家！

王顺洪书记在“青春心向党·建功新时代”纪念五四运动 100 周年青春歌会暨 2018 年度共青团工作表彰大会上的讲话

（2019 年 4 月 28 日 19:00 犀浦校区体育馆）

各位团员青年、亲爱的同学们：

大家好！

今天我们在这里隆重举行纪念五四运动 100 周年青春歌会暨 2018 年度西南交通大学共青团工作表彰大会。我谨代表学校党委，代表出差在外的徐飞校长，向受到表彰的先进集体和优秀个人表示热烈的祝贺。马上就到五四青年节了，也借此机会，提前向在座的各位团员青年并通过你们向全校青年朋友们致以节日的祝福和亲切的问候！

今年是五四运动 100 周年。习近平总书记强调，100 年前爆发的五四运动，是一场以先进青年知识分子为先锋，广大人民群众参加的彻底反帝反封建的伟大爱国革命运动。当时在北京学生爱国行动感召下，我校青年学生振臂高呼，群起响应，成立了学生会，组建了救国团，创办了《救国报》，发表宣言，通电全国，平静的唐山开始觉醒，五四精神光辉照耀校园。100 年来，五四精神滋养和激励了一大批为民族独立挺身而出、为理想信念前仆后继、为人民利益奉献牺牲的交大热血青年。1923 年，学校就有了地下党组织，并且当时的党员中产生了像武怀让烈士，即武胡景这样的英烈，新中国成立以后，毛主席正式批准他为正国级。交大学子忧国忧民、热爱祖国、积极创新，探索革命救国、科学救国的爱国主义精神，也为“竢实扬华、自强不息”交大精神的孕育提供了丰富营养和肥沃土壤，激励全校青年学子肩负使命、开拓进取，谱写出一曲曲“爱国荣校”的壮丽青春之歌。

同学们、青年朋友们，五四精神穿越百年，依然历久弥新、催人奋进。当前，世界处于百年未有之大变局，中国处于近代以来最好的发展时期，党和国家事业发展对高等教育的需要，对科学知识和优秀人才的需要，比以往任何时候都更为迫切。立足新的起点，站在新的历史方位，你们恰逢大有可为、必有作为的新时代，恰逢携梦前行、接续奋斗的重要人生际遇。借此机会，我向各位青年朋友谈三点希望：

一是以青春理想肩负国家前途、民族希望。习近平总书记强调："中国梦是历史的、现实的，也是未来的，是我们这一代的，更是青年一代的，中华民族伟大复兴的中国梦终将在一代代青年的接力奋斗中变为现实。"今天，历史的接力棒交到你们手中，你们就要尽最大努力跑好自己这一棒。

首先要把好前进方向。人须有志，人各有志。大家今后走向社会，将从事各种各样的工作，但无论从事什么，想做出一番成就，必须要有自己的志向。许多的志向中，最重要的志向是要和国家和人民联系在一起，要与国家和人民同呼吸共命运，始终听党话、跟党走，始终用习近平新时代中国特色社会主义思想武装头脑，以坚定的理想信念筑牢精神之基。这是人生发展大方向，只有把自己的人生融入党和国家的事业发展中，发展才有根基、才有支撑、才有力量、才有空间，也才是有价值的人生！要时时刻刻向五四精神看齐，向优秀的青年楷模看齐，弘扬"爱国至上，爱校如家"的优良传统和"竢实扬华，自强不息"的交大精神，为实现中华民族伟大复兴贡献青春力量。

新时代依靠青年，新时代更能成就青年。希望大家抓紧抓好当下前所未有的成长成才际遇，奋斗奋斗再奋斗，拼搏拼搏再拼搏，把远大理想、宏伟目标转化为投身"一带一路"倡议、交通强国、教育强国、科技强国、文化强国等宏伟国家战略的热情和行动，在西部大开发、长江经济带建设、东北振兴、川藏铁路建设等国家发展中留下自己的身影，挥洒自己的汗水。在服务国家、服务社会发展的洪流中，放飞青春梦想，书写青春华章，做成一番事业，做好一番事业。

二是以青春力量助推学校进步、事业发展。学校即将迎来建校123周年华诞。翻看学校历史，不论是在唐山、平越，还是在峨眉、成都，青春都是一股奋进的力量，支撑学校渡过一个又一个激流险滩，战胜一个又一个困难。今天，在学校通往历史性伟大复兴的宏伟征程中，青春的盛宴依然不能散场。

希望你们把青春的热情转化为课堂上聚精会神听讲和思考、课堂外的埋头苦读与实践，勤勤恳恳，认认真真，扎扎实实学好功课和增长本领，提升能力和水平，储备知识和能量。本领大了，水平高了，身体好了，今后不论走到什么地方，遇到什么岗位，从事什么工作，都能很快很好适应，都能很好地发展，都能为国家为人民多做贡献！

大家就是要在日常生活学习的点点滴滴中做好本职工作，在方方面面展现出新时代新青年勇攀高峰的志气、胸有成竹的底气、敏于开拓的锐气。你们品德好，学习好，身体好，就是对学校发展最大的支持，就是对学校发展的最大贡献。

三是以青春奋斗誓做最优秀的自己。每个人的梦想都不是轻轻松松、敲锣打鼓就能实现的。习近平总书记鼓舞青年"志存高远，脚踏实地，让青春无悔"。不论志向多么远大，最终都要落实到实际行动上来，不论抱负多么宏伟，最终都要从脚踏实地开始。交大人最讲实干，全校青年学子要发扬这种优良传统，用实干定义青春，养成实干品质、培养实干能力，把实干作为对追求远大理想、履行青年责任的坚实行动。

要从小事做起，从每道题、每个知识点、每个实验、每次作业、每个课程设计、每篇小论文做起，从生活中的一言一行、日常起居、规律作息做起。要努力与优秀的人在一起养成优秀的习惯，做优秀的事。在一点一滴中增长自己的见识，涵养自己的品行，磨砺自己的意志。

要持之以恒，久久为功。一旦认准了的事情，一旦确定的目标，大家就要撸起袖子加油干、一刻不停歇地干，不能遇到问题就绕着走、碰到矛盾就躲着走。青年学子就是要磨炼克服困难、攻坚克难、善作善成、做成做优的韧劲和拼劲。

要有创新创造意识。实干不是蛮干、不是死脑筋地干。我们就是要在大学思维最活跃的关键时期，把创新能力作为自己的核心竞争力去培养、去挖掘。要善于不断地积累，有了不断的积累，这些脑海中的知识碰撞，就会产生畅想、产生灵感。要敢于奇思妙想，敢于有新点子，敢于突破条条框框，每一次努力，也许还没有达到你的目标，但是，你排除了一个不可能的方案，实际上就是离最优解又近了一步，离成功又近了一步！

最后就是要有团结意识。团结出凝聚力，团结出战斗力。一个学院、一个班级、一个宿舍，大家在一起共同生活、共同学习，是一种缘分。大家要互相取长补短，互相监督，互相鼓劲，营造“比学赶帮超”的浓厚氛围。

同学们、青年朋友们，青春是奋进的力量，青春是拼搏的战场。今天我们纪念五四运动，就是为了更加坚定我们传承好、发扬好、践行好五四精神的理想信念。我们表彰先进、奖励优秀，就是充分展示五四精神在学校改革建设发展中的新发展、新成就、新成果。让我们紧紧团结在以习近平同志为核心的党中央周围，树牢“四个意识”，坚定“四个自信”，坚决做到“两个维护”，以青春之智慧、青春之力量，建设青春之校园，打造青春之交大，开拓青春之局面，为实现交大历史性伟大复兴凝聚更加磅礴的力量！

同学们、青年朋友们，让我们用歌声唱响青春，用激情点燃梦想！用青春奋斗绘出美好人生图景！让我们一起努力、一起拼搏、一起加油、一起奋斗、一起克服困难与改正缺点，一起走向成功与胜利！

谢谢大家。

练就过硬本领　写好“奋进之笔”

——王顺洪书记在 2019 年干部培训班集中开班式上的讲话

（4 月 30 日 14:00 犀浦校区图书馆一号报告厅）

同志们：

大家下午好！

今天，我们在这里集中举行基层党组织书记（副书记）、中层干部政德教育、优秀中青年干部培训班三个培训班的开班仪式。这三个培训班是学校党委贯彻落实党中央、中组部、教育部党组关于加强干部教育培训有关要求，全面加强党的建设，使我们党和国家后继有人的要求开办的；也是进一步树牢全校干部的政治意识、看齐意识等“四个意识”、坚定“四个自信”、坚决做到“两个维护”的迫切需要。

具体一点讲，是建设跟得上学校发展步伐的、政治强的、高素质的、有昂扬向上精气神的、忠诚干净担当的西南交大干部队伍的迫切需要。当然，更是新时代学校改革建设稳定等各项工作和事业发展的迫切需要。因为政治路线确定之后，干部就是决定的因素；因为火车跑得快，全靠车头带，全校要实现快速的优质的可持续发展，必须有一大批优秀干部；因为动车跑得快，每一节动车都要状态好、跟得上，各二级单位不能拖后腿。所以，今天开班的几个班次，直接关乎学校长远发展和未来，学校都做了精心安排，例如有首次开设的优秀中青年干部培训班。请同志们既来之，则安之，重视学习，当好学员。

刚才，富强副书记、学龙副书记、火明常委、旭东部长就班次的情况作了说明，郝辽钢、宋新、王斌三位同志代表培训班学员作了很好的发言。借此机会，就学校干部队伍建设，我谈四点意见。

一是旗帜鲜明讲政治，做政治过硬的干部。

讲政治这个问题，过去我在很多场合讲过，干部培训的时候讲的尤其多。为什么要反复强调？就是因为对党员干部而言，讲政治是第一原则。前段时间，中央公布了新修订的《党政领导干部选拔任用工作条例》，把政治标准放在干部选拔任用的首位，突出了选人用人的政治导向。

党的政治建设是党的根本性建设，决定党的建设方向和效果。保证全党服从中央，坚决维护习近平总书记在党中央和全党的核心地位，坚决维护党中央权威和集中统一领导，是党的政治建设的首要任务。政治问题任何时候都是根本性的大问题,而干部出问题,往往就是政治上出问题,在政治上犯了糊涂。政治讲不好,就是政治觉悟不高、政治立场站不稳,就是理想信念不坚定,就是对自我的人生观、世界观、价值观改造得不够彻底。

习近平总书记指出,政治上的坚定、党性上的坚定都离不开理论上的坚定,中国共产党人的理想信念是建立在对马克思主义的深刻理解之上,建立在对历史规律的深刻把握之上。

领导干部加强理想信念,关键是要补足精神之"钙",既要坚持学深悟透习近平新时代中国特色社会主义思想,坚定中国特色社会主义道路自信、理论自信、制度自信、文化自信,又要坚持不懈地弘扬党的优良传统和优良作风,对我们手中的权力、肩上的责任,都要时刻保持清醒认识。始终牢记情为民所系、利为民所谋、权为民所用,始终保持一个共产党员的本色。理想信念坚定了,政治立场才能站得稳,党性上坚定了,才能对党忠诚,才能对党的事业忠诚,才能够不断对标对表、校正跟紧,切实做到用习近平新时代中国特色社会主义思想武装头脑、指导实践。

干部除了要在理论学习上舍得花精力、花时间,更要在学以致用上下功夫、动脑筋,结合学校工作、单位工作、自身工作去学习,把自己摆进去,把职责摆进去。通过学习,把所学所知所悟转化为做好本职工作、服务学校发展的本领和能力。这次培训,党校推荐了一些自学教材与材料,这个很有必要,同志们务必要认真仔细去研读,要结合自身工作深入思考,提高学习的针对性,多思多想,才能真正学深悟透。近期,学校将组织应知应会测试,这也是一个很好的途径和方法。另外,也借鉴中央党校干部培训方式,在今天开班仪式上进行应知应会知识测试。总之,目的只有一个,教育引导党员干部们读经典、读原文,原汁原味去学,持续提升政治觉悟,提高政治站位,用思想指导行动。

二是增强工作本领,做能力过硬的干部。

当前,世界正处于百年未有之大变局。放眼全球,世界政治格局正发生深刻变革,非西方化和多极化并行,全球化进程不断加快,科技进步与产业发展机遇与挑战并存,国家间的竞争愈演愈烈。在这个关键时期,"变"是唯一的选择与途径,究竟怎么"变",如何"变",历史发展规律说了算。但是,总的来说,改革是主旋律,是动力源。

特别是近年来,"一带一路"倡议、交通强国、高铁走出去等国家战略的不断实施和川藏铁路等国家重大项目的规划建设稳步推进为学校带来了千载难逢的发展机遇,同时学校也面临高等教育深化改革、"双一流"建设、新兴技术高速发展等众多挑战,许多新形势、新任务、新要求已经摆在我们的面前。只有全面深化改革,我们才能掌握主动权;只有全面深化改革,才是学校发展的唯一出路。全体干部要积极应变,主动求变,沉下心、埋下头,转变观念、转变作风、转变方式,以时不我待的精神,牢牢抓住新时代的机遇,苦练内功,增强办学兴校的实际本领。

首先是要增强政治本领。全校干部要切实提高把握方向、把握大势、把握全局的能力和辨别政治是非、保持政治定力、驾驭政治局面、防范政治风险的能力,这是干部成长的首要本领,更是根本性本领,其他所有本领必须建立在政治本领之上。

其次是要增强战略思维。要跳出西南交通大学的框框,站在国家高等教育发展、轨道交通行业发展的高度去思考谋划工作,不能偏安一隅,就事论事完成工作了事。看问题还要有深度,就好比是下棋,走一步要看几步甚至更远,在这个过程中培养战略眼光,提高谋划长远的能力。

最后是要增强改革创新本领。要聚焦学校现阶段面临的"两个主要矛盾",敢于探索、敢于尝试,不要墨守成规,也不要偏执己见,以创新驱动发展,以改革促进发展,解决好学校的民生与发展问题。

三是强化责任担当,当一方干部,谋一方稳定和发展。

当前,中国特色社会主义进入了新时代,我们党义无反顾肩负起实现中华民族伟大复兴的历史使命。新时代是担当者大有可为的时代,也是奋斗者昂扬前行的时代,新时代呼唤勇担当、敢负责、善作为的干部。

习近平总书记指出,能否敢于负责、勇于担当,最能看出一个干部的党性和作风。当前,学校正处于实现历史性伟大复兴的关键时期,要啃的硬骨头多，要渡的激流险滩也很多。作为学校事业发展的中坚力量，我们的干部不论改革难易、问题多少、阻力大小，都要在其位谋其政，勇敢承担起自身责任，以攻坚克难的勇气、无私奉献的境界，趟出赶超发展的新路子。我们的干部还要树立正确的政绩观，要有功成不必在我的精神境界、功成必定有我的历史担当。一代人有一代人的使命，一代人有一代人的责任，只有对历史负责，对广大师生校友负责，我们的工作才能经得起历史的检验。

在今年教育系统全面从严治党工作视频会上，宝生部长指出：要正确对待干部在改革创新中的失误错误，按照“三个区分开来”要求，建立健全容错纠错机制，为敢于担当的干部撑腰鼓劲，让他们放下包袱、轻装上阵，争当教育改革的促进派、实干家。这就是为敢拼敢干敢担当的干部担当。学校党委一直以来旗帜鲜明地为敢于担当的干部担当，为敢于负责的干部负责。这两年，学校党委坚持树立好选人用人的风向标，将敢于谋事干事的干部选拔培育起来，不断增强干部队伍的活力。同时，也着力用好激励干部担当作为的“指挥棒”，建立干部容错纠错机制，切实为敢于担当的干部撑腰鼓劲，真正让担当作为的干部放下包袱、轻装上阵。

四是提升实干精神，做想干事、能干事、干成事、不出事的作风过硬的干部。

作风过硬的干部，首先要讲实干。实干精神是共产党人的实践品质和先进本色，是我们党的优良传统和宝贵财富。当前，学校正全面深化综合改革、加速推进“双一流”建设、大力提升管理水平和现代化治理能力，可以说，任务艰巨而繁重，需要全体干部一步一个脚印、一步一个台阶往前走。

实干兴校，全体干部首先思想上要肯干。干工作就要拿出干事业的精神，不要在位不在岗，人在心不在。

其次是行动上要敢干。要有拼劲，要有闯劲，不能瞻前顾后、畏首畏尾，更不能拈轻怕重、推三阻四，这样的干部成不了事、成不了大事。

实干兴校，关键还要苦干。一旦认准了的事情、确定的奋斗目标，就要一头扎进去，撸起袖子加油干、一刻不停歇地干，不达目的誓不罢休。困难再大，只要肯干总有办法，事情再小，不干也不会得到解决。千里马是跑出来的，你是不是千里马，要跑给大家看，如果整天抱怨，却又不思进取、不肯努力，永远成为不了千里马。

实干兴校，关键还能巧干，创新地干。

作风过硬的干部，一定要有好的执行力。实际上，现在我们面临的很多问题，不是没有政策，也不是没有规划，很多情况下是执行的问题。学校近年来的一些重要工作：校院两级管理体制改革、三校区办学一体化、绩效工资改革等，以前认为很难的工作，都有了实质性的进展，这就是全校上下狠抓执行，严格落实的成果。今后，我们还会有更多更难的工作，情况也更复杂，大家都要把自己当作最后一道防线，不能牢骚满腹，只摆困难、摆短板。学校党委研究制定的决策部署，就要不折不扣地去执行。下一步，学校还会继续推动巡察、监察、督查“三察（查）”联动，确保学校党委的各项决策部署落细落实。

作风过硬的干部，一定要密切联系群众，全心全意为人民服务。习近平总书记强调，为什么人、靠什么人的问题，是检验一个政党、一个政权性质的试金石。干部要真心对师生负责，热心为师生服务，诚心接受师生监督。我们常讲，学校现阶段面临的“两个主要矛盾”，一个是发展问题，一个就是民生问题，民生和发展紧密相连。领导干部要带头改善民生，将师生员工的幸福作为我们永远的追求，和我们发展的落脚点。要持续改善教学条件、生活条件、发展条件及发展空间等方面，要在医疗保障、校园环境和子女教育等方面，想师生之所想、急师生之所急，才会让师生对未来有希望、有盼头，有获得感、归属感、幸福感，才能凝聚起全校上下齐心协力共同奋斗的磅礴力量。

作风过硬的干部，要涵养操守、坚守底线。习近平总书记指出，干部要想行得端、走得正，就必须涵养道德操守，明礼诚信，怀德自重，保持严肃的生活作风、培养健康的生活情趣，特别是要增强自制力，做到慎独慎微。全体干部都要强化纪律意识和法纪观念，坚决守住纪律底线，不能存丝毫的侥幸心理。要保持高度的政治清醒，修身立德，严防风险，守好底线，守住师德，一定要保证不出事，才能干好事。

同志们！领导干部是学校事业发展的骨干部队、是领头雁、是排头兵，我们要认真学习贯彻落实习近平新时代中国特色社会主义思想，自觉将思想和行动统一到以习近平同志为核心的党中央的战略部署上来，统一到学校党委决策部署上来。带好头、立标杆，实干争先、敬业奉献，不负全校师生的殷殷期盼、不负海内外校友的殷切嘱托，为实现学校历史性伟大复兴而努力奋斗！

谢谢大家！

王顺洪书记在“重构人才培养方案”院长研讨班第四次研讨会议上的讲话

（2019年5月9日 15:30 犀浦校区4243研讨室）

各位院长、主任，同志们：

大家下午好！

为落实高校立德树人根本任务，切实做好拔尖创新人才培养工作，构建高水平人才培养体系，按照学校“双一流”建设要求，学校党委决定由教务处、研究生院共同组织开办“重构本—硕—博紧密衔接人才培养方案”院长研讨班。旨在通过对新时代重构本—硕—博紧密衔接人才培养方案的研讨，梳理当前学校与学院在人才培养工作中存在的深层次问题，共同研究完善人才培养工作的顶层设计，共同探讨教育教学改革之路，积极推进以“教”为中心向以“学”为中心的教育范式转变，实现教书与育人有机统一，努力培养德智体美劳全面发展的社会主义建设者和接班人。

截至今天，研讨班先后共开展了四期，研讨专题分别是：构建本—硕—博紧密衔接人才培养方案总体框架；深入推进公共与通识课程教学改革；大力推动学院间合作搭建跨学科教育平台；学院如何更好地落实立德树人的根本任务。研讨班通过主题发言、小组研讨、观点分享、现场一起做方案等方式，让院长们和职能部处的负责同志面对面深入讨论当前学校人才培养中存在的问题、面临的困难和解决的方案。研讨班开得很好、很有成效，对下一步深化人才培养模式改革，构建高水平人才培养体系必将会起到极大的促进作用。这个平台很好，今后其他各部处也可这样，把一些学校办学的重大问题，例如“校办院向院办校转变”“制约学校发展的顽瘴痼疾在哪里？”等，拿到这个平台上研讨。所以我希望这个研讨班升格成学校的研讨班，今后继续坚持办下去、实现常态化，让这一平台切实成为推动学校改革、建设、发展、稳定、民生等各项工作再上新台阶的助推器。

各位院长、主任，同志们！借此机会，我也围绕本期主题，即如何抓好人才培养工作谈三点想法，与大家共勉。

一、人才培养始终居于学校中心地位

习近平总书记指出，高校立身之本在于立德树人。只有培养出一流人才的高校，才能够成为世界一流大学。办好我国高校，办出世界一流大学，必须牢牢抓住全面提高人才培养能力这个核心点，并以此来带动高校其他工作。高校的工作千头万绪，但最最根本、最最核心、最最重要的还是人才培养。人才培养工作做不好，大学也就失去了安身立命的根本。习近平总书记在全国高校思政会上脱稿讲，高校离开了人才培养，那它就是一个研究所，就是一个校办工厂，就是一个经贸公司，就是一个对外交流中心。高校要在做好人才培养工作后，有余力的情况下，才去从事其他工作。在讲到一流大学建设时，总书记又脱稿讲，只有培养出一流人才的高校，才能成为一流大学，不要总是照搬照抄西方大学的标准，在他们身后亦步亦趋，如果是这样，咱们让哈佛、牛津、剑桥等直接到中国来办，不就行了，不是这样的嘛！要扎根中国大地办大学。教育部部长陈宝生在向总书记和党中央汇报高等教育发展成就的时候，介绍到高校在科学研究、科技创新等方面取得的成绩时，总书记插话说，还是要先让老师们把书教好再说。我昨天去川大，见到了到四川调研的教育部郑富芝副部长，两人非常一致地认为总书记对人才培养的思考和关心，既着重当下，又着重看远三十年、五十年乃至更长远的中华民族发展。可见，人才培养在总书记心中的分量有多重！

科研工作、学科建设大家都认为要加强，早就不用扬鞭自加压了！而人才培养则是推石上坡，必须足够重视。所以，全校上下都要清醒地认识到，要办好大学，要建世界一流大学，关键是要培养出世界一流人才。全校各学院院长都要始终把人才培养工作放在第一位，无论任何时候、任何情况都不能放松对人才培养的关注与投入，无论任何时候、任何情况都不能在人才培养问题上犯糊涂。同时，我也坚信，高等教育发展的“指挥棒”也会越来越向人才培养这一核心指标聚焦。国家已经明确，“双一流”评价指标中，会有思政工作等。

二、立德是人才培养工作的“纲”

大家在能力培养、知识提升方面讲得比较多了，我专门讲一讲立德这一方面。高校的所有工作都需要回答一个根本问题：“培养什么人，怎样培养人以及为谁培养人”。习近平总书记指出，我国是中国共产党领导的社会主义国家，这就决定了我们的教育必须把培养社会主义建设者和接班人作为根本任务，培养一代又一代拥护中国共产党领导和我国社会主义制度、立志为中国特色社会主义奋斗终身的有用人才。这是教育工作的根本任务，也是教育现代化的方向目标。简而言之，我们要培养的就是又红又专、德才兼备的社会主义建设者和接班人。

在人才培养工作中，不断强化“又红又专”的“红”和“德才兼备”的“德”，最根本的就是要不断加强和改进思想政治工作，解决好世界观、人生观、价值观这一总开关问题，教育引导学生树立共产主义远大理想和中国特色社会主义共同理想，教育引导学生热爱和拥护中国共产党，立志听党话、跟党走，立志扎根人民、奉献国家，教育引导学生培育和践行社会主义核心价值观，帮助广大青年学生坚定理想信念、厚植爱国情怀、锤炼品德修为。这是人才培养工作的第一要务，更是决定人才培养工作成败的“定盘星”。

在这里，需要引起大家注意的是，通识教育不等同于思想政治教育，更不能替代思想政治教育。相反，通识教育要纳入思想政治教育的大框架之下，没有思想政治教育来导航，通识教育很有可能陷入西方教育模式的“迷阵”。所以，习近平总书记在学校思想政治理论课教师座谈会上明确指出，我们办中国特色社会主义教育，就是要理直气壮开好思政课，用习近平新时代中国特色社会主义思想铸魂育人，引导学生增强中国特色社会主义道路自信、理论自信、制度自信、文化自信，厚植爱国主义情怀，把爱国情、强国志、报国行自觉融入坚持和发展中国特色社会主义事业、建设社会主义现代化强国、实现中华民族伟大复兴的奋斗之中。全校上下都要不断提升对思政课重要性的认识，不仅要重视思政课，更要支持思政课，领导干部还要带头上好思政课。思政课与专业课要相互促进、相得益彰，帮助学生实现学做人与学做事的有机统一。

三、把总书记对人才培养工作的要求落到实处

各位院长、主任，同志们！学院是人才培养的主体，人才培养工作各项要求能否落实落地，院长是关键角色，也是中坚力量。近年来，学校人才培养工作取得了长足进步，与学院、与院长们的拼搏努力、辛勤付出是分不开的。新时代的人才培养工作，大家的使命更加崇高，责任更加重大，不仅要有抓好人才培养工作的情怀，更要有抓好人才培养工作的担当。这里，我也向各位院长提几点工作要求：

首先是要把人才培养作为本单位各项工作的焦点。学院有大有小、学科类别不尽相同，学院的科研工作、师资队伍建设、对外交流合作等各项工作都要围绕人才培养来开展。凡是涉及人才培养工作，经费、指标、资源，该投的投、该给的给、该配的配。只有把人才培养作为核心中的核心、重点中的重点，院长才是一名称职的院长，主任才是一名称职的主任，学院也才能与时俱进，实现真正的发展。

其次是要带头做学生的知心人，做学生的引路人。要心里要装着学生，冲在人才培养工作第一线，案头上把人才培养放在最显眼的地方。我们要直接联系一个学生党支部、联系一个学生宿舍、联系一名入党积极分子，等等，以点带面，形成辐射效应。平时工作中也要多到学生中间走一走，多进课堂为本科生上上课，和学生面对面交流、零距离接触。在学生困难的时候拉一把、帮一下，在创新创业、毕业求职、婚恋交友等方面多操操心、困难的时候鼓励他们勇往直前、振奋精神、重拾信心。院长把头带好了，一个单位的全员育人氛围就能好起来、浓起来。

马上就是学校建校 123 周年校庆了。校庆时，为什么有的年级、有的班级来的校友多，有的来的少，实际上与他们在校时，我们的人才培养工作、教育教学工作、学生工作做得好坏有直接关系。他们在校时，各项工作好、各项工作到位，他们就爱校，他们在校庆时来的就多，成才后给学校捐赠的就多，支持学校发展就多！所以，从这一点讲，今天的人才培养是一项长投资，院长们要有更长远的眼光。我也总讲，校友们是学校的流动名片，所以，我们今天人才培养的质量，实际也是学校发展的影响力、软实力。

再次是要高度重视思想政治工作。把做好思想政治工作作为人才培养的根和魂。我们要按照总书记的要求，引导青年学生树立远大理想、热爱伟大祖国、担当时代责任、勇于砥砺奋斗、练就过硬本领、锤炼品德修为。一名优秀的院长，应该就是一名优秀的思想政治工作者，会运用一切场合、一切载体、一切方式做好思想政治工作。在我们党政班子内，一定要有这个意识，不能把思想政治工作简单说是学生工作，说是学生工作组的工作，要用思政工作引领我们的教书育人、科研育人、实践育人等，编织全方位的思政工作体系。

最后是人才培养工作要守正创新。我们这个研讨班的主题是“重构人才培养方案”，里边包含两层意思，一个就是守正，就是要牢牢坚持社会主义办学方向，就是要牢牢坚守我们的人才培养优良传统，这是原则，也是我们创新的基础和前提，这个方向我们必须时时刻刻把稳、把准、把牢，不能动摇。创新，就是要与时俱进，往前看，向前发展，确保我们的人才培养跟上中央的要求、跟上时代的要求。

院长们，同志们！让我们一起努力、一起奋斗，不断把学校的人才培养工作推向更高的高度，积极完成党和人民赋予学校的历史使命和时代责任！

谢谢大家！

王顺洪书记在学校巡视整改工作领导小组（扩大）会议暨巡视整改落实情况督查及“回头看”工作动员会上的讲话

（2019 年 5 月 15 日 14:00 犀浦校区综合楼 148 会议室）

同志们：

下午好！按照学校党委的工作安排，今天我们正式启动巡视整改落实情况督查及“回头看”工作。习近平总书记多次强调，巡视发现问题的目的是解决问题，发现问题不解决，比不巡视的效果还坏，做好巡视“后半篇文章”关键要在整改上下功夫。学校党委开展巡视整改落实情况的督查及“回头看”，就是坚决落实中央要求，紧紧抓住“六个围绕、一个加强”，对全校的巡视整改进行再梳理、再把关、再排查、再加压，认真查一查、仔细看一看各责任单位整改的思想是否到位、整改的责任是否到位、整改的措施是否到位、整改的效果是否到位。我们查得越严、看得越仔细，问题发现得越多、挖得越深，巡视的震慑、遏制和治本作用才能发挥得越充分、越到位、越彻底，学校的发展根基就会越牢靠、后劲就会越足，学校才能站在新的更高的起点，谋划发展、推进改革。

巡视整改落实专项督查要做到以下四个方面：

一是要督站位。习近平总书记强调，巡视是党内监督的战略性制度安排，必须有权威性，成为国之利器、党之利器。学校党委在各种场合也一再强调，全校上下要提高思想认识，精准把握政治巡视定位，深刻领会新时代巡视工作的重要意义。我们要督一督各责任单位思想认识是否到位，是否站在“世界正处于百年未有之大变局”“我国处于近代以来最好的发展时期”的战略高度；是否站在“巡视整改不落实，就是对党不忠诚”的政治高度；是否从推进学校事业健康发展，加快推进“双一流”建设的长远考量，把巡视整改作为重大政治任务抓紧抓牢抓细抓实；是否存在“表态多调门高、行动慢落实少”“整改措施不硬不实”等形式整改、虚假整改、敷衍整改的情况。我们还要查一查各责任单位党支部在巡视整改中是否发挥了战斗堡垒作用；党组织书记是否和学校党委同心同德同向同行，真正担负起第一责任人的责任；是否作表率、带头干，做到直接部署、直接落实、直接协调、直接督办。这是检验责任单位、领导干部对党忠诚不忠诚、“四个意识”强不强的“试金石”。

二是要督行动。落实巡视整改关键在行动，督一督各责任单位是否在第一时间对巡视整改进行了安排部署，做到了“党委有部署，单位就有行动”。我们要坚持结果导向，200 项巡视整改任务是否做到了逐条剖析，是否做到了事事有回音、件件有落实。对于小问题是否即知即改；对需要一定时间去解决的问题，是否拿出了切实可行的工作方案、路线图和时间表；对于历史遗留问题、长期存在的“牛皮癣”问题，是否有“咬定青山不放松”的勇气，是否有“大胆突破、大胆创新”的智慧，是否有“敢攻艰中之艰、勇克难中之难”的韧劲。重视整改结果，更要重视整改过程。巡视整改的过程也是自我净化、自我完善、自我革新、自我提高的过程。我们要调阅包括整改方案、工作报告、相关会议纪要、会议记录等各支撑材料，查一查方案是否科学、决策是否准确、记录是否清楚、材料是否完备，推动各单位做好巡视整改各项资料归档管理工作，集中展示巡视整改任务的落实情况和整改成果。

三是要督效果。巡视整改不仅要看态度、看行动，更要看效果。学校党委旗帜鲜明反对“一阵风”“运动式”“不重效果”的整改，背后的深意就是要对巡视整改一抓到底，让巡视整改成为推动学校发展的持久动力。效果要看“当下”。巡视反馈的七大类问题的整改措施是否到位了、病灶是否被切除了，是否达到“药到病除”的效果。效果要看“长远”。各责任单位是否都认真吸取教训，深刻剖析根源，研究治本之策，坚持问题整改和建章立制同步推进，着力构建自我发现问题、主动整改问题、有效解决问题的常态长效机制，形成工作闭环。效果要看“前后”。通过整改，各责任单位整体的精神面貌、工作状态、服务质量是否有了新气象、新变化、新进步，大家的干劲、闯劲、拼劲是否都激发出来了。效果要看“左右”。将本次接受专项督查的 22 家责任单位拉出来，比一比、亮亮相，是否都改出了敢于争先、敢于拼搏、敢于胜利、敢于冒尖，敢做排头兵、当表率的责任和担当。

四是要督深化。巡视整改不可能一劳永逸，必须以钉钉子精神常态抓、长久抓，决不能松口气、歇歇脚。教育部党组巡视组反馈的问题，只是划出了重点，明确了努力方向，仍需要我们抓深化、抓拓展、抓延伸，坚定不移推动巡视整改向纵深发展。比如，巡视组指出了我们在本科教育存在问题，研究生教育是否也要认真对照、自查自省；指出了峨眉校区管理中存在的问题，那么成都校区是否就做得很好呢？我们就要督一督各责任单位是否存在“头痛医头脚痛医脚”的问题，是否在当看客、看热闹，是否做到了真认账、真反思、真整改、真负责；是否适应新形势、新任务、结合新精神、新要求，不断丰富和深化各项整改方案，自我加压、自我增负，以更高的站位、更高的标准、更高的要求，把工作存在一些不好的做法、不好的习惯一并整改，真正做到以巡促改、以巡促建，坚持不懈用巡视整改开创本单位工作新局面，推动学校事业发展再上新台阶。

同志们，党的十九大报告指出，坚持发现问题、形成震慑不动摇。只有始终把发现问题作为主要任务和衡量质量的标准，才能发挥出巡视震慑、遏制和治本作用。发现问题是督查工作的生命线，解决问题是督查工作的落脚点。我们还要注意以下几点：

一是巩固成果。督查组要按照教育部党组的巡视整改要求，按照学校党委的安排部署，严之又严、细之又细地开展工作。要直奔问题，直捣病灶，把整改不实、整改不细、整改不严的问题挖出来，对发现的有关情况和问题，要进行再梳理、再研究、再落实，整改标准也要更高、更严、更实，不能碍于情面、遮羞护短，不能摆样子、走过场，要让全校师生看到学校党委狠抓巡视整改、一抓到底的决心和信心。

二是加强问责。还是那句话，问责一个，警醒一片。学校党委问责的决心决不动摇。要把督查成果作为干部考核评价、选拔任用的重要依据。对于巡视整改不力的单位和个人，要进行严肃问责，不管涉及哪一级的领导干部、哪一个部门，都要一问到底、绝不姑息，坚决维护巡视工作的权威性和严肃性。

三是锤炼干部。专项督查工作时间紧、任务重、压力大，是一个干部磨炼意志、提升能力、积累经验、警示教育的重要平台。我们要充分发挥专项督查工作“熔炉”作用，不断锤炼干部忠诚干净担当的政治品格，不断提升能力素质、业务水平，为学校改革建设发展发现、培养、锻炼一批干部。

四是涵养生态。通过专项督查，进一步深化巡视整改，努力推动校园生态呈现新气象。广大党员干部、师生更敢担当、更有闯劲、更讲团结、更重实干，全校上下团结一致向前冲、撸起袖子加油干的精气神和拼搏斗志要有大提升、大转变、大进步，为立德树人、培养德智体美劳全面发展的社会主义建设者和接班人营造良好的育人环境。

同志们，学校党委主动开展巡视整改落实专项督查，是我们树牢“四个意识”、坚定“四个自信”、坚决做到“两个维护”的集中体现，也是我们坚持社会主义办学方向，履行立德树人根本任务的实际行动，更是我们推动“双一流”建设加快发展、特色发展、高质量发展，努力实现学校历史性伟大复兴的强大动力。全校上下：

一是坚定巡视整改永远在路上的政治态度。学校党委反复强调，巡视整改只有进行时，没有完成时，巡视整改永远在路上。抓整改既不能一阵风、抓一阵缓一阵，也不能停在表面、就整改抓整改，必须持之以恒、举一反三、驰而不息。虽然我们向部党组上报了巡视整改阶段性成果，得到部党组和巡视办的认可。这一仗打得很好、很漂亮，但不能有过关闯关、一劳永逸的想法，不能有初见成效就见好就收，不能有阶段性完成就大功告成的想法。2020 年学校即将面对第五次学科评估“大考”；三校区办学一体化仍没有完全破题，峨眉校区“三地一园”建设目标任重道远；等等。行百里者半九十，在复兴交大、建设一流大学的伟大征程中，仍有激流险滩，仍有巨石拦路，我们要迈的坎还有很多、要走的路还有很长。我们必须凝心聚力，付出更为艰巨、更为艰苦的努力，持续深入抓好巡视整改。以巡视整改的干劲，以巡视整改的标准、以巡视整改的智慧，加快推进学校“双一流”建设，全面落实立德树人根本任务，纵深推进学校综合改革等，实现巡视整改与学校中心工作“两结合”“两促进”。

二是要正确处理整改与和谐稳定的关系。当前，学校正在同期开展国有资产专项检查整改、党政主要负责同志经济责任审计整改、“三公经费”专项检查整改、本科教学审核评估整改等重要整改。这些整改工作都是硬任务，必须无条件往前推进，确保整改任务如期完成。同时我们也必须看到，整改越深入，困难越具体，任务越艰巨。不少整改任务牵扯面很广、涉及一些人的既得利益等现实情况。因此，必须坚持稳中求进总基调，时刻绷紧安全稳定这根弦，处理好整改与和谐稳定之间的关系，把握好整改工作的方式方法和艺术，科学谋划、统筹安排、积极稳妥把握节奏，确保整改工作平稳有序。要做到政策解释先行，舆论引导先行，思想政治工作先行，要一人一策、一事一策，善于化干戈为玉帛，善于积小胜为大胜。切忌“强推强拆、粗暴执法”，越是复杂任务，工作中越要慎之又慎、严之又严、细之又细、实之又实，积极防范和化解各类风险，不能让整改工作成为校园安全稳定的“引爆点”。

三是为学校全面发展提供持久动力。专项督查工作要立足全局、着眼全局、服务全局，最终目的是加强党的全面领导，推动党中央和部党组决策部署在学校得到贯彻和落实，推动学校事业健康发展，确保学校始终成为“两个维护”的坚强阵地。全校上下不能为了整改而整改，也不能就整改谈整改，要立足学校的办学方向、办学目标、办学特色、办学基础，进行全方位系统性的整改，自觉将整改工作与深入学习贯彻习近平新时代中国特色社会主义思想、党的十九大精神，以及全国教育大会、全国高校思想政治工作会议精神，与学校的中心工作有机结合、同步推进，以此实现学校整体作风大转变、整体效能大提升、整体面貌大变化，让整改工作为学校改革建设发展助力。

同志们，站在新的历史起点上，让我们以习近平新时代中国特色社会主义思想为指引，树牢“四个意识”，坚定“四个自信”，坚决做到“两个维护”，将巡视整改持续引向深入，在实现学校历史性伟大复兴征程中，焕发新面貌、展现新作为、实现新发展。

谢谢大家！

不忘初心再出发

——王顺洪书记在“不忘初心，交通强国”图片展开展仪式上的讲话

（2019 年 5 月 16 日 15:00　犀浦校区校史馆）

老师们、同学们：

大家下午好！

今天我们相聚红色历史展览馆，共同见证“不忘初心，交通强国”图片展开展。首先，我谨代表学校党委，向图片展顺利开展表示热烈祝贺，向参加开展仪式的老师们、同学们致以亲切的问候！

西南交通大学因路而生、因路而兴、因路而强。回顾 123 年的办学历程，我们始终秉承“灌输文化尚交通”的历史使命，牢牢扎根中国大地办大学，为国家轨道交通事业发展做出了不可磨灭的贡献。学校 123 年的办学历史，就是一部国家轨道交通事业从无到有、由弱到强的发展史，就是一部波澜壮阔的高等教育变迁史，更是一代代交大人为中国人民谋幸福、为中华民族谋复兴的奋斗史。

只有铭记历史，方能更好地前进。今天，学校在红色历史展览馆，启动“不忘初心，交通强国”图片展，以图片追溯学校 “红色基因”，以图片再现拥有 123 周年办学历史的西南交大育人救国、科教兴国、交通强国的辉煌历程，以图片记录一代一代交大人敢于奋斗、敢于拼搏、敢于胜利的顽强精神。我们要用好用足交大先辈们创造的宝贵精神财富，把这里打造成学校践行立德树人根本任务，以文化人、以文育人的重要载体，打造成学校开展爱国主义教育的重要基地，打造成学校弘扬和培育交大精神的重要阵地。

老师们，同学们！交通强国已上升为党的意志和国家战略，充分彰显出交通在实现中华民族伟大复兴、建设社会主义现代化强国进程中的重要地位与关键作用。作为一所交通特色鲜明的历史名校，我们要树牢“四个意识”、坚定“四个自信”，坚决做到“两个维护”，坚决贯彻以习近平同志为核心的党中央作出的交通强国这一重大战略部署，深刻把握建设交通强国的新形势、新任务、新规律，深入推进“双一流”建设，落实立德树人根本任务，不断为交通强国战略提供强有力的智力支持与人才支撑。

老师们，同学们！一代人有一代人的使命，一代人有一代人的担当。交通强国，是新时代赋

予交大的神圣使命；不忘初心，是激励交大人不断前进的根本动力。今天，实现学校历史性伟大复兴的“接力棒”已交到我们手上，让我们不忘初心、牢记使命，共同传承交大先辈为人民谋幸福、为民族谋复兴的家国情怀，共同铭记一代又一代西南交大人的“初心”与“使命”，秉承先辈志向，坚守交大精神，一起奋斗、一起拼搏、一起加油，更加豪迈、更加坚定、更加自信地走好今天的路，共同谱写实现中华民族伟大复兴的西南交通大学新篇章！

最后，预祝图片展圆满成功。预祝全体师生身体健康、工作顺利、阖家幸福！祝母校生日快乐，未来更加美好！

谢谢大家！

让峨眉之光照耀交大未来

——王顺洪书记在《竢实扬华——峨眉时期》纪录片首映式上的讲话

（2019 年 5 月 17 日 14:00　九里校区国际会议厅）

各位老学长、老领导，

各位来宾、各位校友，

老师们、同学们：

大家下午好！

历时 800 多个日日夜夜的辛勤录制、精心编排，《竢实扬华——峨眉时期》纪录片在建校 123 周年的重要时刻，终于和广大师生校友见面了。首先，我谨代表学校，向为纪录片的面世付出辛勤汗水、给予无私帮助的广大校友、社会各界朋友们，致以最诚挚的谢意！

这是一部承载着交大人峨眉记忆的恢宏巨制。1964 年，为积极响应党中央“大三线”建设号召，学校毅然决定内迁，开启了交大苦难辉煌的峨眉时期。唐山铁道学院拥有了一个新的名字——西南交通大学，筚路蓝缕、薪火相传的唐山交大扎根祖国西南接续奋斗、再谱新篇。峨眉山脚下的琅琅读书声，峨眉校园的三尺讲台，孕育了一批又一批矢志民族复兴伟业的卓越人才，在艰苦的环境中创造了一个又一个新的辉煌！

这是一部凝结着交大人峨眉精神的历史史诗。交大的峨眉时期，延续着竢实扬华的精神追求，传递着自强不息的精神力量，艰难困苦中孕育产生了“团结奋斗、艰苦朴素、实事求是、开拓创新”的峨眉精神，续写着交大人的壮丽凯歌。这一伟大的峨眉精神，是西南交大 123 年文化宝库中的重要瑰宝，彰显着交大的坚韧品格，述说着几代交大人的刚毅与果敢，闪耀着中华优秀传统文化的耀眼光芒。

这是一部照耀新时代交大人复兴梦想的奋斗宝典。新时代是奋斗者的光荣时代，是实现中华民族伟大复兴中国梦的奋进时代，更是当代交大人实现学校历史性伟大复兴的光辉时代。今天的西南交通大学，从峨眉时期走来，奔腾在充满希望的大路上。历史给人以启迪，给人以智慧，给人以力量。谱写实现中国梦的西南交大篇章，需要传承峨眉精神，汲取峨眉力量，让峨眉之光照耀交大未来！

交大的峨眉时期镌刻着无数交大人的精神寄托，承载着几代交大人的奋斗岁月与难忘青春。此时此刻，我们无比怀念那些在峨眉时期满腔热血挥洒汗水、开创交大峨眉辉煌的先辈们！同时，我们也向那些历经了艰苦卓绝的峨眉时期，至今依然为交大复兴默默耕耘的教工校友致以最崇高的敬礼！

峨眉时期的百味岁月永远鲜活，伟大的峨眉精神永垂不朽！愿今天的交大人，不忘初心、牢记使命，踏着先辈们的足迹，为复兴交大、创建一流大学作出无愧于祖国、无愧于时代、无愧于历史的新贡献！

最后，预祝首映式圆满成功！祝各位来宾、各位校友，老师们和同学们，工作顺利，学习进步！

谢谢大家！

王顺洪书记在“蓉”归故里·西南交通大学校友返校日活动上的致辞

（2019 年 5 月 18 日 10:45　犀浦校区体育馆）

尊敬的罗强市长，
各位领导、各位来宾，
老师们、同学们、校友们：

大家上午好！首先，我谨代表西南交通大学，向莅临学校的各位领导、来宾表示热烈的欢迎，向长期以来支持学校发展的成都市委市政府，以及社会各界表示衷心的感谢！

名城哺育名校，名校滋养名城。30 年前，西南交通大学与成都正式结缘，开启了交大的“天府时代”。30 年来，我们同望西岭雪，共饮锦江水，结下了坚不可摧、历久弥新的真挚情谊。翟孙模型、职务科技成果权属混合所有制改革、交大磁浮、“熊猫”空铁……西南交大的每一次重大创新、重大突破、重大进步，都镌刻着成都印记、彰显着成都智慧、凝聚着成都力量。2016 年，学校与成都市人民政府共同签署了《深入推进全面创新改革 共建世界一流大学战略合作框架协议》，将双方合作提升到新的战略高度，开创了校地互利共赢新局面。成都让交大这座历史名校焕发出更加鲜明、更加奋进、更加昂扬的时代色彩，“思想开明、生活乐观、悠长厚重、独具魅力”的天府文化，也滋养着一批又一批交大人，为民族复兴、国家富强、区域发展贡献智慧和力量。

紧密合作源于我们心灵相通、情感相亲，风雨同舟归功于我们携手相伴、守望相助。当前，世界正处于百年未有之大变局，我国正处于实现“两个一百年”奋斗目标的历史交汇期。高校的发展、城市的繁荣，面临着诸多共同的机遇与挑战，承担着同样神圣的责任与使命。我们愿把交大“建设交通特色鲜明的综合性研究型一流大学”的奋斗目标，与成都“建设国家中心城市、美丽宜居公园城市、国际门户枢纽城市和世界文化名城”的发展愿景紧密结合，做互信互助的真诚伙伴，互利共赢的紧密搭档，互联互通的知己朋友，共同推动校地协同发展向更深层次、更高水平迈进。

今天，我们再次携手，共同举办“‘蓉’归故里·校友返校日”活动。西南交大将以之为契机，进一步深挖合作潜力，深化协同创新，树立校地深度融合新典范；进一步激发广大校友扎根成都、服务成都、建设成都的热情，营造校友“‘蓉’归”文化；进一步提升校友工作水平和质量，开拓校友服务新领域，让校友与母校携手迈向新未来。

我们也真诚希望成都市委市政府一如既往继续支持关心学校改革建设发展，共生繁荣，共筑辉煌，共同为实现中华民族伟大复兴中国梦做出新的更大的贡献！谢谢！

王顺洪书记在新入职教师专题教育结业式上的讲话

（2019 年 5 月 24 日 14:00　犀浦校区综合楼 148 会议室）

老师们：

大家下午好！首先，我代表学校党政班子全体成员，代表徐飞校长，对大家圆满完成专题教育培训并顺利结业，表示热烈祝贺。刚才四位教师代表作了非常好的发言，把各自入校以来在课堂上、讲台上的一些经验体会和大家做了分享，对学校改革、建设、发展也提出了很多很好的建议，我很受感动，也很受启发。这里我也谈几点意见：

一、要以更高的政治站位担负立德树人神圣使命

高校的工作千头万绪，但最最根本、最最核心、最最重要的还是人才培养。习近平总书记强调，只有培养出一流人才的高校，才能够成为世界一流大学。人才培养工作如果做不好，大学也就失去了安身立命的根本。在座的 147 名新教师，大家的学科专业、研究领域、学术兴趣不尽相同，有的在教学一线，有的在科研一线，有的在管理一线，但大家有一个共同的使命，就是培养人，每个人都是育人者，每个人都是西南交通大学的育人环境。完成好这一神圣使命，一定要有更高的站位、更宽的视野、更远的考量，充分认识新时代高校人才培养工作的极端重要性。

当今，世界正处于百年未有之大变局，中华民族正处于近代以来最好的历史时期，中华民族千年求索、百年奋斗的伟大梦想即将变成现实，建成社会主义现代化强国、实现中华民族伟大复兴中国梦进入了最为关键的历史时刻。而这一关键历史时期，我们对高等教育的需要比以往任何时候都更为迫切，对科学知识和卓越人才的渴求比以往任何时候都更为迫切。越是人才济济、群星璀璨，实现中华民族伟大复兴就底气越足、动力越足。比如，面对中美贸易摩擦问题，大家要站在“百年未有之大变局”的高度来分析，站在“中华民族千年求索、百年奋斗的伟大梦想即将变成现实”的角度去看。

党的十八大以来，习近平总书记先后亲自提议召开了全国高校思想政治工作会议、学校思想政治理论课教师座谈会等重要会议，均是新中国成立以来的第一次。总书记还经常性深入高校并同师生座谈，多次主持会议审议教育重大议题，就高等教育发展和人才培养工作作出一系列重要讲话、指示批示，并进一步强调指出，把青年一代培养造就成德智体美劳全面发展的社会主义建设者和接班人，是事关党和国家前途命运的重大战略任务，是全党的共同政治责任。可以说，高等教育和高校的人才培养工作从来没有像今天这样受到这么高的关注和重视。这是高校立足新时代实现新发展的重大战略契机，更是我们每一位教师施展才华、实现远大抱负的重要人生际遇。

二、要以更强的责任担当把握教师的角色定位

习近平总书记强调，教师是人类灵魂的工程师，是人类文明的传承者，承载着传播知识、传播思想、传播真理，塑造灵魂、塑造生命、塑造新人的时代重任。所以，培养什么样的人、怎么培养人、为谁培养人，都是我们作为教师要认识清楚的重要问题。教书育人，科研育人，以及用好自己在校任教的各个环节育人，一直要铭记在脑海中，落实在行动上，做一名称职的老师。

一名称职的教师，就是要进课堂、讲好课。这是教师的看家本领，也是新入职教师必须要迈出的一步。我们要牢牢坚守课堂主阵地，把上好课作为主责主业和首要任务，在教学上投入更多精力、下更大功夫，争取把每一门课、每一节课都上成精品、上成品牌、上成“金课”。

一名称职的教师，还要严守课堂纪律。学术创造是自由的，但课堂讲授是有纪律的、有规范的。学校积极鼓励广大青年教师在学术生命力和创造力最旺盛的黄金年龄，研究未知、探索新知。学校也制定了“双轨制”聘用管理实施方案，支持和激励中青年科研人员，特别是刚入职的青年教师，在进校后的头几年，不上课或少上课，潜心科研，大胆创新。但是，在课堂上怎么讲要有规范，不能信口开河，不负责任给学生造成思想认识上的混乱。我们学校在这方面是有深刻教训的。

一名称职的教师，还要立志成为一名优秀的思想政治工作者。教学活动贯穿学生学习生活全过程，对学生思想、观念、行为的影响最直接。我们不能只做单纯搬运知识的“教书匠”，而是要做塑造学生品格的“大先生”，把专业课堂和课程思政结合起来，在思想政治工作中发挥自己的专业优势、学科优势，更好地担起学生健康成长指导者和引路人的责任。

一名称职的教师，还要在科研等其他各类教学工作中育人。科研与育人，实践与育人，网络与育人，等等，它们的关系是相互统一、相互促进的，不能将科学研究、社会服务等与育人对立来看。青年教师不仅要认识到自己是科研、服务等战线上的主力军和生力军，更要时刻提醒自己做的是培养人的工作，更多思考如何深入挖掘全校各项工作中的育人功能，用行动落实“三全育人”工作要求。

大家对教师的定位精准了、认识到位了，今后对待学生时，就会多一份责任、多一份担当；对待教育教学中的一些困难波折，就会多一份坚韧、多一份执着；面对工作中的一些苦和累，就会多一份坦然、多一份豁达。总之，就是要按照总书记要求，立志做学生锤炼品格的引路人、做学生学习知识的引路人、做学生创新思维的引路人、做学生奉献祖国的引路人。站得越高，大家才会看得越远，今后也会走得越远、越顺。否则，就容易混日子，欺骗自己，也耽误了学生。

上天是公平的，给每人每天都是 24 小时。入职的时候大家水平相当，若干年后区别逐渐显现，是因为每个人付出努力的不同。总体而看，成功的人都在不停努力奋斗、努力拼搏，就像登山一样，有的人靠着执着的韧劲坚持不懈地向山顶攀登；有的人边走边看，走走停停；有的人走着走着就被困难吓倒，下山了，时间一长，差距就更明显了。

三、要以更严的标准对待自己的成长发展

青年教师是高校肩负立德树人根本任务的骨干力量，也是肩负复兴交大历史重任的希望所在。青年教师有理想、有担当，学校的发展就有源源不断的强劲动力。今天，大家顺利通过了入校第一次考核，从教之路、科研之路、职业之路也刚刚起步。今后的路还很长，大家一定要开好头，以更严的标准要求自己，踏踏实实走好每一步。

首先是要信念过硬。习近平总书记强调，传道者首先要明道。教师“为谁教，教什么，教给谁，怎样教”，其中“为谁教”是首位的。大家今后都要走进课堂、走上讲台，与学生面对面，传授知识，传授做人的道理。作为教师，自己首先要挺直腰杆、使足劲，成为先进思想文化的传播者、党执政的坚定支持者，不断加强政治理论学习，在政治立场、政治方向、政治原则、政治道路上，与党的思想路线方针政策保持高度一致。如果在“为谁教”上含糊不清、摇摆不定，甚至与党的主张和国家意志背道而行，大家今后的前进方向就会迷失，就无法担起学生健康成长指导者和引路人的责任。我们培养出来的学生将来可能就会走歪路，在大是大非、善恶曲直等各方面就会犯错误。

其次是要师德过硬。百年大计，教育为本；教育大计，教师为本；教师大计，师德为本。最近几年，高校师德师风问题频发，部分教师屡屡突破师德师风底线，根子上还是在道德品行上出了问题，思想道德关口没有守好。学校刚刚出台了《教师师德失范行为处理办法》，就是让我们的老师明白红线、高压线在哪里。警钟长鸣，绝不可逾越师德师风底线，有与教师身份严重不符、在社会上造成不良影响的言行，其实也是对我们老师的一种警示。在这里，我也要告诫大家，作为刚入校的年轻人，人生的路还有很长，一定不要给自己的将来“埋地雷”。一旦对自己要求下降，对发表的论文没有严格要求，今后都可能会成为个人发展的污点，大家要警钟长鸣。每个人的发展都不可限量，谁能确定我们这一屋子里不会出院士呢？等到二十年、三十年后，当大家成为院士或成为某个领域的专家时，以往的所作所为都会被重新翻出来，现在的不小心可能就会成为今后发展过程中的一颗炸弹。

教师是学生做人的一面镜子，要坚持树人先树己、树己先树德。当今社会知识迭代速度不断加快，我们传授给学生的知识可能会陈旧、甚至被淘汰，但教师身上的人格魅力是永恒的。所以，我们的老师还要多到学生中间去，关心他们的学业、关心他们的生活、关心他们的交友、关心他们的情感、关心他们的择业，等等。我们青年教师还要主动请缨，向我们的书记、院长提出，要去联系一个班、一个党支部、一个学生宿舍，心贴心地做学生的知心朋友。在关心学生、帮助学生的过程中教育学生、引导学生，也实现个人的成长与进步。

再次是要学识过硬。渊博的知识是我们的安身立命之本，是我们的核心竞争力，也是建设高素质专业化教师队伍的应有之意。教师要想给学生一碗水，自己必须得有一桶水，甚至是源源不断的源头水。特别是现在信息爆炸、“互联网+”时代，学生获取知识的来源非常丰富，不再拘泥于课堂，不再拘泥于书本，不再拘泥于老师。这对我们老师就提出了更高的要求。如何把一堂课上得好、讲得精彩，考验的是大家的水平、大家的能力。

大家要依然保持读本科、读研究生时期，高昂的学习劲头、学习的精气神，天天充电、时时充电，而且要比学生学得更快、学得更多、学得更杂，引领校园爱学习、抓学习的风尚。不仅仅是专业知识，还要不断从优秀传统文化中汲取营养、从红色革命文化中汇集力量、从当代先进文化中寻找前进的方向。以扎实的学识赢得学生尊重，以大胆创新的精神赢得学生尊重，在讲台上站得稳、立得住、挺得直，持续增强课堂的吸引力和感染力。

学习态度决定人生高度，健康体魄增添生活味道，学习和健康是人生最重要的两件事，但因为学习和健康不紧迫，常被大家放在一边，作为青年教师，一定要加强学习，保持健康，投身到教育教学工作中。

最后是要本领过硬。在座的各位青年教师，都是国内外名校的尖子生、佼佼者，进入学校，肯定是信心满满，想着如何立一番大业，做一番大事。但是，任何梦想都不是轻轻松松、敲锣打鼓就能实现的，也不是等来的、喊来的、想出来的，而是一步一步、踏踏实实，拼出来、干出来的。在 5 月 18 日学校校庆纪念大会上，20 位老教授荣获“机械百年教书育人贡献奖”。他们中间很多都是在平凡、普通的工作岗位上，日复一日，年复一年，靠着不断拼搏才取得今天这样成就的。比如沈志云院士，把整整 70 年的岁月奉献给中国铁路和学校，成就了他“中国高铁奠基人”的无上荣耀。我们身边还有以钱清泉院士、翟婉明院士等为代表的教师楷模，他们都是在青春岁月不断奋斗，才获得了今天的成功，都需要我们青年教师去学习。

如何上好一门课，如何创新一个教学方法，如何攻克一个技术难题，如何打磨一篇高质量的论文，等等，都需要我们的坚持，在不断的失败和挫折中磨砺自己的过硬本领。只有超乎常人的付出，才会有超乎常人的成就。任何投机取巧，贪图安逸、光说不干，不下苦功夫，三天打鱼两天晒网的状态，是注定成不了大事的，想成为一名称职的高校教师的梦想，就会变成“水中月、镜中花”。所以，老师们也要珍惜好宝贵的青春年华，抓紧时间练就过硬本领，敢走前人没走过的路，出前人出不了的成果，为实现自己的梦想和目标，持之以恒地加油干、努力干、拼命干！

老师们，大家都是有思想、有理想、有抱负、有行动的青年才俊，在追求卓越的道路上，要承担繁重的教学、科研任务，面临来自生活、工作上的双重压力。学校党委将做大家的坚强后盾，为大家的发展提供更加坚强有力的支持，为大家创造“工作有条件、干事有平台、待遇有保障、发展有空间”的工作和生活环境，让大家在今后工作生活中有更多的幸福感、获得感！也希望大家与学校党委同心同德同向同行，为实现学校历史性伟大复兴一起加油、一起拼搏、一起奋斗！

老师们，今天专题教育培训的结束，也是我们抓好学习成果转化、抓好贯彻落实的开始。让我们以习近平新时代中国特色社会主义思想为指导，树牢“四个意识”，坚定“四个自信”，坚决做到“两个维护”，牢牢坚持“四个相统一”，积极践行“四有”好老师标准，落实“立德树人”根本任务，传承弘扬交大“严谨治学，严格要求”优良传统，当好学生的“四个引路人”，争当交大好老师，在“复兴交大，创建一流大学”伟大事业中做出更多、更大、更好的成绩。

再次祝贺大家顺利结业！

谢谢大家！

不忘初心、牢记使命
为“复兴交大，创建一流大学”不懈奋斗

——王顺洪书记在中共西南交通大学委员会庆祝中国共产党成立98周年暨2017—2019年“创先争优”表彰大会上的讲话

（2019年6月28日 14:00—15:30 九里校区大学生会堂）

同志们：

今天，我们在这里隆重集会，共同庆祝中国共产党成立98周年，表彰在学校改革、建设和发展过程中涌现出的先进组织和个人，号召全校广大党员，不忘初心、牢记使命，为“复兴交大，创建一流大学”不懈奋斗！首先，我代表学校党委，向学校发展各个历史时期，为党的教育事业做出贡献的老党员、老同志，致以最崇高的敬意！向今天受表彰的先进基层组织和先进个人，表示最热烈的祝贺，向在全校各个岗位上拼搏奉献的党员同志们，致以节日的问候！

同志们，自1921年成立以来，我们党高举旗帜、扎根人民，不忘初心、牢记使命，团结带领全国各族人民不懈奋斗，取得了革命、建设、改革的伟大成就，使中国的命运发生了前所未有的变化，中华民族正以崭新姿态屹立于世界的东方！历史已经证明并将继续证明，只有中国共产党才能救中国，只有中国共产党才能发展中国，只有中国共产党才能强盛中国，只有中国共产党才能引领中华民族走向伟大复兴！

作为一所在中华民族内忧外患背景下诞生的高等学府，西南交大自建校以来，就有着深厚的红色基因和优良的革命传统。1922年，学校学生田玉珍同志加入中国共产党，成为我校历史上第一位共产党员，在他的组织带领下，学校成立了社会主义青年团交大支部。1923年，学校就有了多名共产党员。从此，党的先进思想在学校深深扎根，党的组织不断发展壮大，从学校也走出了不少为中国革命矢志奋斗的英雄和烈士，武怀让、杨杏佛等就是他们中的杰出代表。新中国成立后，学校党组织团结带领全体师生，全力服务中国铁路事业发展，为祖国建设输送了大量优秀人才。进入新时代，学校党委认真贯彻落实习近平新时代中国特色社会主义思想，全面加强党对学校工作的全面领导，全校各级党组织和全体共产党员的作用发挥更加主动、更加坚定、更加有力，生动展现出新时代西南交大共产党员的政治品格和先锋模范形象，为“复兴交大，创建一流大学”提供了坚强政治保障和组织保障。

一、学校党委全面加强党对学校工作的全面领导，认真履行“管党治党、办学治校”主体责任，切实谋好发展全局、把好发展方向

学校党委以习近平新时代中国特色社会主义思想为引领，贯彻落实党的十九大精神，带领全校上下树牢“四个意识”，坚定“四个自信”，坚决做到“两个维护”，以“四个服务”为工作导向，牢牢把握社会主义办学方向，认真履行“管党治党、办学治校”主体责任，坚定执行党的教育方针，深入落实党委领导下的校长负责制，切实做到“把方向、管大局、抓班子、带队伍、做决策、保落实”。

学校党委根据学校发展形势，紧紧围绕发展和民生两大主题，将学校当前发展面临的“两个主要矛盾”进一步明确完善，为学校奋进新时代提供了理论武装和逻辑支撑。

学校党委认真组织召开学校思想政治工作会议，旗帜鲜明提出“以一流的党建和思想政治工作带动全校各项工作实现一流”这一基本工作导向。初步构建学校“大党建”“大思政”工作体制机制，全员育人、全过程育人、全方位育人的工作格局基本形成。

学校党委坚定特色强校办学方向，以特树

旗、以特扬名，不断巩固和强化学校轨道交通办学特色，推动成立交通运输工程学部，坚持“交通+”和“+交通”，全面提升对大交通人才和科技的有效供给，促进学校“双一流”建设高质量、内涵式发展。

二、学校党委全面加强学校的政治建设、思想建设、组织建设、作风建设、纪律建设，将制度建设和党风廉政建设贯穿其中，学校党的建设整体质量不断提升

政治建设不断加强。制定《中共西南交通大学委员会关于加强政治建设的实施意见》，教育引导全校党员干部、师生员工树牢“四个意识”，坚定“四个自信”，坚决维护习近平总书记党中央的核心、全党的核心地位，坚决维护党中央权威和集中统一领导。

思想建设不断深化。以习近平新时代中国特色社会主义思想武装全校党员干部和师生员工，深入开展“两学一做”学习教育活动，并推进学习教育制度化、常态化，大力推进党的创新理论“五进”工作，进一步坚定全校师生员工听党话跟党走的理想信念。坚持党管意识形态，牢牢把握意识形态工作领导权。

认真贯彻新时代党的组织路线，坚持党管干部，围绕“忠诚、干净、担当”干部标准，持续完善中层领导干部选拔任用等相关制度，大胆选任“敢想敢干、敢于胜利、敢于冒尖”的“李云龙式”干部，坚决匡正选人用人风气。坚持党管人才，大力实施“人才强校主战略”，人才队伍不断发展壮大。

基层党建质量不断提升。扎实推进“双带头人”培育工程，探索构建党建“三维”考核体系和“四维”督导体系，党建工作制度体系和考核评价体系不断完善。创新基层党组织设置，实现党的组织和党的工作全覆盖。

作风建设、廉政建设向纵深推进。出台《中共西南交通大学委员会关于贯彻落实中央八项规定实施细则精神的实施办法》，学校“三公经费”进一步下降。坚决落实党要管党、全面从严治党，召开全面从严治党大会，形成“7+7”制度规划，全面从严治党制度体系基本建立。在全国高校中首创建立监察、巡察、督查联动制度，积极涵养风清气正育人环境。

三、学校党委坚持以党建引领发展，学校各项事业呈现新面貌

坚持立德树人，教育教学水平不断提升。在 2014—2018 年中国高校创新人才培养暨学科竞赛评估中，我校位居全国高校第 12 位，排在我们前面的 11 所高校均是世界一流大学建设高校。

坚持主动对接国家战略需求，组织优势科研力量推进川藏铁路重大工程技术难题研究相关工作，全面加强轨道交通领域关键技术、前沿技术、颠覆性技术创新，全方位支撑我国在世界轨道交通领域的领先地位。时隔 13 年，学校科研成果第四次入选“中国高等学校十大科技进展”，入选次数并列全国第七。

以强烈的政治勇气和政治担当，破解了学校很多长期想解决而未能解决的难题，办成了很多长期想办而没有办成的大事。例如：峨眉校区战略转型迈出关键步伐，三校区办学一体化实现历史性突破。但是，这一项工作还只是刚开局，离真正实现同质化、一体化还有很长的路要走！全体校领导和全校各部门对此要有高度的统一认识，同心同向同努力去实现同质化、一体化。从这一项工作中，我们还要看到，九里校区、犀浦校区办学条件同质化、一体化的问题，要关心关注好九里校区，不能出现九里校区被边缘化等情况！再如，以“成绩成果成效”为导向的人事分配制度改革取得实质性进展，体现“多劳多得、优劳优酬”的绩效工资体系基本建立。还有，同样以“成绩成果成效”为导向的办学资源分配机制改革，充分激发了内部办学活力。此外，校院两级管理体制改革逐渐迈入深水区，学院的办学主体地位日益凸显。最后，被誉为科技领域“小岗村”试验的职务科技成果权属混合所有制改革深入推进，对国家科技创新产生重要影响。同样，这一项工作也要深入推进完善，加快形成可推广的经验。

加强校园文化建设，培育和凝练文化品牌。荣获全国高校校园文化建设成果特等奖。中央电视台等媒体多次聚焦学校，学术影响力不断增强。构建起以“爱国荣校”为核心价值的文化体系，激励全校师生提振“爱拼才会赢”的精气神。

坚持开放办学，发起成立“一带一路”铁路国际人才教育联盟，成立天佑铁道学院，对外合作办学的平台持续增加，办学“朋友圈”不断扩大。

总的来说，经过这些年的努力，全校上下气象一新，主动担当、主动作为的行动者越来越多，敢于探索、敢于冒尖、敢于突破、敢于创新、敢于胜利的氛围越来越浓郁，学校各项事业不断取得新进展、新成绩。

同志们！在学校改革、建设和发展的过程中，涌现出了一大批先进集体和优秀个人。在他们之中，有的是历年的老模范、老先进，有的是近几年冒出来的新生力量，比如：土木工程学院党委党建和思想政治工作卓有成效，成功入选教育部首批“三全育人”试点改革院系和全国高校党建“双创”一百所标杆院系；马克思主义学院博士党支部成立宣讲团在校内外宣讲 200 余场，听众多达万人，产生广泛影响，荣获全国高校“研究生百个样板党支部”称号；牵引动力列车与线路研究所教工党支部入选首批“全国党建工作样板支部”培育创建单位。

牵引动力国家重点实验室翟婉明院士三十余年来兢兢业业，把自己的人生追求和中国铁路事业发展融为一体，“翟模型”和“翟方法”赢得国际赞誉。同时，翟院士还特别注意培养新人、帮助新人，在业务方面，我目睹他帮助李永乐教授、王开云教授攀登高峰，目睹他帮助有的教授修改自然科学项目申请书、修改申报获奖项目的 PPT。在政治方面，他也严格要求自己，率先垂范影响带动身边人，在今年“十佳”优秀共产党员评比中，他主动放弃机会，让年轻人、新人有崭露头角的机会。地球科学与环境工程学院朱庆同志孜孜不倦育人，先后培养硕士、博士 230 余名，为国家测绘事业发展输送一大批优秀青年人才。离退处党委委员李恒同志，已是耄耋之年，仍坚守初心，秉持“生命不息，助人不止”的态度，用心用情为党支部和老同志服务，积极为学校发展献计献策。电气工程学院党委副书记陈勇同志创新实施“五进”工程，把学生工作做深、做细、做透、做活。

同志们！在充分肯定成绩、表彰先进的同时，我们也要清醒看到，我们的工作中还存在一些亟须解决的问题和亟须加强的薄弱环节：全校各级干部的政治站位还有待进一步提高，一些干部的政治意识和政治敏锐性还不够强；全校上下围绕立德树人这一根本任务抓党建的自觉性与主动性依然不够，“大党建”与“大思政”模式下的人才培养新格局还未正式形成；部分基层党组织在思想上有偏差，对党建工作重视不足，党建引领作用发挥不充分，仍然存在党的建设和行政业务“两张皮”现象，党组织政治地位矮化、政治功能弱化、政治责任虚化，不愿管、不敢管、不会管现象不同程度存在；一些党支部政治学习教育重形式、轻内容，重过程、轻结果，重数量、轻质量，战斗堡垒作用不彰；个别党员示范作用发挥不好，关键时刻不敢亮明党员身份，不敢向歪风邪气亮剑，甚至与学校党委离心离德，等等。如果这些问题得不到解决，短板不能补齐，党对学校的全面领导就会打折扣，学校办学方向和人才培养就可能出现偏差，这是万万不允许的！

同志们！党的十八大以来，以习近平同志为核心的党中央高度重视高等教育事业发展，高度重视高校党的建设工作，就加强高校党的建设作出了一系列重大部署，为新时代学校党委全面领导学校工作，履行管党治党、办学治校主体责任提供了根本遵循，为学校贯彻党的教育方针、扎根中国大地办大学指明了前进方向。全校上下要在以下六个方面继续努力，久久为功：

一是必须牢牢把握学校发展的正确政治方向，旗帜鲜明讲政治。习近平总书记多次强调：“旗帜鲜明讲政治是我们党作为马克思主义政党的根本要求。要把党的政治建设摆在首位。”作为中国特色社会主义大学，只有抓住政治建设这个“牛鼻子”，才能把握灵魂抓住纲，才能保证办学方向不偏移，才能准确定位立德树人的政治标准。全校各级党组织必须始终把政治建设摆在首位，坚持以习近平新时代中国特色社会主义思想为指引，教育引领党员师生在政治建设上进入新境界，更加自觉树牢“四个意识”，坚定“四个自信”，坚决做到“两个维护”。要深刻领会、准确把握新时代党建工作的新要求，全面贯彻落实党的教育方针，坚持和完善党委领导下的校长负责制，进一步强化办学政治导向，把培养德智体美劳全面发展的社会主义建设者和接班人作为根本任务，把党的领导和思想政治工作贯穿于办学治校、教书育人全过程。

二是必须切实增强历史责任感和崇高使命感，进一步加强党对学校工作的全面领导，把党的领导进一步体现在“把方向、管大局、抓班子、带队伍、做决策、保落实”上。习近平总书记指出：“加强党对高校的领导，加强和改进高校党的建设，是办好中国特色社会主义大学的根本保证。”因此，“复兴交大，创建一流大学”，党的领导只能加强不能削弱，中央 31 号文件中，明确指出：学校党委全面领导学校工作，履行“管党治党、办学治校”主体责任，这是中央对学校党委的工作要求和定位，是政治要求更是政治任务，全校任何时候都要认真遵照执行。要做到这一点，就必须在“把方向、管大局、抓班子、带队伍、做决策、保落实”这六个方面上下功夫。这同时也要求学校党委坚持不懈加强领导班子建设，不断增强管党治党、办学治校本领，不断提升管党治党、办学治校水平，从而确保学校这艘大船航行在正确的方向上。

三是必须克服各项不足，改正缺点，持之以恒做好巡视整改工作。通过教育部党组第三巡视组对学校的巡视工作，我们清楚地看到了学校在坚持党的领导、全面从严治党、落实党委办学治校主体责任等各方面还存在许多问题和不足。习近平总书记多次强调，巡视发现问题的目的是解决问题，发现问题不解决，比不巡视的效果还坏，做好巡视“后半篇文章”关键要在整改上下功夫。截至这个月底，学校制定的 200 项整改举措已经完成了 187 项，仍有 13 项需要继续推进。就是已经完成的 187 项，虽然销号了，但不等于画上句号了，不能认为万事大吉、大功告成了。巡视整改是政治任务，巡视整改只有进行时，没有完成时，巡视整改永远在路上。很多整改任务虽然阶段性销号了，但关键要看长远效果怎么样，必须要持续巩固扩大整改的成效，坚持不懈以整改促发展、以整改促改革，将巡视整改与“不忘初心、牢记使命”主题教育结合起来，与“双一流”建设、人才培养、全面深化综合改革等学校中心工作有机结合、互促互进，让整改转化为加快推进学校改革、建设和发展的强大动力。

四是必须坚决克服“两张皮”，抓好学校的改革、建设和发展，团结带领全校党员、师生员工和广大海内外校友，牢牢把握学校发展面临的重大机遇，积极服务川藏铁路、交通强国、“一带一路”倡议和人类命运共同体建设。习近平总书记在党的十九大报告中强调：“伟大斗争，伟大工程，伟大事业，伟大梦想，紧密联系、相互贯通、相互作用，其中起决定性作用的是党的建设新的伟大工程。”这一重要论述，深刻阐明了“四个伟大”之间的关系，同时也指引我们在实际工作中，必须把抓好党建作为最大的政绩，必须将党建工作与中心工作紧密结合、有机统一，彻底改变党建工作与中心工作“两张皮”的状况。全校各级党组织不能脱离中心工作抓党建。抓党建就是要团结带领师生校友贯彻落实党中央和部党组的战略部署，就是要团结带领师生员工落实好学校党委的决策部署，抢抓机遇，迎难而上，主动服务川藏铁路、交通强国、“一带一路”倡议和构建人类命运共同体等党和国家的重大战略需求，自觉推动以“双一流”建设为统领的学校各项工作，特别是人才培养工作，为实现“复兴交大，创建一流大学”的奋斗目标而不懈努力。

五是必须扎扎实实抓好党建和思想政治工作。扎实抓好党建，必须贯彻落实新时代党的建设总要求，大力推动全面从严治党向基层延伸，形成落实党的领导横向到边、纵向到底，织成网、全覆盖的工作格局。要抓好二级党组织建设，对标“五个到位”，把二级党组织抓基层党建“谁来抓、抓什么、怎么抓”的问题厘得清清楚楚、明明白白。要抓牢基层党支部建设，对标“七个有力”，全面提升党支部建设的标准化、规范化水平。同时，还要全面加强对基层党组织的政治巡察，坚决对照党章党规，对照师生员工新期待，坚持高标准、严要求，对软弱涣散的基层党组织摸查实情、系统甄别、研判分析、找准“病因”、定实举措，坚决整顿。

思想政治工作是学校各项工作的生命线。扎实抓好思想政治工作，必须深入落实全国高校思想政治工作会议精神、学校思想政治理论课教师座谈会精神，进一步提高学校思想政治工作水平，教育引导全校师生自觉做共产主义远大理想和中国特色社会主义共同理想的坚定信仰者和忠实实践者。思想政治工作要不断增强实效性和亲和力，关键是要用心用情，在细微之处下功夫。“精诚所至，金石为开”，只要做到用心了、用情了，再难的工作都会迎刃而解；反之，如果在工作中不用心、不用情，所有蓝图、所有措施都会是“放空枪”“放空炮”，任何理念思想都是“花拳绣腿”“纸上谈兵”。

六是必须加强对全体党员的教育、管理与监督。每一名党员都是一面旗帜，代表着先进、诠释着先锋，旗帜就要引领方向和凝聚力量。各级党组织必须要加强对党员的教育、管理与监督，不断增强党员的荣誉感、归属感、自豪感，让每一名党员始终保持对党的忠诚之心、感恩之心、敬畏之心。全校广大党员要始终牢记党员第一身份、党性第一原则，把优秀作为一种习惯，自觉把党员身份亮出来，把先进标尺立起来，把先锋形象树起来，争做政治立场坚定、政治素质过硬的先锋模范，争做坚定马克思主义信念、坚定中国特色社会主义信念的先锋模范，争做以只争朝夕的奋斗姿态和越是艰险越向前的劲头狠抓落实的先锋模范，争做堂堂正正做人、干干净净做事的先锋模范，争做“严谨治学、严格要求”的先锋模范，在“复兴交大、创建一流大学”的历史新征程中，走在前、作表率、创佳绩。

同志们！让我们紧密团结在以习近平同志为核心的党中央周围，不忘初心、牢记使命，一起努力、一起拼搏、一起加油、一起奋斗，以永不懈怠的精神状态和一往无前的奋斗姿态，继续朝着建设轨道交通领域世界第一的西南交通大学这一目标，朝着建设交通特色鲜明的综合性研究型一流大学总目标奋勇前进，作出我们每一位西南交大共产党员的积极贡献！

谢谢！提前祝大家节日快乐！

守正创新　凝心聚力
努力开创学校宣传思想工作新局面

——王顺洪书记在西南交通大学 2019 年宣传思想工作会议上的讲话

（2019 年 6 月 28 日 16:00　九里校区国际会议厅）

同志们：

大家好！宣传思想工作是一项极端重要的工作。习近平总书记指出，中国特色社会主义进入了新时代，必须把统一思想、凝聚力量作为宣传思想工作的中心环节。做好新形势下宣传思想工作，必须自觉承担起举旗帜、聚民心、育新人、兴文化、展形象的使命。今天，我们在这里召开 2019 年宣传思想工作会议，就是要全面落实习近平总书记关于宣传思想工作重要论述和全国宣传思想工作会议精神，总结成绩与经验，分析不足与短板，并对学校下一阶段宣传思想工作作出新部署。

一、学校宣传思想工作所面临的新形势新任务

当前，国内外形势发生了巨大而深刻的变化，高校改革建设发展不断推向深入，高校宣

传思想工作面临许多新形势、新任务和新挑战：

一是党对高校宣传思想工作提出了新目标。中华民族和中国人民千年求索、百年奋斗的目标，将在不远的将来变为现实。党和国家对高等教育的需要比以往任何时候都更加迫切，对科学知识和卓越人才的渴求也比以往任何时候都更加强烈。只有坚持和加强党对高校工作的全面领导，巩固马克思主义在高校意识形态的主导地位，用科学理论培养人，用正确思想引导人，才能保证高校的社会主义办学方向，才能维护高校的和谐稳定，才能把高校建设成为培养德智体美劳全面发展的社会主义建设者和接班人的坚强阵地。

二是立德树人根本任务对高校宣传思想工作提出了新要求。培养什么样的人是教育要解决的首要问题。高校肩负着培养德智体美劳全面发展的社会主义建设者和接班人的重大任务。落实好这一根本任务，首先要解决“立德”的问题。如何教育引导新一代青年坚定理想信念，牢固树立远大理想，自觉践行社会主义核心价值观，始终听党话、跟党走，立志成为可堪民族复兴大任的时代新人，是高校宣传思想工作的使命所在，也对高校宣传思想工作提出了新的要求。

三是外部环境对高校宣传思想工作提出了新挑战。当今世界正处于百年未有之大变局，各种挑战、考验纷繁复杂，各种矛盾、各种问题叠加呈现，一些错误思想观点不时抬头。当代大学生思想活动的独立性、选择性、差异性明显增强，获取的信息更加繁杂海量、渠道更加多样智能、扩散更加迅捷无序。所以，我们抵御和防范错误思想、有害信息渗透的任务更加繁重，用马克思主义立场、观点、方法引领广大师生的任务更加艰巨繁重、更加复杂困难。

四是学校改革建设发展对学校宣传思想工作提出了新任务。我国正处于轨道交通事业蓬勃发展、交通强国、“一带一路”建设等向纵深推进的重要窗口期，学校也处于“双一流”建设的重要机遇期，更处于深化改革、攻坚克难、努力实现学校历史性伟大复兴的关键时期，困难交织复杂，任务艰巨繁重。只有进一步加强和改进宣传思想工作，把思想认识统一到学校党委的决策部署上来，才能调动广大师生员工的主动性、积极性和创造性，激发广大师生敢想敢干、敢打敢拼、敢于冒尖、追求卓越的精气神，才能凝聚起全校上下一起加油、一起努力、一起奋斗、一起拼搏的磅礴力量。

五是互联网时代的到来对高校宣传思想工作提出了新思路。我们正处于互联网突飞猛进的时代，舆论环境、媒体格局、传播方式都在改变甚至重塑人才培养工作格局，同时也给学校宣传思想工作带来了新的挑战。高校宣传思想工作的主导作用和权威性呈现淡化趋势，开放度高、参与度强、发散性强、低门槛的新媒体，给学生的教育引导、新闻舆论的监管带来了更大困难。如何将宣传思想工作与互联网新技术有效融合，把准时代脉搏和学生所思所想，在对错交织的观点中实现正本清源，防止学生价值观取向乱中迷失，将成为学校宣传思想工作的关键环节。

二、学校宣传思想工作的成绩与不足

党的十八大以来，学校党委一直将宣传思想工作摆在学校改革建设发展大局中统筹思考、积极推进，不断推动学校宣传思想工作强起来，为复兴交大、创建一流大学打牢思想根基，凝聚起全校师生校友同心同向、砥砺向前的磅礴力量。

学校党委高扬奋进新时代的思想旗帜。学校党委守初心、担使命，树牢“四个意识”，坚定“四个自信”，坚决做到“两个维护”，自觉在思想上政治上行动上同以习近平同志为核心的党中央保持高度一致。学校党委切实履行管党治党、办学治校主体责任，坚持不懈用习近平新时代中国特色社会主义思想武装头脑、教育引导师生，推出一系列新举措，实现一系列新突破，取得一系列新成效。学校党委理论学习中心组示范引领，教职工集中学习交流全面恢复，十九大精神宣讲团等理论宣讲团深入基层，扎实推进习近平新时代中国特色社会主义思想和党的十九大精神往深里走、往实里走、往心里走，均取得很好的成绩和效果。

学校党委筑牢意识形态工作阵地。一是坚持责任落实不放松，将意识形态工作纳入党建工作责任制、党委巡察工作范围，每年全覆盖开展意识形态工作专项督导 2 次，督促学校各级党组织真正把主体责任扛起来。二是坚持斗争态度不手软，面对网络舆论斗争敢于发声、善于发声、巧于发声，牢牢掌握意识形态工作领导权。三是坚持阵地建设不懈怠。加强课堂、形势报告会和哲学社会科学报告会等意识形态阵地管理，不留死角、不留盲区。

学校党委汇聚立德树人磅礴力量。一是注重“融入”式课程育人。加强马克思主义学院建设，成功入选四川省首批重点马院，在全国第四轮学科评估中获评 B+。实施“思想政治理论课建设体系创新计划”，大力推进思想政治理论课教学改革，形成并不断完善思政课教学质量保障制度和四级质量监控模式。校领导带头进思政课堂、上思政讲台，打造思政课示范课堂，持续创新思政课的“打开方式”。二是注重“熏陶”式文化育人。成立“立德树人教育发展中心”，开展“忠忱班集体”“感动交大十大人物（集体）”等系列评选活动，榜样模范不断涌现；推出话剧《茅以升》等一批富有交大特色的文化产品，充分发挥文化引领力。三是注重“体验”式实践育人。加强第二课堂建设，将社会主义核心价值观教育贯穿学生成长发展各领域，在全国高校持续保持领先地位。

学校党委全面加强师德师风建设。一是成立党委教师工作部，持续完善教师思想政治工作格局。二是重点抓好教育培训。搭建党校、社会主义学院、辅导员培训基地等教师培训资源共享平台。三是大力开展教师思政文化活动。开办“名师谈教育”“书记校长与青年教师面对面”等主题论坛，定期组织“最受欢迎教师”评选，教育引导教师将“四有”内化为人生追求。四是完善教师思政与师德师风考评。出台了《西南交通大学教师师德失范行为负面清单及处理办法》等一系列管理办法，把好教师入口关、综合考评关。

交大声音在全国日益响亮。在《人民日报》《光明日报》发表文章 270 余篇，亮相中央电视台 28 次，《新闻联播》8 次聚焦学校。2016 年 5 月 21 日，《新闻联播》以《科技成果确权 自主创新提速》为题专题报道了学校在加速科技成果转化中的新尝试和新实践，时长达 4 分 54 秒。海外宣传取得重大突破，实现了学校专题片首次境外播出。“两微多端”新媒体建设进展喜人，推出 38 条阅读量超“10 万+”的精品力作。交大故事更鲜活、交大形象更立体、交大声音更响亮。

同时，必须清醒看到，学校宣传思想工作与党中央的期望和要求还有相当大的差距，与新时代立德树人根本任务还不相适应，对学校改革建设发展的牵引力还不够强劲，主要表现在：

一是学校宣传思想工作体制机制还不够科学完善，存在“重视不到位、联动不到位、压力不到位”等问题，特别是有些干部和单位到现在还是觉得宣传思想工作是党口的事、宣传部门的事，这是极端错误的思想认识。

二是学校落实意识形态和思想政治工作责任制仍不够到位，问责机制不够到位，驾驭意识形态复杂局面的能力和水平有待提高，教师触碰“红线”问题、师生不当言论等仍时有发生。

三是在马院建设、思政课教师队伍建设、学科建设等宣传思想工作重要阵地建设方面抓得不够紧、不够深，思政课程与课程思政建设还有待加大力度和进一步加强。

四是学校宣传思想工作“各自为政”的现象仍然存在，“人人都是战斗员、人人都是实干家”的教育引导机制、激励考核机制还没有完全建立。

五是适应新时代发展、新形势要求的宣传思想工作创新格局未完全形成，舆情监控、平台联动、媒体融合等方面仍需要下大力气。

这些问题和不足都需要在立足新形势新要求创造性加以解决。

三、加强学校宣传思想工作的若干举措

同志们！越是面对大有可为的历史机遇，越是处于爬坡上坎的关键时期，越需要凝聚广泛的思想共识，熔铸坚实的精神支撑。我们要坚持正确政治方向，推动学校宣传思想工作不断强起来。全校上下要努力做到以下五点：

一是要在维护国家政治安全上下功夫。高校作为社会和谐稳定的“晴雨表”和“风向标”，不能出乱子，更不能给党和国家添堵添乱。全校宣传思想战线要坚持守土有责、守土负责、守土尽责，不断增强政治敏锐性和政治鉴别力，旗帜鲜明地抓，理直气壮地抓，坚持不懈地抓，把维护国家政治安全这个责任使命扛起来，不能躲躲闪闪、扭扭捏捏；必须要坚持和加强党对高校工作的全面领导，坚持不懈向师生宣传党的路线、方针、政策，让师生了解国家大事，始终听党话、自觉跟党走；教学口与学生口要联动，确保教师守住三尺讲台，确保学生守住政治红线。

二是要在围绕中心服务大局上下功夫。习近平总书记强调："宣传思想工作一定要把围绕中心、服务大局作为基本职责，胸怀大局、把握大势、着眼大事，找准工作切入点和着力点，做到因势而谋、应势而动、顺势而为。"宣传思想工作不能自说自话，要与学校前进的步伐相协调，与学校昂扬向上的态势相协调，与学校发展与民生的大局相协调，做到学校的发展到哪里，宣传思想工作的切入点、落脚点就到哪里，甚至要快走一步、靠前一步。学校"双一流"建设、学校发展战略的优化调整、校院两级管理体制改革、绩效工资改革，等等，宣传思想工作都要"开好道"，当好"先行官"，最大限度把学校党委的决策部署讲清楚、讲到位、讲透彻，最大限度回应师生的呼声，解决基层面临的困难，确保我们的发展思路、改革举措得到师生的真心拥护、真心支持，不断巩固广大师生与学校团结奋斗的共同思想基础。

三是要在打造"三全育人"大思政工作格局上下功夫。习近平总书记强调，"宣传思想工作是做人的工作的，要把培养担当民族复兴大任的时代新人作为重要职责"。培养好时代新人，谁也不是旁观者，谁也不能置身事外，不能只是某一部门唱"独角戏"，要全校各条战线、各个部门一起动手、一起出力。学校党委积极谋划"大党建""大思政"框架下的人才培养工作顶层设计，出台了新时代"大思政"育人工作实施方案，大力推进学校思想政治工作质量提升工程，充分发挥课程育人、科研育人、实践育人、文化育人、网络育人、心理育人、管理育人、服务育人、资助育人、组织育人等各方面工作的育人功能；大力开展"文轨计划""灵秀计划""春风计划"，打造学校思政工作品牌与特色；建立思政工作试点区、试验区、示范区，着重抓好"三全育人"综合改革，思政课创新改革，学科思政、专业思政建设。

四是要在聚民心树正气上下功夫。宣传思想工作不仅要教育人、引导人、鼓舞人，更要尊重人、理解人、关心人。我们要讲好交大故事，让学校人才培养战线涌现出来先进典型、优秀个人的事迹占满我们的报纸、我们的网站、我们的微博微信，比如，耄耋之年仍奋战在人才培养一线的朱铃教授，身患疾病仍奋战在人才培养、科学研究一线的李群湛教授，不忘初心、屹守本职直至生命最后一刻的吴鹿鸣教授、朱德贵教授等，深刻展现学校立德树人的伟大实践，用"身边人、身边事"教育鼓舞师生员工，弘扬主旋律，传播正能量，振奋师生敢于拼搏、敢于奋斗、敢于胜利的精气神。我们还要把解决思想问题与解决实际问题结合起来，把镜头、笔头、话筒对准奋战在人才培养一线的师生，围绕师生普遍关注的绩效工资改革、校园环境改进、子女入园入学等民生工作，针对性地报道宣传，讲清楚学校党委正在做出的努力，讲清楚解决问题的制度安排和措施办法，引导广大师生理性看、齐心办。

五是要在建强工作力量上下功夫。做好新形势下宣传思想工作，关键在人，关键在队伍。宣传思想工作队伍首先自己要强起来，要有过硬的政治素质、业务能力，成为行家里手，最重要的还是要有创新精神。目前，宣传思想工作面临的形势变了，服务对象变了，我们的宣传思想工作也要跟着变。过去有效管用的，现在未必有效；有些过去不合时宜，现在可能势在必行；有些过去不可逾越的，现在可能需大胆尝试。首先是格局要创新。大力推进媒体融合向纵深发展，打通学校宣传思想工作的"最后一公里"，做大做强主流舆论。其次是载体要创新，打造好高铁思政、智慧思政、教师思政等具有交大特色的思政亮点和品牌。最后是手段要创新，打好网络意识形态攻坚战，不断提高网上正面宣传和网络舆论引导的水平，将互联网这个"最大变量"转变为加强和改进宣传思想工作的"最大增量"。总之，就是把我们的宣传思想工作队伍打造成为一支敢打硬仗、能打胜仗的队伍。

同志们，新时代要有新气象，新时代更要有新作为。让我们以习近平新时代中国特色社会主义思想为指导，树牢“四个意识”，坚定“四个自信”，坚决做到“两个维护”。精诚团结、再接再厉，围绕立德树人根本使命，不断开创学校宣传思想工作新局面，为扎根中国大地办大学，为建设轨道交通领域世界第一的西南交通大学，朝着交通特色鲜明的综合性研究型一流大学奋斗目标不断迈进，提供更为坚强的思想保证，凝聚更加强劲的精神力量，以实际行动和优异成绩迎接中华人民共和国成立 70 周年。

谢谢大家！

王顺洪书记在西南交通大学 2019 年教师节座谈会上的讲话

（2019 年 9 月 10 日 14:00　犀浦校区综合楼 272 室）

老师们：

大家下午好！

在新中国成立 70 周年之际，我们迎来了第 35 个教师节，非常高兴看到又有一大批年轻面孔加入西南交大。首先，我代表学校党委，向新教师们的到来表示热烈欢迎。也借此机会，向辛勤耕耘在教学科研一线的全体教师、向默默奉献在管理服务岗位上的全体教职员工致以诚挚的问候！向为学校改革、建设和发展作出巨大贡献的老领导、老教师、老同志致以崇高的敬意！

百年大计，教育为本；教育大计，教师为本。习近平总书记在与北京师范大学师生代表座谈时对教师的工作性质做了重要定位：“教师重要，就在于教师的工作是塑造灵魂、塑造生命、塑造人的工作。”他在全国高校思想政治工作会议上强调：“教师是人类灵魂的工程师，承担着神圣使命。”对于学校来讲，复兴交大，创建一流大学，教师队伍是基础力量，更是关键力量。

刚才几位老师结合自己的经历、经验，分享了如何肩负教书育人神圣使命的感想和体会，对学校的人才培养工作也提出了很多很好的建议，我很受感动，也很受启发。

在这里我也提几点希望，与大家共勉：

广大教师要旗帜鲜明讲政治。我国的高校是党领导下的社会主义高校，广大教师必须坚持以马克思主义为指导，树牢“四个意识”，坚定“四个自信”，坚决做到“两个维护”，全面贯彻党的教育方针，始终站在党和人民的立场，认真履行党和国家赋予的光荣职责，肩负培养可堪民族复兴大任的时代新人的历史重任。要时刻绷紧讲政治这根弦，坚守三尺讲台，在课堂上坚持正确的政治方向，站稳政治立场，坚决不能信口开河、“满嘴跑火车”。这是一条不能触碰的“红线”，也是我们必须坚守的“底线”，没有任何商量的余地，没有任何讨价还价的空间。如果在这个方向上走错了、搞偏了，我们培养出来的人就会出现大问题。近期香港局势动荡不安，参与暴力活动的主力军，很多都是大学生，甚至还有中学生，这些青年学生缺乏是非观、辨别力，很容易受蛊惑和蒙骗，归根结底问题就出在香港的教育上，出在课堂上、出在教材上、出在老师身上。

广大教师要肩负好立德树人神圣使命。高校工作虽然千头万绪，但根本任务还是立德树人。习近平总书记曾深有感触地说：“一个人遇到好老师是人生的幸运。”大家都要立志成为这样的好老师。现在的学生正处于人生成长的关键时期，知识体系搭建还没有完成，价值观塑造还没有成型，需要加以正确引导，否则很容易走上歪路。现在每个学生都是一个家庭的希望，家长们满怀期待把孩子交给我们，我们一定要对得起这份嘱托与希望，让孩子们成长成才。一方面，老师们要学高为师，苦练本领，丰富学识，把每章每节、每个知识点都讲透讲好，把每节课都上成精品课、上成示范课，成为饱读诗书、学生仰慕的“经师”。另一方面，要强化思政工作人人有责的意识，坚决做到教书与育人有机统一，在每节课的教学中都能有机融入思想政治教育元素，从专业教育中挖掘育人潜力、提炼育人方法、总结育人经验，与思想政治理论课同向同行，形成协同效应。最后，老师们还要修身立德，树立榜样，在与学生的课外辅导、日常接触中，把如何为人处世的道理传递给我们的学生，在细小处、细微处滴灌我们为人师的初心，做一个影响学生终生的“大先生”。

广大教师要大力弘扬爱国荣校光荣传统。交大人最具家国天下的情怀，不论是在内忧外患的民国时代，还是百业待举的新中国、改革开放的新时代，每每在关键时刻、紧要关头，我们都能与祖国、与人民紧紧站在一起，并肩战斗，共克时艰，这是我们的传统，也是我们的本色。今年是新中国成立70周年，学校的发展壮大离不开党的正确领导，离不开祖国和人民的辛勤哺育。我们要怀着一颗感恩的心，弘扬爱国主义精神，充分发挥好高校在学科、人才、科技等方面的优势，主动对接国家战略，聚焦基础研究与科技前沿，不断探索新的未知领域，在要不来的、买不来的、讨不来的“卡脖子”技术攻关上下大功夫、下大力气，把心血和汗水挥洒在祖国大地上，把我们的论文写在祖国大地上，为中国科技引领世界，为实现中华民族伟大复兴中国梦贡献自己的智慧和力量。我们要把爱国和荣校有机结合起来，交大发展好了，每一位老师才有幸福感、自豪感和安全感；每位老师在教学科研上成果丰硕，交大在复兴路上才能走得更快、更稳健。广大教师要与学校同心同德同向同行，多做有利于学校长远发展的事情，对损害学校利益、侵害师生利益的现象大胆斗争，与学校一道，共同迎接挑战，共同抢抓机遇，在助力交大复兴的伟大征程上实现自身的人生价值和理想抱负。

广大教师要传承好“严谨治学，严格要求”的育人传统。“严谨治学、严格要求”是学校的光荣传统，学校很多彪炳史册的优秀老师，有一个共同特点，就是“严”字当头。今年的直属高校咨询会暨高教年度工作会议明确提出，要让学生忙起来，让教学活起来，让管理严起来，让毕业难起来，让质量提起来，要掀起一场“质量革命”。对于我们来讲，首先就是要把好课堂质量关，在教学方法、教学手段、教学载体、教学内容上都要多动脑筋、动足脑筋，不能自说自话，脱离实际、脱离学生，要真正把课堂氛围活起来，把课堂质量提起来，把对学生们的要求高起来，不能在课堂上“放水”，不能让学生“混日子”。过去学生中经常流传着各个学科专业“严师”的故事，虽然版本不同，但我觉得这才是真正的好老师，对学生才是真爱。我相信，十年后，二十年后，这些对学生严之又严的老师才是学生真心铭记、真心喜爱、真心受益的好老师。

广大教师要砥砺前行永续奋斗。一代人有一代人的奋斗，一个时代有一个时代的担当。今天，复兴交大的历史重任交接到我们这代人手里，我们就要交接好、跑出水平、跑出风格，跑出我们的精气神。要坚决摒弃小富即安、小富即满的盆地意识，紧紧围绕学校第十四次党代会确立的措施目标，坚决打好“收官战”；要紧紧围绕学校现阶段发展面临的“两大主要矛盾”，聚焦“发展”和“民生”两大主题，坚决打好“攻坚战”；要紧紧围绕建设轨道交通领域世界第一的西南交通大学的中近期奋斗目标和建设交通特色鲜明的综合性研究型一流大学奋斗总目标，坚决打好“持久战”。鼓足敢于拼搏、敢于胜利、敢于奋斗的精气神，以永不懈怠精神状态和一往无前奋斗姿态，一刻不停歇地推动学校各项事业向前发展。

老师们，学校即将开展“不忘初心、牢记使命”主题教育。对于广大教师而言，也有自己的初心，那就是教育报国；也应该深知自己的使命，那就是立德树人。让我们以习近平新时代中国特色社会主义思想为指导，紧紧团结在以习近平同志为核心的党中央周围，树牢“四个意识”，坚定“四个自信”，坚决做到“两个维护”，争做“四有”好老师，当好“四个引路人”，努力展现新时代西南交通大学教师队伍新面貌、塑造新形象，为实现建设交通特色鲜明的综合性研究型一流大学总目标、扎扎实实建设轨道交通领域世界第一的西南交通大学而努力奋斗。

最后，再次祝大家教师节快乐！

谢谢大家！

王顺洪书记在学校党委第三轮巡察动员部署会上的讲话

（2019 年 9 月 24 日 9:00　犀浦校区综合楼 148 会议室）

同志们：

大家上午好！按照学校党委的工作安排，今天我们正式启动第三轮巡察工作。开展好巡察工作是学校坚决落实党中央决策部署，推动全面从严治党向纵深推进的重大举措，为学校深入推进“双一流”建设、落实立德树人根本任务、培养德智体美劳全面发展的社会主义建设者和接班人提供坚强的政治保障。巡察工作越全面，党内监督的震慑越有力；巡察工作越深入，学校改革发展的根基越牢固；巡察工作越细致，我们“复兴交大”的信心也就越强大，在改革创新、推动发展方面也更具主动性。2018 年以来，学校党委已经先后组织开展了两轮巡察工作，为确保本轮巡察取得扎实有效的成绩，这里代表学校党委强调以下几点：

一是巡察工作要与主题教育紧密结合，确保政治清明、政通人和。巡察工作必须牢牢坚持政治巡察的职能定位，切实发挥“探照灯”“显微镜”“CT 机”作用，聚焦被巡察二级党组织在加强政治建设、纵深推进全面从严治党、严肃党内政治生活等方面存在的突出问题，切实发挥震慑、遏制、治本作用。本轮巡察正逢学校上下开展“不忘初心、牢记使命”主题教育的关键时期。被巡察的各二级党组织要以高度的思想自觉、政治自觉和行动自觉，充分认识到巡察是“送医上门”，是“服务到家”，绝不是来给大家找麻烦、来添乱的，必须以更高的政治站位、更积极的姿态迎接巡察工作。要将“不忘初心、牢记使命”主题教育与巡察工作紧密结合起来，认真按照主题教育“守初心、担使命、找差距、抓落实”的总要求，注意抓思想认识到位，抓检视问题到位，抓整改落实到位，抓组织领导到位，做到主题教育与巡察工作一体谋划、一体部署、一体推进。认真看一看、找一找本单位在政治立场、政治方向、政治原则、政治道路上是不是始终同党中央保持高度一致，是不是真正从心到脑、从思想到行动真正做到了讲政治；认真看一看、找一找本单位在党的建设方面、思想政治工作方面有没有存在弱化、虚化、边缘化的问题，落实总书记在全国高校思想政治工作会议、全国教育大会、总书记在学校思政课教师座谈会讲话精神是否认真到位；认真想一想、查一查本单位在推进事业健康发展，加快推进“双一流”建设方面是不是和党中央、和学校党委同心同德同向同行，是否真正发挥了政治核心作用；认真想一想、查一查是否一以贯之地坚持群众立场，紧紧围绕“发展”与“民生”两大主要矛盾，想师生之所想，急师生之所急。总之，通过巡察，各二级党组织要把“不忘初心”的标尺立起来，把“牢记使命”的责任扛起来；广大党员干部也要实现“理论学习有收获，思想政治受洗礼，干事创业敢担当，为民服务解难题，清正廉洁作表率”的目标；广大党员也要立足岗位，把服务师生、服务学校发展的每一件实事、好事办好，把党员的标杆立起来，把党员的先锋模范作用发挥出来，真正实现巡察工作与主题教育“双丰收”。

二是巡察工作要与“双一流”建设紧密结合，确保特色鲜明、事业长青。本轮巡察将土木工程学院、机械工程学院、电气工程学院、信息科学与技术学院、材料科学与工程学院、牵引动力国家重点实验室等六个二级党组织作为巡察对象，是学校党委站在发展全局高度综合考量的结果，既是对大家的关心厚爱和深切期望，也是给六个单位压担子、指路子、出点子。9 月 9 日，学校完成了“双一流”建设中期自评工作，专家组对学校“双一流”建设给予了积极评价。我们看重“通过”的结果，但更要去发现、去挖掘、去检视我们与党中央“双一流”建设决策部署方面存在的巨大差距，与我们破解现阶段发展面临的“两大主要矛盾”、解决有效供给不足方面存在的巨大差距，与建设轨道交通领域世界第一的西南交通大学目标存在的巨大差距，聚焦这些不足和差距及时进行整改，早日把交通运输工程学科建设成为世界一流学科。这其中离不开大家的奋斗与持续发力。各单位要树牢全局意识，心中装着“学校”这盘大棋，全力加强交通运输工程学科的建设与发展，继续巩固和保持全国领先地位，确保交通运输工程学科“这面旗帜”更加鲜艳，并在全国全世界迎风飘扬。

三是巡察工作要与巡视整改紧密结合，确保标本兼治、取得实效。牢牢把握发现问题的生命线，动脑筋、想办法，抓延伸、抓拓展，把基层党组织建设及政治核心作用发挥、干部队伍建设等工作中深层次的、隐形变异的、倾向性的、苗头性的问题挖实、挖透、挖全，加强分析、研判、运用，更好督促并加强二级单位工作，对其他党组织要举一反三，形成“1+1>2”的倍增工作效应。本轮巡察还要继续聚焦教师党支部作用发挥不充分、党员教育管理宽松软、二级党组织“两个责任”不够有力、干部队伍执行力不够强、教职员工思想认识不够统一等巡视反馈问题，实现巡视巡察上下联动，以扎扎实实的整改实效推动学校发展。要站稳解决问题的落脚点，紧扣做好“后半篇文章”，被巡察二级党组织要有强烈的问题意识，刀刃向内，自我剖析，发现问题要大胆直接，不能怕丢丑、不能怕丢面子，解决问题也不能手软，既要拿出“马上改”的举措，又要形成“长久立”的机制，以刮骨疗毒的勇气、坚忍不拔的意志，确保件件有着落、事事有回音。要让巡察整改落实作为下一步工作的新起点，实现“一次巡察、长期受益”，为各单位完成以人才培养为中心的改革发展任务提供持久动力，营造风清气正的政治生态。

四是巡察工作要与推进队伍专业化建设紧密结合，确保凝练经验、打造品牌。学校党委已经组织开展了两轮巡察，在巡察工作思路、工作路径、工作方法上积累了很多宝贵经验。随着全面从严治党向纵深推进，巡察工作也面临许多新的变化，任务更加繁重，责任也更加艰巨。广大巡察干部要坚持用习近平新时代中国特色社会主义思想武装头脑，不断提升政治觉悟和政治能力，总结、继承和发扬以往工作实践中积累的好经验、好做法，比如，“一次一授权”方式确定巡察干部；从兄弟院校引进“外援”，尝试破解“熟人社会”；等等，不断优化完善相关巡察制度机制，在组织领导、贯彻实施、责任落实等各方面更加专业化、精细化、科学化。要严格按照“六围绕一加强”基本要求，不断强化自身履职能力建设，发扬能吃苦、能战斗、能成事的精神，打造一只政治过硬、本领高强、纪律严明的巡察工作队伍。以一流的理念、一流的制度、一流的队伍、一流的工作、一流的影响，形成西南交通大学巡察工作经验，打造西南交通大学巡察工作品牌，不断提升巡察工作的“辨识度”和“贡献率”。

同志们，巡察工作是一项新事物，更是打通全面从严治党“最后一公里”，推动从严管党治党向基层延伸的一项重大制度安排。同志们，“当今世界正面临百年未有之大变局”“我国正处于实现‘两个一百年’奋斗目标的历史交汇期”“党和国家对高等教育的需要比以往任何时候都更加迫切，对科学知识和卓越人才的渴求也比以往任何时候都更加强烈”“学校处于‘双一流’建设、轨道交通事业蓬勃发展、交通强国、‘一带一路’建设等纵深推进的重要窗口期”，我们一定要在这些重大挑战、重要机遇的大背景下，深刻把握新时期巡察工作的责任和使命，以巡促改，以巡促建，实现巡视巡察、单位改革发展、干部发现培养“全面丰收”。

同志们，让我们紧紧团结在以习近平同志为核心的党中央周围，以习近平新时代中国特色社会主义思想为指导，树牢“四个意识”，坚定“四个自信”，坚决做到“两个维护”。我们当前党的思想政治工作最高目标就是带领全校实现树牢“四个意识”，坚定“四个自信”，坚决做到“两个维护”。凝心聚力，开拓创新，以无比坚定的信心、决心、恒心扎实有效做好第三轮巡察工作，牢牢扎根中国大地，朝着建设交通特色鲜明的综合性研究型一流大学奋斗总目标，扎扎实实建设轨道交通领域世界第一的西南交通大学，以更加优异的成绩和更加饱满的精神面貌迎接新中国成立70周年，迎接学校第十五次党代会的胜利召开。

谢谢大家！

壮丽七十年　奋进新时代

——王顺洪书记在西南交通大学庆祝中华人民共和国成立 70 周年座谈会上的讲话

（2019 年 9 月 30 日）

尊敬的各位老领导、老教授、老同志，
亲爱的老师们、同学们：

大家好！

今天，我们在这里举行“西南交通大学庆祝中华人民共和国成立 70 周年座谈会”，回顾辉煌过去，展望美好未来。刚才，我和杨校长为学校获得“中华人民共和国成立 70 周年”纪念章的代表颁发了纪念章。李恒老师、周本宽老领导代表学校老领导、老教授、老同志就国家和学校 70 年来改革、建设、发展的光辉历程、重大成就、宝贵经验作了非常好的发言，提出了很好的建议；翟婉明院士、崔凯老师、蒲黔辉老师、靳忠民老师、孙湛博老师、杨皓云同学等，也从不同角度畅谈了新中国成立 70 年来，中国铁路高等教育所取得的辉煌成就和学校方方面面的发展，大家深切表达了对新中国取得巨大发展成就的自豪之情，深情展望了新时代祖国和学校无限光明的美好前景。大家讲得都特别好，让我深受教育、深受感动、倍受鼓舞。

老师们、同学们！新中国成立以来的 70 年，是不断创造伟大发展奇迹、彻底改变中华民族前途命运的 70 年。70 年的沧桑巨变，也深刻地改变了学校的面貌。70 年来，西南交通大学始终将自身发展与国家和民族命运紧密相连，坚持党的领导，艰苦探索、矢志办学，谱写了辉煌绚丽的奋斗篇章，奠定了今日西南交通大学奋进新时代的坚实基础。

一、70 年来，学校发生了深刻变革、取得了辉煌成就

新中国成立至今的 70 年，是西南交通大学浴火重生、凤凰涅槃的 70 年，更是西南交通大学踔实扬华、薪火相传的 70 年，也是西南交通大学自强不息、蒸蒸日上的 70 年。

（一）唐山时代浴火重生

新中国成立，唐山交通大学获得了历史性新生。1949 年，新中国成立，学校办学性质发生了根本性转变。从此，学校在中国共产党的领导下，进入新中国高等教育发展的历史新轨道。

新中国的成立，激发了学校师生的爱国热情，许多海外校友积极响应母校召唤，怀着对国家、民族的挚爱之心，毅然放弃国外优越的生活和工作条件，冲破重重阻挠，克服种种困难回到祖国，或赶赴母校任职，为新中国的铁路事业发展培养急需人才，或奔赴工程建设一线，默默贡献智慧和力量，为新中国成立初期的国民经济恢复与工程事业发展做出了重要贡献。尤其值得肯定的是，在抗美援朝战争中，我校作为全国唯一一所奉命参战的高校，先后组织了三批师生 181 人次开赴朝鲜战场修建机场，为夺取抗美援朝的伟大胜利贡献了力量。

学校积极响应国家战略号召，为新中国高等教育事业发展布局做出了重要贡献。新中国成立初期，为适应国家确立的工业化发展道路需要，我国高等教育参照苏联的办学模式，按照“以培养工业建设人才和师资为重点，发展专门学院，整顿和加强综合性大学”的方针，实施了全国高等院系调整。

学校先后经历了两次院系调整。1951 年，铁道部决定我校建筑工程系和信号专修科调整至北京铁道学院，建筑工程系后又调整至天津大学。1952 年，根据党中央部署，学校一大批在全国都卓有声誉的系组调整支援兄弟院校。其中，冶金系调整至北京钢铁学院（北京科技大学），成为建立钢院的骨干力量；采矿系调整至北京矿业学院（中国矿业大学），成为建立矿院的基础力量；采矿系地质组调整至北京地质学院（中国地质大学），成为建立地质学院的重要力量；此外，化学工程系调整至天津大学，材料工程系调整至北京铁道学院，电机系电讯组调整至哈尔滨铁道学院，土木系水利组调整至清华大

学。这次院系调整，学校拆出了三分之二以上的学科专业支援兄弟院校，师资力量大幅缩减，学校仅调整出去的教师中就产生了12名院士，其余的大多数教师后来也都成为我国各类相关学科的奠基者或带头人，为新中国高等教育事业发展布局和培养国家工业化建设急需的大批人才做出了不可磨灭的重要贡献。

院系调整前，唐山交通大学被誉为“东方康奈尔”，在我国高等教育界声誉卓著。院系调整后，学校成为一所专门培养铁路人才的行业性高校，校名也改为了唐山铁道学院。在这种情况下，如何继承唐院的优良传统，把单科性的铁道学院建成行业一流、国内一流，并全力服务新中国铁路事业发展，是国家赋予学校的极其艰巨的历史任务。后来的发展事实证明，西南交大人经受住了严峻考验。学校师生胸怀大局、坚韧不拔，艰苦创业、无私奉献，积极参与宝成铁路、成昆铁路等新中国重大铁路工程建设，成功研制新中国第一台内燃机车、第一台电力机车，积极推动我国铁道牵引电气化，形成了“爱国、爱路、爱校”的光荣传统，并于1960年顺利进入全国重点大学建设行列。

（二）峨眉时代艰苦卓绝

坚决执行中央决策部署，义无反顾迁址四川峨眉。20世纪60年代，学校积极响应党中央建设“大三线”的号召，从北方重要的工业城市唐山，迁址西南地区的峨眉山下，搬迁距离之远，环境落差之大，在全国高校中绝无仅有，但西南交大人毫无怨言服从决定、义无反顾迁址峨眉。当时，峨眉校址地处山区，交通不便，贫穷落后，条件极差，学校搬迁物资有400多节货车皮，但峨眉校址远离火车站，所有的装卸、搬运全靠教职工肩挑背扛完成。到峨眉后，工作和生活条件的艰苦，绝非今天所能想象。房屋严重短缺，只能靠自己动手建造的质量很差的干打垒式简陋屋棚应付，而且一家人也只有十几平方米，实验设备、图书资料更是无处存放，只能日晒雨淋。为了维系正常办学，迁到峨眉的交大数代人，克服重重困难，自己动手、迁校建校，用青春与汗水，在异常恶劣的自然环境条件下开荒拓源、平地建场，硬生生地在原始山林中建造出一个风景如画的美丽校园。当时为了建电机馆，曹建猷教授找到基建部门，讲得直流泪，让在场的很多人为之感动。在迁校建校过程中，又经历了十年“文化大革命”，这些都给学校办学带来了前所未有的困难。那时，有些院校的干部和老师来到我校参观、调研、开会，都是十分吃惊地说：“你们在这个山沟里是怎么生存下来的？”所以，学校的峨眉时代，完全可以说是中国高等教育发展史上的一个奇迹。

困境之中弦歌不辍，立德树人成果丰硕。迁校峨眉后，学校教师员工不仅发扬了胸怀大局、无私奉献的精神，又用实际行动实践了“严谨治学、严格要求”的育人传统，有力确保了学校人才培养质量始终处于全国前列水平，学校校风在全国都是有名的。我们欣喜地看到，77级以后毕业生产生的铁路科技领域的院士，几乎都是我校峨眉时期培养的毕业生；学校毕业生中产生的24名全国工程勘察设计大师，也有13名是峨眉时期培养的；更加巧合的是，今天的中国科学院和中国工程院各有1名副院长也是我校峨眉时期培养的毕业生。总之，学校主体在峨眉办学期间，为国家培养了高级专业人才2万余人，其中大部分毕业生都成为铁路行业的骨干，为中国铁路事业以及西部经济社会发展做出了重要贡献。

全校师生员工与学校同甘苦、共命运，共同铸就了辉煌的峨眉时代。面对艰难困苦的办学环境，全校师生爱校如家、无私奉献，自力更生、艰苦创业，学校办学事业取得很好的发展，逐渐成为我国西部地区一所水平较高的工科大学，并孕育了“团结奋斗、艰苦朴素、实事求是、开拓创新”的峨眉精神，其内涵彰显了爱国荣校、家国天下的崇高风范，是中国高等教育事业服务民族复兴所积累的宝贵精神财富。更为可贵的是，我校是数量极少的几所没有回迁的高校，而是就此扎根西部，继续为国家铁路建设和西部经济社会发展培养人才，用忠诚和担当向党和人民交上一份满意答卷。所以，学校的峨眉时代是辉煌的，以无愧于历史、无愧于师生的光辉业绩向世人昭示了学校所肩负的使命，始终与国家和民族的命运血脉相连。

（三）成都时代快马加鞭

学校综合办学实力得到极大增强，为党和国家培养人才的能力大幅跃升。1989年，学校办学主体迁至成都，实现了办学重心的战略转移；2004 年，犀浦校区投入使用，使得学校办学空间得到极大拓展，为学校长远发展打下坚实基础。这两件事都是学校发展史上里程碑式的大事。学校教育教学水平不断提升，先后获国家级教学成果奖 29 项，其中特等奖 1 项、一等奖 6 项，总数位居全国高校第九。在 2014—2018 年中国高校创新人才培养暨学科竞赛评估中，我校位居全国高校第 12 位。学校在校生达 4.5 万人，50%以上的毕业生留在西部和基层工作，在轨道交通各大企业中就业的人数始终位居全国高校第一，为打造“中国高铁”提供了强有力的人才支撑，这是学校作出的最大贡献。

学校轨道交通办学特色更加鲜明，成为推动中国轨道交通事业发展的重要支撑力量。交通运输工程在国家学科评估中连续四次位居全国第一，并成功进入国家“双一流”建设序列，土木工程、机械工程、电气工程、测绘与地质工程等传统优势学科排名均位居同类高校前列，“交通运输工程学科群”已在铁路国际学术领域形成重要影响。学校构建起轨道交通领域最完备的科研体系，取得了以世界公认的“沈氏理论”和“翟孙模型”为标志的铁路基础理论突破；在轨道交通领域获得的国家科技奖励总数位居全国高校、科研院所和行业企业第一。同济大学复杂工程管理研究院编制的《我国工程建设领域重大科技创新研究报告（2000—2017）》显示，西南交通大学名列全国第一。2017 年，英国《泰晤士报高等教育》发布全球 500 强 CEO 母校排名，我校位居国内高校第 7 位、全球第 57 位。

特别需要指出的是，党的十八大以来，全校上下以强烈的政治勇气和政治担当，办成了很多长期想办而没有办成的大事，破解了很多长期想解决而未能解决的难题。例如：立足学校实际，提出“建设轨道交通领域世界第一的西南交通大学”这一中近期奋斗目标和“建设交通特色鲜明的综合性研究型一流大学”这一三十年奋斗总目标；根据学校发展形势，聚焦“发展”和“民生”两大主题，提出了当前发展面临的“两大主要矛盾”，即“国家‘交通强国’‘教育强国’‘一带一路’倡议对大交通人才和科技的需求与我校的有效供给不足的矛盾”“师生和校友对美好生活的追求与学校给予的有效帮助不足的矛盾”，为学校奋进新时代提供了理论武装和逻辑支撑；坚持全面深化综合改革，以“成绩、成果、成效”为导向的人事分配制度改革、办学资源分配机制改革取得实质进展，充分释放内部办学活力；被誉为科技领域“小岗村”试验的职务科技成果权属混合所有制改革深入推进，对国家科技创新产生深远影响。安徽小岗村的试验，极大地解放了全国农村的生产力，解决了全国的粮食安全和吃饭问题。我们的职务科技成果权属混合所有制改革试验一旦被认定，将极大地释放全国数以千万计的科技工作者的创新活力，将促进中国的经济转型和科学研究的全面发展。今年以来，学校发展更是捷报频传，科研成果第 4 次入选中国高等学校十大科技进展，国家三大奖、高层次人才队伍建设也都取得新突破，创造近年来的最好成绩。

总的来说，学校办学重心从峨眉转移至成都这三十年来，学校坚持扎根中国大地办中国特色社会主义大学，始终坚持扎根西部、面向行业、服务国家，各项办学事业呈现蓬勃向上的良好势头，发生的变化是深层次的，取得的成绩是全方位的，书写了浓墨重彩、可圈可点的光辉篇章，西南交大已经进入了实现历史性复兴的新阶段。

老师们，同学们，70 年风雨兼程、跋山涉水，70 年自强不息、薪火相传，70 年竢实扬华、日新月异。学校 70 年改革、建设和发展取得的辉煌成就，是党和人民无私哺育的结果，是各级领导高度重视、亲切关怀的结果，是历届老领导、老同志齐心协力、攻坚克难的结果，是广大师生员工顽强拼搏、无私奉献的结果，是万千海内外校友鼎力支持、爱校护校的结果！

在此，我代表学校党、政班子全体成员，特别地代表杨丹校长，向支持和关心学校发展的各级领导、社会贤达、学界巨擘、媒体界的朋友等致以崇高的敬意！向西南交大的全体老领导、老教授、老同志、老校友致以崇高的敬意！向西南交大的全体师生员工和广大海内外校友、校亲致以崇高的敬意，谢谢大家！

二、学校 70 年的探索与实践积累了弥足珍贵的历史经验

老师们、同学们！经过 70 年的探索与实践，学校积累了丰富的办学经验，形成了诸多优良传统，为继续推进学校改革、建设和发展提供了重要启示：

一是我们始终坚持社会主义办学方向不动摇。70 年来，学校能够取得如此巨大的发展成就，最根本的就在于我们始终坚持社会主义办学方向不动摇，始终与党和国家同呼吸、共命运。70 年来，学校党组织的吸引力、凝聚力、战斗力不断增强，从 1949 年 7 月 18 日，学校成立第一个党支部，仅有 29 名党员，发展到今天全校共有 35 个二级党组织、608 个党支部、10 463 名党员，党员数量增长了近 360 倍，党的领导全面覆盖学校工作的方方面面，党组织核心作用不断凸显，引领着学校的发展始终与党和国家的发展同向同行，为中国特色社会主义事业培养输送了大量优秀人才。当前，学校党委按照党中央要求，履行“全面领导学校工作和管党治党、办学治校主体责任”，旗帜鲜明地提出“用党建和思想政治工作的一流带动全校各项工作实现一流”，进一步加强党对学校工作的全面领导，全校各级党组织和全体共产党员的作用发挥更加主动、更加坚定、更加有力。立足新时代，我们要实现学校历史性伟大复兴，仍然必须以习近平新时代中国特色社会主义思想为指引，贯彻落实党的教育方针，坚定不移坚持社会主义办学方向，始终坚持国家至上、民族至上、人民至上，确保学校发展始终服从党和国家的战略需要。

二是我们始终坚持走具有西南交大特色的发展道路不动摇。70 年来，在几代人的不断探索努力下，作为一所铁路行业院校，学校很好地完成了国家交给学校的任务，把铁路科技做到了世界前列水平，我们的交通运输工程在国家学科评估中连续四次位居全国第一，并成功进入国家“双一流”建设序列。70 年来，学校不忘初心、牢记使命，始终坚守铁路“根基”和“主脉”，通过全力服务中国轨道交通事业发展，我们逐步形成并确立了轨道交通学科优势，形成了“中国铁路工程师的摇篮”“轨道交通领域教学与研究的高地”等办学特色，伴随着中国轨道交通事业的兴盛又进一步巩固和发展了我们的特色和品牌，最终赢得了我们在全国轨道交通领域高校的龙头地位与历史荣誉，并为学校成为一所在轨道交通领域有世界影响力的高校奠定了重要基础。立足新时代，我们要实现学校历史性伟大复兴，仍然必须要坚持走具有西南交大特色的发展道路，这是经过一代代交大人持续探索和努力，走出的一条契合学校实际的特色道路，也是实现“复兴交大，创建一流大学”梦想的必选道路。

三是我们始终坚持把立德树人作为根本任务不动摇。70 年来，学校坚持立德树人，始终把人才培养作为学校办学最核心的内容。学校面向国家经济建设尤其是轨道交通行业发展主战场，坚持根植于多年来工程高等教育的历史积淀和铁路特色办学优势，大力传承弘扬人才培养的优良传统，大力培养具有中国情怀、立志工程实践，有理想、有本领、有担当的卓越轨道交通人才。从 70 年前的 300 多名在校生，到今天 4.5 万余名在校生，70 年来，从学校走出去的 30 余万毕业生遍布祖国建设的各条战线，尤其是铁路战线、西部地区和基层，这是学校为国家经济社会发展做出的最大贡献，也是学校之所以能够成为轨道交通领域高校人才培养标杆的坚强支撑。立足新时代，我们要实现学校历史性伟大复兴，仍然必须围绕落实立德树人根本任务，进一步坚定新时代人才培养的自信，大力探索同我国独特的历史、独特的文化、独特的国情，以及同“一带一路”倡议、“交通强国”战略和国家轨道交通事业发展实际更加适应的人才培养体制机制，加快构建引领世界轨道交通高等教育发展的高水平人才培养体系。

四是我们始终坚持发展依靠师生、依靠校友不动摇。70 年来，学校虽然历尽磨难，却能屹立不倒、弦歌不辍的根本原因，正是在于我们的师生员工秉承对党的教育事业的忠诚和对母校的热爱，始终不离不弃、爱校如家。无论是六七十年代的时局动乱，还是校址搬迁的反复困扰，无论是搬迁峨眉的艰苦卓绝，还是唐山大地震的祸从天降，等等，西南交大经历过的困苦与磨难，是我国现代高等教育发展史上任何一所高校都不曾经历过的，但学校教职员工始终不离不弃，选择和学校一起克服种种困难，为学校人才培养、为中国轨道交通事业发展和中华民族伟大复兴默默耕耘、贡献智慧和力量。新时期，广大师生员工与学校党委同心同德同向同行，在落实立德树人根本任务，全面服务“一带一路”倡议、交通强国、川藏铁路建设等国家战略的新征程上同甘苦、共奋斗，是学校最值得信赖、最值得依靠的力量。立足新时代，我们要实现学校历史性伟大复兴，仍然必须尊重和充分发挥师生员工的主体地位，牢牢坚持保障和改善民生，时刻铭记“发展依靠谁”“发展为了谁”，为师生员工工作、学习和生活创造更好的条件和环境，为学校发展汇聚强大的凝聚力、向心力和战斗力。

五是我们始终坚持以改革创新谋发展不动摇。70 年来，学校所取得的辉煌办学成就，不是等来的，不是要来的，也不是天上掉下来的，而是全校师生员工立足学校发展实际不断改革、不断探索、不断奋斗、不断创新的结果。70 年来，学校敢为人先、勇于开拓，不断探索适合中国国情和学校实际的办学模式与管理体制，1950 年在全国最早接收外国留学生，1978 年在全国率先试行学分制改革，1985 年发布“教改十五条设想”，2003 年联合行业企业创造性开展拔尖创新型人才培养，2016 年推出科技成果转化“西南交大九条”，2018 年提出以“成绩、成果、成效”为评价导向的全方位深化改革，等等，一些重大改革举措甚至为中国高等教育的发展创造了宝贵的“交大经验”。一切成就都是改革的结果、奋斗的结果、创新的结果。立足新时代，我们要实现学校历史性伟大复兴，仍然必须坚持改革创新不动摇，通过大胆改革、大胆创新、大胆探索，让今天的改革为明天的发展铺路，加快破解学校现阶段发展面临的“两大主要矛盾”，不断推进新时代学校事业新发展。

70 年改革、建设和发展取得的经验，是极为宝贵的财富，是极为重要的启示。在今后的办学实践中，我们要始终坚持并不断丰富发展这些宝贵经验和重要启示，不断提高解决矛盾和问题的能力，不断推进西南交通大学各项事业更好更快发展。

三、在新时代新征程上继续谱写学校事业发展的壮丽篇章

当前，世界正面临百年未有之大变局，中华民族正以崭新姿态屹立于世界的东方，中国正在日益走近世界舞台中央。党的十九大明确指出，建设教育强国是中华民族伟大复兴的基础工程，要加快“双一流”建设，实现高等教育内涵式发展。可以说，党和国家对高等教育的需要比以往任何时候都更加迫切，对科学知识和卓越人才的渴求比以往任何时候都更加强烈。这对我们来说，既是重大机遇，也是严峻挑战。

与此同时，中国轨道交通事业蓬勃发展，“一带一路”倡议、交通强国战略、川藏铁路建设、长江经济带建设深入推进，近期，西部陆海新通道建设也启动实施，学校仍处于大有可为、大有作为的重要战略机遇期。我们必须齐心协力、勇担使命，迎难而上、抢抓机遇，立足新时代，再创新辉煌。

一是要进一步加强党对学校工作的全面领导，不断将全面从严治党引向深入。学校 70 年的发展历史证明，只要是党的领导作用发挥得好的时期，学校的人心就和、方向就明、发展就快、事业就兴。要办好学校的事情，关键是坚持和加强党对学校工作的全面领导，这是学校发展的根本所在、命脉所在，也是全校师生员工的利益所在、福祉所在。我们要以习近平新时代中国特色社会主义思想为指引，进一步贯彻落实党的十九大精神，坚持马克思主义指导地位，牢牢把握社会主义办学方向，不断加强党对学校工作的全面领导，把党的教育方针全面贯彻到学校工作的方方面面，把思想政治工作贯穿学校教育教学全过程，使西南交通大学成为坚持党的领导的坚强阵地，以“四个服务”为导向，大力培养德智体美劳全面发展的社会主义建设者和接班人。

二是要进一步高扬爱国主义旗帜，将“交大梦”深深融入实现“中国梦”的伟大征程之中。服务中华民族伟大复兴是高等教育的重要使命，高校在实现“中国梦”的伟大征程中承担着持续的人才保障和智力支持作用，高校也只有为实现“中国梦”作出应有的贡献才能实现抱负、焕发光彩。学校从创建之初，就肩负着“兴学强国”“筑路报国”的历史使命，总是在国家需要的时刻挺身而出，奔赴抗美援朝前线是这样，让位煤矿开采迁校是这样，建设大三线内迁峨眉也是这样，如今在实现“中国梦”的伟大征程中、在中华民族逐步走向世界舞台中心的进程中更应该是这样。能够见证并参与民族复兴大业，这是交大的幸运，也是我们这一代交大人的幸运。我们要始终把学校的发展与国家战略部署紧密联系在一起，与实现中华民族伟大复兴紧密联系在一起，牢牢把握学校当前面临的重要战略机遇期，以高质量的人才培养和源源不断的科技贡献回应党和国家的重托，将“复兴交大，创建一流大学”深深融入实现“中国梦”的伟大征程中，用新的行动贡献新的交大力量。

三是要牢牢扎根中国大地办大学，走独具西南交大特色的“双一流”建设之路。扎根中国大地建设“双一流”，就是要瞄准“中国特色、世界水平”发展目标，着力建设在世界上独树一帜、水平一流的学科专业。70 年来，学校坚持立足办学传统，立足轨道交通行业，从无到有、从弱到强，探索建立并逐步完善了具有中国特色的轨道交通领域学科专业建设模式和人才培养体系，有力支撑了中国轨道交通事业发展，在中国高等教育版图和高校之林中独树一帜，成绩独特、贡献独特。这既是学校进入国家“双一流”建设序列的根基，也是我们未来发展的必由之路。我们建设“双一流”，既不能好高骛远，又不能另起炉灶，必须要立足学校当前拥有的办学资源和发展实际，继续保持并进一步巩固轨道交通办学特色，在“一带一路”倡议、交通强国建设中发挥优势、作出贡献，从而借助交通行业的大发展提高我们的办学水平，走出一条独具西南交大特色的“双一流”建设道路。

四是要务必咬定青山不放松，不断培育和增进新时代交大自信。坚定新时代交大自信，不仅基于祖上的荣耀和历史的辉煌，而且更有赖于新时期的巨大成就。我们知道，1952 年全国院系调整后，学校三分之二以上系科剥离，师资力量大幅削减，用唐振绪老院长的话说，就是“母校的精华被砍去一半，元气大伤”。所以，新的唐山铁道学院事实上仅继承了老唐院的部分“衣钵”，办学力量已被严重削弱。紧接着，学校又内迁峨眉山下，因为远离城市、条件太过艰苦，再次流失许多知名师资，各项发展几乎从零起步，算得上白手起家。面对如此艰难的情形，接过接力棒的交大人非但没有就此沉沦，反而秉持着自强不息、永不服输的冲劲、闯劲、拼劲、韧劲，不屈不挠、矢志办学，硬是把铁路科技做到了世界前列水平，硬是把一个单科性的铁道学院发展成为全国轨道交通领域的龙头高校，综合办学实力也不断提升。学校今天的办学成就足以证明，我们是高质量、高标准承扬了交大的“血统”和“气场”的。今天的交大人，绝对不能妄自菲薄，要坚信我们一定能，我们有底气、有信心、有决心、有能力实现学校历史性伟大复兴的梦想，要坚定不移、奋勇前进，不达目标、誓不罢休。

五是要不断弘扬“竢实扬华，自强不息”的交大精神，艰苦奋斗、永不懈怠谱新篇。70 年的发展历史证明，学校取得的办学成就与“竢实扬华、自强不息”的交大精神是息息相通的。无论是新唐院诞生之初所凝聚的“爱国、爱路、爱校”的淳朴情怀，还是内迁峨眉所锻造的“团结奋斗、艰苦朴素、实事求是、开拓创新”的峨眉精神；无论是新世纪以来所鼓励的“严谨治学、刻苦钻研、艰苦朴素、实事求是、开拓创新”品质，还是新时代所弘扬的“勇于创新、勇于胜利、勇于争先，敢于突破、敢于冒尖、敢于领先”的气魄；等等，都集中体现着交大人自强不息、艰苦奋斗，永不懈怠、勇往直前的精神风貌，也是学校在各个发展时期取得一系列办学成就的精神源泉。实现学校历史性伟大复兴，蓝图已经绘就，我们既要有实现目标的奋斗，更要有“说到就要做到”的信心和干劲。山再高，总能登顶，路再远，总能到达，我们这一代人一定要跑好我们这一棒。有梦想、有信心、有机遇、有奋斗，“复兴交大，创建一流大学”一定能够实现。

老师们、同学们！70 年砥砺奋进，70 年春华秋实。70 年来，学校之所以能够取得今天的发展成就，关键在于我们的祖国日益强大。中国特色社会主义进入了新时代，西南交通大学实现历史性伟大复兴进入了新阶段，“复兴交大，创建一流大学”责任无比重大，信念无比坚定，前景无比光明。让我们更加紧密地团结在以习近平同志为核心的党中央周围，高举习近平新时代中国特色社会主义思想伟大旗帜，不忘初心、牢记使命，以永不懈怠的精神状态和一往无前的奋斗姿态，继续朝着建设轨道交通领域世界第一的西南交通大学这一目标，朝着建设交通特色鲜明的综合性研究型一流大学总目标奋勇前进，为全面建成社会主义现代化强国做出新的更大贡献！

祝大家节日快乐！

谢谢！

凝心聚力　永续奋斗　开创新时代西南交通大学发展新局面

——王顺洪书记在第二十届工会会员暨第七届教职工代表大会第五次会议上的讲话

（2019 年 11 月 15 日　犀浦校区图书馆一号报告厅）

各位代表、同志们：

大家好！

经过大家的共同努力，本次大会圆满完成了各项议程，即将胜利闭幕。这是一次团结鼓劲的大会，充分展现了务实、民主、和谐的新气象，全体代表紧紧围绕发展与民生主题，建睿智之言，献务实之策，聚发展之力，让我们看到了广大教职工对学校深化改革、科学发展、和谐稳定的热切期盼和坚强决心，为下一步把学校工作做得更好、更出色、更扎实，起到了很好的促进作用。在此，我代表学校党委，向全体与会代表致以最崇高的敬意和最由衷的感谢！

同志们，今天上午，杨校长代表学校，全面回顾总结了上次双代会以来学校的各项工作，成绩喜人，催人奋进。同时，杨校长对学校今后发展作了非常深入的思考。关于学校发展定位、人才培养、教师队伍建设、成峨两地办学等，都是学校改革建设发展中的大事、要事，也是难事。把这些事情办好了、办漂亮了，不仅仅关系到学校能否实现历史性伟大复兴的奋斗目标，也关系到我们广大师生的个人成长与发展。所以，全校上下一定要心往一处想、劲往一处使，共同绘制学校未来发展新蓝图，为即将召开的第十五次党代会凝聚共识、明确方向，不断开创学校发展新局面。

下面，我就学校今后的发展，提几点意见：

一是坚持旗帜鲜明讲政治，扎根中国大地办大学。70 年来，不论是浴火重生的唐山时代、艰苦卓绝的峨眉时期，还是落定成都以后的快马加鞭，学校能够弦歌不辍、屹立不倒，取得巨大的办学成就，最根本的就是我们始终坚持中国共产党的领导，始终坚持社会主义办学方向，把学校的各项中心工作融入国家发展的洪流中，将学校的发展与党和国家的命运紧紧联系在一起。

立足新时代，我们必须坚定不移地以习近平新时代中国特色社会主义思想为指引，增强“四个意识”，坚定“四个自信”，做到“两个维护”。要将把学校建设成为坚持党的领导的坚强阵地作为我们的不懈追求，高度重视党建和思想政治工作，时时刻刻都要站稳政治立场、坚定政治方向、增强政治本领，以党建和思想政治工作的一流带动全校各项工作实现一流。我们要积极践行“四个服务”，在“一带一路”倡议、“交通强国”“教育强国”等国家战略中，牢牢把稳学校发展的大方向，紧紧抓住学校发展的大机遇，积极聚集学校发展的强大动能。我们要勇于肩负立德树人根本使命，努力培养德才兼备、面向未来的创新人才，为中国高等教育事业、中国交通事业发展贡献更多更大的智慧和力量。

二是要坚持与时俱进，不断谋划学校新未来。“建设交通特色鲜明的综合性研究型一流大学”是学校第十四次党代会确立的三十年发展总目标。2017 年 6 月，在党中央“双一流”建设战略部署的大背景下，学校对“三步走”的发展定位进一步深化细化，提出了建设轨道交通领域世界第一的西南交通大学的现阶段奋斗目标，进一步明确了全校师生员工的奋斗方向和发展着力点。

当前，世界正面临百年未有之大变局，中国正大踏步走近世界舞台中央。党和国家对高等教育的需要比以往任何时候都更加迫切，对科学知识和卓越人才的渴求比以往任何时候都更加强烈。在这样的历史背景下，我们需要再一次思考和谋划学校未来的发展。上午，杨校长站在建设社会主义现代化强国、实现中华民族伟大复兴中国梦的战略高度，紧密结合党中央关于新时代高等教育的战略部署，全面深入分析了国内外高等教育发展形势及学校所处的历史方位，结合学校近五年来的改革建设发展情况，对第十四次党代会确立的、到 2046 年学校“建设交通特色鲜明的综合性研究型一流大学”三十年奋斗目标，进行了更精准的优化和表述，明确为“建设交通特色鲜明的世界一流大学”的奋斗总目标。这个判断是经学校党委常委会（扩大）会议集体讨论后提出的，总体上是否客观并符合学校发展实际，还要再经全校师生集体讨论，凝聚大家的思想后，在学校第十五次党代会上确定，并细化分阶段目标。

全校上下、每一名教职员工也都要有“主人翁”精神，积极参与到学校发展定位的再研究、再思考上来，从对党和国家负责，对学校负责，对自己负责的高度，以更高远的历史站位、更宽广的视野、更深邃的战略眼光，认真谋划学校的改革建设与发展，努力实现学校发展目标的再聚焦、发展思路的再优化、发展举措的再创新，共同开创学校发展新局面。

三是坚持成绩成果成效“指挥棒”，认真抓牢抓好发展和民生工作。中国特色社会主义进入了新时代，学校也步入了实现历史性复兴的新阶段。2017 年 11 月，党的十九大作出我国社会主要矛盾变化的重大政治论断，即人民日益增长的美好生活需要和不平衡不充分的发展之间的矛盾。2018 年 8 月，学校第十四届党委第十一次全体（扩大）会议，根据新形势，中央新要求、新任务，将 2017 年 8 月第十四届党委第八次全体（扩大）会议上提出的学校现阶段两大主要矛盾进行优化完善，即“国家‘交通强国’‘教育强国’‘一带一路’倡议对大交通人才和科技的需求与我校的有效供给不足的矛盾；师生和校友对美好生活的追求与学校给予的有效帮助不足的矛盾”。

解决好“不平衡”“不充分”问题就是学校实现发展的过程。当前学校仍处于大有可为、大有作为的重要战略机遇期，我们必须抢抓机遇，迎难而上，加快推进学校“双一流”建设。**要以学科建设为龙头。**围绕轨道交通特色，坚持走“以特取胜、以特扬名、以特树旗并带动其他学科冲锋”的学科建设之路。以交通运输学科群的一流，带动其他学科走向一流，最终实现学校整体一流。**要以人才培养为根本。**牢牢扎根中国大地，面向国家和社会需求，创新人才培养体系，全面提升人才培养质量，努力培养德才兼备、面向未来的创新人才。**要以队伍建设为核心。**坚持人才强校主战略，持续完善人才引育工作体系，构建良好的人才发展生态，营造积极向上、干事创业的环境，不断优化完善尊重人才、爱惜人才、关心人才、帮助人才、支持人才的良好氛围，开创人人皆可成才、人人尽展其才的生动局面。

同时，在实现学校发展过程中，学校将更加关注民生。紧紧围绕师生普遍关注的绩效工资改革、校园环境改善、子女入园入学等民生工作，做好文章，下大功夫。今年，学校拟在绩效工资改革经费投入基础上，再拿出 5000 万经费，提高广大教职员工的待遇，让广大教职工共享学校的改革发展成果。

四是坚持苦干实干加油干，着眼全局抓落实。任何梦想都不是等来、喊来的，而是拼出来、干出来的。一切难题，只有行动才能破解；一切机遇，只有行动才能把握。不论今后学校确定什么样的发展目标和发展思路，最终都要落在一个“干”字上。全校上下都要按照学校决策部署，以勇于拼搏、一往无前的奋斗姿态，全力推进学校“双一流”建设，共同把学校的学科建设好，把学校的人才培养好，把学校的改革任务完成好；要进一步提高执行力，真正让学校提出的战略思路和举措得到认识上的统一、行动上的统一，得到实实在在地推进和实施，变为实实在在的建设成效，实现学校新的更大的、更好的发展。

创新是干好工作的动力之源。我们还要牢牢坚持改革创新不动摇，大胆改革、大胆创新、大胆探索，时刻保持一股攻坚克难的创新精神，打破思维定式、冲破观念障碍，积极发挥主观能动性，敢于争先，善于创先，勇于领先，始终保持锐意创新的勇气、敢为人先的锐气、蓬勃向上的朝气，更加坚定我们改革发展的信心和决心，抖擞奋发有为的精气神，保持良好的拼劲和干劲，以创新的思路、创新的举措，为学校的改革建设发展注入新活力，推进各项工作再上新水平。

五是坚持凝心聚力团结一心，全校上下共同奋斗。人心齐，泰山移。没有全校上下的共同奋斗、共同努力，任何美好的战略构想都是一句空话。我们一定要将我们的战略构想、发展思路、目标定位等，变成我们的路线图、施工图。我们在施工图之后，还要有年度工作进程表、年度工作分目标等，一步一个脚印地推进学校发展。众所周知，船到中流浪更急、人到半山路更陡，此时来不得半点马虎，更不允许有丝毫懈怠，此时也更需要我们凝聚人心、凝聚智慧、凝聚力量、凝聚共识，激发更加昂扬、更加向上、更加奋进的干事创业氛围，从而实现学校的大团结，实现全校心情舒畅的工作局面。

同志们，讲团结就是讲政治、顾大局的表现。“双代会”作为学校民主管理、民主监督的重要机制和重要平台，要发挥好群策群力、汇集众智的积极作用，把全校教职员工的思想和行动凝聚到学校的中心工作上来。广大代表要积极作为、敢于作为、善于作为，充分发挥好上情下达、下情上传的桥梁纽带作用，引导学校教职员工发扬“竢实扬华，自强不息”的交大精神，坚持工作中有朝气，工作中有志气，工作中有勇气，工作中有正气，坚持工作中的积极、认真、主动、努力、勤奋的态度，将学校的精神文化底蕴内化为团结、和谐、阳光、开朗、昂扬向上的精气神，内化为干事创业的热情和敢闯敢拼的精气神。

“双代会”要与学校党委一道，勇抓机遇、抢抓机遇、抓住机遇、抓牢机遇、抓好机遇，共同推动学校“双一流”加快发展、特色发展、高质量发展，以积极向上、奋斗不息的精神面貌绘就学校改革发展的光辉底色，共同凝聚起万众一心、实干兴校的正能量。

各位代表、同志们，一年一年的成绩都是拼出来的，衷心感谢全校师生这一年的辛勤付出，今后的发展还是要靠我们继续拼搏、继续努力。让我们紧紧团结在以习近平同志为核心的党中央周围，牢牢扎根中国大地，凝心聚力，开拓创新，共同建设好新时代的西南交通大学，努力谱写中华民族伟大复兴中国梦的西南交通大学篇章。

谢谢大家！

矢志建设引领铁路电气化供电事业的世界一流学科

——王顺洪书记在电气工程学院建立 70 周年院庆大会上的讲话

（2019 年 11 月 30 日 10:00　犀浦校区图书馆一号报告厅）

尊敬的钱院士、钮主任、蒋先国教授，
各位领导、各位校友、各位来宾，老师们、同学们：

大家好！

今天，我们欢聚于此，共同庆祝西南交通大学电气工程学院（原电机系）建立 70 周年。在此，我谨代表学校，代表杨丹校长，向电气工程学院的老领导、老教师和全院师生员工们表示最热烈的祝贺！向一直以来关心和支持西南交通大学，关心和支持西南交通大学电气工程学院建设与发展的各位领导、各位来宾表示最衷心的感谢！

1949 年，在曹建猷教授、杜庆萱教授、任朗教授等老师的努力下，唐山交通大学，也就是现在的西南交通大学，诞生了全国第一个电气运输专业，创建了电机系，这即为电气工程学院的前身。70 年来，从建系之初确立了我国电气化铁路采用的单相工频交流 25KV 电压标准制式，到如今引领我国高速铁路的电气化发展；从建系之初的 30 余名教职工，到今天近 300 名教职工队伍；从建系之初的百余名学生，到今天近 4000 名在校生的办学规模……一代又一代的西南交大电气人胸怀报国之志、饱含爱校之情，艰苦创业，矢志奋斗。70 年来，学院的发展伟业，成就了曹建猷院士，也先后培养和造就了以钱清泉院士、丁荣军院士等为代表的 3 万多优秀人才，创造了我国电气化铁路发展史上多个“中国第一”与“世界第一”，从新中国第一条电气化铁路——宝成铁路，到全球最稳定、最安全的牵引供电系统——京沪高铁；从重载电气化铁路技术，到高速铁路电气化牵引供电技术；从“技术先进”到“技术引领”，电气工程学院参与构筑起了具有完全自主知识产权的中国高速铁路牵引供电技术体系平台，先后获得国家科技进步二等奖（主持）3 项、省部级科技进步奖 20 余项。我们完全可以自豪地说，70 年来电气工程学院为国家经济建设，为中国铁路现代化建设事业，和学校的改革建设发展作出了不可磨灭的贡献。

今天，在电气工程学院成立 70 周年这一具有里程碑意义的时间节点上，我们总结过去，豪情满怀。我们更要思考新时代、新形势下电气工程学院的美好未来。我有几点思考和想法，与大家共勉：

一是要进一步加强党的领导和学院的基层党组织建设。学院有今天的伟业，正是 70 年中在中国共产党的正确领导下取得的。中国 70 年的发展，证明了这一点；电气工程学院 70 年的发展，也证明了这一点。电气工程学院的曹建猷院士在年届 70 岁时加入中国共产党，也充分说明了他对党的充分认可和满腔热爱。学院党委要认真贯彻落实党的路线方针政策和学校党委的决策部署，不忘初心、牢记使命，充分发挥学院党委的政治核心作用，带领并努力为学院发展营造民主、和谐、风清、气正、心往一处想、劲往一处使、敢于冒尖、敢于突破、敢于领先的团结奋进的良好氛围。要充分发挥基层党组织的战斗堡垒作用和全体共产党员的先锋模范作用，全院要努力营造个个都是学校改革发展建设骨干和生力军的生动局面。

二是要提前做好学科布局，激发学科创新活力。当前，大数据、云计算、物联网、人工智能、区块链、5G 技术等飞速发展、深度融合，新产业、新技术、新业态层出不穷，第四次工业革命蓄势待发。立足智能时代，电气学科将大有可为，也必将大有作为。面对千载难逢的发展机遇，我们要超前谋划，将智能化、数字化、信息化作为布局学科发展、提升人才培养质量的重要考量，敏锐捕捉学科前沿研究新动向和新趋势，在铁路牵引供电系统智能化、牵引供电系统自我诊断、健康管理与认知进化、智能接触网系统以及场景驱动、铁路牵引供电新能源等领域谋求新的增长点，全面提升铁路牵引供电领域的智能化水平，大力推动供电模式革新和突破，引领世界交通供电技术发展。

三是要深化学院改革，充分发挥学院办学主体作用。校院两级管理体制改革，即从“校办院”向“院办校”的转变，是学校综合改革的重点和关键点，是学校实现内部治理体系、治理能力现代化的重要举措。学院也同样要充分发挥改革的作用，要坚持以“成绩、成果、成效”为导向的优劳优筹、多劳多筹、不劳不筹的分配机制，向改革要动力、要红利，全面激发学校发展原动力和办学活力。学校现阶段有关教师引进政策、人才政策、职称评审政策等方面都已经启动优化和调整，博士后力量也将大大加强，未来预计博士后队伍规模将达到 600～800 人，博士后的薪酬待遇也将进一步提升。学院要跟上学校的节奏，转变角色，由“要我干”变为“我要干”，充分发挥学院办学主体作用，实现真正意义的“院办校”。

四是要有高站位、大局观，与学校同心同德同向同行。当今世界正经历百年未有之大变局，我国正处于实现中华民族伟大复兴关键时期，西南交大也进入了实现历史性复兴的新阶段。学院谋发展也一定要充分认识到这一历史方位的重要性，紧紧围绕学校中心工作，坚持以全局视野和高度的责任感深入推进学院的各项工作，始终与学校同心同德同向同行。只有校院协同共进、攻坚克难，西南交大才能实现赶超、跨越和引领。我们要以永不懈怠的精神状态和一往无前的奋斗姿态，将电气工程学院推向新的高度，奋力开创学院建设新局面。

校友们，老师们，同学们！70年砥砺奋进，70年硕果累累。面向未来，我们当代电气人更要不负学校期望，不负师生校友重托，肩负使命，团结一心，努力干出电气人的精气神，干出电气人的拼劲和闯劲，以更加昂扬的斗志、更加奋进的姿态、更加优异的成绩，推动学院实现更高质量的内涵式发展，为西南交通大学历史性伟大复兴，为推动国家轨道交通电气化与自动化水平实现新的跃升，作出电气人的卓越贡献。

最后，衷心祝愿电气工程学院再创辉煌！祝各位来宾、各位校友身体健康，工作顺利！

谢谢大家！

携手并进，共襄盛举，谱写川藏铁路建设华章

——徐飞校长在《中国铁路总公司　西南交通大学战略合作协议》签约仪式上的致辞

（2019年1月23日）

尊敬的各位领导，各位专家，各位来宾：

大家下午好！

今天，非常高兴在这里隆重举行《中国铁路总公司　西南交通大学战略合作协议》签约仪式。在此，我谨代表全校5万余名师生员工，向总公司各位领导表示热烈的欢迎！向长期以来热情关心、大力支持西南交大改革、建设和发展的中国铁路总公司，表示最衷心的感谢！对新时代双方开展全方位战略合作表示最由衷的祝贺！

交通强国，铁路先行。党的十八大以来，以习近平同志为核心的党中央高度重视交通运输事业的发展，明确提出了“交通强国”战略。在党中央的坚强领导下，在中国铁路总公司的统筹带领下，全体铁路人不忘初心、牢记使命，艰苦奋斗、砥砺前行，共同推动我国铁路事业实现跨越式发展，轨道交通科技创新取得了重大成就，铁路网规模和质量世界领先，高速铁路通车里程位居全球第一，高速铁路、重载铁路、高原铁路等建造技术均达到世界领先水平，为建成交通强国支撑新时代中国特色社会主义现代化强国建设，奠定了坚实基础。

当前，着眼于解决我国发展不平衡不充分、中西部基础设施建设滞后等现实难题，立足于综合因素的系统考量，党中央国务院审时度势、运筹帷幄，适时启动川藏铁路规划建设。作为“一带一路”倡议的重要组成部分，建设川藏铁路不仅是四川、西藏人民的期盼，也是全国人民的共同心愿，其意义非常重大。对于中国铁路建设者和科技工作者来说，我们能够参与建设川藏铁路，着力攻克集勘察、选线、路基、桥梁、隧道、线路、通信、信号、电力、牵引、安全、减灾防灾等铁路建设和运维领域全系统、全生命周期系列难题于一体的史诗级超级工程，可谓使命光荣、责任重大、任务艰巨。

作为中国轨道交通领域办学历史最悠久、学科门类最齐全、专业配套最完善、核心资源最集中、综合实力最强的高校，西南交大因铁路而生、因轨道而兴、因高铁而强。长期以来，学校以国家战略需求为导向，充分发挥铁路特色办学优势，瞄准世界铁路科技前沿，坚持顶天与立地的有机统一，在原理性、前瞻性、突破性基础研究和应用基础研究的基础上，注重工程化开发研究，为中国轨道交通事业发展和铁路科技进步作出了重大贡献。

新时代、新征程，新使命、新要求。服务川藏铁路建设，服务中国轨道交通事业发展，学校义不容辞、责无旁贷，西南交大必将以今天双方签署战略合作协议为契机，一如既往地在中国铁路总公司的带领与指导下，切实肩负起交通强国历史使命，充分调动全校师生员工积极性、主动性和创造性，整合力量、积极担当、主动融入、发挥优势、勇于突破、做成做优，为建设川藏铁路贡献智慧和力量，为谱写新时代交通强国历史新篇章，再立新功。

一直以来，中国铁路总公司高度重视学校改革、建设和发展，在人才培养、科学研究、技术开发、学科建设、平台构建、产学研合作等各方面，特别是在“双一流”建设中给予学校亲切关怀和大力支持。借此机会，我们谨向中国铁路总公司再次致以最衷心的感谢和最崇高的敬意！

最后，衷心祝愿双方合作早日取得丰硕成果！谢谢！

交通天下　大道致远

——徐飞校长在西南交通大学建校123周年纪念大会上的讲话

（2019年5月18日）

尊敬的各位学长、各位领导，
各位校友、各位来宾、各位朋友，
老师们、同学们：

大家好！

五月的交大青翠满园，在这美好的时节，我们迎来了西南交大123岁生日和机械学科创建100周年。今天，2000余名校友“‘蓉’归故里”“荣归母校”，我感到格外高兴。在此，首先代表学校党政，特别地代表顺洪书记，向全校师生员工和广大海内外校友校亲，致以亲切的问候和美好的祝愿！向一直以来热情关心大力支持学校改革建设发展的社会各界朋友，表示衷心的感谢！

2018年是学校发展进程中极不平凡的一年。我们以习近平新时代中国特色社会主义思想为指引，全面加强学校党的建设，团结奋斗，披荆斩棘，奋力提升学校学术竞争力、科技创造力和思想影响力，学校发展呈现出稳中向上、稳中向好的喜人势头。这一年，学校党委全力支持配合教育部党组第三巡视组的巡视工作，自觉接受巡视监督，通过巡视整改明方向、正导向，转作风、树新风，强化风清气正的政治生态，为学校高质量内涵式发展奠定坚实基础。

2018年，学校创新求变谋发展。变革给予学校持续前行的力量。我们坚持在落实中求创新，深入落实立德树人根本任务，召开本科教育工作会议，全面部署本科教育教学振兴行动计划和学生工作振兴行动计划，吹响新时代人才培养的“冲锋号”，奋力打造“六卓越一拔尖”人才培养计划2.0版；坚持在创新中求奋进，全面深化教育教学改革，荣获高等教育国家级教学成果奖二等奖4项，31人入选新一届高等学校教学指导委员会；推动“双一流”加快发展、特色发展、高质量发展，12个专业进入全球工程教育“第一方阵”，并列全国第四；坚持在奋进中求突破，职务科技成果权属混合所有制改革纵深推进，三校区顺利实现一体化办学；坚持以“成绩、成果、成效”为导向，人事分配制度改革取得重大突破，为学校改革建设发展注入内生动力，师生员工的归属感、获得感、幸福感、使命感和责任感显著增强。

2018年，学校传承使命谱新篇。隆重举行庆祝改革开放40周年座谈会，全面总结我校改革开放40年来取得的主要成就、丰硕成果和宝贵经验，全校上下进一步增强坚定不移推进改革的信心和决心。学校在轨道交通领域的优势进一步巩固，在综合交通领域的实力大幅跃升。作为第一完成单位，获得国家科技三大奖2项，科研成果第四次入选“中国高等学校十大科技进展”。与中国铁路总公司签署战略合作协议，主动对接川藏铁路建设，举办第六届中国高铁“走出去”战略高峰论坛，成立“一带一路”铁路国际人才教育联盟和天佑铁道学院，深入服务“一带一路”倡议，积极参与构建人类命运共同体。学校成立人工智能研究院、前沿科学技术研究院，在全面发力绿色交通、智能交通、未来交通的同时，大力培育人工智能、数据科学与大数据技术等战略性新兴学科和未来科技创新和技术变革的新亮点。

当今世界正面临百年未有之大变局，全球高等教育发展必将与之同步交织、相互激荡。与此同时，中国高等教育领域全面深化改革，内涵式发展成为核心要义。站在新的历史方位审视学校的发展，我们清醒地认识到，学校在人才培养、科学研究、社会服务、师资队伍建设等诸多方面还存在不少短板，与“教育强国”“交通强国”以及“一带一路”倡议等国家战略部署的需求还有较大差距。学校高层次拔尖人才引进效果不彰，专职科研队伍建设亟待破题，在校园软硬环境建设等方面也有很多不足。我们当竭尽全力改进工作，迎难而上，决不辜负师生员工和广大海内外校友的热切期待。

老师们、同学们，一个民族要生存和发展要有一种精神，学校和个人亦然。精神是回应这个时代的信念坚守，也是支撑我们坚定前行的不竭动力。去年学校首次开展“感动交大十大年度人物（集体）”评选，现已评出两届。这些人物之所以能够感动交大、感动你我，是因为他们身上体现出的奋斗精神、科学精神、创新精神、专业精神和工匠精神，这些精神构成了交大精神、交大价值、交大品格最亮丽的底色，需要我们大力崇尚和弘扬。

要崇尚和弘扬奋斗精神。习近平总书记说：“把远大志向变成现实，既要求得到真学问、练就真本领，又要有锲而不舍、自强不息的奋斗精神，从一点一滴做起。”艰苦奋斗从来都是交大人愈挫愈勇、百折不挠，竢实扬华、自强不息的精神基因。从1905年我国第一条自主设计建造的京张铁路，到中国制造和工程领域中百余项“中国第一”乃至“世界第一”的诞生，从凝聚起牵引高铁前行的力量，到奋力支撑中国轨道交通事业从无到有、从弱到强，所有这些如果没有一以贯之的接续奋斗，何以可能？当前，我国高铁总里程超2.9万千米占据全球2/3，“八纵八横”渐入尾声，“后高铁时代”悄然来临，智能交通竞争风起云涌，发展机遇稍纵即逝。居安思危，方有未来。站在新的历史起点，承载新的时代使命，奋斗精神过去是、现在是、将来也必将是学校砥砺奋进的主旋律。全体交大人当继续保持艰苦奋斗、永久奋斗的奋斗精神，在一代代交大人接续拼搏基础上，战略性考量交大未来，为加速推进科教兴国和交通强国再立新功、再创辉煌。

要崇尚和弘扬科学精神。100年前的五四运动，中国青年高举民主与科学大旗，催生了救亡图存之中国、自立自强之中国、科学发展之中国。老学长竺可桢先生有言，科学精神就是不盲从不附和、依理智为归，虚怀若谷、不武断不蛮横，严谨、专心一致、实事求是。这其中蕴藏的求真务实应当是科学精神的核心要义。当前，新一轮产业变革和科技革命蓄势待发，新技术、新业态、新产业应运而生，在此背景下STEAM教育理念的价值更加凸显，以科学（S）、技术（T）、工程（E）、人文艺术（A）和数学（M）跨学科有机融合的教育方式，全面提升学生学术创新能力和跨界求索能力，已成为诸如哥伦比亚大学、普林斯顿大学、加州理工大学、斯坦福大学等国际顶尖高校的共同选择。由于历史的原因，西南交大二级学院名中有多个带有“工程”或“技术”字样，学校一些专业、学科乃至科研的技术和工程色彩也较浓。因此，在当下和今后的办学中，一方面要继续保持并进一步增强在技术和工程领域的比较优势和竞争优势；另一方面，务必注重工程、技术与科学、人文和数学的深度结合，尤其要切实增强在STEAM中首当其冲的S（科学）的权重，以匹配学校“研究型”大学的战略定位。对应于科研，就是要更加注重原理性、原创性、前瞻性、突破性和颠覆性的基础研究和应用基础研究，回归研究型大学科研的本位。以上这段话是我借科学精神中的“科学”所做的一点借题发挥。

要崇尚和弘扬创新精神。创新是引领发展的第一动力，位居新发展（创新、协调、绿色、开放、共享）理念之首。习总书记多次强调，当今世界经济社会发展越来越依赖理论、制度、科技、文化等领域的创新，国际竞争新优势也越来越体现在创新能力上。谁在创新上先行一步，谁就能拥有引领发展的主动权。中国改革开放的40年，中华民族在不断磨砺和创新中，锻造了属于自己的价值理念与精神图景，形成了凝聚全民族的强大共识，创造了举世瞩目的经济奇迹。西南交大创造的“沈氏理论”和“翟孙模型”，奠定了铁路大系统动力学的基础研究体系，助力“中国高铁”领跑世界。西南交大近年来探索的职务科技成果权属混合所有制改革创新，从源头上激发了科研人员和发明人促进科技成果转化的积极性和主动性，成为在全国可复制和推广的经验。在新的征程开启之际，学校将着力加快改革创新的步伐，推进以校院两级管理体制改革、本硕博贯通人才培养模式改革、人事分配制度改革、校园管理模式改革等为代表的重要改革举措，以改革创新回应师生诉求，以改革创新凝聚全体校友校亲，通过更高质量和更大力度的改革创新，开创西南交大的崭新未来。

要崇尚和弘扬专业精神。专业精神本身蕴含着三层含义，从浅层次来说，专业精神意味着从业者应当有“术”，要训练有素并执着于专业的规范和要求；从较深层次来说，专业精神意味着从业者应当有“道”，具有职业操守、从业伦理和道德品质；若将专业精神再深化，就进入了“善”：从业者无私忘我的境界和对工作深沉挚爱的情怀。专业精神的英文是 professional spirit，而大学教授的英文是 professor，字面理解就是专业的人或专家。其实，每个人都可以在自己的职业（专业）上，争当自己领域（岗位）上的专家，养成并保持专业精神应当成为职场所有人的必备素养。今年的“感动交大”十大人物中，有位永远无法到场的获奖者——材料科学与工程学院的朱德贵副院长，他专注于自己的研究领域，教学科研硕果累累。去年九月他突发重病，但仍利用治疗间隙坚持科研教学和实验工作，直至生命终结。朱院长对履职能力的高要求，对教育事业的无比热爱，值得每位交大人尊敬和学习。张齐力、何文兵等同志是扎根在后勤一线的普通员工，他们爱岗敬业、无私奉献，同样感动了广大师生，成为在平凡的岗位上做出不平凡成绩的“闪亮之星”。

要崇尚和弘扬工匠精神。追溯学校 123 年办学历程，许多人为铸就“中国高铁”这一大国重器做出了不可磨灭的重大贡献，他们踏实勤奋、耐心细致、专注坚持、精益求精，追求把一件事、一件物做到极致。他们为了把工作做得完美，愿意吃苦耐劳、不断学习、上下求索。他们最在乎的是如何把活干得漂亮，最不在乎的是做这件事能得多少钱，拥有多大权。今年是学校机械学科创建 100 周年，伴随 100 年的学科发展之路，机械学院涌现出不少彰显“工匠精神”的典范，全国教学名师吴鹿鸣教授就是其中的一位。他几十年如一日，一丝不苟、用心备课，不断打磨讲稿和讲解方式，精心设计和推敲教学过程，致力将每一门课程讲成精品。今天即将公布的机械百年教书育人楷模也是如此，他们都是兢兢业业、脚踏实地、追求极致、止于至善的榜样。此外，土木工程学院的“梦之队”亦是标杆，这支团队深度参与港珠澳大桥建设，助力创下了多项世界之最。他们科研攻关的高水平自不待言，特别值得对标的是他们身上那股一丝不苟、坚忍不拔、百折不挠、追求卓越的工匠精神。

老师们、同学们，西南交大致力培养一批又一批学术大师、管理精英和行业翘楚，在从“中国制造”向“中国智造”进而向“中国创造”转变的当下，交大人要将奋斗精神、科学精神、创新精神、专业精神和工匠精神作为自身的人格特质并不断发扬光大。我坚信，精神在力量就在，力量在生机就在，生机在未来就在。

2019 年是新中国成立 70 周年，是决胜全面建成小康社会、实现第一个百年奋斗目标的关键之年，也是学校深化全面改革、加快推进“双一流”建设的攻坚之年。学校将继续保持战略定力，坚持稳中求进工作总基调，坚定不移地走高质量内涵式发展道路，努力实现新超越。

一、要以“双一流”建设为牵总，以学科建设为纲，纲举目张

学科建设关涉各项办学要素，统揽人才培养（教育教学）、科学研究、服务社会、文化传承创新、国际交流合作、师资队伍建设等六大“双一流”建设任务。因此，当前和今后长时期内，学科建设是纲，纲举目张。学校要以“双一流”建设为牵总，以学科建设为抓手和龙头，统领学校的各项工作。按照惯例，全国高校第五轮学科评估工作即将开展。同时，根据“双一流”建设以五年为周期的动态调整机制，明年学校也将迎来“双一流”建设“大考”，这是全体交大人都应该而且必须认真面对的大事。特别是第五轮学科评估，将对学校 2016—2020 年期间学科建设的成效进行全面检验，其评估结果不仅对学科自身建设与发展产生深远影响，也将直接影响学校“双一流”建设的考核，更关系到学校办学事业发展的全局，务必引起高度重视。

学科建设必须以中央和教育部等有关部委关于“双一流”建设的系列要求为指引，以支撑服务科教兴国、交通强国、“一带一路”倡议等国家战略为使命，坚持“三个面向”，坚持顶天立地，加快建设“交通特色鲜明的综合性研究型一流大学”。为此，一方面要坚定不移地坚持特色发展，立足并扎根轨道交通，不断巩固和强化轨道交通学科群在全国乃至全球的竞争优势，还要持续打造轨道交通前沿新的科技制高点；另一方面，又不能囿于轨道交通，作茧自缚地被两根轨道捆死，至少应把在轨道交通的比较优势和竞争优势拓展为在“大交通”“综合交通”“智慧交通”中的整体优势和综合优势。同时，扎实推进“工科登峰、理科振兴、文科繁荣、生命跨越”四大学科行动计划，持续优化学科发展战略布局，强化基础学科和支撑学科，培育战略性新兴学科和（国家）紧缺学科。尤其重要的是，坚持“高精尖缺”导向，加速壮大强势学科和优势学科，全力打造拔尖学科和卓越学科，以此推动“双一流”建设加快发展、特色发展和高质量发展。

二、要拥抱人工智能时代，做好“智能+”和“+智能”这篇大文章

人工智能（AI）是引领新一轮科技革命和产业变革的战略性技术，当下人工智能风生水起，大行其道。实际上，深化大数据、人工智能等研发应用，培育新一代信息技术、高端装备、生物医药、新能源汽车、新材料等新兴产业集群，壮大数字经济等内容已连续三年被写入政府工作报告，“智能+”也首次出现在今年的政府工作报告中。随着智能制造、智能交通、智能医疗、智能教育等出现在我们能够想到的任何行业，人工智能以及“智能+”和“+智能”应用的快速增长期和全面渗透期已经来临。

面对“智能+”和“+智能”的大潮，我们当乘势而上、顺势而为，以实现弯道超车和变轨超车。我们要纵深推进学校业已确立的“数字化”战略，做好“智能+”和“+智能”这篇大文章。大体而言，学科的“+智能”是依托现代信息技术对（传统）学科加以改造以实现智能化。学科的“+智能”属于“物理变化”，与此不同，学科的“智能+”将产生“化学反应”，即以人工智能为主的计算机科学技术同（传统）学科深度融合，催生出新学科。

具体而言，对于土木、机械、电气、测绘、运输等这些传统却又是学校的优势强势学科，要通过“+智能”赋能、改造和优化，重新焕发生命力、生长力和竞争力，实现在一流学科建设中持续升位。以机械学科为例，通过“机械+智能”，加快推进先进高端制造、智能制造、工程机械重载运动智能控制以及机械智能服务。同样地，高铁、汽车、交通、电网、医学等通过“+智能”，可以形成智能高铁、智能汽车、智能交通、智智能和智能医学等。实际上，所有的学科都可以也都应该“+智能”。

在此，我要特别强调“智能+”。要高度重视以人工智能、大数据、云计算为代表的现代数字化、信息化、网络化和智能化技术与现行工科、理科、医科、文科、商科等学科的深度交叉、渗透、融合，由此将催生出新工科、新理科、新医科、新文科和新商科。要高度重视并积极培育建设一批战略性新兴学科，如数据科学、量子计算、区块链、类脑智能、系统生物医学、虚拟现实（VR）、增材制造（3D 打印）、超材料与纳米材料、新能源等，使其尽快形成新的一流学科生长点，进而成为骨干学科和支撑学科。去年学校成立了人工智能研究院和前沿科学技术研究院，同时积极探索“智能+X”复合型专业人才培养新模式，力争在促进学术、人才培养与产业发展深度融合方面形成重大突破。不久前，教育部确定新增审批专业名单，学校成为全国 35 所新增“人工智能”和“数据科学与大数据技术”本科专业的高校之一。这些都为学校作好“智能+”和“+智能”这篇大文章创造了非常好的基础条件。

老师们、同学们，

交通天下，大道致远。置身于实现中华民族伟大复兴中国梦的新时代，横跨三个世纪走过 123 年的西南交大，信心满怀、步伐坚定。全体交大人当不忘初心、牢记使命，竢实扬华、自强不息，守正创新、攻坚克难，为早日实现“交通特色鲜明的综合性研究型一流大学”建设目标和“大师云集、英才辈出、贡献卓著、事业长青”的交大梦，矢志奋斗！

5G 人生

——徐飞校长在 2019 届本科生毕业典礼暨授位仪式上的讲话

（2019 年 6 月 22 日）

亲爱的 2019 届毕业生，
各位老师、各位家长、各位来宾：

大家上午好！

首夏六月，芳草未歇，又是一年毕业季。今天和大家在这里共聚一堂，我感到十分高兴。首先，请允许我代表学校向 2019 届毕业生表示最真诚的祝贺！也请全体毕业生们和我一起，感念所有曾支持你们走到今天的人们。特别地，对精心培养你们的老师，辛勤养育你们的父母，陪伴你们成长的朋友，一并致以诚挚的感谢和崇高的敬意！

每年的毕业典礼既是尾声又是起点，既难舍难分依依惜别，又满怀希望憧憬未来。同学们，与毕业相伴的是整装再出发，你们即将步入充满挑战的未来。当今各种高科技、深科技、硬科技、黑科技层出不穷，已知世界被迅速拓展，未知世界被不断探索。在众多发现和发明中，最具代表性的当属近期世界上第一幅"黑洞"照片的诞生，人类由此掀开了曾被荷兰天文学家 Heino Falcke 誉为"可能代表人类知识终极"之黑洞的第一层面纱。

或许，诸位更能直观感受的是 5G 技术即将带来的巨大改变。相较于 4G，5G 的传输速率更高，覆盖范围更广，能量消耗更低，反应速度更快，能够打破人与人、人与物和物与物之间原有的联结界线，达到真正意义上的万物互联。5G 技术具有的高速率、高可靠、低时延和低功耗，使其可以全面应用于移动互联网和物联网的各种场景。

2019 年被业界确立为 5G 商用"元年"。以当下人工智能的大行其道和近日中国 5G 商用牌照的发放为标志，新的市场力量正在形成，新的社会结构正在建构，新的人类价值系统正在孕育，机会的大门正在向大家打开，这多么令人鼓舞！

德国作家赫尔曼·黑塞曾言，"所有的开始都拥有神奇的力量"。诸位当充分利用以 5G 为代表的新技术新范式开启的伟力，乘势而上，顺势而为，致力成为视野更宽、心气更大、学习更强、专业更精、素质更高的青年才俊。为此，我想对你们提五点希望。

一、放飞梦想

南朝宋范晔《后汉书·虞诩传》曰：志不求易，事不避难。意为人应志存高远，且知难而进。你们要放飞梦想，早立鸿鹄志。仰望星空，志存高远，才能激发奋进潜力，青春岁月才不会像无舵之舟漂泊不定。中国现在正经历百年未有之大变局，我们比以往任何时期都更接近中华民族伟大复兴的中国梦。在座各位将是实现"两个一百年"奋斗目标的建设者和见证者，"强国一代"当属你们。

新中国第一代领导人毛泽东早在十七岁时，就立下改变中国命运的远大理想。"孩儿立志出乡关，学不成名誓不还。埋骨何须桑梓地，人生无处不青山。"在给父亲留下这首诗后，青年毛泽东毅然放弃家中安逸的小康生活，走出家乡韶山冲，热切投身探索国家和民族出路的时代洪流。

不同时代的青年，有着不同的历史担当。然其共同之处在于，一代又一代有识之士都自觉将个人目标同国家命运和时代使命紧紧相连。你们要将个人梦和中国梦有机结合，积极投身建设和改革的各项事业，将奋斗作为青春最亮丽的底色，让理想信念在创业奋斗中升华，让青春在创新创造中闪光。

二、只争朝夕

凡事都有成本。沉没成本、边际成本、机会成本是微观经济学中最常提及的三大成本要素，都与时间有关。沉没成本决定如何看待过去，边际成本决定如何对待现在，机会成本则决定如何抉择未来。人生最贵的不是金钱是时间，时间是每个人与生俱来所持有的唯一且最重要的资源。人生最怕虽胸怀大志，却又虚度光阴。

人没有时间可以浪费，正如一句谚语所言“不忙于生，必忙于死”。要以凡事趁早、只争朝夕的状态不断提升自己。2018 年中国青年曹原潜心研究的石墨烯传导试验终获成功，他的两篇论文在一天之内被世界顶级科学期刊《自然》同时刊发。由于解决了该领域困扰全世界 107 年的难题，他荣登《自然》2018 年度十大科学家之首，这一年曹原年仅 22 岁。

风华正茂的你们，当积极作为、奋发有为。与其临渊羡鱼，不如退而结网；与其瞻前顾后，不如立即行动。在新一轮科技和产业变革蓄势待发、方兴未艾的新时代，及时有效地利用好时间，重视每一次时间投入带来的效用，争取在同样的单位时间内创造更大收益。同时，坚决克服慵懒中虽不甘心却又畏首畏尾的状态，尤其要注意克服做事拖延的不良习惯。

墨非定律揭示了一个特别有趣的心理现象：如果事情有变坏的可能，不管这种可能性有多小，它总会发生。这种心理其实也是很多同学患“拖延症”的根源。因为害怕失败，所以迟迟不行动，永远等待所谓条件具备和时机成熟。事实上，完成比完美更重要，过程比结果更值得珍视。过分重视结果，只会加重心理负担。在目标清晰、方法得当的前提下，注重耕耘、付出和努力本身才是正见。

三、久久为功

毕业后，为能尽快在所在行业或学业上拥有一席之地，你们往往容易急功近利，急于求成，但效果很可能适得其反。这就如同饥饿的人乍看见食物就狼吞虎咽，反而导致消化不良一样。习总书记告诫我们：做任何工作，都要有久久为功、利在长远的耐心和耐力。

诸位面前或许有多条成长“捷径”可供选择，但任何所谓的捷径都需要持之以恒。成长成功绝非“毕其功于一役”，需要用心坚持。一旦决定起飞，心就要属于天空，再遥远的目标，也经不起执着的坚持。你们要摒弃投机取巧的心态，舍得下笨功夫；还要秉持工匠精神，把看似寻常的工作或普通的事情做到极致。

作为与泰戈尔并肩的近代东方文学先驱、美籍黎巴嫩阿拉伯诗人纪伯伦有段名言：“如果有一天，不再寻找爱情，只是去爱；不再渴望胜利，只是去做；不再追求成功，只是去修行，才是真正的开始。”诸位不要贪一时之功，图一时之快。贪图一时之功利往往容易毁害终身利益，一时用力过猛，后续很难发力，短暂的昙花一现终将泯然众人矣。立足长远，循序渐进，驰而不息，久久为功，方为人生实现可持续发展的制胜法宝。

植物学家钟扬坚信“一个基因可以拯救一个国家，一粒种子可以造福万千苍生”，梦想为国家每个少数民族都培养一名植物学博士。援藏十六年，他的足迹遍布西藏最偏远最荒芜的地区，经年累月在青藏高原采集了上千种植物的四千多万颗种子，填补了世界种子资源库的诸多空白。他的这种情怀和坚持，非常值得大家学习。

四、兼收并蓄

5G 的基本特征是无所不在，无所不包，它能帮助人类实现“4A”化，即在任何时间（anytime）、任何地点（anywhere）、任何人（anyone）、任何物（anything）都能顺畅通信。诸位即将走上新的学业或事业征途，要尽快适应新环境，善于吸纳各方所长为己所用，善于在不同的环境下纵横捭阖，发挥出自己的综合优势。

快速适应环境并脱颖而出的前提，是具备世界眼光和开放胸襟，真正做到“海纳百川、有容乃大”。但凡性格鲜明、思想博大的学林巨子，无一例外都融通中外，贯通古今。学界如此，产业界亦然。举例来说，无论是令国人无比骄傲自豪而此刻正处于风暴眼中的华为，还是在无人机行业占有全球市场份额 72%的“独角兽”企业大疆科技，都非常重视博采众长。除了不断通过横向和纵向发展自身核心科技，利用专利申请和技术研发实现自我融合，还特别注重对标学习业界丰富多彩的最佳实践。

兼收并蓄之所以重要，是因为“横看成岭侧成峰，远近高低都不同”，事物和问题具有多面性和关联性，从不同角度、不同价值维度看待和思考问题，可以获得别样的启示。当今世界，万物互联，“单打独斗”几无可能，构建新型竞合（竞争+合作）关系，以打破零和博弈、实现互利共赢势在必行。借鉴、参考、学习、消化、吸收他人所长，能使自身以更低的代价、更快的迭代、更优的效果，实现更好的发展。

兼收并蓄还意味着对成长环境的接纳。大家都愿意去发达地区和一线城市，愿意去金融行业和互联网企业，这无可厚非，也是人之常情。但中西部等欠发达地区更需要你们，艰苦边远地区和基层一线更需要你们，制造业尤其是高端制造业等实体经济更需要你们，收入不高但极端重要的基础研究和应用基础研究更需要你们（如果你们选择深造并从事科研的话）！你们要勇于担当、玉汝于成，怀着“是金子到哪儿都会发光”的决心和信心，到祖国最需要的地方和领域去建功立业。

五、有备无患

2019 年有一句话很火，叫作“时代抛弃你时连声招呼都不会打”。前段时间，全球最大的企业软件公司甲骨文裁员 900 人，这 900 人无一不曾是中国各大名校的精英，即便是他们——同龄人中的佼佼者，也不得不直面突如其来被裁的窘境。

从“无智能不发展”到“无 5G 不智能”，身处 5G 智能时代，已出现“三大替代”的说法，即机器人替代蓝领；软件程序算法替代白领；不适合被机器人和软件程序算法替代的，将被更廉价的劳动力替代。这“三大替代”几成大概率事件，或将很快到来。诸位要有强烈的忧患意识，未雨绸缪。凡事预则立，不预则废；若无远虑，必有近忧。

最近，美国宣布将华为列入管制实体名单，高通、谷歌、英特尔等众多西方企业随即中止与华为合作。正当大众以为华为将重蹈中兴覆辙时，华为备胎计划“海思”及“鸿蒙”系统横空面世，避免了受制于人的尴尬和被“断供”后的束手待毙。华为对基础研究和核心技术的深谋远虑，以及对守成大国与崛起大国关系演化的深刻洞察令人折服。不露声色，提前布局，切实行动，更是对“有备无患”的生动诠释。

在全社会各行各业高速发展、快速迭代的情况下，必须郑重思考哪些能力不会被轻易替代，或等价地考虑，哪些能力可以迁移。何为“可迁移能力”？简言之，就是从一个岗位转到另一个岗位，或从一个行业跨到另一个行业后可复用、可转化的能力。通常，在众多行业或领域中，80% 的核心能力本质上是相通的。身处这样一个大变革年代，无论从事什么工作，都需要不断锤炼自己的可迁移能力。

同学们！

以上提出的五点希望，可以用 5“G”来概括：Goal（放飞梦想）、Grasp（只争朝夕）、Growth（久久为功）、Globe（兼收并蓄）、Get ready（有备无患），这与 5G 技术最重要的五个特征，即高速度、低时延、低功耗、万物互联、泛在十分契合。同时，5G 还代表成就人生的 5 种力：想象力、行动力、持久力、调和力和掌控力。五力并举，方能收获 5G 人生。

更进一步，让我们回到 5G 的本源。5G 之“G”的本意为“代”（Generation），5G 即“5 代”或 5 阶段。从发育上讲，人生可分为物性、感性、理性、觉性、灵性 5 个阶段。物性之人是生物学意义之人，重身体发育；感性之人遵循快乐原则，重情感发育，行为主要受欲望、本能和潜意识支配，率真而任性；理性之人遵循现实原则，适应社会规则，重意志发育；觉性是人在社会规范、伦理道德和价值观念上的高度融合与内化。觉性之人重精神发育，通过自我修炼，摆脱功利束缚，追求道德完美和真理本性；灵性之人重心性发育，具有悲天悯人的情怀和与万物和谐的心性，追求大彻大悟，返璞归真，明心见性。

概言之，物性、感性、理性、觉性和灵性，分别对应“本我”“小我”“大我”“超我”和“无我”。若把这“五性”和人生中性命、生命、使命这“三命”作一对照，则物性对应性命，感性、理性对应生命，觉性、灵性对应使命。

今年 3 月 22 日，习总书记在罗马会见意大利众议长菲科时谈道：“我将无成，不负人民。我愿意做到一个‘无我’的状态，为中国的发展奉献自己。”诸位要立足“本我”，走出“小我”，成为“大我”，追求“超我”和“无我”。同时，在“五种发育”中，更加注重意志发育、精神发育和心性发育，更加注重心灵攀登，真正做到专业成才、精神成人。

同学们，数载匆匆、一朝离别。今天，环顾四周，让我想起在你们之前的那些事业有成的交大毕业生。和他们一样，我知道诸位也将珍惜韶华，勤于修炼，不忘初心、牢记使命，努力成为各行各业的领导者和服务者，在人类开拓的每一处疆域，留下你们的足印。

请及时开启你们的5G人生，一路凯歌前行，不断超越自我，实现各种突破。没有什么可以被视为理所当然，一切皆可能！

最后，把最美好的祝福送给大家，母校静待诸位载誉而归。

谢谢！

变局中的坚定

——徐飞校长在2019届研究生毕业典礼暨授位仪式上的讲话

（2019年6月22日）

亲爱的2019届毕业生们，
尊敬的各位老师、各位嘉宾：

大家下午好！

今天，是一个专属于在座毕业生的特别日子，欢乐的日子，祝贺你们！和往常一样，作为校长在毕业之际，有些想法和大家作一交流。

当今世界正经历百年未有之大变局，全球治理体系与国际政经形势变化前所未有。自2008年国际金融危机以来，世界经济复苏乏力，来自国内外的各种重大困难、风险和挑战增加，大国之间的利益和价值分歧变得尖锐，国际合作的吸引力和凝聚力下降，地区冲突、难民潮等国际安全问题和收入差距扩大、失业等经济社会问题凸显，发展不平衡不充分问题突出。

特别是今年以来，逆全球化、贸易保护主义、单边主义、霸权主义、孤立主义兴起，极端势力挑衅滋扰，"黑天鹅""灰犀牛"事件频现，其中，以美国单方面升级贸易摩擦最为典型。美国肆意挥舞关税大棒、煽动民粹主义，不仅严重威胁中美双边经贸关系，而且为世界经济长期稳定发展蒙上阴影，现有国际秩序和国际规则基石受到巨大冲击。贸易摩擦以来，中美双方交锋、争论领域覆盖几乎所有产业部门和绝大部分经济领域，涉及市场开放、产权保护、结构性改革等深层问题，并扩展到政治、军事、外交、意识形态等诸多范畴。此外，双方博弈超越双边平台，蔓延到世贸组织等多边平台，正在深度调整和演化中的中美关系，将在相当大程度上决定未来全球经济政治版图和治理格局。

同时，新一轮科技革命和产业变革带来的新陈代谢和激烈竞争前所未有。环顾今日世界技术进步日新月异，以人工智能（AI）为例，未来几乎所有的金融业务都能在线完成，无人超市、无人酒店、无人驾驶等加速出现。随着云计算和大数据的普及，越来越多的企业将业务重心转向云计算。脑力工作交给人工智能，体力工作交给机器人渐成趋势。恰如《人类简史》的作者尤瓦尔·赫拉利所言：长远来看，没有任何一种工作固定不变、绝对不会被AI所替代。

世界唯一不变的就是变化，变化是常态。21世纪则是一个更加变动不居的VUCA时代，其易变性（Volatility）、不确定性（Uncertainty）、复杂性（Complexity）和模糊性（Ambiguity）特征十分明显。如何看待变化，如何应对变化？从认知上讲，机遇与挑战齐飞，回报与风险并存。因此，不应消极被动地应对变化，而应积极主动地拥抱变化，沧海横流显本色。从态度上讲，处变不惊、直面挑战，勇立潮头、直挂云帆，乱云飞渡仍从容。从行为上讲，应做到在变局中坚定。以下我重点谈谈"变局中的坚定"。

第一，坚定初心。

初心是赤子之心，是洗尽铅华呈素姿的本心。习近平总书记说，事业发展永无止境，我们的初心永远不能改变。唯有不忘初心，方可告慰历史、告慰先辈，方可赢得民心、赢得时代，方可善作善成、一往无前。一个世纪以来，我们党和国家坚定为中国人民谋幸福、为中华民族谋复兴的初心；西南交大也始终坚定立德树人、科教兴国、交通强国的初心。

如何在变局中坚守初心、矢志不渝，在变化

中坚持情怀，守住自己理想中的一方净土，成为高尚的人、纯粹的人，成为有道德的人、脱离了低级趣味的人，成为有益于人民的人，这是一件并不简单的事，却是一项值得终身修炼的功夫。去年以来，中美贸易摩擦持续升温，被美国列入“实体清单”制裁的华为公司，面对美方的蛮横打压，面对此起彼伏的“断供”风波，处变不惊、从容淡定。之所以能做到这样，不仅是华为30多年来修成的“抢占世界科技制高点”“对准一个城墙口持续冲锋”的行动力，更是他们始终坚定“将最新的科技带给消费者，让世界各地享受到技术进步喜悦”的初心。

就在我们身边，坚定初心的事例也比比皆是。沈志云院士几十年如一日致力成就“建立我国高速铁路耦合大系统动力学”的初心，90岁高龄仍关心年轻学者的成长；朱玲教授耄耋之年不忘强调《共产党宣言》的初心；李群湛教授在长期的教学科研中践行“仰不愧于天，俯不怍于人”的初心；朱德贵副院长用生命诠释爱国荣校、潜心教学、淡泊名利、甘于奉献的初心。我校2006级中文系毕业生宗立冬，作为选调生工作在宁夏最艰苦的基层一线，他从学当地方言开始，走烂泥路受日头晒，进百家门知百姓事，在泥土里和田埂上与老乡们同呼吸、共命运，用务实苦干的行动不断坚定他为人民服务的初心。

同学们，回首往昔，你们是否还记得自己的初心？是不是走着走着就淡了，走着走着就偏了，甚至走着走着就忘了？不忘初心，方得始终。我相信，当初你们都是带着某种期许进入交大的，转眼间就要进一步求学深造或走进日新月异、风云际会的社会。希望你们能时常检视内心，不忘初心，坚定初心。虽然时代在变，社会在变，个人境况亦在变，但“竢实扬华、自强不息”之心永不变。

第二，坚定信心。

在变局和困难中，信心比金子还宝贵。青年坚定信心，志存高远，社会才能充满活力、充满后劲、充满希望。诸葛亮曾在《前出师表》中写道：“恢弘志士之气，不宜妄自菲薄。”身处大变局大变革时代，我们比历史上任何时候都更需要信心加持。信心促进行动，信心产生力量。信心坚定，才能无坚不摧。习总书记殷切希望新时代中国青年“树立对马克思主义的信仰、对中国特色社会主义的信念、对中华民族伟大复兴中国梦的信心”。

以当前贸易摩擦为例，美国当下气势汹汹、咄咄逼人，极限施压中国，以政治、军事、经济、意识形态等多种手段联动手法，拟打出一套全面遏制中国发展的组合拳。对此，我们在战术上固然要高度重视，沉着冷静应对、精准施策，在战略上却应藐视它。这只不过是中国发展进程中的一道坎，没什么大不了的。中国有信心迎难而上，化危为机，斗出一片新天地。

信心从何而来？信心来自对实力此消彼长的准确研判，来自对基本国情的理性把握，更来自对党和政府战略领导力的充分信任。众所周知、有目共睹的事实是，新兴市场国家和发展中国家的崛起速度之快前所未有。此外，中国人口众多、市场广大，经济韧性强，举国体制具有强大的调节能力和持久抗压能力。中国虽然遭遇国内外诸多困境与挑战，但仍处在大有可为的战略机遇期，正处在中华民族发展的最好时期：国家日益走向繁荣富强，民族日益走向伟大复兴，各族人民日益凝心聚力、众志成城。

一般地，变局中的信心来自对世界演化规律和发展趋势的深刻洞察，来自对自我的正确认知和对国家对人类社会的深情挚爱，来自经年累月练就的本领和实力。改革开放40年以来，西南交大参加了国家几乎所有轨道交通工程的基础研究、技术开发、规划实施和建设运营，参与解决了青藏铁路、京沪高铁、港珠澳大桥等一大批超级工程的关键技术难题。同时积累了规划建设川藏铁路所需的前期工作基础、科研能力和人才储备。所有这些无一不是以强大信心为牵引，由此带来行动与成果。

第三，坚定赋能。

初心和信心的坚定，仰赖于能力，恰如梦想从学习开始、事业靠本领成就一样。进言之，对变局的掌控力，亦取决于能力。今天这个社会，不仅是资源节约型社会、环境友好型社会，更是一个“能本”（以能力为本）社会。不管你过去多么优秀，从前多么风光，只要停止了学习，忽视了赋能，知识就会老化（过时）、能力就会退化，其结果就是自身被边缘化乃至被时代抛弃。赋能现已成为在职场安身立命的不二法门。习总书记勉励青年：珍惜韶华、不负青春，努力学习掌握科学知识，提高内在素质，锤炼过硬本领，使自己的思维视野、思想观念、认识水平跟上越来越快的时代发展。

当今，知识半衰期越来越短，技能迭代更新不断加快，社会分工日益细化，新技术新模式新业态层出不穷。尤其是人工智能快速发展，使人类很多方面都可能被其取代。为获得持续竞争力而不被替代或不被淘汰，为把握稍纵即逝的发展机遇，需要自我赋能、主动赋能、持续赋能、坚定赋能，唯如此方能与时俱进。青年人务实开放、视野开阔，思想活跃、思维敏捷，兴趣广泛、观念新颖，探索未知劲头足，接受新生事物快，主体意识、参与意识、竞争意识强，对实现人生发展有着强烈渴望，所有这些着实令人羡慕。同时，你们又擅长数字化、网络化生存。希望你们倍加珍视，充分利用青春天性赋予你们的这些特质，尤其是蕴含其中的活力、激情、想象力和创造力，通过赋能转化为真才实学。

青春是苦练本领、增长才干的黄金时期。你们朝气蓬勃，可爱、可信、可为，面临难得的建功立业人生际遇。诸位要自觉担当民族复兴大任的时代使命，不要做所谓的“佛系青年”，同时，要特别注意克服或有的泛功利主义、感觉主义、“丧文化”等倾向。你们要携初心与信心为伴，以强烈的使命感和责任感，“精勤求学，敦笃励志，果毅力行，忠恕任事”；以创新创造，贡献国家、服务社会、服务人民。你们要到火热的实践中去，勇克难关、勇斗风险，在现代化建设大熔炉中、在社会这所大学校里，“增益其所不能”。

第四，坚定奋斗。

奋斗是青春最亮丽的底色。坚定奋斗，首先需要脚踏实地从小事做起。习总书记在纪念五四运动100周年的讲话中说到，奋斗不只是响亮的口号，而是要在做好每一件小事、完成每一项任务、履行每一项职责中见精神。奋斗不追求轰轰烈烈、惊天动地，不以事小而不为。奋斗需要用心将日常工作中的点点滴滴、生活中的方方面面做好。未来你们将会组建自己的家庭，会面对养家还贷等诸多压力，奋斗就是要做一名对家庭负责、对自己负责的责任人；步入工作岗位或多或少会有些不适，奋斗就要从积极适应环境、尽快进入角色做起；（出国）继续深造可能会面对语言、课程、项目、科研等困难，奋斗则意味着别人在悠闲自在刷“抖音”，你却无怨无悔刷“文献”。

坚定奋斗，需要艰苦奋斗。奋斗的道路不会一帆风顺，往往充满艰难险阻甚至惊涛骇浪，往往荆棘丛生、险象环生。你们要保持初生牛犊不怕虎、越是艰险越向前的刚健勇毅，在艰苦的一线挺身而出、迎难而上、吃苦磨炼，在波澜壮阔中增长才干、施展才华。艰苦奋斗从来都是交大人愈挫愈勇、百折不挠的精神基因。港珠澳大桥的成功落成，有着交大“梦之队”的无数心血。他们艰苦奋斗、攻坚克难、精益求精，解决了建造过程中的多个难题。我校青年师生梁碧波和孙红林等 8 人骑行川藏线 2200 多千米，翻越 12 座平均海拔 4000 多米的高山，拍摄成纪录片《千山》以感恩致谢川藏交通建设者的艰苦奋斗，以此生动诠释何为“奋斗的青春最美丽”。

坚定奋斗，还需要坚持奋斗、接续奋斗、永久奋斗。千百年来中华民族历经磨难而不倒、饱经风霜而弥坚，靠的就是坚持奋斗。在枪林弹雨的战争年代，只有奋斗才能救亡图存；在艰难困苦、民不聊生的旧中国，只有奋斗才能求生存、争自由。现在中国“站起来”了、“富起来”了，但奋斗精神一丝都不能少，永久奋斗的传统一点都不能丢。要实现中国“强起来”的目标，必须接续奋斗、永久奋斗。作为新时代青年，你们要勇立潮头、锐意进取，把磨难当考验，跌倒了爬起来，在变局和困顿中坚定前行，做一只浴火重生的金凤凰。

同学们!

大鹏一日同风起，扶摇直上九万里。面对大变局，希望你们记得，越是纷乱的时候，越需要镇定；越是迷茫的时刻，越需要沉稳；越是艰难，越要奋起。无论浪潮如何奔腾，都要有“风雨不动安如山”的果敢；无论环境多么迷幻，都要有“咬定青山不放松”的坚毅。切记：信念在心中，力量在脚下。坚定什么，就会收获什么！

亲爱的同学们，海内存知己，天涯若比邻。无论你们走到哪里，母校永远是你们坚强的后盾，母校也永远是天下交大人的家，别忘了常和家人联系。

最后，祝大家前程似锦，平安幸福！

对标一流　追求卓越　聚焦战略　面向未来 加快推进我校“双一流”建设

——杨丹校长在2019年学校干部会（下半年工作部署会）上的讲话

（2019年9月2日）

同志们，老师们！今天是新学期第一次干部会，部署学校下半年工作。由于学校年初已经下发了《西南交通大学2019年工作要点》，对本年度的工作做了详细的安排。所以，我就不再一一地进行部署和说明。总的来讲，本年度的重点工作分为13个方面46项，另外还有10件民生实事和8个要召开的重要会议。通过大家的共同努力，整个工作正在往前推进。截至目前，46项重点工作，已完成5项，正在推进的41项；10件民生实事，已完成2项，正在推进的7项，还有1项明确无法完成（此项是应师生的建议，即与铁路等部门沟通，建议开行青城山至峨眉山的旅游列车，可以方便学校师生成峨两地交通出行。经学校多方努力和沟通，由于多方面原因，相关部门回复目前条件还不成熟，无法开行）；8个重要会议已召开4个，正在筹备召开的4个。此外，按照党中央要求，根据教育部党组部署，结合学校工作实际，还将筹备召开“不忘初心、牢记使命”主题教育动员大会、教职工“双代会”等2项重要会议。可以说，大部分工作的收尾都在下半年。大家要进一步增强紧迫感、责任感和使命感，切实履职尽责、全力攻坚克难，把各项工作做细、做深、做实、做出实效，确保完成各项目标任务。

学校党委已明确，思想政治工作和“双一流”建设是学校两大牵总性的工作。今天，我就如何进一步加强学校“双一流”建设重点谈一谈。

“双一流”建设是面向21世纪中叶实施的高等教育发展的国家战略，是建设世界高等教育强国的重要任务。我们参与其中，责任重大，使命光荣。西南交大既有辉煌的过去，也有曲折的历史，“交通强国”战略为学校发展提供了新的历史机遇，广大师生和校友对学校寄予厚望。面对加快“双一流”建设的任务，如何主动响应国家战略积极推进学科建设、全面提升人才培养质量、大力提升科技创新能力、我们要对标一流、追求卓越、聚焦战略、面向未来，加快我校“双一流”建设。

下面，我就从四个方面谈谈意见：

一、对标一流　明确方位

“双一流”建设中一流大学和一流学科是一个整体。一流大学是以一流学科为基础的大学，没有一流学科，称不上一流大学。但离开了一流大学，也难产生一流学科。大学是人才培养、科学研究和社会服务的学术机构，只有大学是一流的，才有一流的人才培养、一流的科学研究和一流的社会服务。“双一流”建设一流学科是基础，没有一流的学科基础，人才培养、科学研究和社会服务水平上不去，只有人才培养、科学研究、社会服务、文化传承与创新、国际交流合作五大功能一流的大学才能成为一流大学，只有一流学科的大学才能发挥一流的功能。

我校作为“双一流”建设高校之一，首要任

务就是要全面提升学科建设水平，特别是将交通运输学科率先建成世界一流学科，进而带动学校一流的人才培养、一流的科学研究和一流的社会服务。只有对标一流，才能建设一流。对标一流就是要以全球视野，以理工特色乃至交通特色鲜明的世界一流大学为目标，构建学校发展和学科建设的相对坐标和建设目标。对标目标高校，我们要认真研究在学科方向、学科平台、学科队伍、学科投入、学科产出、学科机制，以及在人才培养和社会服务等方面身处一流的同行的经验，找到差距，分析原因，明确努力方向。我们要以世界一流为目标牵引，以世界一流为使命驱动。

我校交通运输工程在前四轮学科评估中连续国内领先，这既是百年铁路强校的历史积淀，也是以沈志云院士、钱清泉院士和翟婉明院士等为代表的一代又一代大师辈出、经年奋斗的辉煌成绩，更是全校上下长期不懈努力的建设成果。交通运输工程学科在国内的领先地位不仅是我校成功入选一流学科建设高校的学术基础，而且是国家赋予我们建成世界一流学科的战略安排和时代任务，责任重大，使命光荣。也就是说，建设一流学科是国家使命。

在坚定建成世界一流学科信心的同时，我们要清楚地了解交通运输各个学科方向与世界一流水平的差距，从而更加深刻认识到建成世界一流的紧迫性、对标世界一流的必要性。各二级学科和学科方向都应对标世界一流，只有主要的学科方向能够比肩世界一流同行并形成领先的特色方向，交通运输才能真正被建设成世界一流学科。

我校交通运输工程学科以轨道交通为特色，传统上以铁道工程、载运工具、通信信号和铁路运输等为重点，但随着公路交通和城市道路交通的快速发展，要不断丰富我校交通运输学科的内涵，拓展道路工程、交通工程、车联网、交通大数据、综合交通以及交通安全等学科方向。只有特色鲜明，才能形成一流的学科方向；只有内涵丰富，才能形成学科的整体竞争力和可持续发展的学科续航能力。“对标一流”还要体现在交通运输领域交大在科技创新和人才培养的“引领”作用。我校曾经在轨道交通发展的几个关键时期提出过“独步”神州、“引领”发展的战略，也曾在人才培养的模式创新中开风气之先。在新时代“交通强国”战略中，“对标一流”最终要体现在“双一流”建设成果的引领作用。

目前我校40个一级学科和20个专业领域，在第四轮学科评估中，除了交通运输工程和土木工程两个一级学科步入A序列以外，14个B类学科中7个B+学科已经初步具备冲击了A类学科的潜力，12个C级学科和另外12个未参评或上榜的学科建设任务仍相对比较艰巨。但在学科建设中，无论什么水平的学科对标一流都应是学科发展的内在要求。特别是我校传统的土木、机械、电气、管理类学科具有学科发展历史悠久、人才培养积累雄厚的比较优势，对标世界一流也应该成为这些学科的发展目标。

创新学科建设管理方式是“双一流”建设的重要内容。学科建设是龙头、人才培养是根本、师资队伍是核心，已经成为我国高校发展的经验总结和普遍共识。我校20世纪80年代和90年代 “以学科建设为中心，以人才培养为根本”曾是在全国具有重要影响的办学理念。我校目前的学科水平和管理机制还无法满足“对标一流”的发展要求，存在学科建设目标欠明确、责任链条不完整、建设绩效不理想、重点工作不落实等问题。我们要面向问题、切实改进，并认真学习其他高校的好经验、好做法。例如，中南大学有校领导联系学科制度、学科绩效制度（投入产出评估）、ESI 突击提升计划等，有人说，这个目标定得太高了，但是高水平论文体现了学校在基础研究和应用型研究方面的实力。因此，这些都值得我们认真学习借鉴。

在“双一流”建设中，还要注重一流的支持和服务体系建设。支持和服务达不到一流水平，大学不可能发挥一流的功能。一流的支持和服务体系包括后勤保障、管理和治理、人员配置、经费分配等。支持和服务体系所追求的目标一是资源利用最大化；二是提高效率；三是更有质量。全校上下要从对标一流中找到“双一流”建设工作的抓手。

在对标一流的学科定位中，我们既要追求国际一流的目标，也要注重中国特色。国际一流是学科的内在要求，扎根中国大地办大学是“双一流”建设的国家意志，要将学科建设与国家意志紧密结合。

二、追求卓越　创新驱动

追求卓越是我们对标一流、建设一流的必由之路，也是“竢实扬华、自强不息”交大精神的不竭动力。追求卓越是一种精神。卓越是一种自我超越，追求卓越，就是要永远做最好的自己。

追求卓越，是创办一流大学的应有之意。大学是思想的圣地，学术的殿堂，是传承人类文明，创立先进文化的基地。大学的性质、使命、担当都要求我们追求卓越。作为一所百年老校，追求卓越的精神和品格伴随着学校四次光耀学界的辉煌历史。西南交通大学不断超越自己，在人才培养、科技创新和服务国家战略方面曾经功勋彪炳，创造了多个“中国第一”，乃至“世界第一”。面对世界科技发展的新潮流，要实现引领世界轨道交通领域的目标，我们必须要不断追求卓越。

追求卓越，要求我们不断创新，特别是原始创新。《礼记·大学》说：“苟日新，日日新，又日新”。我们必须瞄准世界科技前沿，开展最尖端的研究，为轨道交通乃至其他学科奠定更加坚实的基础。要致力创造新思想、新理念，传承和创新人类文明。在新时代的征程中，建设一流的交大只有通过全校上下追求卓越的奋力拼搏才能实现。要将不断创新、追求卓越融入我们的研究，学习和工作中。学校现在的事业规模庞大，人才培养任务繁重，科技创新需求迫切，对学校工作的所有方面都提出了更高要求，不断创新是推动事业发展的不竭动力。

追求卓越最根本的体现在师资队伍的卓越。人才是创新的根基，创新驱动实质上是人才驱动。大学竞争本质上是师资队伍特别是杰出人才的竞争。国内外先进高校的成功经验不断演绎领军型人才带领学科实现后发式、创新性、赶超型的卓越版本，我校 20 世纪 50 年代初期和 90 年代初期成功的人才战略也说明了卓越的师资队伍是追求卓越的学科基础。学校将大力推进“人才强校”主战略，深入汇聚一大批高层次优秀人才在西南交大潜心学问、精心育人。我们的师生都要努力使自己成为创新者，哈佛大学前校长内森·马什·普西（Nathan Marsh Pusey）曾说过：“一个人是否具有创新能力，是一流人才和三流人才的分水岭。”

学校要进一步树立追求卓越的精神，滋养追求卓越的文化，营造人人皆可成才、人人皆尽其才的机制和氛围，这也是创新驱动发展的关键支撑。“简能而任之，择善而从之，则智者尽其谋，勇者竭其力，仁者播其惠，信者效其忠”。学校教学、科研、社会服务、国际交流、文化传承与创新均需大量的人才投身其中，也为广大教职工人尽其才、追求卓越提供了最广阔的舞台。

追求卓越，要不断彰显办学特色。卓越的一个重要特征是与众不同。这种与众不同，就是特色。斯坦福大学前校长、著名计算机科学家约翰·汉尼斯（John Hennessy）说过：“我们要承认卓越是有限的，大学不可能在所有方面，每件事都做得非常完美，因为没有足够的资源，所以关键要找到重点……在我们擅长的领域做到世界一流。”国内外一流大学的经验证明，正是某些方面的特色和优势，打造了他们的品牌和实力，成就了他们的卓越。加州理工学院自建校以来，逐渐形成的良好校风和特色文化是其成为世界一流大学的根本保证。大家都知道，这个学校只有数千人数、数百教师，但截至 2018 年有 73 位校友、教授及研究人员曾获得诺贝尔奖（位列世界第八）。

三、聚焦战略　服务发展

有为才有位，主动服务国家重大战略和社会经济发展的要求，扎根中国大地办大学，将提升研究水平、拓展办学资源与社会经济发展紧密结合起来，是实现学校快速发展的战略路径，也是形成办学特色、凝练学科方向、组织学科队伍、在实战中培养人才的历史经验。西南交通大学作为交通特色鲜明、行业优势突出、地缘资源丰富和学科门类较全的高校，服务需求就是要主动响应国家长期战略、“交通强国”战略、行业发展战略以及区域和地方经济社会发展需求。从服务发展中拓展资源、抓住机遇，伴随经济社会的持续发展，推动学校的不断进步。

十九大报告第一次将“交通强国”战略列入，我校要从战略高度和顶层设计探求学校如何响应“交通强国”战略。王顺洪书记在去年学校举行的双一流大会中提出了“交通+”和“+交通”

的发展思路，这是服务交通强国战略需求的必然要求，也是向交通强国战略拓展办学资源的必然选择。轨道交通学科特色使我校曾经对铁路发展战略和城市轨道交通行业做出过里程碑式的贡献。我们要清醒地认识到，一方面，在大规模高速铁路建设进入尾声后，需要合理调整轨道交通学科群的发展方向，以适应新时代铁路行业对科技创新和人才培养的需求；另一方面，随着我国城镇化和现代化进程的不断推进和持续发展，城市轨道交通的辐射对行业发展提出了更高的科技创新要求。我来的时间不长，但从看到的资料中明显感觉，我们在城市轨道交通方面的人才培养和科技创新仍有很多地方是缺位的。城市轨道交通也彻底改变了交通与土地发展的关系而直接影响城市社会经济的发展需求。还有，“新工科”时代的到来，这些都是我们学科建设的发展良机，也是人才培养的就业市场。更为重要的是，川藏铁路作为国家重大发展战略，也为我校提供了广阔的创新天地。围绕川藏铁路对科技创新和人才培养的现实需求，充分发挥地缘优势，遵循“交通+”和“+交通”两条路径，拓展学科发展空间，形成学科新的增长点，强化学科发展特色。在区域发展方面，长江经济带和成渝区域发展也给学校的发展提供了需求和机会。我校有幸进入教育部“长江教育创新带”牵头高校行列，既是对标一流的发展坐标，也是追求卓越的战略契机，更是经济社会重大需求对我校的再次眷顾，全校上下务必及时跟踪“长江教育创新带”。在服务四川省和成都市的需求方面，我们不仅要利用学校轨道交通优势和综合交通能力为地方交通行业服务，更重要的是要从地方经济社会发展中，对地方需求了然于心，从服务需求中壮大学校相关学科。西南交通大学的交通特色不仅直接服务于我国“交通强国”战略，而且也能在国家“一带一路”倡议中大显身手。经过长期发展特别是新世纪以来的快速推进，我校国际化战略在发挥学科优势、服务国家战略方面也成绩斐然。随着“一带一路”倡议的深化推进和关键项目的早期收获，基础设施的互联互通对建设、运营和维护提出了新的挑战和需求，也为相关学科的国际化提供了新的机遇。

“两个一百年”奋斗目标引导着经济社会不断发展，新时代发展的意志坚如磐石、发展的需求层出不穷。各院系、各学科需要系统思考、深入分析、认真研究，将学院、学科、专业的建设与经济社会发展的需求紧密结合，从服务需求中促进社会经济的发展，从满足需求中提升学科建设的水平。争取将西南交通大学建成为扎根中国大地办大学的标杆学校。

四、面向未来　不辱使命

习近平总书记指出，“‘两个一百年’奋斗目标的实现、中华民族伟大复兴中国梦的实现，归根到底靠人才、靠教育”。高等教育面向未来既是国家意志，也是研究型大学的必然要求和高等教育的永恒主题。科技发展日新月异、人类历史不断演进、文化文明推陈出新，知识的生产和知识的传授同样的重要，大学在人才培养和科技创新两个维度都必须有面向未来的价值取向。面向未来的人才培养要体现我们的毕业生要“适应和驾驭未来”，面向未来的科技创新是学校要成为国家创新驱动战略的核心力量。

现代研究型大学在大国崛起的历程中扮演重要角色。面向未来发展学科、面向未来建设专业、面向未来培养人才、面向未来建设大学。十九大报告提出的“两个一百年”奋斗目标是学校面向未来的战略指南。国家的未来、民族的未来、社会的未来、科技的未来、教育的未来、生活方式的未来特别是交通的未来都需要从“两个一百年”奋斗目标的高度去思考。

作为交通特色鲜明、行业地位尊崇的西南交大，首先肩负未来交通的创新研究和人才培养重任。如何未雨绸缪地规划面向未来的下一代交通系统，引领、驱动并推进更高速、更安全、更经济、更环保、更智能的交通运输科技与产业的发展，是交通运输一流学科需要首先回答的时代课题。学科建设、科学研究和资源统筹需要进一步聚焦面向未来的新一代交通运输系统以适应新时代经济与社会的发展。翟婉明院士在2017年12月学校“双一流”推进会上提出的“加强基础、引领前沿”的观点我非常赞成，我校的交通运输学科要做到引领，必须加强力学、数学、物理学、材料等学科的原理性、原创性研究，并服务于创建交通运输世界一流学科。同时，“智能化”无疑是交通运输在内的所有学科、行业的发展大趋势，在万物互联的时代，一定会形成包括感知、传输、分析和决策等在内的智慧交通大系统。我们必须在科学研究和人才培养上大力实施“智能+”和“+智能”战略，这是面向未来的必然。

人无志不立。作为跨越三个世纪的名校，肩负“双一流”建设的时代重任，也适逢“一带一路”“交通强国”和国家中心城市建设等历史机遇。在高等教育“加快发展、特色发展和高质量发展”的历史洪流中，我们一定要自强不息，方能不负祖国的重托和师生、校友的期待。让我们团结起来，众志成城，坚定信心，鼓起勇气，坚定对标一流，不懈追求卓越，扎实服务需求，勇敢面对未来，将“双一流”建设推向新的高度，开创学校建设的新局面。

谢谢大家！

大学之洞见

——杨丹校长在西南交通大学 2019 级本科生开学典礼上的讲话

（2019 年 9 月 7 日）

亲爱的 2019 级新同学们，老师们、家长们、来宾们：

大家上午好！

“太阳每一天都是新的！”今天，123 年办学历史的西南交大又迎来了新的一批本科生。从今天起，我们有了一个共同的印记——交大人；你们的名字，也将从此刻起，永远与西南交大和她所承载的光荣历史紧紧相连。在此，我谨代表王顺洪书记、代表交大全体师生员工和海内外校友，对新同学们的到来表示最热烈的欢迎！同时，还要向辛苦养育你们的父母、精心培育你们的老师表示衷心的祝贺和感谢！

今年，是新中国成立 70 周年，在座的各位被称为“强国一代”，你们将成为社会主义现代化强国的参与者、见证者和建设者。肩负重要使命的你们，将在交大校园里开启你们最难忘却的大学时光。

我是今年 7 月份出任交大校长，比大家早 2 个月来到西南交大，和大家一样，都是这个校园里的 Freshman。身处一个全新的环境，很容易被眼前的新鲜事物所吸引，你会看到不同的人，听到不同的言论，也会体验很多新鲜刺激，可能还会在成都这个以休闲安逸闻名的城市里流连忘返。考上大学、进入西南交大，意味着你的人生已经迈上了一个新台阶，但人生路漫漫，需要你迈的台阶还有很多级，远不是额手相庆的时候。喜悦与新鲜过后，你需要定定神，看看路。须知：不忘来时路，方知向何行；不畏浮云遮望眼，表象背后才是真相。

国外大学有“Freshman Foundation”（新生基础）的训练和课程，我们也有新生研讨课，目的是帮助新同学能更好地认识大学，更好地适应大学的学习、研究、生活、社交等。但所有这一切，都基于对大学本质的认识，以及大学在你们的成长中发挥作用的预期。今天，我想用三个“大学”来分享我对大学本质的认识，这也许就是大学的“真相”，以此来送给强国一代的你们。

第一个大学，是大学之“大”。

西南交大一校两地三校区，占地 300 多公顷，拥有 26 个学院，83 个本科专业，师生近 5 万人，可谓很大一个学校了。1931 年 12 月 2 日，清华大学老校长梅贻琦在就职演讲中提出“所谓大学者，非谓有大楼之谓也，有大师之谓也”。大学之大非校园之大、大楼之大，而在大师之大。西南交通大学最宝贵的财富就是自创校之始便有着一支高水平的师资队伍，他们爱生如子，爱校如家，薪火相传。

我刚来交大就被一则故事深深地震撼：曾任北京大学地质系系主任的王绍瀛教授，是著名地质、冶金学家。1929 年，王绍瀛辞去北大教职，回到母校唐山交通大学（今西南交通大学）。交大搬迁贵州平越时期，矿冶系的一位同学期末考试不及格，便去找王老师求情，这位平日里人称“好好先生”的王绍瀛教授不为所动。情急之下，学生双膝跪地，请求老师高抬贵手。见此情景，王教授也“扑通”一声，跪倒在学生面前，最终一分未加。

这个故事的背后，反映出的就是西南交通大学“严谨治学、严格要求”的“双严传统”。

在风雨飘摇的战争年代，曾两度出任西南交通大学校长、毕业于康奈尔大学的罗忠忱教授是我国现代工科教育的开拓者之一、著名工程教育家，有着“中国工程力学第一人”之美称，被尊为交大“五老”之首，可以说他是交大“双严传统”的开创者和奠基人。他经常告诫学生：工程师要兼顾安全和经济，因之计算必须准确。在没有计算器的年代，他要求学生的计算结果必须准确到小数点后三位有效数字，否则该题即判给零分。他解释说：“一个工程师在设计过程中，若是不能将数字弄清楚，势将影响构造物安全。将来你设计桥梁，假如坍掉了，多少人的性命！你要负责任的。”这种要求精确而丝毫不苟且的态度深深地影响了一代又一代交大学子。犀浦校区南门进门第一尊雕塑便是罗忠忱先生，大家可以在雕塑后看到他的学生，著名土木工程学家、桥梁专家、工程教育家，中国科学院院士，也是交大前校长茅以升先生和著名水利工程学家、清华大学教授黄万里对他的高度评价。

同学们啊，正是有着许许多多像罗忠忱、王绍瀛教授一样严谨治学严格要求、与学校不离不弃的老师们，西南交大才能历经磨难而弦歌不辍，即使在湖南湘潭、重庆璧山、贵州平越这样艰苦环境里办学，依然为国家民族培育出了 30 多万栋梁之材，为中国乃至世界轨道交通事业做出不可磨灭的贡献，才成就了交大之大。

正如在座的各位包括我自己，衡量一个人的大与小，并不是比样貌、比出身、比职务、比财富、比资历，而是比谁更吃得苦中苦，谁更为我们所在的集体、我们的祖国、世界乃至浩瀚宇宙做出更多的贡献，这才是“大”的真相。

第二个大学，是大学之“学”。

大学之大，决定了学之大小亦有不同。宋代理学家朱熹讲得透彻：小学之事，知之浅而行之小者也。大学之道，知之深而行之大者也。所以，这个不同，实质是知与行的不同。

强国一代们，如何知深行大呢？最近我读校史较多，我发现咱们的校训即是正解。

交通大学 16 字校训“精勤求学，敦笃励志，果毅力行，忠恕任事”，我用三个角度去看。第一个角度，每四个字两两来读，可知是偏正结构，意为求学须专一勤勉、励志须敦厚笃实、力行须果敢坚毅、任事须严己宽人。第二个角度，前后各八字来读，前八字讲“知”，知不仅在求学，还在于立得平生之志；后八字讲“行”，行不仅在实践，还在于处理好实践中人与己的关系。第三个角度，即从明代大儒王阳明所说的“知行合一”的角度，“知是行之始，行是知之成”，求学、励志、力行、任事亦是无有先后，不是单独分离的四件事，实是统一的一件事。

上个月，我校 97 届岩土工程专业校友、中铁科研院副总经理严金秀回到交大，以校外辅导员的身份，给土木学院研究生新生们上了“开学第一课”。她有一个外号，叫“隧道女神”。她说：“隧道施工技术性强，工作难度大，现场较危险，很多女性工程师都选择了在实验室做研究，而我却成了当时隧道施工现场唯一的一名女工程师。在我看来，科研工作可不是坐在办公室里查查资料写写论文就可以的。如果不到工地现场，只在办公室做计算的话，出入会很大。如果喜欢这个工作，热爱这个职业，就会很享受这个奋斗过程。”正是这样知行合一、砥砺奋斗，严金秀逐渐在隧道界崭露头角，带领团队不仅主持完成了国内一大批隧道技术研究及工程施工的攻关课题，还率领中国隧道队伍，到马来西亚、老挝、印尼等国解决隧道施工出现的罕见世界性难题。除了主持工程项目，她还积极投身国际学术圈，在主持国际学术会议、开展国际技术培训、参与国际学术组织运行等方面做了大量工作。今年 5 月 8 日，国际隧道和地下空间协会举行 2019 世界隧道大会，严金秀当选为新一届国际隧协主席，成为国际隧协历史上第一位中国主席，也是首位女主席！

从严金秀校友的奋斗历程中，我们可以发现，想取得事业的成就，既要具备良好的专业才能，还需要同时具备较强的综合素质。所以，即将开始大学学习的同学们，当你发现你的课表再也不像高中一样被各种课程和自习填满，请你一定要记住，课表中的空白处，不是留给你恣意玩耍的大把时间，而是留给你去图书馆博览群书、去实验室创新创造、去运动场强健体魄、去音乐会陶冶情操、去各类讲座增长见识、去各种活动提升能力、结交英豪，也是留给你去计划、总结和时时思考的宝贵光阴。这才是“学”的真相。

第三个大学，是大学之“道”。

孔子说：吾道一以贯之。他的道是什么呢？孔子的弟子曾参解释说：夫子之道，忠恕而已。这两个字也写进了咱们的校训。

而大学之道是什么呢？四书《大学》开篇就点明了，“大学之道，在明明德，在亲民，在止于至善”。这应该是最有广泛共识的大学之道，点明了大学之“三纲”：一曰德育纲，大学首要是去弘扬大德；二曰智育纲，大学次要是去弃旧图新；三曰情育纲，大学再要是去催人奋进。

此大学之“三纲”同样亦为用人之“三纲”，我们的用人单位考察一个毕业生是否值得聘用，便也是在德、才、情这三方面去综合考量。所以，当这“三纲”的主体换为大学生，换为诸位，大家就能明白这大学之道，就应该是努力成为一个有道德、有学识、有精神的新人，亦即一名德智体美劳全面发展的社会主义建设者和接班人。

来交大之前，我就知道交大有人在研究超级高铁，邓自刚研究员就是其中的代表。他日本留学后婉拒了世界名校的邀请，回到西南交大传承高温超导磁悬浮技术，是为了让中国高铁引领世界，此为大道德；他综合运用机械、电气、交通、力学、信息等多学科知识，建设了世界首个真空管道磁悬浮系统，此为大学识；他秉承“立大志，致深远，求真知，开先河”的交大超导传统，在未来交通研究领域开创了一片新天地，此为大精神。

像邓自刚研究员这样的老师，交大还有很多，同学们在今后的学习生活中会遇到很多这样的好老师。你们能从他们身上学会大学之道，也就会在今后的学业生涯中找准奋斗的方向。

同学们，人穷尽一生需要学习的，无非是“做人”与“做事”。而大学，正是学习做人、做事本领的地方。

长风破浪会有时，直挂云帆济沧海。各位强国一代的新青年们，在新中国成立 70 周年这一历史节点上，你们每一个人都肩负着实现中华民族伟大复兴的历史重任。从今天开始，属于你们的故事掀开了新的篇章。希望你们传承“竢实扬华、自强不息”的交大精神，恪守“严谨治学、严格要求”的“双严”传统，在西南交通大学的舞台上，书写属于自己的辉煌吧。

最后，衷心祝愿大家求真求实，业精且勤，立志卓越，健康快乐！

谢谢大家！

精勤求学，矢志报国

——杨丹校长在西南交通大学 2019 级研究生开学典礼上的讲话

（2019 年 8 月 23 日）

亲爱的同学们、老师们：

大家上午好！

蓉城秋锦，玉垒晴云，成都迎来了又一个美丽的季节。今天，我们在这里隆重举行西南交通大学 2019 级研究生开学典礼。

首先，我谨代表王顺洪书记、代表交大全体师生员工对来自五湖四海的新同学表示最热烈的欢迎！欢迎怀揣“复兴号”录取通知书的你们成为百年交大的一员，肩负起交通强国和民族复兴的历史重任。作为交大第 66 任校长，我比你们早报到一个多月，也是一名“新交大人”。你们是我迎接的第一届学生，对我来说有特殊的意义，欢迎你们！

在123年的办学历程中，交大始终坚守大学使命，服务国家战略需求，面向国际学术前沿，形成了“竢实扬华、自强不息”的交大精神和“严谨治学、严格要求”的“双严传统”；培养和造就了以茅以升、竺可桢、林同炎、黄万里等为代表30余万栋梁英才；师生中产生了3位“两弹一星”元勋、61位海内外院士和24位国家工程勘察设计大师，改革开放以来轨道交通领域产生的院士几乎全部出自我校。你们应当有理由对自己成为一名交大人感到自豪，也应该有信心对自己的未来充满期待！

同学们，即将开启的研究生阶段是你们学术生涯的一个新起点，作为一名研究生，学术探索和研究是你们的天职。你们当中的一些人，或许从现在开始，就会终身与学术相伴。在这里我结合自己的经历，和大家分享一些感受。

1928年，唐、平、沪三所交通大学再次合并，成为“交通部”“直辖交通大学”。随即交大提出了“精勤求学，敦笃励志，果毅力行，忠恕任事”的校训，并沿用至今。十六字校训中，被摆在首位的“精勤求学”其实就是指向如何做学术这一重要命题。在我看来，“精勤求学”这四字其实就是我们做好学术的“四字诀”。

精，在于专注执着，精益求精。

科学研究不是“临时工”，而是“长工”，需要方向目标明确，痴心不改，追求极致。科研的本质是一种理念，是一种信仰。著名物理学家丁肇中曾说过，“我认识很多诺贝尔物理学奖获得者，这些人的特点是——专注于一件事情。专心非常重要！”《专注：把事情做到极致的艺术》的作者亚当·格雷萨认为：只有一次专注一件事，才能在充满干扰的世界，不浪费人生。专注并不是限制住视野，偏执一方，其本质是剪掉那些不必要的“枝丫”。专注更多的时候是做减法。花长时间把一件事做到极致，远胜于把一万件事做得平庸。“两弹一星”元勋朱光亚、数学大师陈省身，他们的人生信条都是：“一生只做一件事。”全国2019最美科技工作者、我校1984届校友徐恭义2018年荣获第35届国际桥梁大会“约翰·罗布林终身成就奖”，成为首位获此殊荣的中国人。他30多年来一直坚守“建造一座留存永世的桥”的信念，爱桥如痴、潜心钻研、精益求精，设计了50多座特大型桥梁，助推中国桥梁设计走向新高度，为实现桥梁强国做出突出贡献。

勤，在于勤勉不怠，持之以恒。

业精于勤，荒于嬉。“勤”字在古汉语中有“格外用力”的释义，引申到读书做学问，就是希望大家有刻苦努力、不畏艰难、见缝插针、锲而不舍的“钉子精神”。中国古代读书人“头悬梁，锥刺股”“凿壁借光”的故事是对“勤”字最生动的写照。老校长茅以升曾说过，“开发自己的智能，‘勤奋’二字最是紧要。人的天资是有差别的，但勤奋比天资重要得多”。大家可以计算一下，我们一天能真正用于静下心来做学术的时间有多少，大量的时间是不是消耗在刷抖音、刷朋友圈中。努力一天不难，难的是十年如一日的勤奋。这也是最终只有少数人能成功的关键原因。华罗庚一生致力于数学的研究、应用和普及工作，是享誉世界的数学家。但是，大家可能有所不知，华罗庚初中毕业后因家贫辍学，他将做工之余的一切零碎时间都利用起来学习。正是这种坚持不懈、刻苦勤奋的精神，让他从一个初中毕业生成长为一个伟大的数学家。他以其行动告诉我们：勤能补拙是良训，一分辛苦一分才。

求，在于敢于质疑，勇于求真。

在专注执着、勤勉不怠的基础上，我希望你们学会“质疑”和“求真”。科学是探求真理，科学研究的过程是求真的过程。每一个重大的科学突破，往往是从对旧理论的质疑和挑战而始，经过激烈的、甚至是漫长的争论和冲突，最后走向颠覆和革新。因此，敢于质疑，善于提出问题是研究的前提。通过学会质疑掌握批判性思考的技巧，在自己所研究的领域凝练出“真问题”“科学问题”，是研究的重要基础，也是研究生需培养的重要能力。西方科学哲学最重要的学派之一——批判理性主义的奠基人、英国哲学家波普曾说：“问题激发我们去学习，去发展知识，去实验，去观察。”对疑问的探索是我们求真的动力，但光有疑问还不够，还应该主动去解决疑问。伽利略挑战了亚里士多德，证明了两个铁球同时着地，发现了自由落体定律；袁隆平突破了国外经典理论，让水稻长在贫瘠的盐碱地中。人类文明史上，几乎所有划时代意义的发现和创造，都是在质疑和探索中实现的。

学，在于融会贯通，大胆创新。

只有在自己专注的领域具备超常的定力耐力，在艰难困苦中砥砺奋进、持之以恒，敢于大胆地猜想和质疑，才能举一反三、融会贯通、有所突破，最终学有所成，研有所得。

王国维在《人间词话》里讲到治学的“三重境界”，“众里寻他千百度，蓦然回首，那人却在，灯火阑珊处”说的就是学的最后一重境界——顿悟。顿悟是对所研究问题的总结，是总揽全局、融会贯通后电光石火间形成的独立思考和综合判断。创新往往就在“顿悟”的一瞬间产生。诺贝尔奖得主屠呦呦，用毕生的精力对抗疟疾。为了找到能够治疗疟疾的药方，她带领课题组先后调查了 2000 多种中草药制剂，选择了其中 640 种可能治疗疟疾的药方，进行了数百次试验。在屡试屡败的挫折中，她通过一部接一部地翻阅古代医药典籍，在传统医学里找到了破解的灵感，最终发现了治疗疟疾的特效药物——青蒿素。她的成就改写了人类治疗疟疾的历史，极大地降低了全世界疟疾患者的死亡率。

同学们，以上就是我与大家分享的“精、勤、求、学”四字诀！然而，这只是如何治学，殊不知，治学既要知其然更要知其所以然。治学必讲初心，恰如“水有源，故其流不穷；木有根，故其生不穷”。只有牢记为什么出发，才能知道要去哪里，能走多远。那么，为何要治学？从事研究生阶段的学习又是为了什么？我想，不同的同学肯定会有不同的回答。是因为发自内心的兴趣和热爱？还是仅仅为了找个“好工作”？……无论大家的初衷是什么，从今天起，我希望大家把“国家”装在心里，因为“一个人的理想志愿只有同国家的前途、民族的命运相结合才有价值，一个人的信念追求只有同社会的需要和人民的利益相一致才有意义”。习近平总书记指出：“爱国，是人世间最深层、最持久的感情，是一个人立德之源、立功之本。”同时，他也对广大青年提出殷切期望：要以国家富强、人民幸福为己任，胸怀理想、志存高远，投身中国特色社会主义伟大实践，并为之终生奋斗。学术问题研究无大小，于细小处也可见真知；学术格局却大有乾坤，志存高远者方显本色。“万物有所生，而独知守其根”，青年是国家、民族的未来和希望，交大学子应当心怀“大我”，精勤求学，矢志报国。

交大诞生之初，国家尚处于风雨飘摇、民族生死存亡的危急时刻。在抗日战争的艰难岁月里，学校多次迁徙，筚路蓝缕，弦歌不辍，无论如何艰难困苦，交大人一直不忘弘文励教、交通天下的使命。在办学历程中，有无数交大人，为国家的独立、发展和富强奉献了生命、青春和热血。从创办第一天起，学校就一直与国家民族命运紧密相连。从学校第一位共产党员田玉珍到“不复原桥不丈夫”的茅以升，从跨过鸭绿江的抗美援朝工程队到 3 位“两弹一星”元勋，西南交通大学红色基因代代传承。无数这样的校友，他们为报效祖国、服务人民而立志求学，矢志不渝，值得学习。

同学们！

今年注定是不平凡的一年，新中国成立 70 周年，五四运动 100 周年，澳门回归 20 周年，我们每一个人的命运都与大时代紧密联系。《尚书》有云：“功崇惟志，业广惟勤。”不论是国家民族的振兴，还是个人事业的成功，都离不开两个必备条件：一是立志高远，二是精进勤勉。青春正当时，时机无限，我衷心希望在今后学术探索的道路上，诸位能秉承“竢实扬华，自强不息”之精神，做硬核研究者，不做佛系“研究僧”；继承和发扬交大优良传统，切实担负起交通强国和科技兴国的时代责任；怀精勤求学之心、守矢志报国之志，在实现国家富强、民族复兴的道路上开创自己的精彩人生。

最后，再次欢迎同学们加盟交大，祝大家学业有成，前程似锦。

谢谢大家！

凝心聚力　砥砺前行　加快推进我校“双一流”建设

——杨丹校长在西南交通大学第二十届工会会员暨第七届教职工代表大会第五次会议上的报告

（2019年11月15日）

各位代表，同志们：

现在，我向大会作工作报告，请予审议。报告共有两方面内容。

一、2018年以来的工作回顾

因本次“双代会”召开时间较以往有延迟，所以工作回顾内容涵盖2018年和2019年两个时间阶段。

（一）人才培养成绩显著

2018年以来，在新时代对本科教育的新形势新要求背景下，学校践行立德树人、以学生成长和发展为中心的理念，完善本科人才培养顶层设计，出台了《西南交通大学关于新时代深化本科教育教学改革，提高人才培养质量的若干意见》，召开全校本科教育工作会议，全面部署本科教育教学振兴行动计划和学生工作振兴行动计划。举办“重构人才培养方案”院长专题研讨班，完成了新版本科人才培养方案。2018年来，新增国家级教学成果二等奖4项；完成了6个国家级专业认证，通过认证专业达到16个；新增国家级精品开放课程8门，目前课程总数全国排名第八；高速铁路列车调度指挥虚拟仿真实验教学项目入选首批国家虚拟仿真实验教学项目；“中美青年创客交流中心”获得教育部“2018年全国优秀创客中心”称号；大学生学科竞赛获得国家一等奖98项，2014—2018年全国普通高校竞赛评估排名全国第十二；中国高等教育学会“全国普通本科院校教师教学发展指数”排行榜排名第二十六，全国理工类高校排名第十二。31位专家入选教育部32个教指委委员、6位副主任委员，总数全国排名第三十一。本科毕业生初次就业率97%，已连续30年保持在95%以上。

优化新时代学位与研究生教育顶层设计，聚焦学校“双一流”建设，以“服务需求、提高质量”为主线，紧密围绕培养具备学术大师、管理精英、行业翘楚潜质的拔尖创新人才这一核心目标，构建了全过程培养和全方位质量保障两大体系，加快了我校学位与研究生教育的内涵发展、质量发展、创新发展，研究生学术水平显著提升。杨光博士在高分子顶尖综述期刊 Progress in Polymer Science（影响因子25.766）发表论文；周培博士在国际顶级期刊 IEEE Communications Surveys and Tutorials（影响因子17.188）发表论文，是我校第一篇以博士生为第一作者在该刊上发表的论文；陈开卷博士在国际顶尖杂志 Advanced Functional Materials（影响因子15.621）发表论文。

（二）人才强校主战略开创新局面

2018年，学校出台《关于加强人才工作的实施意见》，人才工作体制机制进一步健全。建立了首个海外引才工作站—北加州人才工作站，大力推进“一站式”服务，积极营造人才发展良好氛围。

2019年以来，学校深入实施“青苗计划”“雏鹰计划”“扬华计划”“鲲鹏计划”四大人才培育计划，扎扎实实建设“人才金字塔”。1人获评全国优秀教育工作者，16人获评“四川省教书育人名师”。新增长江学者5人、“优青”2人、“青拔”1人等，高层次人才队伍建设取得新突破，创近年来的最好成绩。

（三）“双一流”建设取得重要进展

2018年，学校发布《双一流建设实施意见》，安排“双一流”经费约2亿元。启动实施“建一流”项目、“创一流”学科平台建设项目和交通软科学课题。召开“理科振兴”推进大会，明确理科发展方向和研究重点。学位授权点动态调整有序开展，撤销“政治学”一级学科硕士点、“教育技术学”等6个二级学科硕士点，增列“生物学”等2个一级学科硕士点和“新闻与传播”硕士专业学位类别，学科专业结构进一步优化，学科专业内涵不断拓展。

2019年以来，学校“双一流”建设举措更加有力。坚持走西南交大特色的“双一流”建设之路，坚持“交通+”和“+交通”引领，轨道交通办学特色更加鲜明。成立了交通运输工程学部，开展“双一流”建设中期自评估，专家组认为学校“双一流”完成了阶段性主要任务，并一致同意我校通过“双一流”建设中期自评。新增“人工智能”本科专业，获批机械、能源动力和交通运输 3 个博士专业学位授权点和电子信息、机械、材料与化工、资源与环境、能源动力、土木水利、生物与医药、交通运输 8 个硕士专业学位授权点。截至目前，工程学、材料科学、计算机科学保持 ESI 世界排名前 1%，化学、物理逐步接近世界排名 1%，学校学科实力不断增强。

（四）科研工作取得重大突破

2018 年，学校全年科技活动经费达到 14.13 亿元。获批国家自然科学基金项目 143 项，文科领域获批学校第 3 个国家社科基金重大项目。主动服务国家战略部署，制定“科技攻关行动计划”，全力服务川藏铁路建设。“中国-拉共体轨道交通联合实验室”项日与“中国-印尼高铁技术联合研究中心”项目先后获科技部批准，“光信息传输处理与传感应用创新 111 引智基地”获得批准，成为我校第 3 个 111 引智基地。2018 年学校主持获国家科技进步奖二等奖 2 项、参与获国家科技进步奖二等奖 1 项；时隔 13 年，翟婉明院士主持完成的科研成果再次入选“中国高等学校十大科技进展”，我校入选次数列全国第七（并列）。

2019 年以来，学校获批国家自然科学基金项目 115 项；国家社会科学基金项目 16 项，教育部人文社会科学研究项目立项 22 项，全国排名第二十位。由四川省、成都市、天府新区等共同支持学校在天府新区建设的“多态耦合轨道交通动模试验平台”（计划投入资金达 5.8 亿元，是学校获得投资最大的研究装备）即将正式开建。2019 年学校主持获得教育部高校科学研究优秀成果奖自然科学奖二等奖 2 项、技术进步奖一等奖 1 项（已完成公示），主持获四川省科技进步一等奖 5 项（已完成公示），创历史新高。由王开云教授主持的科研项目荣获 2019 年国家科技进步二等奖（待正式颁奖）；由何川教授主持的“复杂艰险山区高速公路大规模隧道群建设及营运安全关键技术”项目荣获国家科技进步一等奖（待正式颁奖），这是学校自 2005 年以来，再次荣获国家科技进步一等奖。

（五）对外合作交流深入开展

2018 年以来，学校与中国铁路总公司（现中国国家铁路集团有限公司）、广西壮族自治区人民政府、厦门市、上海复星、奇瑞集团等单位签订协议 40 多项，全面深化政产学研合作，进一步拓展学校发展领域。与地方政府深化合作，共获得 1 亿多元科研平台建设经费以及 3 万多平方米研发场地支持，唐山研究院、深圳研究院等共获得 4000 余万办学经费支持，成立了 4 家学科平台公司，学校所属企业以及产业性质研究院联合捐赠 1100 万元反哺学校学科建设与人才培养。唐源电气股份成功登录 A 股上市，成为学校第三家上市企业。制定出台《社会引资工作管理办法》，充分调动全校引资工作积极性，2018—2019 年签约捐赠金额 1.5 亿多元，实际到账 6300 万元。对外交流进一步加强，对外拜访和接待洽谈 100 余次，有力增强了学校宣传。校友工作明显加强，成立西南交通大学校友企业家联盟，成为汇聚校友力量、助力校友发展的重要平台。新成立了 9 个校友会，截至目前在世界各地建立了 76 个校友分会（境外 12 个），联络校友达 20 余万人。

（六）国际化工作亮点纷呈

2018 年，学校与中南大学共同发起成立“一带一路”铁路国际人才教育联盟，助力共建“一带一路”国家培养优秀的铁路建设人才。“西南交通大学天佑铁道学院”正式成立，加快构建铁路国际高等教育共同体和中国铁路教育全球网络。学校率队参加中印第五次战略经济对话，与埃塞俄比亚科技部以及英国伯明翰大学、美国伊利诺伊大学芝加哥分校签署合作协议。高水平开展“中非基础设施合作计划”四所交通大学可行性研究。完成 7 个商务部援外培训班，培训 28 个国家 241 名官员。顺利通过来华留学质量认证。

2019 年以来，学校率队参加中印第六次战略经济对话，参加中俄总理定期会晤委员会铁路工作组会议，服务国家战略成果显著。地球科学与环境工程学院入选联合国全球地理空间信息管理局学术网络工作组，成为该组织在中国范围内第二个成员单位。召开“一带一路”铁路国际人才教育联盟第一届校（院）长论坛，共商“一带一路”高等工程教育发展未来。创办国际学术期刊《桥梁工程进展》，成为展示中国桥梁工程成就的重要窗口。召开留学生教育管理工作会议，谋划未来三年学校来华留学事业发展。青年教师出国（境）参加学术会议人次创历年新高，同比增长 242%，选派学生出国（境）同比增长 20%；参与铁路合作组织（OSJD）事务框架下标准工作取得突破。举办第六届交通运输工程国际学术会议等高端国际学术大会，学校知名度进一步提高。

（七）校园文化建设稳步推进

2018 年，学校隆重举行建校 122 周年纪念大会以及改革开放 40 周年座谈会等系列活动，全面回顾总结国家和学校 40 年极不平凡的发展历程，进一步坚定全校上下深化改革的信心和决心。大力开展天佑立体讲坛、青年讲坛等校园文化品牌活动。在《人民日报》、新华社等国内外主流媒体发表文章（播出视频）共计 457 篇（不含转载）。中央电视台新闻联播用两分多钟报道真空管道高温超导磁悬浮团队科技创新事迹，学校美誉度显著提升。

2019 年以来，学校举行建校 123 周年暨机械学科创建 100 周年纪念大会。中央电视台三次深度聚焦西南交大科研创新成果；《高速列车制动系统》等出版物入选“十三五”国家重点图书出版规划增补项目；评选 2018“感动交大十大年度人物（集体）”，大力宣传先进人物典型，凝聚“复兴交大，创建一流大学”的精气神。隆重举行“西南交通大学庆祝中华人民共和国成立 70 周年座谈会”，全面总结学校 70 年来辉煌办学成就，老校长茅以升被评选为“最美奋斗者”，学校 74 名同志获颁“庆祝中华人民共和国成立 70 周年”纪念章。这些都进一步激励了全体交大人不忘初心、奋勇前进。

（八）综合改革和民生工作成效显著

2018 年，学校坚持全面深化综合改革，以“成绩、成果、成效”为导向的人事分配制度改革、办学资源分配机制改革取得实质进展。资产整改基本实现清盘，公房“定额、定量、定标”成本核算顺利实现。按照“分类指导、多元评价、精准施策”思路，出台《专业技术职务评审管理办法》，完成专业技术职务评审制度改革。《三校区一体化办学管理方案》发布实施，开启新时代新峨眉建设。“职务科技成果混合所有制改革”受到中央政治局常委、国务院副总理韩正等领导同志的充分肯定。与成都市金牛区人民政府正式签署共建附属中、小学合作协议。南北园家属区物业过渡化管理顺利完成。

2019 年以来，学校管理工作中的一系列大事难事加快推进，峨眉校区办学定位进一步优化，学校未来发展方向进一步聚焦。“职务科技成果权属混合所有制改革”经验已被国务院推广至 8 个全面创新改革试验区，中央电视台、《人民日报》等专题报道学校科技成果所有制转化工作。民生工作聚人气、暖人心。聚焦“民生”主题，切实解决“报账难”问题，平安校园建设卓有成效。新增离退休人员经费 500 万元，离退休教职工生活待遇持续改善。犀浦校区 3 号教学楼主体封顶。持续推进“银发工程”，积极探索构建西南交大特色的老年继续教育体系；鑫美源物业正式入驻，南北园家属区综合改造、社会化物业管理取得显著进展。

（九）学校党的建设开创新局面

2018 年以来，学校以习近平新时代中国特色社会主义思想为指引，全面学习宣传贯彻党的十九大精神和全国教育大会精神、全国高校思想政治工作会议精神和学校思想政治理论课教师座谈会精神，全校上下进一步树牢“四个意识”、坚定“四个自信”、做到“两个维护”。巡视整改取得阶段性成果，得到上级单位充分肯定。精心组织实施“不忘初心、牢记使命”主题教育，全校主题教育全面启动、顺利开局，呈现良好态势。召开了 2 次全面从严治党大会，纵深推进全面从严治党，为“复兴交大、创建一流大学”保驾护航。召开 2019 年宣传思想工作会议，印发《西南交通大学新时代“大思政”育人工作实施方案》。全面部署开展巡察工作，着力打造具有西南交大特色的巡察工作品牌。

学校意识形态工作、干部队伍建设、统战工作、群团工作、离退休工作和学生工作稳步推进。学校获批建设教育部高校思想政治工作队伍培训研修中心；马克思主义学院入选四川省首批重点马克思主义学院，学院教师在首届全国高校思想政治理论课教学展示活动中荣获一等奖；土木学院入选教育部“三全育人”综合改革试点单位；学校联合中国中铁共同启动“新时代校企思政联合体”共建项目；翟婉明同志、李群湛同志被授予“四川省优秀共产党员”称号，民盟西南交大委员会荣获民盟中央“高校基层组织盟务工作先进集体”荣誉称号。坚持开展“神秘访客”访查，集中整治“四风”问题，服务水平进一步提升。

各位代表、同志们！过去两年来，全校上下团结一心、迎难而上、开拓进取，推进一系列事关学校长远发展的重大工作，推动了学校办学事业取得一系列新成绩，也为我校“双一流”建设奠定了更加坚实的基础。全体教职员工努力工作、无私奉献，为推动学校各项事业发展做出了重要贡献！借此机会，我谨代表学校，特别地代表顺洪书记，向大家表示衷心的感谢并致以崇高的敬意！

各位代表，同志们！在看到成绩的同时，我们必须清醒看到学校工作还存在许多不足、任务还很繁重。要继续保持学校当前的良好发展态势，实现新阶段新进展，全校上下务必更加努力奋斗，更加努力拼搏，以更加奋发有为的精神推动学校实现更快发展，方能不负国家的重托和师生校友的期待。

二、学校今后发展的有关思考

根据学校党委部署，我将涉及学校今后长远发展的几个问题提出来，让大家充分研讨，为学校民主决策、科学决策提供依据。下面，我讲以下四个方面：

（一）关于学校发展定位

关于学校发展定位的问题，核心是要回答“新时代要建设什么样的西南交通大学？怎样建设新时代的西南交通大学？”这一事关学校全局和长远发展的重大问题。

2015 年 1 月，学校召开第十四次党代会，明确提出，到建校 150 周年（即 2046 年）时，将学校建成“交通特色鲜明的综合性研究型一流大学”，实现交大历史性伟大复兴。立足学校办学实际，学校党委于 2017 年进一步提出“建设轨道交通领域世界第一的西南交通大学”这一中近期奋斗目标。

五年来，全校上下坚定不移贯彻十四次党代会确定的发展方略，不断适应、把握国家高等教育发展的新形势和轨道交通领域发生的深刻变化，以强烈的使命感和责任担当，不断开拓进取，各项事业开创新局面，取得了一系列新成就，西南交大已经进入了实现历史性复兴的新阶段。

学校 5 年来的发展成就，充分证明了第十四次党代会关于学校办学定位的决策是科学的、正确的，学校党委提出的要把西南交通大学建设成轨道交通领域世界第一的大学的判断是契合学校发展实际的。然而，随着国家发展的新形势和高等教育领域发生的深刻变革，特别是，以习近平同志为核心的党中央，着眼于“提高我国高等教育发展水平，增强国家核心竞争力”，作出了“加快一流大学和一流学科建设，实现高等教育内涵式发展”的战略部署，“注重特色发展，提高办学质量，回归育人初心，坚持有所为、有所不为”已然成为我国高等教育事业改革发展的主题，这就要求学校要立足新时代、新阶段，着眼新形势、新要求，对学校的办学定位进行再审视、再优化、再聚焦。

基于此，我们提出新时代学校发展的总目标，即：到建校 150 周年、中华人民共和国成立 100 周年前夕，将学校建成交通特色鲜明的世界一流大学。

交通特色鲜明的世界一流大学的目标定位，是对第十四次党代会确立的交通特色鲜明的综合性研究型一流大学目标定位的再优化与再聚焦，是在第十四届党委八次全体（扩大）会议确立的“建设轨道交通领域世界第一的西南交通大学”这一中近期奋斗目标基础上提出的长远奋斗目标。

交通特色鲜明的世界一流大学的目标定位，是基于国家发展总体形势、交通行业客观实际以及学校发展态势做出的。到 20 世纪中叶，即中华人民共和国成立 100 周年时，我国将全面建成社会主义现代化强国，而建成高等教育强国和交通强国既是全面建成社会主义现代化强国的重要组成部分，也是建成社会主义现代化强国的必然要求。到那时，中国高等教育事业、中国交通事业发展已经进入世界第一方阵。而西南交通大学经过三十年的建设和发展，即到建校 150 周年、中华人民共和国成立 100 周年前夕，我们在交通领域龙头高校的地位必将更加巩固，综合实力也必将进入中国高校前列。作为交通领域中国第一方阵的高校，也必然位居交通领域高校世界第一方阵，即：交通特色鲜明的世界一流大学。

交通特色鲜明的世界一流大学的目标定位，其内涵首先是“交通特色鲜明”。把轨道交通学科建成世界一流学科，是党和国家赋予西南交通大学的责任和使命。我们要准确把握世界铁路科技前沿，强化前瞻性基础研究，瞄准 0 到 1 的引领性原创成果重大突破，支撑中国铁路科技在全球持续“领跑”；要面向国家重大战略需求，着力攻克“卡脖子”“颠覆性”重大课题，既要做强轨道交通、公路交通，也要向大交通领域延伸拓展，助力我国交通运输治理体系和治理能力现代化，充分发挥学校在国家战略规划决策中的引领作用；要主动拥抱以“智能化”为标志的第四次工业革命，强化产业互联网、大数据、人工智能、物联网、区块链、5G 等融合研究，通过“智能+”“+智能”为学校交通特色不断赋能，着力打造轨道交通领域具有重要国际影响力的学科引领高地、人才培养高地、学术创新中心和成果转化中心，把学校建设成为轨道交通领域世界第一的西南交通大学。为此，学校在发挥工科优势的同时，必须大力度加强理科和信息学科建设，并促进多学科协调发展，才能保障“交通特色鲜明”的学科建设之路越走越宽广。

其次是“世界一流大学”。尽管对于一流大学有不同理解，但有一种观点我比较认同，那就是世界一流大学是汇聚一流人才和培养一流人才的学术共同体。伴随着中华民族伟大复兴的征程，中国高等教育必将日益走进高等教育世界舞台中央。世界一流大学建设是支撑教育强国的必然选择。中国的优秀大学必然要经历由高水平大学向一流大学的发展历程，这是高等教育的历史使命。西南交通大学应该勇立潮头，朝着一流大学目标奋进。这就要求我们要对标一流，追求卓越，成为拥有大批一流人才、培养造就一流毕业生、创造一流成果的大学。在学科布局上也要逐步拓展与迭代，以适应“世界一流大学”的学科广泛性需求。

（二）关于人才培养

面向新时代教育强国、交通强国的重大需求和社会经济发展对未来人才的要求，根据学校的办学定位和发展目标确定人才培养目标，全面夯实人才培养的中心地位。进一步优化完善人才培养顶层设计和内部质量保障体系，加强新时代本科教育思考和研究，构建“新时代中国特色交大风格的一流教育教学体系”，着力培养“德才兼备、面向未来的创新人才”。

德才兼备。要探索构建“大党建”“大思政”框架下的人才培养新范式，构建课程思政、专业思政育人体系，推进“思政课程”与“课程思政”建设，将思想政治教育贯穿于德智体美劳全面发展的人才培养全过程，牢牢把握人才培养的正确政治方向。

全面修订完善本科教育教学规章制度和管理办法，严抓严管本科教学秩序，确保质量监控有效覆盖人才培养全过程。加强专业内涵建设，构建面向未来的人才培养体系。根据教育部六卓越一拔尖计划 2.0 的整体部署，开展学校拔尖人才和卓越人才培养，尤其是打造交大新工科建设方案，深化新时期多元化创新人才培养模式改革。以教育部双万专业建设为契机，布局好我校国家级和省级一流专业申报，加大投入推进我校一流专业建设和国家级专业认证。

根据教育部关于一流课程建设的实施意见，深化课程和课堂教学改革与创新，深入开展“课程革命”，提升课程高阶性、突出课程创新性、增加课程挑战度，科学公正地开展课程评价，鼓励教师追求卓越教学。充分发挥我校以“学”为中心的课程质量持续提升机制的作用。

面向未来。要实现中华民族伟大复兴，必须以全球视野，站在中国日益走进世界舞台中央的高度，努力培养更多与中国特色社会主义现代化强国相适应的面向未来的人才。面向未来，就是要面对未来科技、经济、社会发展的不确定性，要有广阔的眼界、正确的判断、较强的预见和应对的能力，我们的学生必须实现“能力为重”的“知识、能力、素质”全面发展，才能适应乃至驾驭未来的不确定性，更好地适应职业需求和社会发展变化。我们要为学生提供一个自由、开放、多元、共享的教育与发展成长环境，更加注重学生“能力为重”的全面发展。

创新人才。党的十九大报告提出“加快建设创新型国家”，高校使命在肩，任务艰巨。我们要把培养创新人才摆在重要位置，作为衡量人才培养质量的重要维度之一。要充分借鉴先进经验，在机制体制、教学方式、培养目标、评价体系等方面大胆改革创新，走一条有西南交大特色的创新人才培养之路。

要坚持学校各领域、各单位、各学院统筹联动，建立对创新人才发现、保护、激励、科学引导的机制；要尊重学生个体差异和发展规律，创造良好成长环境，打造创新文化，促进创新人才不断涌现；要面向交通科技前沿，打破传统以单一学科为架构的人才培养模式，走内涵式、交叉型发展的道路，增强学生跨领域、跨学科与知识融合的意识，为培养的人才涵养创新的势能。

（三）关于教师队伍建设

习近平总书记强调：“教师队伍素质直接决定着大学办学能力和水平。”“建设政治素质过硬、业务能力精湛、育人水平高超的高素质教师队伍是大学建设的基础性工作。”我们要深刻理解和把握以习近平同志为核心的党中央把加强教师队伍建设视为基础工作的重大意义，真正尊重和充分发挥教师队伍的“主人”“主体”“主导”地位作用，努力打造一支适应教育强国、交通强国建设需要，适应新时代学校改革发展需要，适应“德才兼备、面向未来的创新人才”培养需要的新时代交大教师队伍。

大学的根本任务是“立德树人”，大学的长久声誉主要是靠杰出校友创造的。因此，教师要从内心深处把“教书育人”视为根本，做到用心育人、精心育人，真情育人、真爱育人。

以这种目标衡量，我们教师队伍在数量、结构、能力等方面都还存在一系列突出问题。数量上，学校专任教师（不含辅导员）仅有 2448 人，生师比过高，有质量的增长缓慢；领军人才太少，高层次人才规模和比例偏小，断层问题严峻，学术后备力量堪忧，难以支撑一流学科建设需要。学缘结构上，有待进一步改善，学科分布不均衡，结构差异较为明显，师资队伍整体国际化水平不高。能力方面，部分教师还存在教育教学能力、科学研究能力不强、发展不均衡等问题。

着眼未来发展，要全面加强师资队伍建设。花大力气加大人才引进、培育力度，努力营造“近者悦、远者来”的体制机制和大学文化。近期已着手探索通过调整岗位管理体系、优化周期目标任务、完善绩效分配制度等，进一步优化学校人事制度。

健全教师岗位管理体系。要统筹设置全校完整的教师岗位体系，分类进行管理。根据学科建设情况、教育教学任务承担情况、标志性贡献取得情况等，建立学院教师岗位等级结构动态调整机制；分类设置岗位任务指导标准，加强岗位任务考核，根据考核结果兑现绩效，突出其在青年教师成长、教学、社会服务方面发挥的作用，对资深教授的考核要充分考虑他们对学校发展的历史性贡献。此外，是否设置专职教学岗位及职称系列（例如“高级讲师”作为教学型副高职称），也请大家讨论。

优化周期目标任务。要瞄准“双一流”建设目标，对标国际一流大学和一流学科水准，形成一套符合学校实际、利于学科建设发展的评价考核体系；要在综合考虑学生规模、硕博学生学术水平现状、学科发展需求等因素基础上，优化调整研究生学术成果、高水平论文发表情况等指标，积极引导各教学科研单位高水平、高效率地培养博士研究生；要对标国际、国内公认的高水平科研成果评价体系，修订学校的学术期刊目录。

完善绩效分配制度。目的是激发师资队伍活力。要用好以“成绩、成果、成效”为导向的收入分配“指挥棒”，加强学校对二级单位绩效分配的指导，完善经费来源与任务来源，合理分配经费比例；进一步发挥绩效的激励和杠杆作用，处理好纵向科研与横向科研的关系；聚焦学校主业（教学和科研），突出校级专项奖励的高端和重点，尤其是需要从外部竞争性取得的高端重大奖项，缩减其他校内自评的先进类奖励规模；设置单位专项奖励，用于承担特殊专项及临时性工作的奖励。

要把人才引进作为学校和学院院长最重要的任务，学院必须更多地走出去，发挥引进高水平人才和年轻后备队伍的核心作用。

（四）关于成峨两地办学

关于两地办学问题，要坚持党委统一领导，统筹推进成都校区、峨眉校区发展布局，进一步优化功能定位和空间资源配置，完善各项管理体制机制；要着力探索符合学校实际的异地办学模式，形成成都校区和峨眉校区统筹发展、协调发展、特色发展，优势互补、共同支撑“一个西南交通大学”长远发展的稳固局面。

第一，成都校区。要着力建设交通特色鲜明、创新驱动引领的世界一流大学校区。加强成都校区统筹规划，优化办学资源配置，大力提升学科发展整体水平，加快传统学科转型升级，超前布局战略新兴和前沿交叉领域，在重载铁路、高速铁路、智能高铁、真空管道超高速、新型城市轨道交通等领域建设国家级重大科技创新平台，全力服务国家战略部署和区域经济社会发展。

第二，峨眉校区。坚持系统整体谋划，进一步优化峨眉校区办学定位，加大对峨眉校区发展的支持力度，坚持用好峨眉校区办学资源，面向城市轨道交通发展需求，建好新办学科专业，打造城市轨道交通学科发展体系，培育国家级城市轨道交通科技创新平台，培养高层次复合型应用型人才，全面提升峨眉校区整体办学水平，打造异地办学的示范性校区。

以上关于学校发展定位、人才培养、教师队伍建设、成峨两地办学四个方面，只是一些初步思考，还很不成熟，也难免有不妥之处，请大家批评指正。

另外，刚才已经强调，因本次“双代会”召开时间较以往有延迟，2019 年仅剩一个多月时间，所以不再作 2019 年工作部署了。但是，接下来的这一个多月时间里，学校“双一流”建设、综合改革以及“十件民生实事”等各项重点工作都进入收尾阶段。大家要进一步增强紧迫感、责任感和使命感，切实履职尽责、全力攻坚克难，确保顺利完成年初制定的各项目标任务。

各位代表，同志们！2019 年是中华人民共和国成立 70 周年。70 年来，一代又一代交大人，竢实扬华、自强不息，接续奋斗、追求卓越，战胜了一个又一个困难和挑战，推动了一轮又一轮改革和发展，为我们“复兴交大，创建一流大学”奠定了坚实基础。当前，世界面临百年未有之大变局，第四次工业革命的浪潮风起云涌，人类社会发展深刻变化；“一带一路”倡议、交通强国战略、川藏铁路建设、长江经济带建设深入推进，近期，西部陆海新通道建设也正式启动；学校得到四川省和成都市前所未有的大力支持，师生员工的精气神和自信心不断加强，我们拥有近年来少有的历史发展机遇，所以，对学校未来发展我们一定要充满信心。

各位代表，同志们！让我们更加紧密地团结在以习近平同志为核心的党中央周围，以习近平新时代中国特色社会主义思想为指引，不忘初心、牢记使命，对标一流、追求一流，以永不懈怠的精神状态和一往无前的奋斗姿态，将“双一流”建设推向新的高度，奋力开创学校建设新局面，以更加优异的成绩迎接学校第十五次党代会胜利召开！

谢谢！

五、党建及思想政治工作

（一）巡视整改工作

学校党委制定巡视整改方案，列明整改任务200项，严格执行即时销号制度、月报制度和定期通报制度，确保整改任务有序推进、全面落实。截至年底，198项整改任务已完成“销号”，完成率为99%。完成《关于坚持和完善党委领导下的校长负责制的实施办法》等59项制度的制定修订，党委书记工作会议“会前学习”、教职工集中交流学习研讨等一系列好做法、实举措落实落地，形成“长久立”的机制，推进全校各项工作焕发新面貌、新气象。狠抓深化拓展，制定巡视整改方案2.0版，与主题教育整治整改一体推进、一体落实。加强巡视整改过程管控和问效问责，及时启动巡视整改落实情况专项督查工作，推进巡视巡察有序承接、上下联动，构建起了具有交大特色的巡视巡察立体格局。

（二）“不忘初心、牢记使命”主题教育

学校各级党组织将开展“不忘初心、牢记使命”主题教育作为首要政治任务，全面系统深入学习习近平新时代中国特色社会主义思想，认真贯彻落实习近平总书记关于主题教育重要讲话和中央部署精神，牢牢把握“守初心、担使命，找差距、抓落实”的总要求，一体推进学习教育、调查研究、检视问题、整改落实，并贯穿主题教育始终，取得了扎扎实实的成效。组织领导有力有序，制定工作方案，组建五个专项工作组、九个专项督察组，召开学校层面主题教育工作会7次，制定专项方案12个，发文21个；学习教育系统深入，周密部署27个学习专题，夯实了党员干部守初心、担使命的思想根基；调查研究求真务实，形成调研报告337篇，校院两级领导干部讲党课315人次；检视问题精准深刻，明确学校领导班子重点解决的突出问题10项，各级领导干部重点解决的突出问题955项；整改落实扎实有效，完成即知即改问题整改23项，制定整治整改举措120项，完成41项；宣传报道生动全面，发布相关报道371篇，获《光明日报》等20余家主流媒体报道。

（三）组织干部人才工作

【组织工作】

一是坚持问题导向，聚焦基层党建工作薄弱环节，全年修订《基层党组织党建工作考核办法》《二级党组织党建考核指标体系》《关于进一步完善党员干部直接联系群众工作制度的若干规定》《关于党费收缴、使用和管理的实施细则》4项文件，制定《教职工党支部工作规定》《基层党支部和支部书记考核办法（试行）》《西南交通大学青年教师党员发展规划（2019—2025年）》《基层党组织党建活动经费使用和管理办法》《入党积极分子培训管理办法》等5项文件，推动基层党建全面规范进步。

二是坚持质量优先导向，激发基层党组织建设主动性。不断构筑“5+2”党建督导体系，对全校二级党组织党建工作进行全面“体检”，获得人民网报道。开展红色阵地建设，实现基层党组织全覆盖；开展“大学习、大讨论、大落实”等专题学习活动20余项，高质量发展1500余名党员，校领导联系的优秀青年教师有3名成为入党积极分子，有1名发展为预备党员，全校共计15名教职工发展为预备党员，较去年增长近7倍。

三是坚持培育为基，增强基层党组织战斗力。组织开展“基层党建示范创建和质量创优培育工作”，面向全校基层党组织创建培育10项党建创新项目。开展党支部书记、组织员等基层党务工作者轮训600余人次，入党积极分子培训2412人次，发展对象培训1500人次，指导各二级党组织开展预备党员培训1000余人次，中组部示范培训2人次。同时面向全校党员开展应知应会知识测试，其中教职工党员平均分89.71分，通过率为97.89%，学习成效显著。

在全校建成红色阵地36个，“双带头人”党支部书记比例上升10%。在2017—2019年“创先争优”表彰中，涌现出机关党委等4个先进基层党组织、30个先进党支部、100名优秀共产党员和10名优秀党务工作者。1名党员获得四川省委优秀共产党员称号；学校督导工作案例入围首届新时代四川高校十大党建创新案例，牵引动力国家重点实验室列车与线路研究所教工党支部入围首届新时代四川高校十大基层党组织。在教育部新时代高校党建示范创建和质量创优工作中，牵引动力国家重点实验室党委获评全国党建工作标杆院系创建单位，电气工程学院电力系教师党支部、马克思主义学院博士生党支部获评全国党建工作样板支部创建单位，我校获评单位数量位居全国前列，川内高校第一。

【干部工作】

1. 整改及时到位，逐项任务抓落实成效显著

结合巡视反馈意见，按照《中共西南交通大学委员会选人用人工作专项整改方案》，抓紧抓实巡视整改，选人用人共计53项整改工作全部按时高质量完成，得到教育部人事司充分肯定。

2. 监督服务融合，管理水平全国领先

干部监督管理工作制度科学规范、服务严谨细致，建立领导干部个人有关事项报告“报前学习、报中提醒、报后测试”服务机制，安排专人“一对一”24小时服务，2015至2019年，填报查核一致率从28%提高到80%以上。2019年，无一人因个人有关事项报告影响提拔使用。作为全国最先规范干部兼职管理的部属高校，目前，共报备兼职170人次，共报批74人次。教育部安排专人来我校调研干部监督工作经验，给予高度认可，并将我校相关经验模式在全国高校进行推广。

3. 谋划系统学科，着力开展优秀年轻干部队伍建设

制定出台《中共西南交通大学委员会关于优秀年轻干部发现培养选拔工作实施细则》，在扎实调研、充分酝酿的前提下，三次提请党委常委会认真研究决定，初步建成了包括正处级年轻干部、副处级年轻干部、年轻专业技术人员在内的优秀年轻干部信息库，为建立识别优秀年轻干部的常态化工作机制打下坚实基础。

4. 选人科学精准，干部结构逐步优化

本年度，对13个学院的领导班子成员进行了调整和充实。完成5批次校内公开竞聘工作，8批次海内外公开竞聘工作。对40余人次试用期满、任期届满干部按时进行考察。调整中层干部69名，提任41名；提任科职干部62名。积极配合中组部、教育部党组、四川省委组织部做好干部推荐工作7次。

2019年，提拔中层领导平均年龄40.5岁，其中40岁以下中层领导人员占比达到62.8%。目前，学校中层领导人员平均年龄46.17岁，比2018年降低1.63岁；其中80后中层领导人员总数达到63人，比2018年增加73%。

5. 平台搭建有力，锻炼渠道通畅多样

全年外派援藏干部2人、援疆干部1人、精准扶贫干部7人；向上级单位选派借调干部9人；选派12人到地方挂职锻炼；选派2人参加江苏科技镇长团；向成都市、深圳市、宜宾市等地方单位、高校和行业组织交流任职干部7人，接收南京、西藏大学等地干部交流任职5人。同时，与统战部一起选拔2名党外人士到学校机关挂职锻炼。

6. 坚持党校姓党，锻造队伍扎实有效

一是出台学校《2018—2020 年干部教育培训规划》，在干部教育培训科学性、制度化上下功夫；二是主动对接，加大与省委党校、省社科院合作力度；三是坚持分类分级、全员培训。本年度党校共开展中层干部培训班 3 期，党务工作干部培训班 1 期，开设了首期优秀中青年干部培训班。各类干部培训班累计受训达 3938 人次，受训课程达 21 门。组织 63 名干部赴山东开展党性教育与政德教育，选送 19 人次干部参加各级各类培训。

【人才工作】

1. 在“拓宽渠道”上作文章，强化人才引进“交大品牌”

一是延伸引才工作面，“一对一”发布引聘信息及宣传资料 10 000 余条，收到海内外优秀青年学者简历 235 份，其中有明确引聘意向的学者 80 余人，21 人已办理入职。二是提高引才精准度，在 8 个学院试点开展人才信息精准识别工作，面向全球精准锁定急需人才 800 余人，为开展引才工作提供战略储备。三是扩大海外引才驻点，2019 年 12 月，学校首个亚洲引才工作站——新加坡人才工作站设立授牌。四是增强引才合力，调动学校各学院、各类组织力量，参加海外专场招聘会 6 场，组织国内专场招聘会 3 场，促成 65 人意向性加盟学校。五是加强聚才品牌建设，举办第三届“交天下菁英，通宇内鼎甲”学者主题论坛，牵头组织 15 个分论坛，促成 63 位海内外优秀青年学者意向性加盟学校。

2. 在“培育人才”上做谋划，打造人才梯队“金字塔”

一是推进“人才培育金字塔”建设，“青苗计划”申报 101 人，“雏鹰计划”申报 37 人，“扬华计划”申报 27 人，支持“鲲鹏计划”2 人。二是推进“人才岗位金字塔”建设，协同多个部门启动第一批 A1 ~ A6 六类高层次人才岗位聘用遴选工作。

3. 在“留人用人”上用心思，优化人才服务“新环境”

一是全力为教师申报人才做好服务，先后组织 20 余名专家，对 128 人进行全程“手把手”的指导，组织 2 场校内预答辩会议；评审期间全力做好现场服务及沟通协调工作，显著提升了人才申报质量。二是构建全面保障海外人才安全及突发事件应急防控机制，建立海外引进人才“一人一册”档案，设立 24 小时应急救助电话，提供全天候应急支持。三是贯彻落实海外引才“13 条”特殊支持政策，推动软、硬件保障全面到位；落实省市相关政策，推动 7 方面 16 项服务在学校落到实处，为人才扎根交大创造良好环境。

4. 在“提质增量”上见实效，各类人才数量取得突破性成绩

一是国家级人才。教育部“长江学者奖励计划”引进青年学者 1 人，获批特聘教授 1 人、讲座教授 2 人、青年学者 2 人（1 人为海外引进），较去年增加 16.66%。青年学者为我校首次获评，实现我校“长江学者奖励计划”青年学者零的突破。国家“高层次人才特殊支持计划”引进青年拔尖人才 1 人，获批科技创新领军人才 3 人、教学名师 1 人、青年拔尖人才 1 人，较去年增加 19%。国家“海外高层次人才引进计划”引进 2 人，申报创新长期项目 2 人、短期项目 3 人、青年项目 10 人。国家“百千万人才工程”入选 1 人。国家杰出青年科学基金项目引进 1 人。国家优秀青年科学基金项目获批 2 人，引进 1 人。国家“青年托举工程”人才获批 1 人。

二是省市级人才。四川省“引进海内外高层次人才”申报 45 人；四川省“天府万人计划”获批 7 人，其中“杰出科学家”2 人、科技创新领军人才 3 人、科技菁英 2 人。截至目前，学校共有四川省“引进海内外高层次人才”专家 68 人、有突出贡献专家 46 人、学术和技术带头人 62 人，天府科学家 6 人、天府创新领军人才 2 人、天府文化领军人才 1 人、天府名师 1 人、天府科技菁英 7 人。成都市“蓉漂计划”申报 41 人。

三是校内人才。2017 年至今，学校共培育“青苗计划”130 人，“雏鹰计划”47 人，“扬华计划”19 人，“鲲鹏计划”4 人。

（四）宣传思想工作

【庆祝新中国成立 70 周年氛围营造】

积极谋划，做好新中国成立七十周年宣传教育相关工作。起草《西南交通大学庆祝中华人民共和国成立 70 周年主题宣传教育活动方案》。做好新中国成立 70 周年校园氛围营造，制作三校区路杆国旗悬挂，设计制作犀浦、九里校区教学楼电梯宣传广告。在校网主页开辟《礼赞新中国》专栏，校报推出国庆专刊。完成“新中国成立 70 周年”网络知识竞赛活动。持续推出“奋斗的我，最美的国——身边榜样”主题宣传活动人物。新媒体推出《共和国 交大人》专题。广播台推出“庆祝中华人民共和国成立 70 周年系列专题节目”，制作 9 期音频节目（时长 90 分钟），并以庆祝新中国成立 70 周年为主题，举办第五届“异声绝配”配音比赛，制作推出大学生诵读经典短视频《青春朗读者》。结合新中国成立 70 周年重点主题宣传内容，微博上线#我给祖国表个白#、#共和国交大人#、#身边的榜样#等话题，参与度活跃度良好，其中，策划发布的#我给祖国表个白#的话题活动阅读量破 1100 万，有效参与人数 6000 余人，获央视点赞。设计制作 100 米展幅的《庆祝中华人民共和国成立 70 周年——西南交通大学奋斗足迹》专题展览。

【理论武装】

1. 做好党委理论学习中心组学习组织，抓好教职工集中学习交流研讨和党委书记工作会学习

修订《中共西南交通大学委员会关于进一步加强和改进党委理论学习中心组学习的意见》（西交党〔2019〕20 号）。全年校党委理论中心组集体学习 13 次。制定教职工政治理论学习安排意见。全年各二级单位共进行教职工集中学习研讨 560 余次，开展党委书记工作会“会前学习” 9 次。

2. 广泛拓展学习途径

利用“学习强国”平台进行理论学习组织，目前全校注册人数达 8058 人，学习分数超 3000 分 389 人；探索通过“两微一端”丰富学习载体，利用新浪微博面向全校师生进行全国人大代表周仲荣传达第十三届全国人大二次会议精神在线直播，累计观看人数达 3 万余人次；推出“微党课” 12 期。

【意识形态】

1. 全面改进意识形态工作，加强意识形态阵地管理

从宏观、中观和微观三个层面入手，构建意识形态“352”工作模式。面向各二级单位、职能部处开展意识形态工作自查 4 次，校党委与 35 个基层党组织签订《意识形态工作目标责任书》，推动并落实意识形态工作纳入校党委巡察工作专项检查范畴，完成对 6 个单位意识形态工作专项督导。启用形势报告会和哲学社会科学报告会、研讨会、讲座、论坛及读书会、学术沙龙管理平台，实现流程优化、再造。严格执行“三审三校”制度，共选题备案 7 批共 539 种出版物，组织专家审读出版物 4 本。撰写校党委每半年一次向教育部党组、四川省教育厅关于意识形态工作情况汇报，完成迎接四川省委意识形态工作专项督查工作，获四川省委好评。

2. 牵头做好网络舆情工作和网络信息安全工作

编辑制作舆情周报 31 期。大力加强网络安全建设，开展网络安全周宣传教育和网络评论员队伍培训。完成各二级单位开办、主管的各类门户网站的年审备案登记 245 家。发布主题宣传 LED 屏幕宣传标语 80 余条。

【大思政】

1. 科学谋划新时代“大思政”一体化育人体系

加强制度建设，构建“大思政”育人工作体系。出台《西南交通大学新时代“大思政”育人工作实施方案》及配套文件。以项目申报激发“大思政”育人活力。全校 50 个单位共申报“大思政”育人项目 179 项。遴选确定西南交通大学第一期（2019—2021 年）新时代“大思政”育人工作立项项目 88 项。三是加强项目管理，确保

“大思政”育人工作实效。新时代“大思政”育人工作项目建设周期为2年，项目实行项目中期检查制度和结项验收制度。此外，扎实开展“国企领导干部上讲台、国企骨干担任校外辅导员”思政公开课活动相关工作，做好2019级新生开学典礼实践分享课、爱国思政课主题教育活动等“青春告白祖国”系列活动组织。

2. 做好校领导上思政课相关工作，推进思政课改革，做好思政项目申报和校内评审工作

校领导为21个教学班2000余名学生讲授思政课。完成教育部《西南交通大学关于大中小学思政课课程教材一体化建设情况的调研报告》。组织全校思政课教师开展3次集体备课，组织教育部思政项目申报、校内评审工作，组织高校思政工作精品项目、高校思政工作中青年骨干队伍建设项目、高校原创文化精品推广行动计划申报。

【全媒体全覆盖宣传报道】

1. 外树形象，对外宣传持续发力

在《人民日报》、新华社、中央广播电视总台等主流媒体发文（视频）415篇（条），在《人民日报》（人民网）发文16篇，《光明日报》（光明网）发文9篇，推出《中国交通报》整版、《光明日报》头版、《中国教育报》头版、《科技日报》头版，亮相中央广播电视总台10次，亮相新闻联播2次。其中，3月19日，新闻联播播出《立德树人 培根铸魂——习近平总书记在学校思想政治理论课教师座谈会上的重要讲话引发热烈反响》，采访马克思主义学院副院长李学勇；9月15日，新闻联播以《莘莘学子：用青春告白祖国》为题，报道我校2019级新生首堂实践课。围绕思政工作做好对外宣传。如《光明日报》头版报道《用真理赢得青年的心——记年届九旬仍活跃在思政课堂的西南交大教授朱铃》；《中国教育报》报道《西南交大用对话反思激活思政课》、头版报道《西南交大增加思政课深度宽度温度——把思政教育做到学生心坎里》。围绕职务科技成果混合所有制改革做好对外宣传。如，《人民日报》报道《西南交通大学以权属改革推动专利市场化——科研成果不再“躺着睡觉”全面深化改革这五年》《西南交通大学推进科技成果权属改革 激发创新力 摘得金果子》;《科技日报》报道《唤醒“沉睡”中的科技成果——西南交大“混改”试验效应明显》;《经济日报》报道《西南交通大学打通科技成果转化通道》;《新闻和报纸摘要》报道《西南交通大学：打通科技成果转化的“最后一公里”》。

2. 召开宣传思想工作会，扎实做好对内宣传，融合发声，凝心聚力

撰写出台系列配套文件，成功召开2019年学校宣传思想工作会，协同推进大思政、大宣传、大文化等各项工作。组织开展2019年度优秀校园媒体、优秀学生记者及校园好新闻评选，校报、广播台、新媒体获评“校园十佳媒体”。西南交大报全年出版9期报纸，其中专刊2期，专版10个，设计主页大图58张。校电视台推出《共和国同龄人》《祖国我想对你说》系列海采视频，《我和我的祖国》音乐电视视频，配合完成学校2019宣传片、2019新版校歌及校庆竢实扬华交子归视频；制作9部暑期“三下乡”社会实践系列活动小视频，及《学校暑期社会实践队，从祖国各地献礼新中国成立70周年》视频。通过人物专访、纪录片、微视频等，记录优秀师生代表。完成近百条新闻素材拍摄、多场报告会直录、各类讲座和活动直播、各式采访和访谈，以及300盘珍贵历史录像带修复。带领学生团队参加第九届高视会电视作品评比，获一等奖2个、二等奖3个、三等奖1个；参加2019海峡两岸大学生创意微电影大型创作活动，获最佳组织奖。校广播台推出时长2万分钟的广播节目，在网络电台持续推出《中国红梦之声》节目，在喜马拉雅平台共发布45期。

3. 抓好网络舆论宣传，抢占网络新阵地

交大新媒体平台粉丝数成倍增长，微信平台粉丝数近20万，微博突破34万，抖音粉丝3.6万，B站粉丝3.6万，快手粉丝2万，各平台粉丝累计70万人次，较去年增长20万人次。3篇推送获得超10万点击量，其中，微信《西南交大，交通天下！交通天下！》图文阅读量达到35万以上。新媒体荣获2019年度全国案例征集十佳案例奖、最佳院校组织奖、“告白一分钟，礼赞七十年”高校短视频展播活动优秀作品奖等多项荣誉。交大新媒体与中国教育报联合举办全国高校媒体融合与全媒体发展峰会暨第三期全国高校媒体融合培训班、联合微博校园举办 2019 全国高校融媒体发展论坛暨高校新媒体案例征集大赛颁奖盛典。

【校园文化建设】

1. 环境育人，做好楼宇和室内空间文化氛围营造，校园道路、公共开放空间命名

发布《关于做好学校三校区楼宇和室内空间文化氛围营造工作的通知》，加强对学院特色文化氛围营造指导。确定部分校园道路及公共开放空间命名。精心设计制作“不忘初心 交通强国”主题展馆，并于校庆周开馆。

2. 文化育人，丰富校园文化

举办网络文化建设专题培训会，大力加强校内网络文化队伍建设。实施校园网络文化繁荣计划，举办第二届网络文化节，动员征集作品 295 件，选拔推荐 203 件，在大赛网站展示 233 件。

（五）纪检监察巡察工作

【组织协调】

积极推动全面从严治党“两个责任”落地落实。协助学校党委组织召开全面从严治党工作会议，入选学校“新中国成立 70 年 123 件大事”。在“7+7”全面从严治党核心制度体系基础上，进一步制定完善党委层面和纪委层面制度 8 项，并强化宣贯和执行。制定二级纪检组织履行监督责任“6+X”任务清单；建设“交大廉田电子资源库”，为履行“两个责任”提供决策和资源支持。开展教育部党组巡视整改落实情况督查及“回头看”专项工作，发现问题 34 个，制定整改措施 126 项并已完成整改。认真落实承担的学校“不忘初心、牢记使命”主题教育 6 项整改任务和 13 项专项整治任务；认真履行学校督察组牵头单位职责，确保主题教育高质量开展。

【党委巡察】

坚守政治巡察定位，深入探索巡察工作新理念、新模式和新机制，打造交大特色品牌。在对 45 个校内基层党组织开展三轮巡察过程中，发现问题 300 余个，涉及学校体制机制等问题 30 余个；移交问题线索处置及问责 20 余件，纪律处分及处理 7 人，批评教育 15 人次，谈话提醒 82 人次，改选教工党支部 6 个，调整教工党支部 1 个，有效形成震慑，有力推动改革、促进发展。我校巡察工作实务研究成果和实践经验在中国高等教育学会廉政建设分会主办的高校巡视巡察理论研讨会上做大会交流发言，得到上级主管部门的充分肯定和兄弟院校的好评，部分成果被上级主管部门制定的相关文件采纳，多家高校来校调研学习我校巡察经验做法。

【监督检查】

进一步落实“三转”，调整参与的协调或工作机构至 6 个。紧盯学校党委决策部署的落实情况，探索建立督察督办统筹联动机制，完成两批共涉及 285 项各单位完成重点工作情况的评估与督办。启动“神秘访客”双访制度，通过 62 个观测点对机关职能部门和科研单位开展 5616 次暗访，形成纪检部门和机关党委双线背靠背作风监督模式，不断提振干事创业精气神。

【纪律审查】

坚决把纪律挺在前面，对违纪违法行为做到零容忍、全覆盖、无禁区，按照核查工作、报告起草、档案整理三线并进，追求规范、质量、效率的三者统一。坚持惩前毖后、治病救人，正确把握“树木”与“森林”的关系，做到宽严相济。建立健全容错纠错和澄清保护机制，为担当者担当。旗帜鲜明严厉整治诬告、陷害、诽谤等不正之风。2019 年学校纪委共收到信访举报 99 件，57 件列为问题线索予以处置，查实或部分属实共计 29 件，已给予党政纪处分 18 人次、给予诫勉谈话和批评教育的纪律处理 50 余人次、谈话提醒 200 余人次。同时为干部党员澄清正名 90 余人次。坚持将思想政治工作贯穿执纪审查全过程，既达到惩戒效果，又实现了教育转化，真正做到强化监督有态度、执纪惩处有力度、治病救人有温度。

【追责问责】

认真学习贯彻新修订的《中国共产党问责条例》，对巡视整改落实不到位、巡察发现的基层党组织存在的领导干部不作为等问题严肃追责问责。坚决实施“一案双查”，对违规违纪案件，既追究当事人责任，又倒查不履行或不正确履行“一岗五责”的领导责任，加大曝光力度。2019年开展问责调查6起，对8个党组织和12人次给予严肃问责。切实用追责问责倒逼领导干部担当履责，敢于向领导干部担当“塌肩膀”、干事“软无力”的弊病“开刀”。

【纪律教育】

分层次分类别开展各类纪律教育，加强正反两方面典型教育，提升教育质量和效果。编印发放《戒鉴——2018 年以来学校身边违纪案例警示集》等3本案例集并组织领导干部学习，组织新提任的中层领导干部赴金堂监狱开展现场警示教育，通过开好讨论党员处分的支部大会，用身边事教育身边人；编印《纪检监察信息半月汇编》19期，“廉洁交大”微信公众号推送专题内容60期，“廉洁交大信使”短信编制发送39条。

【队伍建设】

加强校院两级纪检队伍能力建设，修订出台二级纪委设置办法，增加二级纪委委员人数并增设二级纪委副书记。通过“以干代训”锤炼实战本领，组织二级纪委110余人次参加学校纪监巡察工作，选派39人次至教育部和四川省顶岗锻炼、专题培训、调研学习等。加强党性锤炼，纪检监察巡察部门党支部荣获校机关党委表彰“先进党支部”，5 人次获得学校和机关优秀共产党员等荣誉。

【理论研究】

依托学校廉政与治理研究中心，申报并首次获批教育部廉政课题1项，首次获批高校廉政建设调研项目1项，启动学校廉政与治理研究专项基金项目立项共24项，学校“大思政”项目1项，总经费70余万元，发表论文11篇，在国家级专业学会上做大会交流发言2次，发表10篇纪监巡察方面论文。有关研究成果被上级部门制定政策时采纳。

（六）统战工作

【加强思想引领，铸牢思想政治基础“根基实”】

（1）思想引领与时俱进。组织召开“统一战线学习十九届四中全会精神专题会”“中央关于加强中国特色社会主义参政党建设文件专题学习会”等。（2）思想引领形式多样。举办“‘风雨同舟、同心筑梦’第四届统一战线年度论坛”，“统一战线‘迎七一’趣味运动会”，支持民主党派开展“不忘合作初心、继续携手前进”主题实践教育活动等。（3）思想引领有“温度”。首次举办“港澳台学生午餐会”，成立统一战线“同心圆”兴趣小组等，并利用重大节日等时间节点慰问统一战线成员，把学校党委的关心关怀传递到大家生活中、心里去。

【完善体制机制，推动党派团体建设“活力显”】

（1）班子建设持续加强。按照“政治化、年轻化、代表性”的总体要求，协助民革支部完成换届工作，协助知联会、欧美同学会完成届中调整，民主党派、统战团体班子的代表性和先进性进一步增强。（2）建设成效进一步彰显。支持民主党派、统战团体开展高品质、有特色的主题活动，在特色活动“微创新”中凝聚人心、加强引领。如，优化学校统一战线坚持13年的“爱心助学”活动，将“扶贫”与“扶志”相结合，活动效果更加出彩。民盟委员会作为川内5家单位之一，荣获民盟中央“高校基层组织盟务工作先进集体”荣誉称号。

【嵌入中心工作，创新统战工作发展“格局宽”】

（1）聚焦立德树人。创新推出党外代表人士联系学生工作机制，遴选首批49名优秀党外人才深度参与，发挥优势服务立德树人根本任务，提升学校统一战线在中心工作中的贡献度。（2）聚焦人才战略。欧美同学会主动嵌入学校“双一流”建设，赴海外延引人才，举办“中外教师（院长）交流会”“‘留学报国·复兴交大’分享交流会”等活动，并以归国留学人员的经历和视野团结引导广大青年教师和在校学生。（3）聚焦党建研究。着眼于理论前沿和实际问题，助推设立统一战线理论政策研究基金，寻求巩固和发展统一战线、解决人心力量问题更好的理论支撑。

【着力重点领域，破解民宗工作难题“思路新”】

（1）加强联动重心下移。充分发挥民族宗教工作领导小组作用，明确责任、合力推进。组织召开“民族宗教工作专题辅导报告会”，对学校民族宗教工作领导小组成员单位负责人，各二级党组织统战委员、学生工作组负责人，以及全体辅导员进行了专题辅导培训，提升工作能力。（2）丰富载体强化引领。牵头开展全校民族宗教工作情况调研，全面掌握工作情况；在蓉高校中首次开展“大学生民族宗教理论政策知识竞赛”活动，共获得12万余人次的关注、参与，受到市级相关领导的肯定；国庆前组织各民族学生开展“我和国旗同框”主题活动，相关视频微博、微信阅读量已逾30万，并被“央视新闻”等点赞、转载，先后获得教育部政务新媒体高校短视频展播活动优秀奖，四川广播电视台融媒体作品大赛三等奖等。

【形成内外合力，彰显统战工作成效“亮点多”】

（1）党外人士作用发挥成效显著。党外代表人士高质量提案30余篇，得到省市主要领导人批示4人次；获国家级教学科研成果奖励6项；党外代表人士校内外挂职工作持续推进、成效明显。（2）多方聚焦亮相关注有加。省、市委统战部领导多次来校调研考察，对学校统战工作各方面给予高度评价，工作成果多次被全国高校思政网、四川统一战线官网等报道，《四川日报》以《一场“讲自己”的“同心”论坛》为题，聚焦我校开展党外知识分子思想政治引领的具体做法。学校统战工作多次在全省统战工作相关会议上作经验交流发言；分享“交大统战故事”，在《中国统一战线》刊发文章1篇。（3）社会主义学院办学有声有色。主动服务地方和高校，先后完成成都市委统战部等15家单位的委托培训，培训统一战线各方面学员700余人次，为统一战线事业人才培养提供交大阵地、贡献交大力量。

（七）教师思想政治工作

【规章与制度】

（1）出台《西南交通大学“立德树人”先进集体和先进个人评奖办法（试行）》，构建正向引导机制。

（2）出台《西南交通大学教师师德失范行为处理办法（试行）》及师德失范负面清单（20条），明确底线约束机制。

（3）制定《西南交通大学“春风计划——教师思政”实施方案》，构建新时代教师思政与教师发展工作“双轮驱动”格局。

（4）修订《西南交通大学拟入职教师思想政治与品德综合考察审查工作规程》，优化工作程序和考察内容。

【教师教育培训】

1. 将教师思想政治教育与师德师风培育专题课程纳入新入职教师和在职教师的培养计划

全年，在新入职教师培训、研究生导师培训、课程思政研讨班、教师教学能力提升研修班、首开课培训、青年教师讲课竞赛等活动中，通过开设“师道讲堂”等形式邀请校内外专家做相关专题报告,有机地将教师思政与师德师风专题融入其中。

2. 2019年牵头组织各类培训和学习，实现教师全覆盖

重点举办两期“师德师风大讲堂”，邀请中宣部“时代楷模”曲建武和黄大年先进事迹报告团做专题报告，得到了“四川新闻网”专题报道；举办“课程思政”研讨班，研讨班成员覆盖全部教学科研单位，探索课程思政的“交大”模式；不断创新和优化新入职教师专题教育，并接受四川省教育厅的专项工作调研；将《关于加强和改进新时代师德师风建设的意见》、高校教师职业行为十项准则、教师职业道德、师德失范警示教育等师德师风建设相关的教育内容纳入全年教职工集中学习。

3. 做好教师发展分类指导，建设高素质教师队伍

完成第18期首次开课115名教师的跟踪培养工作，94名受培教师达到结业要求。启动第19期首开课68名教师的培训工作。举办第五届教师教学能力提升研修班，邀请新加坡南洋理工大学洪化清博士等12位国内外知名专家为49位教师开展了10场专题讲座。牵头组织第九届青年教师教学竞赛，完成了师道讲堂、国赛获奖者示范课观摩活动、全校复赛和决赛等环节的策划和组织。全校20个教学单位444位老师参加初赛，165位老师参加复赛，77位老师在决赛中获奖。为参加职称评审的110位教师进行了课堂教学效果评价，每位老师的课程各安排5位专家听评至少两次。协同研究生院举行2019年新增研究生导师岗前培训工作会议，163位新增硕导参培。与科研院合作，联合英国文化教育协会组织30位教师进行了“国际学术论文写作与发表”研习提升。开展“服务机关行政能力提升计划”活动，组织机关行政人员学习公文写作与成果凝练相关内容。部门网站作为服务咨询网站获第二届全国高校“名站名栏”评选优秀奖。

2019年教师研修活动列表

编号	时间	主题	主讲专家	主要面向对象
1	1月14日 1月15日	教学PPT设计的图形化表达+如何赋予PPT更多的载体属性	宋岩 电子科技大学成都学院图形创意、文字设计课程专业教师 陈锴 西南交通大学副教授	第四届研修班和第十八期首开课教师
2	4月8日	大学生创新创业教育的教学实践	徐宏玲 西南财经大学工商管理学院教授，创新创业研究中心主任	第十八期首开课教师
3	5月6日	立德树人是教育的根本使命	石坚 2019年四川大学卓越教学成果奖特等奖获得者，四川大学原副校长	第五届研修班
4	5月13日	阶梯教室的未来形态——来自利兹大学的经验	Norma Martin Clement 利兹大学法学教授	第五届研修班
5	5月24日 （两场）	O_AMAS有效教学设计与实施	李霞、王利凤 南开大学外国语学院 副教授 博士	第五届研修班和第十八期首开课教师
6	6月12日 （两场）	用技术变革大学课堂教学+学校的变革与教师的学习	焦建利 华南师范大学教育技术学教授，博士生导师，未来教育研究中心主任	第五届研修班和第十八期首开课教师
7	6月18日 （两场）	学习科学：提高教学能力的实用方法+学习科学：理解学习的本质，掌握合理教法	王珏 国际信息学会（中国）教育信息化专业委员会副秘书长、“中国微课大赛”专家	第五届研修班和第十八期首开课教师

续表

编号	时间	主题	主讲专家	主要面向对象
8	7月3日 7月4日	“一招教您使用实用的教育信息技术和工具”研讨沙龙	赵坪锐 西南交通大学土木工程学院副教授 孙燕云 西南交通大学物理科学与技术学院副教授	全校教师
9	7月5日	党政机关公文写作规范与技巧+可以这样准备机关评比	贾兆帅 西南交通大学党政办公室副主任、青年讲师团成员 邬洪涛 西南交通大学机关党委组织员	全校机关工作人员
10	9月17日	项目式学习：教师角色的转变与项目式课程设计+从了解学生入手的课程设计与教学活动组织	范怡红 厦门大学教育研究院教授，西南交通大学教务处专聘教授	第五届研修班
11	9月27日	大数据分析驱动下的教学实践和创新	洪化清 新加坡南洋理工大学学习研究与发展中心研究员	全校教师
12	10月23日	西南交大第九届青年教师教学竞赛“师道讲堂”：师德师风建设——新时代高校教师的专业素养与品格+西南交通大学办学传统及其当代价值	姚小玲 北京航空航天大学教授，博士生导师 何云庵 西南交通大学教授，博士生导师	参加竞赛的教师等
13	11月8日	西南交大第九届青年教师教学竞赛示范课观摩活动	喻玲 湖南大学法学院副院长，副教授，第四届全国青年教师教学竞赛文科组一等奖 张莹 西北工业大学理学院应用数学系副教授，第四届全国高校青年教师教学竞赛理科组二等奖 张艳华 陕西科技大学机电工程学院副教授，第四届全国高校青年教师教学竞赛工科组二等奖 王翔宇 西南财经大学马克思主义学院讲师，第四届全国青年教师教学竞赛思政专项一等奖	
14	11月20日	又快又好做好教学 PPT	张鹏飞 西南交通大学信息科学与技术学院辅导员。《完全掌握 PowerPoint2013 应用手册》作者，跨学科课程“从 PPT 到答辩”负责老师	第五届研修班
15	11月29日 （全天）	线上线下混合金课的设计与实现	余建波 上海交通大学在线课程建设负责人	第五届研修班
16	12月3日	从理解教学要素入手设计课程与教学和如何上好一堂课	范怡红 厦门大学教育研究院教授， 西南交通大学教务处专聘教授	第十九期首开课教师
17	12月16日 （全天）	成果导向教育评量理念与设计要领和学习风格与教学策略	李纹霞 台湾大学教师，ISW 国际咨询委员会委员，ISW 国际认证专家 李承恩 台湾大学教学发展中心教学助理评析员，ISW 引领师、ISW 训练师资质	第五届研修班

4. 承办高层次论坛，打造教师队伍建设的西南交大名片

主办由省教育厅指导的第三届四川省高校教师思政与教师发展研讨会，省内外 70 余所高校的近 300 位专家教师参加。研讨会上，我校教师做了大会报告和分会场报告共计 14 个。承办西南高校教师教学发展联盟 2019 年论坛，西南联盟成员高校及与会专家共计 30 余人参加了论坛，加强了区域教师发展领域的交流合作。承办由教育部全国高校教师网络培训中心主办的“为未来而教——新时代的教育新思维专题研习班”，全国高校 200 多人来校参加研习。

【教师考核评价工作】

（1）严格教师资格和准入制度。建立学校和基层两级协同配合的思想政治综合考察工作机制，严格教师招聘、人才引进、职称评审、项目和奖项申报等工作中相关人员的思想政治和品德学风的综合考察。根据《西南交通大学拟入职教师思想政治审查工作规程（试行）》，全年累计开展思想政治审查的教师共 232 人次。

（2）根据《西南交通大学教师思想政治与师德师风综合考评工作管理办法（试行）》，将年度教职工思想政治和师德师风综合考评与岗位考核充分结合，科学精简考评内容设置和考评程序，将考评范围从教师扩大到教职工，实现全覆盖。

（3）细化党建考核指标。将教师思政纳入党建工作布置、检查、总结、考核、反馈等全过程，设置开展教师思政和师德师风主题教育情况、落实“课程思政”建设等四项考核指标，形成闭环工作链条。

【教师支持与服务】

（1）完成 50 名教师的教师资格证认定工作。

（2）完成 69 名新入职教师的 2019 年度（川师）岗前培训的组织和服务工作。

（3）完成“青骨”项目 13 人，全额资助项目 20 人推荐录取工作。全年支付“青骨”项目配套经费 88.7 万元。完成 44 人回国手续办理，备案 20 余人。根据留基委工作要求，完成各类公函 13 份。

（4）理顺回国教师办理海外留学人员身份认证及海外高层次留学人才身份认定的工作流程，全年受理 139 人办理两项认证。派出四名专家参与人社厅组织的四川省专家服务团工作。

（八）学生党建及思想政治工作

【主要工作】

以实施学生工作扬华工程（313 工程）为总牵引，推进实施铸魂、阳光、导航、强基、美心、暖心、平安“七大工程”，扎实落实价值塑造、人格养成、行为引领、能力提升、文化浸润、资助弘志、安稳保障工作职责，推进实施春风学工、智慧学工、伙伴学工、品质学工“四大计划”，扎实落实辅导员队伍建设、扬华素质网建设、大思政育人体系建设和学生工作科学化建设工作职责，切实增强工作的系统性、针对性、实效性，切实提升学生的体验感、获得感、幸福感。

1. 学生党建

结合“不忘初心、牢记使命”主题教育，把学生党员学习习近平新时代中国特色社会主义思想不断引向深入。组织学生党支部深入开展“不忘初心、牢记使命”主题党日活动，支持本科生党支部特色活动 15 项，研究生党支部“领航先锋”建设工程 50 项，启动研究生党建双创培育“头雁计划”。组织学生党员骨干赴遵义开展“不忘初心”重走长征路教育实践活动。

2. 日常思政

（1）发布《奋进新时代西南交通大学“四季四月四周四日”日常思想政治教育活动项目书》，开展思政活动 116 项。

（2）着力开展迎新工作、三大典礼，以及庆祝新中国成立 70 周年系列活动、国企领导上讲台等重大学生活动，得到央视新闻联播、新华网等媒体的报道。2019 级新生开学典礼上，7000 人快闪《歌唱祖国》献礼新中国成立 70 周年。国庆当天组织学生于三校区集中收看庆祝新中

国成立70周年大会、阅兵式和群众游行。其间学生们不断地自发鼓掌，现场气氛热烈。“扬华微语”微信公众号当天收到近500条留言，学生们自发在留言区向祖国母亲告白。组织开展“青春告白祖国”报告会，邀请杨树青等五位在校生讲述他们燃烧青春、报效祖国的感人事迹，新华社作了专题报道。

（3）第一期大学生思想政治素质训练计划项目（SITP）顺利结题。组织开展“竢实扬华奖章”获得者巡讲、“十佳班长”评选表彰、“忠忱班集体”评选展示等，出版《复兴交大的榜样力量——扬华人物访谈录》，选树朋辈榜样，正向示范引领学生行为。与新东方、海天考研等合作搭建学生深造、出国咨询服务平台。支持“承唐新才”研究生骨干培训30项、研究生学风建设项目PADP50项、选拔挂职锻炼研究生50名。设立劳动志愿服务学院试点，依托“晚晴爱心驿站”设立大学生劳动教育实践基地和大学生党员服务基地。

（4）启动易班网建设，抓好官网、官微建设。正式上线运行扬华素质网4.0版，实现了学生日常事务一站式、智能化、无纸化管理。

（5）与坚永公司共建“立德树人教育发展中心”，每年接受1300万元捐赠，面向西部地区27所“双一流”高校开展感恩中国近现代科学家奖（助）学金评审工作和科学家精神研究传承工作。组织西部地区“双一流”高校学生代表前往嘉兴、无锡、杭州等地开展“不忘初心”科学家故（居）地实践活动。编辑出版《青年说：感恩中国近现代科学家》。相关工作获中国青年报、共青团中央等媒体报道。

3. 校园文化

于国庆前后开展主题文化艺术活动，累计1.5万人次参与：三校区同步开展“礼赞七十载，奋进新时代”趣味游园活动；成峨两校区举办庆祝新中国成立70周年新生音乐会；在犀浦校区举办西南交通大学庆祝新中国成立70周年师生文艺晚会，全体在校校领导出席，与近4000名师生共同观看。主办“承唐讲坛”5期，邀请到蒙曼、乔良、朱迅、郎永淳等名人名家。设立“创艺交大”和“扬华意象”大学生文化创新项目。

4. 资助工作

重构资助工作信息化管理系统，全年为4万余人次学生精准提供资助项目，资助总金额达1.06亿元。开展针对性资助工作，发放新生“助困礼包”“暖冬补助”和“返家补助”。与中铁上海工程局合作组织开展新生入学“助梦起航计划”，合作开展实践参观、励志沙龙，开启校企合作资助新篇章。开展学生“助智”“扶志”系列教育活动，全年受益学生达3000余人。资助15名特困学生赴我国香港及新加坡开展暑期访学。聘用学生资助宣传大使开展“共和国的温暖”暑期资助走访，足迹遍布西藏、青海等地30余个市县乡镇村，深入经济困难学生家庭，宣传国家资助政策及资助成效。

5. 安稳工作

制定《西南交通大学学生服务效果管理规定（试行）》等，完善学生行为纪律约束体系。完善心理危机干预预警机制，形成学校、学院、班级、宿舍“四级”预警防控体系。与心理研究与咨询中心通力合作，制作心理健康手册、举办抑郁症专题讲座、开展研究生减压训练营等，多维度多形式促进学生人格养成。实施学生思想动态定期收集、安全稳定信息周报等5项安稳制度，全年组织全体学生工作干部1337人次开展联合值班146天，收集上报处理安稳信息562条，完成成峨三校区13个批次3055名学生的平稳搬迁，以及学生宿舍倒迁和清退工作。试行服务消过，全年服务消过50人次，实现惩戒、警示和教育的有机结合。

6. 队伍建设

（1）修订出台《西南交通大学辅导员队伍建设规定》，进一步明确了辅导员要发挥思想理论教育和价值引领作用，重新核算了辅导员配备人数要求，重新强调了辅导员转岗年限，聚焦建设专业化、职业化、专家化辅导员队伍持续发力。2019年新入职专职辅导员50人，免研辅导员42人，兼职辅导员14人。目前，全校共有专兼免辅导员207人，师生比197：1，着力解决了辅导员配备不足的问题。

（2）编制《西南交通大学辅导员工作指南》，制定《学生工作部关于进一步加强辅导员深入学生联系学生工作的通知》，落实《辅导员谈心谈话工作记录》，发布《关于规范辅导员因公（私）离校、出国（境）审批管理的通知》。

（3）选送辅导员校内外参培 1327 人次。加强辅导员理论学习，2019 年辅导员素质能力考试平均成绩较 2018 年提升 19.7 分。首次针对辅导员开展学生情况熟悉度测试。

（4）制定出台《西南交通大学辅导员名师工作室建设管理办法》，首批共支持建设辅导员名师工作室 6 个。制定出台《西南交通大学专家型专职辅导员“双肩挑”资格认定及薪酬管理办法》，2019 年共有 5 名辅导员实现“双肩挑”。

（5）优化专职辅导员职级、职称“双线晋升”，有意识、有组织地培养一批副高职称专职辅导员，有针对、有重点地培育具备评聘正高职称潜力的专职辅导员，2019 年共有 15 名专职辅导员晋升中级职称。按照“相对稳定、合理流动”原则，2019 年共有 15 名辅导员流动至机关和学院，其中提任科职干部 13 名，着力解决了辅导员队伍发展通道不畅的问题。

【主要亮点】

全年多项工作受校内外媒体关注，多次获得校级及以上表彰、奖励，主要包括：

（1）2019 年 1 月 29 日，教育部思想政治工作司、学位与研究生教育发展中心公布的首批高校“百个研究生样板党支部”“百名研究生党员标兵”创建名单中，我校“马克思主义学院博士党支部”和“牵引动力国家重点实验室硕士 2016 级 2 班党支部”入选全国高校“百个研究生样板党支部”；土木工程学院博士研究生杨绍林和交运学院博士研究生李进龙入选全国高校“百名研究生党员标兵”。入选总数位列全国并列第二。

（2）中央电视台《新闻联播》报道我校本科生开学典礼上第一堂实践课；教育部官方微信“微言教育”展示我校本科生“毕业礼”；教育部全国高校思想政治工作网专栏展示我校科研育人典型经验；《思想理论教育》（马克思主义理论类 C 刊）专题展示我校学生工作；《中国青年报》《科技日报》、共青团中央官微等主流媒体广泛报道立德树人教育发展中心相关工作，多次转载科学家精神研究成果；受邀在教育部思政司、研究生司等主办的全国研究生党建双创交流会上作交流发言；《中国研究生》杂志专题报道我校研究生党建工作典型经验做法、研究生科研团队建设工作。

（3）代表学校在教育部思政司和中央网信办网络社会工作局主办的第三届全国大学生网络文化节中获优秀组织奖；在由教育部学位与研究生发展教育中心、《中国研究生》发起，庆祝新中国成立 70 周年“我是中国研究生 我为伟大祖国点赞”主题活动中获优秀组织奖。

（4）代表学校在四川省庆祝新中国成立 70 周年暨大学生艺术专场展演活动中获两个一等奖、两个二等奖和优秀组织奖；大学生艺术团七名同学荣获第十届“世界和平音乐节”金奖；大学生艺术团获 IDSU 第八届全国运动舞蹈大赛一等奖第一名及“十佳编排奖”；原创视频《渡》在“我亲爱的长江与伏尔加河”国际大学生文化推广视频大赛中获唯一的一等奖。

（九）老干部与离退休工作

【离退休人员基本情况】

1. 截至 12 月，我校离退休教职工总人数 2219 人

项目	人数	占比
离休	38	2%
退休	2181	98%

2. 离退休教职工年龄分析

项目	人数	占比
55 岁至 69 岁	450	19.28%
70 岁至 79 岁	1195	53.85%
80 岁及以上	574	25.87%

【完善顶层设计——“1135 晚晴计划”】

为进一步加强和改进离退休工作，离退处根据中办发〔2016〕3 号文件精神，结合学校离退休工作实际和新形势新情况，经过多方征求意见牵头起草了《中共西南交通大学委员会关于进一步加强和改进离退休工作的实施意见》（以下简称《意见》），经学校党委常委会审定通过并实施，完善了顶层设计，开启了学校离退休工作改革和“交大晚晴”文化建设新时期。

《意见》以“让学校党政放心、让离退休老同志满意”为工作出发点和落脚点，提出全面实施“1135 晚晴计划”，即坚持党对离退休工作的领导这一个根本，打造“交大晚晴”的文化品牌，健全信息化、精准化、规范化三个机制，实施领航、阳光、健康、幸福、银发五大工程。高标准、高质量做好离退休管理与服务工作，做到对离退休老同志政治上尊重、思想上关心、情感上关怀、生活上照顾，激励广大离退休老同志为复兴交大贡献智慧和力量。

【党建工作及政治思想引领】

1. 加强老同志理想信念教育，提升老同志政治觉悟

理论培训和党性教育相结合，组织开展了全校退休党支部书记培训。邀请梁锦唐老师以“不忘初心、交通强国”为题，为全校离退休党支部书记做了专题培训讲座，组织支部书记赴邛崃红军长征纪念馆，开展“珍惜光荣历史，永葆政治本色”革命传统教育。

2. 结合老同志实际扎实开展“不忘初心、牢记使命”主题教育

按照中央和学校党委统一部署，扎扎实实开展主题教育，抓好习近平新时代中国特色社会主义思想和党的十九大精神学习，开展主题教育知识竞答活动，规定动作完成规范、自选动作有亮点，引导老同志与以习近平同志为核心的党中央同心同向同行。

3. 开创性建设“晚晴红色阵地”，打造离退休党员之家

依托晚晴苑二楼阅览室，进行红色文化设计和装修，配备了红色教育书籍、电视等，让老同志在红色阵地里学习党的理论，进一步增强“四个意识”、坚定“四个自信”，做到“两个维护”。

4. 定期召开离退休例会，及时通报校情

全年共组织离休例会 4 次、退休例会 3 次，邀请人事处、校工会等相关部门参会通报情况，及时传达校情和社保等有关涉老事项。把校情、院情通报纳入二级党组织党建考核指标，切实落实老同志政治待遇。

5. 坚持走访慰问生病住院老同志制度，让老同志感受党组织的关怀

以支部为主导，日常化开展对老党员、生病党员、困难党员的走访慰问，关心好、关爱好、帮助好、服务好老同志，让老同志切实感受到学校党政的关怀，引导他们理解学校、关心学校、支持学校建设发展。

【发挥老同志作用与优势】

1. 推动关工委工作取得实质性进展

4 月 11 日，隆重召开了 2019 年关工委工作会议，完善了校院两级关工委组织架构，启动“读懂中国”和“法治校园”主题活动，发布“银发工程”库教师名单，为教师代表颁发聘书，为学校各二级单位提供思政教育、党建督导、教学督导、传统文化与校史教育等类别的菜单式服务。

2. 积极参与教育部“读懂中国”活动并获奖

在党委宣传部和校团委的支持下，将我校朱铃、梁锦唐老同志发挥优势实例，拍摄成“读懂中国”宣讲片，提交了五篇活动征文，我校获得“读懂中国”活动组织奖和优秀奖。

3. 积极参与省教育厅离退处老年文体比赛并获奖

选派运动员参加教育厅举办的网球、乒乓球比赛及气功五禽戏培训，取得了第三名的优异成绩，展现了学校退休老同志团结拼搏、积极向上的精神面貌。

【落实各项待遇与服务保障】

1. 主动对接社会养老机构，为老同志提供更好的养老服务咨询

首次组织了成都市养老机构进校联展，为老同志提供学校周边优质的养老服务机构咨询；主动联系椿萱茂、蜀园、锦欣养老、蓉海投资等优质社会养老机构，组织100余名老同志实地参观考察椿萱茂老年公寓、蜀园等；联系椿萱茂等养老机构，在老同志出游活动中开展健康咨询服务；联系锦欣养老、蓉海投资等养老机构在老同志健身走等活动期间开展养老咨询；在晚晴爱心驿站设立了椿萱茂养老机构驻站服务点，为老同志提供专业养老服务。通过对接联系养老机构，既为老同志提供了高效便利的信息咨询，又丰富了活动形式，而且还通过养老机构赞助经费，拓展了老同志活动的经费渠道。

2. 积极落实政策，确保老同志生活待遇

在人事处、计财处的大力支持下，落实政策《关于提高离休干部护理费标准的通知》组通字〔2019〕10号），办理抗战时期参加革命工作离休干部待遇调整3人；及时调整建国初期参加革命工作退休干部困难补助月标准，落实政策。

3. 细致入微、用心用情做好各项老同志的关爱服务工作

项目	报销经费（元）
离休干部报销医药费	45 895.39
离退休干部的住院护理费	14 355
外地退休人员报销医药费	57 614.32
退休人员报销住院护理费	23 940
生活和长期不能自理困难补助	59 600
重大疾病医疗补助	146 563.383
互助保险补助	3670
报销体检费	3600

【打造高校文化养老氛围】

1. 构建和完善“春华晚晴”和“秋实晚晴”两大老龄文化活动体系，推进学校离退休活动规范化、系统化、品牌化

项目	范围	组织次数（次）	参加人次（人）
成峨两地乐龄健身走	全校	6	4700
校庆游园活动	全校	1	1000
重阳节趣味运动会	全校	1	1000
春秋游活动	机关	3	500

各二级单位均按照计划要求组织离退休教职工开展春秋游活动。

2. 老年大学办学成绩喜人

（1）办学规模再创新高。

专业课程（个）	班级设置（个）	招生人数（人）	比去年增长人数（人）
10	20	1590	400

（2）搭建展示平台。6月，老年大学隆重举办了“壮丽七十年 拥抱新时代”文艺汇演，为老同志们提供了展示学习成果、演艺祝福祖国的平台。

（3）加强安全管理。完善老年大学安全管理制度，加强突发应急管理，提高老年大学应对突发风险的能力。

3. 围绕新中国成立70周年主题和关爱高龄空巢老同志，实施创新之举

（1）开创性举行“欢庆祖国70华诞 春华晚晴集体祝寿”活动。为年满70周岁、80周岁、90周岁及以上的老同志过集体生日，老同志们表演了节目、发表了感言，王顺洪书记与寿星们一起切蛋糕、合影留念，共同为祖国祝福、为寿星庆生，活动得到了老同志们的高度评价。

（2）开创性建设高龄空巢老同志关爱服务实体平台——“晚晴爱心驿站”。“晚晴爱心驿站”以服务关爱学校高龄、空巢、重病等特殊困难老同志为工作重点，以学生志愿者为主要工作力量，引入“椿萱茂”等优质社会养老机构服务，开展站内与居家相结合“驿站+”关爱服务。驿站同时是大学生劳动教育基地、志愿服务基地、椿萱茂珉湾长者社区交大服务站。开站以来，老同志进站活动踊跃，各项主题活动和常规服务运转有序，得到了老同志的高度评价。

（3）开创性建设“晚晴红色阵地”，为离退休党支部组织生活搭平台。在晚晴苑建设实体红色阵地，面向全校离退休党支部开放，开展组织生活、主题党日等活动，坚持在老同志中开展习近平新时代中国特色社会主义思想和党的十九大精神专题学习，切实提高离退休老同志政治站位，成为离退休党员之家。

（4）开创性举办首届“成都市养老机构联展”进学校。与成都市社会福利与养老服务协会合作，遴选和推荐了十二家资质完备、设施完善、服务优质的养老机构于5月15日校庆游园活动当天走进学校进行联展，为离退休教职工提供信息咨询服务，得到了老同志充分肯定。

（5）隆重举行新退休教职工座谈会。隆重召开“荣休守初心 拥抱新时代”2018—2019年新退休教职工欢迎会，为新退休教职工发放了《退休教职工服务手册》，离退处、校工会、人事处等相关部门负责人介绍有关政策，欢迎会隆重而简朴、热烈而温暖，切实让退休教职工感受到了学校对他们的重视、关心和尊重。

（6）四期“晚晴讲堂”为老同志搭配精神营养。围绕新中国成立70周年主题和老同志关心关注的话题，依托外出参观工农业生产、健身走等活动载体，组织开展了4期“晚晴讲堂”，内容包括观看《中国共产党为什么能》的主题教育视频、阿尔兹海默的防治、《继承法》的解读、健康养生等，加强了老同志思想引领、丰富了老同志精神收获。

（7）开展“迎国庆，庆盛典”书画展，征集40多位老同志的百余幅书画作品，开展了以“壮丽七十年 拥抱新时代”为主题的老同志书画作品展览。其中，6幅送校工会参加省教育工委评选、30余幅选送至宣传部参加全校评选、选送40余幅参加图书馆书画展。

【信息化建设及宣传工作】

（1）启动了离退休教职工信息管理系统一期建设。

（2）离退处网站完成升级改版。网站凸显晚晴文化，名为“交大晚晴”，设置了“晚晴动态”“晚晴通知”等栏目，以橘色为主色调，凸显晚晴与暖意。

（3）开设了“交大晚晴”微信公众号。及时推送离退休有关活动通知、政策咨询、新闻动态等，让老同志足不出户掌握学校和离退休有关讯息。

（4）对晚晴苑大楼内外进行“晚晴文化”氛围营造。在晚晴苑室内外墙面上增设了宣传栏和宣传橱窗，喷绘了“和美”主题墙面彩绘，在室外宣传栏上集中展示离退休老同志的书画作品，在大楼门口增设了双面广告栏，在宣传党的路线方针政策，弘扬正能量的同时，整体营造爱老、敬老、助老、利老的“晚晴文化”氛围。

【内部建设和交流学习】

（1）扎实开展“不忘初心、牢记使命”主题教育活动。8月29—31日，组织在职党支部的党员赴延安接受革命传统红色教育，取得良好效果，一名同志提交了入党申请。

（2）外出调研与集中研讨相结合，提升全处业务能力和工作水平。12月9日至11日，前往华南理工大学、中山大学开展离退休工作调研学习，开阔思路；充分利用周四业务学习和政治学习时间，邀请张雪永等专家集中讲授老龄化问题，集中研讨工作。

（3）首次举行二级单位离退休工作联络员培训会，提升校院两级离退休工作业务能力。12月3日，邀请人事处、校工会等部门负责同志一同为联络员开展业务培训，及时传达退休教职工相关的养老金待遇、医疗社保、工会福利、离退休管理与服务工作等方面的政策和要求。

（4）开展课题研究，提升全处研究水平和工作能力。申报中央高校基本科研业务费项目课题1项；以“晚晴爱心驿站”为载体，与公共管理与政法学院联合申报学校大思政项目1项并获批立项。

【年度工作取得的成绩】

（1）4月23日，教育部离退休干部局党委书记、局长于虹率调研组一行来我校调研离退休工作，高度评价和充分肯定了学校的离退休工作。

（2）6月5日，离退处处长廖军代表高校在全国直属高校加强和改进离退休干部工作专题培训班上，以《实施“1135 晚晴计划”推进离退休党建工作落地落实》为题做大会典型发言，得到教育部副部长郑富芝、部离退休干部局局长于虹等领导和直属高校的充分肯定。

（3）2019年度，离退处获得四川省离退休工作先进集体荣誉称号；获得首届四川省高校离退休教职工网球比赛团体第三名；离退处在职党支部获得学校2017—2019年创先争优先进党支部荣誉称号，支部一名党员荣获校级优秀共产党员；全体在职人员与老同志代表组队参加学校“壮丽七十年 奋斗新时代”庆祝中华人民共和国成立70周年师生合唱比赛荣获一等奖和最佳组织奖；积极参加教育部“读懂中国”活动并荣获组织奖和优秀奖。

（十）武装保卫工作

【安全稳定工作】

扎实推进维稳工作，筑牢校园安稳防线。压实安全责任，加强部门协作，认真落实上级机关对学校安稳工作的各项部署，通过24小时专人值守和汇报，确保做到整体防控、提前发现、及时处置；完善和夯实基础信息，健全基础数据资料库，通过建档和定期走访，对重点人员做到全面掌握；三校区开展国家安全教育、防邪教育、《反间谍法》宣传等专项主题教育活动，发放宣传资料5000余份。全年配合公安机关开展工作93次，配合国安开展工作9次，配合公安处理网上有害信息6起，处理来校非法传教及非法印刷品4起，确保了校园安全稳定。

【消防管理】

加强隐患排查，健全体制机制，扎实开展消防工作。为三校区增配了七十余套应急救援引导箱，确保物防设置到位；加强消防基础数据工作，建立健全消防基础信息数据库；推进隐患排查整改，建立隐患台账。2019年，消防主管机构对我校三次临检，其中需要整改的九项隐患已全部完成，学校安办督导查办的七项安全隐患整改已全部完成；全年对三校区消防器材进行了全面排查，更换和新增灭火器2145具、灭火器箱504个、水带178条、水枪头23个、疏散指示灯407个、新增灭火毯143套。

【治安管理】

继续实施校地、校警联动，校内部门联动，确保工作实效。一是与公安、城管部门在案件处理、环境整治等方面资源共享、联勤联动，全年开展检查整治53次，清理违章摊点15家。二是通过内部联动，建立学工部门、各学院多方参与的安全工作机制，在安全研判、信息互通方面形成良好互动，做到提前防范、精准布控，通过专项打击，2019年偷盗案件大幅下降。全年查阅监控624起，查出线索293起，帮助师生找回物品56件。挡获各类违法违规嫌疑人56人，救起落水人员4名，找回走失小孩4名，清理违章摊点328人次，便民服务（好人好事）173次，实时清理各类违规广告、传单537处，全年审批校内大型活动760余次，提供安保服务274次，审批校内宣传品摆放540余份。

被成都市公安局授予2019年“平安校园”先进单位；四川高校保卫协会授予2019年“平安校园”先进单位。

【交通管理】

加强资源配置，多措并举改善校园交通环境。清理成都两校区废弃自行车2663辆，清理影响校园环境的“僵尸汽车”10辆，加强共享单车管理，要求管理方专人定时入校规范单车停放问题；修缮并恢复犀浦校区6号教学楼地下停车场使用，规划并完成交通运输学院旁边空地为地面停车位，可解决30辆机动车停放；通过“三防”手段，加强了九里校区南门内环岛道路的通行能力，解决创新大厦片区教职工停车难题；主动作为，通过人车分流确保犀浦校区北门教职工出行安全；加强“校警”联动，峨眉校区全年开展专项交通整治11次，派出警力190余人次，处理违规驾乘人员31人次，纠正教育轻微违反交通法规人员79人次；依托信息化、智能化手段实现了校外车无感通行、校内各单位因公预约和教职工在线自助业务办理。

【安全宣传教育】

安全教育全覆盖，“菜单式”服务精准指导全校各单位和师生。通过邀请消防机构、公安部门入校宣讲，培养科室业务骨干下学院主讲等，全年开展42次针对性强的专题消防、防诈骗、校园贷、交通安全讲座，4次大型疏散演练活动，结合“415国家安全教育日”“安全生产月”“119消防安全宣传月”“122全国交通安全日”以及新生报到期间，发放各类宣传资料8500余份，同时通过“交大保卫”新媒体加强与师生互动，争取让每一名学生能够“受到一次安全教育、参与一个安全演练、学会一项防护技能、履行一份安全承诺”。

【办证服务】

通过开展岗位培训、业务学习等增强窗口意识、责任意识、团队意识，严格按照制度流程做好窗口服务。建设“一站式”服务窗口，将户籍管理、车辆办证、业务咨询等纳入一站式服务窗口，让师生安保事项实现即时受理、即时答复、一次性告知、一次性办结的优质服务，依托信息化手段推进“实时在线办理”和“全程跟踪督办”等工作；完成校园智慧车辆系统建设，重点保障校内各单位因公预约、校内教职工在线缴费、大型活动车辆出入管理、特殊时段特殊车辆（小学、幼儿园接送车辆）等功能，同时对校外车辆的管理将进一步加强。业务科室分期前往九里校区、峨眉校区现场办理安保业务，搜集师生意见和建议，现场办结师生事项 678 人次；针对离退教职工实际情况，开设离退教职工专场活动，为老教师提供方便。

【武装工作】

深化国防教育，广泛开展征兵工作，双拥慰问暖人心。开展了 5 个主题的国防知识系列宣传活动，协办举行“爱我国防”大学生演讲比赛，并对参赛选手进行集训，最终获 2019 年“爱我国防”大学生演讲比赛四川省三等奖；通过广泛宣传和动员，做好征兵工作的每一个环节，三校区共有 23 名同学经过选拔，投身到国防事业中；想方设法充实军事理论课师资力量，并通过外出调研学习、与学生沟通座谈等方式不断提高教学水平；建军节和新年期间，走访退役大学生士兵、伤残军人、烈士子女等 19 人次，送去慰问和祝福。

（十一）工会与教代会工作

【教代会工作】

2019 年 11 月 15 日，召开西南交通大学第二十届工会会员暨第七届教职工代表大会第五次会议，会上杨丹校长作学校工作报告，王顺洪书记讲话。

持续推进二级教代会建设，2019 年指导 9 个二级单位开展换届选举工作。

【教职工之家建设】

2019 年批准并指导生命学院等 7 家单位进行“教职工之家”建设。举行教代会工作专题培训。邀请省教科文卫工会调研员顾刚来校作教代会制度、提案工作讲座；邀请技术专家为部门工会作校工会组织管理系统培训。

【关爱关心教职工】

2019 年增加投入经费 170 万元，实现了三个“首次开展”。一是首次开展端午节粽子慰问，慰问金达 30.74 万元，同时持续做好重大节日慰问，安排 105.08 万元增加买米、买月饼等节日慰问。二是首次开展送生日蛋糕券慰问，并在生日当天送短信祝福。采购生日蛋糕 4880 个，价值 73.2 万元。同时增加对离退休人员的生日慰问，由原来的“逢五逢十”慰问改为每年生日慰问。三是首次开展对加入工会的非在编员工（校筹部分）慰问，享受与在职会员同等的重大节日和生日慰问等福利待遇。

开展教职工困难帮扶工作，2019 年向 25 名患重大疾病的教职工支付重大疾病医疗补助 40 余万元。全年按季度开展教职工困难补助工作，累计 943 人次，发放困难补助 60 余万元。同时，通过工会管理系统实现困难补助申请、审核过程信息化，促进工作的便捷与高效。

开展年度教职工体检工作，安排 300 余万元用于教职工体检费用，增加了血液高密度脂蛋白、低密度脂蛋白等体检项目；通过电话和微信等方式进行预约，减少排队等待情况，方便了教职工。

在学校对口帮扶精准扶贫工作领导小组统一领导下，开展精准扶贫“以购代捐”相关认购倡议工作，组织协调发动教职工“以购代捐”学校扶贫地区农产品近 30 万元。

针对 20120 届应届大学毕业生开展“入工会、维权益、促就业”工会知识现场宣讲活动。

【弘扬劳模精神】

在开展四川省教科文卫高校系统劳模创新工作室申报工作的基础上，2019 年 12 月，李群湛教授领衔的工作团队被四川省总工会评为第四批四川省劳模和工匠人才创新工作室。

【师德师风建设】

参与协办西南交通大学第九届青年教师教学竞赛。配合教师发展中心等部门完成初赛、复赛、决赛的赛程组织。77 位青年教师在工科、理科、文科、外语双语四个组别的竞赛中获奖。

组织先进教职工开展了“不忘初心重走长征路，牢记使命开启新征程”赴夹金山红军长征纪念馆红色教育实践活动。

【文体活动】

出台《西南交通大学工会品牌活动实施管理办法》，推进工会常态工作规范化、重点工作制度化、特色工作品牌化。

紧扣庆祝中华人民共和国成立 70 周年时代主题，举办“壮丽七十年，奋斗新时代”师生合唱比赛，有 32 个二级单位、2700 多名师生参赛；举办交响音乐会第二届教职工文化艺术节开幕式；邀请四川人艺到校演出主旋律话剧《苍穹之上》；举办“礼赞七十年，绽放新时代”教职工插花艺术展。成功推出第一个原创教职工宣传视频《一声既出，声传九里》。

组织开展第 120 届教职工运动会；依托 21 个文体协会，开展教职工足球、篮球、排球等比赛；承办 2019 年成都片区高校教职工羽毛球邀请赛。

【女教职工工作】

开展“建功新时代，巾帼绽芳华”系列活动：举行“三八”节暨“巾帼文明岗”创建活动启动仪式；组织优秀女教职工代表开展踏青活动；慰问生病住院女教职工。开展“让心灵沐浴阳光，让快乐充溢胸膛”女工红色教育暨心理调适主题活动。

携手图书馆、校关工委，共同开展 2019 年“玫瑰书香”家庭文化建设年主题征集活动。为女教职工办理四川省女职工大病互助保险。开展女性两癌筛查健康知识讲座。

关心青年教工，组织单身青年联谊活动 6 次。

关爱教职工子女，携手工程训练中心工会，依托中美青年创客交流中心，开展“创・未来”2019 年青少年创客培训活动。

关爱女性外聘员工，开展“牵手贝贝”关爱女性外聘员工（留守、流动儿童妈妈）活动。

【自身建设】

开展工会干部培训，邀请省教科文卫工会主席李长春一行到校作中国工会十七大报告宣讲。校工会马德芹、李煜宏副主席赴浙江大学工会学习培训；组织工会全体干部，参加四川省教科文卫工会干部培训。

加强信息化建设，建立了工会会员大数据库，基本完成工会组织管理系统建设。

精心打造教职工健步走活动，在“互联网+”技术小程序基础上不断完善计步方式，健步走持续 8 个月，4560 名教职工参加。

加强网站建设，在“西南交通大学工会”微信平台共计审核推送 34 篇图文消息，总阅读量达到 65 871 次，微信粉丝关注量净增长 1376 人。

【主题教育活动】

校工会领导班子和党支部认真开展“不忘初心、牢记使命”主题教育。牢牢把握“守初心、担使命，找差距、抓落实”的总要求，扎实推进学习教育、调查研究、检视问题、整改落实，取得了阶段性成效。抓理论学习，开展 18 次学习研讨；开展 2 次革命传统教育；抓调查研究，开展 4 次调研，完成 3 份调研报告；抓检视问题，查找了 9 条问题清单；抓整改落实，梳理 5 项整改事项，阶段性完成 2 项整改措施。

【学习交流】

11 月，在峨眉校区承办了四所交通大学（上海、西南、西安、北京）2019 年工会工作研讨会，从学校工会和部门工会层面，就“推动高校工会工作创新发展的思考与实践”主题展开交流研讨。

接待了以奥地利生产工会联邦副主席、妇女主席克劳迪亚・弗立本女士（Klaudia FRIEBEN）为团长的奥地利生产工会友好交流代表团一行 4 人来我校参观交流。

校工会先后专程赴四川大学工会、电子科技大学工会、浙江大学工会专题调研工会组织建设和教职工之家建设工作，学习兄弟高校先进经验。

【峨眉校区工会工作】

进一步落实完善成峨两校区工会工作一体化，2019 年元旦“送温暖”活动首次将峨眉校区教职工员工一体化统筹考虑；各类文体活动成峨眉两校区教职工一体化开展；成峨两校区教职工实现体检项目相同、由教职工自由预约选择体检校区；12 月在峨眉校区举办“乐满 · 国音”成都民族乐团专场民族音乐会，为校区师生送上高雅音乐会。

【获得上级表彰和任职情况】

教代会代表崔国栋、樊代和老师的提案在四川省第二届教职工优秀提案评选中分获一等奖、二等奖。依托心理研究与咨询中心，“职工心灵驿站”项目在四川省教科文卫工会举办的 2019 年四川省“创新、特色、精品”工作项目评选中，荣获一等奖。土木工程学院被四川省总工会评为“四川省五一劳动奖状”；心理研究与咨询中心获评四川省“三八红旗集体”；经管学院工会、外语学院工会被评为四川省教科文卫体系统“模范职工小家”；刘学毅同志荣获“四川省优秀工会之友”称号；李彤梅、陈璐、徐革同志荣获四川省教科文卫体系统“优秀工会工作者”等称号。阎开印同志当选为四川省工会代表大会代表；祝凤荣、支锦亦同志分别当选为四川省和成都市妇女代表大会代表。

（十二）共青团工作

【思想政治教育】

一是坚持立德树人根本，强化青年思想引领。组织全校团员青年深入学习宣传贯彻习近平新时代中国特色社会主义思想、党的十九大精神和团的十八大历次全会精神，打好青春政治底色。广泛开展“青春心向党，建功新时代”主题团日活动，全校 1394 个团支部开展主题学习、公益服务、实践参观等各类活动，参与学生近 2 万人。全面优化交大特色活动体系，重点开展纪念五四运动 100 周年系列活动和纪念新中国成立 70 周年系列活动。全面推进“青年讲师团”工作，从青年教师、思政骨干、优秀校友、朋辈榜样中选拔青年力量组建成立西南交通大学“青年讲师团”，已开展各类宣讲 40 余场，覆盖青年学生超过 1 万人次。全面开展线上“青年大学习”，每周参与学习的团员青年超过 1 万人。二是选树先进青年典型，凸显朋辈示范作用。以纪念五四运动 100 周年为契机，以“政治性、先进性、群众性”为导向，通过开展共青团表彰、“自强之星”事迹报告会等形式，广泛营造先锋氛围，扩大优秀朋辈影响。全年共表彰 2289 名优秀个人和 154 个先进集体。公政学院团委获评 2018 年度全国五四红旗团委，是继 2018 年校团委获评“全国五四红旗团委”后，我校连续两年荣获全国基层团组织的最高表彰。6 名师生、4 个集体获得团中央、全国铁路系统、团省市委表彰。

【学术科技与科学创新】

营造科创育人氛围，提升青年创新活力。不断丰富科创育人平台，助力学校创新人才培养。2019 年 7 月承办由团中央青年发展部指导“AI 智创美好未来” 2019 全国高校人工智能创新大赛决赛。全国 60 余所高校的 200 件优秀作品经过初赛选拔后来到交大同台竞技，我校青年学子获特等奖 2 项，一等奖 1 项，二等奖 3 项。组织开展学校“扬华杯”科技创新大赛，选拔优秀作品参加全国第十六届“挑战杯”大学生课外学术科技作品竞赛，获得国赛二等奖 1 项、三等奖 3 项。负责“互联网+”青年红色逐梦之旅作品组织和选拔，获得四川省“互联网+”红色赛道金奖 1 项、银奖 1 项。

【社会实践与志愿服务】

一是搭建实践服务平台，强化实践育人成效。通过广泛开展寒暑期社会实践活动，让青年学子了解社会、深入社会、感知社会、服务社会，践行使命和担当。全年共 1874 支团队，近万名师生奔赴全国各地开展社会实践和志愿服务。期间涌现出一大批先进典型，学校团委荣获团中央、团省委和团市委表彰的社会实践优秀单位，

10 支团队获全国、省市等表彰。其中，人文学院“以桥传思，对话历史”团队，被中央电视台《新闻联播》《朝闻天下》等栏目广泛报道，产生了较好的实践育人成效和广泛的社会影响。二是常态开展志愿服务，引导青年服务奉献。在全国各地及行业企业建立了 100 余个志愿服务社会实践基地，注册志愿者达 2.9 万余人，志愿服务时间平均每年超过 50 万小时，形成了具有西南交通大学特色的志愿服务名片。成为全省仅有的两所当选为四川省志愿服务联合会首届理事单位的高校之一，校团委书记罗妍妍同志当选为理事成员。积极响应党的十九大关于“推进志愿服务制度化”的要求，扎实开展“青春志愿·爱在社区”大学生志愿服务社区行动。2019 年，49 支队伍利用课余时间走进 49 个社区广泛开展参与社区治理、扶弱济困、政策宣讲、法律咨询等活动，累计开展 418 次社区志愿服务，共计服务 19 500 余人次。三是强化支教育人实效，精准助力脱贫攻坚。圆满完成第 21 届研究生支教团的派遣和第 22 届的选拔工作，2019 年，学校研究生支教团在全国指标缩紧情况下增加 1 个名额。截至目前，我校共选派了七批次共 62 名优秀学子前往乐山马边彝族自治县、阿坝州马尔康市等支教地开展为期一年支教志愿服务。学校连续三年荣获西部计划“优秀等次项目办”荣誉称号。

【第二、三课堂工作】

升级第二课堂体系，助力学生全面成长。主动服务学校人才培养中心工作，全面实施“第二课堂成绩单”制度，使第二课堂真正成为学校人才培养的重要组成部分和第一课堂的有机补充，为学校人才培养评估、学生综合素质评价、社会单位选人用人提供重要依据。2019 年第二三课堂开设 7 个大类，共计 1900 余个项目，为 2 万余名学生累计提供超过 500 000 个学时，学生覆盖率实现 100%。2019 年年底，系统再次升级，同时上线第二课堂手机端小程序，打通研究生和本科生的教务数据，实现三个课堂的互动、互融、互促。不断优化“西南交通大学第二课堂成绩单”页面，新增学时分布雷达图，可视化学生自我发展定位，与教务处第一课堂成绩单共同记录学生大学阶段成长经历。

【学生会与社团工作】

一是稳步推进学生会（研究生会）改革，加强组织政治建设。全面摸排调研，形成我校深化学生会改革办法（草案）。构建扁平体系，精简机构规模，不断健全学生干部公开选拔和考核机制。打造机构精简、队伍精干和工作精湛的学生骨干队伍。推进述职评议工作，每年至少一次通过集中会议向学生代表报告工作开展情况。制定《学院学代会工作指南》，将院级学代会召开纳入考核细则。二是稳步推进社团改革，注重社团规范管理。全面摸排调研，组织校级社团专项调研座谈会 5 场，发放调研问卷 2000 余份，形成“不忘初心、牢记使命”主题教育社团工作专项报告，起草《西南交通大学学生社团管理办法》。加强学生社团骨干队伍建设，强化“政治性、先进性、群众性”导向。优化升级打造社团管理的“八个一”工程，探索实施《西南交通大学学生社团双导师制管理办法（试行）》，开展社团思想政治教师队伍建设。深挖社团特色发展内驱力，实施《西南交通大学特色社团培育实施方案（试行）》，开展首批特色社团培育。三是丰富校园文化载体，提升文化育人实效。通过构建富有交大特色的青年文化节、新生文化节、社团文化节等活动体系，重点策划“青春心向党·建功新时代”纪念五四运动 100 周年系列活动和“奋斗的我·最美的国”庆祝新中国成立 70 周年系列活动。通过学生第二、三课堂项目建设开设贴近学生、贴近实际、贴近生活的七大类课程项目，教育和引导团员青年进一步增强“四个意识”，坚定“四个自信”，坚决做到“两个维护”，强化社会责任感和历史使命感。2019 年全年开展校园文化重点活动 1200 余项。四是健全部门协作机制，献计献策服务青年。加强“青年之声”工作站建设，依托“校领导接待日”、团委+相关职能部处的联席会议等制度平台，进一步健全日常学生意见收集反映机制。深化建言献策和权益维护工作机制搭建，及时反映青年声音，定期编发青年之声工作站简报。坚持开展学生提案工作，通过调研、校园提案大赛等精品活动，发挥好联系服务青年、帮扶困难团员、维护青年权益的桥梁和纽带作用。

【组织建设与干部培养工作】

一是聚焦共青团主责主业，推动改革攻坚。严格落实《西南交通大学共青团改革方案》，积极推动各二级团学组织规范召开团学代会，规范构建二级团组织体系，自 2017 年方案出台以来，现已实现全校二级团组织全覆盖。进一步强化党建带团建，全面、系统、科学、分类修订 2019 年团建考核指标体系，将共青团工作纳入学校党建考核内容，占比 10%。全面推进“班团一体化”建设，已实现 21 个学院 2018、2019 两个年级团支部全覆盖。二是凝练支部工作模式，夯实基层组织建设。探索凝练“1+4+N”团支部工作模式，修订团支部建设指导意见和推优入党文件，印发《团支部工作手册》，定期更新“智慧团建”系统，开展学社衔接清查等。全面推进“班团一体化”建设，开展团员先锋岗、团员示范岗、青年岗位能手等创建工作。扎实开展团支部整顿，全年开展专项整顿 4 次。三是完善调查研究机制，做好科学决策谋划。成立了共青团改革工作专门委员会，以共青团改革工作专门委员会为统揽，下设基层组织建设工作、青年思想政治引领工作、第二课堂建设工作、科创与实践育人工作等 4 个分委会，专门委员会通过聚焦本领域工作，发挥参谋咨询作用，为学校共青团提出科学决策参考。以青年工作研究中心为依托，做好 2019 年度学校“大思政”课题申报立项工作，获批 4 项。教改项目申报立项工作，获教务处专项支持 13 万。同时，结合青年工作热点进行调查研究，研判新时代团员青年思想动向。通过第二课堂成绩单体系建设，评估新时代团员青年综合素质，为学校党委和上级团组织提供参考数据。四是优化青马工程体系，培养青年政治力量。积极探索推进大思政背景下“青马工程”协同育人新机制，青年马克思主义者培养工程体系已纳入学校党委党校学生骨干培养，通过党建带团建，不断优化提升“青马工程”培养体系。开展大学生骨干暨第八期“青马工程”培训，全年培训团支部委员、学生组织骨干、学生领袖人物 3000 余人。

【宣传工作】

构建团学媒体矩阵，占领意识形态阵地。按照学校《校园新媒体建设和管理指导意见（试行）》，切实加强了对团学新媒体平台阵地的隐患排查、风险防控、管理引导，备案团属新媒体，通过校院两级联动，定期开展安全隐患排查，备案 433 个团属新媒体，层层压实意识形态责任制，全年未发生意识形态领域的安全问题。探索构建西南交通大学团学“融媒体”工作模式，策划推出《强国一代有我在》青春快闪、《交大新青年》、“交大 Kelly 说”、“习语青声”微动画等新媒体产品，校团委包揽学校 2019 年宣传思想工作表彰集体和个人全部类别奖项，成为校内获奖数最多的单位。

（十三）机关党委与机关工会工作

【思想政治建设】

修订《西南交通大学机关工作规范》，牵头制定《中共西南交通大学委员会关于机关作风建设的实施办法》，印发了作风建设“九讲”“九不准”，并纳入党员应知应会考试。开展“加强服务意识，优质服务师生”主题党日活动。教育部巡视整改牵头任务全部按时完成。全年共召开机关党委会 19 次，支部书记会 8 次。中心组专题学习 14 次，专题学习习近平在学校思想政治理论课教师座谈会上的重要讲话精神等近 20 个专题。

【严格党内政治生活】

党员正职兼任支部书记工作做到“应任全任”，开展党员副职兼任支部纪检委员工作有力度。严格机关党委委员联系党支部制度，认真落实领导干部双重组织生活制度。严格落实党支部每单周四下午固定开展组织生活，及时督查提醒党支部换届。持续创新优化“三种留痕”“十二个做好”等规范要求。全年机关党支部书记讲党课 150 多次，各党支部政治理论学习 400 多场次。

进一步优化党支部设置,实现成都峨眉两校区党支部建设、党员一体化教育管理。严格开展专题党支部书记述职评议。

【组织建设】

开展“创先争优”与服务示范岗评比，机关党委被评为校级“先进基层党组织”，人事处党支部被评为学校“十佳先进党支部”，1 人被评为学校优秀党务工作者，5 人被评为学校优秀共产党员。开展党支部书记、委员培训 300 多人次。高质量打造“党员之家”，在综合楼 104 建成了室内实体的“党员之家”和“职工之家”，不断激发基层党建活力。认真开展党员民主评议、专题民主生活会和“三分类三升级”评比，组织部、党政办、人事处、合联处、宣传部、招就处、纪监巡、审计处、学工部、教务处等 10 个党支部定级为先进党支部。

【“不忘初心、牢记使命”主题教育】

一是突出主题主线，学习教育入脑入心，认真读原著、学原文、悟原理；利用地域政治教育优势开展革命信念教育；打造线上线下融合互动的新型空间。二是突出两级联动，统筹推进调查研究。机关党委班子围绕“如何建好机关党员之家和职工之家，发挥好凝心聚力的作用”和“机关工会如何更好地服务职工”专题调研，统筹协调机关各单位调研。三是突出准确全面，紧盯问题抓好检视。机关党委通过征求意见函、设立意见箱、调查研究、座谈交流等多种方式，征求意见建议 10 余条，逐项细化问题清单，深刻剖析原因，明确整改重点和方向。四是突出求真务实，以师生满意度作为整改落实标准。创新实施双重“神秘访客”访查制度，机关全体党员同志签署“九讲九不准”承诺书等，确保整改落实到位。

【党建活动与宣传工作】

一是结合学校布置的主题开展支部主题党日活动，先后开展“新中国成立 70 周年系列主题活动”“我和我的祖国”等系列主题党日活动。二是开展“加强服务意识，优质服务师生”主题党日活动。三是结合本职工作开展多样的思想政治教育活动。四是结合红色教育基地开展理想信念教育。32 个党支部全年平均开展 3 次以上主题党日活动。机关党委网站和新媒体采用“222”管理模式创新管理。专题学习宣讲《西南交通大学教师师德失范行为处理办法（试行）》。机关党委制作高品质“菜单”和原创 PPT 及时共享，多批次发放学习资料 2000 多册，机关党委微信公众号每年推送新闻 200 多条，机关党委网站发布党建新闻 550 多篇，党建宣传鲜活。

【群团工作】

在学校第 120 届运动会上获得入场式和团体总分“双第一”荣誉。大力开展职工小家建设，开展“三八节踏青”“幸福交大”摄影展、“机关红色微马”等活动；建立困难职工档案，慰问生病和生活困难教职工 60 多人次；机关队在排球、篮球、足球等各类型文体活动中都取得优异成绩，小型“工间操”等阳光体育活动有声有色。指导大学生留守儿童关爱协会定期开展留守儿童支教活动和“三下乡”暑期社会实践并获奖。正式出版《西南交通大学第三届机关优秀工作案例集》，充分展现了机关“做成做优，敢于冒尖”的作风素养。

六、“双一流”与学科建设

（一）“双一流”建设

（1）成功组织召开学校“双一流”建设中期自评和第五轮学科评估推进会。按照教育部要求，组织各单位和项目完成自评材料总结，梳理了学校“双一流”建设成效和不足，编制了中期自评报告和特色案例。向教育部报送《西南交通大学关于对“双一流”建设引导专项资金绩效评价结果反映问题的剖析及整改报告》（西交校〔2019〕38 号），向四川省教育厅报送《西南交通大学“双一流”建设工作情况报告》（西交校〔2019〕33 号）。

（2）邀请高级别专家组对“双一流”建设进行诊断评议。评议组由国务院学位委员会交通运输工程学科评议组专家、全国高等学校教学指导委员会专家和交通运输领域的行业专家组成专家组，通过评议，我校“双一流”建设得到了以严新平院士为组长的校外专家组的高度评价，专家组认为：学校“双一流”建设完成了阶段建设主要任务，达成了阶段建设主要目标，在人才培养、科学研究、国际合作与交流等方面取得了标志性成果，并在支撑“交通强国”战略和服务轨道交通国家重大工程领域做出了重大贡献，一致同意通过西南交通大学“双一流”建设中期自评。

（3）积极推动“双一流”建设管理体制机制改革，研究起草了交通运输工程学部机构设置及管理架构，促成学校成立了“交通运输工程学部”。组织召开了庄严隆重的学部揭牌仪式，中国科学院技术科学部主任杨卫院士与杨丹校长等为学部揭牌，近十位院士与会见证，今日头条、中国交通报等媒体进行了报道，在行业、高校和校友间引起了强烈反响，中南大学、华北电力大学、南京航空航天大学等高校闻讯后专门率队前来学习调研。编印分发“双一流”简报 4 期。

（4）以项目建设为抓手，持续推进“双一流”建设。在学校预算范围内，以“建一流”和“创一流”两大类项目建设为抓手，通过项目中期检查、定期诊断与汇报，抓好一流学科建设与一流培育学科的建设。

（二）学科建设

（1）学校以工科见长，形成了工、理、文、生“四大学科群”。目前拥有交通运输工程、数学、马克思主义理论等 18 个一级学科博士学位授权点和 3 个专业类别博士授权点，拥有 40 个一级学科硕士学位授权点和 20 个专业类别硕士授权点。

（2）努力探索学科建设与学科管理新模式。学校 ESI 学科排名持续上升，工程学、材料科学、计算机科学、化学 4 个学科进入 ESI 排名前 1%。其中，工程学排名全球前 1.33‰的位置，离千分之一学科仅一步之遥。

（3）在校领导带领下，积极开展学科状态巡察工作，对现有学科的建设情况进行诊断，形成学科巡察报告，一对一反馈至相关学院，为迎接第五轮学科评估打下坚实的基础。

（4）积极推进学术组织建设工作。4 月召开了第八届学术委员会最后一次会议，研究了设立交通运输学部事宜，并审定启动了学术组织全面换届工作。严格按照程序选出 27 位学术委员会委员，21 个教授委员会共计 252 名委员，指导各专项委员会推进选举换届工作。根据国务院学位办《关于推荐国务院学位委员会第八届学科评议组成员人选的通知》（学位办〔2019〕15 号）文件精神，完成了我校教育部第八届学科评议组成员推荐工作，向教育部推荐了 18 名学科评议组成员。

七、人才培养

（一）办学层次

1. 学位授权一级学科

序号	学科代码	学科名称	层次	牵头学院	2016 学科评估	获批时间
1	0823	交通运输工程	博士	交通运输工程学部	A+	1998
2	0814	土木工程	博士	土木工程学院	A-	2000
3	0305	马克思主义理论	博士	马克思主义学院	B+	2018
4	0802	机械工程	博士	机械工程学院	B+	2000
5	0808	电气工程	博士	电气工程学院	B+	2000
6	0810	信息与通信工程	博士	信息科学与技术学院	B+	2003
7	0812	计算机科学与技术	博士	信息科学与技术学院	B+	2011
8	1201	管理科学与工程	博士	经济管理学院	B+	1998
9	1202	工商管理	博士	经济管理学院	B+	2011
10	0801	力学	博士	力学与工程学院	B	2006
11	0805	材料科学与工程	博士	材料科学与工程学院	B	2011
12	0816	测绘科学与技术	博士	地球科学与环境工程学院	B	2006
13	0811	控制科学与工程	博士	电气工程学院	B-	2011
14	0813	建筑学	博士	建筑与设计学院	B-	2016
15	0702	物理学	博士	物理科学与技术学院	C+	2016
16	0818	地质资源与地质工程	博士	地球科学与环境工程学院	C+	2011
17	0501	中国语言文学	博士	人文学院	C	2011
18	0701	数学	博士	数学学院	C	2018
19	0809	电子科学与技术	硕士	物理科学与技术学院	B-	2011
20	0835	软件工程	硕士	信息科学与技术学院	B-	2011
21	0502	外国语言文学	硕士	外国语学院	C+	2011
22	0833	城乡规划学	硕士	建筑与设计学院	C+	2011
23	1204	公共管理	硕士	公共管理与政法学院	C+	2011
24	1305	设计学	硕士	建筑与设计学院	C+	2011
25	0714	统计学	硕士	经济管理学院	C	2011

续表

序号	学科代码	学科名称	层次	牵头学院	2016学科评估	获批时间
26	0830	环境科学与工程	硕士	地球科学与环境工程学院	C	2006
27	0831	生物医学工程	硕士	材料科学与工程学院	C	2003
28	1007	药学	硕士	生命科学与工程学院	C-	2011
29	0101	哲学	硕士	人文学院	未上榜	2011
30	0201	理论经济学	硕士	经济管理学院	未上榜	2011
31	0202	应用经济学	硕士	经济管理学院	未上榜	2011
32	0301	法学	硕士	公共管理与政法学院	未上榜	2011
33	0503	新闻传播学	硕士	人文学院	未上榜	2011
34	0711	系统科学	硕士	交通运输与物流学院	未上榜	2011
35	0834	风景园林学	硕士	建筑与设计学院	未上榜	2011
36	0837	安全科学与工程	硕士	交通运输与物流学院	未上榜	2011
37	0402	心理学	硕士	心理研究与咨询中心	未参评	2011
38	0710	生物学	硕士	生命科学与工程学院	未参评	2011
39	0807	动力工程及工程热物理	硕士	机械工程学院	未参评	2011
40	1002	临床医学	硕士	医学院	未参评	2011

2. 专业学位授权点一览表

序号	类别代码	专业学位类别	牵头学院	博士专业学位类别获批时间	硕士专业学位类别获批时间
1	0855	机械	机械工程学院	2019	2019
2	0858	能源动力	电气工程学院	2019	2019
3	0861	交通运输	牵引动力国家重点实验室	2019	2019
4	1251	工商管理硕士	经济管理学院		1996
5	0851	建筑学硕士	建筑与设计学院		1998
6	1252	公共管理硕士	公共管理与政法学院		2007
7	1351	艺术硕士	建筑与设计学院		2009
8	0351	法律硕士	公共管理与政法学院		2009
9	1256	工程管理硕士	经济管理学院		2010
10	1253	会计硕士	经济管理学院		2010
11	0953	风景园林硕士	建筑与设计学院		2010
12	0551	翻译硕士	外国语学院		2010
13	0853	城市规划硕士	建筑与设计学院		2014
14	0453	汉语国际教育	外国语学院		2014
15	0552	新闻与传播	人文学院		2018

续表

序号	类别代码	专业学位类别	牵头学院	博士专业学位类别获批时间	硕士专业学位类别获批时间
16	0854	电子信息	信息科学与技术学院		2019
17	0856	材料与化工	材料科学与工程学院		2019
18	0857	资源与环境	地球科学与环境工程学院		2019
19	0859	土木水利	土木工程学院		2019
20	0860	生物与医药	生命科学与工程学院		2019

3. 本科专业设置（按学科门类排序）

序号	专业代码	专业名称	所属教学单位	学制	学位授予门类
1	030101K	法学	公共管理与政法学院	4年	法学
2	030201	政治学与行政学	公共管理与政法学院	4年	法学
3	030503	思想政治教育	马克思主义学院	4年	法学
4	080203	材料成型及控制工程	材料科学与工程学院	4年	工学
5	080401	材料科学与工程	材料科学与工程学院	4年	工学
6	080407	高分子材料与工程	材料科学与工程学院	4年	工学
7	082601	生物医学工程	材料科学与工程学院	4年	工学
8	081201	测绘工程	地球科学与环境工程学院	4年	工学
9	081202	遥感科学与技术	地球科学与环境工程学院	4年	工学
10	081401	地质工程	地球科学与环境工程学院	4年	工学
11	081403	资源勘查工程	地球科学与环境工程学院	4年	工学
12	082502	环境工程	地球科学与环境工程学院	4年	工学
13	083102K	消防工程	地球科学与环境工程学院	4年	工学
14	080601	电气工程及其自动化	电气工程学院	4年	工学
15	080604T	电气工程与智能控制	电气工程学院	4年	工学
16	080701	电子信息工程	电气工程学院	4年	工学
17	080202	机械设计制造及其自动化	机械工程学院	4年	工学
18	080207	车辆工程	机械工程学院	4年	工学
19	080301	测控技术与仪器	机械工程学院	4年	工学
20	080501	能源与动力工程	机械工程学院	4年	工学
21	081002	建筑环境与能源应用工程	机械工程学院	4年	工学
22	081806T	交通设备信息工程	机械工程学院	4年	工学
23	120701	工业工程	机械工程学院	4年	工学
24	080205	工业设计	建筑与设计学院	4年	工学
25	082802	城乡规划	建筑与设计学院	5年	工学
26	082803	风景园林	建筑与设计学院	5年	工学

续表

序号	专业代码	专业名称	所属教学单位	学制	学位授予门类
27	081801	交通运输	交通运输与物流学院	4年	工学
28	081802	交通工程	交通运输与物流学院	4年	工学
29	082901	安全工程	交通运输与物流学院	4年	工学
30	120602	物流工程	交通运输与物流学院	4年	工学
31	080102	工程力学	力学与工程学院	4年	工学
32	082002	飞行器设计与工程	力学与工程学院	4年	工学
33	081302	制药工程	生命科学与工程学院	4年	工学
34	083001	生物工程	生命科学与工程学院	4年	工学
35	081001	土木工程	土木工程学院	4年	工学
36	081005T	城市地下空间工程	土木工程学院	4年	工学
37	081006T	道路桥梁与渡河工程	土木工程学院	4年	工学
38	081007T	铁道工程	土木工程学院	4年	工学
39	080714T	电子信息科学与技术	物理科学与技术学院	4年	工学
40	080702	电子科学与技术	信息科学与技术学院	4年	工学
41	080703	通信工程	信息科学与技术学院	4年	工学
42	080801	自动化	信息科学与技术学院	4年	工学
43	080802T	轨道交通信号与控制	信息科学与技术学院	4年	工学
44	080901	计算机科学与技术	信息科学与技术学院	4年	工学
45	080902	软件工程	信息科学与技术学院	4年	工学
46	080903	网络工程	信息科学与技术学院	4年	工学
47	080904K	信息安全	信息科学与技术学院	4年	工学
48	080905	物联网工程	信息科学与技术学院	4年	工学
49	08717T	人工智能	信息科学与技术学院	4年	工学
50	120401	公共事业管理	公共管理与政法学院	4年	管理学
51	090503	森林保护	建筑与设计学院	4年	管理学
52	120601	物流管理	交通运输与物流学院	4年	管理学
53	120102	信息管理与信息系统	经济管理学院	4年	管理学
54	120103	工程管理	经济管理学院	4年	管理学
55	120201K	工商管理	经济管理学院	4年	管理学
56	120203K	会计学	经济管理学院	4年	管理学
57	120801	电子商务	经济管理学院	4年	管理学
58	120901K	旅游管理	经济管理学院	4年	管理学
59	120105	工程造价	土木工程学院	4年	管理学
60	082801	建筑学	建筑与设计学院	5年	建筑学
61	020101	经济学	经济管理学院	4年	经济学

续表

序号	专业代码	专业名称	所属教学单位	学制	学位授予门类
62	020301K	金融学	经济管理学院	4年	经济学
63	020401	国际经济与贸易	经济管理学院	4年	经济学
64	070504	地理信息科学	地球科学与环境工程学院	4年	理学
65	071003	生物信息学	生命科学与工程学院	4年	理学
66	100801	中药学	生命科学与工程学院	4年	理学
67	070101	数学与应用数学	数学学院	4年	理学
68	070102	信息与计算科学	数学学院	4年	理学
69	071201	统计学	数学学院	4年	理学
70	080910T	数据科学与大数据技术	数学学院	4年	理学
71	070202	应用物理学	物理科学与技术学院	4年	理学
72	071102	应用心理学	心理研究与咨询中心	4年	理学
73	050101	汉语言文学	人文学院	4年	文学
74	050303	广告学	人文学院	4年	文学
75	050304	传播学	人文学院	4年	文学
76	050103	汉语国际教育	外国语学院	4年	文学
77	050201	英语	外国语学院	4年	文学
78	050203	德语	外国语学院	4年	文学
79	050204	法语	外国语学院	4年	文学
80	050207	日语	外国语学院	4年	文学
81	050261	翻译	外国语学院	4年	文学
82	050262	商务英语	外国语学院	4年	文学
83	130402	绘画	建筑与设计学院	4年	艺术学
84	130502	视觉传达设计	建筑与设计学院	4年	艺术学
85	130503	环境设计	建筑与设计学院	4年	艺术学
86	130504	产品设计	建筑与设计学院	4年	艺术学
87	130201	音乐表演	人文学院	4年	艺术学

4. 成人教育专业

专业代码	专业名称	专业方向	培养层次	学习形式
080202	机械设计制造及其自动化		专升本	函授
080202	机械设计制造及其自动化		专升本	业余
080601	电气工程及其自动化		专升本	函授
080601	电气工程及其自动化		专升本	业余
080703	通信工程		专升本	函授

续表

专业代码	专业名称	专业方向	培养层次	学习形式
080703	通信工程		专升本	业余
081001	土木工程	工程概预算	专升本	函授
081001	土木工程		专升本	函授
081001	土木工程	工程概预算	专升本	业余
081001	土木工程		专升本	业余
081801	交通运输		专升本	函授
081801	交通运输		专升本	业余
120103	工程管理		专升本	函授
120103	工程管理		专升本	业余
120201K	工商管理		专升本	函授
120203K	会计学		专升本	函授
120203K	会计学		专升本	业余

5. 网络教育专业

专业代码	专业名称	专业方向	培养层次
020301K	金融学		专升本
080202	机械设计制造及其自动化		专升本
080207	车辆工程		专升本
080207	车辆工程	城市轨道交通	专升本
080601	电气工程及其自动化		专升本
080601	电气工程及其自动化	电力机车	专升本
080601	电气工程及其自动化	铁道电气化	专升本
080601	电气工程及其自动化	城市轨道交通自动化	专升本
080801	自动化	铁道通信	专升本
080801	自动化	铁路信号	专升本
080801	自动化		专升本
080901	计算机科学与技术		专升本
081001	土木工程	工民建	专升本
081001	土木工程	工程概预算	专升本
081006T	道路桥梁与渡河工程		专升本
081007T	铁道工程		专升本
081801	交通运输	高速铁路	专升本
081801	交通运输		专升本

续表

专业代码	专业名称	专业方向	培养层次
081801	交通运输	城市轨道交通	专升本
120103	工程管理		专升本
120201K	工商管理		专升本
120201K	工商管理	人力资源	专升本
120203K	会计学		专升本
120401	公共事业管理		专升本
120601	物流管理		专升本
540301	建筑工程技术		高起专
540501	建设工程管理		高起专
540502	工程造价		高起专
560301	机电一体化技术		高起专
600101	铁道机车		高起专
600102	铁道车辆		高起专
600103	铁道供电技术	铁道供电	高起专
600103	铁道供电技术	电力机车	高起专
600103	铁道供电技术		高起专
600103	铁道供电技术	城轨自动化	高起专
600104	铁道工程技术		高起专
600106	铁道信号自动控制	铁道通信	高起专
600106	铁道信号自动控制		高起专
600108	铁道交通运营管理	铁道运输	高起专
600108	铁道交通运营管理	高速铁路	高起专
600202	道路桥梁工程技术		高起专
600606	城市轨道交通运营管理		高起专

6. 西南交通大学2019年遴选招收博士生指导教师汇总表（2020年上岗招生）

序号	姓　名	一级学科	研究方向	职称	性别	出生年月	工作单位
1	艾长发	交通运输工程	1. 路面结构设计理论与方法 2. 路面新材料研发及应用技术	教授	男	1975年10月	土木工程学院
2	陈　嵘	交通运输工程	1. 高速重载铁路轨道结构与轨道动力学 2. 城市轨道交工轨道新结构及减振降噪技术	教授	男	1981年9月	土木工程学院

续表

序号	姓　名	一级学科	研究方向	职称	性别	出生年月	工作单位
3	杜彦良	交通运输工程	1. TBM施工技术与故障诊断 2. 大型结构健康诊断与控制	教授/院士	男	1956年1月	石家庄铁道大学
4	何　庆	交通运输工程	1. 基于大数据的铁路和公路交通的维护和管理 2. 数据驱动优化控制理论	教授	男	1986年1月	土木工程学院
5	蒋关鲁	交通运输工程	1. 高速铁路与高速公路路基设计理论 2. 软弱地基处理与土工结构抗震加固技术	教授	男	1962年5月	土木工程学院
6	刘先峰	交通运输工程	1. 路基土工结构设计理论与建造技术 2. 交通土工结构防灾减灾基础理论及维修加固技术	教授	男	1980年10月	土木工程学院
7	卢春房	交通运输工程、土木工程	1. 铁路及城市轨道工程 2. 路基土木结构设计理论与路基工程建造技术 3. 隧道工程耐久性设计 4. 隧道工程维修加固	教授/院士	男	1956年5月	中国铁道学会
8	罗　强	交通运输工程	1. 路基工程 2. 土工技术	教授	男	1963年12月	土木工程学院
9	邱延峻	交通运输工程	道路工程	教授	男	1966年2月	土木工程学院
10	任娟娟	交通运输工程	1. 高速铁路无砟轨道结构设计理论与损伤机理 2. 铁路及城市轨道结构及轨道动力学	教授	女	1983年7月	土木工程学院
11	苏　谦	交通运输工程	1. 线路工程路基结构（路基新结构、地基处理新技术、路基工程动力学） 2. 高速铁路基础设施检测与灾害防治	教授	男	1972年3月	土木工程学院
12	王　平	交通运输工程	1. 高速重载轨道结构及轨道动力学 2. 铁路轨道不平顺及动力学	教授	男	1969年7月	土木工程学院
13	韦　凯	交通运输工程	1. 车辆-轨道-隧道耦合系统动力学 2. 轨道交通环境振动噪音的预测与控制 3. 高分子类黏滞（属于被动阻尼）减振轨道的设计方法 4. 磁流变类库仑阻尼（属于半主动或主动阻尼——只能阻尼）减振轨道的设计方法	研究员	男	1980年12月	土木工程学院
14	杨荣山	交通运输工程	1. 高速重载轨道结构 2. 轨道动力学	教授	男	1975年9月	土木工程学院
15	赵国堂	交通运输工程	1. 铁路建设项目管理 2. 轨道动力学	教授	男	1964年2月	京沪高速铁路公司

续表

序号	姓　名	一级学科	研究方向	职称	性别	出生年月	工作单位
16	赵坪锐	交通运输工程	高速重载轨道结构与轨道动力学	副教授	男	1978年11月	土木工程学院
17	朱　颖	交通运输工程	1. 综合交通系统优化 2. 城市及区域交通规划与发展战略研究	教授级高工	男	1963年6月	中铁二院
18	蒋　鑫	交通运输工程	1. 基础路面工程 2. 道路工程精细化数值仿真技术	教授	男	1976年2月	土木工程学院
19	严贺祥	交通运输工程	1. 交通运输规划与管理 2. 系统工程	教授级高工	男	1964年2月	国家铁路局
20	杨长卫	土木工程	1. 高铁防灾减灾 2. 岩土工程抗震	副研究员	男	1987年12月	防灾减灾研究所
21	付永胜	土木工程	1. 水处理理论与技术 2. 市政工程规划与管理	教授	男	1963年1月	地球科学与环境工程学院
22	黄　涛	土木工程	1. 工程水环境效应及其控制 2. 工程节能减排	教授	男	1970年8月	地球科学与环境工程学院
23	张建强	土木工程	1. 水处理理论与技术 2. 生态环境	教授	男	1963年1月	地球科学与环境工程学院
24	郭　迅	土木工程	1. 结构抗震 2. 桥梁抗震	研究员	男	1967年9月	防灾科技学院
25	李明水	土木工程	1. 建筑结构风工程 2. 桥梁结构抗风	教授	男	1966年7月	土木工程学院
26	刘成清	土木工程	1. 结构冲击与防护 2. 结构抗震与减灾	副教授	男	1976年10月	土木工程学院
27	潘　毅	土木工程	1. 复杂结构隔震与减震设计理论 2. 既有建筑抗震鉴定与加固方法	教授	男	1977年9月	土木工程学院
28	孙玉平	土木工程	1. 节能型高恢复性抗震结构的开发 2. 钢管混凝土结构的极限能力理论与设计	教授	男	1961年6月	日本神户大学
29	杨　成	土木工程	1. 工程结构抗震 2. 城市韧性	副教授	男	1977年7月	土木工程学院
30	余志祥	土木工程	1. 结构冲击与防护 2. 风雪流作用及结构行为	教授	男	1976年1月	土木工程学院
31	赵世春	土木工程	1. 建筑工业化与信息化技术 2. 结构冲击与防护	教授	男	1961年1月	土木工程学院
32	李小珍	土木工程	1. 桥梁结构动力响应 2. 复杂桥梁结构安全性	教授	男	1970年1月	土木工程学院
33	卜一之	土木工程	1. 钢结构与钢-混组合结构桥梁 2. 现代桥式及桥梁结构设计理论	教授	男	1961年3月	土木工程学院

续表

序号	姓　名	一级学科	研究方向	职称	性别	出生年月	工作单位
34	曾艳华	土木工程	1. 大型交通隧道工程运营环境控制及防灾救援技术 2. 高地温及高寒隧道围岩-风流传热分析	教授	女	1968 年 7 月	土木工程学院
35	陈寿根	土木工程	1. 复杂地质和复杂环境条件下的隧道施工力学行为研究 2. 不连续岩体隧道施工全过程离散单元模拟技术	教授	男	1963 年 9 月	土木工程学院
36	陈新中	土木工程	1. 桥梁结构动力响应 2. 工程风工程	教授	男	1964 年 9 月	得克萨斯理工大学
37	崔圣爱	土木工程	1. 桥梁结构动力行为研究（地震易损性、车桥耦合振动） 2. 混凝土材料宏观性能及微观机理分析 3. 混凝土材料宏观性能及微观机理分析 4. 结构动力行为研究	教授	女	1981 年 1 月	土木工程学院
38	单德山	土木工程	1. 桥梁结构健康监测与损伤识别 2. 大跨度桥梁施工控制	教授	男	1969 年 7 月	土木工程学院
39	方　勇	土木工程	1. 隧道施工力学 2. 盾构掘进对环境影响及控制	教授	男	1981 年 1 月	土木工程学院
40	高宗余	土木工程	深水大跨桥梁设计理论	教授级高工	男	1964 年 1 月	中铁大桥勘测设计院集团有限公司
41	耿　萍	土木工程	1. 隧道与地下结构抗减震理论 2. 盾构隧道结构设计理论	教授	女	1964 年 4 月	土木工程学院
42	郭　春	土木工程	1. 地下工程环境控制及防灾减灾 2. 地下工程低碳节能及新技术	副教授	男	1979 年 1 月	土木工程学院
43	何　川	土木工程	1. 大型及复杂交通隧道结构安全 2. 长大交通隧道营运控制	教授	男	1964 年 6 月	土木工程学院
44	晋智斌	土木工程	1. 桥梁结构动力响应 2. 桥梁抗震	副教授	男	1979 年 8 月	土木工程学院
45	雷升祥	土木工程	1. 交通隧道设计理论与施工 2. 城市地下铁道减灾防灾理论	教授级高工	男	1965 年 3 月	中铁二十局集团公司
46	马存明	土木工程	1. 桥梁风工程 2. 大跨桥梁结构动力学	研究员	男	1976 年 7 月	土木工程学院
47	马中国	土木工程	1. 预应力混凝土桥梁的基本行为及快速建造技术 2. 高性能材料的高效利用及结构优化设计	教授	男	1964 年 8 月	美国田纳西大学土木及环境工程系

续表

序号	姓　名	一级学科	研究方向	职称	性别	出生年月	工作单位
48	蒲黔辉	土木工程	1. 大跨度预应力混凝土桥结构行为的研究 2. 新建桥梁及既有桥梁结构的研究与评估	教授	男	1965年9月	土木工程学院
49	钱永久	土木工程	1. 既有桥梁评估、诊断与加固理论 2. 现代桥梁结构设计理论	教授	男	1963年6月	土木工程学院
50	秦顺全	土木工程	1. 桥梁施工控制理论与技术、关键施工装备研究 2. 深水大跨桥梁	教授/院士	男	1963年7月	土木工程学院
51	任辉启	土木工程	1. 武器毁伤效应 2. 工程防护技术	教授/院士	男	1953年5月	总参工程兵科研三所
52	邵长江	土木工程	1. 桥梁抗震 2. 结构抗震试验	副教授	男	1970年10月	桥梁工程系
53	申玉生	土木工程	1. 高烈度地震区山岭隧道工程抗减震理论 2. 连拱隧道及大跨度隧道施工力学特性	副教授	男	1976年11月	土木工程学院
54	沈锐利	土木工程	1. 现代桥式及桥梁结构设计理论 2. 桥梁结构动力响应	教授	男	1963年5月	土木工程学院
55	汪　波	土木工程	1. 深埋长大隧道施工力学行为及隧道支护理论 2. 隧道工程设计理论与方法	教授	男	1975年10月	土木工程学院
56	王明年	土木工程	1. 隧道机械化-智能化建造技术研究 2. 交通隧道设计理论与施工技术 3. 隧道及地下工程运营节能与通风防灾	教授	男	1965年3月	土木工程学院
57	卫　星	土木工程	1. 现代桥式及桥梁结构设计理论 2. 钢及钢混凝土组合桥梁结构行为	教授	男	1976年1月	土木工程学院
58	徐腾飞	土木工程	1. 现代桥式及桥梁结构设计理论 2. 既有桥梁结构损伤识别与健全性评估理论	副教授	男	1983年11月	土木工程学院
59	晏启祥	土木工程	1. 盾构 TBM 隧道结构理论与施工控制 2. 交通隧道设计理论与施工	教授	男	1971年1月	土木工程学院
60	杨万里	土木工程	1. 跨海桥梁结构理论与建造技术 2. 负责环境桥梁结构安全性 3. 结构抗震设计理论 4. 装配式结构 5. 滨海结构防灾减灾研究	教授	男	1979年7月	土木工程学院

续表

序号	姓名	一级学科	研究方向	职称	性别	出生年月	工作单位
61	杨永清	土木工程	1. 现代桥式及桥梁结构设计理论 2. 既有桥梁结构损伤与健全性评估	教授	男	1965 年 10 月	土木工程学院
62	张俊儒	土木工程	1. 超大断面隧道围岩稳定性及支护理论 2. 软岩隧道大变形支护理论及控制技术 3. 隧道单层衬砌支护机理及设计方法	副教授	男	1978 年 4 月	土木工程学院
63	张清华	土木工程	1. 桥梁工程新结构、新材料及设计理论 2. 桥梁长期性能与安全评定	教授	男	1975 年 2 月	土木工程学院
64	张志强	土木工程	1. 大型及复杂地下结构施工力学 2. 隧道与地下工程信息化理论与方法 3. TBM 隧道施工控制及技术	教授	男	1968 年 11 月	土木工程学院
65	赵灿晖	土木工程	1. 桥梁抗震 2. 组合结构桥梁	教授	男	1970 年 10 月	土木工程学院
66	赵人达	土木工程	1. 现代桥式及桥梁结构设计理论与工程实践 2. 新型高性能混凝土材料及其结构行为研究	教授	男	1961 年 11 月	土木工程学院
67	郑东生	土木工程	1. 深水桥梁基础流固土耦合动力学 2. 海洋岩土工程	教授	男	1965 年 1 月	澳大利亚格里菲斯大学黄金海岸校区格里菲斯工程学院岩土系
68	郑凯锋	土木工程	1. 钢桥 2. 复杂桥梁精细仿真计算分析	教授	男	1963 年 1 月	土木工程学院
69	郑史雄	土木工程	1. 桥梁抗风与抗震分析 2. 桥梁结构动力行为	教授	男	1965 年 8 月	土木工程学院
70	周晓军	土木工程	1. 隧道与地下工程结构设计与计算理论 2. 隧道与地下工程施工力学	教授	男	1969 年 5 月	土木工程学院
71	祝兵	土木工程	现代桥式及桥梁结构设计理论 跨海桥梁工程流固耦合动力学行为及建造关键技术	教授	男	1965 年 2 月	土木工程学院
72	李永乐	土木工程	1. 桥梁风工程及防灾 2. 车桥耦合振动	教授	男	1972 年 7 月	土木工程学院
73	廖海黎	土木工程	1. 桥梁风工程 2. 结构风工程	教授	男	1956 年 6 月	土木工程学院
74	陈俊敏	土木工程	环境风险评估、火灾风险评估	教授	男	1976 年 3 月	西南交通大学

续表

序号	姓　名	一级学科	研究方向	职称	性别	出生年月	工作单位
75	范美坤	土木工程、测绘科学与技术	水处理理论与技术、环境污染现场检测技术环境中的POPs的迁移与转化	教授	男	1976年1月	地球科学与环境工程学院
76	杨顺生	土木工程	1. 膜技术处理渗滤液 2. 污泥处理新技术	教授	男	1961年11月	土木工程学院
77	赵　锐	土木工程、测绘科学与技术	1. 可持续设计理论与技术 2. 城市低碳发展理论、资源与环境信息技术环境风险与决策	教授	男	1983年3月	地球科学与环境工程学院
78	龚正君	市政工程	水环境中痕量污染的检测技术 水体中重金属的去除研究	教授	女	1976年3月	地球科学与环境工程学院
79	崔　凯	土木工程	1. 特殊土力学 2. 地基基础	教授	男	1979年12月	土木工程学院
80	刘家男	土木工程	1. 边坡工程及支挡结构 2. 环境岩土工程	教授	男	1966年3月	暨南国际大学
81	王复明	土木工程、交通运输工程	1. 基础工程设施安全维护理论 2. 基础工程渗漏防水	教授/院士	男	1957年3月	郑州大学
82	张继春	土木工程	1. 爆破工程 2. 岩石动力学与工程	教授	男	1963年2月	土木工程学院
83	张建经	土木工程	1. 岩土抗震工程 2. 高速铁路路基工程及边坡防护工程	教授	男	1960年11月	土木工程学院
84	张迎宾	土木工程	1. 地震地质灾害 2. 地震岩土工程	教授	男	1983年4月	土木工程学院
85	王东元	土木工程	1. 交通岩土、岩土可靠度和风险控制理论 2. 能源岩土、陆地和近海风电基础工程	教授	男	1967年1月	美国德州大学
86	丁渭平	机械工程	1. 汽车噪声、振动及声振舒适性 2. 汽车现代设计理论与方法 3. 汽车智能化理论与技术	教授	男	1968年8月	机械工程学院
87	卢耀辉	机械工程	1. 振动疲劳及焊接结构疲劳断裂 2. 车辆空气动力学	教授	男	1973年9月	机械工程学院
88	王俊国	机械工程	轨道车辆系统动力学与可靠性 轨道车辆智能监控与图像处理	副教授	男	1965年4月	机械工程学院
89	闫楚良	机械工程	结构疲劳可靠性与安全性 载荷谱分析、结构寿命评定	研究员/院士	男	1947年8月	机械工程学院
90	祝　乔	机械工程	1. 新能源汽车能源管理 2. 车辆主动、半主动悬架	教授	男	1982年1月	机械工程学院

续表

序号	姓　名	一级学科	研究方向	职称	性别	出生年月	工作单位
91	胡广地	机械工程、控制科学与工程	汽车发动机及排放控制、汽车车辆电子控制、新能源汽车与智能网联汽车技术、机电、电液控制与电子气动控制、新能源汽车、智能网联汽车、车联网	教授	男	1964 年 11 月	机械工程学院
92	郭　俊	机械工程	轮轨关系、轮轨摩擦学	研究员	男	1972 年 12 月	科学技术处
93	支锦亦	机械工程、建筑学	交通工具设计研究、老龄产品设计及人因工程、国际老龄科学研究、交通工具设计研究、老龄产品设计与人因工程	教授	女	1974 年 1 月	建筑与设计学院
94	支　宇	机械工程	设计文化与设计理论研究	教授	男	1969 年 7 月	建筑与设计学院
95	陈春俊	机械工程	1. 机电系统测试、诊断与控制 2. 交通设备性能测试及主动控制	教授	男	1967 年 7 月	机械工程学院
96	陈　翔	机械工程	1. 智能控制 2. 机器视觉	教授	男	1963 年 6 月	加拿大温莎大学
97	张　洁	机械工程	1. 状态监测与系统分析 2. 机器学习与智能控制 3. 监测技术与模式分析 4. 机器视觉与智能控制	教授	女	1975 年 4 月	机械工程学院
98	蔡振兵	机械工程、材料科学与工程	摩擦学及表面工程	研究员	男	1981 年 3 月	机械工程学院
99	何朝明	机械工程	机构学、机器人学及设计自动化、智能系统设计、图像处理与识别	教授	男	1972 年 10 月	机械工程学院
100	靳忠民	机械工程	生物摩擦学、人工关节设计及制造、有限元在工程中的应用及计算、组织工程	教授	男	1963 年 4 月	机械工程学院
101	莫继良	机械工程	1. 摩擦学及表面工程 2. 摩擦振动噪声	副研究员	男	1982 年 2 月	机械工程学院
102	王战江	机械工程	机械结构表界面设计、计算机辅助工程设计	教授	男	1981 年 10 月	机械工程学院
103	余丙军	机械工程	1. 纳米加工 2. 纳米摩擦学	副研究员	男	1981 年 9 月	机械工程学院
104	张则强	机械工程	1. 机械智能优化与动态仿真 2. 制造系统与智能优化	教授	男	1978 年 5 月	机械工程学院
105	张祖涛	机械工程、交通运输工程	新能源机能采集与存储技术、智能车辆及其关键技术、智能车辆环境感知及控制技术、车辆辅助安全技术	教授	男	1974 年 9 月	机械工程学院
106	董大伟	机械工程	震动与噪声控制	教授	男	1963 年 4 月	机械工程学院
107	米彩盈	机械工程	机车车辆设计理论	教授	男	1965 年 3 月	机械工程学院

续表

序号	姓　名	一级学科	研究方向	职称	性别	出生年月	工作单位
108	赵永翔	机械工程	疲劳可靠性及安全性、服役可靠性及维修性、关键部件可靠性	教授	男	1963 年 2 月	机械工程学院
109	邓　斌	机械工程	机电液系统集成及智能控制、电液控制与电子—气动控制	教授	男	1964 年 9 月	机械工程学院
110	高宏力	机械工程	机电一体化技术	教授	男	1971 年 12 月	机械工程学院
111	柯　坚	机械工程	机电液系统集成及智能控制、电液控制与电子—气动控制	教授	男	1963 年 7 月	机械工程学院
112	乐嘉陵	机械工程	高超声速空气动力学、飞行器结构与控制系统	研究员/院士	男	1936 年 3 月	中国空气动力研究与发展中心
113	肖世德	机械工程	机电一体化系统数字化设计与控制	教授	男	1967 年 4 月	机械工程学院
114	陈光雄	机械工程	载流摩擦学、摩擦噪声、钢轨波磨和车轮多边形磨耗	教授	男	1962 年 3 月	机械工程学院
115	程文明	机械工程	数字物流与智能技术、现代物流技术与设备	教授	男	1963 年 6 月	机械工程学院
116	崔树勋	机械工程、材料科学与工程	高分子单链力学、分子自组装	教授	男	1977 年 4 月	机械工程学院
117	何其昌	机械工程	力学、材料、实验技术、数值模拟	教授	男	1963 年 11 月	机械工程学院
118	李柏林	机械工程	图形图像处理及逆向工程、机构学机器人与优化技术	教授	男	1962 年 10 月	机械工程学院
119	李　立	机械工程	机构学、机器人学及设计自动化、智能系统设计、高速轮轨型面优化	教授	女	1965 年 6 月	机械工程学院
120	李　炜	机械工程	1. 生物摩擦学 2. 材料表面工程	研究员	女	1969 年 5 月	机械工程学院
121	刘启跃	机械工程	轮轨关系、轮轨摩擦学	教授	男	1964 年 5 月	机械工程学院
122	欧阳华江	机械工程	摩擦震动噪声、动力学	教授	男	1963 年 7 月	英国利物浦大学
123	钱林茂	机械工程、材料科学与工程	纳米摩擦学、纳米制造、生物摩擦学	教授	男	1971 年 6 月	机械工程学院、摩擦学研究所
124	汪旭光	机械工程	安全工程	教授/院士	男	1939 年 12 月	北京矿冶研究总院
125	王文健	机械工程	轮轨关系、伤损及预防措施、轮轨检测与监测	研究员	男	1980 年 6 月	机械工程学院
126	郑　靖	机械工程	表界面科学与技术、仿真设计与制造	研究员	女	1974 年 2 月	机械工程学院
127	周仲荣	机械工程、材料科学与工程	生物摩擦学、微动摩擦学	教授	男	1965 年 8 月	机械工程学院
128	朱旻昊	机械工程、材料科学与工程	摩擦学、表面工程、高铁材料、核电材料服役行为研究、表面工程及摩擦学	教授	男	1968 年 7 月	机械工程学院
129	丁国富	机械工程	数字化设计与制造技术	教授	男	1972 年 2 月	机械工程学院

续表

序号	姓名	一级学科	研究方向	职称	性别	出生年月	工作单位
130	秦圣峰	机械工程	复杂机电产品数字化设计与制造、虚拟样机技术	教授	男	1962年12月	英国布鲁内尔大学
131	阎开印	机械工程	数字化设计与制造技术	教授	男	1961年8月	教务处
132	陈　辉	机械制造及其自动化、材料科学与工程	先进表面修复及再制造、高速铁路焊接技术、高速列车焊接、表面工程	教授	男	1970年5月	材料科学与工程学院
133	陈锦雄	交通运输工程、控制科学与工程	机车车辆系统动态模拟、机车车辆测控技术及故障诊断	教授	男	1962年8月	电气工程学院
134	圣小珍	交通运输工程、机械工程	1. 铁路振动与噪声 2. 车辆、轨道系统动力学 3. 车用涡轮增压器振动噪声与可靠性	教授	男	1962年6月	机械工程学院、牵引动力国家重点实验室
135	雷　波	土木工程	通风技术、建筑节能	教授	男	1961年5月	机械工程学院
136	余南阳	土木工程	空调过程控制与节能	教授	男	1961年2月	机械工程学院
137	袁艳平	土木工程、建筑学	建筑节能、建筑可再生能源技术、热湿环境控制技术	教授	男	1973年6月	机械工程学院
138	蔡成标	机械工程	高速列车与线路及桥梁的相互作用、铁路大系统动力学理论及仿真	研究员	男	1963年5月	牵引动力国家重点实验室
139	池茂儒	机械工程	铁道车辆系统动力学、空轨列车系统设计理论、真空管道悬浮列车控制技术	研究员	男	1973年10月	牵引动力国家重点实验室
140	敬　霖	机械工程	1. 列车碰撞安全与冲击防护 2. 轮轨动态接触与损伤行为	研究员	男	1984年4月	牵引动力国家重点实验室
141	罗世辉	机械工程	车辆设计及理论、车辆强度及可靠性	教授	男	1964年4月	牵引动力国家重点实验室
142	马卫华	机械工程	1. 机车及重载列车动力学 2. 磁浮列车悬浮架设计及车辆动力学	研究员	男	1979年1月	牵引动力国家重点实验室
143	姚　远	机械工程	1. 机车车辆设计理论 2. 车辆系统动力学及控制	研究员	男	1983年6月	牵引动力国家重点实验室
144	张继旺	机械工程	1. 高速列车结构强度及寿命预测 2. 材料与结构的损伤和评估	副研究员	男	1983年6月	牵引动力国家重点实验室
145	张继业	机械工程、交通运输工程	车辆动力学与控制、混合动力车辆控制、多车辆协调控制	教授	男	1965年6月	牵引动力国家重点实验室
146	刘建新	机械工程	机车车辆结构与强度分析、机车车辆动力学	教授	男	1965年1月	牵引动力国家重点实验室
147	翟婉明	机械工程、交通运输工程	铁路大系统动力学理论及应用、高速列车运行安全性、高速列车与线桥结构动态相互作用、重载铁路轮轨动力作用	教授/院士	男	1963年8月	牵引动力国家重点实验室

续表

序号	姓　名	一级学科	研究方向	职称	性别	出生年月	工作单位
148	王开云	机械工程、交通运输工程	铁路大系统动力学、现代铁路轮轨动态相互作用及其安全控制	研究员	男	1974 年 7 月	牵引动力国家重点实验室
149	戴焕云	交通运输工程	机车车辆结构及可靠性、列车系统动力学	研究员	男	1966 年 3 月	牵引动力国家重点实验室
150	邓自刚	交通运输工程、力学	超导磁悬浮交通、管道磁悬浮交通	研究员	男	1982 年 4 月	牵引动力国家重点实验室
151	林建辉	交通运输工程	机车车辆测控技术及故障诊断、轨道交通车辆的运行安全测试和关键技术研究	教授	男	1964 年 1 月	牵引动力国家重点实验室
152	鲁连涛	交通运输工程	材料疲劳与断裂、结构疲劳与断裂	研究员	男	1965 年 1 月	牵引动力国家重点实验室
153	马光同	交通运输工程、电气工程	磁悬浮理论与技术、磁悬浮系统动力学、磁悬浮理论及应用、新型直线电机理论与技术	研究员	男	1982 年 10 月	牵引动力国家重点实验室
154	吴圣川	交通运输工程、力学	1. 车辆强度及可靠性 2. 车辆设计及理论、接触力学、摩擦学	研究员	男	1979 年 8 月	牵引动力国家重点实验室
155	温泽峰	交通运输工程	列车与运行环境相互作用、车辆减振降噪及环境工程	研究员	男	1976 年 5 月	牵引动力国家重点实验室
156	邬平波	交通运输工程	铁道车辆系统动力学、铁道车辆强度及疲劳可靠性	研究员	男	1968 年 8 月	牵引动力国家重点实验室
157	杨　冰	交通运输工程、机械工程	1. 车辆结构强度理论及可靠性 2. 材料疲劳与断裂	研究员	男	1979 年 1 月	牵引动力国家重点实验室
158	张卫华	交通运输工程、机械工程	高速列车耦合大系统动力学理论与应用、高温超导磁浮与高速真空管道技术	教授	男	1961 年 4 月	牵引动力国家重点实验室
159	赵春发	交通运输工程、机械工程	1. 铁路车辆与轨道系统动力学 2. 轨道结构振动与疲劳损伤	研究员	男	1973 年 1 月	牵引动力国家重点实验室
160	曾　京	交通运输工程、机械工程	车辆系统动力学、车辆设计及理论	教授	男	1963 年 9 月	牵引动力国家重点实验室
161	张昆仑	电气工程	1. 磁浮技术与磁浮列车 2. 线性驱动与直线弹射	教授	男	1964 年 6 月	电气工程学院
162	张　勇	电气工程、材料科学与工程	1. 超导电工技术 2. 超导磁浮技术、超导材料、能源材料	研究员	女	1969 年 4 月	超导与新能源研究开发中心
163	赵　勇	电气工程、物理学	超导储能技术、超导磁浮技术、电工材料应用、新能源材料、超导物理与超导材料	教授	男	1960 年 5 月	超导与新能源研究开发中心
164	陈全芳	电气工程、材料科学与工程	高强高导纳米导电线与高性能电器、微纳米传感器、高强高导纳米材料、微纳传感	教授	男	1959 年 3 月	电气工程学院
165	江　奇	电气工程	1. 储能器件与应用 2. 新能源器件与应用	教授	男	1974 年 4 月	超导与新能源研究开发中心

续表

序号	姓　名	一级学科	研究方向	职称	性别	出生年月	工作单位
166	王　豫	电气工程	1. 电磁能量存储、变项与新型电磁推进技术、 2. 超导工程与新型电工材料应用	教授	男	1960年11月	电气工程学院
167	朱　峰	电气工程	1. 电磁兼容设计与技术 2. 电磁环境分析与评估	教授	男	1963年1月	电气工程学院
168	卿安永	电气工程	1. 毫米波与太赫兹 2. 自然优化	教授	男	1972年5月	电气工程学院
169	丁荣军	电气工程	机车车辆交流传动与网络控制技术理论	教授级高工/院士	男	1961年11月	南车株洲电力机车研究所有限公司
170	冯晓云	电气工程	1. 电力牵引交流传动与控制 2. 列车运行优化控制	教授	女	1962年1月	电气工程学院
171	葛兴来	电气工程	1. 电力牵引系统控制 2. 电力牵引系统故障预测与诊断分析	教授	男	1979年11月	电气工程学院
172	马红波	电气工程	1. 高效率、高功率密度电力电子变换器及其应用 2. 无线电能传输技术及其应用	副教授	男	1981年10月	电气工程学院
173	舒泽亮	电气工程	1. 同相供电系统中的变换器及其控制 2. 多电平变换器及其应用	教授	男	1979年5月	电气工程学院
174	宋文胜	电气工程	1. 电力电子技术 2. 列车电力牵引交流传动控制技术	教授	男	1985年10月	电气工程学院
175	许建平	电气工程	1. 高频开关功率变换器电路拓扑和控制技术 2. 电力电子系统的非线性现象和动力学行为	教授	男	1963年6月	电气工程学院
176	周国华	电气工程	1. 电力电子变换器建模分析、调制方法和控制策略 2. 电力电子技术在新能源与储能领域中的应用	教授	男	1983年2月	电气工程学院
177	庄圣贤	电气工程	1. 电机及其传动控制技术 2. 新型能源电力变换及控制技术	教授	男	1964年9月	电气工程学院
178	何晓琼	电气工程	1. 电力电子技术及其应用 2. 轨道交通电气化与自动化	教授	女	1974年10月	电气工程学院
179	陈维荣	电气工程	1. 轨道交通新能源技术 2. 铁道电气化与自动化	教授	男	1965年1月	电气工程学院
180	戴朝华	电气工程	1. 电力系统规划与运行优化 2. 轨道交通新能源技术	副教授	男	1973年8月	电气工程学院
181	高仕斌	电气工程	1. 牵引供电系统及其自动化 2. 牵引供电系统安全与经济运行	教授	男	1963年12月	电气工程学院

续表

序号	姓　名	一级学科	研究方向	职称	性别	出生年月	工作单位
182	何正友	电气工程	1. 电力系统保护与控制 2. 能源与交通融合	教授	男	1970 年 6 月	电气工程学院
183	胡海涛	电气工程	1. 牵引供电系统 2. 电能质量与稳定性	教授	男	1987 年 7 月	电气工程学院
184	解绍锋	电气工程	1. 牵引供电系统 2. 电能质量	教授	男	1976 年 4 月	电气工程学院
185	李　奇	电气工程	1. 轨道交通新能源技术 2. 综合能源系统运行与控制	教授	男	1984 年 2 月	电气工程学院
186	李群湛	电气工程	1. 电能质量与控制 2. 牵引供电理论	教授	男	1957 年 12 月	电气工程学院
187	林　圣	电气工程	1. 电力系统继电保护与故障定位 2. 牵引供电系统健康诊断与主动运维	教授	男	1983 年 12 月	电气工程学院
188	刘　炜	电气工程	1. 牵引供电 2. 电力系统分析	副教授	男	1982 年 8 月	电气工程学院
189	刘志刚	电气工程	1. 轨道交通自动化系统及关键技术 2. 信号处理及信息理论在电力系统中的应用	教授	男	1975 年 11 月	电气工程学院
190	麦瑞坤	电气工程	1. 非接触牵引供电技术 2. 电力系统广域测量技术	副教授	男	1980 年 11 月	电气工程学院
191	钱清泉	电气工程	1. 工业监控技术、牵引供电系统调度自动化 2. 微机保护与变电所综合自动化、电气系统故障诊断检测与诊断	教授/院士	男	1936 年 5 月	电气工程学院
192	童晓阳	电气工程	1. 能源互联网、电网故障诊断、电网连锁故障分析、广域后备保护 2. 智能变电站	副教授	男	1970 年 7 月	电气工程学院
193	王德林	电气工程	1. 电力系统机电动态、扰动传播及频率稳定 2. 风力发电、并网调频	教授	男	1970 年 7 月	电气工程学院
194	张雪霞	电气工程	1. 燃料电池技术及应用 2. 智能优化算法及其在电力系统中的应用	副教授	女	1979 年 3 月	电气工程学院
195	赵海全	电气工程	1. 智能信息处理，主动噪声控制及自适应滤波 2. 电能质量控制	教授	男	1974 年 8 月	电气工程学院
196	高国强	电气工程	1. 高电压与绝缘技术 2. 电弧与电接触	教授	男	1981 年 10 月	电气工程学院
197	吴广宁	电气工程	1. 高压电气设备绝缘评估及状态检修 2. 过电压防护与绝缘设计	教授	男	1969 年 7 月	电气工程学院

续表

序号	姓　名	一级学科	研究方向	职称	性别	出生年月	工作单位
198	张血琴	电气工程	1. 复杂环境外绝缘系统的故障机理及关键技术研究 2. 输电线路状态检测与安全防护技术研究	副教授	女	1979 年 8 月	电气工程学院
199	周利军	电气工程	1. 电气设备状态检测与故障诊断 2. 过电压保护	教授	男	1978 年 5 月	电气工程学院
200	马　磊	电气工程、控制科学与工程	1. 列车牵引传动控制 2. 机器人控制	教授	男	1972 年 4 月	电气工程学院
201	张葛祥	电气工程、控制科学与工程	1. 模式识别与智能系统 2. 电力系统及其自动化	教授	男	1974 年 4 月	电气工程学院
202	周克敏	控制科学工程	1. 鲁棒控制、多目标最优控制 2. 系统故障诊断与容错控制	教授	男	1962 年 5 月	电气工程学院
203	陈　杰	控制科学与工程	1. 网络控制与信息理论 2. 系统辨识、鲁棒控制	教授	男	1963 年 1 月	电气工程学院
204	黄德青	控制科学与工程	1. 现代控制理论及应用 2. 人工智能及机器人技术	教授	男	1980 年 4 月	电气工程学院
205	张宏伟	控制科学与工程	1. 多智能体系统分布式协调控制及其在智能电网和轨道交通中的应用 2. 主动噪声控制	副教授	男	1979 年 10 月	电气工程学院
206	周正春	信息与通信工程、数学	编码理论、密码函数、代数编码、压缩感知	教授	男	1978 年 12 月	数学学院
207	陈红梅	计算机科学与技术	智能信息处理、大数据分析与数据挖掘	教授	女	1971 年 6 月	信息科学与技术学院
208	洪西进	计算机科学与技术	可信计算与系统安全、云计算与智能技术、知识发现与知识工程、价值网与云服务平台技术	教授	男	1957 年 10 月	信息科学与技术学院
209	刘兵	计算机科学与技术	云计算与智能技术、数据库技术与数据挖掘、知识发现与知识工程、价值网与云服务平台技术	教授	男	1963 年 10 月	伊利诺伊大学芝加哥分校
210	彭　博	计算机科学与技术	计算机视觉、图像处理	副教授	女	1980 年 9 月	信息科学与技术学院
211	孙林夫	计算机科学与技术	工业互联网及云服务平台、工业大数据及智能分析技术	教授	男	1963 年 7 月	信息科学与技术学院
212	吴奇石	计算机科学与技术	大数据、高性能计算和网络	教授	男	1972 年 12 月	信息科学与技术学院
213	邢焕来	计算机科学与技术、信息与通信工程	软件定义网络、网络功能虚拟化、计算智能、机器学习	副教授	男	1983 年 3 月	信息科学与技术学院
214	徐扬	计算机科学与技术	智能信息处理、自动推理	教授	男	1956 年 9 月	数学学院
215	郑　宇	计算机科学与技术、交通运输工程	城市计算、大数据分析与数据挖掘	教授	男	1979 年 10 月	微软亚洲研究院

续表

序号	姓　名	一级学科	研究方向	职称	性别	出生年月	工作单位
216	李天瑞	计算机科学与技术、交通运输工程	大数据分析与数据挖掘、云计算技术	教授	男	1969年6月	信息科学与技术学院
217	彭　强	计算机科学与技术	视频压缩与传输、图像视频处理	教授	男	1962年5月	信息科学与技术学院
218	杨　燕	计算机科学与技术	人工智能、大数据分析与挖掘、机器学习	教授	女	1964年1月	信息科学与技术学院
219	吴　晓	计算机科学与技术、交通运输工程	多媒体大数据、人工智能、机器学习	教授	男	1976年8月	信息科学与技术学院
220	郭　进	交通运输工程、控制科学与工程	铁路信号控制、系统安全性与可靠性	教授	男	1960年5月	信息科学与技术学院
221	李恒超	信息与通信工程、交通运输工程	遥感图像分析、处理及应用、通信中的信号处理、雷达信号处理及其在轨道交通中的应用、智能信息获取与处理技术	教授	男	1978年11月	信息科学与技术学院
222	严余松	交通运输工程	交通运输信息及网络、交通运输系统仿真、智能铁路系统及其应用、物流信息技术、物流系统仿真及优化、交通运输规划与系统优化、交通运输信息及网络、交通运输系统仿真、智能铁路系统及其应用、物流系统规划与优化、物流信息技术、物流系统仿真及优化	教授	男	1963年5月	成都工业学院
223	张　锦	交通运输工程	物流系统规划及优化、交通物流大数据技术与应用、物流系统规划、物流系统优化、交通规划理论与方法、交通组织优化与控制	教授	男	1963年6月	交通运输与物流学院
224	王小敏	交通运输工程、计算机科学与技术	轨道交通信息安全、交通大数据处理理论与技术、人工智能与机器学习	教授	男	1974年4月	信息科学与技术学院
225	倪少权	交通运输工程	运输组织优化、智能运输系统、群体决策系统、交通运输信息技术、物流信息技术及应用	教授	男	1967年9月	交通运输与物流学院
226	顾国祥	控制科学与工程	多智能体协同控制、基于网络的反馈控制系统、分布式卡尔曼滤波控制	教授	男	1955年9月	信息科学与技术学院
227	罗　斌	信息与通信工程	光纤通信、光电子技术	教授	男	1968年4月	信息科学与技术学院
228	邹喜华	信息与通信工程	光通信与信息处理、光电器件、光载无线通信、微波光子学	教授	男	1981年8月	信息科学与技术学院
229	罗明星	信息与通信工程	信息安全、量子信息处理	教授	男	1982年6月	信息科学与技术学院
230	Turgay Celik	信息与通信工程	遥感图像分析、处理及应用、视频图像处理与智能分析、智能信息处理、大数据分析与数据挖掘	教授	男	1977年6月	信息科学与技术学院

续表

序号	姓　名	一级学科	研究方向	职称	性别	出生年月	工作单位
231	代　彬	信息与通信工程	信息论、信息安全	副教授	男	1981年7月	信息科学与技术学院
232	郝　莉	信息与通信工程、计算机科学与技术	下一代无线通信系统	教授	女	1971年5月	信息科学与技术学院
233	类先富	信息与通信工程	无线通信理论、5G无线通信网络	副教授	男	1981年12月	信息科学与技术学院
234	马　征	信息与通信工程	信息理论与编码、无线通信	教授	男	1977年1月	信息科学与技术学院
235	潘　炜	信息与通信工程	光通信与光网络、微波光子学、激光混沌通信与量子通信	教授	男	1959年12月	信息科学与技术学院
236	韦联福	信息与通信工程、计算机科学与技术	量子信息、光子路由和光子传感	教授	男	1965年11月	物理科学与技术学院
237	张家树	信息与通信工程、计算机科学与技术	现代信号处理及应用、智能信息处理及应用	教授	男	1965年6月	信息科学与技术学院
238	唐小虎	信息与通信工程、数学	编码技术、大数据安全及隐私保护、大数据分布式存储及处理技术、大数据的统计学习	教授	男	1972年3月	信息科学与技术学院
239	冯全源	信息与通信工程、计算机科学与技术	射频与微波集成电路设计、软件无线电与现代天线技术、物联网技术、微波及毫米波通信技术、智能信息处理、智能天线系统、信号检测与估计、射频数据的安全技术、RFID防冲撞算法及电路实现技术、电磁兼容与环境电磁学嵌入式系统研究、计算机仿真及EDA技术、计算机网络技术、无线及移动Internet、人工智能芯片研究	教授	男	1963年7月	信息科学与技术学院
240	和红杰	信息与通信工程、计算机科学与技术	信息隐藏、网络空间安全、多媒体信息安全、计算机视觉、深度学习、图像内容理解	教授	女	1971年9月	信息科学与技术学院
241	范平志	信息与通信工程、交通运输工程	高移动车辆无线通信、信号设计与信息编码	教授	男	1955年12月	信息科学与技术学院
242	闫连山	信息与通信工程、交通运输工程	信息光子学与通信（光通信、微纳光子、微波光子、光纤传感等）、轨道交通安全监测与管控	教授	男	1971年12月	信息科学与技术学院
243	方旭明	信息与通信工程、交通运输工程	移动通信系统、轨道交通移动通信	教授	男	1962年1月	信息科学与技术学院
244	陈向东	信息与通信工程、交通运输工程	信息获取与处理技术、智能传感器与传感器网络、智能交通传感技术、智能交通信息获取与处理技术	教授	男	1967年5月	信息科学与技术学院
245	王建琼	工商管理	项目投融资、公司金融	教授	男	1966年12月	经济管理学院

续表

序号	姓　名	一级学科	研究方向	职称	性别	出生年月	工作单位
246	肖作平	工商管理	会计理论与实证研究、公司财务、公司治理	教授	男	1975年11月	经济管理学院
247	郝辽钢	工商管理	市场营销管理、企业战略管理	副教授	男	1978年3月	经济管理学院
248	汤　明	工商管理	企业战略与组织行为、投资与公司金融	教授级高工	男	1964年7月	中电建路桥集团有限公司
249	唐春勇	工商管理	组织行为学、人力资源管理、劳动关系管理	教授	女	1965年3月	经济管理学院
250	周嘉南	工商管理	公司财务与公司治理、财务会计与资本市场	教授	女	1979年2月	经济管理学院
251	官振中	工商管理	物流与供应链管理、行为运作管理	教授	男	1976年1月	经济管理学院
252	蒋丹凌	工商管理	实证资产定价、行为资产定价和公司财务、个人投资	副教授	女	1976年2月	美国佛罗里达州立大学
253	蒋玉石	工商管理	市场科学与行为、工商管理中的大数据研究	教授	男	1979年10月	经济管理学院
254	沈中华	工商管理	银行管理、国际金融	教授	男	1960年1月	台湾政治大学、西南交通大学
255	徐　飞	工商管理	战略管理、市场营销	教授	男	1964年3月	校办
256	刘　春	管理科学与工程	产业发展理论、产业发展政策与监管	教授	男	1976年1月	经济管理学院
257	贾建民	管理科学与工程	服务管理、市场科学与行为	教授	男	1957年8月	经济管理学院
258	陈　蛇	管理科学与工程	城市治理、组织变革管理	研究员	男	1969年1月	成都市社会科学院
259	廖楚晖	管理科学与工程	财税理论与政策研究、教育经济研究	教授	男	1972年1月	公共管理与政法学院
260	陈彦如	管理科学与工程	物流与供应链管理、优化与决策	教授	女	1974年6月	经济管理学院
261	李妍峰	管理科学与工程	物流优化、交通优化	副教授	女	1980年9月	经济管理学院
262	刘　盾	管理科学与工程	系统分析与决策、电子商务与管理信息系统	教授	男	1983年3月	经济管理学院
263	谭德庆	管理科学与工程	博弈理论与应用、决策科学	教授	男	1966年1月	经济管理学院
264	袁红平	管理科学与工程	建筑废弃物管理、项目管理	教授	男	1983年7月	经济管理学院
265	董大勇	管理科学与工程	金融工程理论与应用、投资与公司金融	副教授	男	1972年3月	经济管理学院
266	李　军	管理科学与工程	物流与供应链管理、决策分析	教授	女	1967年5月	经济管理学院
267	朱宏泉	管理科学与工程	金融工程理论与应用、投资与公司金融	教授	男	1963年7月	经济管理学院
268	陆绍凯	管理科学与工程	组织行为、项目管理	教授	男	1979年1月	经济管理学院
269	蔡小强	管理科学与工程	物流与供应链管理、排程模型、算法及应用	教授	男	1961年	香港中文大学、西南交通大学
270	高增安	管理科学与工程	反洗钱与金融监管、服务经济	教授	男	1965年1月	经济管理学院
271	郭秀萍	管理科学与工程	资源优化管理、决策科学	副教授	女	1977年8月	经济管理学院
272	胡仁华	管理科学与工程	商业智能、电子商务	教授	男	1962年5月	美国犹他大学

续表

序号	姓 名	一级学科	研究方向	职称	性别	出生年月	工作单位
273	李维萍	管理科学与工程、数学	金融风险管理、金融工程与金融复杂性、微分几何、代数拓扑	教授	男	1963 年 3 月	数学学院
274	蒲 云	管理科学与工程、交通运输工程	城市交通网络、交通规划、交通经济、物流管理、智能化决策系统、交通运输系统工程、系统科学理论与方法、大系统理论及其应用、智能运输系统、交通运输经济、交通系统工程、智能交通理论与应用技术、城市交通管理、控制、诱导系统、综合运输系统组织管理优化理论与方法、物流工程、物流管理	教授	男	1962 年 4 月	党政办公室
275	漆一宏	管理科学与工程	智能数据管理、信息系统、数据挖掘	教授	男	1961 年 5 月	大数据行为研究院
276	王顺洪	管理科学与工程	项目管理、公共工程组织与政府管理	教授	男	1963 年 4 月	党政办公室
277	许钜秉	管理科学与工程	物流与供应链管理、运作与服务管理	教授	男	1966 年 9 月	台湾大学
278	张 兵	管理科学与工程	农村金融、农业经济管理	教授	男	1962 年 11 月	党政办公室
279	周国华	管理科学与工程	项目管理与投资分析、大型复杂项目与企业多项目管理	教授	男	1966 年 2 月	经济管理学院
280	聂佳佳	管理科学与工程	物流与供应链管理、生产与运营管理	教授	男	1981 年 10 月	经济管理学院
281	郭 强	管理科学与工程、工商管理	服务管理、运营管理	教授	男	1970 年 10 月	经济管理学院
282	刘继才	管理科学与工程、工商管理	项目融资 PPP	教授	男	1976 年 5 月	经济管理学院
283	代 颖	管理科学与工程、工商管理	物流与供应链管理、运作与服务管理	教授	女	1975 年 5 月	经济管理学院
284	黄登仕	管理科学与工程、工商管理	会计与公司财务、金融工程理论与应用	教授	男	1961 年 6 月	经济管理学院
285	廖少毅	管理科学与工程、工商管理	数据科学与方法、工商管理中的大数据研究	教授	男	1962 年 1 月	香港城市大学、西南交通大学
286	马祖军	管理科学与工程、工商管理	物流与供应链管理、运作与服务管理	教授	男	1974 年 8 月	经济管理学院
287	徐 进	管理科学与工程、工商管理	数据科学与方法、工商管理中的大数据研究	副教授	男	1978 年 2 月	经济管理学院
288	叶 勇	管理科学与工程、工商管理	金融理论与应用研究、公司财务与公司治理	教授	男	1974 年 1 月	经济管理学院
289	刘人怀	企业管理	企业战略与组织行为、旅游管理	教授/院士	男	1940 年 5 月	暨南大学
290	耿 维	管理科学与工程	物流与供应链管理	副教授	男	1982 年 8 月	经济管理学院
291	杨 平	工商管理	财务会计和披露、资本市场	教授	男	1977 年 7 月	经济管理学院

续表

序号	姓　名	一级学科	研究方向	职称	性别	出生年月	工作单位
292	梁宏斌	交通运输工程	车联网与交通大数据关键技术研究、交通云计算资源的优化管理与调度	副教授	男	1972年10月	交通运输与物流学院
293	蒋朝哲	交通运输工程	移动互联与城市交通控制及管理、交通运输系统大数据应用	副教授	男	1968年9月	交通运输与物流学院
294	张小强	交通运输工程	铁路运输规划与管理、供应链优化	副教授	男	1975年11月	交通运输与物流学院
295	江欣国	交通运输工程	1. 交通安全 2. 交通规划与管理	教授	男	1975年1月	交通运输与物流学院
296	蒋阳升	交通运输工程	1. 交通系统优化 2. 智能公共交通系统	教授	男	1976年7月	交通运输与物流学院
297	李宗平	交通运输工程	1. 交通运输系统、物流系统规划与优化 2. 最优化理论与方法	教授	男	1963年9月	交通运输与物流学院
298	刘晓波	交通运输工程	交通模型的开发和应用、区域路网的系统规划	教授	男	1974年7月	交通运输与物流学院
299	吕红霞	交通运输工程	交通运输组织优化、智能运输系统、群体决策系统、交通运输信息技术	教授	女	1969年10月	交通运输与物流学院
300	马　剑	交通运输工程	1. 交通运输信息技术 2. 交通运输系统仿真理论与方法	教授	男	1983年1月	交通运输与物流学院
301	牟瑞芳	交通运输工程	交通环境与安全技术、交通运输规划与管理	教授	男	1962年1月	交通运输与物流学院
302	杨　飞	交通运输工程	1. 交通运输信息技术 2. 城市及区域交通规划与发展战略	教授	男	1980年4月	交通运输与物流学院
303	郑芳芳	交通运输工程	动态交通管理与控制、智能交通系统、交通系统优化	教授	女	1981年9月	交通运输与物流学院
304	蒋葛夫	交通运输工程	综合交通运输规划、交通运输系统决策与优化、交通运输安全理论及技术、铁路运输安全管理、物流工程	教授	男	1954年12月	西南交通大学
305	罗　霞	交通运输工程	交通运输规划与管理、交通工程、物流系统优化	教授	女	1962年7月	交通运输与物流学院
306	彭其渊	交通运输工程	交通运输系统工程、交通运输规划及系统优化、物流系统规划、物流信息技术、企业物流组织优化、物流系统优化	教授	男	1962年7月	交通运输与物流学院
307	帅　斌	交通运输工程	交通运输经济、综合运输规划与管理、物流经济、物流与运输合理化	教授	男	1967年8月	交通运输与物流学院
308	刘昱岗	交通运输工程	智能交通系统优化、城市及区域交通规划与发展战略	教授	男	1978年9月	交通运输与物流学院
309	冯　春	交通运输工程	物流与供应链管理　人道救援物流与应急管理	教授	男	1970年4月	交通运输与物流学院

续表

序号	姓　名	一级学科	研究方向	职称	性别	出生年月	工作单位
310	何　娟	交通运输工程	供应链金融、现货电子交易与物流运作管理、物流经济	教授	女	1975 年 1 月	交通运输与物流学院
311	蹇　明	交通运输工程	物流与供应链管理、激励理论	教授	男	1973 年 5 月	交通运输与物流学院
312	徐　菱	交通运输工程	物流系统设计与优化、智能物流	教授	女	1965 年 6 月	交通运输与物流学院
313	贺政纲	交通运输工程	绿色物流、逆向物流、低碳物流、物流系统规划与优化	教授	男	1977 年 2 月	交通运输与物流学院
314	刘　澜	交通运输工程、控制科学与工程	运输自动化与交通控制、交通运输信息理论与技术	教授	男	1965 年 1 月	交通运输与物流学院
315	李延来	交通运输工程、控制科学与工程	物流风险管理、物流工业工程、制造系统建模、产品（或服务）的设计与开发	教授	男	1971 年 11 月	交通运输与物流学院
316	聂　宇	交通运输工程	交通系统分析、新型运输服务模式	副教授	男	1976 年 6 月	美国西北大学
317	付立平	交通运输工程	1. 交通运输系统分析和优化 2. 智能交通系统	教授	男	1963 年 9 月	加拿大滑铁卢大学
318	王郴平	交通运输工程	公路和机场路面表面三维激光成像技术、路面设计与管理数据库支持系统	教授	男	1964 年 1 月	美国俄克拉何马州立大学
319	晏启鹏	交通运输工程	交通运输规划、系统优化、ITS、区域、公路和城市交通规划、综合运输、交通管理、物流系统规划、物流系统优化、逆向物流	教授	男	1964 年 1 月	西南交通大学
320	孙湛博	交通运输工程	交通大数据与智能网联汽车、绿色交通	教授	男	1987 年 11 月	交通运输与物流学院
321	何华武	交通运输工程	铁路运输组织优化	院士	男	1955 年 8 月	铁道部
322	毕凌岚	建筑学	生态城市设计理论	教授	女	1972 年 5 月	建筑与设计学院
323	崔　叙	建筑学	交通景观与建筑、城市规划与设计	教授	男	1974 年 5 月	建筑与设计学院
324	邱　建	建筑学	城市设计及景观规划理论与实践、城乡规划设计及其理论	教授	男	1961 年 5 月	四川省建筑厅
325	沈中伟	建筑学	交通建筑规划与设计	教授	男	1965 年 10 月	建筑与设计学院
326	舒　波	建筑学	建筑设计方法论、建筑创作理论与实践	教授	男	1971 年 1 月	西华大学
327	于　洋	建筑学	交通建筑与规划、城市空间结构	教授	男	1978 年 3 月	建筑与设计学院
328	袁　红	建筑学	可持续城市及建筑、地下空间规划及设计	副教授	女	1982 年 12 月	建筑与设计学院
329	张樱子	建筑学	城市微气候、绿色建筑设计	教授	女	1983 年 6 月	建筑与设计学院
330	刘弘涛	建筑学	乡土建筑文化与保护、文化遗产防灾减灾	副教授	男	1977 年 11 月	建筑与设计学院
331	苟国庆	材料科学与工程	焊接残余应力及变形	教授	男	1979 年 10 月	材料科学与工程学院

续表

序号	姓　名	一级学科	研究方向	职称	性别	出生年月	工作单位
332	熊　俊	材料科学与工程	金属构件增材制造	副教授	男	1986 年 11 月	材料科学与工程学院
333	杨　涛	材料科学与工程	激光加工技术、机器人智能化高效化焊接技术	副教授	男	1982 年 11 月	材料科学与工程学院
334	朱宗涛	材料科学与工程	激光焊接技术	副教授	男	1983 年 4 月	材料科学与工程学院
335	罗胜年	材料科学与工程、物理学	材料物理和力学、高压物理、固体物理	教授	男	1970 年 12 月	顶峰多尺度科学研究所、材料科学与工程学院
336	吕　军	材料科学与工程	聚合物成型加工过程中的物理化学变化	教授	男	1971 年 1 月	材料科学与工程学院
337	杨维清	材料科学与工程	纳米能源材料与微电子器件	教授	男	1977 年 9 月	材料科学与工程学院
338	Salvatore Grasso	材料科学与工程	陶瓷、闪电烧结、烧结机制、结构表征、性能评价	教授	男	1982 年 5 月	伦敦大学玛丽女王学院
339	范希梅	材料科学与工程	纳米功能材料、环境净化材料	教授	女	1970 年 2 月	材料科学与工程学院
340	方际宇	材料科学与工程	1. 碳纳米管材料 2. 液晶材料	教授	男	1961 年 8 月	中佛罗里达大学
341	李卫东	材料科学与工程	1. 天然产物全合成及结构修饰 2. 有机及生物有机反应机理和催化	教授	男	1968 年 1 月	生命科学与工程学院
342	赵安莎	材料科学与工程	生物材料	教授	女	1977 年 5 月	材料科学与工程学院
343	安立楠	材料科学与工程、力学	聚合物前驱体陶瓷、材料微观力学、多场耦合效应	教授	男	1964 年 5 月	力学与工程学院
344	陈俊英	材料科学与工程	生物材料	教授	女	1968 年 11 月	材料科学与工程学院
345	戴光泽	材料科学与工程	金属材料工程、环境功能碳材料	教授	男	1963 年 3 月	材料科学与工程学院
346	戴尅戎	材料科学与工程	1. 数字医学与康复工程 2. 3D 打印技术在骨与关节系统中的应用	教授/院士	男	1934 年 6 月	上海交通大学医学院
347	邓绍平	材料科学与工程	异种生物材料	研究员	男	1960 年 1 月	四川省人民医院
348	冯　波	材料科学与工程	生物材料、表面科学与工程	教授	男	1957 年 1 月	材料科学与工程学院
349	葛昌纯	材料科学与工程	粉末冶金喷射成形高性能合金、核材料、先进陶瓷	教授/院士	男	1934 年 3 月	材料科学与工程学院
350	何　庆	材料科学与工程	1. 危重与急救技术 2. 复苏后心功能的分子生物学基础	教授/主任医师	男	1963 年 5 月	成都市第三人民医院
351	呼永河	材料科学与工程	1. 创新药物与生物分子 2. 临床医学	主任医师	男	1968 年 1 月	中国人民解放军西部战区总医院

续表

序号	姓　名	一级学科	研究方向	职称	性别	出生年月	工作单位
352	胡凯锋	材料科学与工程	1. 天然药物药效物质基础、代谢组学 2. 药物作用分子机制、结构生物学	研究员	男	1974年2月	中国科学院昆明植物研究所
353	黄　楠	材料科学与工程	材料表面工程、生物材料、生物材料表面仿生、植入器械	教授	男	1956年6月	材料科学与工程学院
354	冷永祥	材料科学与工程	表面处理	教授	男	1972年6月	材料科学与工程学院
355	李孝红	材料科学与工程	生物材料	教授	男	1969年7月	材料科学与工程学院
356	鲁　雄	材料科学与工程	材料学、生物材料	教授	男	1977年5月	材料科学与工程学院
357	茚灿泉	材料科学与工程	小分子多肽研究	教授	男	1965年5月	生命科学与工程学院
358	彭　羽	材料科学与工程	有机发光材料的多样性合成及应用、靶向给药材料的合成及应用	教授	男	1976年12月	生命科学与工程学院
359	蒲明华	材料科学与工程	能源材料及应用、超导材料及应用、新型功能材料及制备	教授	男	1965年5月	超导中心
360	屈树新	材料科学与工程	材料学、生物材料、生物摩擦	教授	女	1967年6月	材料科学与工程学院
361	权高峰	材料科学与工程	轻金属材料加工技术与理论	教授	男	1958年8月	材料科学与工程学院
362	谭　睿	材料科学与工程	生物材料及医疗器械	教授	女	1969年1月	医学院
363	汤礼军	材料科学与工程	1. 干细胞移植技术及其临床应用 2. 急性重症胰腺炎的诊断与治疗	教授/主任医师	男	1965年12月	中国人民解放军西部战区总医院
364	万国江	材料科学与工程	生物材料、材料腐蚀与应用电化学、纳米膜技术	教授	男	1975年1月	材料科学与工程学院
365	汪建新	材料科学与工程	生物材料、功能材料	教授	男	1965年10月	材料科学与工程学院
366	王　进	材料科学与工程	医用高分子材料的制备、改性和性能评价、人工器官和植介入器械的制造	教授	女	1968年9月	材料科学与工程学院
367	王万军	材料科学与工程	创新药物与生物分子	教授	男	1962年6月	生命科学与工程学院
368	王雅雯	材料科学与工程	功能性主体分子对客体物种的荧光识别材料的研发、稀土发光材料	教授	女	1977年11月	生命科学与工程学院
369	王　勇	材料科学与工程	高分子材料	教授	男	1976年1月	材料科学与工程学院
370	翁　杰	材料科学与工程	材料先进制备技术、生物材料、复合材料、纳米材料、表面工程	教授	男	1962年11月	材料科学与工程学院

续表

序号	姓　名	一级学科	研究方向	职称	性别	出生年月	工作单位
371	胥永刚	材料科学与工程	金属功能材料	教授	男	1969 年 6 月	材料科学与工程学院
372	晏为力	材料科学与工程	1. 纳米材料与生物系统的作用 2. 纳米材料在药物制剂组织工程中的应用	教授	男	1973 年 1 月	生命科学与工程学院
373	杨大春	材料科学与工程	1. 血管再狭窄分子机制 2. 心肌重构分子机制	主任医师	男	1971 年 6 月	中国人民解放军西部战区总医院
374	杨　苹	材料科学与工程	生物材料、材料表面工程	教授	女	1965 年 3 月	材料科学与工程学院
375	杨永健	材料科学与工程	1. 心力衰竭、心肌重构的分子机制 2. 缺血性心血管重构的分子机制	主任医师	男	1965 年 10 月	中国人民解放军西部战区总医院
376	永　远	材料科学与工程	生物传感器	教授	男	1964 年 4 月	材料科学与工程学院
377	张兴栋	材料科学与工程	1. 材料物理与化学 2. 材料学	教授/院士	男	1938 年 4 月	四川大学
378	赵　昱	材料科学与工程	1. 纳米生物材料及纳米生物器件研究和纳米生物技术 2. 创新药物——多肽类生物大分子结构和功能之间关系	教授	男	1967 年 2 月	大理大学
379	周绍兵	材料科学与工程	生物材料	教授	男	1972 年 7 月	材料科学与工程学院
380	周先礼	材料科学与工程	药物化学、药物缓释	教授	男	1969 年 1 月	生命科学与工程学院
381	周祚万	材料科学与工程	功能高分子材料、纳米材料、天然高分子材料、抗菌与环境净化材料	教授	男	1964 年 5 月	材料科学与工程学院
382	许宇鸿	物理学	磁约束等离子体物理	教授	男	1966 年 8 月	物理科学与技术学院
383	贾焕玉	物理学	宇宙线与核天体物理	教授	男	1966 年 5 月	物理科学与技术学院
384	贾文志	物理学	1. 量子光学理论 2. 腔电动力学和腔光力学	副教授	男	1979 年 3 月	物理科学与技术学院
385	周勋秀	物理学	1. 宇宙线与核天体物理 2. 大气物理	教授	女	1975 年 1 月	物理科学与技术学院
386	刘福生	物理学	高压物理、新材料设计与合成	研究员	男	1966 年 1 月	物理科学与技术学院
387	刘其军	物理学	1. 高压物理与超导材料 2. 计算材料学	副教授	男	1985 年 3 月	物理科学与技术学院
388	马小娟	物理学	1. 高压下材料物性 2. 高压下物理力学	副教授	女	1976 年 5 月	物理科学与技术学院
389	倪宇翔	物理学	1. 微纳米尺度热传导机理 2. 纳米线热电材料的结构设计与表征	副教授	男	1984 年 1 月	物理科学与技术学院

续表

序号	姓　名	一级学科	研究方向	职称	性别	出生年月	工作单位
390	王红艳	物理学	纳米材料和新能源材料的结构和性能、计算物理学	教授	女	1970 年 4 月	物理科学与技术学院
391	王　辉	物理学	1. 纳米材料与团簇物理 2. 新材料的原子分子设计	副教授	女	1980 年 1 月	物理科学与技术学院
392	李相强	物理学	高功率微波理论及技术、天线理论与技术	教授	男	1982 年 10 月	物理科学与技术学院
393	廖　成	物理学	天线理论与技术、计算电磁学	教授	男	1964 年 1 月	物理科学与技术学院
394	张健穹	物理学	1. 天线理论与技术 2. 电磁兼容技术	教授	男	1983 年 4 月	物理科学与技术学院
395	钟选明	物理学	1. 天线与传播 2. 计算电磁学	教授	男	1972 年 7 月	物理科学与技术学院
396	刘庆想	物理学	高功率微波理论及技术、脉冲功率技术及其应用	研究员	男	1964 年 6 月	物理科学与技术学院
397	彭建平	物理学	1. 光学成像检测关键技术研究 2. 无损检测关键技术研究	副教授	男	1976 年 3 月	物理科学与技术学院
398	张　渝	物理学	1. 光电检测与光学信息处理 2. 超声无损检测	副教授	女	1977 年 1 月	物理科学与技术学院
399	林文斌	物理学	1. 广义相对论与宇宙学 2. 计算物理	教授	男	1970 年 1 月	物理科学与技术学院
400	乐　源	力学	非线性动力学、碰撞振动系统动力学	教授	男	1974 年 2 月	力学与工程学院
401	李映辉	力学	工程结构仿真、结构振动与控制、非线性动力学	教授	男	1964 年 1 月	力学与工程学院
402	冯志强	力学	计算力学	教授	男	1963 年 2 月	力学与工程学院
403	杨　杰	力学	血管支架-血管力学耦合关系、制造力学	教授	男	1970 年 1 月	力学与工程学院
404	杨翊仁	力学	流固耦合振动	教授	男	1959 年 2 月	力学与工程学院
405	沈火明	力学	结构振动与控制、微动磨损与微动疲劳	教授	男	1968 年 8 月	力学与工程学院
406	蔡力勋	力学	结构安全评价、疲劳与断裂力学	教授	男	1959 年 7 月	力学与工程学院
407	江晓禹	力学	复合材料力学、接触疲劳	教授	男	1965 年 1 月	力学与工程学院
408	蒋　晗	力学	高分子材料本构关系、材料表面损伤	教授	男	1973 年 1 月	力学与工程学院
409	阚前华	力学	智能材料多场耦合循环本构关系、高速、重载铁路滚动接触疲劳	教授	男	1980 年 5 月	力学与工程学院
410	康国政	力学	固体材料本构关系、固体材料破坏与结构安全评估	教授	男	1969 年 8 月	力学与工程学院
411	李翔宇	力学	智能材料与结构力学、多孔介质力学	教授	男	1979 年 9 月	力学与工程学院
412	刘金铃	力学	材料强韧化机理、多场耦合效应	教授	男	1983 年 11 月	力学与工程学院

续表

序号	姓　名	一级学科	研究方向	职称	性别	出生年月	工作单位
413	师明星	力学	柔性电子中的力学问题、微纳米力学	教授	男	1972 年 5 月	力学与工程学院
414	张　旭	力学	多尺度力学、固体本构关系	教授	男	1985 年 3 月	力学与工程学院
415	朱志武	力学	材料冲击动态力学性质、材料本构关系	教授	男	1974 年 8 月	力学与工程学院
416	李志林	测绘科学与技术	空间多尺度表达与自动综合、遥感影像解译与信息提取、高分辨率遥感	教授	男	1960 年 6 月	香港理工大学
417	朱　庆	测绘科学与技术	数字摄影测量、三维 GIS 与虚拟地理环境	教授	男	1966 年 7 月	地球科学与环境工程学院
418	黄丁发	测绘科学与技术	卫星导航与位置服务系统理论、应急辅助抉择支持信息系统、卫星对地观测与全球变化	教授	男	1963 年 12 月	地球科学与环境工程学院
419	岑敏仪	测绘科学与技术	高速铁路精密工程测量理论与技术、模式识别与数字摄影测量、空间数据质量控制	教授	男	1960 年 6 月	地球科学与环境工程学院
420	范东明	测绘科学与技术	卫星重力测量与全球变化检测、空间大地测量与地球动力学	教授	男	1964 年 6 月	地球科学与环境工程学院
421	熊永良	测绘科学与技术	高精度 GNSS 定位理论与应用、GNSS 大气反演	教授	男	1964 年 7 月	地球科学与环境工程学院
422	刘国祥	测绘科学与技术	高分辨率卫星遥感影像处理与分析、合成孔径雷达干涉（InSAR）	教授	男	1968 年 9 月	地球科学与环境工程学院
423	徐　柱	测绘科学与技术	时空数据分析与挖掘、空间多尺度模型与空间数据自动综合、空间数据共享与地理信息服务	教授	男	1972 年 4 月	地球科学与环境工程学院
424	朱　军	测绘科学与技术	三维地理信息系统、虚拟地理环境、时空过程建模与可视化、地理协同技术与方法	教授	男	1976 年 11 月	地球科学与环境工程学院
425	陈　强	测绘科学与技术	雷达干涉测量、数字摄影测量、地球物理大地测量与地震反演	教授	男	1974 年 9 月	地球科学与环境工程学院
426	袁林果	测绘科学与技术	卫星大地测量、地球潮汐形变	教授	男	1980 年 1 月	地球科学与环境工程学院
427	高　贵	测绘科学与技术	合成孔径雷达信号处理	教授	男	1981 年 12 月	地球科学与环境工程学院
428	逄　鹏	测绘科学与技术	地图可视化、空间信息可视化	副教授	男	1977 年 2 月	地球科学与环境工程学院
429	陈　军	测绘科学与技术	全球地表覆盖遥感制图与分析、国家基础地理信息更新与服务	教授	男	1956 年 10 月	国家基础地理信息中心
430	黄　波	测绘科学与技术	地理信息科学、遥感影像融合	教授	男	1968 年 11 月	香港中文大学
431	刘纪平	测绘科学与技术	地理空间大数据分析、互联网地理信息提取与挖掘	研究员	男	1967 年 12 月	中国测绘科学研究院

续表

序号	姓名	一级学科	研究方向	职称	性别	出生年月	工作单位
432	张福浩	测绘科学与技术	空间数据挖掘分析	研究员	男	1973 年 2 月	中国测绘科学研究院
433	胡卸文	地质资源与地质工程	边坡及地下洞室围岩稳定性、地质灾害成因及防治	教授	男	1963 年 11 月	地球科学与环境工程学院
434	程谦恭	地质资源与地质工程	地质灾害及其防治工程、特殊岩土与工程、隧道工程地质	教授	男	1962 年 12 月	地球科学与环境工程学院
435	巫锡勇	地质资源与地质工程	地质灾害及防治工程、岩石的风化过程及其工程特性弱化评价研究、特殊岩土工程	教授	男	1963 年 5 月	地球科学与环境工程学院
436	肖世国	地质资源与地质工程	岩土支挡结构计算理论、岩土体稳定性分析理论、边坡工程与基础工程	教授	男	1973 年 1 月	地球科学与环境工程学院
437	张玉春	地质资源与地质工程	隧道及地下空间灾害防治、应急救援及防灾减灾	教授	男	1980 年 2 月	地球科学与环境工程学院
438	赵晓彦	地质资源与地质工程	地质灾害与防治工程、土力学与特殊土工程	教授	男	1977 年 6 月	地球科学与环境工程学院
439	丁明涛	地质资源与地质工程	地质灾害及防治工程、地质环境评价与 GIS 技术	教授	男	1981 年 9 月	地球科学与环境工程学院
440	王　虎	地质资源与地质工程	活动构造与区域稳定性、构造地貌	副教授	男	1983 年 1 月	地球科学与环境工程学院
441	席北斗	地质资源与地质工程	固体废物处理处置、面源污染控制	研究员	男	1969 年 1 月	中国环境科学研究院
442	唐菊兴	地质资源与地质工程	固体矿产勘查评价	研究员	男	1964 年 9 月	中国地质科学院矿产资源研究所
443	李成坚	中国语言文学	英美文学、比较文学	教授	女	1969 年 6 月	外国语学院
444	莫光华	中国语言文学	译介学、德语文学	教授	男	1972 年 12 月	外国语学院
445	俞森林	中国语言文学	译介学、海外汉学	教授	男	1967 年 9 月	外国语学院
446	安　燕	中国语言文学	电影美学、中国电影史	教授	女	1975 年 7 月	人文学院
447	王长才	中国语言文学	文学理论、叙事学	教授	男	1975 年 12 月	人文学院
448	刘广宇	中国语言文学	影视文化与传播研究 影视创作与理论研究	教授	男	1964 年 5 月	人文学院
449	刘玉珺	中国语言文学	域外汉籍研究、汉唐文学与文献研究	教授	女	1976 年 10 月	人文学院
450	罗　宁	中国语言文学	唐宋文学文献	教授	男	1971 年 11 月	人文学院
451	吕鹏志	中国语言文学	道教文献、道教思想、道教史、中国宗教	教授	男	1969 年 6 月	人文学院
452	邢　文	中国语言文学	1. 中国简帛学、技术书法学 2. 中国美术史论、数理美术史	教授	男	1965 年 9 月	人文学院
453	柏　桦	中国语言文学	现当代作家作品研究、中国现当代诗歌	教授	男	1956 年 1 月	人文学院
454	段从学	中国语言文学	中国现当代文学	教授	男	1969 年 11 月	人文学院
455	傅勇林	中国语言文学	译介学与翻译研究	教授	男	1959 年 1 月	外国语学院

续表

序号	姓　名	一级学科	研究方向	职称	性别	出生年月	工作单位
456	石　磊	中国语言文学	传媒与文化、网络与新媒体	教授	男	1970 年 1 月	人文学院
457	汪启明	中国语言文学	古籍整理与出版研究、西南地域文献研究、汉语文献方言学研究	教授	男	1955 年 2 月	人文学院
458	徐行言	中国语言文学	中外诗学比较、中外文学交流与互动研究	教授	男	1954 年 8 月	人文学院
459	翟惠生	中国语言文学	1. 新闻 2. 文化艺术	高级记者	男	1965 年 5 月	人文学院
460	周俊勋	中国语言文学	汉语词汇语法史、语言接触	教授	男	1967 年 3 月	人文学院
461	唐家银	数学	可靠性统计、应用概率	副教授	男	1976 年 9 月	数学学院
462	郑海涛	数学	数理统计、生物统计	教授	男	1971 年 5 月	数学学院
463	陈滋利	数学	泛函分析	教授	男	1961 年 1 月	数学学院
464	杨　晗	数学	应用偏微分方程	教授	男	1969 年 8 月	数学学院
465	潘小东	数学	模糊逻辑可靠性统计	副教授	男	1979 年 7 月	数学学院
466	徐　扬	数学	符号计算与机器证明	教授	男	1956 年 9 月	数学学院
467	范翠玲	数学	代数编码、组合数学	教授	女	1983 年 9 月	数学学院
468	秦克云	数学	多值逻辑、粗糙集理论	教授	男	1962 年 1 月	数学学院
469	杨　洋	数学	序列设计、密码函数	副教授	男	1983 年 1 月	数学学院
470	田永秀	马克思主义理论	中国近现代史问题研究、马克思中国化	教授	女	1970 年 9 月	马克思主义学院
471	胡子祥	马克思主义理论	思想政治教育理论与方法研究	教授	男	1974 年 5 月	马克思主义学院
472	林伯海	马克思主义理论	马克思主义政治理论与国家学说社会思潮与青年教育	教授	男	1964 年 9 月	马克思主义学院
473	刘占祥	马克思主义理论	中国化马克思主义	教授	男	1968 年 3 月	马克思主义学院
474	冉绵惠	马克思主义理论	马克思主义中国化	教授	女	1964 年 1 月	马克思主义学院
475	田雪梅	马克思主义理论	马克思主义政治理论与国家学说	教授	女	1970 年 12 月	马克思主义学院
476	王炳林	马克思主义理论	中共党史	教授	男	1961 年 1 月	教育部人文社科司
477	杨先农	马克思主义理论	马克思主义中国化、中国特色社会主义文化建设	研究员	男	1957 年 12 月	四川省社会科学院
478	陈井安	马克思主义理论	马克思主义国家学说与政治理论	研究员	男	1964 年 3 月	四川省社会科学院
479	吴　江	马克思主义理论	党的建设研究	研究员	男	1953 年 8 月	中国人事科学院
480	冯　刚	马克思主义理论	马克思主义理论与党建思想教育	教授	男	1968 年 8 月	北京师范大学
481	宁维卫	马克思主义理论	心理健康教育、应用心理学	教授	男	1962 年 1 月	心理研究与咨询中心
482	孙晓丹	土木工程	1. 重大工程设定地震动输入 2. 强震破坏作用场模拟	副教授	女	1980 年 5 月	土木工程学院
483	杨万理	土木工程	1. 结构抗震设计理论 2. 滨海结构防灾减灾研究	副教授	男	1979 年 7 月	土木工程学院

续表

序号	姓　名	一级学科	研究方向	职称	性别	出生年月	工作单位
484	张　迅	土木工程	桥梁结构动力响应	副教授	男	1985 年 7 月	土木工程学院
485	向活跃	土木工程	桥梁风工程及车桥耦合振动	副教授	男	1986 年 10 月	土木工程学院
486	牟廷敏	土木工程	钢-混凝土组合结构桥梁开发、设计与施工	教授级高工	男	1964 年 9 月	土木工程学院
487	占玉林	土木工程	大跨度桥梁结构行为	教授	男	1978 年 1 月	土木工程学院
488	王　骑	土木工程	桥梁风工程	副教授	男	1980 年 7 月	土木工程学院
489	勾红叶	土木工程	车-轨-桥耦合振动与行车安全	教授	女	1983 年 8 月	土木工程学院
490	蒋雅君	土木工程	隧道及地下工程防排水理论	副教授	男	1980 年 12 月	土木工程学院
491	杨文波	土木工程	1. 隧道结构振动分析 2. 矿山法隧道长期结构安全分析	教授	男	1985 年 2 月	土木工程学院
492	王士民	土木工程	1. 现代盾构隧道结构设计理 2. 隧道及地下结构长期安全与耐久性	教授	男	1978 年 1 月	土木工程学院
493	于　丽	土木工程	1. 隧道与地下工程通风与防灾 2. 隧道与地下工程动力损伤与分析	副教授	女	1978 年 12 月	土木工程学院
494	肖清华	土木工程	1. 爆破工程与岩土动力学 2. 隧道与地下空间振动病害防治技术	副教授/教授级高工	男	1969 年 12 月	土木工程学院
495	岳清瑞	土木工程	土木工程	教授/院士	男	1962 年 1 月	中冶建研院
496	杨　涛	土木工程	1. 边坡失稳机理及支挡防护 2. 岩土体大变形及其控制	副教授	男	1973 年 3 月	土木工程学院
497	邹益胜	机械工程	智能制造	副研究员	男	1980 年 8 月	制造工程系
498	陈　磊	机械工程	超精密表面加工机理研究	副研究员	男	1985 年 2 月	机械工程学院
499	曹晓斌	电气工程	过电压防护及绝缘配合	副教授	男	1974 年 11 月	电气工程学院
500	陈民武	电气工程	1. 牵引供电理论与新技术 2. 电能质量分析与控制	教授	男	1983 年 2 月	电气工程学院
501	符　玲	电气工程	1. 电力系统广域量测及其应用 2. 电力系统故障分析、信号处理、电能质量谐波研究	副教授	女	1981 年 1 月	电气工程学院
502	秦　娜	控制科学与工程	智能信号处理与模式识别	副教授	女	1978 年 9 月	电气工程学院
503	王　涛	控制科学与工程	电机控制	副教授	男	1972 年 7 月	电气工程学院
504	杨　平	电气工程	电力电子技术在新能源领域中的应用	副教授	女	1983 年 1 月	电气工程学院
505	郑　珺	电气工程	1. 高温超导体电磁特性及其磁体技术 2. 超导混合磁悬浮机理与技术	副教授	女	1980 年 8 月	牵引动力国家重点实验室

续表

序号	姓　名	一级学科	研究方向	职称	性别	出生年月	工作单位
506	马　锋	应用经济学	金融风险管理	副教授	男	1986 年 8 月	经济管理学院
507	舒　嘉	管理科学与工程	管理科学与工程	教授	男	1977 年 7 月	经济管理学院
508	甘　蜜	交通运输工程	交通运输系统大数据分析、智慧物流	副教授	女	1984 年 7 月	交通运输与物流学院
509	鲁工圆	交通运输工程	交通运输规划与管理、交通运输系统仿真与优化	副教授	男	1983 年 8 月	交通运输与物流学院
510	文　超	交通运输工程	铁路运输组织优化、铁路大数据应用	副教授	男	1984 年 5 月	交通运输与物流学院
511	杨青娟	建筑学	生态城市设计、公共建筑及景观	教授	女	1975 年 4 月	建筑与设计学院
512	胡春峰	材料科学与工程	结构陶瓷	教授	男	1980 年 7 月	材料科学与工程学院
513	李远星	材料科学与工程	钎焊	副教授	女	1982 年 8 月	材料科学与工程学院
514	杨志禄	材料科学与工程	1. 心血管植入 2. 介入器械	教授	男	1980 年 1 月	材料科学与工程学院
515	余　敏	材料科学与工程	表面工程	副教授	女	1984 年 8 月	材料科学与工程学院
516	张英波	材料科学与工程	1. 轻金属材料设计 2. 制备及加工技术与表征	副教授	男	1978 年 9 月	材料科学与工程学院
517	封　顺	材料科学与工程	新型色谱材料的制备	教授	男	1973 年 12 月	生命科学与工程学院
518	高　峰	材料科学与工程	药用天然产物的发现与合成	教授	男	1979 年 12 月	生命科学与工程学院
519	欧建臻	材料科学与工程	材料科学与工程	教授	男	1984 年 12 月	材料科学与工程学院
520	郭　星	材料科学与工程	材料科学与工程	教授	女	1988 年 12 月	材料科学与工程学院
521	孟　涛	材料科学与工程	微纳米药物载体材料	教授	男	1977 年 2 月	生命科学与工程学院
522	张政权	电子科学与技术	1. 电能变换与控制技术 2. 脉冲功率技术	副研究员	男	1983 年 4 月	物理科学与技术学院
523	祝凤荣	物理学	宇宙线物理	副教授	女	1974 年 9 月	物理科学与技术学院
524	谢　东	物理学	1. 薄膜物理 2. 低温等离子表面改性技术及应用	教授	男	1974 年 11 月	物理科学与技术学院
525	曹云刚	测绘科学与技术	1. 遥感信息提取与变化检测 2. 环境与灾害遥感	副教授	男	1978 年 1 月	地球科学与环境工程学院
526	周乐韬	测绘科学与技术	1. 卫星导航定位数据处理 2. 卫星大地测量	副教授	男	1977 年 12 月	地球科学与环境工程学院
527	余夏云	中国语言文学	1. 中外文学关系 2. 海外汉学（中国文学）研究	教授	男	1982 年 5 月	人文学院
528	赵　岚	中国语言文学	文艺理论、影视美学	教授	女	1977 年 11 月	成都理工大学
529	曾　虹	中国语言文学	1. 比较文学、比较诗歌研究 2. 符号学、电影符号学	教授	女	1969 年 1 月	外国语学院

续表

序号	姓　名	一级学科	研究方向	职称	性别	出生年月	工作单位
530	陈再刚	交通运输工程	1. 车辆系统动力学 2. 机械振动测试与分析	研究员	男	1984 年 1 月	牵引动力国家重点实验室
531	丁建明	交通运输工程	1. 车辆安全检测、故障诊断与性能评估研究 2. 非线性、非平稳信号处理理论与方法研究	副研究员	男	1981 年 8 月	牵引动力国家重点实验室
532	王　璐	数学	金融时间序列分析	副教授	男	1979 年 7 月	数学学院
533	张文萌	数学	微分方程与动力系统	教授	男	1983 年 5 月	重庆师范大学
534	吴至友	数学	1. 最优化理论与算法 2. 优化算法在人工智能中应用	教授	女	1967 年 12 月	重庆师范大学
535	黎定仕	数学	随机动力系统、无穷维动力系统	副教授	男	1984 年 8 月	数学学院
536	刘　品	数学	环与代数、表示论	副教授	男	1980 年 1 月	数学学院
537	唐　灯	数学	密码函数	副教授	男	1984 年 1 月	数学学院
538	王　菁	马克思主义理论	1. 中国共产党政治宣传研究 2. 中国共产党基层治理研究	教授	女	1982 年 3 月	马克思主义学院
539	谢　瑜	马克思主义理论	1. 马克思主义科技观 2. 马克思主义科技伦理	教授	女	1975 年 11 月	马克思主义学院
540	颜　军	马克思主义理论	1. 马克思主义人学理论研究 2. 马克思主义经典著作研究	教授	男	1977 年 12 月	马克思主义学院
541	李春梅	马克思主义理论	1. 青年政治参与 2. 大学生思想政治教育	教授	女	1980 年 3 月	马克思主义学院
542	张雪永	马克思主义理论	1. 铁路与民族复兴研究 2. 老龄理论与政策研究	教授	男	1973 年 5 月	文科建设处
543	胡志红	中国语言文学	1. 比较文学与世界文学、英美文学、文化 2. 西方文学与文化、生态批评	教授	男	1965 年 11 月	人文学院

（二）办学规模

1. 2019 年分省（市、自治区、地区）招生人数

序号	省份	录取数
1	安徽	212
2	北京	49
3	福建	117
4	甘肃	286
5	广东	155
6	广西	188

续表

序号	省份	录取数
7	贵州	237
8	海南	8
9	河北	239
10	河南	289
11	黑龙江	126
12	湖北	216
13	湖南	264
14	吉林	99
15	江苏	313
16	江西	208
17	辽宁	151
18	内蒙古	104
19	宁夏	47
20	青海	71
21	山东	333
22	山西	217
23	陕西	194
24	上海	21
25	四川	1845
26	天津	66
27	新疆	177
28	云南	205
29	浙江	289
30	重庆	422
31	西藏	49
32	香港	5
33	澳门	1
34	台湾	4

2. 2019 年各专业硕士研究生招生统计表

院系代码	学院名称	专业代码	专业名称	招生人数
001	土木工程学院	081401	岩土工程	19
001	土木工程学院	081402	结构工程	18
001	土木工程学院	081405	防灾减灾工程及防护工程	1
001	土木工程学院	081406	桥梁与隧道工程	98

续表

院系代码	学院名称	专业代码	专业名称	招生人数
001	土木工程学院	082301	道路与铁道工程	47
001	土木工程学院	085213	建筑与土木工程	306
001	土木工程学院	085222	交通运输工程	8
002	机械工程学院	080200	机械工程	73
002	机械工程学院	080204	车辆工程	25
002	机械工程学院	0802Z1	城市轨道交通技术与装备	2
002	机械工程学院	081404	供热、供燃气、通风及空调工程	28
002	机械工程学院	085201	机械工程	166
002	机械工程学院	085234	车辆工程	56
003	电气工程学院	080800	电气工程	115
003	电气工程学院	0808Z1	轨道交通电气化与信息技术	9
003	电气工程学院	0808Z2	电磁悬浮与超导工程	5
003	电气工程学院	081100	控制科学与工程	22
003	电气工程学院	085207	电气工程	171
003	电气工程学院	085210	控制工程	24
004	信息科学与技术学院	080902	电路与系统	7
004	信息科学与技术学院	080903	微电子学与固体电子学	4
004	信息科学与技术学院	081000	信息与通信工程	56
004	信息科学与技术学院	0810Z1	信息安全	12
004	信息科学与技术学院	081101	控制理论与控制工程	5
004	信息科学与技术学院	081200	计算机科学与技术	46
004	信息科学与技术学院	082302	交通信息工程及控制	23
004	信息科学与技术学院	083500	软件工程	13
004	信息科学与技术学院	085208	电子与通信工程	73
004	信息科学与技术学院	085209	集成电路工程	9
004	信息科学与技术学院	085210	控制工程	6
004	信息科学与技术学院	085211	计算机技术	86
004	信息科学与技术学院	085212	软件工程	26
004	信息科学与技术学院	085222	交通运输工程	23
005	经济管理学院	020100	理论经济学	1
005	经济管理学院	020200	应用经济学	23
005	经济管理学院	085236	工业工程	39
005	经济管理学院	085239	项目管理	2
005	经济管理学院	120100	管理科学与工程	31
005	经济管理学院	120201	会计学	8

续表

院系代码	学院名称	专业代码	专业名称	招生人数
005	经济管理学院	120202	企业管理	11
005	经济管理学院	125300	会计	50
007	交通运输与物流学院	082303	交通运输规划与管理	61
007	交通运输与物流学院	0823Z1	物流工程	13
007	交通运输与物流学院	0823Z2	交通工程	12
007	交通运输与物流学院	083700	安全科学与工程	2
007	交通运输与物流学院	085222	交通运输工程	136
007	交通运输与物流学院	085224	安全工程	19
007	交通运输与物流学院	085240	物流工程	44
008	建筑与设计学院	0802Z2	工业设计与工程	2
008	建筑与设计学院	081300	建筑学	23
008	建筑与设计学院	083300	城乡规划学	13
008	建筑与设计学院	083400	风景园林学	6
008	建筑与设计学院	085100	建筑学	48
008	建筑与设计学院	085237	工业设计工程	13
008	建筑与设计学院	085300	城市规划	26
008	建筑与设计学院	095300	风景园林	10
008	建筑与设计学院	130500	设计学	25
009	材料科学与工程学院	080500	材料科学与工程	67
009	材料科学与工程学院	083100	生物医学工程	16
009	材料科学与工程学院	085204	材料工程	85
009	材料科学与工程学院	085230	生物医学工程	32
010	生命科学与工程学院	085235	制药工程	12
010	生命科学与工程学院	085238	生物工程	12
010	生命科学与工程学院	100700	药学	70
011	物理科学与技术学院	070200	物理学	74
011	物理科学与技术学院	080900	电子科学与技术	21
012	力学与工程学院	080100	力学	63
013	外国语学院	045300	汉语国际教育	6
013	外国语学院	050200	外国语言文学	28
013	外国语学院	055101	英语笔译	30
014	地球科学与环境工程学院	081600	测绘科学与技术	48
014	地球科学与环境工程学院	081800	地质资源与地质工程	30
014	地球科学与环境工程学院	083000	环境科学与工程	25
014	地球科学与环境工程学院	085215	测绘工程	66

续表

院系代码	学院名称	专业代码	专业名称	招生人数
014	地球科学与环境工程学院	085217	地质工程	39
014	地球科学与环境工程学院	085224	安全工程	14
014	地球科学与环境工程学院	085229	环境工程	41
018	人文学院	010100	哲学	8
018	人文学院	045300	汉语国际教育	15
018	人文学院	050100	中国语言文学	42
018	人文学院	050300	新闻传播学	27
019	公共管理与政法学院	030100	法学	10
019	公共管理与政法学院	035101	法律（非法学）	14
019	公共管理与政法学院	035102	法律（法学）	12
019	公共管理与政法学院	085224	安全工程	11
019	公共管理与政法学院	120400	公共管理	63
019	公共管理与政法学院	125200	公共管理	197
021	牵引动力国家重点实验室	080204	车辆工程	39
021	牵引动力国家重点实验室	082304	载运工具运用工程	41
021	牵引动力国家重点实验室	085222	交通运输工程	96
025	MBA中心（经济管理学院）	125100	工商管理	469
040	数学学院	070100	数学	39
040	数学学院	071400	统计学	19
042	心理研究与咨询中心	040200	心理学	18
043	马克思主义学院	030500	马克思主义理论	49
044	医学院	100700	药学	7
044	医学院	107200	生物医学工程	10
045	临床医学院	100200	临床医学	40
046	唐山研究生院	085201	机械工程	23
046	唐山研究生院	085207	电气工程	11
046	唐山研究生院	085211	计算机技术	23
046	唐山研究生院	085213	建筑与土木工程	17
046	唐山研究生院	085222	交通运输工程	15
046	唐山研究生院	085240	物流工程	10
合计			4304	

3. 2019年各专业博士研究生招生统计表

院系代码	学院名称	专业代码	专业名称	招生人数
001	土木工程学院	081401	岩土工程	3
001	土木工程学院	081402	结构工程	4
001	土木工程学院	081403	市政工程	1
001	土木工程学院	081406	桥梁与隧道工程	45
001	土木工程学院	082301	道路与铁道工程	23
001	土木工程学院	085272	先进制造	17
002	机械工程学院	080201	机械制造及其自动化	1
002	机械工程学院	080202	机械电子工程	5
002	机械工程学院	080203	机械设计及理论	22
002	机械工程学院	080204	车辆工程	8
002	机械工程学院	081404	供热、供燃气、通风及空调工程	5
002	机械工程学院	085272	先进制造	6
003	电气工程学院	080800	电气工程	38
003	电气工程学院	0808Z2	电磁悬浮与超导工程	1
003	电气工程学院	081100	控制科学与工程	5
003	电气工程学院	085272	先进制造	9
004	信息科学与技术学院	081000	信息与通信工程	16
004	信息科学与技术学院	0810Z1	信息安全	4
004	信息科学与技术学院	081101	控制理论与控制工程	2
004	信息科学与技术学院	081200	计算机科学与技术	14
004	信息科学与技术学院	082302	交通信息工程及控制	4
004	信息科学与技术学院	085272	先进制造	5
005	经济管理学院	120100	管理科学与工程	14
005	经济管理学院	120200	工商管理	14
007	交通运输与物流学院	081103	系统工程	2
007	交通运输与物流学院	082303	交通运输规划与管理	18
007	交通运输与物流学院	0823Z1	物流工程	3
007	交通运输与物流学院	0823Z2	交通工程	6
007	交通运输与物流学院	085272	先进制造	4
008	建筑与设计学院	0802Z2	工业设计与工程	3
008	建筑与设计学院	081300	建筑学	6
009	材料科学与工程学院	080500	材料科学与工程	32
010	生命科学与工程学院	080500	材料科学与工程	7
011	物理科学与技术学院	070200	物理学	14

续表

院系代码	学院名称	专业代码	专业名称	招生人数
012	力学与工程学院	080100	力学	18
013	外国语学院	050100	中国语言文学	4
014	地球科学与环境工程学院	081403	市政工程	2
014	地球科学与环境工程学院	0814Z1	工程环境与景观	2
014	地球科学与环境工程学院	081600	测绘科学与技术	18
014	地球科学与环境工程学院	081800	地质资源与地质工程	8
014	地球科学与环境工程学院	085272	先进制造	4
018	人文学院	050100	中国语言文学	10
021	牵引动力国家重点实验室	080204	车辆工程	19
021	牵引动力国家重点实验室	082304	载运工具运用工程	17
021	牵引动力国家重点实验室	085272	先进制造	5
040	数学学院	070100	数学	9
043	马克思主义学院	030500	马克思主义理论	22
合计			499	

4. 2019 年各教学单位全日制本科生入学、毕业、在校人数

学院	毕业人数	入学人数	本科在校生
总计	6728	7085	28 625
土木工程学院	957	1007	3994
机械工程学院	847	790	3028
电气工程学院	753	514	2368
信息科学与技术学院	836	670	2664
经济管理学院	340	365	1373
外国语学院	277	297	1113
交通运输与物流学院	661	576	2322
材料科学与工程学院	223	353	1240
地球科学与环境工程学院	269	483	1677
建筑与设计学院	351	239	1662
物理科学与技术学院	174	306	1125
人文学院	248	272	1169
公共管理与政法学院	134	224	833
生命科学与工程学院	202	250	873
力学与工程学院	67	185	601
数学学院	103	159	613
马克思主义学院	0	62	201
心理研究与咨询中心	31	48	156
茅以升学院	255	0	626
利兹学院	0	285	987

5. 2019年各专业硕士研究生毕业、在校人数

类别	专业名称	年制	毕业生数	授予学位数	在校生数			
					合计	一年级	二年级	三年级
总计	硕士研究生	3	3105	3009	11 992	4303	3973	3716
合计	学术学位硕士研究生	3	1413	1365	4938	1713	1633	1592
哲学	哲学	3	7	7	22	8	8	6
经济学	理论经济学	3	10	9	5	1	3	1
经济学	应用经济学	3	23	15	69	23	24	22
法学	法学	3	14	14	34	10	10	14
法学	政治学	3	4	4	8	0	4	4
法学	马克思主义理论	3	20	20	114	49	41	25
教育学	心理学	3	0	0	50	18	17	15
文学	中国古代文学	3	1	1	0	0	0	0
文学	中国语言文学	3	36	36	117	42	38	39
文学	英语语言文学	3	14	14	27	0	12	15
文学	法语语言文学	3	4	4	2	0	0	2
文学	德语语言文学	3	3	3	9	0	6	3
文学	日语语言文学	3	0	0	3	0	0	3
文学	外国语言文学	3	3	3	28	28	0	0
文学	比较文学与跨文化研究	3	0	0	4	0	4	0
文学	翻译学	3	0	0	5	0	5	0
文学	新闻传播学	3	23	23	84	27	28	29
理学	数学	3	25	25	114	39	38	37
理学	理论物理	3	3	3	13	0	9	4
理学	原子与分子物理	3	2	2	14	0	7	7
理学	等离子体物理	3	0	0	9	0	6	3
理学	凝聚态物理	3	5	5	36	0	19	17
理学	光学	3	18	18	42	0	19	23
理学	无线电物理	3	2	2	7	0	4	3
理学	物理学	3	1	1	74	74	0	0
理学	生物化学与分子生物学	3	7	7	50	0	28	22
理学	系统科学	3	2	2	1	0	1	0
理学	统计学	3	14	14	52	19	17	16
工学	力学	3	39	39	185	63	62	60
工学	机械电子工程	3	1	1	0	0	0	0
工学	机械设计及理论	3	1	1	0	0	0	0
工学	车辆工程	3	29	29	153	64	49	40

续表

类别	专业名称	年制	毕业生数	授予学位数	在校生数			
					合计	一年级	二年级	三年级
工学	城市轨道交通技术与装备	3	0	0	11	2	3	3
工学	机械工程	3	86	83	238	73	73	92
工学	工业设计与工程	3	4	4	7	2	3	2
工学	精密仪器及机械	3	6	6	0	0	0	0
工学	仪器科学与技术	3	6	6	0	0	0	0
工学	材料科学与工程	3	55	50	201	67	66	68
工学	动力机械及工程	3	7	6	18	0	11	7
工学	电气工程	3	109	108	333	115	115	103
工学	轨道交通电气化与信息技术	3	3	3	20	9	6	5
工学	电磁悬浮与超导工程	3	3	3	17	5	5	7
工学	物理电子学	3	5	5	15	0	6	9
工学	电路与系统	3	6	5	17	7	5	5
工学	微电子学与固体电子学	3	3	3	14	4	5	5
工学	电磁场与微波技术	3	9	9	25	0	12	13
工学	电子科学与技术	3	0	0	21	21	0	0
工学	信息与通信工程	3	68	66	199	56	68	75
工学	信息安全	3	6	6	30	12	8	10
工学	控制理论与控制工程	3	7	7	15	5	5	5
工学	控制科学与工程	3	16	16	55	22	17	16
工学	计算机科学与技术	3	19	18	118	46	35	37
工学	城市规划与设计	3	0	0	0	0	0	0
工学	建筑学	3	18	14	66	23	21	22
工学	岩土工程	3	18	18	63	19	19	25
工学	结构工程	3	21	20	58	18	22	18
工学	市政工程	3	7	7	8	0	4	4
工学	供热、供燃气、通风及空调工程	3	21	21	78	28	24	26
工学	防灾减灾工程及防护工程	3	4	4	7	1	1	5
工学	桥梁与隧道工程	3	88	84	266	98	85	83
工学	工程环境与景观	3	1	1	3	0	2	1
工学	测绘科学与技术	3	34	34	132	48	43	41
工学	化学工程与技术	3	5	5	0	0	0	0
工学	地质工程	3	31	31	0	0	0	0
工学	地质资源与地质工程	3	31	31	92	30	29	33

续表

类别	专业名称	年制	毕业生数	授予学位数	在校生数			
					合计	一年级	二年级	三年级
工学	道路与铁道工程	3	32	32	121	47	41	33
工学	交通信息工程及控制	3	20	20	72	23	24	25
工学	交通运输规划与管理	3	58	57	182	61	63	58
工学	载运工具运用工程	3	34	34	117	41	39	37
工学	物流工程	3	39	34	43	13	14	16
工学	交通工程	3	7	7	45	12	15	18
工学	环境科学与工程	3	28	28	78	25	24	29
工学	生物医学工程	3	6	5	27	16	8	3
工学	城乡规划学	3	13	11	44	13	15	16
工学	风景园林学	3	7	6	20	6	7	7
工学	软件工程	3	9	7	32	13	12	7
工学	安全科学与工程	3	2	2	7	2	3	2
农学	园林植物与观赏园艺	3	0	0	0	0	0	0
医学	临床医学	3	0	0	104	40	36	28
医学	药学	3	42	41	176	77	48	51
医学	生物医学工程	3	0	0	21	10	7	4
军事学	密码学	3	0	0	2	0	0	2
管理学	管理科学与工程	3	16	16	90	31	28	31
管理学	会计学	3	7	5	23	8	8	7
管理学	企业管理	3	5	5	28	11	6	11
管理学	旅游管理	3	1	1	0	0	0	0
管理学	技术经济及管理	3	1	1	4	0	3	1
管理学	工商管理学科	3	3	3	0	0	0	0
管理学	公共管理	3	54	54	173	63	58	52
艺术学	美术学	3	3	3	8	0	4	4
艺术学	设计学	3	18	17	63	25	18	20
合计	专业学位硕士研究生	3	1692	1644	7054	2590	2340	2124
城市规划	城市规划	3	8	6	45	26	11	8
法律	法律	3	12	12	79	26	27	26
翻译	翻译	3	18	18	47	0	24	23
翻译	英语笔译	3	0	0	30	30	0	0
风景园林	风景园林	3	11	10	34	10	13	11
工程	安全工程	3	21	21	130	44	41	45
工程	材料工程	3	83	81	259	85	83	91

续表

类别	专业名称	年制	毕业生数	授予学位数	在校生数			
					合计	一年级	二年级	三年级
工程	测绘工程	3	44	43	193	66	63	64
工程	车辆工程	3	50	50	173	56	54	63
工程	地质工程	3	4	4	145	39	48	58
工程	电气工程	3	126	126	548	182	182	184
工程	电子与通信工程	3	45	41	218	73	70	75
工程	工业工程	3	30	28	82	39	21	22
工程	工业设计工程	3	12	12	85	13	37	35
工程	环境工程	3	33	32	118	41	38	39
工程	机械工程	3	123	121	518	189	176	153
工程	集成电路工程	3	8	7	34	9	12	13
工程	计算机技术	3	37	32	260	109	89	62
工程	建筑与土木工程	3	205	203	745	323	254	168
工程	交通运输工程	3	156	151	771	278	259	234
工程	控制工程	3	29	28	93	30	27	36
工程	软件工程	3	22	15	67	26	19	22
工程	生物工程	3	8	8	29	12	9	8
工程	生物医学工程	3	0	0	76	32	27	17
工程	物流工程	3	11	11	148	54	41	53
工程	项目管理	3	34	32	8	2	0	6
工程	仪器仪表工程	3	3	3	0	0	0	0
工程	制药工程	3	7	7	35	12	12	11
工程	安全工程	3	2	2	0	0	0	0
工程	建筑与土木工程	3	68	66	0	0	0	0
工程	交通运输工程	3	41	41	0	0	0	0
工程管理	工程管理	3	8	8	0	0	0	0
工商管理	工商管理	3	192	189	1238	469	403	366
工商管理	高级工商管理	3	0	0	28	0	0	28
公共管理	公共管理	3	54	54	0	0	0	0
公共管理	公共管理	3	11	11	450	196	139	115
国际商务	国际商务	3	3	3	2	0	0	2
汉语国际教育	汉语国际教育	3	10	10	59	21	21	17
会计	会计	3	72	71	136	50	79	7
建筑学	建筑学	3	35	31	171	48	61	62
艺术	艺术	3	56	56	0	0	0	0

注：摘自2018—2019学年《高等教育基层统计报表》（高基317表）

6. 2019 年各专业博士研究生毕业、在校人数

类别	专业名称	年制	毕业生数	授予学位数	在校生数				
					合计	一年级	二年级	三年级	四年级及以上
总计	博士研究生	4	283	230	2924	499	439	395	1591
合计	学术学位博士研究生	4	283	230	2859	449	424	395	1591
法学	马克思主义基本原理	4	5	5	28	0	7	7	14
法学	思想政治教育	4	3	3	36	0	8	4	24
法学	马克思主义理论	4	0	0	22	22	0	0	0
文学	中国语言文学	4	4	3	76	14	17	14	31
理学	数学	4	0	0	9	9	0	0	0
理学	物理学	4	0	0	37	14	12	11	0
工学	一般力学与力学基础	4	1	1	2	0	0	0	2
工学	固体力学	4	4	4	10	0	0	0	10
工学	工程力学	4	2	1	5	0	0	0	5
工学	力学	4	5	3	86	18	20	20	28
工学	机械制造及其自动化	4	2	2	20	1	2	1	16
工学	机械电子工程	4	3	3	44	5	8	6	25
工学	机械设计及理论	4	11	11	116	22	18	23	53
工学	车辆工程	4	8	7	125	27	26	20	52
工学	运载工具运用工程	4	0	0	1	0	1	0	0
工学	大地测量学与测量工程	4	0	0	9	0	0	0	9
工学	驱动技术与智能系统	4	0	0	2	0	0	0	2
工学	工业设计	4	1	0	0	0	0	0	0
工学	信息化制造工程	4	0	0	1	0	0	0	1
工学	工业设计与工程	4	0	0	21	3	3	3	12
工学	城市轨道交通技术与设备	4	0	0	3	0	0	1	2
工学	材料学	4	4	4	12	0	0	0	12
工学	材料科学与工程	4	22	14	166	39	34	28	65
工学	电力系统及其自动化	4	0	0	46	0	0	0	46
工学	高电压与绝缘技术	4	1	1	0	0	0	0	0
工学	电力电子与电力传动	4	1	1	12	0	0	0	12

续表

类别	专业名称	年制	毕业生数	授予学位数	在校生数				
					合计	一年级	二年级	三年级	四年级及以上
工学	电工理论与新技术	4	1	0	1	0	0	0	1
工学	电气系统控制与信息技术	4	0	0	2	0	0	0	2
工学	电磁悬浮与超导工程	4	0	0	2	1	1	0	0
工学	电气工程	4	18	13	205	38	36	34	97
工学	轨道交通电气化与信息技术	4	0	0	3	0	0	2	1
工学	电磁场与微波技术	4	10	6	23	0	0	0	23
工学	通信与信息系统	4	5	4	12	0	0	0	12
工学	信号与信息处理	4	3	3	2	0	0	0	2
工学	信息安全	4	3	2	11	3	2	1	5
工学	信息与通信工程	4	8	7	99	17	17	14	51
工学	控制理论与控制工程	4	0	0	6	2	1	1	2
工学	系统工程	4	2	2	10	2	0	0	8
工学	控制科学与工程	4	5	5	22	5	5	4	8
工学	计算机应用技术	4	0	0	10	0	0	0	10
工学	计算机科学与技术	4	5	5	77	14	13	14	36
工学	建筑学	4	0	0	17	6	6	5	0
工学	岩土工程	4	4	2	52	8	8	4	32
工学	结构工程	4	6	6	35	4	7	1	23
工学	市政工程	4	6	3	44	3	7	6	28
工学	供热、供燃气、通风及空调工程	4	7	5	29	5	7	4	13
工学	防灾减灾工程及防护工程	4	2	1	11	1	0	3	7
工学	桥梁与隧道工程	4	41	34	286	42	42	46	156
工学	景观工程	4	1	1	2	0	0	0	2
工学	工程环境控制	4	0	0	1	0	0	0	1
工学	工程环境与景观	4	3	2	24	2	1	1	20
工学	摄影测量与遥感	4	0	0	2	0	0	0	2
工学	地图制图学与地理信息工程	4	0	0	2	0	0	0	2
工学	测绘科学与技术	4	3	3	80	18	15	19	28
工学	地球探测与信息技术	4	0	0	2	0	0	0	2
工学	地质工程	4	1	1	11	0	0	0	11

续表

类别	专业名称	年制	毕业生数	授予学位数	在校生数				
					合计	一年级	二年级	三年级	四年级及以上
工学	地质资源与地质工程	4	1	1	53	8	10	7	28
工学	道路与铁道工程	4	19	16	94	20	15	14	45
工学	交通信息工程及控制	4	2	2	58	4	4	4	46
工学	交通信息工程与控制	4	0	0	1	0	0	1	0
工学	交通运输规划与管理	4	11	11	153	18	16	14	105
工学	载运工具运用工程	4	13	13	89	17	13	16	43
工学	交通工程	4	0	0	43	6	9	7	21
工学	交通运输安全工程	4	1	0	3	0	0	0	3
工学	物流工程	4	4	4	35	3	4	4	24
工学	电机与电器	4	0	0	1	0	0	0	1
工学	软件工程	4	3	2	10	0	0	0	10
管理学	项目管理	4	0	0	4	0	0	0	4
管理学	管理科学与工程	4	9	5	230	14	15	20	181
管理学	资源优化管理	4	0	0	4	0	0	0	4
管理学	公共工程组织与管理	4	2	1	4	0	0	0	4
管理学	决策科学	4	2	2	2	0	0	0	2
管理学	会计学	4	0	0	5	0	0	0	5
管理学	企业管理	4	3	3	34	0	0	0	34
管理学	工商管理	4	2	2	64	14	14	11	25
合计	专业学位博士研究生	4	0	0	65	50	15	0	0
工程	先进制造	4	0	0	65	50	15	0	0

注：摘自 2018—2019 学年《高等教育基层统计报表》（高基 318 表）

7. 成人高等学历教育办学规模

年份	毕业数	入学数	在校生数
2019 年	1743	953	2145

8. 网络教育办学规模

年份	毕业数	入学数	在校生数
2019 年	34 150	41 707	108 356

（三）教育质量及水平

1. 教学改革与建设

（1）一流本科专业建设点

序号	专业名称	所在教学单位	建设级别
1	思想政治教育	马克思主义学院	国家级
2	英语	外国语学院	国家级
3	传播学	人文学院	国家级
4	工程力学	力学与工程学院	国家级
5	机械设计制造及其自动化	机械工程学院	国家级
6	车辆工程	机械工程学院	国家级
7	材料科学与工程	材料科学与工程学院	国家级
8	电气工程及其自动化	电气工程学院	国家级
9	通信工程	信息科学与技术学院	国家级
10	轨道交通信号与控制	信息科学与技术学院	国家级
11	计算机科学与技术	信息科学与技术学院	国家级
12	土木工程	土木工程学院	国家级
13	测绘工程	地球科学与环境工程学院	国家级
14	地质工程	地球科学与环境工程学院	国家级
15	交通运输	交通运输与物流学院	国家级
16	交通工程	交通运输与物流学院	国家级
17	建筑学	建筑与设计学院	国家级
18	工程管理	经济管理学院	国家级
19	会计学	经济管理学院	国家级
20	公共事业管理	公共管理与政法学院	国家级
21	物流工程	交通运输与物流学院	国家级
22	产品设计	建筑与设计学院	国家级
23	法学	公共管理与政法学院	省级
24	汉语言文学	人文学院	省级
25	德语	外国语学院	省级
26	统计学	数学学院	省级
27	电子信息工程	电气工程学院	省级
28	软件工程	信息科学与技术学院	省级
29	风景园林	建筑与设计学院	省级
30	生物工程	生命科学与工程学院	省级

（2）2019 年 MOOC 课程上线项目

序号	慕课课程名称	课程负责人	课程上线网站	级别
1	电机学	葛兴来	爱课程	国家级
2	设计心理学：体验与创意	冯　缙	爱课程	国家级
3	奥运裁判教你学规则	刘　江	爱课程	国家级
4	“人才的力量”——基于素质模型的创业人才管理	苗　苗	爱课程	国家级
5	建筑材料	李固华	爱课程	国家级
6	土木工程制图 I	王广俊	爱课程	国家级
7	铁路旅客运输组织	倪少权	爱课程	国家级
8	幸福心理学	雷　鸣	爱课程	国家级
9	生涯发展与职业心理素质提升训练	陈　华	爱课程	国家级
10	创业商务谈判	何德文	爱课程	国家级
11	弹性力学	王　弘	爱课程	国家级
12	实验心理学：学会研究身边的现象	冉俐雯	爱课程	国家级
13	心理健康传播与普及	雷　鸣	爱课程	国家级
14	大学法语与法国文化	左天梦	爱课程	国家级
15	高电压技术	吴广宁	爱课程	国家级
16	建筑结构设计	林拥军	爱课程	国家级
17	心理健康教育概论	汪小容	爱课程	国家级
18	基础工程	富海鹰	爱课程	国家级
19	区块链技术与应用	赵其刚	爱课程	国家级
20	土木工程试验与量测技术	崔　凯	爱课程	国家级
21	交通运输经济	帅　斌	爱课程	国家级
22	铁路行车组织	彭其渊	爱课程	国家级
23	混凝土结构设计原理	赵人达	爱课程	国家级
24	钢结构设计原理	唐继舜	爱课程	国家级
25	创业路演	苗　苗	爱课程	国家级
26	创新创业创青春	苗　苗	爱课程	国家级
27	工程流体力学	杨庆华	爱课程	国家级
28	货物运输组织	李宗平	爱课程	国家级
29	比较文学视野下的世界文学	曾　虹	爱课程	国家级
30	土力学	崔　凯	爱课程	国家级
31	结构分析基础	蔡　婧	爱课程	国家级
32	土木工程地质	郭永春	爱课程	国家级
33	地下铁道	高　波	爱课程	国家级
34	心理健康教育实践（含技术）	徐　建	爱课程	国家级

续表

序号	慕课课程名称	课程负责人	课程上线网站	级别
35	国际工程承包和管理实务英语	戴若愚	爱课程	国家级
36	国学经典导读	沈如泉	爱课程	国家级
37	国际礼仪场景英语	但　鸽	爱课程	国家级
38	芯动力——硬件加速设计方法	邸志雄	爱课程	国家级
39	心理咨询理论和技术	马淑琴	爱课程	国家级
40	《红楼梦》海外译介与传播	任显楷	爱课程	国家级
41	隔网的智慧——乒羽两项	宋爱玲	爱课程	国家级
42	World Heritage Sites in China	杨　琼	爱课程	国家级
43	学术素养英语	沈一新	爱课程	国家级
44	大学足球	张　岳	爱课程	国家级
45	从大学生到团队领导的36项修炼	李泽尧	爱课程	国家级
46	奥运裁判带你鉴赏赛事	刘　江	爱课程	国家级
47	桥梁工程	李亚东	爱课程	国家级
48	轨道工程	王　平	爱课程	国家级
49	电力电子技术	蒋启龙	爱课程	国家级

（3）2019年获教育部“国家级精品在线开放课程”名单

序号	课程名称	课程负责人	单位
1	大学生科技创新系列课程	张祖涛、罗大兵	机械工程学院
2	全球化与中国文化	王俊棋	外国语学院
3	职场英语	杨安文	外国语学院
4	西方现代化视野下的英美文学	李成坚	外国语学院
5	走进心理学	宁维卫	心理咨询与研究中心
6	高速铁路规划与选线	易思蓉	土木工程学院
7	中国衣裳——传统服装文化	李任飞	人文学院
8	高速铁路运营与维护	王　平	土木工程学院

（4）2019年获四川省“省级精品在线开放课程”认定名单

序号	课程名称	课程负责人	单位
1	成本会计学	段　宏	经济管理学院
2	大学生创新与创业实践	张祖涛	机械工程学院
3	高速铁路建设管理	李远富	土木工程学院
4	高速铁路运输组织	彭其渊	交通运输与物流学院
5	管理沟通	周　静	经济管理学院
6	管理学原理	范莉莉	经济管理学院
7	基础会计学	胡　杨	经济管理学院

续表

序号	课程名称	课程负责人	单位
8	探索心理学	宁维卫	心理咨询与研究中心
9	微观经济学	郑亚非	经济管理学院
10	音乐与人生	甘　霖	人文学院
11	大学生科技创新系列课程	张祖涛、罗大兵	机械工程学院
12	全球化与中国文化	王俊棋	外国语学院
13	职场英语	杨安文	外国语学院
14	西方现代化视野下的英美文学	李成坚	外国语学院
15	走进心理学	宁维卫	心理咨询与研究中心
16	高速铁路规划与选线	易思蓉	土木工程学院
17	中国衣裳——传统服装文化	李任飞	人文学院
18	高速铁路运营与维护	王　平	土木工程学院

2. 教学成果

（1）2019年四川省重点教改项目（排名不分先后）

序号	项目名称	项目负责人	单位
1	全员全过程全方位深度融合的思想政治工作协同育人新机制的研究与实践	王顺洪	党政办公室、马克思主义学院
2	新时代高校课程思政教育教学改革研究与实践	桂富强	党政办公室
3	以川藏铁路建设领军人才培养为依托，构建复合式工程拔尖创新人才培养体系	王　平	土木工程学院
4	“双一流”背景下高层次工程教育人才培养质量保障体系的探索与实践	周先礼	生命科学与工程学院
5	基于通识教育的大学生阅读与写作能力培养模式与路径研究	高　凡	图书馆
6	构建信息化背景下 工科基础课程教学改革新生态 打造“金课” 提升质量	沈火明	力学与工程学院
7	面向新工科的工程教育课程体系重构方法与实践研究	郝　莉	信息科学与技术学院
8	外语类通识课程体系的建设研究	李成坚	外国语学院
9	双一流背景下支撑人才培养的高水平实验室体系建设的研究与探索	钟　冲	资产与实验室管理处
10	新时代社会转型升级中专业布局的历史经验与战略对策	邱延峻	土木工程学院
11	“卓越”“拔尖”人才培养2.0背景下“书院+学院”模式的改革与实践研究	崔　凯	教务处
12	融合在线教学与项目制培养，探索机械基础课程教学新模式	罗大兵	机械工程学院
13	慕课教学质量评价和保障体系的研究和制定	龚　晖	力学与工程学院
14	基于慕课的教学模式探索与应用推广相关制度建设与实践	崔　凯	教务处
15	面向“一带一路”的铁路高等工程教育“走出去”模式研究与探索	冯晓云	党政办公室

续表

序号	项目名称	项目负责人	单位
16	构建在线教学与项目推动教学体系，加强信息类大学生创新创业能力	蒋朝根	信息科学与技术学院
17	面向国家重大需求、基于重大项目科教产深度融合培养创新创业卓越人才	陈　辉	材料科学与工程学院
18	现代信息技术（ICT）与创新创业教育深度融合机制研究与实践	刘　凤	公共管理与政法学院

（2）2019年西南交通大学本科生参加学科竞赛获奖情况

序号	项目	国家级				省级				备注
		一等奖	二等奖	三等奖	优秀奖	一等奖	二等奖	三等奖	优秀奖	
1	全国大学生电子设计竞赛	2	3			6	11	11		
2	全国大学生物流设计大赛	2				/	/	/	/	全国第一、最具企业价值奖
3	高教社杯大学生数学建模竞赛	4	13			44	46	18		
4	全国大学生交通科技大赛	1		2	1	/	/	/	/	
5	全国大学生“创意、创新及创业”电子商务挑战赛	2				2	4	5		特等奖
6	两岸新锐设计竞赛“华灿奖”	1				/	/	/	/	年度最佳新锐、设计师/团队
7	中国大学生“互联网+”创新创业大赛		1	3		4	7	6		银奖
8	大学生桥梁设计大赛		1		3	/	/	/	/	
9	全国大学生物理实验竞赛	1	1	1		/	/	/	/	
10	全国大学生智能汽车竞赛	1	3			5	4	3	1	
11	全国大学生光电设计竞赛	1	1			1	2	2		最佳组织奖
12	全国周培源大学生力学竞赛	1	1	21	65	20	31	33		优秀组织奖
13	全国大学生岩土工程竞赛			1		/	/	/	/	
14	北美数学建模竞赛	5	28	22		/	/	/	/	
15	全国大学生起重机创意大赛	5	1	2	2	/	/	/	/	全国第一、优秀组织奖
16	全国大学生结构设计大赛		1			1	1			
17	中国大学生材料热处理创新创业大赛决赛			1	2	/	/	/	/	

续表

序号	项目	国家级				省级				备注
		一等奖	二等奖	三等奖	优秀奖	一等奖	二等奖	三等奖	优秀奖	
18	中国（小谷围）“互联网+交通运输”创新创业大赛	1		4		/	/	/	/	
19	全国“挑战杯”大学生课外科技作品竞赛		1	2		3	6	8		
20	全国大学生数学竞赛					42	90	158		
21	中国大学生物理学术竞赛			1	1	/	/	/	/	
22	全国大学生创新方法应用大赛	1	2	3		/	/	/	/	最具人气奖
23	全国大学生结构设计信息技术大赛		1	1	1	/	/	/	/	
24	大学生信息安全技术大赛						1	2		
25	中美青年创客大赛				2		2	2		
26	全国大学生广告艺术大赛		2	1	11	5	27	43	69	
27	全国大学生先进成图技术与产品信息建模创新大赛	4	8	7		/	/	/	/	团体一等奖
28	全国高校人工智能创新大赛	3	3			/	/	/	/	特等奖
29	全国高校智能交通创新与创业大赛	1	2			/	/	/	/	
30	全国大学生市场调查与分析大赛		2			2	2			最佳院校组织奖
31	全国高校城市地下空间工程专业大学生模型设计竞赛			2		/	/	/	/	
32	全国大学生节能减排与社会实践大赛		2	13		/	/	/	/	优秀组织奖
33	中国大学生服务外包创新创业大赛		11	18		11	19			高校组织奖、星光奖
34	全国大学生测绘技能大赛					10	7	3	19	团体一等奖
35	全国大学生焊接创新大赛	1	1	2		/	/	/	/	
36	全国大学生生物医学工程创新设计竞赛		1	1		/	/	/	/	
37	全国大学生金相技能大赛	1	1	2		6				
38	全国大学生化工实验、化工设计西南赛区竞赛	/	/	/	/		1	1		

续表

序号	项目	国家级				省级				备注
		一等奖	二等奖	三等奖	优秀奖	一等奖	二等奖	三等奖	优秀奖	
39	全国大学生工程训练大赛	/	/	/	/		10	3		
40	全国大学生“茅以升公益桥-小桥工程”设计大赛		1			/	/	/	/	
41	全国大学生机器人大赛		1			1				
42	大学生程序设计竞赛（ACM）		1	6						
43	第三届全国大学生生命科学竞赛		3	5	7	5	8	9		优秀组织奖
44	四川省大学生材料设计大赛	/	/	/	/			1	1	
45	“外研社杯”全国大学生英语挑战赛（Uchallenge）					6	4	4		
46	全国大学生英语竞赛	1		1	2	16	79	141		
总计		41	92	121	95	179	358	450	90	1426

3. 2019 年毕业生就业情况

我校 2019 年毕业生共计 9921 人（不含国际学生与港澳台学生），其中本科 6655 人，硕士 3008 人，博士 258 人。截止到 2019 年 12 月 24 日，2019 届毕业生就业率为 93.63%，其中，本科毕业生就业率为 92.31%，毕业研究生就业率为 96.50%（硕士毕业生就业率为 96.44%，博士毕业生就业率为 97.24%）。

近三年，本科毕业生升学深造比例稳中有升，成都校区 2019 届本科生升学深造比例超过 40%。根据 2019 接毕业生就业数据统计，我校博士“教学人员”职位占比 44.34%，“科学研究人员”职位占比 31.13%，博士毕业生大多进入高校和科研院所从事科学研究工作；硕士和本科毕业生的主要岗位是“工程技术人员”，分别占 59.94%和 57.35%。毕业生专业相关度高，总体为 89.00%，本科为 88.85%，研究生专业相关度为 89.18%。毕业生就业集中在副省级及以上城市，占 67.56%。2019 届毕业生签约世界 500 强企业占所有签约企业毕业生的 34.59%，比 2018 届增加 0.95%，签约世界 500 强和中国 500 强企业，占所有签约企业毕业生的 58.11%。2019 届毕业生月均收入(不含五险一金)为 8066 元，本科生为 7143 元，硕士为 9061 元，博士为 14 729 元。

八、科学研究

（一）科技工作

1. 科研项目及经费

科研项目经费持续增长。学校理工医项目立项总经费 7.36 亿元（其中横向 4.25 亿元、纵向 2.89 亿元，军工 0.22 亿），较去年同比增长了 16.46%，保持逐年递增的良好态势。

获批重点研发计划项目 3 项，课题 6 项，总经费 9783.7 万；获国家自然科学基金项目资助 136 项，总经费超 1.1 亿元（其中：面上 55 项、青年 56 项、优青 2 项；川藏铁路重大项目课题 3 项、区域创新发展联合基金重点项目 4 项、智能电网联合基金重大项目课题 1 项、重大项目课题 1 项、科学部综合研究专项项目 1 项、高铁联合基金 6 项、NSFC-通用技术基础研究联合基金 1 项、国际（地区）合作与交流项目 4 项）；获批四川省科技计划项目 136 项，项目立项经费 3624 万元（其中科技创新团队项目 2 项，科技创新人才项目 3 项，杰出青年科技人才 6 项，应用基础研究项目 41 项，重点研发项目 32 项）；获批成都市科技计划项目 25 项，项目立项经费 205 万元（其中软科学研究项目 17 项，技术创新研发项目 4 项，国际科技合作资助项目 3 项，创新创业载体资助 2 项）。

2019 年科研经费立项情况一览表（亿元）

类别	经费（单位：亿元）
纵向立项经费	2.89
横向立项经费	4.25
军工立项经费	0.22
合计立项经费	7.36

2019 年科研项目情况一览表

序号	项目类别	数量	备注
1	国家重点研发计划	9 项	项目级 3 项、课题级 6 项
2	国家自然科学基金项目	136 项	“面上”55 项、“青年”56 项、“优青”2 项、川藏铁路重大项目课题 3 项、区域创新发展联合基金重点项目 4 项、智能电网联合基金重大项目课题 1 项、重大项目课题 1 项、科学部综合研究专项项目 1 项、高铁联合基金 6 项、NSFC-通用技术基础研究联合基金 1 项、国际（地区）合作与交流项目 4 项

续表

序号	项目类别	数量	备注
3	四川省科技计划项目	136 项	科技创新团队项目 2 项、科技创新人才项目 3 项、杰出青年科技人才 6 项、应用基础研究项目 41 项、重点研发项目 32 项
4	成都市科技计划项目	25 项	软科学研究项目 17 项、技术创新研发项目 3 项、国际科技合作资助项目 3 项、创新创业载体资助 2 项

2019 年国家重点研发计划总体情况一览表

序号	负责人	单位	项目名称	专项名称	级别
1	王文健	机械	轨道交通轮轨界面摩擦性能调控关键技术及应用研究	基于第三方平台的多价值链协同技术与方法	项目级
2	潘 炜	信息	宽带微波光子信号调控核心器件与技术	光电子与微电子器件及集成	项目级
3	闫连山	信息	新型光纤传输系统架构与关键技术研究	宽带通信与新型网络	项目级
4	宋冬利	牵引	关键零部件运行质量全流程检测评估与服	现代服务业共性关键技术	课题级
5	李天瑞	信息	城市知识库构建及语义协同挖掘	物联网与智慧城市关键技术及示范	课题级
6	邹喜华	信息	硅基多维光子器件的机理和结构研究	光电子与微电子器件及集成	课题级
7	吴 晓	信息	保密	保密	课题级
8	唐小虎	信息	资源约束下环境自适应智能调制传输	宽带通信与新型网络	课题级
9	翟东海	信息	基于第三方产业链协同平台的分布式数据空间研发与应用示范	网络协同制造和智能工厂	课题级

2019 年四川省科技计划重点、重大项目情况一览表

序号	负责人	单位	项目名称	专项名称	金额（万）
1	何 川	土木	川藏铁路建设重大关键技术难题创新研究	重点研发项目	1000
2	闫连山	信息	智能驱动的网络化安全协同与管控	重大科技专项	100
3	邱忠平	生命	基于化肥农药减施增效的菌肥联用技术研究与示范	重点研发项目	100
4	杨青娟	建筑	全流域覆盖的城市静态水体水质提升关键技术研究	重点研发项目	100
5	刘弘涛	建筑	九寨沟世界遗产地藏族村寨灾害风险管理关键技术研究及应用示范	重点研发项目	100

2019 年重大横向科研项目情况一览表

序号	项目名称	金额（万元）	项目负责人
1	新建川南城际铁路自宜线临港长江大桥科研服务	979	李永乐
2	深圳地铁双模盾构/TBM 工法适应性研究项目	927	何川
3	多态耦合轨道交通动模试验平台关键技术研发（一）测试及通讯系统开发	878	张卫华
4	多态耦合轨道交通动模试验平台关键技术研发（二）综合监控系统研发	810	张卫华

续表

序号	项目名称	金额（万元）	项目负责人
5	多态耦合轨道交通动模试验平台关键技术研发（三）环境控制系统研发	716	张卫华
6	多态耦合轨道交通动模试验平台关键技术研发（四）真空隔离舱门系统研发	663	张卫华
7	多态耦合轨道交通动模试验平台关键技术研发（五）真空产生及维持系统研发	616	张卫华
8	多态耦合轨道交通动模试验平台关键技术研发（六）模型车及试验辅助系统研发	762	张卫华
9	温州瓯江北口大桥工程上部结构施工监控及科研一体化	821	沈锐利
10	轨道车辆静态压溃试验测试平台建设	496	肖守讷
11	时速400公里及以上高速客运装备关键技术项目轨道车辆准静态压溃试验测试平台系统研发	496	肖守讷
12	四川省地下水环境调查评估与能力建设一期调查评估服务	436	付永胜
13	四川省九寨沟（甘川界）至绵阳公路大规模层状变质软岩隧道群建设关键技术研究	370	何川
14	盾构施工项目远程智能监控及综合管理平台研发	370	何川
15	新建叙永至毕节铁路（川滇段）科研项目	359	何川
16	木寨岭公路隧道大变形段让压支护体系关键技术研究	323	汪波
17	港口牵引车清洁能源供电装置研发	320	何正友
18	重庆东环线铁路隧道拱部预制衬砌现场监测技术服务	311	周晓军

2. 科研基地与平台

科研平台建设再上台阶。“中国-印尼高铁技术联合研究中心”援助项目获科技部国际合作司批准。四川省天然药物仿生合成工程研究中心获四川省发展和改革委批准建设，布局了我校生命医学板块的首个省级科研平台。生物摩擦学与仿生制造学科引智基地和轨道交通电气化与自动化学科创新引智基地获教育部科技司批准建设。陆地交通防灾减灾基地入选交通运输部创新人才培养示范基地。磁约束等离子体物理与工程四川省国际科技合作基地和轨道交通安全运营空间信息技术四川省国际科技合作基地获四川省科技厅批准建设。

2019年科研基地新增情况一览表

序号	基地名称	批准部门
1	中国-印尼高铁技术联合研究中心	科技部
2	四川省天然药物仿生合成工程研究中心	四川省发改委
3	机械学院生物摩擦学与仿生制造学科引智基地	教育部
4	电气学院轨道交通电气化与自动化学科创新引智基地	教育部
5	陆地交通防灾减灾基地	交通运输部
6	磁约束等离子体物理与工程四川省国际科技合作基地	四川省科技厅
7	轨道交通安全运营空间信息技术四川省国际科技合作基地	四川省科技厅

3. 科研人才与团队

2019 年科研队伍建设新增情况一览表

序号	姓　名	学　院	职称	批准部门
1	高国强	电气工程学院	教授	国家自然科学基金委
2	邹喜华	信息科学与技术学院	教授	国家自然科学基金委
3	刘志刚	电气工程学院	教授	科技部
4	晏启祥	土木工程学院	教授	科技部
5	崔　叙	建筑与设计学院	教授	四川省科技厅
6	马光同	牵引动力国家重点实验室	研究员	四川省科技厅
7	李恒超	信息科学与技术学院	教授	四川省科技厅
8	陈　嵘	土木工程学院	教授	四川省科技厅
9	Turgay Celik	信息科学与技术学院	教授	四川省科技厅
10	崔　凯	土木工程学院	教授	四川省科技厅
11	高国强	电气工程学院	教授	四川省科技厅
12	胡春峰	材料科学与工程学院	教授	四川省科技厅
13	邹喜华	信息科学与技术学院	教授	四川省科技厅
14	赵　锐	地球科学与环境工程学院	教授	四川省科技厅
15	江欣国	交通运输与物流学院	教授	四川省科技厅
16	林建辉	牵引动力国家重点实验室	教授	四川省科技厅
17	祝　乔	牵引动力国家重点实验室	教授	四川省科技厅
18	刘晓波	交通运输与物流学院	教授	四川省科技厅
19	周国华	电气工程学院	教授	四川省科技厅

4. 科研成果

科研成果再创佳绩。

（1）奖励方面：发挥特色优势，通过“科技奖项培育计划”，高水平奖项持续攀升。全年主持获国家科技进步奖 2 项，其中一等奖 1 项、二等奖 1 项；主持获高等学校自然科学奖一等奖 1 项、二等奖 2 项；主持获四川省科技进步奖一等奖 5 项、二等奖 1 项；主持获中国铁道学会奖一等奖 3 项。

（2）专利申请方面：专利申请总数 1271 件，授权总数 651 件。其中，发明专利申请数 1026 件，授权数 394 件，增长 25%。

（3）发表论文方面：全校科技论文收录指标呈增加态势。2020 年我校化学学科（CHEMISTRY）首次进入 ESI 世界排名前 1%，成为继工程学、材料科学、计算机科学之后第四个进入全球前 1%的学科，实现了我校学科建设新突破。SCI 收录篇数增加 28.7%，达 1429 篇，全国高校位次前进 9 位，居第 61 位；EI 收录篇数增加 36.1%，达 1943 篇，全国高校位次前进 3 位，居第 32 位。从 2012 年起我校科技论文收录指标已经实现了 7 年高速增长。截至 2020 年 1 月 9 日，我校作为一作或通讯作者单位的高被引论文（ESI 高被引论文是指近 10 年内发表的 SCI/SSCI 论文且被引次数排在相应学科领域全球前 1%以内的论文）67 篇，我校作为合作参与单位的 48 篇。

2019 年获奖项目清单（主持）

序号	成果名称	校内单位	第一完成人	奖励名称	奖励等级
1	复杂艰险山区高速公路大规模隧道群建设及营运安全关键技术	土木学院	何　川	国家科技进步奖	一等奖
2	重载列车与轨道相互作用安全保障关键技术及工程应用	牵引动力	王开云	国家科技进步奖	二等奖
3	高速列车能量传递的关键技术及装备	电气学院	吴广宁	教育部奖	一等奖
4	高速铁路轮轨滚振动耦合作用机理与接触行为调控	土木学院	王　平	四川省科技进步奖	一等奖
5	高速列车结构安全服役试验评价技术及应用	牵引动力	张卫华	四川省科技进步奖	一等奖
6	高速列车电力牵引系统关键技术及应用	电气学院	冯晓云	四川省科技进步奖	一等奖
7	载人航天器舱内抗菌材料研制及推广应用	材料学院	周祚万	四川省科技进步奖	一等奖
8	汶川地震灾后城乡重建规划理论、关键技术及应用	建筑学院	邱　建	四川省科技进步奖	一等奖
9	电气化铁路组合式同相供电关键技术与应用	电气学院	李群湛	铁道学会奖	一等奖
10	区间自动闭塞综合监控系统	信息学院	郭　进	铁道学会奖	一等奖
11	高速列车服役安全检测与评估技术	牵引动力	张卫华	铁道学会奖	一等奖

2019 年论文情况一览表

序号	类别	数量
1	SCI 论文	1414 篇
2	EI 论文	1943 篇

2019 年专利情况一览表

序号	类型	申请数量	授权数量	备注
1	专利	1271 项	651	连续 7 连增
2	发明专利	1026 项	394	增长 25%

5. 科研合作与成果转化

全年理工医类项目签订横向合 1120 个，合同经费 5.36 亿元，立项经费 4.25 亿元。全校承担重大科研任务能力稳步提升，产出了一批重大科技成果。同时，深入推进职务科技成果混合所有制的引领性改革，认真贯彻“职务科技成果混合所有制”实施方案并持续推行。2019 年获批全国首批高等学校科技成果转化和技术转移基地（教技厅函〔2019〕31 号）。

6. 科研政策

强化放管服，修订出台了《西南交通大学科研经费管理办法（试行）》。按照国家“放管服”政策要求，在差旅费、会议费、设备费、材料费等方面简化报销流程、提高自主标准、赋予项目负责人更大自主权，优化了流程、精简了环节、提高了办事效率，进一步释放了科研活力。

7. 学术性质研究院

学术性质研究院是学校科技创新体系的有力补充。2019 年各研究院遵循“积极发展、规范管理、开拓创新”的方针，坚持“以优势学科为依托，以技术创新为主导，以成果转化为重点，以制度创新为保障，以服务社会为目的"的原则，按照学校党政工作部署，大力开展校企合作，进一步发挥桥头堡作用。如唐山研究院积极推进校企融合，与唐山启奥科技、唐山百川集团联合成立了技术创新研究中心；人工智能研究院在国际人工智能顶级期刊发表论文10余篇，获批国家发明专利4项，并与微软亚洲研究院、京东、达摩院、中国铁道科学研究院著名研究机构开展深度合作；信息化研究院获批国家发明专利20项，软件著作权169项，产品验证检测和3C认证45项，完成沈阳、上海、济南《全国铁路客票发售和预售系统安全系统》升级改造工程，实现工业产值增加值达2亿多元。

8. 期刊社工作

（1）加强党建工作、注重与加强意识形态工作。

① 期刊社全员定期召开会议进行政治理论学习，深入学习贯彻习近平总书记关于"不忘初心、牢记使命"主题教育重要讲话和重要指示批示精神，改进了工作作风，提升了为学校服务的意识。

② 认真学习《党委（党组）意识形态工作责任制实施办法》，继续坚持按照学校党委贯彻落实意识形态工作的相关要求，坚持正确的办刊方向，坚决执行党和政府的各项出版方针政策。

（2）按时保质保量完成期刊社各刊全年的编辑出版工作。

《西南交通大学学报》（学报）全年出版正刊6期；*Journal of Modern Transportation*（JMT）全年出版正刊4期；*Biosurface and Biotribology*（BSBT）全年出版正刊4期。

（3）在习近平总书记发表关于加强科技期刊建设的讲话，四部委联合发布《关于深化改革培育世界一流科技期刊》并推出"中国科技期刊卓越行动计划"的背景下，紧跟国家战略，聚焦交通工程学科，调整办刊方向，结合学校优势学科方向，积极筹办新刊，支持我校"双一流"建设。

① 结合学校轨道交通优势学科方向，与翟婉明主编团队聚焦轨道交通方向，将JMT改名为"Railway Engineering Science"，重新定位，与学科深度融合，以打造轨道交通领域国际化标杆期刊（进入SCI的Q1区）为目标，直接服务我校轨道交通学科建设。

② 结合全国排名前列的桥梁二级学科，聘请秦顺全院士、李永乐教授为主编，与土木工程学院共同创办国际期刊 *Advances in Bridge Engineering*，创建国际平台，助力桥梁学科走出去，促进我校土木学科建设。

③ 提升新兴交叉学科，聘请袁艳平教授与Fariborz HAGHIGHAT教授为主编，与机械学院共同创办国际期刊 *Energy and Built Environment*，探索新型办刊模式，推进深度国际合作模式，以建设成为交通人工环境交叉学科方向世界一流期刊为目标，服务于我校交通运输工程学科建设。

④ 积极推进川藏铁路专栏建设，提高《西南交通大学学报》的国内国际影响力。

（4）在科技期刊建设已经成为国家战略的背景下，积极推进我校建设"一流高校、一流学科、一流期刊"。

撰写了《科技期刊建设调查报告》及《关于加强我校科技期刊建设的报告》，建议我校紧跟国家的战略部署，把握时代机遇，加大投入，把科技期刊作为推动"双一流"学科建设和国际化发展的重要力量；参加"中国科技期刊卓越行动计划"有关项目申报及答辩，各主编亲自参加答辩，通过寻找差距、设定目标，以推动我校科技期刊更高质量、更高水平发展。

（5）切实做好服务各学院工作。

充分认识到科技期刊是学院的重点平台。选拔优秀青年教师进入《西南交通大学学报》编委团队，为其提供学术发展平台；大力助推学院背靠优势学科创办高水平期刊，助力"双一流"学科建设；依托期刊支持学院举办学术会议，提高学科声誉，扩大学科影响力。

（6）积极接受上级部门的监督与管理。

①《西南交通大学学报》、*JMT*、*BSBT* 均通过了教育部期刊年检。

② 按照国家新闻出版署的《关于开展出版单位"三审三校"制度执行情况专项检查的通知》，认真开展了自查自纠，确保了相关责任落实到位。

（7）不断完善与加强自身建设。

① 加强提升编辑队伍业务能力。主编参加国家新闻出版总署的岗位培训；编辑人员完成继续教育和学习。

② 进一步规范期刊出版管理。积极贯彻落实《中国共产党宣传工作条例》《关于加强和改进出版工作的意见》及《出版管理条例》等制度规定。

2. 期刊社 2019 年取得如下主要工作成绩：

（1）紧跟国家战略，结合学校优势学科，推进国际期刊建设。

① 重新定位 *JMT*，改名为“*Railway Engineering Science*”。

② 桥梁学科方向成功创办国际期刊 *Advances in Bridge Engineering*。

③ 交叉学科方向成功创办了国际期刊 *Energy and Built Environment*。

（2）《西南交通大学学报》。

① 根据《中国学术期刊影响因子年报（自然科学与工程技术）》研究报告，《西南交通大学学报》复合影响因子在工程技术综合类 142 种学术期刊中位居第一，综合影响力指数 CI 值居第 8 位；根据《世界学术期刊影响力指数 WAJCI 年报》数据，《西南交通大学学报》在中国入选的综合科学技术类期刊中世界总排名为第 57 位。

② 继续被 EI、《中文核心期刊要目总览》、CSCD、中国科技论文统计源期刊等重要数据库收录。

③ 荣获 2019 年第四届四川省高校精品科技期刊。

④ 学报编辑部 2 名编辑获四川省科技期刊编辑学会评选出的 2017—2018 年度科技期刊优秀编辑。

（3）*Journal of Modern Transportation*（*JMT*）

① 荣获 2019 年中国国际影响力优秀学术期刊。

② 荣获 2019 年第四届四川省高校精品科技期刊。

③ *JMT* 编辑部 1 名编辑获四川省科技期刊编辑学会评选出的 2017—2018 年度科技期刊优秀编辑。

④ *BSBT* 继续被 EI 收录，2019 年进入 Scopus 检索。

（二）科技产业

1.“职务科技成果混合所有制”改革试点和推广

西南交通大学“职务科技成果混合所有制”改革的核心是三个改变：将职务科技成果由纯粹的国有改变为国家、个人混合所有；将“先转化、后确权”改变为“先确权、后转化”；将奖励权改变为专利权。两个实现手段：对既有专利和专利申请，通过专利权人和专利申请人变更的方式实现分割确权；对新的专利申请，单位与职务发明人共同申请。解决一个问题：高校院所有权力转化但没有动力转化，职务发明人有动力转化但没有权力转化。

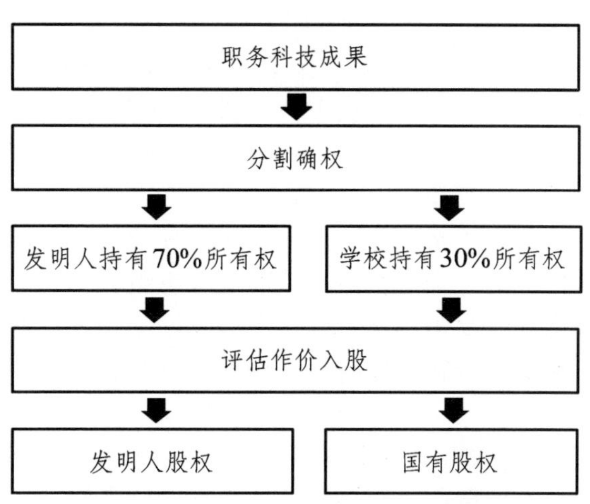

职务科技成果混合所有制股权落地程序

《西南交通大学专利管理规定》（简称“西南

交大九条”）发布近四年来，已有 222 项职务科技成果知识产权分割确权，24 家高科技创业公司成立，知识产权评估作价入股总值超过 1.3 亿元，带动社会投资近 8 亿元。

西南交通大学的“职务科技成果混合所有制”改革，得到了全国的高度关注。

2019 年 2 月 26 日，西南交大应邀赴财政部参加科技成果转化相关政策制定的讨论会，会议主要就取消备案、自主决定评估等事项展开讨论。同年 3 月，《财政部关于修改〈事业单位国有资产管理暂行办法〉的决定》由财政部部务会议审议通过，采纳了西南交大提出的评估不强制、备案彻底取消的建议，对国家设立的研究机构、高校院所持有的科技成果作价入股不再强制要求评估，并且彻底取消备案。9 月财政部发布《关于进一步加大授权力度 促进科技成果转化的通知》（财资〔2019〕57 号），采纳了西南交大提出的科技成果作价入股成立的企业暂缓办理国有资产产权证的建议，将国有资产产权登记事项下放到高校院所主管部门。

2019 年 6 月 13 日，西南交大受国家发改委邀请赴杭州参加 2019 年全国双创周，“职务科技成果混合所有制“作为国家发改委牵头的八大全创区、三年全面创新改革试验最重要的成果展出。2019 年 8 月，受中改办委托，西南交大与四川省发改委共同起草了题为《先确权后转化的科技成果转化模式》的专报，并由中改办呈送中央深改委。2019 年 11 月 1 日，国务院办公厅发布《关于对国务院第六次大督查发现的典型经验做法给予表扬的通报》，对包括“职务科技成果权属混合所有制”改革在内 32 项典型经验做法给予通报表扬。

近四年来，国务院副总理韩正，时任科技部部长万钢，中纪委驻科技部纪检组组长王宾宜，科技部创发司领导、国家发改委副主任林念修，国家发改委宏观经济研究院专家、国家知识产权局副局长贺化，财政部科技司领导、国办一局、国办三局、中央编译局相关干部均到四川、西南交大实地调研“职务科技成果混合所有制”。北京、江苏、广东、陕西、云南、山东、辽宁、黑龙江、广西、上海等兄弟省市科技、知识产权、人大法工委系统也到纷纷听取了西南交大关于“职务科技成果混合所有制”的汇报。30 多所兄弟高校、院所到我校实地调研了“职务科技成果混合所有制”。目前在西南交通大学制度创新的影响下，北京、浙江、上海、广东、陕西、四川都已经出台了支持“职务科技成果混合所有制”的地方性法规，其他省市的相关法规也在起草之中。同时，上海交通大学、四川大学及在川的和四川省属高校 19 所、科研院所 20 所、卫生机构 3 所、科技型企业 3 家等一批高校、科研院所、企业等也已经开始了“职务科技成果混合所有制”改革。

2. 学校所属企业体制改革工作扎实有序推进

推进高等学校所属企业体制改革是党中央、国务院的重要部署，是提升高等学校治理体系和治理能力现代化水平，促进高等学校内涵发展的重要举措。按照《国务院办公厅关于高等学校所属企业体制改革的指导意见》（国办〔2018〕42 号）、“中共中央办公厅 国务院办公厅印发《关于推进中央党政机关和事业单位经营性国有资产集中统一监管试点的实施意见》的通知”（中办法〔2018〕44 号）、《关于高校所属企业体制改革有关政策的通知》（教财司函〔2019〕1 号）等文件要求，学校产业立足大局，整体谋划，积极推进学校所属企业体制改革工作有序进行。

（1）认真学习，制定方案，建立企业体制改革工作机制。

学校产业深入学习习近平总书记、党中央、国务院和教育部党组关于推进高校所属企业体制改革工作的重要决策部署，提高政治站位，统一思想认识，在学懂、吃透国家政策的基础上，多次组织到试点高校学习调研，学习试点高校成功的经验做法，经过认真研究讨论，先后制定了《西南交通大学所属企业体制改革工作推进实施意见》《西南交通大学所属企业国有资产评估项目备案管理办法》《西南交通大学所属企业摸底工作报告》《西南交通大学所属企业体制改革方案》，成立了以党委书记、校长为第一责任人的高校所属企业体制改革工作领导小组及分管校领导为组长的工作组，建立了统一协调、分工负责、运转高效的工作机制，明确了改革方式、路径、工作计划、保障措施等，科学制定了改革工作方案，为改革进入攻坚阶段做好了准备。

（2）摸清情况，分步实施，积极推进企业体制改革工作。

针对本次体制改革工作,对所属企业进行了全面摸底,摸底范围覆盖西南交通大学各级各类投资全资企业、全资公司、控股公司、参股公司及划转公司,摸清了所属企业底数以及改革面临的主要问题、困难，明确了改革的思路。在开展企业摸底、确保摸底准确基础上，制定了所属企业改革实施方案，明确了任务清单和时间节点，按照清理关闭、脱钩剥离、无偿划转、保留管理的改革方式，分类实施所属企业体制改革。实施过程注重组织领导，定期召开工作小组会议，汇报进展、解决问题，确保各项工作紧密衔接、有序推进。落实跟踪督促,确保实施举措落地见效。建立改革实施工作计划,并盯紧抓牢、跟踪督促、落实到人，坚决防止观望等待、懈怠敷衍。截至2019 年 12 月底，共关闭 10 家企业，其中一级企业 9 家，二级企业 1 家，完成 6 家企业产权登记工作；

（3）依法依规，严肃纪律，有效防止国有资产流失，确保平稳过渡。

严格按照上级文件规定和改革方案的要求，积极稳妥推进各项改革措施。全面加强国有资产监管，依法依规履行国有资产管理程序，确保处置程序合法合规，不留后患，有效防止国有资产流失;严肃政治纪律和财经纪律,防范廉政风险,“守住底线，不碰红线”；做好企业中事业编制人员的安置工作,维护好企业职工和学校的合法权益，确保平稳过渡。

（4）统筹推进、提质增效，抓好企业体制改革与回报学校、科技成果转化“三不误，三促进”。

处理好所属企业体制改革与企业发展之间的关系，做好所属企业结构优化和提质增效，多渠道反哺学校。2019 年集团公司上缴学校目标任务 2000 万元，超额上缴 390 万元，有力支持了学校“双一流”建设。继续加快科技成果转化孵化，2019 年又有 17 项职务科技成果知识产权分割确权，其中 7 项成果注入一家高科技公司。交铁检验认证中心（JRCC）目前已获批质量管理体系、职业健康安全管理体系、环境管理体系认证资质，正在申请 CNAS 产品认证许可和 CURC 认证许可。JRCC 认证实验室获得了四川省 CMA 许可，形成了部分产品检测能力，完成合同金额约 3000 万，发放体系和产品证书 20 余张。JRCC 团队承接川藏铁路建设质量安全监督工作,服务国家局和蒙内铁路项目进展顺利。

3. 产业性质研究院取得新进展

学校产业性质研究院（学校二级机构）共计 5 家，分别是天府研究院、上海研究院、深圳研究院、青岛研究院、烟台研究院。2019 年各产业性质研究院都开展了大量的工作,取得了一些卓有成效的成绩:天府研究院引进项目研发团队 2 个、培育和引进企业 8 家、扩增孵化器使其总面积达到 2000 平方米；上海研究院协同学校和香港理工大学成功承办第三届中国高速铁路健康管理技术论坛;深圳研究院与比亚迪股份有限公司开展了高端培训;青岛研究院科研团队共计申请各类知识产权 21 项，已授权 11 项；烟台研究院成功举办“物联网与智慧城市”高端沙龙、“2019 年中国烟台第二届新一代信息技术助力新旧动能转换高端论坛”。

（三）高等教育研究

1. 深入开展学部制建设调研

围绕学校成立交通运输学部重点工作，选取特色样本高校，从学部制建设动因、目标、运行机制、队伍建设、评价与考核、保障条件等方面进行调研。历时 2 个月，走访东南大学、西南大学等 5 所高校，形成了 2 万字调研报告，为我校交通运输学部发展提供参考。

2. 精准调研专职科研队伍建设情况

立足学校专职科研队伍建设，围绕专职科研队伍定位与岗位设置、人员晋升与发展、薪酬、考核与评价情况等，历时 1 个月，赴重庆大学、中国矿业大学等 7 所高校调研，形成了 1 万字的调研报告，为学校专职科研队伍建设提供借鉴。

3. 服务地方高教事业发展研究

承接成都市教育局委托的《关于全面推进在蓉高校高质量发展的若干意见》起草工作，受到了高度肯定。由学校作为秘书处单位，牵头发起成立了四川省高等教育学会教学质量保障专业委员会、高教研究专委会等两个专委会，组织学术交流活动，服务四川省高等教育内涵式发展，提升了学校学术话语权。

4. 编发《信息分析》

围绕当前高教发展形势，精选高校创新创业教育、推进教育现代化、建设高等教育强国、中国高教的崛起等 16 个专题，编发《信息分析》16 期，共 22 万字，实现了与同类型校内参考的差异化建设，为学校发展提供信息服务。

（四）教育国际化研究

1. 大学国际化水平评价研究

发布了《大学国际化水平（2019）》，持续优化了评价方式和评价指标，实现更科学评价，较好地发挥了研究诊断作用，榜单受到了中国新闻网、中国社会科学网、腾讯网、“青塔”等近 50 家主流媒体转载评论，阅读量突破 50 万+，受到了教育部、科技部、中国科协等有关部门及各高校的肯定，极大地提升了学校影响力，已经成为我国高等教育领域一张“靓丽”的学术“名片”。

2. 中外人文交流诊断研究

2019 年 7 月 5 日，学校与教育部中外人文交流中心合作共建中外人文交流诊断研究中心揭牌仪式举行。相继研制了高等学校中外人文交流诊断指标体系；开展大学国际联盟发展情况研究，学校应邀在首届全国高校中外人文交流工作年会上发布《大学国际联盟发展报告》，产出了一批高水平的科研成果。

3. 国际学术组织研究

首设交通类国际学术组织研究课题 4 项，研究进展顺利，出版学术专著 1 部，为我校、有关国家部委和学会了解交通类国际学术组织提供全新“认知图景”。

4. 专题调查研究

以大学国际化评价研究结果为参考，全方位诊断学校国际化工作，撰写了《高水平大学区域国别研究机构设置情况报告》《大学外文网站建设情况报告》《台湾地区高校国际化工作调研思考》《外籍专家工作情况调研报告》等专项报告，提交学校及有关部门参考。

九、师资工作

（一）教职工队伍结构

1. 教职工人员结构

单位：人

	教职工数									聘请校外教师	离退休人员	附属中小学幼儿园教职工	集体所有制人员
	合计	校本部教职工					科研机构人员	校办企业职工	其他附设机构人员				
		计	专任教师	行政人员	教辅人员	工勤人员							
总　　计	4470	4286	2706	895	527	158	11	149	24	263	2157	145	13
其中：女	1742	1694	993	430	265	6	7	31	10	47	1055	95	
正 高 级	518	515	499	13	3		1	1	1	168	326		*
副 高 级	1179	1139	903	106	130		6	28	6	68	470	41	*
中　　级	2009	1924	1051	550	323		3	71	11	18	*	*	*
初　　级	288	258	55	144	59		1	27	2		*	*	*
未定职级	476	450	198	82	12	158		22	4	9	*	*	*

2. 专业技术人员学历年龄结构

单位：人

		编号	合计	29岁及以下	30～34岁	35～39岁	40～44岁	45～49岁	50～54岁	55～59岁	60～64岁	65岁及以上
总　　计		1	2706	145	359	577	545	454	281	309	32	4
其中：女		2	993	81	125	226	228	175	92	59	7	
获博士学位		3	1630	56	316	402	300	226	148	157	23	2
获硕士学位		4	923	86	42	158	226	199	100	106	6	
按专业技术、职务分	正高级	5	499		4	47	61	79	113	164	29	2
	副高级	6	903	1	51	173	224	218	112	123	1	
	中　级	7	1051	30	226	335	244	149	47	20		
	初　级	8	55	40	4	4	4	2	1			
	未定职级	9	198	74	74	18	12	6	8	2	2	2

续表

		编号	合计	29岁及以下	30～34岁	35～39岁	40～44岁	45～49岁	50～54岁	55～59岁	60～64岁	65岁及以上
按学历（学位）分	博士研究生	10	1630	56	316	402	300	226	148	157	23	2
	其中获博士学位	11	1630	56	316	402	300	226	148	157	23	2
	获硕士学位	12										
	硕士研究生	13	849	86	42	145	200	180	86	104	6	
	其中获博士学位	14										
	获硕士学位	15	849	86	42	145	200	180	86	104	6	
	本科	16	227	3	1	30	45	48	47	48	3	2
	其中获博士学位	17										
	获硕士学位	18	74			13	26	19	14	2		
	专科及以下	19										
	其中获博士学位	20										
	获硕士学位	21										

（二）专任教师增减变动情况

单位：人

	上学年初专任教师数	增加教师数								减少教师数						本学年初专任教师数
		合计	录用毕业生			调入		校内变动	其他	合计	自然减员	调出	校内变动	辞职	其他	
			计	其中：研究生		计	其中：外校									
				计	其中：本校毕业											
总　　计	2616	181	104	97	37	39	39		38	91	29	14	34	14		2706
其中：女	953	71	49	47	21	11	11		11	31	13	2	11	5		993

（三）人才工作

截至2019年12月，学校共有中国科学院和中国工程院院士（含双聘院士）25人，IEEE FELLOW 3人，国家人才计划入选者89人，国家杰出青年科学基金项目获得者20人，国家优秀青年科学基金项目获得者8人，国家有突出贡献中青年专家8人，国家“青年托举工程”人才4人，教育部新世纪优秀人才63人，教育部跨世纪优秀人才4人，科技部中青年科技创新领军人才6人。四川省“引进海内外高层次人才”计划入选者61人、四川省学术和技术带头人122人，四川省有突出贡献专家75人。成都市“蓉漂计划”入选者6人。

（四）2019年新增具备高级专业技术职务任职资格人员名单

序号	单 位	姓 名	专业技术职任职资格	备注
1	土木工程学院	占玉林	教授	
2	土木工程学院	杨万理	教授	
3	土木工程学院	杨文波	教授	
4	土木工程学院	余志祥	教授	
5	机械工程学院	何朝明	教授	
6	电气工程学院	林 圣	教授	
7	电气工程学院	王德林	教授	
8	信息科学与技术学院	蒋朝根	教授	
9	交通运输与物流学院	韩 科	教授	
10	牵引动力国家重点实验室	杨 冰	研究员	
11	牵引动力国家重点实验室	陈再刚	研究员	
12	牵引动力国家重点实验室	敬 霖	研究员	
13	地球科学与环境工程学院	林 鹏	教授	
14	材料科学与工程学院	杨志禄	研究员	
15	材料科学与工程学院	赵安莎	教授	
16	建筑与设计学院	杨青娟	教授	
17	力学与工程学院	张 旭	教授	
18	物理科学与技术学院	王庆峰	研究员	
19	马克思主义学院	王 菁	教授	
20	马克思主义学院	李春梅	教授	
21	经济管理学院	陈彦如	教授	
22	经济管理学院	苗 苗	教授	
23	公共管理与政法学院	李华强	教授	
24	公共管理与政法学院	高 凡	教授	
25	人文学院	余夏云	教授	
26	外国语学院	黎 明	教授	
27	土木工程学院	邓开来	副教授	

续表

序号	单　位	姓　名	专业技术职任职资格	备注
28	土木工程学院	刘凯文	副教授	
29	土木工程学院	齐　欣	副教授	
30	土木工程学院	许　浒	副教授	
31	土木工程学院	孙延国	副教授	
32	土木工程学院	李琼林	副教授	
33	土木工程学院	张　明	副教授	
34	土木工程学院	袁　冉	副教授	
35	土木工程学院	黄艺丹	副教授	
36	机械工程学院	江　磊	副教授	
37	机械工程学院	孙亮亮	副教授	
38	机械工程学院	谷丽瑶	副教授	
39	机械工程学院	吴兴文	副教授	
40	机械工程学院	蒋淑兰	副研究员	
41	电气工程学院	李　勇	副教授	
42	电气工程学院	沙　金	副研究员	
43	电气工程学院	杨顺风	副教授	
44	信息科学与技术学院	向乾尹	副教授	
45	信息科学与技术学院	易安林	副教授	
46	交通运输与物流学院	王　坤	副教授	
47	交通运输与物流学院	刘　涛	副教授	
48	交通运输与物流学院	何必胜	副教授	
49	交通运输与物流学院	胡　路	副教授	
50	交通运输与物流学院	胥　川	副教授	
51	交通运输与物流学院	曹　鹏	副教授	
52	牵引动力国家重点实验室	李　田	副研究员	
53	地球科学与环境工程学院	王玉峰	副研究员	
54	地球科学与环境工程学院	尹高飞	副教授	
55	地球科学与环境工程学院	张军科	副研究员	
56	地球科学与环境工程学院	熊　川	副教授	

续表

序号	单　位	姓　名	专业技术职任职资格	备注
57	材料科学与工程学院	李金阳	副教授	
58	材料科学与工程学院	徐小军	副教授	
59	材料科学与工程学院	侯建文	副教授	
60	材料科学与工程学院	蔡　创	副教授	
61	建筑与设计学院	向泽锐	副教授	
62	建筑与设计学院	许永生	副教授	
63	建筑与设计学院	高　伟	副教授	
64	建筑与设计学院	韩　效	副教授	
65	力学与工程学院	李瀛栩	副教授	
66	物理科学与技术学院	王邦继	副教授	
67	物理科学与技术学院	夏钰东	副教授	
68	数学学院	石　琳	副教授	
69	数学学院	陈罗平	副教授	
70	数学学院	陈新红	副教授	
71	数学学院	阎昊德	副教授	
72	数学学院	黄　磊	副教授	
73	生命科学与工程学院	刘　霞	副教授	
74	生命科学与工程学院	张　岚	副教授	
75	马克思主义学院	李世敏	副教授	
76	马克思主义学院	杨　桓	副教授	
77	马克思主义学院	康厚德	副教授	
78	公共管理与政法学院	黄　亮	副教授	
79	人文学院	周珉佳	副教授	
80	人文学院	唐新梅	副教授	
81	外国语学院	李　舟	副教授	
82	外国语学院	张　杨	副教授	
83	外国语学院	张露蓓	副教授	
84	外国语学院	唐弦韵	副教授	
85	体育部	陈骊珠	副教授	
86	土木工程学院	谢明志	高级工程师	工程技术
87	机械工程学院	曹晓玲	高级工程师	工程技术
88	交通运输与物流学院	张晓梅	高级实验师	实验技术
89	材料学院	智　伟	高级工程师	工程技术
90	生命科学与工程学院	单连海	高级实验师	实验技术

（五）2019 年度博士后科研流动站一览表

序号	流动站名称	主要研究领域	批准时间
1	力学	1. 固体的强度、损伤与破坏 2. 现代非线性动力学 3. 高速冲击动力学 4. 流固耦合振动 5. 接触力学 6. 车辆系统动力学 7. 成型制造力学与数值模拟 8. 计算流体力学等	1988
2	交通运输工程	1. 交通运输规划与管理 2. 交通工程 3. 物流工程 4. 系统工程 5. 安全科学与工程 6. 系统科学等	1991
3	土木工程	1. 桥梁工程 2. 隧道工程 3. 道路与铁道工程 4. 岩土工程 5. 结构与市政工程 6. 防灾减灾工程与防护工程等	1998
4	机械工程	1. 表面与界面 2. 微纳制造 3. 车辆及城市轨道装备 4. 起重运输与物流装备 5. 机电液系统设计与可靠性 6. 现代机电测试及控制技术 7. 暖通空调及工业空气动力学 8. 数控技术及虚拟制造 9. 新能源汽车与内燃机创新设计 10. 机器人机构学及设计自动化等	1999
5	电气工程	1. 电气工程 2. 控制科学与工程 3. 电子信息工程等	1999
6	管理科学与工程	1. 服务管理 2. 物流与供应链管理 3. 金融工程理论与应用 4. 产业发展理论与应用 5. 项目管理与投资分析 6. 工程组织与管理 7. 数据科学与方法等	2001
7	信息与通信工程	1. 移动通信理论与技术 2. 无线通信与移动计 3. 高速光通信系统与光通信器件 4. 通信系统安全与保密 5. 智能信息处理系统理论与技术等	2003

续表

序号	流动站名称	主要研究领域	批准时间
8	测绘科学与技术	1. 大地测量学与测量工程 2. 遥感科学与技术 3. 地图制图学与地理信息工程等	2007
9	地质资源与地质工程	1. 高速铁路（公路）高边坡地质灾害及防治工程 2. 高速滑坡机理及其早期识别 3. 黑色岩层特性及其致灾机理等	2009
10	计算机科学与技术	1. 云服务平台与信息集成 2. 大数据分析与挖掘 3. 智能信息处理 4. 计算机网络通信技术 5. 计算机信息及系统安全 6. 计算机图形图像处理等	2012
11	工商管理	1. 市场科学与行为 2. 会计与公司财务 3. 运作与服务管理 4. 投资决策与风险管理 5. 企业战略与组织行为 6. 工商管理中的大数据研究等	2014

（六）2019年博士后出站人员名单

力学： 李瀛栩
交通运输工程： 申　鹏　　叶常青
土木工程： 邹春华　　罗　圆　　王武刚　　杨　枫
机械工程： 刘念聪　　陈　江　　刘芳延　　张海涛
王海波　　蔡　创　　李　文　　赵　娟
电气工程： 关金发
地质资源与地质工程： 吴富峣　　张毅博
管理科学与工程： 邵增珍

（七）2019年在聘名誉教授名单

任辉启　　杨先农　　王建国　　聂建国　　闫楚良　　吴以岭　　樊代明
黄润秋　　隋森芳　　陈木法　　李安民　　卢春房　　岳清瑞　　常　青
陈湘生　　谢先启

（八）2019年在聘顾问教授名单

蒋兴宇·　马国伟　　包亦望　　周延春　　张喜刚　　宫　鹏　　倪一清
王　宁

（九）2019 年在聘兼职教授名单

王炳林	贾利民	王　苹	冯小宁	汪庆升	张伟瑄	蒋先国	庄　河
王明慧	周　群	郭　迅	吴　江	冯　刚	张福浩	刘纪平	王立新
李国良	文望青	肖明清	张留俊	谭新亚	陈克坚	陈　列	梅国雄
苗启松	孙　云	黄远新	陶　然	党亚民	郭春喜	邓云凯	任晓春
陈伯施	王安斌	张　民	王　雄	翟惠生	赵　昱	魏　宇	吴长波
徐　伟	岳光荣	戚建淮	刘洪生	刘飞香	汤　明	成子桥	陈　钒
顾勇新	刘勇华	刘　迁	丁树奎	牛大鸿	崔志刚	吴艳宏	蔡利平
金旭炜	代彦军	韩振勇	蒋中贵	刘宜丰	王栋民	徐升桥	王彦刚
宋少民	牟廷敏	齐向阳	高培勇	胡必亮	刘迎秋	涂　宏	朱光耀
丁　睿	蒋　捷	李　强	罗　劲	徐丽明	刘荣刚	李建斌	苏世怀
陈应陶	崔　冰	万田保	赵仕兴	肖作平	袁红平	吴至友	张文萌
畅洪亮	姚攀峰	常好诵	王立军	李清泉	樊　晟	刘　艺	牛　力
陈　亮	董建明	李国良	朱　颖				

十、学院工作

（一）土木工程学院

【党建工作】

土木工程学院党委高举习近平新时代中国特色社会主义伟大旗帜，全面开展“不忘初心、牢记使命”主题教育，深入贯彻十九届四中全会精神和校十四次党代会战略部署。以党建为龙头引领学院中心工作，对标“双一流”建设，发挥党的政治核心作用，系统地谋篇布局，准确把握并有效推动学院各项改革事业的发展。紧抓党委主体责任，有效落实党建工作的“五个到位”，加强班子建设和廉政建设，规范“一岗五责”“三重一大”等责任机制和内部监督机制。提升思想政治教育和意识形态工作水平，结合“不忘初心、牢记使命”主题教育，丰富党建工作内容及形式，规范基层支部工作，促进教职工政治理论学习和师德师风建设。切实保障学院安全稳定和保密工作，加强对工会、教代会、共青团等群团组织的指导。

本年度，学院党委有力推进了教育部“三全育人”试点改革、全国“双创”标杆院系建设、以及全国“黄大年式”团队建设等工作，取得了阶段性的成果，接受学校第三轮巡察工作。同时，学院还涌现了四川省教学名师、全国总工会“火车头奖”获得者、见义勇为优秀大学生等先进党员代表。学院党委获得了2017—2019年度创先争优先进基层党组织称号。

学院工会连年获得先进工会集体称号，组织的学院双代会已成为教职工参与民主管理监督的重要平台。不断推进师德师风建设，维护教职工权益；一年来，青年教师发展与成长受到极大关注，创建有效制度对困难与离退教职工进行帮扶，落实土木工程学院“春风化雨”帮扶计划。组织开展了丰富多彩的教职工文体活动，积极组织参与了学校各类工会活动和比赛，受到广大教职工的广泛好评，在庆祝新中国成立七十周年合唱比赛中荣获一等奖。今年，学院获得四川省“五一劳动奖状”；院工会李彤梅主席获评为四川省优秀工会工作者。

【师资队伍】

率先在全校实行了“评聘分离、分类分层”的新一轮教师岗位聘任体系，深化学院内部人事分配制度改革，打破了职称、资历与收入分配之间的正比关系，按照成绩、成果、成效进行分配。制定未来五年师资队伍规划，建立海内外高层次人才及潜在人才信息数据库。[2019年新增各类人才25人，新增雏鹰学者A类2人，雏鹰学者B类1人，青苗计划4人。新增师资博士后7人，新增博士后10人（全日制博后3人），新增外聘教授17人（其中，名誉教授3人，顾问教授2人，兼职教授12人）。]

【学科建设】

完成了世界最大跨度悬索桥（土耳其）的风洞实验，土耳其交通部部长率团视察；获批一项四川省虚拟仿真建设项目，申报一项国家级虚拟仿真建设项目（审查中）；依托国工室，获批交通运输部2019年度交通运输行业创新人才培养示范基地，获批全国科普教育基地（2019—2023年），开展全国首个“螺栓连接装配式复合墙板乡村住宅”等十几项大型试验。

【人才培养】

高质量完成国家级一流本科专业建设点“土木工程专业”申报和建设工作，新增“工程造价”专业，新增“本硕连读”班。成立学院专业认证工作办公室，全面梳理工程教育认证标准和学院人才培养体系，全面修订学院本科生和研究生人才培养方案，形成 17 个完整的不同层次、不同模式的培养方案；全面修订 142 门本科生课程教学大纲和 120 门研究生课程教学大纲；组织开展 8 门国家级一流本科课程申报与建设工作。

加强研究生毕业论文质量监控，改革出台《土木工程学院博士学位论文提交教育部平台送审》制度，改革工程硕士培养模式，按全日制硕士学位论文的标准和要求，全面整改在职工程硕士学位论文。完善研究生导师遴选上岗管理规定。成功举办 2019“走进川藏铁路”主题暑期夏令营。建立本-硕-博教学体系的课程负责人制度。完善了课程质量评价制度，优化教学督导组构成。

全面展开线上线下教育教学资源建设，14 门土木工程微专业课程全面上线，其中《土力学》等 10 门课程在爱课程网正式开课。增加学校支持建设本科在线开放课程（慕课）6 门；获得学校首批研究生 MOOCs 课程建设项目 4 门。首次获批全国工程硕士专业学位研究生教育在线课程建设项目 1 门；新增出版教材 8 部，其中全英文教材 2 部。

新增四川省教书育人名师 3 人：易思蓉教授、赵人达教授、李永乐教授。新增西南交通大学 2019 年“立德树人”先进集体 2 个：交通隧道工程教师团队、铁道工程教学团队；教书育人突出贡献奖：易思蓉教授；“教书育人”优秀奖：杨成副教授；“教书育人”新秀奖：王骑副教授。新增四川省高等教育人才培养质量和教学改革项目重点项目 3 项，一般项目 2 项。新增西南交通大学本科教育教学研究与改革一般项目 30 项。新增教育部协同育人项目 2 项。新增 2 个校级优秀研究生导师团队建设项目。新增发表高水平教改论文共计 31 篇；新增校优秀博士论文 7 篇、优秀硕士论文 20 篇。新增 SRTP 项目国创 10 项、省创 26 项、校创 70 项、院创 39 项。新增实习实践基地 4 个，实习实践基地总数已达 34 个。获学校第九届青年教师教学竞赛 3 个一等奖、4 个二等奖、2 个三等奖。

【科学研究】

2019 年度，土木工程学院到账科研经费达 1.28 亿元，再创历史新高；高水平论文再获突破，新增 SCI 论文 220 篇，其中，发表科院一区 4 篇，二区 41 篇，ESI 高被引 16 篇；申报发明专利 160 余项，新增获批 64 项；获省部级以上科研奖 26 项，获奖人数 51 人次，且首次主持获得国家科技进步一等奖和四川省自然科学一等奖。

持续深度参与川藏线工程，截至目前，土木工程学院共主持或参与川藏铁路项目课题 55 项，其中纵向项目 29 项，横向课题 26 项，包括铁路总公司系统性重大项目子课题 4 项，设计专题研究项目 2 项，四川省系统性重大项目 1 项，其中，2019 年新增川藏铁路相关课题 10 项。

参加各类学术会议 256 人次，其中国内学术会议 150 余次，国际学术会议 100 余人次。分别主办和承办第五届中国土木工程学会隧道及地下工程分会建设管理与青年工作科技论坛、第十届全国运营安全与节能环保的隧道及地下空间科技论坛、第一届中法交通岩土工程论坛等海内外高水平学术会议。

土木-数学联合科研基地通过中期验收。在科研育人工作开展方面，确立了以“典型示范引领”+“科研素养培养”作为土木工程学院科研育人建设的思想主线。成功召开了“2019 年度土木工程学院科研育人先进经验交流暨科技表彰大会”。通过系室推荐、学院综合评选，选树了 16 位“科研育人”示范个人候选人进行培养资助（资助期一年）。依托各科研团队在研的科研项目，开展“科研创新训练项目”26 项。

【对外/对港澳台交流合作】

致力于一流国际化学院创建，2019 年新增与国外大学战略合作协议 3 项；新增名誉、客座教授 6 人；策划、承办“第一届中法交通岩土论坛”，来访国际专家 40 人次；教师出国（境）交流 113 人次，学生出国（境）133 人次；培训全英文师资 27 人次。

【管理与服务】

坚持“围绕学生、关照学生、服务学生”，致力为 3561 名本科生（峨眉二本 486 人）、1815 名硕博共 5376 名学生提供丰富的学习成长活动及平台，确保了学生安全稳定，圆满完成各项工作。完成1443人次各类优秀学生评选、1223人家庭经济困难认定等日常事务工作。972名本科、442名研究生顺利毕业就业，就业率达97.43%。

全面提升学生能力素质，培训学生干部512人次，组织实施“2019土木科技月”，3246人次本研学生参加，提交模型690件，评选各类奖项221项。获全国大学生先进成图技术与产品信息建模创新大赛一等奖，国际大学生工程力学竞赛亚洲赛区一等奖，美国中太平洋赛区土木工程竞赛中混凝土轻舟赛第四名、挡土墙竞赛第五名。学生参与省市级以上学科竞赛45项，获奖人数277人次。

（二）机械工程学院

【党建工作】

学院党委接受学校第三轮党委巡察，扎实开展“不忘初心、牢记使命”主题教育，将学习教育、调查研究、检视问题、整改落实贯穿全过程，全面组织推进落实；按照学校党委要求认真制定和落实学院党委中心组、教职工和党支部学习计划，完善学习制度，强化理论和业务学习，组织开展教职工党员理论知识测试。积极筹备开展习近平新时代中国特色社会主义思想理论学习微党课；建环和摩擦党支部积极申报新时代高校党建“双创”样板党支部。逐步落实教师党支部书记“双带头人”培育工程；开展课程思政与师德师风建设，“新时代‘大思政’格局下育人模式探索与实践—以机械学院研究生教育为例”获学校思想政治工作优化改革项目审批立项；5个研究生党支部在校级研究生党建“领航先锋”工程中立项；双创培育“头雁计划”研究生样板党支部；“不忘初心、牢记使命”系列活动十佳主题党日活动中立项。

【学科建设】

学院积极推进“双一流”项目建设，完成了学校“双一流”中期检查，进一步凝练了建设项目的内容及成果，取得了系列成效；获批“轨道交通运维技术与装备”四川省重点实验室，“111”引智基地高票通过初评，获科技部国际合作重点研发计划项目1项，获教育部自然科学一等奖1项；主持创建 *Biosurface and Biotribology* 期刊已入选中国期刊国际影响力提升计划并进入EI数据库检索，新创刊 *Energy and Built Environment*；主持承办“中日摩擦学学术研讨会”等国际学术会议5次，有力地提升了学科的国际影响力。

【师资队伍】

新增省教学名师1人，新聘兼职教授2人，入选校人才师资队伍培育计划12人，唐立新奖2人。举办西南交通大学2019年“交天下菁英，通宇内鼎甲”学者论坛机械工程学院分论坛——轨道交通运维技术前沿论坛；副高先聘后评引进2人，师资博后和一般师资10人。通过2018年度专业技术职务评审14人（正高2人，副高12人）。

【人才培养】

机械设计制造及其自动化专业、车辆工程专业获学校批准申报国家一流专业；9月开始增设卓越班，面向智能装备制定了卓越班人才培养方案，通过小班式教学、项目式教学方式，引入学业导师机制，开展个性化人才培养模式；开展学院8个专业2019级培养计划修订工作；召开机械工程学院本科教学工作会议（2019年3月28日），制定本科教学行动计划；完成《机械工程学院本科教学规章制度汇编》；立项院教改项目19项；开展2019级卓越班、创新班学生学业导师选拔工作；与中车眉山车辆有限公司、湖南旗滨节能玻璃有限公司共建人才联合培养基地。硕士研究生共招生350人，博士研究生共招生47人，承担商务部援外项目，招收硕士留学生11人。新增研究生导师10人，优秀校级研究生学位论文18篇；推荐研究生导师专著、教材项目6项，优博培育2项，博士生创新基金6项，博士拔尖创新人才4人；研究生MOOCS课程1项。校级导师团队项目2项。参加国家级各类竞赛14项。建立了研究生实践基地5个；举办了校级建候暑期学校，创建了机械研究生微信公众号。

【科研工作】

学院明确了围绕国家重大需求和颠覆性、原创性方向，打破系所界限，建立科研团队开展科研的组织方式，并在科研工作的绩效上，逐渐倾斜；编制了机械工程学院科研情况汇编报告，推进了彭州科技成果转化进程，制定了多项提升科研的措施，推进了学院的多个科研平台建设，获批 111 引智基地 1 项；全院到账科研经费 5473 万元，其中纵向 2397 万元，横向 2605 万元，军工 471 万元，增加 ESI 高引论文 1 篇，授权专利 135 件，其中发明 40 件，实用新型 95 件，参与获得省部级科研奖励 3 项，获得国家重点研发计划项目 1 项。

【百年院庆】

学院以机械百年院庆为契机，凝练“厚德笃行、精勤致远”的学院精神，团结全体师生、校友集中力量攻坚克难，推动学院一流学科建设。编印机械百年大事记、制作出品《百年“机”缘》宣传片、编印机械百年画册，做好网络新闻媒体的宣传推送工作；总计收到各兄弟高校、企业、校友贺礼 17 份、贺信 21 封。获得企业、团体、个人捐赠共计 532.5 万元。组织校友集体返校活动，共接待返校校友近 500 人。圆满召开 123 周年校庆暨机械 100 年庆典大会，举办机械百年院庆晚会。召开了机械学科前沿学术论坛、机械学科发展论坛、自主系统及应用国际前沿研讨会、西南地区机械学科带头人及院长联席会等大型学术研讨会，为机械学科发展献计献策。

【管理与服务】

完成学院“薪酬分配和资源配置改革”，修改完善薪酬分配和考核办法。按照学校要求，进一步推进学院房屋资源优化配置；完成 2020 年 2 号楼机械管理修缮的规划、布局。学院“地铁环控系统虚拟仿真实验”成功入选四川省虚拟仿真实验教学项目；起重运输与工程机械实验中心设备采购项目，通过教育部专家评审，获得中央改善基本办学条件专项资金资助 300 万。

（三）电气工程学院

【党建工作】

电气工程学院党委下设 55 个党支部（其中教工支部 9 个（成都教工支部 7 个，峨眉教工支部 1 个，退休教工支部 1 个），本科生支部 6 个，研究生支部 40 个）。截至 2019 年 12 月，共有党员 937 名，其中教职工党员 155 名，退休教职工党员 28 名，学生党员 754 名。

2019 年，电气学院党委在校党委的领导下，深入学习贯彻习近平新时代中国特色社会主义思想和党的十九届四中全会精神，进一步夯实基层党建，推动学院稳步发展。

第一，抓好理论学习落实主题教育。组织中心组学习 16 次，完成相关学习专题 19 个。结合电气学院建院 70 周年的历史，讲授电气人的“初心”和“使命”主题党课。组织学院领导干部开展调研，结合分管工作调查研究，取得了良好效果。第二，配合做好学校第三轮党委巡察工作，进一步完善民主决策机制，强化领导班子建设，完善后备干部培养机制。第三，进一步强化基层组织建设和党员培养教育工作。电力工程系支部成功入选教育部第二批新时代高校党建示范样板支部，工程中心支部获评校“十佳”先进党支部，何正友教授获评校“十佳”优秀共产党员。第四，强化政治把关，保障发展环境。完善岗位考核和绩效考核机制，严格教师师德师风评价，在人才引培、人员招聘等工作中充分把好政治关口，做好保密审查和安全稳定工作。

【师资队伍】

2019 年，学院师资与人才队伍建设成绩突出。高仕斌教授进入中国工程院院士候选第 2 轮，3 人入选国家人才计划青年项目，实现了学院零的突破。

2019 年，新入职年轻博士 9 人，招聘外籍教师 1 人；新增博导 7 人、硕导 12 人。

【学科建设】

组织完成学院“创一流”与“建一流”申报。学院获批建一流团队 3 个（吴广宁、何正友、刘志刚）和创一流团队 4 个（高仕斌、陈维荣、冯晓云、赵舵）；主办 2019 年“交天下菁英、通宇内鼎甲”学者分论坛；2019 年，软科电气工程学科排名第 10，控制学科排名第 44。

【人才培养】

1. 教育教学

（1）专业和课程建设

2019 年，“电气工程及其自动化”入选国家一流专业、“电子信息工程”入选四川省一流专业；“能源动力”领域工程博士和工程硕士学位授权点开始招生；完成学院 3 个本科专业培养方案修订；吴广宁教授牵头的“高电压技术”，蒋启龙教授牵头的“电力电子技术”课程成功上线“中国大学 MOOCs”课程。

（2）实践教学和学生获奖

第五届中国“互联网+”大学生创新创业大赛总决赛，何晓琼教授指导学生获国家级银奖 1 项，陈维荣教授指导学生获国家级铜奖 1 项。

全国大学生交通科技大赛，何正友教授指导学生获国家级三等奖 1 项。

“挑战杯”全国大学生课外学术科技作品竞赛，何晓琼教授指导学生获国家级三等奖 1 项，王青元高工指导学生获省级二等奖 1 项。

全国高校人工智能创新大赛，王青元高工指导学生获国家级一等奖 1 项。

（3）教师讲课竞赛

在第九届青年教师教学竞赛中，王嵩、荣海娜老师获一等奖，林川、张雪霞、麦瑞坤老师获三等奖。

（4）教学研讨与交流

与高等教育出版社合作承办了“全国高等学校 2019 年电气名师大讲堂”。

2. 学生工作

（1）集体获奖

2019 年学校年度考核中，学生工作专项获第 2 名；学生工作组获全校首届立德树人先进集体（管理与服务育人类）（全校 2 个）；获批 2019 年新时代“大思政”育人工作项目；获建全校首批辅导员名师工作室（全校 6 个）；分团委获得年度五四红旗团委创建单位；学生组织获“十佳学生会”“十佳研究生会”“十佳青年志愿者协会”、学生群体工作“十佳院系”、校运会最佳组织奖、校运会学生甲组团体第二名、校运会学生体质四项全能第二名等多项荣誉。

（2）辅导员获奖

谢力获“曹建猷教育奖”；陈勇获校“唐立新学生工作奖”，张异获“华为优秀辅导员”，薛逸凡、樊芝菱获“优秀学生工作者”荣誉称号，张异、薛逸凡、李诗涵、孙检被评为 2019 年校暑期“三下乡”社会实践优秀指导教师。

（3）学生获奖

8 名博士生、22 名硕士生、21 名本科生获国家奖学金，68 名本科生获国家励志奖学金；周泓宇、邸世民同学获得“竢实扬华”奖章；王璇、刘爽、杜浩、苏波、龚邻骁、董侃、周泓宇、邱哲睿、单煜、罗嘉明、郝兆扬获四川省优秀大学毕业生。本科生魏来代表学校参加四川省大学生游泳比赛，获个人第二、团体第一，彭云尔同学代表学校参加四川省大学生网球锦标赛，获双打第一。

3. 大型活动

围绕“青春告白祖国”“青春心向党 建功新时代”、院庆 70 周年等主题共举办学生大型活动 50 余项，参与学生人数达 17 000 人次。

4. 招生与就业

2019 年招收本科生 467 名、研究生 345 名、博士生 45 人。

学院本科生培养质量持续提高，本科生升学率达 49.18%，居全校前列。学院就业指导工作成绩显著，本科毕业生 420 人、研究生 281 人，就业率持续保持 100%。

【科学研究与国际化】

1. 科研经费

2019 年，学院新增科研项目 132 项，其中纵向项目 51 项，横向项目 81 项；科研项目经费累计到账 8267 万元（2018 年 6707 万元），首次突破 8000 万。

2. 国家自然科学基金项目

2019 年，获批国家自然科学基金项目 18 项，青年基金资助率 46.7%，总经费 1661 万元，基金数量、经费均创历史新高。其中：优青 1 项、重点项目 3 项、重大课题 1 项，面上项目 6 项，青年科学基金项目 7 项。

序号	类别	名称	经费（万元）	主持人
1	优青	高速铁路受流回流关键技术	120	高国强
2	重点	川藏铁路弓网电弧的基础研究	260	吴广宁
3	重点	高铁列车牵引系统健康监测、故障诊断与安全控制技术研究	231	冯晓云
4	重点	高速列车自主协同运行控制理论与方法研究	231	黄德青
5	重大项目课题	高压直流开断中复合式能量耗能新方法及优化	300	高国强
6	面上	川藏铁路“源网荷储”型牵引供电系统规划方法研究	57	杨健维
7	面上	计及燃料电池系统集群健康状态评估的多源混合发点系统协调控制方法研究	57	李　奇
8	面上	高铁接触网支持装置零部件精确定位与缺陷检测研究	57	刘志刚
9	面上	高压直流输电系统虚拟换相过程构建与换相失败抑制方法研究	57	林　圣
10	面上	轨道交通无线牵引供电系统功率波动机理及其抑制方法研究	60	麦瑞坤
11	面上	移动机器人控制膜计算模型构建机制	60	张葛祥
12	青年	存在铁路牵引供电系统安全风险评估方法研究	25	冯　玎
13	青年	急速温变对车载电缆终端界面放电与介质劣化的影响机理研究	24	杨　雁
14	青年	高速列车车顶绝缘子动态积污特性及污秽高光谱监测方法研究	25	郭裕钧
15	青年	频繁冲击负荷下动态无线供电系统高效率保持方法研究	24	李　勇
16	青年	基于控制环路解耦的快速瞬态响应脉冲序列控制PFC变换器研究	26.5	沙　金
17	青年	状态和输入受限下逼近翻滚目标的航天器相对姿轨鲁棒联合控制	22	张　凯
18	青年	高速磁浮列车电容式无线辅助供电系统功率提升策略研究	25	周　玮

2019年获批四川省科技厅项目11项。

序号	类别	名称	经费（万元）	主持人
1	创新团队	轨道交通大型变压器效能提升	70	周利军
2	创新团队培育	无线供电及其应用	30	麦瑞坤
3	杰青培育	高速铁路外绝缘状态感知关键技术研究	20	张血琴
4	重点	川藏铁路光伏接入可行性与复合控制研究	40	戴朝华
5	国际合作	电动汽车动态无线供电系统高效稳定运行关键技术研究	30	李　勇
6	区域创新合作	城轨交通车载变流器及轨道运维关键技术及装备	30	吴松荣
7	重点研发项目	高压直流输电系统换流站站域保护研究	20	赵丽平
8	面上	新型电缆贯通供电系统建模与优化方法研究	10	张丽艳
9	面上	薄弱外部电源条件下的川藏铁路牵引供电系统供电能力与可靠性分析方法研究	10	冯　玎
10	苗子工程	高压直流输电系统滤波器保护与故障定位方法研究	10	牟大林
11	苗子工程	主动配电系统谐波污染检测评估与预测预警关键技术研究	10	臧天磊

3. 企业合作项目

开展有组织的科研活动。组织完成与通号轨道交通集团、中车四方股份、北京纵横机电科技有限公司等单位开展交流合作，2019 年横向到账经费 5394 万元。

序号	经费来源	名称	经费（万元）	主持人
1	广深铁路股份有限公司	深圳东站钢结构健康监测系统建设	403	李思丰
2	通号（长沙）轨道交通	城轨供电系统机理研究	374	刘　炜
3	通号（长沙）轨道交通	铁路牵引供电系统谐波与谐振机理、影响及软件开发研究	317	何正友
4	国网浙江省电力有限公司	特高压直流外绝缘污秽状态高光谱检测技术研究及应用	316	郭裕钧
5	中车青岛四方有限	地铁列车运行节能优化控制技术研究	300	王青元
6	深圳供电局有限公司	特大型城市轨道交通杂散电流在电网系统中的传播机理和分布规律研究	251.5	林　圣
7	四川鱼鳞图有限公司	基于深度学习的土地利用类型智能影像识别技术方案编制	202	黄　进
8	暨南大学珠海校区	暨南大学轨道交通研究院非接触牵引供电轨道交通模拟系统	169	麦瑞坤
9	广东电网有限责任公司	电能质量干扰源密集混合接入地区电网电能质量影响分析方法研究	154	胡海涛
10	中铁二局集团	四电技术领域创新合作协议	150	曹保江

4. 标志性成果

获批“轨道交通电气化与自动化”学科创新引智基地（“111” 计划）。

高速铁路弓网系统运营安全保障、大功率轨道交通无线供电技术、智能自主机器人、电工新材料、车网系统耦合振荡机理及抑制等一批重大创新项目取得突破性进展；同相供电系统、节能型变压器、智能牵引变电所、牵引供电系统 PHM 系统、变电站巡检机器人、城市杂散电流监控系统等重大成果得到推广应用。

在科研获奖方面，主持获教育部科技进步一等奖 1 项、四川省科技进步一等奖 1 项、中国铁道学会科技一等奖 1 项、教育部自然科学二等奖 1 项；参与获湖南省科技进步一等奖、中国自动化学会自然科学一等奖各 1 项。

序号	项目名称	获奖人员	获奖等级	单位
1	高速列车能量传递的关键技术与装备	吴广宁（1），高国强（2），杨泽锋（3），魏文赋（4），张血琴（6）	教育部科技进步一等奖	西南交通大学（1）
2	高速列车电力牵引系统关键技术及应用	冯晓云（1），宋文胜（2），王青元（3），葛兴来（4），王嵩（6），孙鹏飞（7）	四川省科技进步一等奖	西南交通大学（1）
3	电气化铁路组合式同相供电关键技术与应用	李群湛（1），郭锴（2），解绍锋（3），舒泽亮（6）	中国铁道学会科技一等奖	西南交通大学（1）
4	大功率燃料电池系统优化控制理论与混合动力能量管理方法	陈维荣（1），李奇（2），戴朝华（3），马磊（4），郭爱（5），韩莹（6）	教育部自然科学二等奖	西南交通大学（1）
5	中低速磁浮交通系统车辆及其关键技术集成示范	张昆仑（4）	湖南省科技进步一等奖	西南交通大学（2）

续表

序号	项目名称	获奖人员	获奖等级	单位
6	复杂信号及稀疏系统的鲁棒滤波理论与方法	赵海全（3）	中国自动化学会自然科学一等奖	西南交通大学（2）
7	牵引变电所低压配电系统电能质量综合治理装置研发及应用	周福林（1）	中国铁建科技二等奖	西南交通大学（2）
8	基于物联网的智能化果蔬水肥控制技术及其应用研究	荀先太（1）	四川省计算机科学技术二等奖	西南交通大学（5）

5. 发表论文、专利

2019 年，共发表 SCI 论文 137 篇、EI 论文 298 篇（2018 年检索），其中一区论文 20 余篇，ESI 高被引 6 篇、热点论文 1 篇，高水平论文持续增长；发明专利申请 214 件，授权发明专利 86 件，专利申请数、授权数较前一年有所增长。

6. 对外/对港澳台交流

2019 年，获批“轨道交通电气化与自动化”学科创新引智基地；教师出国/出境交流 56 人次，学生出国/出境 152 人次；邀请国内外专家 50 余人次到校讲学交流；与伯明翰大学“2+2”本科联合培养项目进展顺利。与伯明翰大学、利兹大学分别签订校际、院际合作谅解备忘录，推进本、硕、博联合培养和科研合作；成功承办第 3 届“电气化交通前沿技术论坛”国际会议、第 5 届国际自动控制联合会远程信息技术研讨会（IFAC TA 2019）、2019 国际铁路合作组织牵引供电标准化会议（OSJD）。

【平台建设】

——实验室建设：组织召开 2019 年度电气工程基础国家级实验教学示范中心教学指导委员会会议，中心 2018 年度教育部排名第 32 位（共 896 个），电子组第 3 名（共 85 个）；完成学院实验室建设 2020—2022 年规划；申报教育部修购计划 7 项，3 个项目通过专家评审入库，总经费 1041.5 万元；完成“双一流”基建项目“磁技术实验室”设计。

——虚拟仿真实验项目建设：获批四川省虚拟仿真实验项目 2 项，申报国家级虚拟仿真实验项目 1 项。

——实验室开放：重点实验室开放项目申请 10 项，参加人数 32 人；个性化实验申报 19 项，参加人数 51 人。组织中大型实验室开放和参观活动 12 次。

——学生科创活动：主办大学生电气与自动化创新实验竞赛活动，共有 1800 余人参赛；学院获第十一届课外创新实验竞赛优秀组织单位，优秀指导教师 4 人。

【校友及筹资工作】

2019 年，学院继续加强校友工作。做好各届返校校友的日常接待及服务工作。通过电话、网络等方式建立与毕业校友的联系，为校友和学院之间搭建交流沟通的平台，按地区和年级建立电气人微信群近 30 个，各级校友近 6000 人；收集整理学院 2019 级本科及研究生校友名单，扩充校友信息库 800 余条；新聘任 2019 届校友班级理事 15 人；完成 2014 届和 2018 届本科毕业生就业质量调查报告。

为全面宣传学院和校友情况，继续推出《电气人校友通讯》，2019 年共推出二期，包括今日电气、校友活动、教育基金、我与电气、感恩母校等版块，全面介绍学院重大新闻、院友活动相关报道、曹建猷基金以及捐赠情况，校友反响热烈。

2019 年为电气学院建立 70 周年，学院校友办策划并负责组织实施“礼赞七十载，电气再出发——诚邀全球电气人为学院祝福”院庆 70 周年线上活动。参与活动校友 3284 人。校友参与度较高，反响热烈。

2019 年，学院通过各种渠道，积极推动社会及校友个人对学院学科建设的支持，获协议捐赠 1000 余万，到账经费 200 余万。

(四)信息科学与技术学院

【党建工作】

守初心担使命,认真组织开展主题教育,学院党委主题活动11期。抓大事谋发展,发挥政治核心作用,定期召开党委会18期、党政联席会17期。把关口守底线,做好思想政治工作,在人才引进、导师遴选、职称评审、评奖评优、课题申报、评聘考核、教材选用等方面严把意识形态关口,全年无意识形态安全问题。定计划抓落实,充分用好单周四时间,学院教工政治理论学习固定时间、固定地点、固定主题,会前有通知、会中有记录、会后有报道,全年累计开展13项专题学习,开展各类社会实践活动112项,发布各类新闻报道184篇。解难题聚人心,直面热点难点问题,组织成都和峨眉两校区学生党员骨干开展主题教育活动。争创一流,助力学院可持续发展,获评2017—2019年“创先争优”校级先进基层党组织称号、2018年宣传思想工作先进集体称号。

【师资队伍】

研究规划《信息科学与技术学院关于师资人才引进工作的激励方案(试行)》,旨在激励学院全员参与师资人才引进工作。2019年度,入选国家人才计划1位、四川省人才计划入选3人;举办西南交通大学2019年“交天下菁英,通宇内鼎甲”学者论坛信息学院分论坛,对接各类应聘人员80余人,全年新入职10人。

【人才培养】

1. 本科教育

申报国家和省级“一流本科”专业取得成效:计算机科学与技术、通信工程和轨道交通信号与控制专业获批国家“一流专业”建设点;软件工程专业获批四川省“一流专业”。计算机科学与技术专业通过工程教育专业认证复评;完成7个本科专业教学培养方案的修订工作;设立卓越人才培养的人工智能茅以升班、计算机科学基础学科拔尖班;通信工程专业的工程教育专业认证申请获批;申报微电子科学与工程新专业获批;在学校立项4门MOOC课程建设,其中2门已经上线;设立CCF CSP软件能力测试考点;持续开展教学质量监控;稳步推进利兹学院计算机科学与技术专业人才培养工作。

2. 学位与研究生教育教学

持续推进研究生教育教学改革,在校内率先实施“人才培养特区”项目,开展与企业合作的“人才培养专项”招生。持续三年的教育部首次学位授权点合格评估工作顺利完成,学院12个学科专业(其中独立承担7个,牵头1个,参加4个)均顺利通过了评估。完成了学院工程硕士专业学位授权点对应调整后的招生目录编制工作。提升研究生生源质量,2020年度录取推免生数量比上年度提高47%,录取本校推免生数量比上年度提高55%;开展新一轮研究生培养方案修订工作。贯彻落实学校国际化战略,与意大利卡利亚里大学签署并实施研究生“双博士”学位项目协议。研究生科赛成绩优异,获中国研究生电子设计竞赛全国总决赛团队一等奖、中国大学生服务外包创新创业大赛“全国星光奖”、AI全球挑战赛“AI天气预报挑战赛”亚军、全国高校人工智能创新大赛中特等奖、集成电路EDA设计精英挑战赛全国一等奖等荣誉,承办西南交通大学第四届研究生嵌入式应用技术创新设计作品竞赛。研究生学位论文保持高质量,博士毕业生姜恒云获得中国光学学会优秀博士论文提名奖,博士毕业生郭迎辉获得中国光学工程学会优秀博士论文提名奖。

【学科建设】

完成了“建一流”学科和“创一流”学科年度建设工作。Computer Science学科继续进入ESI全球排名前千分之五。针对第五轮学科评估工作进行了准备,积极协调各方资源,在科研项目、科研经费和获奖等方面有了新的突破。孙林夫教授担任国家重点研发计划“网络协同制造和智能工厂”重点专项总体专家组组长。中国科技评价网、中国科学评价中心和金苹果公司,发布了世界一流学科排名,学院信息与通信工程一级学科为5★-(即A-)学科,计算机科学与技术一级学科为 4★（即 B+）学科。在二级学科排名中，交通信息工程及控制二级学科为 5★类二级学科（即 A 类）。

【科学研究】

2019 年纵向项目立项 52 项、纵向到账经费 3440 万元；横向立项 32 项，横向到账 692 万元；总计全年到账经费 4132 万元。牵头申报并获批立项国家重点研发计划重点专项“宽带通信和新型网络”和“光电子与微电子器件及集成”项目 2 项，申报并获批国家重点研发计划重点专项课题 5 项，完成国家重点研发计划重点专项项目“基于第三方平台的多价值链协同技术与方法”项目启动会，合同经费 1309 万元，到账经费 916 万元。2019 完成自然科学基金申报 32 项（优青 1 项，重点项目 2 项，面上 11 项，青年 14 项，国际合作与交流项目 1 项，外国青年基金 2 项，联合基金 1 项），获批 14 项（优青 1 项，重点 1 项，面上 5 项，青年 4 项，外青 1 项，地区联合基金 1 项，国际合作交流 1 项）。平均资助率 43.8%。获批四川省科技厅重点研发计划、应用基础研究重大前沿和重点项目 6 项；获批华为、成都地铁等各类横向项目 32 项；获批国家认监委颁发的轨道交通信号系统检测检验 CMA 资质；牵头申报的“区间自动闭塞综合监控系统”荣获 2019 年度中国铁道学会科技一等奖、“半监督聚类集成理论与方法研究”荣获 2019 年度四川省计算机学会科技一等奖；完成学院“交通信息工程及控制”一流学科建设科研平台的规划和中期检查；组织学院通信、信号和检测团队持续参与国实“超高速磁浮轨道交通”项目建设；完成中央高校基本科研业务费 2017 年度项目结题验收，2018—2019 年项目中期检查和 2020 年项目申报评审。

【实验室建设】

与理论教学同步，组织新一轮实验教学大纲修订工作；在中央高校基本科研业务费-修购计划项目支持下，组织实施完成国家级实验教学示范中心-虚拟仿真中心部分建设。课外实验竞赛活动围绕“智能·智慧”主题，筹备、组织、完成了 25 项赛事，共计参赛队伍 371 组，指导老师 31 人，参赛学生 936 人次；将学生科赛与庆祝新中国成立 70 周年相结合，举办了西南交通大学信息学院—中车株洲所“我和我的祖国”主题电子设计与制作竞赛。在以全国大学生电子设计竞赛、研究生电子设计赛、挑战杯竞赛、智能汽车竞赛、服务外包竞赛为代表的各类重点赛事中，本科生、研究生荣获国家/省级奖励 299 人次，其中国家级奖 108 人次（一等奖 13 人次），省部级 191 人次（一等奖 33 人次）；基于以上成果，入选中国高等教育博览会“校企合作双百计划”案例，获批四川省教改项目 2 项。

【学生工作】

学工组支部获校“十佳党支部”，2 个支部获校先进党支部，1 人获校优秀党务工作者，6 人获校优秀党员；12 个支部获院先进党支部、19 人获院优秀党员，5 人获院优秀党务工作者称号。共青团推荐入党积极分子 365 人，供给二、三课堂学时 2.4 万余个。坚持晚自习制度、考勤制度，退学预警与退学制度；坚持小讲师·微课堂、学业数据榜、集“思”广益、见贤“竢”齐交流示范活动，诚信考试承诺覆盖所有本研学生；制定班导师工作手册，开展班导师论坛；大一四级模拟考试，2018 级学生四级通过率平均分提升 20.3 分，列工科学院第一位。联合心理中心，开展“奋进班”，学业预警下降 20%。完成院游学项目计 33 人；国际化教育 12 场，专业咨询 6 场，本科短期交流 50 余人次，留学 35 人（3 人被 CMU 录取创学院历史），参加国际会议 1 人（全国唯一的大三本科生）；邀请新国大师生 16 人到院交流（学院首次）。开展 openday 18 次，2 个企业暑期实践 60 人。开展 7 大类 65 项生涯与就业指导工作，简历指导、生涯讲座等覆盖大三和大一 36 个班级。获校招生就业工作一等奖。获 1 个忠忱班集体，3 个优秀班集体，9 个先进班集体，3 个特色班集体；竢实扬华奖章 3 名；国奖 51 人；国励 66 人；专项奖 448 人；专项资助 40 人；创新创业奖励 3 个项目。获五四红旗团委、十佳研究生会、十佳学生会、十佳青协；校宣传思想工作表彰中，学院、IN 传媒、1 名学生、1 名老师获表彰，IN 传媒获优秀校园媒体，1 人获校园媒体创新之星。

【对外合作】

成功主办了 2019 年第 5 届“无线通信与编码学术前沿国际研讨会”和“2019 年亚洲通信

与光子学会议（ACP2019）”；范平志教授荣获IEEE信号处理学会SPL年度最佳论文奖；入选“高端外籍专家”团队1个。举行政产学研交流会20余次；与卡斯柯（成都）信号有限公司签署合作协议；成功举办2019年中国铁路广州局集团有限公司电务系统网络安全培训班、广西科技大学轨道交通信号与控制交流学习班、国家税务总局内江市税务局税收风险管理培训班；完成“商务部援助发展中国家学位项目”的11位研究生开课和课题开题。

【管理与服务】

做好民生工作，关爱生病职工、老年同志，组织离退休老同志春游活动、国庆前慰问老同志等。男排获得冠军（五连冠），女排获得亚军；参加学校健步走活动、红歌比赛活动等。

（五）经济管理学院

【党建工作】

2019年，经济管理学院全院认真学习贯彻习近平新时代中国特色社会主义思想和党的十九届四中全会精神，健全和完善理论中心组学习制度、师生政治理论学习制度，全年召开党委理论中心组学习会议9次，全院教工大会6次。每年3月印发学院全面从严治党工作要点，制定年度工作计划和学习计划。

全年学院召开18次党委会，13次党政联席会，印发党委会、党政联席会纪要，议事边界明确、运行顺畅，规则清晰、执行到位。持续完善学院管理制度体系和规范性建设，修订《经济管理学院党政联席会议议事规则》，通过《中共西南交通大学经济管理学院纪律检查委员会会议议事规则（试行）》《经济管理学院纪委纪检监察实施与管理办法（试行）》，形成制度保障。

在“不忘初心、牢记使命”主题教育中，在学院网站设置宣传专栏，更新新闻、简报及党务信息公开等共193篇。全年共举办形势报告会和哲学社会科学报告会、研讨会、讲座、论坛及读书会、学术沙龙共64人次。全年召开学院党支部书记集中培训2次。积极做好“创先争优”表彰等各级党内表彰推选工作，今年评选出院级优秀党员40名，党务工作者10名，先进党支部5个；校级优秀党员5名，党务工作者1名，先进党支部1个。

【师资队伍】

引进了3名博士到院工作；获得西南交通大学立德树人“科研育人”先进个人奖1人；唐立新优秀学者奖1人；唐立新优秀教学教师奖1人；唐立新优秀学者奖1人；1人入选四川省人才计划。

【学科建设】

梳理各学科建设成效，积极跟进学科评估的评价体系变化，针对2016—2019年新评估体系指标下的成果做出预计。按照学科分类推送学院本年度学院教师发表的高质量论文和成果至学院公众号，推进学院不同学科之间的相互交流和学习。

【人才培养】

2019年度，学院共有1570名本科生、97名二专本科生、751名研究生在读。学院共开设本科各类课程356门，其中犀浦校区162门，九里校区172门，峨眉校区22门，二专开设课程68门。开设全英文课程5门，双语课程12门，MOOCs课程15门。学院专业教师针对2019届七个本科专业及双学位专业共435名学生，发布693项毕业设计（论文）选题。

本年度召开3次学术评定分委员会会议，讨论了学术型硕士研究生79人（含留学生）、博士研究生17人、专业硕士386人次的授位材料，最终完成学术型硕士研究生79人（含留学生）、博士研究生19人、专业硕士375人授位，并讨论通过经管类成教本科学士学位授予工作（三批共计700余人）。

2020级推免研究生学术夏令营和推免研究生最终录取推免学术型硕士58人。2019级共招收博士研究生28人。招收留学博士研究生11人，留学硕士研究生7人，留学生博士创历年新高。

在专业建设方面，针对培养方案中存在的问题，先后组织相关专业教师、教务人员到访东南大学、天津大学等10余所国内高校，对它们在本科人才培养模式创新、新专业的开设、课程建设、实验室建设等方面的先进经验进行了调研和学习，对2019级培养方案进行了修订。

MBA招收新生469人，答辩授位280人。专硕招收新生91人，答辩授位97人。首次使用推免生预报名系统，扩大推免生比例，提高录取质量。MBA晚班教学模式的探索获得了成功，2019级晚班学员是2018级晚班学员数量的2倍。顺利承办2019全国管理案例精英赛西部二区分赛区比赛。

2019年完成9个课程进修班、44个企业政府短期培训班项目市场开发与培训实施，全年实现培训人数3645人，收入1086.72万元。

【科学研究】

2019年，我院36位老师参与国家自然基金、社科基金和教育部人文社科基金项目申报，申报数分别为23份、5份和15份。最终国家自然科学基金获批1项、国家社会科学基金项目获批1项、教育部人文社科规划项目获批3项；组织申报2019年教育部人文社科基金项目9项。四川省第十八次社会科学优秀成果奖我院获二等奖2项，三等奖3项。

2019年新立项项目35项，合同经费448万元。其中纵向项目23项，合同经费272万元，纵向到账经费605.85万元；横向项目12项，合同经费176万元，横向到账经费179.93万元。在CNKI能查询到的我院全年公开发表的中文学术论文共169篇，出版学术专著、教材4部。

学院组织承办"华人学者管理科学与工程协会第十二次国际年会"。召开了"服务科学与创新"四川省重点实验室2018年年度会议，并获得科技厅20万元资助、学校15万元资助。

【对外合作】

国际认证中心工作得以稳步推进，顺利通过AMBA再认证。2019年5月，学院接受了认证导师的第四次现场访视。

【管理服务】

加强管理与服务建设，着力做好师生安全稳定工作。后勤中心进行了九里校区零号教学楼七楼图书阅览室及会议室的装修改造，提升了学院硬件环境，峨眉校区高端培训楼的建设有条不紊推进。

（六）外国语学院

【党建工作】

外国语学院党委设有11个党支部，其中教工党支部7个，学生党支部4个（本科生党支部1个，研究生党支部3个）。截至2019年12月，学院共有党员242名；其中，在职教工党员114名，离退休教工党员16名，学生党员112名。2019年共发展党员37人，转正37人。

2019年，学院党委着力加强党的政治建设、思想建设、作风建设、纪律建设、制度建设和党风廉政建设，深入学习习近平新时代中国特色社会主义思想，引导广大师生增强"四个意识"，坚定"四个自信"，做到"两个维护"；认真开展"不忘初心、牢记使命"主题教育；加强班子建设，认真开展党政联席会、党委会、党委中心组学习；加强基层支部建设；加强对群团组织的领导，建设风清气正、团结进取的学院文化。

【师资队伍】

2019年学院引进教授1名，副教授1名，接收知名大学青年博士4名，引进顾问教授1名；职称晋升教授1名，副教授3名，9名在职攻读博士学位教师通过博士论文答辩。全面推进《外国语言文学一级学科博士点申建实施方案》，形成人才团队与梯队，人才科研产出明显提升。

【学科建设】

学科影响力不断提升。高质量承办全国"外语学科发展合作论坛"2019年会，彰显学科影响力。第四轮学科评估外国语言文学学科为C+等级，省内名列第二。

【人才培养】

学生规模：2019年在校生1332人，其中硕士研究生179人，博士研究生15人，本科生（含峨眉校区）1138人。

思政教育：全院教师深入学习全国教育大会精神，认真落实教育部《关于深化本科教育教学改革全面提高人才培养质量的意见》（教高〔2019〕6号），坚持立德树人，将思政教育贯穿人才培养全过程；注重专业内涵式发展，培养国家“一带一路”倡议所需的创新型、复合型外语人才。

专业建设：积极开展信息时代及新文科背景下的外语专业建设，2019年英语专业和德语专业分别获批国家级和省级“一流本科”专业建设点。英语和翻译专业排名继续保持全国前10%，翻译、德语、法语3个专业省内排名第一，日语专业省内排名第二。

课程建设：规划学院各专业国家级、省级和校级一流课程培育与建设，打造高阶性、创新性、挑战度“金课”。2019年申报2门国家级一流课程；建成慕课课程12门，其中3门获国家级精品在线开放课程。

教改成果：2019年获批国家级教改项目（教育部产学研项目）5项，教育部人文社科项目1项，四川省教学改革重点项目1项、一般项目1项，校级教改项目9项。

教学管理：进一步完善学院教学质量保障体系，加强对教师教学全流程的指导、管理与监控。开展了实习、毕业论文指导、SRTP项目指导等工作的评估项目，实现了本科培养全流程的质量监控与评价。2018—2019学年校级抽评课程61门，院级抽评课程27门，涉及教师108名，评估结果良好。组织开展外国语学院第九届青年教师教学竞赛活动，并推出9位获奖教师参加校级复赛。鼓励并支持教师外出参加各类教学业务培训，本年度共69余人次教师外出参加教学业务提升研修班。

学科竞赛：以学科竞赛和科创活动为抓手，做好外语拔尖人才的培养，提升学生创新、创业能力。组织承办各级学科竞赛7项，3000余人次参赛，获得省级奖项52人次，获得国家级奖项7人次。SRTP项目新立项36项，结题省级6项，其中1项获得优秀，校级30项，其中3项获得优秀。

公共英语教学：全校2018级非外语专业本科生第一学年四级考试成绩优异，通过率达94.54%，平均分507.67分，优良率56.04%，第一学年四级通过率、平均分、优良率均创我校历年级同期最好成绩。

研究生教育：2019年共招收硕士64名、博士生4名（其中首次实行申请考核制招收博士3名）；2017级54名硕士生开题，2016级50名硕士生通过毕业论文答辩。举办第二届大学生暑期学术夏令营，录取7名营员。组织研究生导师论坛2届，举办研究生学术沙龙27场。研究生外出参加学术会议72人次，发表论文32篇，获学科竞赛奖88项。出版《西南交通大学研究生学术英语写作课程论文选集》（第8期）。新增英国苏格兰科学特色孔子课堂实习基地和美国哥伦比亚大学暑期中文项目北京大学实习基地；新建美国里士满大学线上中文网络教学实践平台；2018—2019年选派国家汉办志愿者共14人，占汉硕在校生数33%。为翻译专业硕士引进了YiCAT等4个在线翻译实践平台。翻译专业硕士为学校外事交流和涉外培训提供口译服务12次；为“2019都江堰国际论坛”提供口笔译翻译服务；翻译中心主任带领研究生参与了《中英俄岩土工程词典》词条编辑工作，主审、译审国家铁路局《铁路驼峰及调车场设计规范》《铁路混凝土工程施工质量验收标准》英文版，审校六本铁路高职高专英语专业教材；为新华社翻译三集大型纪录片《“一带一路”上的智者》，该纪录片于2019年4月26日第二届“一带一路”高峰论坛召开之际在中央电视台播出。

表1　全校2018级本科生第一学年四级笔试成绩

校区	实考人数	通过人数	第一学年通过率	平均分
合计	6611	6250	94.54%	507.67分
成都校区	5826	5504	94.47%	508.63分
峨眉校区	785	746	95.03%	500.60分

【科学研究】

2019 年新增国家社科基金项目 1 项、教育部人文社科项目 1 项、省哲学社会科学规划重点项目 1 项，一般项目 1 项；出版专著 9 部，编著 2 部，译著 8 部；发表高级别论文 35 篇，其中，CSSCI 期刊论文 25 篇，SCI 论文 2 篇，SSCI 论文 4 篇、A&HCI 论文 4 篇，国际检索期刊论文首次达到 10 篇，高级别论文总数首次超过 30 篇，科研工作取得突破性进展。全年举办全国性学术会议 3 场，学术讲座 40 余场；教师参加国内学术会议 77 人次。

表 2　外国语学院 2019 年新增高级别科研项目一览表

序号	项目名称	项目主持人	项目类别	项目经费（万元）
1	中美关于"中国话语"的交流体系与全球秩序再建构研究	李　舟	国家社科基金项目	20
2	学术汉语中介语语体适切性体裁短语学研究	吕长竑	教育部人文社科项目	10
3	四川彝族中小学生汉语心理词汇的动态结构模式研究	黎　明	四川省哲学社会科学规划重点项目	2
4	留学生学术汉语写作语体特征研究	吕长竑	四川省哲学社会科学规划项目	1.5
5	成都与"一带一路"沿线国家轨道交通工程技术人才国际化能力培养体系研究	杨　璐	成都市社科规划项目	1.5

表 3　外国语学院 2019 年举办全国性学术会议一览表

序号	会议名称	会议时间	主办单位
1	第二届中美关系的人文基础与跨文化交际国际学术研讨会	2019 年 6 月 29—30 日	四川省美国研究中心
2	"外语学科发展合作论坛"2019 年会暨"外语专业核心竞争力"专题研讨会	2019 年 9 月 21—22 日	外语学科发展合作论坛
3	中国英语诗歌研究会首届专题研讨会：交融与互鉴：新时期中国英语诗歌研究新趋势	2019 年 10 月 19—20 日	中国英语诗歌研究会

【对外合作】

积极加强对外合作交流，2019 年累计获得社会捐赠 40 万元。持续推进国际化战略，新增海外高校合作伙伴 2 个；全年选派本、硕、博学生赴海外工作（汉语教师/志愿者）、访学及交流学习 127 人，其中出国读研人数 42 人；接收海外攻读本、硕、博学位学生 17 人。选派教师赴海外工作、访学及交流人数 17 人次；引进外籍专家短期到校工作、邀请海外知名教授学者来院讲学、新聘外籍语言教师共 26 人次。

【学生工作】

围绕学校《新时代学生工作振兴行动计划》，构建具有外语学科特色的学生工作育人体系。结合五四运动 100 周年、新中国成立 70 周年等，开展"我与祖国共奋进""不忘初心、牢记使命"等校级主题党日活动。坚持党建带团建，推动团支部创新发展，认真开展"第一堂团课""青春告白祖国"等主题团日活动，通过微信公众号、学院网站等新媒体平台加强对学院学生的思想引领。依托学院第二、三课堂建设，打造"外语+"品牌文化活动，开展了"外语文化节""元旦迎新晚会"等 66 项活动，累计参与人数超过 5000 人。积极拓展就业渠道，2019 届毕业生就业率达到 86%，在文科院系中名列前茅。组织三支队伍积极参加社会实践工作，1 支队伍被评为校级优秀实践队。完善学生评奖评优制度。加强困难学生帮扶，引导困难学生通过国家助学贷款、助学金、临时困难补助等方式缓解经济压力。建立健全安稳保障体系，每月对学生宿舍开展全面检查，通过班会对校园贷、电信诈骗等进行宣讲，加强学生风险防范意识，全年无一起安稳事件。2019 年学生工作全校排名第五。

【管理服务】

完成绩效工资实施方案优化工作。根据《西南交通大学绩效工资实施办法（试行）》（西交党〔2018〕80号），2019年启动《外国语学院绩效工资实施方案》完善工作，结合学院综改目标、一流学科专业建设目标和2019—2021周期目标任务，坚持“成绩、成果、成效”为导向，完善形成了新的绩效工资实施方案，在6月6日全院教代会上获得通过，成为全校第一家绩效方案完成的单位。在新绩效方案中，完善科研岗设置机制，创新性地设置A、B、C、D四类科研型教师岗，围绕高显示度的科研成果设置四个等级岗位任务，对应四个等级年薪；依据该方案，2019年总计15人聘任科研岗，激发科研骨干的科研热情与动力，成果产出较为明显。

峨眉延伸管理做扎实。认真贯彻执行学校党委关于峨眉校区工作的部署，大力促进峨眉校区外语教育水平提升，在教学管理、组织、质量保障等方面均做到了与成都校区同步同质。峨眉2018级非外语专业学生第一学年四级通过率较2017级同期大幅提升7.61%，达到创纪录的95.03%，实现了成峨大学英语教学质量一致性的既定目标；峨眉商务英语专业学生英语四级考试一次性通过率高达100%（全国同次考试通过率为52.69%），优良率76.5%，创我校专业英语四级优秀率、优良率最好成绩。成功申报全国大学英语四六级口试、商务英语专业考试峨眉校区考点，解决了3000余名学生跨校区参加考试的问题。圆满完成商英2016级学生搬迁犀浦校区工作。投入60余万，完成了学院在峨眉校区办公场所和设备、家具改造以及“工会之家”建设。

（七）交通运输与物流学院

【党建工作】

2019年学院党委下设50个党支部，共有党员753人，其中在职教职工党员122人，离退党员13名，学生党员618名。全年累计培养入党积极分子211人，发展对象结业140人，发展党员140人，其中发展少数民族学生党员6人。

学院党委认真落实学校党委“双一流”建设和“大思政”两大牵总工作，重点开展“不忘初心、牢记使命”主题教育、教育部巡视整改、学校巡察整改，推进学院党的建设、一流学科建设和人才培养等各项工作，充分发挥党委政治核心作用，认真履行党委主体责任和纪委监督责任。

一是紧扣主题，开展“不忘初心、牢记使命”主题教育。学院党委精心组织，广泛动员，党委书记作为第一责任人，以身示范，从严要求，亲自指挥，亲自部署。学院第一时间启动主题教育方案制定工作，研究学院主题教育工作方案。党员领导干部和党支部扎实推进学习教育、调查研究、检视问题和整改落实四个方面的工作，高质量开展领导班子民主生活会。学院党委作为学校主题教育效果评估单位之一，向教育部巡回指导组汇报主题教育开展情况。主题教育整理出12个方面38个问题，形成99项整改举措，并建立了台账，明确了责任人和完成时限。

二是落实全面从严治党，扎实抓好巡视巡察整改。学院党委结合教育部巡视和学校党委第一轮巡察反馈的问题，进行全面梳理，制定整改方案，涉及11类28个问题，制定97项整改措施（其中完成了86项，正在推进11项），建立问题台账，做到即知即改；修订、出台了议事规则、管理办法、实施细则等文件29个，完善了学院的制度体系。

三是加强领导班子建设，涵养良好政治生态。坚持民主集中制，严格落实各项议事规则，党政共谋发展呈良好态势。加强领导班子政治建设和作风建设，形成合力，服务学院中心工作，以高质量党建推动学院各项工作落实落地。以制度、机制为保障，确保党委在学院各项工作中的政治核心作用发挥，党委第一责任人履职落实到位。2019 年党委中心组学习 19 次，召开党政联席会 19 次，党委会 10 次。

四是发挥纪委监督执纪作用。出台监督执纪暂行办法和纪律检查委员会全委会议事规则，进一步明晰学院纪委责任内容、履责方式、议事规则，加强纪委监督执纪能力，结合学院实际探索构建廉政风险防控体系。

五是"携手共建 先锋同行"——探索党委共建，校企共赢新模式。与中铁二院土建三院党委按照"以共建促党建，以共建促合作，以共建促发展"的原则，双方在党建研究、支部结对、双向科研教学合作、双向人才培养、双向学术交流和实习就业等方面开展多层次合作；2019 年共开展党建研究、支部结对等共建合作内容近 10 项，企业为研究生开设科研讲座 2 场，接收 2 名研究生到企业实习，青年教师参与科研项目合作 2 项。

党政同心同向，完成"双一流"建设的顶层设计，目标日趋清晰，内容更加完善；获批学校大思政育人项目 2 项；在学校 2019 年"立德树人"先进集体和个人表彰中获"教书育人"先进集体 1 项，"教书育人"突出贡献奖、优秀奖、新秀奖共 3 项，"实践育人""管理育人"先进个人共 2 项。

2019 年度教师及团体获奖情况

序号	奖项	获奖人	评奖单位
1	四川省教书育人名师	罗　霞	四川省教育厅
2	"教书育人"先进集体	交通运输与物流学院运输工程系	西南交通大学
3	"教书育人"突出贡献奖	彭其渊	西南交通大学
4	"教书育人"优秀奖	邱小平	西南交通大学
5	"教书育人"新秀奖	王　坤	西南交通大学
6	"实践育人"先进个人	邓灼志	西南交通大学
7	"管理育人"先进个人	张光远	西南交通大学

【师资队伍】

学院现有教职工 168 人，其中专任教师岗位 121 人，具有博士学位教师 105 人，占教师总数 86.78%，教授 26 人，副教授 61 人。

围绕学校人才强校战略和学院一流学科建设需要，积极吸引海内外高层次人才来院工作，优化师资队伍结构、提升教学科研水平，确保师资队伍建设目标、任务的落实。依托现有平台，组建研究团队，提升平台的整体水平。修订完善《学院岗位设置与绩效工资实施方案》，完善绩效挂钩、激励进取、体现贡献的分配机制；设置"拔尖人才培育岗"，以促进学院青年骨干教师迅速成长、培养造就一批进入世界科技前沿的优秀青年学术带头人。举办第三届西南交通大学交通管理科学学术研讨会、"数据驱动，智通天下"青年学者分论坛。

2019 年，1 人入选国家人才计划青年项目，实现学校该项目"零"的突破，新增四川省"杰青"1 人，全职引进副教授 2 人，公开招聘一般师资 4 人，新增教授 2 人，副教授 7 人，高级实验师 1 人，新聘兼职教授 2 人，入选校人才师资队伍培育计划 8 人。

2019 年学院师资队伍新增情况

类别	国家人才计划青年项目	四川省人才计划青年项目	教授	兼职教授	副教授	一般师资	高级实验师	人才师资队伍培育
人数	1	1	2	2	9	4	1	8

【学科建设】

2019 年学院学科建设主要围绕完善学科建设机制与双一流团队建设开展了相关工作，编制了《交通运输与物流学院学科发展规划（2019—2021）》，进一步凝练了学科创新方向，梳理了学院学科建设组织机制、学术团队引培机制、学科支撑协同发展机制、协调保障与激励机制；按照学院学科设置，对学院双一流建设团队进行了优化整合；建立了学科核心数据统计与监测机制，明确了学院 2 个一级学科和 3 个二级学科的学科带头人。2019 年学院组织申报交通运输工程博士学位点；协助学校完成 4 个双一流团队的中期审查。

2019 年学院“双一流”建设学科综合实力保持稳定，交通运输规划与管理二级学科综合排名名列前茅；振兴系统科学一级学科、系统工程二级学科、安全科学与工程二级学科的总体战略规划；智慧物流、智能网联交通、智慧公交、综合运输等新兴学科方向发展稳健；“双一流”学科支撑体系能力明显提升，师资队伍呈现高层次化、国际化、年轻化、团队化，与学科建设重点任务和前沿方向的匹配度得到增强；以“双一流”学科建设成果指标达成为核心引领的人才评价与发展机制、资源分配机制、绩效激励监督机制成为促进学院发展的共识。

【人才培养】

1. 教育教学

2019 年学院共招收本科生 527 人，毕业 426 人。本科教学专业建设、教学质量迈上新台阶。交通运输、交通工程、物流工程 3 个专业均获批“双万计划”国家级一流专业；交通运输专业顺利通过工程教育认证；以新工科为建设目标，全面修订完成 5 个专业的新版培养方案；召开了专业建设研讨会、全院本科教学会议，召开了教授委员会召开会议把关双万专业申报及培养方案修订，承办了物流管理与工程类专业教育部教指委主任会议；4 项省部级教改项目立项；新增线上课程建设 7 门。完成 2019 届 468 人本科毕业设计（论文）答辩，组织创新讲座共计 24 场次，组织申报 2019 年 SRTP、省创、国创项目，分别立项 51 项、14 项、6 项。

2019 年度课程建设成果

序号	课程名称	课程负责人	主要开课平台或上线平台	备注
1	高速铁路概论	彭其渊	中国大学 MOOC	四川省“省级精品在线开放课程”
2	库存管理与自动化存储虚拟仿真实验项目	张光远	教育部“实验空间”	四川省“虚拟仿真实验教学项目”
3	铁路行车组织	彭其渊	中国大学 MOOC	新增 MOOC 上线项目
4	货物运输组织	李宗平	中国大学 MOOC	新增 MOOC 上线项目
5	铁路旅客运输组织	倪少权	中国大学 MOOC	新增 MOOC 上线项目
6	交通运输经济	帅　斌	中国大学 MOOC	新增 MOOC 上线项目
7	物流系统规划	张　锦	智慧树网	新增 MOOC 上线项目

2019 年度教学成果奖获奖情况

序号	成果名称	主要完成人	获奖等级	备注
1	高峰建岭，打造铁道工程国际科技人才培养基地，服务高铁“走出去”战略	吴　刚	国家二等奖，共 15 人排名第 10	国家级

2019 年度省教改项目立项情况

序号	项目名称	项目负责人	项目等级
1	面向智慧轨道交通运输发展需求，推进现代信息技术与交通运输专业人才培养的深度融合	彭其渊	四川省 2018—2020 年高等教育人才培养质量和教学改革项目一般项目
2	高速铁路列车调度指挥虚拟仿真实验项目建设	张光远	四川省 2018—2020 年高等教育人才培养质量和教学改革项目一般项目
3	“互联网+”时代物流类专业“翻转课堂”教学模式改革研究与实践	毛　敏	四川省 2018—2020 年高等教育人才培养质量和教学改革项目一般项目
4	物流类专业大学生创新创业教育改革与实践	王　坤	四川省 2018—2020 年高等教育人才培养质量和教学改革项目一般项目
5	院级大数据人才培养教学模式改革项目	邱小平	2019 教育部产学合作育人项目

研究生教学持续保持优质生源，2019 年招收硕士研究生 287 名、博士研究生 29 名、工程博士 4 名、留学生 7 名，博士优质生源率达 82.76%，硕士优质生源率达 73%，均居全校第一；有 24 名研究生获得工学博士学位、259 名研究生获得工学硕士学位；新增 7 名硕士研究生导师、3 名博士研究生导师，目前共计 113 名在岗硕士研究生导师和 38 名在岗博士研究生导师。1 名博士生在国际顶尖学术会议 INFORMS 上荣获学生论文竞赛第三名；1 名博士生在交通学科顶级学术期刊 Transportation Science 实现突破，以一作身份发表论文；1 篇论文获校级优秀博士论文、14 篇论文获校级优秀硕士论文；3 名博士研究生入选第九届博士研究生拔尖创新人才；共送出学生 20 人次本硕博联合培养和交换访问。启动了首批“研究生实验课程建设与改革”项目；在峨眉校区召开了交通运输与物流学院 2019 年度学位与研究生教育研讨会，深入研究了学位点建设和学科优化问题，全面修订了研究生培养方案；组织了 2019 年优秀大学生学术夏令营活动，优秀营员共计 84 余名，创新高；实现《交通安全数学分析方法》《物流系统优化与仿真》、《技术经济学理论》《物流系统规划原理》四门研究生 MOOCS 课程上线；研究生教材及专著申报项目共计 12 项。

2019 年度研究生以第一作者/通讯作者发表的代表性论文清单

序号	作者姓名	论文标题	发表期刊	期刊收录情况
1	李　琳	An integrated pricing/planning strategy to optimize passenger rail service with uncertain demand	Journal of Intelligent & Fuzzy Systems	SCI
2	李忠灿	Cause-specific Investigation of Primary Delays of Wuhan-Guangzhou HSR	TRANSPORTATION LETTERS-THE INTERNATIONAL JOURNAL OF TRANSPORTATION RESEARCH	SCI
3	杨　强	Constructing novel operational laws and information measures for proportional hesitant fuzzy linguistic term sets with extension to PHFL-VIKOR for group decision making	International Journal of Computational Intelligence Systems	SCI
4	姚志洪	A Dynamic Optimization Method for Adaptive Signal Control in a Connected Vehicle Environment	Journal of Intelligent Transportation Systems: Technology, Planning, and Operations	SCI
5	张永祥	Solving cyclic train timetabling problem through model reformulation: extended time-space network construct and Alternating Direction Method of Multipliers methods	Transportation Research Part B	SCI
6	钟庆伟	Rolling stock scheduling with maintenance requirements at the Chinese High-Speed Railway	Transportation Research Part B	SCI

2. 学生工作

2019 年，交通运输与物流学院以“春风化雨、细致实践”的工作方式，以“精益求精、追求卓越”的工作态度，围绕“双一流”建设，为培养交通运输与物流领域一流人才贡献力量。坚持思想培根，以理想信念铸魂。以思想政治工作和“双一流”建设为总牵引，厚植家国情怀，构建全程化党员发展教育体系。党员及支部书记培训 5300 余人次，党支部特色活动覆盖学生 2000 余人次。团干培训 2300 余人次，主题团日活动覆盖 9600 余人次。坚持育心育德，以人格养成立身。凝聚大学工合力，形成“教育—台账—跟踪—反馈”心理育人闭环。多维度开展心理健康教育活动 20 余项，覆盖学生 2000 余人次，加强家校协同。坚持正风树典，以学风引领固本。把握正确育人育才导向，构建学生行为正向激励体系。交运之星评选、宣讲覆盖本研两校区 700 余人次；开展学院学术团队宣讲，覆盖 500 余人次。开展考风考纪宣传主题班会 300 余次，覆盖本、硕、博三个阶段 2000 余人。组织就业指导活动 100 余项，2019 届毕业生就业率 95.58%。坚持知能合一，以能力培塑筑基。抓统筹重实施，保质量出成果。组织科创活动 20 余项，参与学生超 1000 人次，本科生科创参与率 51.44%，全年获交通科技大赛、物流设计大赛等国家级、省部级奖励 428 人次。以行业需求、学生需求、学生成长为导向，开展主持人培训基地、公文写作训练、新生辩论赛、社会实践等活动，覆盖学生 4000 余人次。坚持匠心独运，以文化浸润塑行。组织开展 24 项庆祝新中国成立 70 周年系列活动，培养爱国主义精神，彰显时代正能量；组织行业学术讲座 8 场，覆盖 1200 余人次；邀请校内外专家举办创源大讲堂 18 期，承办青年学子者论坛 2 期，院内创新讲座 26 期，研究团队介绍宣讲 5 个场次；组织开展“交运腾飞·体育兴国”运动会、新生球赛覆盖本研 1200 余人次；举办“交汇璀璨·运握未来”迎新晚会、职业彩妆比赛等品牌活动 20 余项；组织开展“良寝择木，莺迁仁里”寝室装潢大赛等 12 项园区特色活动；开展励志事迹巡讲 4 次，辐射两校区 850 余人，培塑积极进取、艰苦奋斗的优良品格。

2019 年度学生团队荣获奖项

序号	奖项
1	五四红旗团委
2	十佳研究生会
3	十佳学生会
4	十佳青年志愿者协会
5	十佳校园媒体
6	成都市暑期三下乡优秀实践团队
7	忠忱班集体（3 个）
8	五四红旗团支部

2019 年度学生参与国内外科研竞赛获奖统计

获奖等级	国家级一等奖	国家级二等奖	国家级三等奖	省部级特等奖/一等奖	省部级二等奖	省部级三等奖
研究生获奖	3 人次	18 人次	25 人次	30 人次	31 人次	36 人次
本科生获奖	33 人次	72 人次	84 人次	19 人次	39 人次	40 人次

【科学研究】

2019 年学院科研工作总体质量稳中有升。合同金额和到账经费均超 4000 万，实现了双增长，特别是到账金额首次突破 4000 万，比 2018 年增长 54.88%：基金小年条件下纵向科研经费无减，横向科研经费相较于 2018 年有超过 1000 万的较大幅度提升；全年发表 SCI 检索学术论文 111 篇，其中 A++16 篇、A+33 篇，均创历史新高；蒋朝哲副教授主持合同经费 1000 万横向课题 1 项，创下学院横向项目单项合同金额新高，入选四川省人才工作领导小组办公室《省校战略合作 2020 年重点项目清单》、并成功跻身国家发展改革委、自然资源部、交通运输部、国家铁路局和中国国家铁路集团有限公司五部门联合印发的《关于加快推进铁路专用线建设的指导意见》名录；全部由青年教师组成的智慧公共交通团队获得中国智能交通协会科学技术三等奖；获批国家重点研发计划《综合交通运输与智能交通》重点专项项目。

2018、2019 年度合同金额及到账金额数（单位：万元）

年度	2018		2019		较 2018 年增长率
	合同金额	到账经费	合同金额	到账经费	
纵向项目	667	1280	1341	1361	6.32%
横向项目	1758	1581	3264	3070	94.18%
总计	2425	2861	4605	4431	54.88%

2019 年度论文发表情况

论文	2018 年	2019 年	较 2018 年增长率
SCI	46	63	37%
A++	10	16	60%
A+	21	33	57%

2019 年度学院部分重点科研项目

项目名称	负责人	项目分类	项目子类
移动互联环境下物流供需能力辨识、预测与匹配规划	刘晓波	国家科技计划项目	国家重点研发计划
基于协同指挥的高铁智能调度理论与方法研究	彭其渊	国家自然科学基金	联合基金项目
考虑多种方式衔接的公交分配模型与算法研究	谢军	国家自然科学基金项目	面上项目
需求响应式公交系统车辆调度问题的交互式优化方法研究	刘涛	国家自然科学基金项目	青年科学基金项目
基于智能汽车环境感知的交通流全车微观轨迹重构研究	曹鹏	国家自然科学基金项目	青年科学基金项目
动态随机环境下电动汽车共享系统配置和运营联合决策优化	胡路	国家自然科学基金项目	青年科学基金项目
双龙铁路专用线关键技术研究及公铁智慧物流区建设咨询	蒋朝哲	企事业单位委托项目	

【对外/对港澳台地区合作】

国际化工作和对外交流稳步推进。在国际化方面，引进海外高端人才 1 名；教师出国研修共派出 8 人次；教师出国出境参加学术会议 26 人次；接收 2019—2020 学年度“高校研究生”、“丝绸之路”中国政府奖学金项目博士留学生 6 名；与美国西北大学的“研究生双学位培养”合作协议推进顺利；举办第六届交通运输工程国际学术会议（ICTE 2019）、“数据驱动 智通天下”青年学者国际学术论坛和 20 余场国际学术报告与讲座。

在对外合作方面，召开第三届西南交通大学交通管理科学学术研讨会；筹办“2018—2022 年教育部高等学校物流管理与工程类专业教学指导委员会第二次主任工作会议”；综合交通大数据应用技术国家工程实验室积极拓展校企合作，与头部企业（腾讯云、阿里云、华为、海尔、海康、深圳金溢、四川高路信息等）合作 50 余次、与陕铁物流签署了共建智慧铁路与物流应用技术联合实验室、与中国通信学会、易华录签署联合共建车联网创新中心备忘录、与青白江国际铁路港联合成立国际铁路物流大数据创新中心。

在对外培训方面，累计开展培训班 28 个，包括新职高铁调度员任职资格理论培训班、云南祥云县物流产业发展培训班、广东省海事局海上搜救专题培训班、全国城市轨道交通专业骨干师资培训班等，培训管理干部、技术干部、业务骨干等各层次人员 1764 人，对外培训总收入达 820 万元。

【实验室建设】

1. 综合交通运输智能化国家地方联合工程实验室

围绕综合交通运输智能化国家地方联合工程实验室的建设目标，重点抓国工室平台建设、重要项目的组织申报、高水平论文和专利产出等关键性工作，努力提升国工室科研、管理和服务水平的同时，大力开展相关实验教学工作，打造教学内容和课程体系改革实践基地。2019 年，国工室持续推进自动堆垛与智能分拣系统、高速铁路驾驶行为与安全仿真系统等各科研平台的建设工作，完成系统调试、功能完善、日常运行维护等工作。实验室充分利用重点科研平台组织开展交通运输先进科技前沿领域的研究工作，支撑综合交通运输先进科技前沿领域的高水平研究，支持一流学科建设，并已培育形成了一批高水平科研项目和论文。2019 年，实验室团队申报成国家自然科学基金高铁联合基金 1 项，参与中国铁路总公司科技研发计划重大课题的 2 项；申请专利 64 项，已授权 6 项；主持和参与制定行业标准 2 项。

2019 年度主持和参与重要项目立项情况

序号	项目名称	项目类别
1	基于协同指挥的高铁智能调度理论与方法研究	国家自然科学基金高铁联合基金
2	锂电池铁路运输包装检测标准研究	铁总科技研发计划重大课题
3	川藏铁路雅安至林芝段建设方案深化研究	铁总科技研发计划重大课题

2019 年度专利申请情况

	已受理	已授权
发明专利	58	5
实用新型	6	1

2019 年度主持与参与制定行业标准情况

序号	标准名称
1	铁路信息系统信息共享与交换技术规范
2	锂电池铁路运输包装检测标准

2019 年国工室组织完成 7 门课内实验的教学工作。成功获批教育部产学研合作协同育人项目——教学内容和课程体系改革实践基地。持续开展对外交流与合作，与京沪高铁公司、北京全路通信信号研究设计院等建立了长期的合作关系。

2．综合交通大数据应用技术国家工程实验室

2019 年度完成大型设备综合交通大数据与智能计算平台需求调研、论证、设备招投标工作，预计 2020 年 4 月可以初步对外形成服务能力；完成实验室开放基金的立项、中期检查、日常管理工作；不断拓展对外合作，形成校内、校外合作常态、校企合作，申请省科技厅、市科技局项目 3 项，获批 2 项；完成校外成果转化基地的 2000 平方米的场地装修工作，已具备入驻条件；基本完成学校与成都高新区管委会签订的共建综合交通大数据应用技术国家工程实验室的第一年度考核指标；依托实验室平台公司完成 20 余项知识产权申请与授权、4 项成果转化；组织了实验室开放基金项目共立项 16 项。

2019 年度综合交通大数据应用技术国家工程实验室开放基金项目立项情况

序号	项目编号	申请人	学院	题目
1	CTBDAT201901	胡　路	交通运输与物流学院	考虑稳定性的城市轨道交通和常规公交系统运营协调优化模型与算法
2	CTBDAT201902	薛　锋	交通运输与物流学院	基于大数据的铁路技术站能力查定方法及自动化实现技术研究
3	CTBDAT201903	杨　柳	信息科学与技术学院	BIM+GIS+北斗高精度融合在高速公路施工质量监控中的应用关键技术研究
4	CTBDAT201904	徐　进	经济管理学院	基于综合交通大数据的旅客关系网络特征分析与演化研究
5	CTBDAT201905	黎定仕	数学学院	综合运输系统运营管控中的基础数学问题
6	CTBDAT201906	杜圣东	信息科学与技术学院	基于深度学习的综合交通规划大数据分析平台
7	CTBDAT201907	刘　涛	交通运输与物流学院	数据驱动的多模式公共交通系统换乘优化型与算法研究
8	CTBDAT201908	李国旗	交通运输与物流学院	数据驱动的成渝城市群物流空间紧密度测度
9	CTBDAT201909	文　超	交通运输与物流学院	数据驱动的高速铁路网络列车晚点传播理论研究
10	CTBDAT201910	瞿何舟	交通运输与物流学院	考虑拥堵效应的城市轨道交通网络脆弱性研究
11	CTBDAT201911	陈崇双	数学学院	大规模铁路运输网络列车编组计划优化理论与应用
12	CTBDAT201912	胥　川	交通运输与物流学院	多源数据驱动的路况 Ground Truth 值估计与考虑时空关联的路况预测关键
13	CTBDAT201913	江　磊	信息科学与技术学院	基于大数据的铁路信号系统可靠性及可用性研究
14	CTBDAT201914	寇伟华	交通运输与物流学院	电子车牌与交通感应网协同系统原理
15	CTBDAT201915	甘　蜜	交通运输与物流学院	基于多源数据耦合分析的内陆式联运网络优化研究
16	CTBDAT201916	曹　鹏	交通运输与物流学院	城市快速路车道交通状态估计研究

3. **实验教学中心**

学院实验中心完成了学院各专业22门课的课内实验、独立实验课及个性化实验教学任务；完成了编组站作业组织仿真实验室、轨道交通信号与控制实验室、交通行为安全仿真等实验室的设备维修及升级改造，升级了城市交通信号控制实验室部分设备；完成了中央高校改善基本办学条件专项项目——物流专业建设，完成了堆码垛机器人、全自动裹包机、线性和非线性问题优化软件、Simio物流仿真平台、供应链网络优化工具等设备采购、安装、调试、培训工作；成功获批四川省虚拟仿真实验教学项目《库存管理与自动化仓储仿真虚拟仿真实验》；根据教育部高等教育司关于加强国家虚拟仿真实验教学项目持续服务和管理有关工作的通知（教高司函〔2018〕56号），按照《国家虚拟仿真实验教学项目技术接口规范（2018版）》要求，完成相关数据接口连接联通，实现教育部"实验空间"用户身份自动识别、实验结果数据及实验操作状态回传；组织开展了第十三期个性化实验项目及大学生创新创业活动；完成了50余次、1000多人次的参观交流任务：包括美国、瑞典、新加坡等多个国家的高校教师、城市轨道交通和铁路行业管理人员及一线生产人员国际联合培养班、中小学生进校园等。2019年学院获得第十一届课外创新实验竞赛优秀组织奖。学院实验室获得学校安全生产管理先进实验室。

【管理服务】

在行政服务工作方面，学院本年度修订、起草了《学院党政联席会议事规则》《学院"三重一大"集体决策制度细则》《学院岗位职责汇编》《学院安全生产工作管理规定》《学院院务公开实施细则》《学院招标与采购实施细则》等12项规章制度等；组织协调学院各部门完成第六届交通运输工程国际学术会议（ICTE 2019）、运输工程专业认证会议青年学者高峰论坛、青年学者国际学术论坛、教育部物流教指委委员会议等7次大型会议、论坛和学院日常各类会议的组织和协调工作；协助学校各职能部处完成各类任务；通过或完成了九里校区培训部搬迁、教师工作间搬迁、纱窗采购及安装、交运楼103实验室改造、交运大楼5楼平台改造方案等12项建设工程或设计方案；协助资产处清理原九里校区学院教师工作间；与学院实验室共同组织开展了消防安全公益培训活动；完善了院网教师主页信息。2019年学院获得学校安全生产管理先进单位。

在学生支持服务工作方面，完成了学生从招生、课程学习、考试、开题、中期、预审、外审、答辩、离校等各个环节的教务及相关组织管理工作；积极开展优质生源培育工作，协调并落实各项教学服务活动，制定了活动任务分解和工作计划推进表，推敲每项工作节点；完成本科生和研究生质量工程的相关组织工作，包括博士创新基金、优秀博士培育项目的申报、中期检查、结题验收工作、博士研究生拔尖创新人才的选拔工作、优秀论文、SRTP项目的评选等；组织老师申报建设慕课，教材及专著，教改革项目等；完成了本年度新增博士、硕士生导师以及在岗博导、硕导的遴选组织与材料报送工作；本年度协调组织召开了三次学位评定分委会，完成24名博士研究生、259名硕士研究生答辩授位工作；做好了授位材料的展示、报送工作及重点审议筛选工作；授位信息材料报送及时、完整、准确，及时完备地对研究生学位档案材料进行了存档。

在教师服务方面，对引进人才与新进教师的前期联系与入职过程中，协助准备各类申请材料，及时与学校相关部门沟通协调；完成了2018、2019年学院教师的专业技术职务评审工作；根据新修订的《交通运输与物流学院岗位设置与绩效工资实施方案》，完成全院教职工的全年绩效工资核算工作；推进学院师德师风建设工作，严把新入职教师政审关，组织教师首开课跟踪培养、教师资格认证、青年教师讲课比赛、教学技能提升等工作，派出多位一线教师出国研修访学。

（八）材料科学与工程学院

【党建工作】

（一）聚焦中心任务

（1）积极作为，“材料科学与工程”专业成功获批国家级“一流本科”专业建设点。

（2）重视人才培育，连续4年获得四川省科技进步一等奖。

（二）聚焦组织建设

（1）获评校级十佳先进党支部1个、优秀党务工作者1名，积极申建“全国党建工作标杆院系”和“全国党建工作样板支部”。

（2）党建中心引领，党员驿站服务，党员宿舍示范，阵地建设不断夯实。

（3）教工支部书记兼系主任，双带头人覆盖率100%。

（三）聚焦“立德树人”

（1）实现“本硕博”班主任全覆盖，探索“1+1+1”导师计划和党员先锋工程计划，推行“单项工作手册”，深化“五册一库”学生工作体系。

（2）加强学生党建与思政研究，获批省级课题2项，校级课题5项，发表论文3篇，在省级思政论坛作报告1次，1篇论文被推荐参评全国思政工作研究论文。

（3）围绕师生交流，建设“正午阳光沙龙”“青年学者论坛”，强化对本科生的价值和学术引领。

（四）聚焦“全面从严治党”

（1）“不忘初心、牢记使命”主题教育工作阶段性完成，教育部巡回指导组参与活动给予好评。

（2）认真接受学校党委第三轮政治巡察，积极配合巡察组完成了对我院的阶段性巡察工作，派员积极参与对校内其他单位的政治巡察并分享了巡察工作经验。

（3）学院纪委探索“六类谈话”制度并组织各类谈话30余次，开展“提前式函询”组织自查自纠专项检查10多次，完善院级纪检工作制度规范模板实施“标准化”工程，完成学校纪委布置的案件初核工作1起，组织各层面廉政教育10多次，成功申报廉政治理中心实务课题1项，积极践行纪委“转职能”推进“监督的再监督工程”，纪检工作获得学校肯定并在学校纪委书记会议上作经验交流1次。

【师资队伍】

接收教学科研岗位求职简历200余份，组织现场及远程面试26人次；组织申报国家人才计划，1人入选。教授2人，副教授6人，助理研究员4人，聘任顾问教授2人、兼职教授1人。周绍兵入选国家人才计划领军人才，陈辉获聘教育部长江学者特聘教授。

分层次调研岗位聘用方案及绩效分配方案，制定了《材料科学与工程学院绩效分配方案》。

【学科建设】

大力推进学院学科建设，从人才培养、资源配置等方面对重点培养学科方向加强扶持，取得较好成效。材料学ESI排名稳步提升，目前位居全球第351位，进入4‰；由我院为主要贡献（贡献度近70%）的化学学科首次进入ESI全球排名前1%，为学校学科建设做出了重要贡献。获批高分子材料与工程本科专业，进一步完善了学科方向布局。

【人才培养】

（一）本科生培养

招收本科生352人，规模稳中有升。全面重建基层教学组织，充分发挥教学团队作用，本科教学工作呈现新局面。着力推进“双万计划”，国家级一流本科课程1门；“材料科学与工程”专业成功获批国家级一流本科专业建设点。现拥有国家级精品课程2门，省级精品课程4门；国家资源共享课1门，省级资源共享课2门。持续推进工程教育认证工作，提交材料科学与工程专业和材料成型及控制工程专业工程教育认证申请报告。材料科学工程、生物医学工程是国家级卓越工程师专业，材料成型及控制工程专业是四川省卓越工程师专业。完成4个专业培养计划的修订，制订新的本硕博贯通式培养卓越班人才培养方案，并在2019级本科生中使用。开设新生专业研讨课11门，承担校级教改项目11项。

创新实践教学基本达到全覆盖，项目数位居学校前列。在第九届青年教师教学竞赛中，获得校级三等奖2项。

（二）研究生培养

全面修订研究生培养方案，共涉及硕士（学术、专业型）、博士（学术、工程）及硕博连读等合计7类；加强学位分委员会在研究生培养过程中的监督、管理等作用；进一步完善、修订了学院学位与研究生教育的各项规章制度以及奖助学金资助体系；完善研究生名额分配方案；积极参与专业学位研究生改革试点工作；严格学位论文授予管理，狠抓学位论文质量，全面实施硕士研究生毕业答辩由学院组织实施相关工作，对不符合要求的学位论文强制整改，存在不合格论文的导师停招，论文质量有明显提升；加强招生宣传，全院录取博士研究生30名，硕士研究生200名。

（三）实验教学

开设实验项目258个，生时数为69 844个。承办省级实验竞赛项目2项，校级竞赛项目7项；组织学生参加国家级和省部级的比赛，获得特等奖2项、一等奖4项、二等奖8项、三等奖8项，获奖学生人数72人次。举办“第二届安全知识竞赛暨材料安全文化月”活动。

【科学研究】

获得四川省科技进步奖一等奖1项；获得国家重点研发计划课题1项；获批国家自然科学基金10项，其中面上项目5项，数量大幅提高。累计到账科研经费3617.2万元，其中纵向经费2118.4万元，横向经费1498.8万元。2018年度累计发表SCI论文378篇，EI论文365篇，ESI高引论文3篇；申请专利130项，授权50项。进一步与中车研究院、青岛四方公司、唐山机车车辆公司、核动力院等单位进行深度合作交流。黄楠教授新一代血管支架科研成果在广州成功实现科技成果转化。

【对外合作】

制定材料科学与工程专业博士研究生留学生招生简章，攻读博士学位留学生数量增加。

选拔并资助6位研究生赴境外大学短期（3个月）交流，参与国际化培养项目，促进学院研究生培养国际化，拓宽研究生国际化视野。

开展教职工出国（境）政策宣传工作，做好教职工出国（境）服务工作。

联合主办第15届等离子体基离子注入与沉积国际会议“15th International Conference on Plasma Based Ion Implantation & Deposition（PBII&D2019）”。

【管理服务】

在2019级研究生中首次实施班主任制度，本科生班主任和“1+1+1”导师设置全覆盖。

重视第二课堂建设。组织“延安党性锻炼、老兵走访、诗歌朗诵”等主题教育活动；建立志愿服务基地8个，全年志愿服务110余次，470余人次参与，时长17 000小时，涌现优秀社区志愿者12人；组织“保研、科研、竞赛”等经验分享指导活动94次；组织“三下乡”社会实践队伍28支，同比增长242.86%；组织新生实验室参观活动实现人员全覆盖；搭建各类活动平台，组织活动共计552项，53 575人次参与，发出《第二、三课堂预警通知书》155张。

模块化实施“单项工作手册”，推行集“理念+制度+流程+模板+通知+归档+培训+展示”于一体的“八位一体”学生工作模式，开展两周一次辅导员工作培训，实施以“三级评审三级公示”评选制度为代表的“规范工程”，推进“四心”心理健康教育和节点教育，以激励鼓励模式贯彻“以学生为中心”理念，构建“辅导员—班导师—教师—家长—干部—学生”联动机制，积极提升辅导员日常事务和育人工作协同素养。

坚持与任课教师、学生家长常态化联系。全覆盖发送《致任课老师一封信》181份；编发《2019新手家长手册》，召开新生家长见面会，全年添加家长好友943人，向家长发布信息144条，回复咨询1000多人次超7万字记录。

做好深入学生联系学生工作。累计谈心谈话超1500人次，召开年级大会20多次；组织学生宿舍走访活动30余次；组织“青年学者论坛”、“正午阳光沙龙”师生交流10期；实施“1+1”帮扶计划，加强学业预警与帮扶制度。

园区工作获全校第一，文明寝室率高达54%，获全国“自强之星”1人、“忠忱班集体”1个，“竢实扬华”奖章2人，全国高校升旗赛二等奖2人；获校级以上科创竞赛奖励136项计428人次，其中，国家级38项，省部级61项。

完成2018级本科生专业分流后的宿舍调整，顺利完成研究生宿舍倒迁4次。

实施深造率提升工程。开展升学深造意愿调查、升学形势与政策分析，撰写《调查分析报告》，组织升造指导8次，报考人数增长25%。

组织参加“全国大学生微结构摄影大赛”并获得二等奖1项，组织首届学生诗歌朗诵比赛，积极推进美育教育。

用好院校网站、新媒体宣传，获校“好新闻二等奖”“优秀奖”共4篇；重视榜样辐射文化宣传，挖掘50人优秀个人事迹，微信点击量30万；

组织完成了困难认定和助学贷款工作，2人获“助梦启航”资助，50人获求职补贴，勤工助学共发放750人次共计179 976元。

重视安稳工作。执行安稳周研判上报信息97条，及时化解重大隐患12起，发放并签订《安全告知书》《宿舍安全协议》等，坚持每天晚归报送，对113名重点学生建立“一人一档一册”的《重点支持学生手册》并持续记录21万字，成立重点工作组14个，组织30余人新疆籍、藏族学生专题座谈会2次，开展宗教信仰排查2次，组织全体新生心理测评，以应急预案应对应急事件顺利完成处理。

圆满召开学院第二届团学代表大会。

【其他】

完成九里校区三号教学楼办公区和实验室建设，完成学院向三号教学楼的搬迁工作。

建立危化品库房，为气体使用量大的实验室安装门禁和气体探测器，组织人员培训和演练，定期开展实验室安全自查和 “四废”处理。

重启动物房选址工作。

（九）地球科学与环境工程学院

【党建工作】

2019年，学院以习近平新时代中国特色社会主义思想为引领，围绕“不忘初心、牢记使命”主题教育，开展“礼赞新中国，奋进新时代”新中国成立70周年主题教育等13项特色活动；基层党组织全年开展各类专题学习、主题党日活动900余次；学院领导和党委委员带头讲专题党课40余次；组织党员参加各类党建活动70余次；4项党建活动获得校级立项；评选表彰先进党支部5个、优秀共产党员34名，制作2017—2019学年“先进事迹集锦”，获批研究生党员头雁标兵1名；开展多种形式的“互联网+”党建工作；党政同心，认真贯彻学校各项重大工作部署，以党建为龙头，在人才工作、经济工作和干部队伍建设等方面，均完成了学院目标任务的年度计划。

【师资队伍工作】

2019年学院全职引进教授4人（其中，外籍教授2人、“优青”1人）、副教授4人（其中：外籍副教授1人），常规补充师资4人，年度教师招聘计划执行率100%；4人申报新一轮长江学者计划；6人申报2019年四川省人才计划；11人申报2019年学校人才计划（“青苗计划”4人、“雏鹰计划”2人、“扬华计划”1人）；尹高飞副教授入选 “玛丽·居里”学者。

【人才培养工作】

（1）本科生教学质量方面。全面修订本科生培养方案；完成2020年推免工作，本校保研率47.8%；稳步推进“双一流”专业建设工作；完成申报测绘、地质及环境工程三个专业的“双万计划”申报；通过测绘工程专业认证现场考核；推进申报《工程测量》《工程地质》一流课程；申报四川省教改重大项目—《地学大类本科教育国际化与复合型人才培养》；组织学生积极参加学科竞赛、创新创业和科研训练，参与国家级科创项目22项，省级29项，校级126项；本科生申报专利8项，发表学术论文3篇，获第五届四川省大学生测绘技能大赛一等奖1人，799人次获得各类奖励。

（2）研究生教学质量方面。硕士研究生、博士研究生优质生源率平均达到54%；成功承办第六届地球观测与环境变化国际会议暨第八届地理信息技术与自然灾害管理国际会议、第九届火灾科学与消防工程国际研讨会；新增 5 名博士生导师；邀请国内外专家来学院做学术报告 48 次，邀请国外专家与研究生分享科技论文写作方法与技巧 4 场；5 名博士生分别到英国、德国、美国、瑞士联合培养；招收海外博士留学生 3 名；22 名硕士研究生、23 名博士研究生分赴德国、俄罗斯等参加国际学术交流和考察学习；1 名博士研究生在国际学术会议上获论文展示交流二等奖；研究生参加国内学术交流活动已成为常态，1 名硕士研究生在国内学术会议上获论文展示交流一等奖、2 名博士研究生在全国博士生论坛获优秀论文二等奖。本年度国务院学位办学位论文抽检全部合格。

（3）实验教学质量方面。全年开设实验教学课程 50门，实验项目数 428 个，受益学生数 39 432 人次，实验教学学时 119 259 人时数；综合设计型、研究创新型实验比例超过 65%；开设个性化实验 14 项；开设 SRTP 项目 66 项，其中国创 9 项，省创 10 项，校创 47 项；主办校级实验竞赛 1 项；承办第五届省四川省高校测绘技能大赛，获得一等奖 9 个，二等奖 6 个，三等奖 1 个；发表实验教学论文 1 篇。“高速铁路虚拟场景建模与列车运行仿真实验”获批教育部示范性虚拟仿真实验教学项目。

（4）学生育人工作质量方面。创新“不忘初心、牢记使命”主题教育载体和形式，组织开展十余项特色党建活动，开展形式多样爱国主义教育活动，继续推出思政教育原创视频和原创文章；研究制定《地学学院学风建设方案》2.0 版；评选本科忠忱班集体 1 个、先进班集体 7 个、优秀班集体 2 个，研究生优秀班集体 2 个、PADP 班级立项 1 个；开展院级品牌文化活动 46 项、校级品牌文化活动 19 项；学生优秀率达 29.34%，评选国家奖学金 34 人，各类专项奖助学金 89 人，综合奖学金 245 人；531 人获评学生个人荣誉称号，其中 3 名获“竢实扬华”奖章；53.45%受助学生获得各类奖学金和荣誉称号，2016 级获得国家励志奖学金者全部保研。党政联席会多次研究和推进就业工作，在学生二次考研压力巨大的背景下，完成学生就业率 91.74%，开展各类就业、职业生涯规划教育 40 余场。

【科学研究工作】

本年度获批国家自然科学基金项目 12 项［其中面上项目 7 项，青年科学基金项目 4 项，国际（地区）合作与交流项目 1 项］，总经费 513.96 万元；学院连续 8 年保持较高获批数量，今年获批数量位居全校第三；学院全面参与川藏铁路科学研究工作，除了全面参与由中铁一院、中铁二院委托的川藏铁路选线阶段 20 个专题外（2019 年 11 月大部分已结题）；朱庆教授和程谦恭教授还分别参与国家自然科学基金委 2019 年度专项项目“川藏铁路重大基础科学问题”项目 2、4，并作为课题负责人的申报工作。

截止到 2019 年 12 月 17 日，全院纵向科研经费累计 1845.17 万元（其中国家级 50 项，经费 1538.84 万元；省部级 28 项，经费 306.33 万元），横向科研经费累计 2180.14 万元（共立项 129 项），全年科研经费合计 4025.31 万元；新增发明专利 12 项，实用新型专利 24 项，新增发明专利申请 40 项、实用新型专利 19 项。

【管理与服务工作】

（1）学生日常管理。以《地学学院学生安全稳定工作委员会章程》和《地学学院学生安稳工作应急预案》为抓手，制定和完善重点学生管理台账，建立安全预警系统，签署责任承诺书。加强学生心理健康教育，落实谈心谈话全覆盖；及时掌握和妥善处置学生突发事件；高效完成学生工作各项任务。学生党建工作、思政教育和学风建设亮点突出、成效显著。

（2）实验室日常管理。对环境工程实验中心的危化品仓库进行改造，增加专用危化品存储柜；加强了本科生和研究生用危化品进行环境工程实验的管控工作，危化品管控责任到人；全年无安全事故发生。

（3）产学研合作情况。国地实验室牵头申报的与广西科技厅科技合作项目，测绘学科和环境学科各获得一个，项目总金额 490 万元，目前已立项；刘国祥教授团队获得了四川省重大科学仪器设备专项—地基合成孔径雷达地表微变形监测仪项目；国地实验室参与完成的“集成智能机器人和三维成像仪的高速铁路 CRTS

Ⅲ型轨道板自动检测方法及应用研究”进行了成果评价；利用学科优势举办同等学力申请硕士的培训工作已经学院党政联席会通过并开展工作，取得较好经济效益。

（4）国家级平台建设与管理。完成国地实验室验收，国地实验室在学校组织的国家级实验平台考核中取得较好成绩；完成犀浦校区国地实验室计算中心建设；四号教学楼内与学院计算中心服务器连接达千兆级网速；继续推进峨眉 OSU 中外合作办学项目大空间实验室建设工作；积极申报四川省国际科技合作基地。

【其他工作】

学院稳步推进综合改革；参照国际标准全面改善了学院办公区、实验室等公共区域，完成了为2020年全职引进外籍教师3人的前期准备工作，国际化示范学院申建工作取得新进展。

（十）建筑与设计学院

【党建工作】

学院党委坚持以习近平新时代中国特色社会主义思想为指引，学习贯彻党的十九大、十九届二中三中四中全会精神、全国教育大会、全国思政工作会议精神，落实立德树人根本任务，紧密围绕学校学院中心工作，认真开展“不忘初心、牢记使命”主题教育，不断加强学习型、服务型、创新型基层党组织建设，加强师德师风建设，全方位培养人才，充分发挥党委政治核心作用，为学院事业科学发展和学院“双一流”建设提供了坚强的政治保证。

2019 年度，党委中心组政治理论学习 12 次，师生党支部开展专题学习 100 余次，组织开展了党支部书记专题活动，组织 3 次党支部书记培训、党员轮训，培训 200 余人次。学院下设党支部共计 18 个，其中，教职工党支部 7 个，离退休党支部 1 个，学生党支部 10 个。党员总计 343 人，其中，教职工党员 83 人，学生党员 251 人，离退休党员 9 人。本年度，推荐参加党课培训 171 人次，发展党员 67 名，按期转正党员 36 名。本年度新发展教师党员 2 人，引进留学归国教师党员 2 人，纳入党组织培养计划青年教师 4 人。2019 年度，广泛开展了“看变化、看成就”“共和国 70 年光辉历程分享会”“我和我的祖国”等主题党日活动 100 余次。重点推进党支部标准化规范化建设，风景园林系和艺术设计系 2 个教职工党支部按期进行换届；推进落实教师党支部书记“双带头人”全覆盖；风景园林系教师党支部获学校推荐申报创建“全国党建工作样板支部”。

落实立德树人根本任务，发挥思想政治课铸魂育人作用，以“课程思政”推进“三全育人”，秉承“以文化人、以美育人”工作思路，将党建思政与文化、美育共融，实现对建筑与设计类学生进行正向价值引领，建设“扬华美育基地”。锲而不舍强化师德师风建设，开展警示教育。针对师德失范行为，坚持零容忍，依纪依规严肃处理。

【师资队伍】

高度重视师资队伍建设，坚持“引育并举”为宗旨，不断扩大教师队伍规模的同时，注重优化教师队伍结构，提升教师队伍质量。贯彻落实《建筑与设计学院党委领导联系人才工作制度》，坚持做好各类人才引进的考察工作以及引进后的培育工作，做到为各类人才提供相应的硬件配套以及组织各类培训。努力做好学院教师队伍各类别的管理工作，大力支持教师进修培训、职称晋升以及各类人才申报。2019 年，学院人才工作稳步推进。全年共引进各类人才 6 人，其中，引进研究员 1 人、副教授 1 人、海内外高层次人才 4 人。成功聘请了 TOD 的提出者卡尔索普为名誉教授，新增兼职教授 5 人。我院加大力度推进各项人才称号的申报工作，2019 年，成功入选四川省人才计划 1 人，入选长江学者讲座教授候选人 1 人，入选四川省青年拔尖人才候选人 2 人，入选“青苗计划”2 人。2019 年，学院新晋升教授 4 人，副教授 10 人。为响应学校开设的学者论坛，学院积极搭建学术交流平台，举办“新时代的建筑与设计”人才分论坛，通过多种形式，引进各学科海内外优秀青年人才。学院还积极组织申报建筑学博士后工作站。

【学科建设】

建筑与设计学院目前拥有建筑学一级学科博士点，工业设计与工程 2 个二级学科博士点；并拥有建筑学、城乡规划学、风景园林学、设计学 4 个一级学科硕士点。在上海交通大学软科排名中取得了较好的成绩，建筑学学科排名第 16 名，比去年提升 5 名；“交通建筑设计与规划创新实验平台”创一流项目建设取得积极进展；各学科积极收集资料，为第五轮学科评估做积极的准备；建筑学学科为 2020 年博士点专项评估做了相关准备工作；城乡规划学、设计学学科积极准备博士点申报工作。

【人才培养】

1. 本科生教学

学院建筑学和产品设计两个专业获批国家一流专业资格，风景园林专业获批四川省一流专业；2019 武汉学科中心专业排名：建筑、产品设计、环境设计被评为 A，城乡规划、风景园林、视觉传达被评为 B+，绘画被评为 B；建筑学专业首次进入我校茅院卓越计划，受到了学校的认可。

全院教师积极参加各类教改项目和教学交流合作项目，获批省级教改项目 2 项，获 2019 全国高校混合式教学设计创新大赛设计之星奖 1 名；获国家级省级教学奖励 2 项；获校级讲课比赛获一等奖 1 名、二等奖 2 名、三等奖 2 名，获聘学校教学设计师 1 名；全年度共发表教研论文 18 篇，出版教材 2 部。

成功举办 2019 年西南交通大学国际建造节、2019 全国高等学校建筑教育学术研讨会暨院长系主任大会、教育部建筑学专业教学指导分委会会议、2019 四川省土木建筑学会教育工作委员会研讨会等重要教学会议及活动；举办“规划 + 建筑五校联合毕设”“大健康联合毕业设计”、西部四校多专业联合毕设等中期答辩、川台创客营设计工作坊、学校新工科建设研讨会等多项联合教学、教研活动；师生参加 2019 年中国彝乡（云南楚雄）民居设计大赛、第七届“西部之光”大学生暑期规划设计竞赛、第六届两岸新锐设计竞赛“华灿奖”最佳新锐设计师等重要专业竞赛获奖百余项。

2. 研究生教学

研究生培养方面，获西南交通大学 2019 年度研究生导师团队建设项目立项 1 项；恢复了艺术硕士的招生工作；申报获得研究生教材建设项目 3 项；西南交通大学优秀硕士学位论文 3 篇；研究生获奖 70 余项；举办了 2019 优秀大学生暑期学术夏令营活动；全国示范性风景园林专业学位研究生联合培养基地申报并获批挂牌。

【科学研究】

2019 年度学院纵向经费到账 569.8 万元，横向经费到账 1403.87 万元，经费总量比去年增加 1.78 倍。新增国家自然科学基金项目 5 项，国家社科基金项目 1 项，教育部人文社科项目 4 项。新增纵向项目 32 项，横向项目 30 项。科研成果“汶川地震灾后城乡重建规划理论、关键技术及应用”获得 2019 年度四川省科技进步一等奖。美术系师生作品入选第十三届全国美展。学院师生发表学术论文 180 余篇，出版学术著作 16 部。授权专利 11 项。学院举办多种类型的学术交流活动 17 次，讲座 40 余场。加强基地建设，稳步推进省社科重点研究基地建设，顺利完成本年度立项与结项工作。成功举办 2019 年“为生活设计：高铁时代的设计与文化”论坛等活动。

【对外/对港澳台地区合作】

2019 年，学院在继续以国际学术论坛、专题学术报告、联合设计工作坊、国际建造节等多种形式引入高水平的国际学术资源的同时，联合主办了 2019 年智慧城市国际大会（2019 年 7 月，韩国首尔）等一系列高水平国际会议，以此为突出着力点，推进国际学术交流合作提升层次，扩大影响。继续积极开展与美国、意大利、西班牙等国高校的联合培养和学生交换项目，硕士研究生 3 个月以上交流人次增幅达 125%。录取国际留学生多名，国际化课程建设取得新的进展。全力推进国际化人才引进工作，提升全职外籍教师、短聘海外专家的数量；多种形式地吸引境外高水平专家来校任职、任教或开展学术活动。本年度，与美国、英国、日本、意大利、荷兰、西班牙、瑞典、尼泊尔、澳大利亚等国家以及我国台湾、香港等地区 10 余所知名高校及学术机构开展学术互访，来访和师生出访数量进一步提高。“丝路国际学院”正式挂牌，国际联合高端人才培养项目和科学研究工作向深度发展。学院国际化工作整体水平，持续得到提高。

【管理服务】

1. 学生工作

2019年，继续遵循“艺术底色、设计基础、专业厚度”理念，丰富和完善“以美育人，专业协同”体系，助力人才培养和院校建设。全年顺利完成了518名毕业生和2408名本、研在读学生的思想政治教育、日常事务管理等工作。

各学生党支部深入开展“不忘初心、牢记使命”主题教育。学生党支部开展各类学习与服务活动200余次，研工业设计工程党支部在校十佳党主题日活动评选中获得“十佳”称号。全年开展“匠心筑梦”系列、“建筑的阶梯”系列、“新声专场音乐会”“红砖读书会”等各类文化活动278次。积极推进“第二课堂成绩单制度”，成立了学院二课堂运营中心，与传统教学渠道齐抓共管。全年开展93项二课堂项目，其中11项列为校级重点项目，第二、三课堂参与人数达到了5351人次，共计9551学时，较去年完成量提高了122.9%。院团委获评“五四红旗团委单位”，研究生会获评校2019“十佳优秀研究生会”，院“橙”合唱团在五四青春歌会获团体二等奖，暑期社会实践一支队伍获得“成都市暑期‘三下乡’十佳实践团队”称号，校运动会入场式获“最具创意奖”、太极拳比赛“最佳组织奖”等成绩。注重典礼文化的美育效果，开学典礼、毕业典礼及迎新晚会“图纸上的青春”三大系列典礼都在细节上进行创新。成功举办的“学院办学90周年”庆典，并拍摄《我和我的祖国》快闪、《我和我的建筑梦》MV，发挥了特有仪式的美育功能。

强化学生心理健康教育，在“3·25心理健康手绘大赛”中获最佳组织奖，学生获奖人次19人；本年度我院经济困难学生共获各类奖助学金391人次，5人获感恩中国近现代科学家奖助学金。特别设立Aedas创新奖学金资助国际游学活动。

2. 工会工作

一年来，学院工会做好民生工作，关爱生病职工、老年同志，组织离退休春游活动、教师节前慰问老同志等。积极组织教职工参加学校各项比赛，并在职工排球赛、篮球赛、足球赛中取得了好成绩，特别是在“西南交大举办庆祝新中国成立70周年师生合唱比赛”中获得二等奖。

3. 实验室工作

在实验建设方面，本年度获得2项省级虚拟仿真实验项目认定，分别是“高铁客站地上地下一体化建筑设计虚拟仿真实验”和“地铁车内空间布局及配色设计虚拟仿真实验”，并被推选为国家级候选项目。在实验活动方面，面向学校第十一届课外创新实验竞赛活动要求，举办了3大主题院级竞赛项目，经过积极组织和广泛动员，共有学生466和教师50余人参加竞赛，参赛人数逐年递增，学院首次荣获校级“优秀组织奖”，学生作品获校级金奖1项、银奖2项、铜奖5项。完成了部分教室、图书馆和美术馆的环境改善工作，显著提升了学术交流氛围。持续强化安全管理与安全教育，确保学院实验室全年无安全事故。

（十一）物理科学与技术学院

【党建工作】

（1）学院党委提高政治站位，履行管党治党主体责任。落实教育部党组巡视反馈意见及学校党委巡察反馈意见的整改措施，不断夯实学院党建工作基础，将党建工作与学院中心工作紧密结合，发挥党委政治核心作用，有力地促进和推动了学院各项工作顺利开展。

（2）学院党委认真按照学校党委要求，开展“不忘初心、牢记使命”主题教育，加强方案的落实和督促，确保活动取得实效。主题教育活动期间，先后组织集体学习6次，开展专题读书会2次，专题调研15次，形成调研成果报告6篇，组织开展主题党日活动5次；党委委员、支部书记讲党课21次；党支部书记专题培训3次，党员轮训 470 余人次。学院设立了党员先锋岗 12 个、党员责任区 9 个，实现“全院覆盖”，设岗定责，承诺践诺，扎实开展志愿服务，为师生办好事、办实事 40 余件次，真正把主题教育开展到群众门口，开展到师生心坎上。主题教育期间，先后报送新闻宣传稿件 120 余篇。

（3）学院党委对于巡察反馈的意见，扎实开展专项整治行动，有效减少了问题存量，取得了阶段性整改成果。一是抓组织领导，做好工作部署。学院党委先后召开 2 次党委会专题研究整改落实工作，认真梳理存在的问题，查找问题背后的深层次原因，研究制定解决问题的具体办法，分解任务，将责任具体落实到个人。二是抓主题教育，做好思想保障。学院党委将巡察整改工作融入“不忘初心、牢记使命”主题教育，通过主题教育强化巡察整改的思想保障。三是抓过程管理，做好监督指导。学院党委将巡察整改落实情况纳入班子民主生活会的内容。

（4）进一步落实意识形态工作责任制。定期开展学院意识形态工作研判。

（5）加强教师师德师风建设。修订和完善学院师德师风建设方案，加强教师师德师风教育和考核，为教师师德师风自学内容提供菜单式服务。

（6）进一步加强学院宣传工作，分别从加强制度建设、宣传队伍建设和宣传平台建设三个方面着手，进一步规范学院宣传工作。对学院中英文网站和新媒体进行优化，加强管理。

（7）落实安全稳定和保密工作责任制。全年无安全稳定及保密责任事故。

（8）重视学院群团工作和统战工作，团结凝聚师生员工。学院大力支持教职工文体活动和教职工慰问活动，给予一定的经费支持。5 月开展全院教职员工“不忘初心、牢记使命”工会活动暨素质拓展活动，举办 3 场茶文化体验工会活动，积极申请改建学院职工之家经费 1.5 万余元，9 月获得 3 万元额度批准，建家设备部分已经到位。

（9）2019 年学校对学院领导班子进行了调整，班子成员是院党委书记刘玉、院长刘庆想、党委副书记兼副院长郭剑、党委副书记唐眉江、副院长李相强、副院长李金龙。

【学院综合改革】

以“成绩、成果、成效”为导向，把“保教学、重科研、带学科、促转化”四位一体的发展理念落到实处，改革资源配置机制，激发活力，构建综合改革考核和激励机制，改革初见成效。

（1）实施分类考核机制，推动学院良性发展。学院实行“院-系”两级绩效分配机制，由学院总体统筹，实施分类考核，各系负责实施。本年度对学院分类考核机制进行了完善与补充。

（2）对学院部分系进行了人员调整，壮大了应用物理系师资力量，同时调整了部分系干部，加强了各系的管理力量。

系领导班子调整如下：物理系系主任兼党支部书记王辉，副系主任朱浩、魏云、谢东、樊代和、沈军峰；应用物理系主任倪宇翔，党支部书记刘其军，副系主任周涛、黄捷、朱宏娜；电子信息与技术系主任张渝、党支部书记张健穹，副系主任冯菊、王勇。

【师资队伍】

广泛联系海内外优秀人才，开展人才招聘遴选工作，在人才招聘、评优申报中加强思想政治审查以及诚信考察。2019 年学院组织 6 次公开招聘面试会，22 人参加面试，并主动走出去，参加高校人才网招聘会，推介学院招揽优秀人才。引进先聘后评研究员 1 名；招聘“准聘制”师资国内博士 8 名、海外博士（博士后）6 名；拟聘“长聘制”师资（海外博士）1 名。已入职 9 名（6 名国内，3 名国外）。承办西南交通大学 2019 年学者论坛——“物理学前沿与发展”分论坛，吸引海内外高层次人才积极参与，与人才加强沟通与联系。做好人才的服务工作，做好各级各类人才的申报工作以及考核工作。本年度新增学校“青苗计划”入选者 3 人（唐永亮、尚玉平、陈先梅），1 人获评学校唐立新优秀学者三等奖（祝凤荣），1 人获评学校唐立新优秀教师三等奖（马小娟）；1 人获评学校“立德树人——教书育人”优秀奖（王红艳）和 1 人获评学校“立德树人——教书育人”新秀奖（樊代和）。

【学科建设和人才培养】

（1）全过程、全环节的院级本科教学质量保障体系的构建基本完成。在贯彻落实院级本科教学质量保障体系的基础上，重点推进教师教学质量评价体系建设。各系建立教学质量评价标准的同时，学院引入第三方评价，开展了教师全员本科教学竞赛，竞赛结果作为教学质量评价参考依据。学院全体教师高度重视，积极参与，参与率达96%。

（2）服务学校一流学科建设，完成工科物理课程体系重构。结合2019版人才培养方案的修订，学院主动与各学院对接，对工科物理课程体系进行了重构设置针对不同专业的教学执行大纲，通过分模块分层次的教学内容，加强物理与工程的结合，形成对各专业毕业要求达成的强支撑。实现教授100%为本科生上课。

（3）各系积极参与教育教学模式改革和实践初见成效。实现“以项目为导向的专业课”设置，杜绝“水课”和“因人设课”。获教育部产学研协同育人项目1项，主持各级教改项目13项，较上一年提升40%；发表教学研究论文18篇，较上一年提升200%。2019年应用物理专业申报国家一流专业，电子信息专业申报省级一流专业；积极响应“六卓越一拔尖”计划，物理学基础学科拔尖班顺利开班，努力推进电子信息科学与技术专业卓越班申建工作。重视教学团队建设，建立6个公共基础课程教学团队，9个专业课教学团队。完成教材建设3部，其中新形态教材《大学物理实验》入选“十三五”国家重点出版物出版规划项目。组织《大学物理》等五门课程申报国家一流课程。

（4）构建高水平物理学科竞赛平台，推进个性化创新型人才培养。以学科竞赛为载体，强化创新创业活动，提升学生实践能力与创新能力。2019年学院组织、指导学生在各类竞赛中获国家级一等奖7项，本科生发表或参与论文11篇，其中SCI论文8篇；获批SRTP国创项目3项、省创项目5项、校创项目22项。

【科学研究】

（1）加大学院青年创新团队建设力度，提升青年教师核心竞争力。学院在资源配置、政策激励、条件改善、学习提升等方面继续加大对青创团队的支持力度。

（2）努力建设高水平科研平台。2019年积极推进“双一流”项目建设，学院高性能仿真平台一期建设完成并投入使用；与中科院成都分院、四川大学联合申报宇宙线物理与探测技术四川省重点实验室，已通过专家评审；磁约束等离子体物理与工程研究基地申报四川省国际科技合作基地，已完成申报书及建设方案的提交；中外合作实验室（仿星器位形等离子体物理）申报四川省重点实验室，已获批建设。

（3）科研工作初见成效。2019年学院新增纵向项目20项，横向项目13项，共计到账经费2513.56万元，较上年增长25%；2018年发表SCI期刊文章91篇，已被检索89篇，较上年增长46%；新增发明专利18项。

（4）多措并举促进学科发展。完善学院绩效方案，加大对于学科建设的支持。从由学院统一考核科研过渡到由学院统一考核学科建设。成立了学科建设领导小组，明确学科发展内涵；梳理二级学科方向，明确各一级学科和二级学科带头人。

（5）提升研究生培养质量，做好学位点专项评估迎评工作。推进研究生招生指标分配改革，完善科研团队及青创团队研究生指标分配办法。修订了研究生奖学金评选办法。提出专业核心课加专业课程包的思路，开展新一轮研究生培养方案修订工作。积极做好物理学一级博士点的专项评估自评估工作。

【管理服务】

1. 学院“大思政”育人工作体系初步建成

本年度以“学风班风建设”为抓手，以辅导员、系、班导师为主体，明确工作目标与职责，形成党政工团齐抓共管的大思政育人工作模式。通过“大思政”育人工作体系的建立与实施，学院人才培养质量得到进一步的提升。

2. 学风建设初显成效，本科生专业思想更趋稳定，专业认可度进一步提升

与上一年相比，优生率、重修率、科创获奖率均有提升，学生国家英语四级通过率提升了6.84个百分点、六级通过率提升4.29个百分点；非毕业班学生学业预警解除率100%。2019年专业申请转出学生数量降低22%，本院研究生报考率提高升49%。本科生就业率达97.71%，其中升学、出国率达40%。

【实验室建设】

（1）学院继续推进大学物理国家级实验教学示范中心改革与建设。

（2）通过机制激励，使得更多高水平的青年教师，甚至教授加入实验队伍，专业实验室建设和实验教学得到长足进步与发展。

（3）召开物理国家级实验教学示范中心教学指导委员会，制定中心的建设规划。

（十二）人文学院

【党建工作】

“不忘初心、牢记使命”主题教育：人文学院高度重视，坚决贯彻落实党中央、教育部党组和学校党委决策部署，在学校动员大会后第一时间研究部署，以习近平新时代中国特色社会主义思想为主线，牢牢把握主题教育“守初心、担使命，找差距、抓落实”的总要求，学院党委制定《人文学院“不忘初心、牢记使命”主题教育工作安排》和《人文学院“不忘初心、牢记使命”主题教育时间节点表》，将学校党委安排的每一项任务加以细化，梳理30余个时间节点，结合时间节点细化40余项具体工作。

1. 严格落实意识形态工作

执行学院党委委员听课制度，重点检查教师遵守意识形态纪律情况，每堂课听课时间不少于45分钟。全年学院党委委员共随堂听课36门，确保课堂教学主阵地意识形态安全。加强对学院哲学社会科学讲座、报告会、学术论坛等的管理，切实落实“一会一报”，共对72项讲座、报告会、学术论坛等进行了审核备案工作。

2. 加强思想引领

全年主持开展党委理论中心组学习13次，结合学院发展实际设置“摆脱贫困”“马克思主义新闻观与媒体融合”“坚定文化自信”等学习专题；不断创新教职工政治理论学习形式，组织基层支部引领所在系所开展学习，统一安排学习资料、幻灯片、视频等学习资源17项。组织全院教师申报学校新时代“大思政”育人项目，申报9项，成功立项5项，学院立项数位列第一，涵盖中文、传播、哲学等专业教师，起到以点代面的效果。

【师资队伍】

学院重视师资队伍建设及高层次人才引进，坚持引培并重，推进人才强院战略。2019年度，晋升教授3名（王长才、蒋宁平、梅红），晋升副教授4名（黄阳、董首一、崔罡、李珊），引进教授1名（胡志红）、副教授1名（周珉佳），招聘到岗海内外优秀博士4名（朱亚希、许詠晴、周尚琴、吴杨）。拟引进教授3名（赵岚、傅海、卫凌），拟招聘博士5名（曾锴、甘雪松、赵旭、周颖异、马超），目前处于拟报到或报批阶段。

沈如泉获西南交通大学立德树人“教书育人”优秀奖。余夏云获“唐立新优秀学者”称号，黄阳、朱洁入选学校“雏鹰”计划，赵川、曹璞、李栋入选学校“青苗”计划，另外推荐1名教师（董首一）申报“雏鹰”计划、3名教师（朱亚希、魏刚、周尚琴）申报“青苗”计划、1名教师（段从学）申报“长江学者特聘教授奖励计划”、6名教师（汪启明、段从学、刘玉珺、周俊勋、王长才、蒋宁平）申报第十三批四川省学术和技术带头人。

【人才培养】

1. 2019年本科教学方面：传播学获批国家一流专业，汉语言文学获批省级一流专业

（1）以‘六卓越一拔尖’培养教育计划为契机，召开融媒时代卓越新闻传播人才培养研讨会，邀请专家为卓越新闻传播人才培养支招。传播学获批国家一流专业，汉语言文学获批省级一流专业；完成国家级、省级中文拔尖基地申报工作；完成2019级培养方案修订。

（2）1门慕课正式上线，传播学专业慕课立项建设5门。发表本科教改论文5篇，其中CSSCI期刊2篇，普刊3篇。2019年校级教改项目立项6项，2018年重点项目结题2项。第14期SRTP立项27项，其中省创4项，校级23项。第13期SRTP结题26项，其中省创4项，优秀3项，校级22项，优秀2项。5名教师进入西南交通大学第九届青年教师讲课竞赛决赛，获得全校决赛一等奖2项，三等奖3项。新增西南交通大学出版社等实习基地3个，本科实习队伍获得校级唯一一个文科类一等奖。出版教材2本。

（3）积极引领学校通识课程人文板块建设。8名教师参加2019年川渝地区通识教育联盟高校年会暨美育教育与通识教育论坛，沈如泉做大会案例分享。沈如泉因在通识课程的致力探索，获得学校2019年“立德树人”先进个人奖项的“教书育人”优秀奖。峨眉校区新增通识课1门，“特色示范课堂”推荐5门。李任飞第三次登上CCTV《百家讲坛》，这次讲《穿越春秋品管仲》，其《进入古人的精神世界，从衣裳开始》等系列文章在《中国青年报》专栏刊发。

（4）课堂教学与专业比赛、专业实践相结合，促进人才培养质量提升。我院学子在“中国大学生好创意”第十一届全国大学生广告艺术大赛获得国家二等奖2项，三等奖1项，优秀奖10项。四川赛区中获奖144项省级奖，数量位列四川省第一。人文学院音乐系师生参加由四川省教育厅举办的庆祝中华人民共和国成立70周年暨大学生艺术专场展演活动，荣获2个一等奖、1个二等奖的优异成绩。音乐系学生前往“世界音乐之都”维也纳参加第十届世界和平合唱节，荣获本次合唱节金奖和最佳现代作品演绎奖。学院共27支“三下乡”实践队伍前往各地调查实践，其中，2支队伍为国家推普脱贫专项实践队，1支队伍获省级优秀实践队、2支队伍获校级优秀实践队。“以桥传思，对话历史”三下乡实践队伍获得《新闻联播》《朝闻天下》等多个栏目报道。

2. 学位与研究生教育

（1）新增“新闻与传播”专业型硕士学位点，于2020年正式招生。

（2）加强了研究生招生宣传工作，改进推免生接收工作方法。暑期中文系、传播系举办了夏令营，吸引了校内外200余名优秀大学生参加，改革2019年推免研究生接收工作方法，主动出击，复试前置，第一时间抢占生源。优质生源较去年有所增长，研究生报考人数显著增加。

（3）加强与校外科研/实践基地联系密切，校企教师合作指导专业实践。与西南交通大学出版社签署战略协议，设立实习基地。聘任运用4K技术启动修复《开国大典》的周苏岳担任研究生校外导师。

（4）博士生、硕士生科研产出数量、质量明显提升。发表CSSCI论文17篇。博士生毕业5人。

【学科科研】

学院不断提升学科科研水平，打造基础文科高地。

（1）学科建设：人文学院高度重视，视学科评估事关人文学院和人文学科的生存与发展大局，多次召开学科分析会议，邀请学校党委副书记桂富强同志参加会议，各系所列出问题清单，集思广益，就学科建设存在的瓶颈障碍进行深入探讨，共同商议解决方案。新增“新闻与传播”（学科代码0552）专业硕士点。

（2）科研平台：成立西南交通大学人文学院李时研究中心。

（3）科研项目：2019年，全院共获得国家社科基金（重点项目）等国家级项目5项。教育部项目4项，省级项目3项。

（4）高水平学术论文：师生共发表CSSCI论文46篇。

（5）举办高层次学术会议：学院组织召开了“早期道教经典研究”工作坊、首届“中新汉语诗歌理论与创作交流”高级研讨会、中国民族语言学会语言类型学专业委员会第三届学术年会、新时代传播学发展趋势论坛、融媒时代卓越新闻传播人才培养研讨会等极大地提升了西南交通大学人文学院的学科声誉度和学术影响力。

（6）学术活力迸发，学术影响力彰显：共邀请国内外著名学者举办“人文思跃学术讲座”60余场，拓展了师生学术视野。

汪启明、赵静等专著《中上古蜀语考论》获得第十八届王力语言学奖一等奖，中国语言学界最高奖。

中文系柏桦教授获首届东吴文学奖诗歌奖。

段从学获评国家社科规划办“认真负责的鉴定专家”。

肖芃、梅红、李简瑗分别独立获得2019四川省第十八次社科奖三等奖。

以上极大地提升了学科的声誉及影响力。

（五）对外/对港澳台地区合作

交流合作：为学习借鉴国内知名高校的宝贵经验，有效推进我院各项工作蓬勃发展，学院党委书记向仲敏、副院长沈如泉带队一行六人赴北京师范大学文学院、清华大学人文学院调研走访。本年度接待中南大学、重庆大学、中国矿业大学、燕山大学、宁波大学、朴新教育集团、西南交通大学出版社等单位来访近 10 次，加强了学院与兄弟院校及企业的合作交流。

对外/对港澳台地区工作方面，新加坡南洋理工大学中文系主任游俊豪携南洋诗社成员访问我院，双方共同举办首届“中新汉语诗歌理论与创作交流”高级研讨会。由我院与美国国家社会科学学会、中国手稿文化学会联合主办的“认知甲骨学——纪念李学勤教授（1933—2019）”专题研讨会，作为美国国家社会科学学会年会的分会，在美国拉斯维加斯举行。中文系博导邢文教授与博士生杨煜婷的认知甲骨学论文在美发表，这是我院国际化工作的新成果与新尝试。2019 年度共有 10 余人次赴美国、澳大利亚、越南以及我国澳门地区等参加学术会议。

【管理服务】

党政联席会本年召开 18 次，严格执行“三重一大”决策制度，制定《人文学院学术著作出版资助管理办法（试行）》。召开教职工大会 5 次，保证教职工充分的知情权。

绩效工资方案改革。整个工作历时近 1 年，因涉及教职工的切身利益，学院在前期进行了大量的调研和意见征集，按照教学、科研、公共服务、行政管理等板块切块，由一位院领导牵头负责，根据数次工作调研会、党政联席会、教授委员会会议精神，起草完成《人文学院绩效分配方案（征求意见稿）》及教学、科研、公共服务特殊情况管理 4 个附件。

资产与实验室建设有突破。与学校资实处多次沟通学院公房面积事宜，增加 276 平方米办公用房。向相关校领导专题汇报资产与实验室建设现状，获得 188 万专项资金支持，用以购买更换语言学实验室、传播影视实验室所有电脑（80 台），音乐多媒体设备（5 套），三角钢琴 2 台、立式钢琴 10 台。现已全部到位。

校友工作有亮点。以 15 周年院庆为契机，成立人文学院院友会，成为西南交通大学第一个院友会。校友成长成绩卓著。央视《新闻直播间》栏目以《新时代新青年宗立冬：吃磨炼之苦，尽为民之心》为题，对我院院友、2006 级中文系本科生宗立冬扎根宁夏基层的个人先进事迹进行了专题报道。我院汉语言文学专业 2006 级院友党红亮主讲的《法律讲堂》在央视 CCTV-12 播出。四川新闻网报道我院院友孙红林、梁碧波等，将他们骑行川藏线的故事剪辑成纪录片《千山》，致敬川藏交通建设者。

因校友工作突出，学院被评为校友工作“突出贡献奖”（全校仅三家），王燕被评为校友工作“先进工作者”。

“竢实扬华、人文日新”学院 15 周年院庆：学院院庆以“学科建设、学术活动”为主线，围绕学科建设及培养卓越新闻人才及基础拔尖人才的一流专业建设，主办了“早期道教经典研究”工作坊、中国民族语言学会语言类型学专业委员会第三届学术年会、首届“中新汉语诗歌理论与创作交流”高级研讨会、融媒时代卓越新闻传播人才培养研讨会等多场学术交流活动及境内外知名专家学者的讲座。同时，学院召开院庆庆典大会、文艺晚会，成立全校第一个院友会，总结展示了 15 周年的办学历程及经验成果，联络了关心和支持学院发展的各级领导和社会各界人士，校内外的院友及教职工员工畅叙情谊，共庆盛典，并通过院网、公众号、宣传片、橱窗、宣传册全方位进行宣传，传播并提升了学院的学术声誉及社会影响力。

（十三）公共管理与政法学院

【党建工作】

学院党委共有党支部 16 个，党员 244 名。学院党委认真贯彻落实学校党委的各项要求，紧紧围绕学校和学院中心工作，充分发挥政治核心作用，2019 年共计开展中心组学习 12 次、召开党委会 27 次，以“不忘初心、牢记使命”的实际行动，引导全院师生切实增强政治责任感和历史使命感，在落实立德树人根本任务、服务经济社会发展的同时推动学院全面发展：

围绕主题教育要求和十九届四中全会精神，牢牢把握主题教育“守初心、担使命，找差距、抓落实”的总要求，通过班子成员带头学、深入党支部指导学、走出校外宣讲等多种方式宣传贯彻落实，其中班子成员深入基层党支部讲述专题党课 9 次、深入开展调研 15 场、形成专题调研报告 6 篇、梳理形成主题教育整改问题台账共计 27 项、明确整改落实举措 46 项，主题教育取得了阶段性成效。

全面贯彻意识形态工作责任制，以民主集中制为原则，对涉及办学方向、教师队伍建设、师生员工切身利益等重大事项重点把关，2019 年召开党政联席会 37 次；深入学生党支部，依托志愿服务基地，建设“晚晴爱心驿站”“中石油四川石油管理局”等实践基地，将科研、课堂与社会实践相结合，坚定学生理想信念、扎实学生专业知识；以新中国成立 70 周年为契机，组织师生乒乓球赛、师生合唱比赛以及师生迎新晚会等活动，凝聚师生力量，营造团结进取的文化氛围；落实党建带动团建，2019 年学生工作再创佳绩，学院团委获“全国五四红旗团委”、学生会获“十佳学生会”等荣誉；2019 年成立了学院教代会并召开第一届代表大会，继续落实党务和院务公开，加强民主管理。

【干部培训】

根据省委组织部部署及各地组织部门规划，积极研究培训方案，开发培训课程，组织培养培训师资。本年度受地方各级党委组织部委托，完成各级各类干部培训班 34 期（次），参训人数约 3000 人。其中包括：成都市安全生产科学技术服务中心综合管理培训班、中国人民政治协商会议天水市委员会全市政协系统履职能力提升培训班、衢州综合交通与绿色交通发展专题培训班（一、二期）、胶州市妇女干部综合素质能力提升专题培训班、什邡组织部乡村振兴下县域发展的思路与实践专题培训班（一、二期）、2019 年神华铁路货车运输有限责任公司安全管理专题培训班（一、二期）、中共青白江区委党校“跨境电商+物流港口管理”专题培训班、良庆区第三届人大常委会组成人员暨驻城区市人大代表履职能力提升培训班、梧州市交通局着力构建现代综合交通运输体系专题研讨班、名山区领导干部“懂城市”专题培训班（一、二期）、2019 年衢州市市直机关基层党组织书记培训班、2019 年全市税务系统党委秘书培训班、成都市滨江制衣有限责任公司公共管理与服务专题培训班、广安市住房和城乡建设局广安市城市提质工程专题研讨班、铁路建设项目竣工决算编审实务专题培训班、拉萨海关“不忘初心、牢记使命”读书班培训、广元市房屋建筑与市政工程建设监督管理专题培训班、名山区卫生健康系统干部素质提升培训班、西宁市乡村振兴与脱贫攻坚专题培训班、青白江区“青年人才素养提升”专题培训班、2019 年扬中市企业家高质量发展专题研修班、广元市全面深化改革专题培训班、南充市嘉陵区综合行政执法局城市综合行政执法业务骨干培训班、渭南检察院综合素质能力提升专题培训班、2019 年新津县企业中高层管理人员培训班、金牛区妇联培训班、成都纺织高等专科学校党政综合专题培训班、阿坝州物流管理专题培训班、南宁产业新生代人才培养专项一期培训班、中油一建六分公司油气田项目施工管理专题培训班等，受到委托单位及干部学员的好评，逐步成为在省内外有较大影响力和较高美誉度的重要干部培训基地之一。

【学科建设与研究生教育】

2019 年，学院着力打造了公共管理峨眉论坛，承办了中国第九届青年公共治理论坛、四川省第七届大学生模拟法庭竞赛，有效提高了学院有关学科的影响力；进一步围绕一级学科博士点申报凝练学科方向与队伍，组建了激励创新创业的法律与政策研究、国家治理与地方治理、社会风险与应急管理以及行政学基础理论、行政学研究方式 4 个学术团队；着力实施“交通+”战略，成立了实体性的“交通公共政策研究中心”教学科研团队。

2019 年，我院录取全日制硕士研究生 110 人（其中学术型研究生 73 人、专业型研究生 37 人），公共管理硕士（MPA）研究生 197 人，共录取 2019 级硕士研究生 307 人，接收 2020 级推免研究生 41 人。全年开题 312 人（其中 96 人不通过），论文预审 249 人（其中 38 人未通过），论文答辩 199 人（其中 5 人未通过），召开了 2

次学位评定分委会会议，共计授予187名研究生硕士学位。完成56位硕士研究生导师的遴选工作（含5位新增导师）。修订完成了公共管理、法律硕士、MPA、资源与环境硕士研究生的培养方案。完成MPA课程中“英语”和“中国特色社会主义建设理论与实践”的慕课建设。完善了MPA课程的教师团队建设。举办了第二届优秀大学生暑期夏令营活动。制定了研究生转专业办法。开设了研究生学术素养提升系列讲座30余场。

【本科教育】

坚持“以本为本”的管理思想和服务理念，抓好本科教学的常规工作和“双一流”本科专业建设。进一步强化管理工作的科学化、实效性，加大力度规范日常的教学行为，加强过程管理，做好学期各环节教学检查和教学监督工作，多方位提升本科教育质量。2019年学院参加了公共事业管理专业国家级“双万”计划和法学专业省级“双万”计划的申报，均顺利通过，为更好地开展以上本科专业“双一流”建设打下了坚实的基础。此外，学院还积极响应教育部“六卓越一拔尖”计划2.0，“新文科一流行管人才计划”和“卓越法治人才计划”正在持续完善中。2019年完成了三个本科专业培养计划修订，并根据国务院学位委员会《学士学位授权与授予管理办法》规定，修订了3个本科专业辅修培养计划。开展教学研究活动，申报并立项省级教改项目2项，校级本科教育教学改革项目9项。2019年申报MOOCs课程3门获批，且有1门2018年申报的MOOCs课程顺利上线。2019年度学院3个实验室共开设了7门实验课程，电子政务综合实验中心和模拟法庭实验室面向全校有需要的学院开放；组织师生参加第三届全国大学生创新方法应用大赛、第七届全国大学生TRIZ专项赛、第一届四川省高校创新方法应用大赛、西南交通大学第十一届大学生课外创新实验竞赛和四川省“学宪法、讲宪法”知识竞赛等。

重点梳理本科教育质量保障体系的各项管理制度和监督机制，要求党政领导每月固定参与各个专业的教学研讨活动，并形成决议。继续完善学院本科教育质量评价制度和绩效考核制度，极大地提升了教职员工的工作积极性。

【科学研究】

2019年发表CSSCI论文30余篇，其中A以上论文20余篇，权威期刊论文3篇，论文《边疆交通建设与政治空间生产》获《新华文摘》2019年第4期论点摘编；学院到校科研经费530万元，其中纵向到校经费210万元、横向到校经费320万元；国家级项目上，学院取得历史最好成绩，立项国家社科基金项目5项，占全校1/3，在所有立项学院中名列第一；组织申报国家社科基金重大招标项目选题和项目各1项、教育部重大公关项目3项；成果奖励取得新进展，我院教师主持的《四川全面创新改革试验区建设和职务科技成果权属混合所有制改革研究》和《中国3D打印专利技术产业化的机会与障碍》获四川省第十八次社会科学优秀成果三等奖，我院老师参与获奖1项。

【对外/对港澳台地区工作】

对外/对港澳台地区工作稳步推进。继续发展与美国爱荷华大学、日本东北大学、日本明治大学政经学院、日本福知山大学、韩国延世大学政商学院的交流合作关系，与韩国首尔大学、美国雪城大学建立了联系。本年度组织10位同学赴香港教育大学参加公共政策夏令营，2位研究生、3位本科生前往韩国参加国际会议并做学术报告，2位研究生赴韩国延世大学交流学习，2位研究生赴日本明治大学参加交换项目学习；1位同学赴新加坡参加了学校第二期“双一流”全球胜任力提升项目暨建候研究生海外实践；1位老师出国访学，9人次教师到美、日、韩参加学术会议，5位教师赴我国港、台地区交流。

【学生工作】

1. 价值塑造方面

2019年学院推进“两学一做”学习教育制度化常态化，围绕“不忘初心、牢记使命”主题教育，全年党支部开展各类学习实践活动共31次。学院党委委员深入学生党支部，共讲述专题党课10次。开展“不忘初心、牢记使命”“复兴交大我的责任、复兴交大我在行动”主题团日活动92次。同时，学院团委获评“全国五四红旗团委”称号。

2. 人格养成方面

我院协助心理中心完成55名一、二级心理

问题新生的约谈排查工作，重点归档。开展“我和院长有个约会”系列活动，关注学业困难、就业困难、家庭困难学生。举办心理健康讲座 2 场，组织开展反歧视系列教育活动 5 场。

3. 行为引领方面

2019 年我院有 1 名学生获“竢实扬华”奖章。我院细化综合素质测评评定细则，评选“学院学生奖学金”“学院先进班集体”等荣誉，激励学生成长。

4. 能力提升方面

构建“一个中心、双向拓展、三方协同”的实践育人体系，2019 年新建 4 个实习实践基地，共组建 41 支寒假返乡调研队伍，27 支暑假“三下乡”社会实践团队，其中 5 支队伍获得校级优秀，1 支队伍获得市级优秀。开展志愿实践 60 余场，志愿者参与达 1423 人次。开展校院就业指导活动 11 场。学风建设“三个四”规划形成了优良的学风，开展“辅导员陪你上自习”，2018 级四级一次性通过率为 95.26%，平均分超合格线 95 分。

5. 文化浸润方面

学院开展梦想演说家、国庆游园活动等 20 余项文体活动，实现全院学生全覆盖。取得了太极拳比赛和师生运动会乙组第一名、新生辩论赛第一名等优秀成绩。在 2019“带本好书回家过年”活动中学院投稿 551 篇，位居全校第一。

6. 资助弘志方面

我院实现重点支持学生建档全覆盖。对困难学生进行“一对一”就业帮扶，受帮扶学生就业率达 100%；奖助学金获奖学生中，家庭经济困难学生占比 71%。

7. 安稳保障方面

我院构建“学院—年级—班级—宿舍”四级预警防控体系，辅导员贯彻落实“七个深入”，谈心谈话全覆盖，重点学生一人一档。

8. 队伍建设方面

我院编制《公共管理与政法学院辅导员工作手册》。2019 年度申报了校统战课题 2 项，辅导员专项基金课题 3 项，参与“大思政”思想政治工作质量提升项目 2 项，发表文章 3 篇。

（十四）医学院

【党建工作】

2019 年，学院直属支部以“巡察整改”和“不忘初心、牢记使命”主题教育为重点，扎实推进各项工作：针对巡察反馈意见制定整改措施 21 项，完成整改 20 项。结合实际开展主题教育学习研讨 16 场次。结合实际聚焦“建设什么样的医学院”根本问题开展调查研究，形成学院发展初步规划。梳理检视问题清单 7 项，整改取得阶段性成果。领导班子办好医学院的信心逐步提升，纪律规矩意识、主动担当意识明显增强，各项工作推进速度明显提升。

【师资队伍】

截至 2019 年 12 月，学院有教职工 13 名，其中教授 2 名，副教授（副研究员）3 名，讲师 2 名，助理研究员 2 名，专职管理人员 4 名。双聘院士 2 名，名誉教授 1 名，新增硕士生导师 34 名。入选“青苗”计划 2 名。推荐上报“雏鹰学者”1 名，副高职称评审 1 名。上报引进人才 2 名。参加国际会议 1 人次，国内学术会议 2 人次。

【学科建设】

2019 年，学院结合医学及相关学科发展趋势和学校对生命科学板块发展新要求，及时调整学院近期、中期和远期建设目标，在原有基础上制定了《医学院学科建设规划（第二版）》初稿。2019 年 11 月 26 日，学院召开学科发展规划研讨会，听取校内外专家意见建议，再次修订完善了学科建设规划第二版部分内容。

2019 年下半年，学院联合两家合作单位（成都市第三人民医院、西部战区总医院），启动了临床医学一级学科硕士授位点预评估工作，为 2020 年教育部的学位点评估做准备。

【人才培养】

2019 年，学院共招收硕士研究生 54 名（其中生物医学工程专业 10 名、药学 7 名、临床医学 37 名）。在校硕士研究生 156 名，博士生 3

名。组织开展学术讲座 6 次。学院首届 21 名研究生顺利毕业，就业率 90.48%。

【科学研究】

2019 年全年，学院申报科技部重点专项 1 项，在研国家自然科学基金青年项目 3 项、国家自然科学基金地区项目（合作）1 项、四川省科技厅项目 5 项;在研中央高校基本科研业务费创新项目 3 项；学校研究生实验课程建设项目 1 项。全年学院教师发表 SCI 论文 10 篇，申报专利 2 项。

【交流合作】

学院积极推进与国内知名企业的合作。与专注口腔医院 A 股上市企业通策医疗初步达成合作协议，拟在成都挂牌通策医疗西南交通大学附属口腔医院,企业向学院捐助资金 3000 万元；与 A 股上市企业爱尔眼科达成初步合作协议，共建生物 3D 打印实验室；与荷兰代尔伏特大学机电研发中心和马斯特里赫大学再生医学中心签订双边合作协议。

【管理服务】

2019 年，学院组织机构进一步健全，“三重一大”、支委会和党政联席会议事规则更加规范，民主集中制贯彻更加充分，纪检工作有效加强，党小组更加规范。学生工作组、团总支、研究生会组建完成并正常开展工作。全年召开党政联席会 12 次，支委会 31 次，制定、修订各类制度 12 项，学院管理制度化、规范化得到加强。

（十五）生命科学与工程学院

【党建工作】

学院现有教工党支部 4 个，学生党支部 5 个，党员 175 人，发展党员 34 人，送培入党积极分子和党员发展对象 227 人。全年共召开党政联席会议 12 次、党委会 13 次、中心组学习 5 次，围绕党的十九大精神，组织开展党支部及教职工各类学习活动近 100 次。高度重视思想政治和意识形态工作，按照“不忘初心、牢记使命”主题教育的要求，建立意识形态工作责任制，保证“三会一课”制度的落实，扎实开展服务型基层党组织建设、党员教育管理和师德师风建设，在推动学院人才培养、教学科研、安全稳定、服务社会等方面发挥积极作用。

【师资队伍】

全院现有在职教职工 103 人，其中专任教师 80 人，教授 16 人，副教授 36 人（含副研究员等），博导 17 人（含兼职），硕导 96 人（含兼职），60%以上的教师具有博士学位，50%以上的教师具有国外学习或工作的经历。专任教师中有双聘院士、长江学者、国家杰出青年基金获得者、以及教育部新世纪人才、四川省学术学科带头人及后备人选等优秀人才。

【学科建设】

学院现有生物工程和制药工程两个本科专业，其中生物工程为四川省一流专业。学院与美国佐治亚州立大学设立（3+1）生物工程本科中外合作办学项目和（1+2）研究生联合培养项目。

学院现有药学、生物学 2 个一级学科硕士学位授予点，生物工程和制药工程两个硕士专业学位授予点，依托材料科学与工程博士点（药物及载体材料方向）招收博士生。

学院牵头，联合机械学院崔树勋教授团队，申报的化学一级学科硕士点通过了学校和四川省的评审，已经上报国务院学位办公室。

本年度引进副教授 1 人，助理研究员 1 人。彭羽教授、刘祥伟副教授入选四川省人才计划，为学院的学科建设与后续高水平发展注入了新的动力与活力。

【人才培养】

1. 本科教学工作

生物工程专业获批 2019 年度四川省一流本科专业，首次开设生物科学拔尖班并选拔 20 名学生，生物工程类（中外合作办学项目）通过教育部合格评估。完成 2019 年本科人才培养方案全面修订工作。本科教学共计 210 门课程，其中 13 门双语课程和 4 门全英文课程，任课教师 84 人，其中 12 位教授为本科生上课。学院领导听课 19 人次，同行专家督导听课 16 人次，学生座谈 3 次，重点抽查本科毕业设计（论文）62 份。正式出版教材 1 本，发表教改论文 6 篇，26 人次参加教学能力提升培训，组织教研活动38次。本科生参加教师科研项目86项，发表论文7篇，科创活动获奖124人次，毕业生深造95人。

2. 研究生教学工作

2019年共招收博士研究生7人，全日制硕士研究生94人。授位硕士研究生56人，其中学术型硕士研究生的论文均上传教育部送审平台进行盲审；发表文章66篇（SCI 24篇、EI 2篇、核心32篇）；推荐校优秀硕士论文4篇；新增硕士生导师12人。

对药学、生物学及生物与医药（生物工程和制药工程）专业的培养方案进行了修订。

成功举办2019年优秀大学生暑期学术夏令营、首届“生命之星”研究生科技竞赛（校级）、创源大讲堂（13场）、博士论坛、实验室安全专题讲座、海外院长见面会、研究生学术报告会等系列交流活动。

【科学研究】

学院获批国家自然基金6项，其中青年基金5项，面上项目1项，较去年增长2项。年度纵向经费613万元，横向经费111万元，纵向经费较去年有较大幅度增长。发表SCI论文72篇。

【合作交流】

本科生出国（境）交流51人次，16位GSU学生来校游学，12位GSU教师来校授课。推进了生物工程专业本科中外合作办学“3+1”项目（本年度完成教育部合格评估）及硕士中外联合培养“1+2”项目（本年度实现了生物及化学两个专业的联合培养）。学院学生与美国佐治亚州立大学（GSU）首次联合组队参加国际遗传工程机器大赛（iGEM）荣获铜奖。

【管理服务】

1. 学生工作

开展党支部主题教育特色活动70余次，学生班、团支部活动280余次，获校级示范党支部特色活动4项。召开学工例会16次，建立重点学生档案52人次，谈心谈话记录387人次，宿舍安全巡查53次，深入支部、班、团支部及学生组织102次，全年无学生安全事故。

中美班学生与美国佐治亚州立大学（GSU）首次联合组队参加国际遗传工程机器大赛（iGEM）荣获铜奖，学院学生获全国大学生生命科学竞赛二等奖2项，省大学生“生命之星”一等奖3项，第五届四川省“互联网+”比赛荣获金奖；学生申报SRTP立项48项、结题45项；开设创新讲座18场；获“竢实扬华”奖章1人、“忠忱班集体”1个、先进班集体4个、特色班集体1个、国家奖学金15人、国家励志奖学金28人、明诚奖80人、专项奖助学金共9人、综合奖学金139人、省级优秀毕业生3人、校级优秀毕业生23人、三好学生标兵7人、三好学生56人、优秀学生干部56人。2019年学院本科生共有88人录取为国内研究生，占比44.44%，8人赴国外高校深造，占比4.04%，位居学校前列。学院举行首届生命专场招聘会。学院实现学生在顶级国际、全国、省内生命学科竞赛中获奖，并获学校班级及个人最高荣誉奖。

2. 工会工作

申报“职工之家”获校工会立项；加强工会自身建设，推进和完善学院二级教代会和网络平台建设；组织教职工参加学校各项活动，荣获师生运动会教职工乙组第7名、最佳组织奖、体育道德风尚奖、入场式最具创意奖、大合唱优胜奖；组织青年教师参加讲课比赛，2位获二等奖，2位获三等奖；组织“三八妇女节”，关注女教职工、青年教职工的工作和生活，按时完成困难职工困难补助申报。积极响应国家精准扶贫，组织工会会员申购扶贫农产品。

3. 实验室工作

完成本科实验教学课程68门，约5000名学生、400个实验班的实验教学工作，完成个性化实验44项，毕业论文200余人，5项虚拟仿真实验教学项目学校立项。

完成本科实验室门禁、监控系统全覆盖及化学品库房规范化改造。正在进行C座科研实验室的基础修缮和实验台柜、通风设施的安装。完成九里科研实验室43台空调的安装，及大部分水、电等基础条件修缮。完成生物信息平台服务器（10.83万元）的安装。推进学院设备共享平台及学校动物房的建设工作。

完成2018年教育部国拨设备购置计划（31.29万元）的验收，成功获批2019年（99.14万元）和2020年（200万元）购置计划。完成

"双一流"建设 277.65 万元设备的购置。完成 950.97 万元的 600M 和 400M 核磁、质谱仪等购置工作。

完善和制定实验室的安全规章制度并装订成册，本科和科研实验室每周安全巡查。组织了 101 名研究生和 245 名本科生新生安全培训，及 6 个学院 2207 名新生的实验室安全考试。中心老师参加政府组织安全培训 8 人次，承办学校实验室安全知识竞赛 1 次，参与学校联合安全演练 2 次。完成了九里、犀浦、峨眉 3 校区 4 批次共计 25.15 吨废液的处理工作。

实验中心被学校评为 2019 年度实验室安全管理工作先进单位。

（十六）力学与工程学院

【党建工作】

强基层，抓思想。教工支部书记选优配强，"双带头人"全覆盖。积极构建学院大思政格局，统筹推进三全育人，学院获批 4 项校级大思政项目。开展宣传和传承学院"双严"传统等主题活动，以党建促进师德师风和教风学风建设。实施学生党建"先锋力行动"，初步构建"教育—培养—保障——监督—评议"学生党建长效机制。学院获批建设校级党员先锋驿站，获校十佳主题党日活动等荣誉。关怀离退休教师，多次慰问困难和生病的退休教师，组织退休党员积极参加主题党日活动。扎实开展"不忘初心、牢记使命"主题教育，以问题整改促发展。获批校级示范性党支部活动一项。党建引领作用发挥明显，多名教师获省部级奖项，示范中心党支部获学校 2019 年"十佳优秀党支部"。

【师资队伍】

1 名教师获教育部"全国优秀教育工作者"称号，3 名教师获"四川省教书育人名师"称号，1 名教师入选四川省人才计划，1 名教师获"詹天佑铁道科学技术奖"，1 名教师获全国徐之徐芝纶优秀教师奖；1 名教师入选西南交通大学"扬华计划 A 类"，1 名教师入选"扬华计划 B 类"，2 名教师入选"雏鹰计划 A 类"，1 名教师入选"雏鹰计划 B 类"，3 名教师入选"青苗计划"。引进 985 高校毕业生 2 名，另外 1 名天津大学博士毕业生已通过学校审核即将报到。2 名分别前往我国香港、芬兰进行为期 6 个月至 1 年的访问学习。出站博士后 1 人，进站博士后 6 人。

【学科建设】

积极参与学校"双一流"建设项目，承担"创一流"项目经费 400 万元，承担"建一流"项目 120 万，建设力学学科平台。做好准备工作，迎接省科技厅对应用力学与结构安全省重点实验室的评估。

【人才培养】

圆满完成招生任务，博士生优质生源率 85%；硕士生优质生源率为 44%，本科生调剂率下降为 6.5%；博士生本年度发表高水平 SCI 论文 64 篇，人均发表 4.27 篇，位居全校第一。研究生获多项奖励，1 名博士生获校级最高荣誉"竢实扬华"奖章；1 名博士获得南方计算力学优秀论文奖，2 名博士获全国力学博士生论坛优秀论文奖；新增 6 名博士生获得国家留学基金委的资助。全面修订了工程力学、飞行器设计与工程的本科生培养方案和研究生培养方案；开设力学拔尖班，制订拔尖班人才培养方案和实施方案，首届选拔 20 名学生，践行本、硕、博贯通培养的拔尖人才培养模式。获批工程力学国家级一流专业，申报国家级理科拔尖学生培养基地和四川省拔尖学生培养基地，申报国家级一流课程 3 门。出版国家级规划数字教材和教辅各 1 部，出版创新创业教材 1 部，更新国家级规划教材 2 部，出版专著 1 部。获批本科数字化教材建设项目 4 项，教育教学改革项目 13 项，四川省教改重点项目 2 项，一般项目 3 项，在研校级重大教改项目 1 项，重点教改项目 2 项。承办第 7 届青年教师讲课比赛和 2019 年高等学校基础力学课程骨干教师高级研修班，参加第六届东北华东西南西北四地区力学教学暨学术交流会等各类培训 99 人次。学科竞赛成果显著，承办和参加了第十二届全国周培源力学竞赛等赛事 3 项，获全国一等奖 1 项；参加第一届国际大学生工程力学竞赛，获个人赛特等奖 2 项、一等奖 3 项、二等奖 4 项、团队赛获二等奖 3 队，13 名教师获竞赛优秀指导教师奖。圆满完成各类实验教学、开放性实验及教研活动：本科生教授授课率 100%；完成全校 25 个专业、24 门课程、5000 余名学生、70 000 余人时的课内实验教学任务，完成 1000 余学生参与、40 000 余人时的课外实验教学和科技活动服务；完成个性化实验教学项目 6 项；完成重点实验室向本科生工程实践开放性实验教学项目 9 项；获批校级教改项目 2 项（重点项目 1 项、一般项目 1 项），获虚拟仿真实验项目校级立项 3 项、经费 36 万元。

【科学研究】

加强高层次平台、项目、成果的组织策划和过程管理，2019 年没有经费外流，经费使用规范。师生发表高水平论文 84 篇，其中 SCI 论文 73 篇，ESI 高被引论文 2 篇；申请专利 10 项，授权软件著作权 1 项、发明专利 11 项、实用新型专利 1 项；出版中英文专著各 1 部；发布国家标准 1 项。新增科研项目 39 项，其中国家级 4 项，省部级 2 项，横向 33 项；到账经费 1551 万元，其中纵向经费 525 万元，横向 1026 万元。获得省部级科技奖励二等奖 2 项。

【对外合作】

师生积极参加国内外学术交流，参加学术会议 220 余人次；24 人次出国参加学术会议；积极承办“五校青年教师学术论坛”和全国“损伤与断裂力学及其工程应用研讨会”；组织“创源大讲坛”43 次。

【学生工作】

构建大学生日常思政“三全育人”体系。创建深入学生联系学生“三因工作法”，带领学生拜访沈志云院士、龙驭球院士、黄克智院士等；2019 届毕业生深造率 46.2%，其中 80%留在本校深造。加强班风学风建设。试行新生班导生制度，重点建设学生骨干“训方班”，开设后进帮扶“努力班”，开展“砥力”科创营、本研交流会、十佳班长分享会、国际化虚拟班等活动。1 个班级获评“忠忱班集体”，2 名学生获评“竢实扬华”奖章；1 篇论文获西部“双一流”高校学生工作优秀论文一等奖。

（十七）数学学院

【党建工作】

2019 年学院党委切实履行主体责任，认真开展“不忘初心、牢记使命”主题教育，围绕立德树人根本任务，聚焦“双一流”建设，统筹推进各项工作。抓好党委中心组、党支部和教职工的政治理论学习，严格落实意识形态工作责任制，坚持正确政治方向。加强工会教代会工作领导，定期召开二级教代会，审议通过新的《数学学院岗位绩效考核与分配办法》。以党建带群团组织建设，加强共青团和学生社团的管理与引导。做好统战工作，加强对党外人士的思想引领和推荐。重点推进大思政协同育人体系建设和数学文化建设，获批主持校级新时代“大思政”育人工作项目 4 项，校级“思政工作和师德师风建设专项研究基金项目”1 项。

【师资队伍】

学院现有教职工 136 名（新进师资 2 名，峨眉 17 名），其中专任教师 122 名，教授和副教授 55 名；中科院双聘院士 1 名，国家人才计划入选者 3 人，四川省人才计划入选者 10 人。四川省学术和技术带头人后备人选 11 名；天府科技菁英人才 1 名。获国家“庆祝中华人民共和国成立 70 周年”纪念章 1 人。

【学科建设】

学院围绕“双一流”建设，继续推进基础数学建设，着重培养和发展应用、计算和数据科学，以学科（博士点）建设为核心，加强基础，结合应用，突出特色。加强导师队伍建设，现有博导 17 人（新增 6 人，含兼职 2 人），硕导 65 人（新增 11 人）。

不断凝练学科方向，建立科研团队。依托数学中心开展基础数学学科的研究与交流，培养学院优秀教师，引进高层次人才，力争在基础数学学科的建设中取得更大的突破。发挥系统可信性自动验证国家地方联合工程实验室、四川省现场统计学会和金融大数据研究院的作用，开展与应用、计算和数据科学学科合作项目，大力推动应用、工业、企业统计的科学研究。

【人才培养】

学院深入推进教育教学改革，全面提升课程教学质量，成效明显。全国大学生数学建模大赛再创佳绩，本科生获全国一等奖 4 队，二等奖 13 队，研究生获得全国一等奖 1 队，二等奖 11 队，总成绩位列我校各类学科竞赛之首。全国大学生数学竞赛取得突破，获四川省数学类一等奖 5 项，非数学类 35 项。首次组织全国市场调查与分析大赛，获全国二等奖 3 队，并获优秀组织奖。新增校级教改项目 9 项，四川省教改项目 2 项，课程思政项目 7 项。第九届青年教师讲课竞赛取得优异成绩，7 名老师进入决赛，1 名教师获得一等奖（位列理科组第一名），1 名教师获二等奖，5 名教师获三等奖。学院“数学学习中心”考研专题讲座 16 场，模拟考试 1 场，冲刺串讲及模拟讲评 3 次，服务全校学生 3000 余人次。开设“专家坐诊式”服务，接待考研学生 200 余人次；开设考研答疑 QQ 群，在线答疑超过 300 小时，服务学生 1200 余人，有效提升了我校本科生考研升学率。

学院“数据科学和大数据技术”本科新专业首届学生 30 人，拔尖学生培养计划顺利实施。通过优秀大学生夏令营等宣传活动，2020 年硕士推免生取得突破，接收 20 人，数学一级学科博士点成功录取 11 人（含外国留学生 2 人），研究生生源质量持续提高。

【科学研究】

2019 年获批国家自然科学基金共计 10 项（面上项目 2 项，青年项目 7 项，外国青年项目 1 项），取得了近三年学院最好成绩。全年新增纵向科研项目 23 项，到账经费 300.7 万元，分别比去年新增约 35%和 8%。土木-数学联合科研基地顺利通过中期检查，参与共建综合交通大数据应用技术国家工程实验室获批项目 2 项。

系统可信性自动验证国地实验室徐扬教授团队在人工智能基础应用研究领域相关赛事继续保持国际先进水平，新申报国家计算机软件著作权登记证书 4 项，与院外联合技术中心联合申报项目 6 项，批准 4 项（其中国防科工项目 2 项，面上项目 1 项）。

【交流合作】

学院邀请包括中科院院士等国内外知名学者到学院开展学术交流 20 余次。承办第四届金融预测与数据科学国际会议等各型会议 6 次。

系统可信性自动验证国地实验室先后到中国核动力研究设计院航天一院、九州电器、青岛四方、中国民用航空飞行学院技术学术讲座和技术交流 26 次；邀请科技局等 8 家单位来实验室开展技术交流。新聘 4 位校外专家为我校兼职研究生导师，新达成与政府、企业、科研院所合作协议 4 份，将应用研究推广和拓展到核、航空、行政司法领域。

持续推进全英文课程建设及双语课程管理（利兹学院、地环学院、生命学院、埃塞班等）；来华留学生（研究生）及“双一流”出国（境）交流项目经费资助 5 名研究生完成 3 个月的短期交流学习。

【管理服务】

学院加强机关办公室业务学习，推进办公窗口建设，建立党员服务示范岗，全方位为师生服务。加强资产和实验室安全管理，实现实验室全年零事故运行。启动数学学院新一轮资产与实验室的规划建设工作。加强校外企业联动，建成面向师生的科创工作间。

加强学生管理服务，突出数学特色学风建设，毕业生升学率 48.5%，境外深造率 8.49%。开展品牌活动数学文化节、数学知识竞赛、迎新晚会等；加强社会实践，交通公益立项 5 项，寒假返乡调研 7 项；暑期“三下乡”获得团中央表彰 3 项（1 项全国铜奖，2 项优秀团队）。重视文化育人和能力培养，本科生科创获奖 335 人次（国家国际级 18 人次），学生发表学术论文 35 篇（SCI 英文 6 篇，EI 英文 5 篇）。评出荣誉集体 4 个，优秀个人 205 名，校“竢实扬华”奖章获得者 1 人；国奖国励和专项奖 59 名，国助 152 名，综合奖 92 名。

（十八）马克思主义学院

【党建工作】

党委切实推进"不忘初心、牢记使命"主题教育及巡察整改工作，认真开展集体学习、调查研究、问题检视、整改落实，紧抓意识形态领导权问题，扎实开展师德师风建设，取得了显著成效，《光明日报》刊登了林伯海院长的学习成效《在为民解忧中践行初心使命》;《中国教育报》报道了《西南交大增加思政课深度宽度温度——把思政教育做到学生心坎里》。学院党委获学校2017—2019 创先争优表彰"先进基层党组织"称号，博士支部获评教育部"全国党建工作样板支部"。

【师资队伍】

2019 年，新增中宣部"2019 年宣传思想文化青年英才"1 人：杨德霞；教育部全国高校优秀中青年思想政治理论课教师择优资助 1 人：杨德霞；新增博士生导师 5 人：谢瑜、李春梅、王菁、颜军、张雪永；硕士生导师 9 人：王菁、颜军、刘玉标、李茂、彭晓伟、王迎迎、刘晓玲、马先睿、景星维；晋升教授 2 人：王菁、李春梅；副教授 4 人：康厚德、李世敏、杨桓、杨伟宾；新进教职员工 4 人：胡平、袁雨宸、李渊博、杜晓林。

【学科建设】

2019 年组织申报了博士后流动站；开展了学科点自评估工作;举行了第五轮学科评估预申报填报和动员会。

【人才培养】

（一）本科教学

学院围绕教学质量提升，统筹推进课程建设、专业建设、师资建设，取得良好成效。获批教育部思想政治理论课教学方法改革"择优推广计划"项目 1 项，四川省教学改革研究重点项目 2 项、一般项目 1 项；在首届全国思政课教学展示中获得一等奖 1 项、二等奖 1 项；在 2019 年四川省的"精彩一课"讲课比赛中 1 人获一等奖，2 人获二等奖，2 人获三等奖；在学校第 9 届青年教师讲课比赛中获得二等奖 1 人，三等奖 2 人；指导学生获得"我心中的思政课"微电影展示全国一等奖 1 项、四川省一等奖 1 项，指导学生获得全国大学生讲思政课公开课展示全国三等奖 1 项、四川省一等奖 1 项。教学改革创新的做法和经验被中央电视台、《光明日报》《教育报》、"学习强国"等主流平台报道。

教学成果一览表

序号	成果名称	负责人（专业）
1	首批国家一流本科专业	思想政治教育专业
2	四川省高等学校省级思政课示范课程	谢　瑜
3	教育部思想政治理论课教学方法改革"择优推广计划"项目 1 项	刘　锋
4	四川省教学改革研究重点项目 2 项、一般项目 3 项	重点项目：王顺洪、桂富强，一般项目：田永秀
5	首届全国思政课教学展示	一等奖刘锋，二等奖汪澎
6	2019 年四川省"精彩一课"讲课比赛	一等奖杨伟宾，二等奖钟勇华、李世敏，三等奖刘玉标、章娟
7	学校第九届青年教师讲课比赛	二等奖李茂，三等奖杨德霞、景星维
8	指导学生获"我心中的思政课"微电影展示全国一等奖、省一等奖	李学勇、林伯海、熊钰、景星维、赵晨
9	指导学生获全国大学生讲思政课公开课展示全国三等奖、省一等奖	林伯海、李学勇、章娟、景星维、李春梅

（二）研究生培养

2019 年度硕博士答辩、预答辩、中期和开题工作如期举行；举办了 2019 年优秀本科生夏令营；完成了 2019 年度新增硕导、博导遴选和在职硕导、博导遴选工作；举办了中铁隆大讲堂 5 次，创源大讲堂 10 次，周末思政专项课程学习 27 次；开展了 2020 年研究生培养方案修订工作；修订了提升研究生管理质量文件；举行了确保硕士论文选题的学科属性的研讨和适应学科建设的博士毕业标准的研讨；开展了硕士生导师"立德树人"专项工作；制定了研究生班导师团制度并试行。

【科学研究】

本年度获国家社科基金项目 5 项、教育部人文社科项目 5 项、四川省社科规划项目 2 项、成都市社科规划项目 4 项。在科研经费方面，完成进校经费 335 万元，其中纵向项目经费 276.9 万元，横向经费 58.1 万元。在科研成果方面，出版高水平学术专著 6 部；截至 2019 年 12 月 11 日，发表学术论文 88 篇，其中 CSSCI 期刊和核心期刊 58 篇；获得四川省哲学社会科学成果奖二等奖 2 项、三等奖 3 项。

科学研究代表性项目及成果

序号	项目及成果	负责人
1	国家社科基金项目	李学勇、田永秀、何洪涛、胡子祥（2 项）
2	教育部人文社科项目	张学龙、刘玉标、李茂、刘锋、杨德霞
3	四川省社科规划项目	刁成林、王迎迎
4	成都市哲学社会科学规划项目	马先睿、杨子均、刘莹、饶世权
5	四川省哲学社会科学成果奖	二等奖：田雪梅、杨德霞，三等奖：苏志宏、胡子祥、冉绵惠

【对外合作】

2019 年度，我院胡晓副教授受国家汉办委派，在法国担任孔子学院教师；刘莹、于北溟两位老师分别在澳大利亚和挪威进行访学。海外院长刘国力教授按照协议规定到学校工作；邀请到美国佐治亚西南州立大学 Dr.D.Jason Berggren 来校进行讲学。

【管理服务】

2019 年，学院致力于制度管理、科学管理，科学谋划顶层设计，出台系列管理制度。有《西南交通大学马克思主义学院科研管理办法》《西南交通大学马克思主义学院学术著作出版资助办法（试行）》《马克思主义学院高水平科研项目、成果与平台奖励办法（2019—2021 版）》《马克思主义学院教师教学工作量计算实施细则》《马克思主义学院教学质量提升支持计划（试行）》等文件。

学院学生管理工作致力培养新时代坚定的青年马克思主义者，持续推进博士宣讲上台阶，持续完善点线面价值塑造模式；更加强化规范手段，持续打造四维度行为引领机制；持续推进全方位能力提升计划，三大能力建设取得实效。博士宣讲团共进行理论宣讲 138 场，尤其在中国青年政治学院介绍宣讲经验，获得团中央领导和与会人员的高度肯定。博士党支部获评全国高校首批"百个研究生样板党支部"；2018 级硕士班荣获学校"忠忱班集体"；入选团中央青年讲师团 1 人：石立春，数十人次获得省级及以上表彰，104 人次获得学校荣誉称号。研究生在《思想理论教育导刊》《中国社会科学报》等刊物上共发表论文 59 篇。

学生省部级以上奖项代表

序号	奖　项	名　单
1	国家奖学金	邱铁鑫、曲成举、马雪坤、刘华、徐硕、刘爽
2	国家励志奖学金	肖婕、周水斌、任秋艳、陈茜、张佳旺、田瑞、许珂馨
3	“我心中的思政课”全国大学生微电影展示全国一等奖	程欣月、褚奕雄、陈晨、罗均文、张佳旺、陈琳霞、罗田、周旋、贾姣妹
4	第三届全国高校大学生讲思政课公开课展示全国三等奖、四川省一等奖	贾姣妹、周旋、张佳旺

（十九）心理研究与咨询中心

【党建工作】

心理研究与咨询中心直属党支部成立于2016年4月，现有党员52人，其中教师党员24人，学生党员28人（其中预备党员12人）。通过不断吸收优秀教师加入党组织，中心直属党支部党员队伍得到了不断充实，2019年新增教职工入党积极分子4人，其中青年教职工3人。

1. 抓责任落实，建立党建工作联动机制

充分发挥班子整体功能，细化职责，明确分工，完善直属党支部党建工作机制，出台《心理中心教师思想政治和师德师风建设实施方案》《心理中心落实和加强意识形态工作责任制的实施意见》等，制定学习规划、明确年度任务、严格党员考核，实现党建工作规范化、制度化。

2. 抓主题教育，营造树党风扬正气的氛围

扎实开展主题教育。参加集中辅导报告5次、班子集中学习5次、书记讲党课1次、班子成员讲党课8次、参加校领导讲党课2次、组织党员开展红色教育实践活动2次，班子成员间谈心谈话10人次，撰写调研报告5份，设立覆盖三校区的党员责任区6个，党员先锋岗9个。

“青年大学习”参学比多期排名学校第一，开办三期院系“青马工程”。荣获“四川省三八红旗集体”称号、1人获“十佳优秀共产党员”称号，2人递交入党申请书。

3. 抓巡察整改，落实全面从严治党主体责任

针对党委巡察反馈的5个方面14个问题28个具体表现，列出清单，建立问题台账，不折不扣抓整改落实，其中22项完成销号，6项整改中的问题也明确了完成时限。

4. 发挥“心理育人”功能，提升思政实效

“当代青年心理学（系列）”慕课被收入“学习强国”学习平台，供全国9000多万党员和广大社会群众学习；获学校“大思政”育人工作质量提升项目2项，优化改革项目1项。

【师资队伍】

中心现有教职工40名（含峨眉校区3名）。其中专任教师32名，博士12名（含3名海归），教授3名、副教授12名。

中心坚持人才引育并重，队伍建设进一步优化。成立人才工作领导小组，加强教师职称职业发展规划指导，2019年在心理健康教育、实验实训、社会服务等方面涌现出一批优秀人才：入选教育部全国高等学校心理健康教育专家委员会委员1名（副秘书长）、教育部心理学科类高校教学指导委员会委员1名、四川省教学名师1名、四川省高校心理健康教育专家组成员2名、四川省专家服务团专家1名。获国家留学基金委选派赴美国访学1名，获2019年“教书育人”新秀奖1人，获立德树人实践育人先进个人1人。获四川省心理学会杰出贡献奖1人。获2019年度成都市科普工作“先进集体”称号。获第九届青年教师教学竞赛二、三等奖2名。3名教师晋升为副教授，3名教师增列为硕士生导师。

【专业与学科建设】

强化心理健康教育特色，积极推进应用心理学微专业建设，10门课程完成拍摄，4门课程在中国大学 MOOC 平台上线开课，分别为“心理健康教育概论”“心理咨询理论和技术”“心理健康传播与普及”“心理健康教育实践（含技术）”；获批四川省2018—2020年高等教育人才培养质量和教学改革项目1项，校级教改重点项目2项，一般项目6项；与交大附中、市第四人民医院、眉山强戒所建立专业实习基地。

加强四川省心理健康教育实验中心建设，虚拟现实心理教学与训练公共服务系统项目获中央高校改善基本办学条件专项资金资助；建设心理健康实验教学慕课“心理健康教育实践技术”，选修人数近2000人；指导个性化实验项目2项，学生 SRTP 项目实验3项。实验竞赛月优秀指导教师2人；获优秀毕业设计指导教师和 SRTP 优秀指导教师各1人；优秀实习指导老师3人。

【人才培养】

中心围绕立德树人，坚持育心育德育人相结合，全力推进人才培养工作。

1. 围绕育心育德育人，注重发挥课堂教学在心理育人主渠道作用

“探索心理学”“走进心理学”两门课程获评2019年省级精品在线开放课程；“探索心理学”获2019年国家精品在线开放课程（金课）称号。建设心理健康通识系列慕课，4门校级在线开放课程在中国大学 MOOC 平台上线，分别为“生涯发展与职业心理素质提升训练”“幸福心理学”“设计心理学：体验与创意”“实验心理学：学会研究身边的现象”。全年开设心理健康通识课程通识类课程17门84个教学班。

2. 加强学生思想政治引领，落实立德树人根本任务

以纪念新中国成立70周年为契机，组织学生观看《建国大业》主题爱国教育电影，到建川博物馆和邛崃红军长征纪念馆开展红色教育和党性锻炼。开展“我与国旗合个影”，组织学生参加“五四红歌会”“青春告白祖国”网络视频拉歌，以及“壮丽七十年，奋斗新时代”师生合唱比赛等，通过多种教育形式激发学生的爱国热情。组织参观校史馆和风工程重点实验室，开展“复兴交大，我的责任”主题活动之观看《中国高铁》纪录片，“复兴交大、祝福母校”为母校献祝福卡片主题团日活动，培育青年学生爱校情怀。

3. 强化人文关怀，围绕关照和服务学生成长成材

在“入学季”，为2019级新生赠送毕业学长32封信，与48名新生一起描绘“大学成长树”，开展“新起点、心征程，我对祖国送祝福”主题合影。在“毕业季”，组织年轻博士成立考研答疑小组助力学生考研；举办授位仪式暨毕业联欢会，拍摄制作2019届毕业生新生寄语视频，优秀毕业生先进事迹交流会，最后一次党课和最后一次班会，引导毕业生感恩祖国、感恩母校。在“考试季”，开展四、六级及期末考试诚信教育，以主题班会形式学习考试管理制度和违纪警示案例，签订诚信考试承诺书，对考研学生开展“冲刺鼓励关怀行动”。本年度，辅导员谈心谈话158人次，重点支持学生谈话76人次，深入课堂12次，每月深入学生宿舍，定期关注学生饮食作息健康，每天关注学生社交网络账号及信息动态，把工作做到细微处。

4. 加强学生能力培养，提升综合竞争力

在学习能力培养方面，推进新生学习习惯养成计划，每日集体晨读和晚自习，出勤率95%以上；在专业教师带领下组建科研学习小组、读书小组，共开展读书交流活动60余次；组织开展优秀大学生暑期夏令营活动、香港中文大学学生来校交流活动等，促进学术交流与学习能力提升。在科创能力培养方面，制定《心理中心关于提升科创、加强社会实践实施办法》《心理中心科创指南》，鼓励支持学生参加科创活动。获批校级 SITP 项目4项；1支学生队伍获得“中美青年创客大赛成都分赛区最佳创意奖”；2名同学入选“菁蓉班”并成功立项；1名学生作品获交大国际创新创业学院优秀创业项目奖并得到资金支持。在专业能力培养方面，通过举办朋辈心理辅导技能大赛、大学生模拟心理咨询大赛、“寻找超能者”心理技能大赛等，引导学生学以致用、学用结合。

组织 20 余名学生到四川省和光临床心理研究院开展专业学习观摩，提升心理咨询专业能力；8 名学生参加第四人民医院专业实习，手写病例 169 份，咨询案例 5 人，共计时长 24 小时。获得四川省模拟心理咨询一等奖 1 项，心理健康手绘大赛创意奖若干项。

5."善爱我"心理文化深入人心，滋养学生心灵

"2019 年 3·25（善爱我）大学生校园心理文化节"成功举办，全校 20 个学院参加，3000 余名学生直接受益;举办全省朋辈心理辅导大赛、心理咨询模拟大赛，心理健康微视频大赛，20 多所省内高校积极参与，取得良好的社会效应；组织全校创新讲座 76 场，受益学生 2000 人次；组织团体心理辅导 45 场次，受益学生 600 人次。另外，日常开放个性化测评、心理压力调试、沙盘辅导、虚拟现实、生物反馈训练等受益 1000 人次。"交大心理"微信公众号推送的抑郁症专题科普知识文章被《中国研究生》全文转载。

6. 应用心理学专业人才培养效果凸显

以"激发心智，健全人格，感恩奉献，创新发展"为理念，先后指导学生获第三届四川省大学生模拟心理咨询大赛一等奖、五一数学建模竞赛二等奖、中国电机工程学会杯三等奖、第三届大学生预防艾滋病知识竞赛二等奖、中美青年创客大赛成都分赛区最佳创意奖、"西部'双一流'高校'我和祖国共成长'摄影、视频征集大赛"特等奖 1 项，三等奖 1 项等。本年度，共组织 4 场优秀毕业生采访交流，推荐 2 名优秀青年宣讲，3 人获得"四川省综合素质 A 级证书"，优秀学生比例达到 33.5%，各级各类奖助学金比率达到 52.9%。

【科学研究】

中心获省部级立项 1 项，横向课题 1 项，四川省重点研究基地立项 8 项，中心师生以第一作者或通讯作者身份出版专著 1 部，公开发表论文 12 篇，其中外文期刊论文 3 篇。

心理健康教育研究中心获评四川省优秀重点研究基地。主办 2019 年四川省大学生心理健康教育与咨询规范化建设学术研讨会、承办"2019 年全国高校心理健康教育工作专题培训班"。

【对外合作】

与成都市第四人民医院共建"心理健康绿色通道"，与四川西南司法鉴定中心合作搭建心理健康与司法服务平台。长期与四川省监狱系统、戒毒所等建立合作关系，提供专业支持。接待教育部处长班、教育部心理中心主任班、中山大学等近 400 人次的参观访学。

在马尔康扶贫攻坚工作中积极提供专业支持，与自贡市大安区教育和体育局签订了对口帮扶协议，帮扶心理健康教育。

获四川省教科文卫工会授牌"心灵驿站"，并在 2019 年四所交通大学工会工作研讨会上作典型经验交流发言，心理咨询服务借助"心灵驿站"进一步辐射校内教职工及社会群体。

【管理服务】

我校已成为全国高校心理健康教育与咨询工作的一面旗帜和"排头兵"。

1. 服务全校师生心理健康

中心作为心理健康教育公共服务平台，2019 年三校区学生咨询总数为 2372 人次，处理危机干预 55 人。中心积极开展心理健康教育活动，共举办 278 场（其中峨眉举办 21 场），为 2019 级新生开设心理健康讲座 33 场，总受益人数达 10 000 余人。全年为教职工心理健康提供服务，开展专题讲座 3 场，沙盘等团体活动 6 场，辅导员心理素质提升训练培训 7 场次。在第十四届全国高校心理委员会工作研讨会暨朋辈心理辅导论坛上，就西南交通大学朋辈心理辅导工作进行交流发言。中心申报建设的"心之轩"心理健康辅导员工作室获批"西南交通大学辅导员名师工作室"。

2. 依托哲学社会科学科普基地开展社会志愿服务

2019 年中心积极开展社会心理服务工作，为成都大学附中、西南交大附中学生开展心理健康教育活动。组织学生赴安靖学校、金苹果锦城第一中学、邛崃市道佐乡中心小学开展心理辅导活动。为成都某部队官兵进行心理健康教育指导和开展心理素质提升团辅活动。峨眉心理咨询部为峨眉山法院、峨眉山景区公安分局等单位进行主题心理辅导服务，为乐山陆军预备役步兵旅开展心理讲座，对峨眉山市红华苑社区开展关爱老人心理讲座和辅导服务工作，均取得良好的社会效果。获“2019 年度成都市科普工作‘先进集体’称号”，成都市科普基地复核通过并取得新的挂牌。

3. 主动对接国家战略，打造社会服务精品

受邀到贵州从江县开展干部心理教育和咨询服务，作为四川省专家服务团成员到自贡市大安区中小学对口帮扶基层教育，并在首届四川省专家智力服务基层论坛上做典型发言。

（二十）牵引动力国家重点实验室

【党建工作】

2019 年，实验室党委坚持“四个意识”导航、“四个自信”强基、“两个维护”铸魂，深入开展“不忘初心、牢记使命”主题教育，以党建引领发展，助力“双一流”建设。实验室党委进一步梳理党委会和党政联席会议事规则，构建党政协同的运行机制；严把意识形态关，加强对学术组织的正确引导，注重对青年人才的思想政治引领；将党委“大党课”与支部“小党课”结合，提高理论学习质量；着力推进党支部标准化、规范化建设，提升支部工作水平；以一流的党建推动科研、管理等制度改革，强基础促能力、抓重点促成效。积极探索并逐步形成基层党建“动车模式”，正式入围“第二批全国党建工作标杆院系”名单（全国 100 个）。

【师资队伍】

实验室现有教职员工 92 名，其中专任教师 72 名，正高职 32 名、副高职 30 名、博士生导师 26 名、硕士生导师 69 名，教师中博士学位比例达到 92%。2019 年，实验室教学研究队伍拥有院士 1 名、国家人才计划入选者 8 人。中国科协青年托举人才 1 名、腾讯科学探索奖获得者 1 名、四川省天府杰出科学家 1 名、天府创新领军人才 1 名、天府科技菁英 2 名、校扬华学者 1 名和雏鹰学者 5 名。

【学科建设】

实验室始终高度重视“双一流”建设，尤其是与实验室直接相关的交通运输工程一级学科和机械工程一级学科建设，严格按照学校部署积极主动开展相关工作，以学科建设为牵总，承担西南交通大学“建一流”学科项目（A 类）4 项，年度经费 1650 万元。实验室以此为抓手，加强管理、营造氛围、形成合力、突显成效。2019 年，执行学科平台专项建设经费 900 余万元，形成了包括国家科技进步奖在内的一批有显示度的学科建设成果。实验室 2 个“建一流”项目在学校阶段性评估中获评“优秀”。作为校庆 123 周年和机械学科创建 100 周年的学术贺礼，实验室于 2019 年 5 月成功举办“未来轨道交通”学术论坛，邀请翟婉明、丁叁叁等 6 位知名专家学者围绕空铁、高铁、磁浮、城轨、牵引供电等研究领域，介绍我国轨道交通建设最新成果与面临的机遇和挑战，探讨交通运输学科、机械工程学科及相关行业的未来发展方向。

【人才培养】

2019 年，实验室继续加大青年人才培养力度。多名青年教师主持或作为主要完成人获得了省部级及以上的科技奖励；邓自刚荣获首届腾讯“科学探索奖”（全国 50 名），马光同入选四川省“天府科技菁英”。在研究生培养方面，实验室本年度招收博士研究生 41 名（含工程博士 5 名），毕业 20 名；招收硕士研究生 176 名，毕业 119 名；硕士生姜世霖、张敏获省级优秀毕业生荣誉称号；实验室研究生在第二届中青杯全国大学生数学建模竞赛等国家级竞赛中斩获一等奖、三等奖、优秀奖各 3 项；博士生王志伟获西南交通大学学生个人最高荣誉——“竢实扬华”奖章；博士生朱少成获 2019 年度 Emerald 最佳论文 Highly Commended Paper 奖。

【科学研究】

实验室 2019 年度科研体量稳步提升，高水平研究成绩喜人，科技奖励和科研经费再上新台阶。主持国家级在研项目 70 余项，包括国家自然科学基金重大项目 1 项、重点项目 1 项、国家杰出青年科学基金 1 项、优秀青年科学基金 1 项、国际科技合作专项 3 项、国家重点研发计划

33项、国家自然科学基金面上项目17项、青年基金8项，新增国家自然科学基金10项（其中，3项为四川省区域创新发展联合基金重点项目、2项高铁联合基金）。主持横向项目170余项，其中100万元以上项目54项。本年度总计到账经费1.7473亿元。发表SCI论文191篇，入选ESI论文11篇，授权发明专利27项。王开云主持完成的成果“重载列车与轨道相互作用安全保障关键技术及工程应用”获2019年度国家科技进步二等奖，张卫华主持完成的成果“高速列车结构安全服役试验评价技术及应用”获2019年度四川省科技进步一等奖、成果“高速列车服役综合安全监测与评估技术及应用”获2019年度中国铁道学会科学技术奖一等奖，吴圣川主持完成的成果“高速铁路关键部件伤损机理及服役行为评估技术”获2019年度四川省科技进步二等奖，金学松等人参与完成的成果“高速铁路轮轨滚振动耦合作用机理与接触行为调控”获2019年度四川省科技进步一等奖（自然科学类）。

【对外合作】

本年度，实验室共主办/承办国际学术会议2次、国内学术会议2次；参加国际学术会议并作口头报告26人次，其中特邀报告3人次；参加国内学术会议并作口头报告20人次，其中特邀报告15人次。本年度共设立开放课题12项（其中国外专家学者主持的3项），资助经费合计135万元；在开放课题资助下发表论文20余篇，其中SCI收录13篇，吸引国际同领域专家到实验室做短期访问交流2人次。此外，实验室积极开展公众开放活动，共组织参观、夏令营、科普讲座、学生实践等多种形式的活动近200场次，约8000人次，开放对象包括海内外专家代表团、企业代表、大中小学生和社会其他人员等。

【管理服务】

2019年，实验室完善了《绩效工资实施方案》《“三重一大”集体决策制度实施办法》。恢复设立实体内设机构“装备运行与保障办公室”以提高实验室试验服务能力和装备保障水平。积极探索建立“以横向养纵向”机制，以提升实验室高水平基础研究能力和加强青年教师队伍培养。此外，实验室是中国合格评定国家认可委员会（CNAS）认可单位，拥有成都、常州2个检测场所，覆盖检测对象13类，并向社会提供服务，2019年共审查签发报告109项。

（二十一）利兹学院

【党建工作与内部建设】

第一，党支部建设。本年度，利兹学院直属党支部以习近平新时代中国特色社会主义思想为指导，按照新时代党的建设总要求，以党建为统领，确保学院保持高位发展。认真开展主题教育，筑信仰之基，补精神之钙。坚持“四个服务”，确保中外合作办学社会主义办学方向。以立德树人为根本，深入开展“三全育人”。凝心聚力，为推进学院中心工作提供坚强的政治保证和组织保障。

组织发展情况。2019年，支部共培养入党积极分子48人，发展党员14名。截至目前，支部共有党员42名。10月24日学院正式成立学生党小组，加强基层党组织建设。

主要成绩。一是组织“我和我的祖国”快闪视频拍摄主题党日活动，并参加全国非独立法人中外合作办学机构网络拉歌接力赛，获全国第四名；组建合唱团并在学校庆祝中华人民共和国成立70周年师生合唱比赛中荣获全校二等奖。二是申报立项“青春有红色，书籍伴我行”读书分享会校级示范性学生党支部特色活动。三是发起并主办西南地区中外合作办学项目和机构首届就业与深造研讨会，云贵川渝地区近20家相关单位参与交流。四是在中外合作办学领域论坛发声：支部书记江久文受邀在第二届中外合作办学校长论坛上做大会发言，分享利兹中外合作办学经验，主持第十届中外合作办学年会并做利兹学院“三全育人”经验分享；副书记赵舵在2019学生工作研讨会等全国会议上分享学院人才培养经验；2名学生党员在2019年中英合作办学学生领袖论坛做大会发言。五是《中外合作办学“大思政”的利兹实践》《关于中外合作办学若干问题的思考》等论文分别在会议论文集登载、《神州学人》期刊发表。

第二，制度建设。建立健全学院管理制度。修订《西南交通大学-利兹学院学籍管理规定》《西南交通大学-利兹学院教师管理办法（草案）》《西南交通大学-利兹学院课堂管理办法》，明确西南交通大学学籍学生培养模式及培养方案；修订《西南交通大学-利兹学院综合奖学金评定细则》《西南交通大学-利兹学院文明宿舍评选办法》《西南交通大学-利兹学院学生出勤考核制度》；探索、制定海外学生党员联络和定期汇报制度；出台《西南交通大学-利兹学院关于对外信息发布的意见（试行）》。

第三，队伍建设。加强班子队伍建设，新增两名班子成员。截至目前，学院有中方管理人员18名，全部具有研究生学历，教授以上6名，具有十年以上管理工作经验人员9名。英方管理人员12名，其中常驻副院长1名。2019年，利兹大学共计116人次来访参与教学与管理。

第四，文化建设。2019年，学院分团委开展“复兴交大，我的责任；复兴交大，我在行动”主题教育活动19项，“青春心向党·建功新时代”主题团日活动19项，引导广大青年自觉践行社会主义核心价值观。组织126名学生干部参加“青马工程”系列培训班，提升政治素养、理论水平、领导能力和综合能力。主动占领网络媒体的思想政治主阵地：加强“交大栗子”微信公众号为代表的系列新媒体建设，坚持营造风清气正的网络空间，在学院网络、微信、QQ空间等平台发布学生工作新闻200余篇，在哔哩哔哩平台开展利兹学院2019年线上开放日，直播学院迎新晚会、表彰大会等重点活动。

第五，作风建设。作为国内外高校深度了解我国、我校合作办学的一个窗口，利兹学院的工作作风事关工作成效，事关国格荣辱。学院弘扬“勤政、高效、节俭、清廉、负责、求是、奉献、友善”为主要特质的工作文化，在育人中发挥重要作用并得到利兹大学同仁称赞。

【师资队伍】

进一步加强全英文师资队伍建设。一是通过制定利兹学院教师管理制度明确教师培训、师资队伍建设计划制定和保障措施，完善《西南交通大学-利兹学院课程助教管理规定》并组建90名助教团队，参与95门专业课程教学管理。二是继续开展师资培训，全年增派7位教师赴利兹大学接受培训，全院教师赴利兹大学培训总人数达109人次。此外，围绕创新全英文课程教学、提升学生课程学生满意度等开展“全英文教学能力提升研讨会”（Best Practice in E.A.P）、“跨国教育研讨会”（Making Transnational Education work）等一系列教学能力提升培训，利兹大学、电子科技大学及我校相关学院近百余名全英文教师获益。三是学院任课教师积极参与并推动学校本科教学改革：2019年，四个专业任课教师参与国家级及校级课题共计25项；11名任课教师在学校第九届青年教师教学竞赛中取得优异成绩，最终3名获得一等奖，其中4名使用全英文或双语参赛。我院外方副院长Dariusz Wanatowski入选四川省人才计划、我校土木学院客座教授并积极参与学校相关工作，在第三届四川省高校教师思政与教师发展研讨会做大会发言。

【教风学风建设】

全面推进教风学风建设。实施了五项举措，一是建立健全课堂教学管理办法和管理体系。2019—2020第二学期启动了“教风、学风建设月”活动，进一步加强课堂教学管理，树立优良教风、学风。通过强化教师的教学行为规范性，严格执行考勤制度，收集学生对教师的课堂教学反馈，设置对助教的考核机制，取得了较好的成效，教学异常情况减少，2018和2019年级学生到课率均在92%以上；学生主动反馈对专业、教师和教学的改进意见，参与到教学质量提升中。学生工作组加强对未出勤学生谈心谈话力度，点对点帮扶出勤差的学生整改。二是制定《西南交通大学-利兹学院教师思想政治工作与师德师风建设方案》，狠抓课程思政。三是在新生中开展“晨课”和“晚自习”，依托TAFSS（个人导师、辅导员、助教、行政人员、朋辈导生）五位一体学生学业支持体系，院领导、行政人员及辅导员充分利用早晚自习时间深入了解学生动态。四是开展新生参观实验室活动，组织新生参观了NEDL国家工程实验室、磁浮技术与磁浮列车教育部重点实验室、现代交通通信与传感网络国家级国际联合研究中心，增进了学生对专业的了解，开拓了学术视野。五是开展教学实践活动即制作滑翔机，学生以小组的形式完成滑翔机的制作，提高了学生的英语沟通能力，增强了动手能力和团队协作能力。

【就业指导】

打造留学深造服务平台，提升学生深造率。一是依托“启明星”校级辅导员名师工作室，提升辅导员留学指导、咨询工作的能力和自身英语水平。二是开展雅思托福模考、留学教育展、文书指导以及学生“一对一”咨询，帮助学生提升深造竞争力。三是设置利兹大学深造绿色通道，邀请利兹大学招生官来到利兹学院进行现场并发放录取通知书。帮助学生做好升学准备。目前 44 人获利兹大学硕士录取通知书，2 人利兹大学直博。此外还有 21 人获国内清华、浙大、电子科大等“985”高校推免资格。

建设职业生涯规划与就业指导服务平台，提高学生就业质量。邀请利兹大学学生就业支持中心负责人来学院座谈，宣讲就业需求，制定首届毕业生的就业计划。辅导员从简历写作到面试技巧，再到带领学生参加路局招聘会，开展“一对一、全程全方位”就业指导。已经有学生签约中铁上海局和广州局等国家轨道交通战略龙头企业，还有部分学生签约华西集团、东方电气集团等区域经济支柱企业。

完善人才培养的质量反馈机制，启动首届毕业生满意度调查工作，建设人才培养质量闭环的最后质量反馈外部回路。2020 届毕业生对学院的培养质量和效果满意度高：对学院提供学生成才成长的各项支持，如奖学金、出国交流、学生活动、教学和实验设施满意度为 95.3%；对教师水平、课程设置、教学效果满意度为 93.0%；对自我学习与成长的满意度为 93.1%；对自身职业发展、学院就业指导工作的满意度为 87.8%。

【管理服务】

第一，服务大局。以迎评工作为契机，不忘初心、牢记使命，对教学制度建设、组织建设、教学活动和教师队伍建设等工作内容不断优化改进。

加强教学管理队伍建设。2019 年，学院组织 3 次全球外籍教师招聘工作，招聘外籍教师 3 名，参与计算机专业、电气专业教学工作；组织 3 次管理人员招聘，最终新进管理人员 2 名。

第二，服务中心。学院以教学工作为中心，新增实验设备 50 余台套，共计投入 200 余万元，保障 4 个年级教学顺利开展。组织安排考试近百余场，为了与利兹大学考试同步进行，部分考试安排在第二十一周（假期），全院教职工全部推迟放假，同心协力，共同保障考务工作的正常进行。

第三，服务师生。教学安排方面，除完成联合培养方案外，学院为四个年级安排了交大月教学和实践活动，巩固高等数学基础知识，开展雅思、托福语言培训，组织实习实训，全力提升学生学习能力和专业技能。

学生学术活动方面，为学生安排学术型讲座 10 场，丰富了学生课外学习内容；组织 2019 级学生参观专业实验室，打开学生了解专业的大门；启动第一届暑期科研“启航计划”项目，首期立项 11 项，激发学生对科学研究工作的兴趣，为后续学习深造奠定基础。

学生心理健康教育方面，构建“个人导师+辅导员+心理委员+心理中心联络人”和“收集信息+团体交流+个别谈话”的工作体系。开展系列心理体验活动，如新生心理委员培训、心理健康讲座、心理电影展等，教授学生基本心理学常识，强化学生心理健康意识，促进学生健康成长成才。辅导员建立心理问题学生档案，定期通过一对一、一对多的谈话，了解学生心理状态。根据新生测评结果，共计谈话学生 113 人，包括二级心理问题学生 42 人，做到及时发现、及时干预、及时解决，提升了学生心理健康水平。

学生资助工作方面，构建“国家-学校-利兹学院”多维资助体系，精准管理、全效帮扶，解决学生经济问题的同时培养爱国爱校爱院情感。提升服务水平，认真执行相关管理办法；精准认定，帮助 15 名同学完成经济困难认定；加大沟通力度，建立困难学生信息库，线上线下准确了解学生信息；完善帮扶机制，经济支持与能力培养并行。本年度生源地助学贷款 2 人，评选国家助学金 13 人，学院资助 2 人。设立 12 个勤工助学岗位，提升学生实践能力与交际能力。

第四，服务能力。提升工作信息化程度。学院投入约 60 万元建设教学管理信息化系统，已完成一期建设工作，2019—2020 学年第二学期的排课工作即在系统上完成，大大提高排课工作效率。学院首次启用“问卷星”完成千余名学生对 100 名中方教师的在线评教以及对 90 名助教的综合评价，完善了教学质量监督体系。

学院组织 5 期管理人员业务能力培训，从办公软件、新型 App，情绪管理等多方面提升管理人员整体服务能力。

【迎评工作】

以一流中外合作办学机构建设为目标，以评促建，提质增效，推进学院内涵式发展。2020 年 3 月，学院将接受教育部中外合作办学评估工作。自 5 月启动评估工作以来，至少每两周研讨一次迎评工作。截至目前，学院围绕评估指标解读、办学宗旨及机构定位调研、自评报告完善、迎评领导小组组建等工作等召开 18 次工作会议，修改完善自评报告 15 次，汇总各类材料百余项。在相关单位的大力支持下，本学期第 9 次校长办公会顺利通过利兹学院迎评方案。

【年度亮点】

第一，主题教育特色做法。每双周四开展“不忘初心、牢记使命”系列员工培训，至今已举办五场，强化教职工党员及普通教职工责任担当意识、履职能力；结合学院迎接 2020 教育部评估工作开展主题教育，先后开展 9 次专题研讨活动，提炼办学特色，坚持立德树人根本任务，全面贯彻党的教育方针，扎根中国大地办大学，落实习近平新时代中国特色社会主义思想，牢牢把握中外合作办学意识形态主导权和话语权。

第二，评估工作。举全院之力，做好 2020 年教育部中外合作办学机构评估工作。2020 年 3 月学院将接受教育部中外合作办学评估工作。自 5 月启动评估工作以来，至少每两周研讨一次迎评工作。截至目前，学院围绕评估指标解读、办学宗旨及机构定位调研、自评报告修订、迎评领导小组组建等工作已召开 18 次工作会议，修订自评报告 15 次，汇总各类材料百余项。在相关单位的大力支持下，本学期第 9 次校长办公会顺利通过利兹学院迎评方案。

第三，设立校园开放日，实现家校信息共享和家校对学生的共管。学院建立新生周报制度。每周定期通过“交大栗子”等微信公众号向新生家长推送新生学习与生活情况；第二，学院制定新生调研机制，即学生进校后即开展学生问卷调查，涉及学生对学院认识、对专业认识、对自身未来规划、对学院期望等 4 方面共计 39 条问题。第三，设立家长开放日，邀请家长代表到校进行交流，参观教学和实验环境，邀请家长参与新生日常教学、生活管理，实现家校共管。

第四，发挥特色优势，启明星名师工作室孵化优质项目。“西南交通大学辅导员名师工作室”——利兹学院启明星名师工作室工作。作为校内首个留学指导专业团队，充分发挥利兹学院中外合作优势和特色，积极组织工作室中优秀辅导员面向全校辅导员开展培训，提升全校辅导员团队国际化水平，对各学院本科生有针对性地进行留学指导。同时针对低年级学生组织留学规划讲座，提前了解海外留学生活情况，做好未来学习规划；组织二、三年级学生进行雅思、托福模拟考试，帮助学生熟悉考试方式、充分做好备好准备，提高考试通过率；组织大三、大四学生参加留学咨询展会，帮助学生了解海外高校情况，特别对口开展一对一交流咨询，帮助学生完成申请书撰写、个人材料准备等个性化、定制服务。

第五，“大思政”与“三全育人”工作初显成效。本年度我院荣获“十佳班长”“十佳优秀宿舍”“十佳学生会”等“十佳”系列荣誉；学院辩论队获学校“乐言杯“ 辩论赛冠军；柯志昊同学获学校学生最高荣誉“竢实扬华”奖章；“我和我的祖国”快闪视频主题党日活动获全国非独立法人中外合作办学机构网络拉歌接力赛第四名；利兹合唱团获学校庆祝中华人民共和国成立 70 周年师生合唱比赛二等奖。

（二十二）茅以升学院

【党建工作】

2019年，在学校党委坚强、正确的领导下，茅以升学院党总支通过“不忘初心、牢记使命”主题教育的全面锤炼和学校党委第一轮巡察工作的洗礼，持续推进学院建设，提升卓越拔尖创新人才培养质量。茅以升学院党总支现有教工党员9人，学生党员62人，其中，学生正式党员27人，预备党员35人。按照“抓党建、促学习、重调研、解难题”的工作思路，成立了“唐臣党员读书班”，并将理论学习与工作创新结合。全年共开展各类专题理论学习23次，深入学习贯彻习近平新时代中国特色社会主义思想和十九届四中全会精神等，开展“不忘初心、牢记使命”主题教育。同时，组织开展志愿服务与主题党日活动15次，专题党课8次，微党课10余次，进一步增强了“四个意识”，坚定了“四个自信”，做到了“两个维护”。党建方面，立足唐臣书院，不断丰富育人载体，优化育人环境，打造文化品牌。成功申办中国孔子基金会项目“孔子学堂”、校级美育项目“唐臣美育基地”、学校“大思政”项目“三全育人综合改革试点区”的建设，依托项目研究与实践，开展具有书院特色的育人活动，通过举办“卓越讲堂”“唐臣学堂”等高端讲座，“唐臣诗会”“唐臣弦歌”，毕业生荣誉典礼等品牌活动提升学院育人品质，依托“唐臣文化认证”构建书院制荣誉学院的文化育人体系。开展以传承“爱国、科学、奋斗、奉献”为核心的“茅以升精神”主题活动，举办“茅以升精神”专题讲座，打造书院“茅以升精神走廊”，成立“茅以升剧团”“唐臣文学社”等兴趣社团，创作了一批以“弘扬茅老精神”为主题的优秀原创作品；与中国人民海军远海测量支队“茅以升船”共建爱国主义教育实践基地等，取得了良好的育人效果。

【专业建设】

学院设有土木工程、机械工程及其自动化、电气工程及其自动化、通信工程、交通运输、工程力学、材料科学与工程、测绘工程、数学与应用数学、汉语言文学、金融学专业。

紧密围绕教育部“六卓越一拔尖”计划2.0，找准人才培养定位，深刻领会新工科建设的“新的工科专业、工科的新要求”建设内涵，谋划人才培养方略，全面修订培养方案，构建能力导向、广博专精的课程体系，2019级起设立“卓越工程师拔尖班”，围绕“一带一路”人才培养建设需求，聚焦“新工科”内涵要求下的书院制荣誉学院建设发展，提出茅以升学院改革初步方案。

【人才培养】

在师资建设方面，加强与专业老师的沟通协作。建立了116名专业学院任课教师及管理团队成员组成的茅以升学院教师荣誉社区；搭建教学工作委员会、培养计划工作团队等多个教学团队；同时开展专业教师午间学术沙龙，包括茅以升学院跨学科创新力提升课程建设与思考、拔尖创新人才及跨学科复合人才培养方案建设等。

在教学管理方面，按照学校以及主管部门各项工作要求，结合茅以升学院工作特点，平稳推进日常教学管理工作，完成2020届茅以升学院毕业生推荐免试研究生工作，准确发放2019届毕业证书、学位证书。

在创新教育方面，开展“优秀实习生”评选工作，实行SRTP科研训练项目全覆盖，同时完成了书院科创室的建设工作。

在平台建设方面，共研发出四个全新管理系统，包括学生成绩管理信息系统、经典阅读信息系统、荣誉课程信息系统、院友管理信息系统。

在课程建设方面，2019年开设跨学科课程30个左右教学班，目前跨学科课程总数已达50门，面向全校本科生开放，已有千余名本科生选课，涉及全校60余个专业。实施跨学科课程评估督导，提出跨学科课程改革初步方案。

在三全育人方面，2019年茅院学生获国家级及以上奖项29项，省级奖项87项，专利16项，发表核心以上级别期刊19篇；全年获评“竢实扬华”奖章等个人荣誉称号285人，五四红旗团委、“忠忱班集体”等集体荣誉12个；295人获评24项奖助学金，覆盖率达45%。

【学院建设】

2019年根据校党委第一轮巡察第三巡察组对茅以升学院党总支巡察情况的反馈意见，第三条第2点，学院党政认真履职，严肃落实整改要求，于2019年6月组织施工方已完成收尾工程。经学院党总支会议、党政联席会研究，于2019年11月26日，由学院党领导、学生代表会同后基处修缮管理科、保卫处消防科的工作人员一同前往唐臣书院（天佑斋21栋），对书院装修改造后第一次验收未达标部分整改情况进行验收，并对学院整体使用情况和消防安全等方面进行排查。根据学校资产管理相关规定，完成用户验收。后续按照西南交通大学公有房产及设施管理办法（试行）执行管理。

依托唐臣书院，发挥“唐臣美育基地”“嘉州画派艺术传承基地”“党员课堂”“孔子学堂”，党建走廊、科技走廊、茅以升精神走廊、国学走廊、艺术走廊等主题走廊的育人作用，通过创新书院党建模式，美化书院育人环境，引入优质育人资源，搭建综合育人平台，丰富文化育人载体，提升实践育人品质，将唐臣书院打造成为师生共建、共有、共享的学术和文化生活共同体，成为传承中华优秀传统文化、革命文化、社会主义先进文化，彰显茅以升精神和科学报国思想的文化坐标、精神家园，构建三全育人体系。为进一步提升学院的管理与育人水平，将项目研究与工作创新相结合。开展了三项校级研究项目“基于现代大学书院制教育管理的中华优秀文化传承模式探究与实践”“基于大学书院制教育的美育机制研究与实践”“以唐臣书院为载体的三全育人综合改革试点区”。通过项目研究，依托唐臣书院不断丰富文化育人载体，搭建文化育人平台，优化育人环境，营造和谐氛围，打造文化品牌，同时，主持申办成功“孔子学堂”，将中华优秀传统文化创造性转化、创新性发展，并作为新时代重要的育人力量，用优秀的传统文化滋养塑造学生的灵魂和人格。全年依托项目指导团学组织开展形式多样，精彩纷呈的文化育人活动，以“我和我的祖国”为主题开展庆祝建国70周年系列活动，包括“丹青筑美育”嘉州书画艺术展、“唐臣诗会”“唐臣弦歌”迎新晚会等。通过开设“卓越讲堂”“唐臣学堂”等荣誉特色课堂、开展新生荣誉典礼和毕业生荣誉典礼等形式，增强学生的荣誉感、使命感，引导学生自觉传承和发扬茅老精神，热爱祖国，追求卓越。引导学生积极参与科研课题、学科竞赛和各类科创活动。本年度，茅院学生获国家级及以上奖项29项，省级奖项87项；发明专利2项，实用新型专利14项；发表核心以上级别期刊19篇；SRTP项目累计参与人数210人，SITP项目累计参与人数30人。

【对外/对港澳台地区交流】

学院积极推进对外/对港澳台合作交流，为破解难题、推进工作，提升茅院管理工作的系统性、科学性与创新性，开展了建院以来最广泛的调研。学院内调研了学生组织和各年级学生达21次；校内主要调研了交通运输与物流学院等8个专业学院和心理研究与咨询中心；先后赴复旦、浙大、电子科大等10余所高校调研与交流，参加“第六届高校现代书院制教育论坛”并做了大会报告，通过不同层面的调研和交流活动，发现了问题，开阔了思路，为学院的改革创新打下了坚实的基础。

与此同时，积极开展暑期国际游学、暑期学校学习交流、寒假短期游学交流等交流活动，完善国际化资助体系，修订完成《茅以升学院国际化资助管理办法》，特别设立“心桥筑梦”计划，资助3名家庭经济困难优秀大学生游学交流，1人入选学生工作部2019年“助梦启航”出国（境）研学项目。创新开展“唐臣人·宽视野”茅以升学院寒暑假国际化培育计划；成功举办新加坡国立大学国际交流项目 1 期、香港大学短期访学项目 2 期，48 人从中开阔视野、增长才干。2019年，茅以升学院5个国际化项目入选学校“双一流”经费资助学生出国（境）项目，学生共参与校院两级短期国际化项目 8 个，长期交流项目2个，总人数达60人。2018级6人入选中法“4+4”项目。

【管理服务】

学院创新管理体制全力推动教育部“六卓越一拔尖”计划2.0版在我校顺利实施，围绕“一带一路”人才培养建设需求，聚焦书院制荣誉学院的建设发展，抓精神、优环境、引资源、搭平台，完善“文化浸润”体系，推进书院制改革试点，通过借鉴国内外知名高校在跨学科育人机制和书院制建设方面的特色做法与先进经验，结合专业学院、茅以升学院学生对书院制荣誉学院建设发展的新需求、新期待，起草了《新形势下茅以升学院（唐臣书院）管理模式创新方案》，为学校书院制荣誉学院改革创新和制度体系建设提供了重要参考。

茅以升学院紧密围绕卓越拔尖创新人才培养这一中心工作，主动引资，整合育人资源，助力人才培养，通过四项具体措施提升管理服务水平：① 注重精神引领，系统构建茅以升学院文化标识和精神内涵，深入挖掘茅以升精神文化载体。精心编创茅以升学院院歌《奋斗之歌》，院刊《唐臣青年》，和茅以升精神纪录片，凝聚学生团结进取的精气神，提升荣誉学院的影响力；② 优化育人环境，以学院办公区为中心的一号教学楼右侧公共区域，进一步打造“心桥庭院”文化生态园，构成全天候、开放式、师生学习交流、文化熏陶、课间休憩的公共园区；③ 广纳社会资源，联合教务处和建筑与设计学院，将唐臣书院公共区域打造成为“唐臣美育基地”，联合乐山嘉州画院共建“嘉洲画派艺术传承基地”，引进了200幅书画作品，音响设备，孔子学堂全套中式桌椅、唐臣会客厅中式家具等实物捐赠，提升了书院育人的物质条件；④ 搭建育人平台，在书院内打造“孔子学堂”，党建走廊、科技走廊、茅以升精神走廊、国学走廊、审美走廊等六大主题走廊增强示范引领作用，将唐臣书院打造成传承中华优秀传统文化、革命文化、社会主义先进文化，弘扬社会主义核心价值观，彰显茅以升精神和科学报国思想的心灵家园、文化圣地，构建全员、全程、全方位育人的“全息式文化滋养”体系，达到寓教于美、寓教于乐，润物无声的育人效果。

（二十三）竺可桢书院

【党建工作】

1. 扎实推进“不忘初心、牢记使命”主题教育

为扎实推进主题教育，书院成立了主题教育领导工作组，制定了书院主题教育实施方案。主题教育开展以来，始终聚焦主题、密切结合书院实际，紧扣根本任务，认真调查研究、深入检视问题、扎实整改，主题教育取得了成效。活动中，集中学习了6天，组织参加学校报告会4次，开展了理论学习40余次、谈心谈话18次、专题调研4次，围绕4个主题深入调研形成报告并分享，通过谈心谈话、座谈会和征求意见发现问题17项，并全部整改落实到位。

2. 加强支部建设，发挥支部的战斗堡垒作用

按照“强化责任、健全机制、狠抓落实、助力发展”的党建工作思路，通过“五个狠抓”，确保“五个到位”，着力解决了支部存在的问题与不足，建强建好了党支部，发挥支部的战斗堡垒作用和党员的先锋模范作用。本年度，1名党员获学校优秀共产党员，1个党支部获评学校先进党支部。推荐242名入党积极分子参加党校学习，发展党员115名，转正党员37名。

3. 政治理论学习制度化、常态化

院党总支结合政治理论学校要求与自身实际情况制定理论学习方案，以落实“基础在学”要求来筑牢思想，规范了中心组、教职工、党员理论学习制度，实现了政治理论学习制度化、常态化。本年度，召开党总支会11次，党政联席会8次，中心组学习会10次，进一步增强“四个意识”，坚定“四个自信”，做到“两个维护”。

【书院建设】

1. 干部队伍建设

书院共启动4次科职干部聘任（办公室主任、专职组织员、学生事务办公室副主任、学生工作组长），推荐并任命了1名团委书记，配强配齐了干部队伍，大力提升书院凝聚力及创造力。

2. 健全机制

制定完善了《竺可桢书院关于进一步加强辅导员深入学生、联系学生工作细则》等 11 项工作制度，使书院工作更加规范。

3. 深化管理

组建了团学工作组等8类10个专项工作组，制定了工作组职责、工作目标、成员职责、负面清单，推进了书院工作项目化、体系化，卓有成效。

4. 辅导员队伍建设

制定计划，开展了 15 次辅导员技能提升训练，邀请学工专家进行了 4 次专题培训，选派 1 人参加“职业生涯类”专业培训，大幅提升了辅导员队伍综合素质提升。本年度辅导员申请项目 6 项，发表论文 2 篇。

5. 学生干部队伍建设

通过“青马工程”等进行了 10 余次教育培训，举办干部选拔答辩会 4 次，经验交流会 4 次，有效提升了学生干部队伍的综合素质和能力。

【人才培养】

1. 推进“五育人”工作

通过分层级、分类别搭建育人平台，全年共开展德育类 62 项、智育类 134 项、体育类 28 项、美育类 35 项、劳育类 39 项共计 298 项活动。2019 年，5 人获全国大学生英语竞赛三等奖，1 人获“亿学杯”全国大学生英语词王挑战赛第 3 名，1 人获国家男子篮球二级运动员证书，渔樵乐队获第十五届爱音乐校园歌手挑战大赛总冠军。

2. 大力加强学风建设

构建“111”学风建设体系，即：通过一份文件统领（《竺可桢书院加强学风建设实施细则（试行）》），一支队伍专门队伍保障（“竺可桢书院学风建设工作组”），一套考核激励机制（《竺可桢书院绩效分配方案》）。本学年，38 名院级预警学生全部转化，四、六级通过率大幅提升（2018 级学生英语四级考试一次性通过率达 95.03%、2017 级商英专业专四考试通过率 100%）。一年来，评选出国家奖学金 22 人，国家励志奖学金 73 人，专项奖学金 88 人，综合奖学金 369 人，三好学生标兵、三好学生、优秀学生干部、明诚奖等优秀个人 538 人，忠忱班集体 1 个，特色班集体 3 个，先进班集体 9 个。

3. 校园文化建设

通过软硬件建设、升级书院官方网站、整合宣传资源（推出公众号“竺院时光”）、高雅艺术进校园、举办大型校园文化活动、开展主题教育活动、举办“竺可桢大讲堂”等措施，营造良好的书院文化氛围。2019 年，开展二、三课堂活动 200 余项（院级）；书院公众号关注量达到 1.9 万人，荣获宣传思想工作先进集体称号，学生媒体中心获校园优秀媒体奖。

4. 拓展育人资源

在原有十大育人基地基础上，与海军某部、夹江联勤保障部队达成协议，新拓展了 2 个军事育人平台。目前，已初步形成育人平台的全方位、多层次、宽领域格局，为培养高质量人才奠定了坚实基础。

5. 持续推进“学院+书院”协同育人工作

通过积极开展学术讲座等形式深入推荐“学院+书院”协同育人工作，协同育人成效凸显。2019 年，举办讲座交流活动达 120 余场，学生学科竞赛获国家级奖项 66 人次、省部级奖项 150 人次、市校级奖项 419 人次、院级比赛奖项 630 人次，书院科创率达 47.27%。

6. 特色育人工作

立足书院育人高地“孔子学堂”，深化改革，不断探索培养模式，完善课程体系和运转模式。第 2 期孔子学堂学员 28 名顺利完成培训，学员在学习、科创和文化传承表现优异。

7. 做细做优学生日常管理工作

本年度，召开学生座谈会 2 次，收集问题及建议 50 余项，切实解决问题，服务学生；顺利完成了 2015 级毕业生相关工作、2016 级学生倒迁工作；狠抓 2017、2018 级学生学风建设工作；有序做好 2019 级学生迎新等工作。

（二十四）体育工作部

【党建工作】

1. 体育部直属党支部认真做好“不忘初心、牢记使命”主题教育活动。

（1）做好党课教学，分管校领导张学龙副书记讲授党课；

（2）多次召开部门师德师风专题教育工作会；

（3）组织党员学习习近平系列重要讲话精神和主题党日活动；

（4）设立了 17 个党员先锋示范岗，划分责任区。

2. 加强领导班子建设，完善制度，内部管理机制逐步优化。

（1）加强领导班子中心组学习制度，高质量开好民主生活会；

（2）建章立制，明晰领导班子分工，管理主体责任，实施一岗五责。

3. 重视部门意识形态和宣传思想工作，抓好教职工政治理论学习和师德师风教育。

【体育工作改革】

1. 贯彻落实签到制度，运用手机 App 进行本科教学、运动训练、行政工作等签到，对规范教学秩序、监管运动训练、提高教辅人员的服务意识起到了督促作用。

2. 加强体育工作部网络平台工作，完善内容建设工作，加强网站双语建设工作。

3. 三个融合：课内课外一体化、慕课建设+翻转课堂、信息化与传统教学三个方面的融合。推进体育课内课外一体化教学，建成国内首家信息化管理、涵盖 15 个运动项目的“体育健康超市”，本年度建成 15 门体育慕课，探索通过“慕课+体育健康超市”创新模式教学。

4. 系统改革推进体育工作，协调推进体育课堂教学、课外体育活动、体育资源管理改革，培育构建交大特色体育文化，提升学生健康素质和体质健康水平。

5. 国际化交流有特色，部门老师参加了在日本举行的男排世界杯工作和第七届世界军人运动会，体现了体育教师的业务素质和实力。

6. 三个保障：确保机制体制、体育文化环境、体育信息平台三项保障。

【教学工作】

1. 开设了国内首家体育健康超市。

2. 通过对体育教学多方位的改善与创新，大学生体质健康标准的达标率为 98.95%、课内外一体化 223 250 人次、校园路跑总里程 1 645 369.864 千米，体育课堂教学学生评价满意率在 90%以上。

3. 深化改革和建设体育课程，有 3 门跨学科荣誉课程、1 门全英文和 3 门双语课程、15 门在线资源课程；教师获得唐立新优秀学者奖、优秀教师奖和校级青年教师讲课大赛二等奖。首届学生体质测试运动会圆满成功。

【群体竞赛工作】

高质量完成全国及省市级赛事活动的承办任务。承办了足球、马拉松、篮球、乒乓球、排球等教育部赛事，CUBA 篮球联赛以 7148 人上座率创下 CUBA 基层赛单场记录，获环球网、新浪网、新华社客户端和 CCTV5 的播报；成功举办 120 届校运会，体育健康超市全年开设 165 课次、参与学生总人次 422 650、校园路跑 50 480 人次；主办校级体育竞赛 27 项、31 478 人次参与、指导体育协会活动 1684 次、参与 47 484 余人次、指导学院开展活动 79 次、参与 13 704 人次。

【科研工作】

1. B 类课题 1 项，C 类课题 3 项；校级教改 8 项；15 门慕课；A 类论文 2 篇，B+3 篇，B 类 8 篇，C 类 3 篇；发明专利 1 项。

2. 加强中央高校基本科研业务费评审、中期考核和结题验收等管理，确保经费执行进度达到要求。

3. 周期内科研经费 30 万元。

【高水平运动队工作】

运动代表队参赛捷报频传，指导的学生运动队参赛获得省部级以上 17 项冠军（全国 2 项冠军）、9 项亚军（全国 2 项亚军）、6 项第三（全国 2 项第三）；多支运动队获得教育部精神文明优秀运动队称号，较以往有了明显进步。

【招商引资工作】

获得 250 万赞助。

2019 年体育工作硕果累累，师生受益。学校校网和官微上有 10 余篇文章宣传报道我校体育赛事和体育工作；教育部官网上也发文充分肯定我校体育育人工作："西南交通大学高度重视体育育人工作，着眼于提高学生体育兴趣、增强学生体能、锤炼学生意志，不断加强体育特色建设，着力促进学生健康成长、全面发展。"

（二十五）工程训练中心

【党建工作】

党建引领，充分发挥基层党组织的政治核心和党支部战斗堡垒作用。

1. 加强制度建设

党支部牵头，落实专人，对党建工作制度进行梳理和修订；严格执行"三重一大"和党政联席会制度。全年共召开党政联席会 16 次，支委会 8 次。

2. 落实学习制度，强化政治思想学习

在个人自学的基础上，全年共开展中心组学习 10 次、教职工集中学习 20 次、党员领导干部讲党课 3 次、专家辅导讲座 2 次。

3. 扎实推动主题教育

党支部牵头，扎实推动"不忘初心、牢记使命"主题教育，并以此为契机，开展调查研究，解决实际问题，推进五大项问题的整改落实。

4. 改善育人环境

完成了中心"党员之家"建设，公共区域增设宣传展板、宣传栏，把习近平新时代中国特色社会主义思想与新中国成立 70 周年重大活动、师德师风宣传等结合，极大改善育人环境。

5. 推进"大思政"工作落实

结合工训特点，推进"大思政"工作落实，获批"大思政"研究项目立项 1 项。

6. 重视民生，把对师生的关心、服务落到实处

新建"职工之家"；完成劳务派遣员工入会，解决了在食堂就餐和节日福利同在编员工同等待遇；在 A 座车间设置净水器，解决师生实习饮水问题；全年开展工会活动 8 次；完成离退教职工困难补助申请；看望生病教职工 2 次。

【师资队伍】

开展校内外研讨。

① 与材料、生命、电气、建筑与设计学院等 12 个学院开展教学研讨；② 参加相关全国学术年会、地区年会；③ 组织教师参加清华大学创客日活动。

修订实训大纲；完成《工程训练报告册》《工程训练教学指导书》的编写；完善《工程训练概论》内容。

新招聘老师 2 名，新增加劳务派遣指标 2 名。3 名职工晋升二级技师。

发表教改论文 2 篇；完成 3 项 2018 年校级教改项目，获批 4 项 2019 年校级教改项目。获教育部产教协同育人项目 1 项。

研讨与设计下一届全国工程训练大赛项目，并在金砖国家创客大赛上测试。

【人才培养】

1. 圆满完成教学任务

① 基础训练：完成共计 2684 人、31 万人学时，涵盖机械、力学、电气、信息、建筑与设计学院、材料、物理、生命、心理中心、茅以升学院、詹天佑学院和利兹学院等 12 个学院共 21 个专业。新增信息学院微电子、通信专业实习。② 综合训练：完成共计 905 人、7.8 万人学时，涵盖电气学院 2018 级所有专业，信息学院 2018 级自动化和轨道交通信号控制专业，2017 级产品设计专业。新增信息学院自动化（大三）3 个专业。③ 与利兹学院共同培育 3D 打印、纯机械小车制作；首次承接天佑铁道学院埃塞俄比亚 30 名留学生的暑期实训。

2. 积极开展各种活动，为学生们搭建对外合作交流的平台

① 组织参加全国大学生工程训练大赛四川省赛，获省级二等奖10项、三等奖3项。② 完成5项2018年SRTP项目结题，2019年申报并获批9项，其中省创项目2项。③ 承办“2019年中美青年创客大赛成都赛区”比赛，指导团队获一等奖1项、二等奖2项、三等奖2项、专项奖6项。组织成都赛区团队参加在北京市举办的总决赛。④ 组织学生参加2019金砖国家青年创客大赛，获二等奖1项、三等奖1项、优秀组织奖1项，参加在西安理工大学的首届跨校大学生双创训练营活动。⑤ 协办由我校与贵州民族大学共同承办的“中国-东盟青年创客大赛”。⑥ 开展IOT之夜活动1次、创客工作坊专项活动3次、项目指导3项、校内外科创教育活动4次、夜校3次、培训1次。指导创客协会建立了PTNM项目库，共21个项目。

以创客教育、创客文化为依托，不断探索课外实践教学新模式。① 参与其他学院“‘微’可持续校园设计与建造”“创新思维设计”“手的学习与创造”“智美校园”跨学科课程4门，覆盖近200名学生。支持建筑与设计学院“智能产品设计”和“家电产品设计”2门专业课的课程设计与制作，受益学生50多人。② 与企业联合开设“车辆设计与制造系列微课”“Photoshop设计实战”“常见大学生竞赛及筹备方法”“军工产品的生命周期”4门微课程，受益学生90多人。③ 设立“开放日”和“会员制”。“会员制”服务18个学院，校内外约1000余人。“开放日”共开放32次，接待校内13个学院，校外6所大学及企业。

【研讨交流】

① 接待西藏大学、四川大学等7所大学，光明网、四川电视台等各界人士来中心参观指导与交流。接待英国创客教育调研团队；邀请全球著名创客，美国最早创客空间创始人米奇·奥特曼及其团队来到创客空间与交大学子面对面交流。② 研学活动包括工会“创未来”青少年创客活动，交大“走进实验室”系列活动——交大创客空间创客体验，成都市金牛区“师子团”暑期探访创客中心活动等。

【管理与服务】

1. 完善制度建设

重新修订、完善各项规章制度，其中《直属党支部工作制度》《工程训练中心绩效工资分配方案》《安全管理制度汇编》《工程训练中心“三重一大”集体决策制度实施办法》《工程训练中心党政联席会议议事规则》等制度已修订完成。

2. 改善环境条件

会议室、教师研讨室、实训场所门窗等进行维修，环境得到极大改善。

3. 加强教学管理

① 深入教学一线，调查研究，详细梳理教学中存在的问题，主动与教务处沟通协商，制定出了解决方案并实施。② 开展教学质量评估、教学过程监督；建立有效的激励机制，将教师的教学效果、实训安全与岗位绩效挂钩。

4. 加强实验室建设与管理

① 完成了2018年修购计划验收与检查工作；完成了2021—2023年改善基本办学条件项目申报；按资实处要求，对中心房屋和设备等资产进行了全面清查。② 与Dell公司合作，共建“人工智能及虚拟现实联合实验室”。

5. 加强规范性建设，把安全生产和安全稳定落到实处

① 中心将网站部署至学校站群系统，确保网络安全管理。② 对安全隐患进行排查和整改；完成了焊接工位线路和设施的更换和规范安装，彻底消除了车床和钳工工位高压接入安全隐患，整改了中心存在的电线线路、电梯等隐患；完成了《工程训练中心安全管理制度汇编》，定期开展消防设施及应急电源检查；安装了安全应急药箱并配备了常用应急药品。③ 严格实施安全准入机制，对每一批参加实训的学生开展入场安全教育培训和实训前安全知识考核，考核成绩不合格者不能参加实训。④ 结合《工程训练中心教师安全考核检查项目表》，对职工进行常态化安全考核，并严格兑现奖惩。参加学校安全专项培训8人次，安全知识有奖答题活动获奖34人次。联合保卫处开展消防安全培训及演练1次。

（二十六）国际创新创业学院

【党建工作】

深入学习习近平新时代中国特色社会主义思想和党的十九大精神以及创新创业等相关文件，扎实推进“不忘初心、牢记使命”主题教育，发挥党员先锋模范作用以及党支部战斗堡垒作用。全力贯彻落实教育部巡视整改工作和学校巡察整改工作。

【学院建设】

总结过去三年来国际创新创业学院建设过程中的经验教训，结合对全球创新创业教育的研究，编写《西南交通大学国际创新创业学院建设路径方案》。

【深化改革】

顺利完成2019年创新创业精英班菁蓉班（春季班和秋季班）的培养工作。两个班面试录取68人，来自13个学院、29个专业，本硕博混班教育，首次实现犀浦、九里和峨眉三校区招生。举办各类教学活动63次，邀请校外专家、企业家等8人次。60名同学提交创业项目168项，立项支持19个。2019年菁蓉班共有22名同学参加各类大赛18项，获得奖项14项，其中一等奖3项、二等奖3项、三等奖8项。除此之外，还获得专利2项、软件著作权4项，发表学术论文4篇，举办国际性游戏竞赛活动（Global Game Jam）1项，签订软件开发合同一份，1个项目获得创新奖，表彰其在专创融合方面的开创性工作，3个项目具备一定商业落地前景。

【科研工作】

在科研院的大力支持下，首次启动并完成2019年大学生科技型创新创业专项资金项目。经评审支持全校12个大学生双创团队，11月全部结项，成果显著。其中5个项目完成研发，7个项目完成DEMO；签署销售合同157.45万，合作协议7项，发表论文11篇，获国家专利13个，软件著作权1项、商标注册权1个。获成都市科技创新项目、中国宋庆龄基金会丰田助学基金等资金支持4项，报省科技创新苗子工程项目4项；获创新创业竞赛奖22项，包括2019年大学生互联网+大赛省赛银奖，全国大学生创新方法应用大赛一等奖等。

【推进“中美青年创客交流中心”建设】

配合工程训练中心，顺利完成2019中美青年创客大赛成都赛区赛事工作，牵头完成教育部“中美青年创客交流中心”2019年度考核评估工作，“菁蓉班”获优秀工作案例奖。

【人才培养】

1. 组织开展各类大学生创新创业竞赛

2019年，学院牵头或参与协助组织各类双创大赛多项，包括2019中美青年创客大赛、中国东盟交流周“人文化成·交通未来”东盟国家青年创客大赛，第五届“互联网+”大赛、2019中国创行社会创新大赛、西南交大科普H5制作大赛等。

2. 组织开展各类创新创业实训活动

2019年，为校内师生举办“区块链校园行”、瑞士SHMS/IHTTI酒店管理大学校长讲座等多次双创类实训活动，同时积极发挥区域辐射作用，与四川省大学生创新创业中心合办四川省创业导师大会，与成都通锦中学共同举办了2019年通达讲坛，为眉山东坡区政府做创新创业讲座等。与学校教师发展中心共同举办首开课教师创新创业师资培训。

【管理服务】

面对全校大学生，积极开展创业、就业帮扶和咨询服务。继续支持创新创业菁蓉协会的发展壮大，支持菁蓉协会扩大会员规模，提升服务质量、拓展服务职能，成为全校性的创新创业大学生社团组织共享互惠平台。

【对外交流】

参与创办“四川省区块链技术研究会”。与成都交子金融科技协会签署合作协议。组织接待了来自北京邮电大学、河北省高校代表团、成都工业学院、成都大学、江苏武进高新区政府等众多高校与政府部门、企业来校做调研交流工作。组织了双创调研交流工作，前往西南石油大学等进行调研交流。参加了中国高校创新创业联盟第一届全球创新教育大会、中国高教学会高等教育创新创业高峰论坛、中国高校创新创业联盟年会、高教学会创新创业分会年会等会议。

十一、合作与交流

（一）对外/对港澳台合作与交流

截至2019年12月，学校已与美国、加拿大、英国、德国、法国、韩国等国家或地区的216所高校或机构建立了合作关系，正在探索或已经开展了一系列实质性合作。本年度学校国际合作与交流主要工作包括：学校外国专家经费和来校交流的各类高端外国专家人数再创新高；教师因公出国（境）开展学术交流活动的人数、学生出国（境）交流人数实现持续增长；来华留学生人数保持持续增长；顺利举办了一批具有较大影响力的国际学术会议和论坛，提升学校学术国际影响力。

1. 拓展全球合作伙伴关系

瞄准世界知名大学和科研机构，推进实质性、高水平合作，在夯实传统国际合作伙伴关系的同时，进一步扩大全球合作网络，重点拓展与共建“一带一路”国家、南美、非洲的合作。与美国华盛顿大学、犹他大学、荷兰代尔夫特理工大学、德国慕尼黑工业大学、电气和电子工程师协会（IEEE）等高校、机构新签、续签合作协议共20余份。

2. 扩大外国专家延揽力度

2019年，引智引才工作实现新增长。全年聘请美国工程院院士、IEEE会士等国际学术大师为学校名誉（客座）教授共10余人次。科技部外专引智项目经费实现新突破。来校工作长短期外籍专家达500余人次，较2014年增加300%。新申报学科创新引智基地2项。截至2019年12月，全年在校长期工作外籍教师实现新增长，占全校专任教师总人数的近2%。

此外，加强外籍教师（专家）“师德师风”建设与涉外管理。认真贯彻落实《西南交通大学外籍教师（专家）管理办法》，通过组织召开外籍教师座谈会、印制发放二级单位聘请和管理外籍教师工作指引、完善中英双语外籍教师申请办理来华工作许可指南（着重强调高校师德师风“红七条”），加强外籍教师和专家的聘请程序和日常管理。

3. 扩大来华留学生、来内地（大陆）港澳台学生规模

2019年，来华留学生录取人数达276名（其中研究生为149名），较2018年增长31%，包括中国政府奖学金生、商务部援外学历学位生、埃塞俄比亚科技部委托并全额资助培养的埃塞俄比亚籍本科生及研究生学生等；获批援外学位学历项目一个，录取援外学位学历生共计26人，毕业10人，毕业学生均取得研究生学历、硕士学位；同时，完成2020年援外学位学历项目申报一项，完成2019—2020学年中欧及中美学分生专项奖学金项目申报。首次圆满完成港澳台学生联合招生计划，招收来自港澳台应届高中毕业生10人；完成2019年港澳与内地交流计划一项；完成2020年港澳与内地交流计划4项，重点对台教育交流项目2项。

此外，制定《西南交通大学来华留学生培养及管理办法》（西交校外〔2019〕29号）和《西南交通大学来华留学工作行动计划（2020—2022年）》（西交校外〔2019〕30号），明确未来来华留学工作方向，促进我校来华留学事业蓬勃发展。

4. 稳步推进中外合作办学

顺利通过生物工程中外合作办学项目评估。推进安全工程中外合作办学项目在课程设置、师资选派等方面的优化。推进利兹学院办学层次拓展相关工作。推进中外合作办学管理规定起草工作。

5. 举办一批高端国际会议

2019 年，举办了“第一届华人能源与人工环境中文国际会议”“第 24 届国际电磁无损评估研讨会（ENDE2019）”“铁组基础设施和机车车辆专门委员会 2019 专家会议”“第 5 届国际自动控制联合会远程信息技术研讨会”“第九届火灾科学与消防工程国际研讨会”“第六届地球观测与环境变化国际会议暨第八届地理信息技术与自然灾害管理国际会议（E0EC-GiT4NDM2019）”“第六届交通运输工程国际学术会议（ICTE2019）”等各类国际学术会议共计 11 个。

6. 积极参与国际组织相关事务

2019 年，我校积极参与铁路合作组织（OSJD）和国际铁路联盟（UIC）举办的各类专业会议、工作会议，包括铁路合作组织总局长（负责代表）第 34 次会议、铁路合作组织基础设施和机年车辆专门委员会第 2 专题专家会议、国际铁路联盟第五届世界铁路培训大会等。

2019 年 9 月，电气学院承办了铁路合作组织基础设施和机年车辆专门委员会第 2 专题牵引供电专题专家会议。来自阿塞拜疆、乌克兰、俄罗斯等国及国内专家参与讨论了 5 个相关议题的讨论。

2019 年，我校当选国际铁路联盟铁路培训委员会副主席单位，启动了世界高速铁路大会学生比赛筹备工作，并承担了国家铁路局关于铁路合作组织有关标准建设项目。通过参与这些事务，使我校在铁路合作组织和国际铁路联盟建设中发挥积极作用，也为我校发展汇聚更多国际资源、搭建更多国际平台。

7. 持续加强中外人文交流

一是推动成立了“铁路行业中外人文交流研究院”和“中外人文交流诊断研究中心”两个智库，在我国中外人文交流事业发展中提供“智囊”服务。

二是成功举办了“2019 中国-东盟教育交流周‘人文化成・交通未来’中国-东盟青年创客大赛”。交流周由外交部、教育部与贵州省人民政府主办，创客大赛是交流周 12 年以来首次举办的创客活动，遴选了 60 位中外青年创客参赛。比赛通过激发中外青年围绕未来交通进行原型产品创作，增进中外大学生之间的跨文化交流，为开展中外青年人文交流探索了一条新路径。

（二）国内合作与交流

学校积极与地方政府开展战略合作，搭建引进双方共需的高层次人才平台、共建研究院、联合实验室、技术转移机构等平台，为科学研究提供有力支撑，为科技成果转化提供条件等。主动对接意向合作单位 55 个，与政府、企业、高校签订合作协议 14 项。通过合作协议的签订，获签科研项目合同经费 8000 余万元。

2019 年 4 月 26 日，学校与广西壮族自治区签署了战略合作协议，围绕创新驱动发展战略、人才强国战略和“一带一路”倡议，从战略决策咨询、科技创新平台建设、产业重大关键技术攻关、科技成果转移转化等方面开展深入合作。学校获得广西重点研发计划、广西技术创新引导专项项目 2 项，科研经费 1100 余万元。

截至 2019 年年底，董事会单位共达 93 家。

（三）服务社会

1. 精准扶贫

学校对口帮扶阿坝县、马尔康市、峨边县，按照教育部的要求，新增帮扶甘肃省秦安县。组织全校上下各级各部门赴秦安县、阿坝县、马尔康市、双凤村开展调研慰问 22 次；赴各帮扶市县开展扶贫调研督导 14 次，累计行程达 13 000 千米，慰问看望贫困户共计 194 户次。组织开展 3 次“以购代捐”活动，全校有 2000 余人次教职工参与，累计购买马尔康市、峨边县、秦安县各类农副产品总金额达 23 余万元。

顺利完成了阿坝县道路规划设计；支持了阿布洛村牦牛肉干厂建设；开展两期 98 人次干部培训；组织 30 余名中小学生到校学习参观；组织附属医院开展义诊，为 300 余名贫困户免费检查；新中国成立 70 周年前夕，为阿布洛村 155 户村民送电视机；为阿布洛村翻新了篮球场、组织了挤牛奶比赛；组织麦尔玛镇、村、组各级党员干部及村民代表 120 余人到校学习考察；选派 4 名研究生和 1 名教师赴马尔康参加支教活动。

2019 年，阿坝县顺利完成了四川省的检查与验收工作，全县脱贫摘帽。学校作为省直机关帮扶部门在检查考核中得到满分，并在阿坝县 8 个省直帮扶部门中排名第一。在 2019 年四川省教育厅对全省高校定点扶贫工作现场集中考核中我校规定项目和自选项目所有项目获得满分，总成绩被评为第一等级“好”。帮扶干部蔡博、王文彬被省委省政府评为四川省优秀脱贫攻坚帮扶干部。

2. 对口支援

学校的任务是对口支援西藏大学和新疆农业大学，2019 年圆满完成了各项任务。在援藏工作方面，选派 2 名教师、4 名研究生赴西藏大学开展支教工作，开设了 6 门课程；选派 2 名同志挂职藏大工学院副院长、后勤管理处副处长；选派 1 名专家开展信息化建设工作；为藏大 50 余名新入职教师进行教学技能培训。接收藏大联合培养本科学生 56 人、硕士研究生 20 名来校学习。在援疆工作方面，选派石红国同志作为第 9 批援疆干部，到新疆农大任交通与物流工程学院副院长，分管研究生和科研工作；接收刘溪溪等 3 名研究生来校访学。

（四）基金会工作

2019 年，学校基金会设立了“双一流教育基金”“杰出人才荣誉基金”等 28 个捐赠项目，发起“我爱我交——建校 123 周年年度捐赠”活动，启动了树木冠名认捐、心缘助学金、图书馆桌椅冠名认捐等 16 个项目，同比 2018 年小额捐赠率提高了 15 倍。

设立的筹资专项奖学金累计达 142 项，包括“感恩中国近现代科学家奖助学金”“唐立新教育基金”“朴新教育奖学金”“交控卓越人才专项奖教金”“TCL 创新创业基金”等，2019 年获奖学生 900 名，其中研究生 244 名、本科生 656 人，为人才培养提供有力的资金支持。开发了基金会项目管理平台，实现信息有效公开和工作效率的极大提高。2019 年共计推出“捐赠故事”42 篇、捐赠新闻 99 篇，节假日给捐赠人发送问候短信 5000 条。

截至 2019 年 12 月 31 日，基金会接收捐赠收入 3690.35 万元，成功申报配比 1685.73 万元。共计为学校“双一流”建设发展争取经费 5376.08 万元。筹资到位经费在教育部高校排名 30 名以内。经中国人民大学教育研究中心预估数据显示，我校在全国高校基金会捐赠收入排名进入前 30 名，表明我校基金会在内部治理、工作绩效及社会评价方面迈入一流基金会行列。

十二、校友工作

2019年，学校与成都市政府携手打造"'蓉'归故里·西南交通大学校友返校日暨校企双进企业家进校园"活动，通过校友力量推动成都市国家中心城市建设和学校"双一流"建设。举行了校友企业展、西南交通大学科技成果超市、"校企双进·企业家进校园"、人才招聘会等多项活动。同时，成立西南交通大学校友企业家联盟，推进学校、校友企业与地方政府轨道交通产业共同发展。在成立大会上，7家校友企业与成都市现场签约，总投资金额达31.2亿元。

创立"竢实扬华，交子归来"返校品牌活动，组织58个班级、近2000名校友返校。策划组织2018年度"西南交通大学思源奖""西南交通大学优秀校友工作者"两大奖评选工作，举行2019年"校庆杯"校友邀请赛。将校友工作与人才培养紧密联系，开设"1896交子讲堂"，邀请郑宇、余泽西、贾林昌、周苏岳、刘兴亮等校友回母校任校友导师、作主题演讲。组织《竢实扬华·峨眉时期》纪录片首发和4K新版《开国大典》在川高校首映等活动，促进学校文化建设。组织学生假期走访校友，增强在校生与校友的紧密联系，帮助在校生积累社会经验。

2019年，新成立人文学院院友会、年级理事会、读书会和校友企业家联盟等4个校友组织，完成北京校友会、上海校友会换届工作。聘任2019届校友班级理事390名。逐步完善校院两级校友工作体系，指导学院校友工作有序开展，表彰学院校友工作突出贡献奖3个、校友工作最佳团队11个、先进工作者23人、风采志愿星103人。基本完成校友综合服务管理平台升级，开发了基于移动互联网+的校友服务大厅，实现了"一档案、两平台"的校友信息化新格局。目前入库校友信息245 807条，比去年增加56 245条，注册校友信息7459条。

十三、财务收支情况

（一）2018—2019 年决算收入情况

2019 年，学校各项收入总计 389 466.85 万元，具体情况如下：

财政补助收入 175 345.24 万元，比上年 159 558.57 万元增加 15786.67 万元，增长 9.89%。其中，基本支出 129 690.26 万元，比上年增加 15 663.95 万元；项目支出 45 654.98 万元，比上年增加 122.72 万元，增加主要原因为生均拨款标准提高。

事业收入 172 983.61 万元，较上年 157 917.58 万元增长 16.53%，主要原因在于科研事业收入增加。

非同级财政预算拨款 9315.05 万元，比上年 9 272.15 万元增加 42.90 万元，增加原因为地方财政拨款增加。

其他收入 31 763.32 万元，较上年 33 411.08 万元，减少 1647.76 万元，减幅 9.51%，主要原因后勤其他收入减少。

（二）2018—2019 年决算支出情况

2019 年，学校支出总计 350 531.66 万元，较上年支出 388 504.65 万元，减少 37 972.99 万元，减幅 9.02%。其中基本支出 247 293.24 万元，占 70.55%；项目支出 101 629.48 万元，占 28.99%；其他支出 1608.93 万元，占 0.46%。

2019 年各项支出中人员经费支出 188 083.24 万元，较上年度 157 699.28 万元增加 19.27%，主要原因在于 2019 年学校高端人才引进力度加强，同时进行了绩效工资改革和优化人员结构。其中，在职人员人均工资支出 153 101.02 元，上年在职人员人均工资支出 148 092.36 元，增加 5008.66 元，主要原因为学校推行了绩效工资改革和加强高端人才引进；离休人员人均离休费 175 887.30 元，上年离休人员人均离休费 174 916.80 元，增加 980.5 元，正常增长；退休人员人均退休费 72 623.14 元，上年退休人员人均退休费 73 597.21 元，减少 974.07 元，主要原因为退休人员结构变化。

2019 年公用经费支出 162 448.42 万元，较上年度 230 805.35 万元减少 29.62%，主要原因是为 2018 年为实施政府会计制度将基建投资并入学校账套引起公用经费异常增加。

十四、审计工作

（一）审计制度建设

（1）制定了《审计处考核及绩效工资分配办法（试行）》。

（2）制订了“犀浦校区现代交通先进装备创新研究基地”跟踪审计通知书，及跟踪审计工作手册、工作要求、需提交资料清单、审计组成员构成、承诺书、项目概况和进度情况、审计调查表、送审表等8个附件。

（二）经济责任审计

（1）按时保质完成审计任务。完成审计项目22项，审计资金总额3 145 679 159.45元，提交审计报告22份，提出审计建议107条；针对普遍性问题，提交《专题报告》9份，专题建议15条；针对典型性问题，提交《管理建议书》2份。梳理业务风险点14条。

（2）狠抓整改落实。突出成效：“即知即改”清退不合规报销款27 865.00元；督促完成应收款项清理4 115 988.00元，降低了坏账损失风险；促使建立及完善内部管理制度；促使“三重一大”集体决策制度的执行更加规范、有效；促使规范合同管理等。

（3）落实第八次领导干部经济责任审计工作领导小组会议精神，努力推动成果运用，汇总《2019年教育部直属高校经济责任审计情况通报》问题，向全校下发67份对照检查自查通知，加强审计工作与纪检监察巡查工作的上下联动、左右联动。

（三）专项审计

（1）完成党政同审整改工作。“党政同审”整改作为学校2019年的重点工作，审计处制定了《党政同审整改方案》并积极督办。5月20—30日，教育部对“党政同审”整改落实情况开展跟踪检查，审计处继续发挥好统筹协调和服务指导职能，全力配合，为迎接检查组的到来进行了精心准备。其间，组织召开11次校领导工作会议，经与各职能部门精确有效协调、与上级部门积极努力沟通，截至检查组离场，为学校销号28个。检查组离场后，按照学校会议决定，又牵头制定了《党政同审后续整改方案》，明确了牵头责任单位、整改任务、时间表。截至12月20日，经学校确认，已整改34条，正在整改13条，后续整改报告上报了教育部。通过“党政同审”整改，审计处发扬攻坚克难精神，整改问题“件件有说法，事事有回音”，解决了一批硬骨头问题，加强了责任追究，提高了政治站位。促使各单位把整改工作内化为主动需求、自身需求以及学校事业发展需求，形成监督合力，有效助推了学校依法治校及治理能力现代化的步伐。

（2）完成2018年度中外合作办学项目（生物专业）财务收支审计1项，审计资金总额901 996.54元。出具《审计报告》和《管理建议书》各1份。

（3）贯彻落实《教育部直属高校主要领导干部履行经济责任重要风险提示清单》（教财〔2019〕1号）文件精神，向17个单位发送《关于对照检查、贯彻落实“教育部直属高校主要领导干部履行经济责任重要风险提示清单的通知”的通知》，梳理学校重要风险点，增强二级单位风险防范意识。

（四）工程建设审计

（1）完成基建（修缮）工程项目竣工结算审计181项，送审总额35 034.27万元，审减金额4175.76万元，审减率11.92%。其中自审工程154项，审减金额147.06万元，节余基本审计费50万元。

（2）持续推进犀浦校区3号教学楼全过程跟踪审计，完成工程进度款审核，减少4483.49万元进度款，延迟了资金支付时间，赢得了资金时间价值；完成6个招标控制价审核，审减招标控制价1324.78万元，完成主体结构结算审计，送审金额8868.73万元，审减金额589.02万元，这是我校首次开展分阶段结算，为顺利完成2019年国拨资金做出了贡献。

（3）完成现代交通先进装备创新研究项目招标文件和工程量清单的全过程跟踪审计，审减招标控制价819.40万元。

（4）完成电气综合实验室、大学生实训基地和工程训练中心3个项目竣工财务决算审计，审定固定资产价值14 016.40万元，提高了党政同审整改率。

（五）审计管理

1. 规范审计工作流程

（1）严格执行审计处“三重一大”集体决策制度。制度建立及修订、审计项目安排、大额资金使用、建设管理单位提出“10万元及以上的变更”等凡属于“三重一大”事项，均经处长办公会集体决策，并形成会议纪要，所有文字材料存档。

（2）建立审计项目会议研讨机制。审计项目从立项到出具审计结果报告（或工程审核报告）整个过程，审计发现问题研讨、征求意见稿研讨、审计报告研讨贯穿始终，并认真进行质量复核、审核。

（3）建立审计项目跟踪与反馈机制。审计人员全程跟踪审计项目，深入审计现场，实地查勘，实地观察，实地调研，搜集审计证据材料；重大问题、疑难问题，及时上报，集体研讨、集体决策，以座谈、“工作联系函”的方式及时与职能部门沟通，规避风险；同时，加强对社会中介机构的管理。

（4）建立整改工作问题销号机制。审计过程中对发现的问题力争做到“即查即改，即知即改”。整改工作中，审计人员积极、主动，深入被审计单位指导，整改工作抓细、抓小、抓实，抓牢，对整改问题坚决做到有据可依，坚决整改到位。

（5）规范日常文书及审计工作档案管理。认真严谨制定审计工作文书，注重审计工作化痕迹化、过程化，作好工作记录，留档备查。

2. 强化审计工作重点

（1）经济责任审计“一条主线和两个强化”工作模式促使审计内容发生三个重大变化：首先，审计方法由账项基础审计转为风险导向审计，有效运用审计资源；其次，审计重点从财务收支审计向内部管理审计转变，为学校管理水平和治理水平的提升助力；第三，审计结果出现了多种形式，既有业务层面审计报告，也有整体层面的管理建议书。

（2）工程审计厘清审计边界，建立了可为和不可为清单。结合中央审计委员会第一次会议精神，在总结工程审计的经验和不足的基础上，拟定了工程审计的可为和不可为清单，对工程建设管理各个环节内部审计机构应当作为的事项和不应缺位、越位、错位的事项进行了明确界定，厘清了工程审计的工作边界，消除了过去工程审计人员既当运动员又当裁判员的角色冲突，进一步加强了工程管理审计工作。

3. 推进审计工作创新

（1）创新工作方法，响应国家治理体系、治理能力现代化要求和国家审计管理体制改革，结合学校内外部审计环境的重大变化，经济责任审计推行了“一条主线和两个强化”，即以“风险导向审计”为主线，强化“业务活动审计和内部控制审计”，对于防范学校风险在技术上迈出了保障的一步。

（2）创新工作流程，工程审计首次下发工程项目全过程跟踪审计通知书，对跟踪审计工作进行立项。由审计处人员和事务所共同组成全过程跟踪审计组，以加强过程控制，提高效率，防范风险。

4. 探索审计工作方向

（1）聚焦审计业务重点、难点，探讨教育审计新发展，以“党政同审”整改为契机，为有效促进高校党政决策论证、决策部署、决策执行、执行监督、执行绩效等管理工作，促进决策机制的健康运行，对高校党政决策管理的内部控制审计进行了研究，指出开展此项工作的背景和意义，为推动高校依法治校，提高党政决策效率，防范重大风险而科学谋划、献计献策。

（2）聚焦科研管理新形势、新政策，探索内部审计在科研“放管服”方面的助推作用。积极调研，宣传科研新政策，更新审计观念，正确把握审计监督与服务的关系，促进政策执行的有效性，激发创造创新活力，促进高校可持续发展。

（六）审计队伍建设

2019 年增加注册会计师 1 名、高级工程师 1 名。参加继续教育和培训 23 人次，学时 528 学时。其中：教育部财务司培训 4 人次，教育部高端会计人才培训 1 人次，中国内部审计协会培训 7 人次，中国教育审计学会 2 人次，四川省教育厅培训 1 人次，四川省内部审计协会教育分会培训 3 人次，会计继续教育培训 5 人次。

十五、采购与招标工作

（一）概　况

1. 深化改革，提升采购工作质量

以支撑学校“双一流”建设为目标，创新采购方式，提高采购自主权，修订完善文件规定和合同模板，进一步规范政府采购行为。一是积极贯彻落实“放管服”改革要求，规范采购行为，对采购管理流程进行梳理，配合学校相关部门，减少不必要的审核，优化审核程序。二是持续推进招标采购标准化、规范化建设，主动对接相关部门，圆满完成编制标书、发布公告、评标、定标、签订合同、支付资金等一系列工作。三是对需要申请变更采购方式或采购进口产品的项目，对其进行严格初审，并按照相关程序及时报财政部审批。四是高度重视中央财政拨款项目的采购工作，提前筹划，优先办理，确保此类项目保质保量完成。通过以上措施，有力保证了学校整体预算执行进度。

2. 积极落实政府采购政策功能

进一步落实政府采购节能环保政策，在学校各类采购文件中明确节能环保政策要求；进一步贯彻促进中小企业发展和促进残疾人就业政府采购政策，根据项目情况，在评审环节给予政策优惠。同时按照《财政部 发展改革委 生态环境部 市场监管总局 关于调整优化节能产品、环境标志产品政府采购执行机制的通知》（财库〔2019〕9 号）及《关于促进政府采购公平竞争优化营商环境的通知》（财库〔2019〕38 号）等的要求及时修订各类采购文件和相关规定。

3. 以信任为前提，按照能放尽放的要求赋予科研人员更大的采购活动自主支配权，减轻科研人员负担，调动科研人员积极性

我校经过广泛调研和深度会商，大幅度提高了科研经费采购活动的分散采购限额标准，简化了采购审批流程，减少了证明材料。相比文件出台之前，科研设备及材料采购限额标准提高一倍以上，采购方式也更加丰富，现在科研人员可以自行采购 20 万元以下的仪器设备及耗材，并且不需要提供情况说明。20 万到政府采购限额标准之间的项目可以采用快速采购或网上竞价的方式，保证采购速度。科研急需项目的认定方式和流程也实现明确化简单化，在制度上确保了急需项目“特事特办、随到随办”。

（二）政府采购统计数据

1. 政府采购预算情况

2019 年，我校政府采购信息统计报表范围内的采购计划金额为 40 510 万元，全部为一般公共预算。其中，货物预算金额为 19 125.31 万元，工程预算金额为 18 384.69 万元（含新建工程），服务预算金额为 3000 万元。

2. 采购预算执行情况

2019 年，我校政府采购信息统计报表范围内的实际采购金额为 31 337.379 901 万元，其中，货物采购金额为 14 901.536 73 万元，工程采购金额为 14 685.377 171 万元，服务采购金额为 1750.466 万元。共节约资金 9172.620 099 万元，其中，货物采购节约资金 4223.773 27 万元，工程采购节约资金 3699.312 829 万元，服务采购节约资金 1249.534 万元。

3. 采购组织形式情况

2019 年，我校政府采购实际采购金额为 31 337.379 901 万元，其中集中采购金额 332.483 605 万元，分散采购金额 31 004.896 296 万元。其中门槛价以上分散采购金额为 16 670.884 849 万元，门槛价以下集中采购金额为 332.483 605 万元、分散采购金额为 14 334.011 447 万元。

4. 采购方式情况

2019 年，我校采用公开招标方式采购金额为 26 428.640 555 万元、竞争性磋商方式采购金额为 3512.748 059 万元、单一来源采购方式采购金额为 960.171 882 万元、竞争性谈判方式采购金额为 158.5 万元、其他方式采购金额为 277.319 405 万元（其中协议供货 262.7 万元、电子卖场 14.619 405 万元）。综上，可以看出公开招标为我校政府采购的主要方式，同时，在遵守国家法律法规的前提下，根据项目需求特点和市场竞争状况合理选择其他采购方式，实现优势互补，充分发挥政府采购的效能，极大地提高了采购效率。

5. 采购合同授予情况

2019 年，我校政府采购合同授予国内厂商 27 363.507 626 万元，占采购总金额的 87.32%；授予国外厂商 3973.872 275 万元，占采购总金额的 12.68%。我校严格落实国内自主创新产品的采购政策要求，绝大多数政府采购合同授予国内厂商，授予国外厂商的采购合同主要原因为所采购的科研专用仪器设备在国内无相关技术，甚至需要进行定制。采购合同授予大型企业 6509.948 631 万元、中型企业 11 972.607 858 万元、小微企业 12 854.823 412 万元。我校的政府采购项目中向小微企业、监狱企业、残疾人福利性单位倾斜，对其产品价格给予 6%的扣除，用扣除后的价格参与评审。扶持不发达地区和少数民族地区，投标人为不发达地区或少数民族地区企业的，给予加分。

6. 政府采购品目情况

2019 年，我校政府采购货物类采购金额为 14 901.536 73 万元（其中门槛价以上采购金额为 12 599.537 755 万元，门槛价以下采购金额为 2301.998 975 万元），占采购总金额的 47.55%；工程类采购金额为 14 685.377171 万元（其中门槛价以上采购金额为 2434.881 094 万元，门槛价以下采购金额为 12 250.496 077 万元），占采购总金额的 46.87%；服务类采购金额为 1750.466 万元（其中门槛价以上采购金额为 1636.466 万元，门槛价以下采购金额为 114.00 万元），占采购总金额的 5.58%。

7. 节能节水产品情况

2019 年，我校政府采购涉及节能节水产品的采购总金额为 2116.918 36 万元，实际采购节能节水产品金额为 876.499 205 万元，所占比例为 41.40%。

8. 环保产品情况

2019 年，我校政府采购涉及环保产品的采购总金额为 779.809 859 万元，实际采购环保产品金额为 600.863 704 万元，所占比例为 77.05%。

十六、办学条件

(一)校舍构成情况

截至 2019 年年末，我校房屋面积总计 1 856 117.68 平方米，其中犀浦校区 858 559.00 平方米，九里校区 773 336.68 平方米，峨眉校区 224 222.00 平方米。

单位(平方米)	合计	犀浦校区	九里校区	峨眉校区
总　计	1 856 117.68	858 559.00	773 336.68	224 222.00
一、教学科研及辅助用房	591 796.94	330 219.76	193 550.18	68 027.00
教室	145 381.22	89 564.58	29 731.64	26 085.00
图书馆	61 249.18	36 727.22	18 166.96	6355.00
实验室实习场所及附属用房	189 748.49	131 048.03	40 393.46	18 307.00
科研用房	129 435.05	26 916.93	92 378.12	10 140.00
体育馆	53 143.00	45 963.00	7180.00	0.00
会堂	12 840.00	0.00	5700.00	7140.00
二、行政办公用房小计	135 507.85	75 072.65	47 214.20	13 221.00
三、生活用房小计	698 674.37	412 473.07	198 996.30	87 205.00
学生宿舍	508 227.00	324 123.00	121 904.00	62 200.00
学生食堂	39 666.00	24 425.00	6950.00	8291.00
教工宿舍	38 628.68	6795.00	27 615.68	4218.00
教工食堂	3020.00	2220.00	800.00	0.00
生活福利及附属用房	109 132.69	54 910.07	41 726.62	12 496.00
四、教工住宅	192 622.00	0.00	160 187.00	32 435.00
五、其他用房	237 516.52	40 793.52	173 389.00	23 334.00

(二)实验室分布情况

截至 2019 年年末，我校有登记备案各级各类实验室 147 个，其中，国家实验室 1 个、国家重点实验室 1 个、国家级实验教学示范中心 8 个、国家工程实验室 2 个、国家工程技术研究中心 1 个、国家地方联合工程实验室 3 个、国际联合研究中心 1 个；教育部重点实验室 4 个、教育部工程研究中心 1 个、四川省高校重点实验室 15 个、四川省省级实验教学示范中心 4 个、四川省重点实验室 9 个、四川省工程技术研究中心 3 个、四川省工程实验室 1 个、四川省国际科技合作基地 1 个、四川省青年科技创新研究团队 1 个，其他各类实验室 91 个。

西南交通大学实验室分布一览（2019 年）

序号	学院	研究所/实验室名称	实验室名号	所在校区	所在地点
1	材料科学与工程学院	材料先进技术教育部重点实验室	教育部重点实验室	九里校区	材料先进技术教育部重点实验室/分析测试中心/材料重点实验室/3 号教学楼
2	材料科学与工程学院	人工器官表面工程实验室	四川省高校重点实验室	九里校区	0 号教学楼/2 号教学楼
3	材料科学与工程学院	四川省先进焊接及表面工程技术研究中心	四川省工程技术研究中心	九里校区	4 号教学楼
4	材料科学与工程学院	顶峰多尺度科学研究所		九里校区	2 号教学楼
5	材料科学与工程学院	材料科学与工程实验教学中心	国家级实验教学示范中心	九里校区/犀浦校区	2 号教学楼（犀浦）/水力学实验室（犀浦）/热处理实验室（九里）/重点实验室（九里）/材料馆外实验室（犀浦）/5 号教学楼（犀浦）
6	材料科学与工程学院	现代焊接技术实验室	四川省高校重点实验室	九里校区/犀浦校区	焊接实验室（九里）/0 号教学楼（九里）/材料实验室（犀浦）
7	材料科学与工程学院	四川省低维复合材料工程技术研究中心	四川省工程技术研究中心	九里校区	3 号教学楼
8	超导与新能源研究开发中心	超导与新能源中心		九里校区	3 号教学楼/1 号教学楼
9	地球科学与环境工程学院	高速铁路运营安全空间信息技术国家地方联合工程实验室	国家地方联合工程实验室	犀浦校区	4 号教学楼
10	地球科学与环境工程学院	环境科学与工程实验中心	四川省高校重点实验室	九里校区/犀浦校区	犀浦馆外（犀浦）/1 号教学楼（九里）
11	地球科学与环境工程学院	地质资源与地质工程实验中心		九里校区/犀浦校区	4 号教学楼（犀浦）/馆外实验室（九里）
12	地球科学与环境工程学院	测绘科学与技术实验中心		犀浦校区	4 号教学楼/6 号教学楼
13	地球科学与环境工程学院	消防工程实验中心		犀浦校区	馆外实验室
14	电气工程学院	城轨电气系实验中心		峨眉校区	10 号教学楼
15	电气工程学院	国家轨道交通电气化与自动化工程技术研究中心	国家工程技术研究中心	犀浦校区	10 号教学楼
16	电气工程学院	电气工程基础实验中心	国家级实验教学示范中心	犀浦校区	6 号教学楼
17	电气工程学院	磁浮技术与磁浮列车教育部重点实验室	教育部重点实验室	犀浦校区	10 号教学楼
18	电气工程学院	电气工程专业实验中心		犀浦校区	10 号教学楼
19	电气工程学院	铁道电气化与自动化铁道部重点实验室		犀浦校区	10 号教学楼
20	工程训练中心	工程训练中心	省级实验教学示范中心	犀浦校区	工程训练中心 A 座/B 座

续表

序号	学院	研究所/实验室名称	实验室名号	所在校区	所在地点
21	公共管理与政法学院	电子政务综合实验中心		九里校区/犀浦校区	5号教学楼（犀浦）/0号教学楼（九里）
22	机械工程学院	地铁与轻轨车辆实验室		峨眉校区	7号实验楼
23	机械工程学院	动车组技术实验室		峨眉校区	6号实验楼
24	机械工程学院	工程施工与设备实验室		峨眉校区	工程施工与设备实验室
25	机械工程学院	工程训练中心		峨眉校区	通讯楼
26	机械工程学院	摩擦学研究所	四川省高校重点实验室	九里校区	摩擦学研究所
27	机械工程学院	物料搬运机械实验室	四川省高校重点实验室	九里校区	5号教学楼/馆外实验室/2号教学楼
28	机械工程学院	新型驱动技术四川省高校重点实验室	四川省高校重点实验室	九里校区	2号教学楼
29	机械工程学院	机车车辆实验室		九里校区	2号教学楼
30	机械工程学院	起重运输与工程机械实验室		九里校区	馆外实验室
31	机械工程学院	四川省绿色人居环境控制与建筑节能工程实验室		九里校区	2号教学楼
32	机械工程学院	现代制造技术实验中心		九里校区	先进设计与制造技术研究所
33	机械工程学院	车辆热能动力机械实验室	四川省高校重点实验室	犀浦校区	5号教学楼
34	机械工程学院	机电测控实验中心		犀浦校区	5号教学楼
35	机械工程学院	热工与建筑环境实验中心		犀浦校区	5号教学楼
36	机械工程学院	机械基础实验中心	国家级实验教学示范中心	犀浦校区/峨眉校区	5号教学楼（犀浦）/2号教学楼（峨眉）
37	机械工程学院	先进驱动节能技术教育部工程研究中心	教育部工程研究中心	犀浦校区/九里校区	工业中心、馆外实验室(犀浦)/2号教学楼（九里）
38	机械工程学院	轨道交通运维技术与装备四川省重点实验室	四川省重点实验室	九里校区	馆外实验室
39	建筑与设计学院	艺术实验教学中心	省级实验教学示范中心	犀浦校区	馆外实验室/8号教学楼
40	建筑与设计学院	建筑实验中心		犀浦校区	8号教学楼
41	交通运输与物流学院	西南交通大学全路列车运行图编制研发培训中心		九里校区	0号教学楼/4号教学楼
42	交通运输与物流学院	综合交通运输智能化国家地方联合工程实验室	国家地方联合工程实验室	犀浦校区	11号教学楼
43	交通运输与物流学院	交通运输与物流实验中心	国家级实验教学示范中心	犀浦校区	5号教学楼(犀浦)/实验楼(峨眉)
44	交通运输与物流学院	综合交通大数据应用技术国家工程实验室	国家工程实验室	犀浦校区	5号教学楼/2号教学楼
45	交通运输与物流学院	综合运输四川省重点实验室	四川省重点实验室	犀浦校区	11号教学楼
46	交通运输与物流学院	四川省轨道交通智能运输组织工程技术研究中心	四川省工程技术研究中心	九里校区/犀浦校区	1号综合楼/11号楼

续表

序号	学院	研究所/实验室名称	实验室名号	所在校区	所在地点
47	经济管理学院	服务科学与创新四川省重点实验室	四川省重点实验室	九里校区	0号教学楼/行政楼
48	经济管理学院	经济管理实验中心	省级实验教学示范中心	犀浦校区	5号教学楼
49	力学与工程学院	峨眉校区力学实验中心		峨眉校区	电机馆
50	力学与工程学院	应用力学与结构安全四川省重点实验室	四川省重点实验室	九里校区	0号教学楼
51	力学与工程学院	力学研究所		九里校区	2号教学楼
52	力学与工程学院	振动冲击噪声中心		九里校区	摩擦所
53	力学与工程学院	力学实验中心	国家级实验教学示范中心	犀浦校区	5号教学楼
54	力学与工程学院	高性能材料与器件研究中心		犀浦校区	5号教学楼
55	力学与工程学院	界面流体与功能界面实验室		犀浦校区	5号教学楼
56	牵引动力国家重点实验室	牵引动力国家重点实验室	国家重点实验室	九里校区	牵引动力大厅/国实大厅试验区
57	牵引动力国家重点实验室	现代轨道交通车辆设计与安全评估技术国家国际科技合作基地		九里校区	牵引动力大厅/国实大厅试验区
58	牵引动力国家重点实验室	轨道交通工程动力学国际合作联合实验室		九里校区	牵引动力大厅/国实大厅试验区
59	牵引动力国家重点实验室	中国—拉共体轨道交通联合实验室		九里校区	牵引动力大厅/国实大厅试验区
60	牵引动力国家重点实验室	中国-印尼高铁技术联合研究中心		九里校区	牵引动力大厅/国实大厅试验区
61	人文学院	音乐教学实验室		犀浦校区	体育场
62	人文学院	影视传播实验室		犀浦校区	8号教学楼
63	人文学院	语言学实验室		犀浦校区	8号教学楼
64	生命科学与工程学院	峨眉实验中心		峨眉校区	5号教学楼
65	生命科学与工程学院	九里实验中心		九里校区	3号教学楼
66	生命科学与工程学院	犀浦实验中心		犀浦校区	6号教学楼
67	生命科学与工程学院	四川省天然药物仿生合成工程研究中心	四川省重点实验室	犀浦校区	6号教学楼
68	数学学院	系统可信性自动验证国家地方联合工程实验室	国家地方联合工程实验室	九里校区	0号教学楼
69	数学学院	数学专业实验室		九里校区	0号教学楼
70	数学学院	公共数学学习基地		犀浦校区	2号教学楼
71	数学学院	数据处理与仿真控制实验室		犀浦校区	2号教学楼
72	数学学院	数据分析与统计建模实验室		犀浦校区	2号教学楼

续表

序号	学院	研究所/实验室名称	实验室名号	所在校区	所在地点
73	数学学院	数学实验实践中心		犀浦校区	5号教学楼
74	数学学院	系统可信性自动验证四川省工程实验室	四川省工程实验室	九里校区	0号教学楼
75	体育工作部	运动人体机能实验中心		犀浦校区	北区田径场/主体育馆
76	土木工程学院	道路工程实验室		峨眉校区	2号实验大楼
77	土木工程学院	地下工程实验室		峨眉校区	1号实验大楼/2号实验大楼
78	土木工程学院	工程测量实验室		峨眉校区	3号实验大楼
79	土木工程学院	工程地质实验室		峨眉校区	1号实验大楼
80	土木工程学院	工程检测实验室		峨眉校区	1号实验大楼
81	土木工程学院	建筑材料实验室		峨眉校区	4号教学楼
82	土木工程学院	水力学实验室		峨眉校区	3号教学楼
83	土木工程学院	铁道工程实验室		峨眉校区	1号实验大楼/2号实验大楼
84	土木工程学院	土力学实验室		峨眉校区	1号实验大楼
85	土木工程学院	高速铁路线路工程教育部重点实验室	教育部重点实验室	九里校区	高速铁路线路工程实验室
86	土木工程学院	交通隧道工程教育部重点实验室	教育部重点实验室	九里校区	交通隧道工程教育部重点实验室研发大楼
87	土木工程学院	道路工程四川省重点实验室	四川省重点实验室	九里校区	道路工程实验室
88	土木工程学院	结构工程试验中心		九里校区	结构试验中心
89	土木工程学院	土工离心机试验中心		九里校区	离心机实验室
90	土木工程学院	岩土工程试验中心		九里校区	岩土工程试验中心
91	土木工程学院	陆地交通地质灾害防治技术国家工程实验室	国家工程实验室	犀浦校区	陆地交通地质灾害防治技术国家工程实验室
92	土木工程学院	土木工程实验教学中心	国家级实验教学示范中心	犀浦校区	馆外区
93	土木工程学院	风工程四川省重点实验室	四川省重点实验室	犀浦校区	XNJD-3风洞
94	土木工程学院	抗震工程技术四川省重点实验室	四川省重点实验室	犀浦校区	国工室大楼
95	外国语学院	外语教育技术实验中心		九里校区/犀浦校区/峨眉校区	4号教学楼（九里）/1号教学楼（犀浦）/中山梁3号教学楼（峨眉）/6号教学楼（峨眉）/网络中心楼（峨眉）
96	物理科学与技术学院	高压科学与技术实验室	四川省高校重点实验室	九里校区	馆外
97	物理科学与技术学院	高功率微波技术实验室		九里校区	0号教学楼
98	物理科学与技术学院	量子光电实验室		九里校区	0号教学楼

续表

序号	学院	研究所/实验室名称	实验室名号	所在校区	所在地点
99	物理科学与技术学院	无损检测实验室		九里校区	工业中心
100	物理科学与技术学院	电磁场与微波技术实验室		九里校区/犀浦校区	0号教学楼（九里）/5号教学楼（犀浦）
101	物理科学与技术学院	物理实验中心	国家级实验教学示范中心	犀浦校区	6号教学楼
102	心理研究与咨询中心	心理健康教育实验中心	省级实验教学示范中心	犀浦校区	5号教学楼
103	信息科学与技术学院	轨道交通信息工程与技术实验中心-峨眉分中心		峨眉校区	1号实验大楼
104	信息科学与技术学院	铁道信息工程系大学生科技创新园		峨眉校区	中学楼
105	信息科学与技术学院	铁道信息工程系实验中心		峨眉校区	中学楼
106	信息科学与技术学院	铁道信息工程系铁路信号实践基地		峨眉校区	信号楼/老中学楼
107	信息科学与技术学院	四川省现代服务科技工程技术研究中心		九里校区	0号教学楼
108	信息科学与技术学院	四川省现代服务科技研究院		九里校区	0号教学楼
109	信息科学与技术学院	信息量子技术实验室		九里校区	0号教学楼
110	信息科学与技术学院	制造业产业链协同与信息化支撑技术四川省重点实验室		九里校区	0号教学楼
111	信息科学与技术学院	现代交通通信与传感网络国际联合研究中心	国际联合研究中心	犀浦校区	南区浴室改造
112	信息科学与技术学院	交通信息工程及控制	四川省高校重点实验室	犀浦校区	9号教学楼/7号教学楼
113	信息科学与技术学院	网络通信技术实验室	四川省高校重点实验室	犀浦校区	9号教学楼
114	信息科学与技术学院	信号与信息处理	四川省高校重点实验室	犀浦校区	9号教学楼
115	信息科学与技术学院	信息安全与国家计算网格实验室	四川省高校重点实验室	犀浦校区	9号教学楼
116	信息科学与技术学院	信息协同与物联网工程实验室	四川省高校重点实验室	犀浦校区	9号教学楼
117	信息科学与技术学院	移动通信实验室	四川省高校重点实验室	犀浦校区	9号教学楼
118	信息科学与技术学院	云计算与智能技术四川省高校重点实验室	四川省高校重点实验室	犀浦校区	9号教学楼
119	信息科学与技术学院	高速光信息传输处理及传感应用四川省国际科技合作基地	四川省国际科技合作基地	犀浦校区	9号教学楼

续表

序号	学院	研究所/实验室名称	实验室名号	所在校区	所在地点
120	信息科学与技术学院	交通安全监测与管控平台	四川省青年科技创新研究团队	犀浦校区	9号教学楼
121	信息科学与技术学院	信息编码与传输四川省重点实验室	四川省重点实验室	犀浦校区	9号教学楼
122	信息科学与技术学院	交通信息工程实验室（原铁道部重点实验室）	原铁道部重点实验室	犀浦校区	9号教学楼
123	信息科学与技术学院	CIVC-Lab 计算智能和视觉计算		犀浦校区	9号教学楼
124	信息科学与技术学院	本科创客基地及 ACM 团队		犀浦校区	9号教学楼
125	信息科学与技术学院	传感技术实验室		犀浦校区	9号教学楼
126	信息科学与技术学院	萃思平台		犀浦校区	9号教学楼
127	信息科学与技术学院	电子技术基础实验室		犀浦校区	6号教学楼/9号教学楼
128	信息科学与技术学院	计教中心实验室（原软件学院）		犀浦校区	7号教学楼
129	信息科学与技术学院	计算机科学与技术实验室		犀浦校区	6号教学楼/9号教学楼
130	信息科学与技术学院	计算机应用实验室		犀浦校区	9号教学楼
131	信息科学与技术学院	交通信息工程及控制四川省高校重点实验室		犀浦校区	9号教学楼
132	信息科学与技术学院	利兹学院实验室		犀浦校区	9号教学楼
133	信息科学与技术学院	软件工程实验室		犀浦校区	9号教学楼
134	信息科学与技术学院	软件工程系实验室		犀浦校区	7号教学楼
135	信息科学与技术学院	通信工程实验室		犀浦校区	9号教学楼
136	信息科学与技术学院	通信与电子教研室		犀浦校区	9号教学楼
137	信息科学与技术学院	微电子研究所		犀浦校区	9号教学楼
138	信息科学与技术学院	微纳光子器件实验室		犀浦校区	9号教学楼
139	信息科学与技术学院	西南交通大学中国土地信息大数据研究院		犀浦校区	9号教学楼
140	信息科学与技术学院	信号与信息处理实验室		犀浦校区	9号教学楼
141	信息科学与技术学院	信息光子与通信研究中心		犀浦校区	9号教学楼

续表

序号	学院	研究所/实验室名称	实验室名号	所在校区	所在地点
142	信息科学与技术学院	虚拟仿真中心		犀浦校区	9号教学楼
143	信息科学与技术学院	虚拟现实与多媒体技术实验室		犀浦校区	9号教学楼
144	信息科学与技术学院	智能传感器与微系统		犀浦校区	9号教学楼
145	信息科学与技术学院	智能系统与先进控制实验室		犀浦校区	9号教学楼
146	信息科学与技术学院	轨道交通信息工程与技术实验中心	国家级实验教学示范中心	犀浦校区/峨眉校区	9号教学楼（犀浦）/中学楼（峨眉）
147	轨道交通国家实验室（筹）	轨道交通国家实验室（筹）	国家实验室	九里校区	明诚堂

数据说明：若同一个实验室有多个级别称号的，以最高级别称号作为计数单位，不重复统计。

（三）教学科研仪器设备分配表

单位名称	仪器设备（2019年年末）		较2018年变动量		其中：单价5万元（含）以上仪器设备	
	件数	金额/万元	变动台件	变动金额/万余	件数	金额/万元
交通运输与物流学院	4156	6683.94	434	678.65	261	4057.04
人文学院	1582	1153.52	216	188.39	9	123.53
体育工作部	802	769.15	33	10.61	24	331.88
信息化研究院	361	2639.44	0	0.00	135	2412.96
信息科学与技术学院	12 405	14 573.41	415	1190.93	415	6852.29
公共管理与政法学院	615	1060.62	52	31.96	7	65.63
利兹学院	958	270.02	5	6.22	5	34.54
力学与工程学院	3019	6998.44	48	－157.77	213	4651.16
北京研究院	18	12.64	0	0.00	0	0.00
医学院	79	130.67	60	107.17	11	84.85
唐山研究院	20	10.69	0	0.00	0	0.00
国际创新创业学院	1	0.38	0	0.00	0	0.00
国际教育学院	7	1.54	－1	－0.46	0	0.00
国际教育学院（峨眉）	6	2.48	0	0.00	0	0.00
土木工程学院	11 708	23 663.39	247	542.41	670	15 827.85
地球科学与环境工程学院	4894	7527.30	450	851.78	251	3890.08
外国语学院	3567	1536.20	－84	－57.79	18	254.96
工程训练中心	844	2028.66	－7	－8.97	109	1463.31
建筑与设计学院	2408	2382.85	71	161.17	56	810.04
心理研究与咨询中心	650	865.98	－48	－50.95	31	423.80

续表

单位名称	仪器设备（2019 年年末）		较 2018 年变动量		其中：单价 5 万元（含）以上仪器设备	
	件数	金额/万元	变动台件	变动金额/万余	件数	金额/万元
数学学院	1799	1686.25	125	167.97	39	546.39
文科建设处	3	5.54	0	0.00	0	0.00
机械工程学院	8968	17 176.91	282	1164.77	462	11 480.70
机车仿真中心	56	123.84	− 98	− 288.71	3	91.92
材料科学与工程学院	4252	13 512.92	423	1563.03	441	10 630.81
物理科学与技术学院	5746	6671.81	643	756.33	171	3226.61
牵引动力国家重点实验室	7495	30 316.31	34	2076.28	537	24 874.08
生命科学与技术学院	3538	4141.35	217	429.68	133	2116.32
电气工程学院	11 608	16 548.61	741	1441.34	567	10 138.20
经济管理学院	2894	2726.97	254	410.57	72	977.75
超导与能源中心	562	2969.46	4	128.56	66	2503.86
轨道交通办公室	3	1.79	0	0.00	0	0.00
轨道交通国家实验室（筹）	49	757.30	22	83.00	13	724.53
轨道交通电自工程中心	378	2222.60	0	0.00	42	1909.33
远程与继续教育学院	1396	1537.99	− 111	− 15.28	45	669.32
马克思主义学院	382	215.26	18	11.44	0	0.00
高等教育研究院	4	2.69	1	1.16	0	0.00
竺可桢书院	143	36.32	0	0.00	0	0.00
党政、业务部门（含峨眉）	13 089	13 913.35	961	1003.26	259	7948.54
其他	1368	906.24	3	65.81	15	221.56
合计	111 833.00	187 784.84	5410.00	12 492.55	5080.00	119 343.82

（四）新增大型仪器设备

单位	数量	价值（元）
交通运输与物流学院	2	1 110 000
医幼及场馆服务中心	3	2 419 600
土木工程学院	5	3 773 500
地球科学与环境工程学院	2	1 589 000
建筑与设计学院	1	439 850
机械工程学院	6	5 869 745.98

续表

单位	数量	价值（元）
材料科学与工程学院	4	5 889 991.44
牵引动力国家重点实验室	8	9 508 182.86
生命科学与技术学院	2	1 046 700
电气工程学院	2	881 541.88
西南交通大学	2	1 148 479.05
资产与实验室管理处	10	7 553 300
超导与能源中心	1	642 000
	48	41 871 891.21

数据说明：统计范围为单价大于等于40万元设备。

（五）多媒体课室情况

校区	总课室数（间）	多媒体课室数（间）	总座位数（个）	多媒体课室座位数（个）	多媒体课室座位数所占百分比
九里	124	114	12 645	11 979	94.73%
犀浦	404	271	33 954	28 192	83.03%
峨眉	106	92	10 079	9039	89.68%
合计	634	477	56 678	49 210	86.82%

（六）图书馆年度经费情况

项目	金额（万元）
本年度文献资源购置费	2465.94
购纸质资源	719.47
中文图书购置费	375.32
外文图书购置费	50.14
中文报刊购置费	39.79
外文报刊购置费	287.97
电子资源购置费	1712.72
购中文电子图书	59.93
购外文电子图书	71.90
购中文电子期刊	157.06
购外文电子期刊	769.32
购其他电子资源	654.51

（七）图书馆馆藏文献一览表

项目		计量单位	数量
文献累积量	文献资源累积总量	册（件）	
	图书累积总量	册	16 546 188
	纸质图书累积量	册	3 980 435
	中文纸质图书累积量	册	3 710 395
	外文纸质图书累积量	册	270 040
	电子图书累积量	册	12 565 753
	中文电子图书累积量	册	10 028 707
	外文电子图书累积量	册	2 537 046
	电子期刊累积量	册	1 695 178
	中文电子期刊累计量	册	1 067 594
	外文电子期刊累积量	册	627 584
	其他电子资源累积量	个	101
当年新增文献量	当年购置图书	册	11 011 427
	当年购置中文纸质图书	册	67 692
	当年购置外文纸质图书	册	654
	当年购置中文电子图书	册	9 278 740
	当年购置外文电子图书	册	1 664 341
	当年购置报刊	份	65 652
	当年购置中文纸质报刊	份	1222
	当年购置外文纸质报刊	份	122
	当年购置中文电子报刊	册	911 871
	当年购置中文电子报刊	份	32 073
	当年购置外文电子报刊	册	475 250
	当年购置外文电子报刊	份	32 235
	当年购置其他电子资源	个	98
	其他来源新增文献	册	1103
	当年剔除、注销文献	册	259

（八）图书馆服务状况统计表

项目	数量
读者人数（按办证人数统计）	16 007
周开放时间（小时）	105

续表

<table>
<tr><td colspan="3">项目</td><td>数量</td></tr>
<tr><td colspan="3">阅览座位（个）</td><td>4158</td></tr>
<tr><td colspan="3">检索终端</td><td>62</td></tr>
<tr><td colspan="3">书刊外借量</td><td>190 559</td></tr>
<tr><td rowspan="2">文献传递</td><td colspan="2">传入量</td><td>700</td></tr>
<tr><td colspan="2">传出量</td><td>50</td></tr>
<tr><td rowspan="3">信息服务</td><td colspan="2">查新</td><td>353</td></tr>
<tr><td colspan="2">定题服务</td><td>0</td></tr>
<tr><td colspan="2">查收查引</td><td>1344</td></tr>
<tr><td rowspan="4">用户教育</td><td rowspan="2">信息检索课</td><td>开课学时数</td><td>480</td></tr>
<tr><td>学生数量</td><td>1170</td></tr>
<tr><td rowspan="2">素质教育讲座</td><td>专题讲座（次）</td><td>82</td></tr>
<tr><td>培训人次</td><td>10 050</td></tr>
</table>

（九）校档案馆馆藏档案（资料）利用情况

<table>
<tr><td colspan="3">项目</td><td>单位</td><td>数量</td></tr>
<tr><td rowspan="6">馆藏档案情况</td><td rowspan="3">综合档案</td><td>明清档案</td><td>卷</td><td>3</td></tr>
<tr><td>民国档案</td><td>卷</td><td>2053</td></tr>
<tr><td>新中国成立后档案</td><td>卷</td><td>172 429</td></tr>
<tr><td rowspan="2">人事档案</td><td>教工档案</td><td>卷</td><td>7303</td></tr>
<tr><td>学生档案</td><td>卷</td><td>57 633</td></tr>
<tr><td colspan="2">案卷排架长度</td><td>米</td><td>6522</td></tr>
<tr><td colspan="3">本年度进馆档案</td><td>卷</td><td>22 725</td></tr>
<tr><td colspan="3">本年度移出档案</td><td>卷</td><td>11 510</td></tr>
<tr><td colspan="3">馆藏资料</td><td>册</td><td>2713</td></tr>
<tr><td rowspan="2">档案编目情况</td><td rowspan="2">机读目录</td><td>案卷级</td><td>条</td><td>130 000</td></tr>
<tr><td>文件级</td><td>条</td><td>180 000</td></tr>
<tr><td colspan="3" rowspan="2">本年利用档案情况</td><td>人次</td><td>4679</td></tr>
<tr><td>卷次</td><td>29 718</td></tr>
</table>

1. 档案信息异质存储备份

2019 年 9 月，档案异质存储设备已进入试运行阶段，定期进行电子档案存储备份，以实现馆藏电子档案长期保存和异质存储备份。

2. 开始推行电子文件在线收集与归档

档案业务工作信息化网络已经基本建成，利用校园网络，完成档案信息系统与办公自动化系统（OA）对接，2019 年党政办电子文件（收、发文）已试点网络实施在线收集与归档，进一步提升了档案信息化管理水平。

3. 档案数资源建设

完成了对馆藏珍贵历史档案数字化工作，共扫描 5000 余卷、共计 56 万余页，有效保护和利于此类档案资源的长期利用。

（十）校史馆服务状况

2019 年，校史馆在场馆建设、开放接待、专题展览、宣传教育等方面做了大量工作，取得了良好成效。

1. 场馆建设

2019 年 5 月 16 日，校史馆与党委宣传部共同打造的“不忘初心，交通强国”主题馆正式开馆。该馆以“爱国救国，交大担当”“中国制造，交大辉煌”为主线，展现了我校创立之时为中国铁路建设培养人才的初心，展现了一百多年来师生校友为国家所做的贡献。主题馆位于校史馆二层，布展面积 220 平方米。

2. 开放接待

2019 年，校史馆接待了成都树德中学、江油中学、交大子弟小学等 10 余批次中小学生研学，研学人数达 3000 多人；接待新生入学教育、新教职工入职教育 5000 余人；接待各类参观团体 226 个。总计接待参观约 14 000 余人（次）。

3. 专题展览

2019 年 5 月 19-26 日是全国科技活动周，校史馆于科技活动周期间举办了“科技强国 科普惠民——全民共享中国铁路高质量发展成果展”。

2019 年 6 月 6 日，校史馆举办了“西南交通大学名人档案征集启动仪式暨吴自良物品展”揭幕式，吴康琪先生（吴自良长子）将吴自良的中国科学院院士证等物品无偿捐赠给学校。

为庆祝中华人民共和国成立七十周年，校史馆于 2019 年 10 月 10—31 日举办了“档案见证——西南交通大学辉煌 70 年”档案展。

4. 宣传教育

2019 年，校史馆继续面向全校本科生开设通识课程《走进交大历史文化》。同时，校史馆多次应校内各单位的邀请，为新生、师生党支部进行校史宣讲。

（十一）网络运行情况

学校通过优化网络架构，新增开通了鸿哲斋无线网络，升级了犀浦学生宿舍有线网，校园有线网络、无线网络已全面覆盖两地三校区教学区和办公区，校园网总出口带宽突破 123 G，居西南第一，全国前列。学校网络信息点增至 62 142 个，校园网注册用户达 71 000 个，活跃用户超过 34 800 人，为教职工和离退休教职工免费开通教育网不限时上网和多终端同时在线服务，发挥了校园网对民生工程的支撑保障作用。持续推进云空间管理平台建设，免费为师生和单位提供 100 G 和 500 G 存储空间，完成了高性能计算中心（平台）二期建设，计算能力提至 170 万亿次，已为全校所有学院 19 支科研团队提供计算服务，有效支撑了学科发展和科研计算。升级完成校园综合信息门户、统一身份认证和数据交换三大核心平台，打通信息孤岛，管理信息系统数据总量达 24 500 GB，实现校园主要数据的集中组织、交换、数据整合，为学校师生提供一站式信息服务。学校新一代 OA、人事、研究生、移动校园、就业、团委、图书馆、教师主页、统一通讯平台等信息系统平台纷纷建成，顺利启动可视化校园、智慧教室等多个互联网+应用平台建设，推动学校教学和管理服务提质增效。

学校网络运行情况

网络信息点数（个）		电子邮件系统用户数（个）	管理信息系统数据总量（GB）	信息化工作人员数（人）	学校总出口带宽（G）
计	其中：无线接入				
62 142	8452	28 650	24 500	77	123 G

（数据来源：2019 年学校高基表 522）

十七、后勤与基建工作

（一）党建工作

截至2019年年底，后基处党委下设12个党支部（处机关党支部、饮食服务中心党支部、物业服务中心党支部、医幼及场馆服务中心党支部、维修水电及运输服务中心党支部、劳服司党支部、退休一党支部和退休二党支部、峨眉后勤服务中心第一至四党支部）和1个党总支（峨眉后勤服务中心党总支），共有党委委员11名（后基处领导班子成员和五大服务中心主任），共有党员270人，其中，在职教职工党员164人、退休党员105人，退休党员比例为38.9%；非事业编制党员占党员总数的19.3%；挂靠党员6人，占党员总数的2.2%。

2019年，后基处党委以习近平新时代中国特色社会主义思想为指引，深入贯彻党中央对"不忘初心，牢记使命"主题教育精神工作重要指示，落实落细教育部党组巡视整改和校党委巡察整改工作要求，充分发挥党委的政治核心作用和纪委的纪检监督作用，以突出政治引领为根本，以改革创新为动力、以提升发展为目标、以强化服务为抓手，坚持三个原则：

（1）把基本制度和原有好的做法坚持好、落实好。

（2）把重要工作重点做、集中做。

（3）把思想政治工作更多地用具体事情来做、让群众能够感受到，不断推进党建工作和后勤保障与校园建设工作并取得了新成效。

党建工作的特色与亮点如下：

（1）深刻认识、准确把握"不忘初心、牢记使命"主题教育的重要意义、总要求和总目标，统筹推进主题教育。① 紧密围绕习近平总书记在"不忘初心、牢记使命"主题教育的重要讲话精神和党中央的重要指示，抓好实施落实，分类、分层级、分对象，制定了12项落实方案；② 严格制定党员工领导干部政治理论学习计划，集中开展11次领导干部集中学习研讨会议，组织领导干部讲党课12次；③ 全面加强党支部政治理论学习方式方法，开展党支部专题研讨110余次，鼓励40余名党员走上讲台讲授微党课；④ 积极转化理论研究成果，精准开展调研57项，形成调研成果报告14项。

（2）重点抓制度建设，牵头后基处和各中心，建设完善制度体系，建立长效机制，规范组织运行：修订完善修订完善三重一大、党政联席会、党委会、处长办公会议事规则；制定廉政风险防控、基建修缮、监督考核、劳动纪律、安全生产、中心管理等制度共计59项。

（3）抓班子、带队伍，加强执行力建设。围绕深化后勤基建改革，统一思想、凝聚共识；坚持开展中心组学习11次，努力提高领导干部政治站位、大局意识、服务保障意识和担当精神；制定后勤干部队伍管理办法，狠抓领导干部落实担当，着力培养忠诚、干净、担当的高素质、年轻化的干部队伍，稳步提升干部队伍凝聚力、战斗力和执行力。

（4）做表率、明职责，逐层夯实党建责任。明确了领导班子在党建工作的不同分工职责，建立党建工作责任机制；带头勤下基层，督导支部工作和检查记录材料等。

（5）抓规范、重内涵，高标准开展支部建设，坚持做到四个"有"：① 组织生活有标准，严格规范支部"三会一课"制度；② 理论学习有计划，分类别本层次、分对象针对性开展教育学习，注重学习方式的多样化、全面化、系统化、多维化发展；③ 党员教育有成效，全年发展党员9名，3名党员、1个党支部获校党委评先活动奖励、多名员工荣获校级、省市级荣誉奖励；④ 党内关怀有温度，定期组织开展退休、重病党员关怀帮扶，全年慰问退休、重病党员4次共17名。

（6）聚人心、树文化，营造团结奋斗氛围。充分发挥党支部和工会作用，通过职工帮扶、特色活动、职工技能培训，将思想政治工作内化于心、外化于行，在职工中弘扬奋斗精神和做成文化，提升了服务意识，精神面貌焕然一新。

（7）高站位、见行动，助力学校扶贫工作：先后3名干部参与援藏和扶贫；与马尔康市松岗镇、大藏乡达成意向性农副产品购销协议，帮助破解贫困地区农副产品销售难题；学生食堂开设扶贫产品窗口，受师生和当地干部群众一致好评；一次性集中采购并运输食堂和学校教职工认购的土豆6600余斤、糌粑青稞面800余斤；开展支教和义诊活动；全体党员参加学校扶贫农产品认购，认购率100%。

（8）挖掘后勤育人元素，主动参与大思政育人：积极申报并获批学校大思政服务育人项目4项；与土木学院共建劳动实践育人基地，积极开展服务育人；立足岗位特色，主动开展绿色教育、健康教育、安全教育、劳动教育等各类活动。

（9）坚持认真做好巡视整改“后半篇文章”：落实完成教育部党组巡视整改问题牵头工作5项，配合1项；落实校党委巡察整改11项，持续推进2项。

（二）工会、退休工作

认真执行校工会《关于部门工会经费管理的暂行规定》，严格遵守工会经费使用范围，管理和使用好工会经费。

（1）完成校工会举办的各项文体活动组织配合工作，积极努力争取好名次，为后基处争得荣誉。

（2）积极组织参加学校2019年第120届运动会并取得好成绩。获得了最佳组织奖、入场式最佳创意奖、获得教工甲组团体第二名。

（3）完成校工会2019年“春风伴我行”健身走活动的组织、统计、汇总、上报及奖品发放工作。

（4）积极组织员工参加校工会大合唱、排球赛，取得大合唱优胜奖、排球赛男子组第四名、女子组第三名的好成绩。

（5）积极组织参加2019年校工会阳光体育第六届教职工足球赛，获得冠军并获参赛奖和优秀组织奖。

（6）积极履行职责，切实维护职工的合法权益，为职工排忧解难。积极为职工申报困难补助、大病补助，元旦、春节慰问生病住院职工等，为职工办好事、办实事。

（7）完成65岁以上退休职工逢“5”生日慰问金的统计、汇总、上报及发放工作。完成元旦、春节、“七一”等重大节日党委组织部慰问离退休党员、校工会慰问离退休职工的送温暖工作。

（8）完成离退休教职工住院护理补助、生活困难职工的慰问与困补统计、汇总、制表、发放办理工作（400余人次）。

2019年后基处退休职工346人。为了更好地体现工会对退休老同志的关怀，处工会积极完成了退休职工春、秋季参观工农业生产活动的组织安排工作。

（三）计生工作

西南交通大学计划生育工作职责所属后勤与基建管理处综合事务科，在学校人口和计划生育委员会的领导下，负责教职工、学生、流动人口的计划生育宣传教育与管理服务工作。现有专职计生工作人员2人。

一年来，计生办顺利完成2019年全校人口与计划生育工作报表数据的统计，形成规范化的账、卡、册，及时准确填写，并将月报、半年报、年报及时报送街道办事处并得到好评。办理婴儿出生登记及验证工作 160 余次；新增独生子女 42 人；转移独生子女关系 14 人；更新独子库信息 4000 余次；全年二胎统计 2 次，清退独生子女信息 210 人次，联合学校人事处完成峨眉与总校两校区计划生育“独子金”发放工作。为学校育龄妇女开具产假证明、教师和毕业生婚育证明 482 次；补办独生子女证 23 次。2019 年新申请计生特扶家庭 3 个；全年为 11 位特扶老师送慰问金 42 次，生病慰问 3 次，物资发放 2 次，陪同体检 6 次；办理失能补助、开展“幸福工程”“心灵彩虹”、心理疏导、查证年审等活动。负责全校流动人口的管理，定期检查是否办证和验证 2 次，组织全校流入育龄妇女三查，并每月汇总流动人口报表，上报街道办；积极服从并配合街道办事处的各项工作安排，使我校育龄妇女中无一例计划外怀孕，计划生育率达 100%，避孕药具计划发放率 100%，随访率 100%，药具应用率 100%。

（四）人事管理

截至 2019 年年底，事业编制职工 195 人，其中干部 139 人（学历：研究生 28 人、大学 96 人、大专 13 人、中专 2 人，职称：副高 19 人、中级 68 人、初级 29 人，职级：管理五级 2 人、管理六级 18 人、管理七级 28 人、管理八级 32 人、管理九级 9 人、见习期 0 人）；工人 56 人（学历：大学 10 人、大专 8 人、高中 27 人、中专 11 人；技术等级状况：截至 2019 年年底，共有高级技工 41 人、中级技工 12 人、初级技工 3 人；人事代理人员 8 人；2019 年，后基处办理了事业编制职工 17 人的退休手续。

截至 2019 年年底，编制外聘用人员 1208 人（学历：大学 78 人、大专 91 人、高中 161 人、中专及职高 85 人、初中及以下 793 人）。

（五）基建工作

一是主要建设工程基本情况。学校建设工程主要分为基本建设项目和国拨修缮项目两部分。

（1）基本建设计划在建项目共计 10 个。其中，正在施工项目 3 个，本年完成竣工财务决算项目 4 个、土地征购项目 1 个、设备购置项目 1 个、未启动项目 1 个。全年完成投资 11 000 万元，其中国拨资金 8805 万元。

（2）国拨修缮项目共计 9 个，房屋修缮类 7 个，基础设施改造类 2 个。全年完成投资 7585 万元，其中国拨资金 7480 万元。

在学校党委领导下，所有同志共同努力，积极工作，克服困难，圆满完成了学校下达的各项目工作任务。

本年完成了基本建设管理办法及 16 项细则修订，启用工程建设项目管理信息系统，更好地实现了对工程建设的全流程项目管理。

二是 2019 年立项报建及争取国拨情况。

（1）完成犀浦校区大学生创新创业教育中心项目可行性研究报告编制及申报工作，并获得教育部立项批复。

（2）通过积极争取，2019 年争取到国拨资金 16 285 万元，其中中央预算内投资 8805 万元，用于犀浦校区 3 号教学楼项目建设和犀浦校区现代交通先进装备创新研究基地，中央改善基本办学条件专项资金 7480 万元，均已按期完成资金支付。

（3）按时完成 2020 年度 7 个国拨修缮项目（基础设施改造类）的编制、审核和申报工作，并顺利通过了教育部的评审，申报金额 4643 万元，最终评审金额 4254 万元。

三是 2019 年在建基建（含修缮）项目情况。

（1）犀浦校区 3 号教学楼完成了全部土建工程及大部分安装工程，外墙陶板全部完工，完成精装修工程施工招标，完成智慧教室设备招标。预计 2020 年上半年竣工验收。

（2）启动犀浦校区现代交通先进装备创新研究基地项目（“双一流”项目），完成施工图设计并取得规划许可证，年底完成项目施工和监理招标，为项目开工做好准备。

（3）启动了“犀浦校区大学生创新创业教育中心”项目前期工作，完成项目前期方案设计工作，完成项目环评、水保、可研编制，并顺利取得教育部可研批复。

（4）高效、全面完成9项国拨修缮项目任务，包括成都两校区校舍修缮项目（三期）、峨眉校区校舍及体育场地改造、九里校区1号教学楼修缮改造、分析测试中心实验室改造、九里校区扬华斋1号楼学生公寓修缮、九里、犀浦两校区高低压配电设施设备改造、九里校区扬华斋11号学生公寓修缮、成都两校区消、安防建设（四期）、九里校区工业中心片区维修改造（二期）。

通过国拨修缮项目的实施，保障了三校区正常运转，提升了学校整体环境，改善了基础设施保障水平。

（5）完成了犀浦校区南区BOT地下美食城消防改造，彻底消除了犀浦校区学生生活区多年的消防安全隐患。

（6）完成犀浦校区一、二食堂学生活动中心改造，极大缓解了犀浦校区学生活动空间不足的状况。

（7）完成了南北园家属区综合改造，通过道路改造、增设停车位、电力线缆入地等措施改善家属区整体环境，拆除了140余处大型突出违建，目前已顺利交接物业管理。

四是2019年基建竣工交付情况。

（1）完成犀浦校区国家轨道交通电气化与自动化工程技术研究中心综合实验楼、犀浦校区大学生实践训练基地、犀浦校区工程训练中心二期、陆地交通地质灾害防治技术国家工程实验室（设备购置）四个项目的竣工财务决算，并在教育部基建投资计划中销号。

（2）2019年度9个国拨修缮项目建设，其中7个项目已经顺利竣工验收并交付使用，尤其是学生宿舍及教学楼改造项目，确保开学前顺利入住。

（3）清理完成多个建设项目合同的遗留结算工作，完成犀浦校区馆外三个已完成项目竣工财务决算，大力推进了固定资产交付工作。到2019年为止，已经完成了新校区建校以来大部分已完工项目的资产交付工作。

五是2019年基建项目投资计划完成情况。

（1）本年基建投资计划情况：计划总投资11 071万元（含结转投资416万元），其中中央预算内投资8805万元，自筹投资2266万元。

（2）年度基建投资完成情况：按照投资来源划分：合计完成总投资11 000万元，其中中央预算内投资8805万元，自筹投资2195万元，中央预算内投资100%完成。

（3）本年完成建筑面积情况：本年在建项目施工建筑面积：合计面积为242 605平方米，其中本年新开工建筑面积为35 040平方米，具体项目为犀浦校区现代交通先进装备创新研究基地。本年竣工建筑面积合计面积为48 287平方米，主要是馆外三个项目，均为实验室及实习场所。

（4）本年新增固定资产情况：根据竣工财务决算情况，本年新增固定资产价值为20 924万元。

（5）高效圆满完成修缮国拨项目9项，完成总投资7585万元。其中：成都校区完成投资6982万元，峨眉校区完成投资603万。

（六）饮食服务中心

饮食服务中心现有员工407人（其中事业编制员工18人，社会聘用员工389人），下设4个保障部门（综合事务部、质量监督部、经营拓展部和运行保障部）、1个加工配送中心、13个食堂（餐厅）及1个便民超市。作为学校后勤服务实体，负责为全校师生员工提供餐饮服务与保障。

2019年，饮食服务中心坚守初心和使命，围绕学校年度重点工作，抓管理、促改革、做保障、增效益，不断提升服务质量水平，全力做好师生饮食服务保障，全年实现营业收入8019.6

万元,较 2018 年上涨 1133.7 万元,增幅 16.46%。

(1)牢固树立红线意识和底线思维,坚持源头严防、过程严管、风险严控,围绕采购、贮存、加工、配送、供餐等关键环节,建立健全食堂食品安全风险防控体系,切实保障师生食品安全与饮食健康,坚决杜绝食品卫生和安全责任事故。

(2)加强饮食"民生工程"建设,持续做好食堂流动送餐、网络订餐服务和超市便民服务;继续向师生提供交大特色月饼、粽子等食堂自有品牌食品;开展"相约美食、献礼国庆—舌尖上的中国"名菜献礼活动;办好《食话食说》素质教育课和教职工烹饪技能培训班;联合离退处在"欢庆祖国 70 华诞春华晚晴集体祝寿"活动中为离退休老同志赠送寿桃;配合校工会为教职工体检配送早餐服务 4000 余人次;开展向中心离退休职工和困难员工"送温暖"活动 50 余人次。

(3)从政治高度,围绕"保稳定、惠师生、促发展"工作目标,多措并举,加强调控,努力克服物价持续上涨带来的食堂"成本倒挂"、食堂经营困难等巨大的压力和挑战,稳定食堂饭菜价格和质量,全力做好师生饮食服务保障工作,维护学生食堂和校园和谐稳定。

(4)通过开设网络订餐送餐服务、流动餐车送餐服务、引入社会优质餐饮资源、开展技术合作等举措,不断提升服务质量,积极应对校内 BOT 餐饮和校外社会餐饮对食堂的巨大冲击,保持食堂稳定,吸引更多师生到食堂就餐,同时将食堂优质餐饮服务向周边社区延伸。

(5)坚持以师生饮食需求和满意度为导向,在工作中十分重视广大师生的作用发挥,注重凝聚师生力量共同办好食堂,不断提升食堂的工作效能、服务品质与保障能力。

(6)大力加强员工队伍建设,举办岗位技能大赛,牢固树立"工匠"精神;举办员工智力运动会,不断丰富员工业余文化生活;开展全员素质拓展,强化员工团队意识;坚持"请进来"与"走出去",大力加强员工业务技能培训。

(7)积极主动与贫困村接洽搭建季节性农副产品采购平台。集中采购运输食堂和学校教职工认购的土豆 6600 余斤、糌粑青稞面 800 余斤,切实帮助破解农副产品销售难题,受到教职工和当地干部群众一致好评;同时,在食堂开设定点帮扶马尔康特色产品窗口。

(8)完善内部治理体系,修订完善议事规则、岗位职责和规章制度;制定并实施应收款管理办法、食品安全投诉处置程序及责任追究实施办法、办公用品管理办法等,不断增强员工的政治意识、纪律意识和规矩意识。

(9)完成了学生食堂"明厨亮灶"及安防监控系统建设;建设并启用九里校区餐具洗涤中心,有效解决了师生关注的餐具洗消问题;建设并启用食品安全快速检测室,进一步从源头上确保食材安全。

本年度,饮食服务中心党支部被评为四川省高校后勤思想政治工作先进党组织、学校"创先争优"先进党支部;获得学校新时代"大思政"育人工作项目 1 项;有 3 人在四川省教育系统食品安全知识竞赛总决赛中获奖,1 人被评为西南交通大学 2017—2019 年"创先争优"优秀共产党员,1 人被评为西南交通大"2017—2019"年度"闪亮之星",2 人被评为西南交通大学"唐立新后勤服务杰出员工"。

(七)物业服务中心

物业服务中心现有员工 384 名(其中,事业编制员工 18 人、社会聘用员工 366 名),下设 6 个保障部门(综合事务部、质量保障部、运行保障部、公共服务部、礼品服务部和生活服务部)。作为学校后勤服务实体,负责校园、楼宇保洁,校园植物养护、校园绿化、美化,校园垃圾清运、人工湖湖面清理,公用电梯、空调维护,公共设施的巡查、报修,学生公寓的日常保洁、值守、服务区域内公共设施的巡查和报修管理,负责生活服务区铺面物业管理、合同签署、费用催收,配合财务完成应税工作,负责日常经营行为、秩序的监管工作等。

(1)2019 年完成的绿化、外环等工作:清运非生活垃圾 204 车;全年修剪草坪 20 次,草坪治虫 26 次，修剪灌木 12 次，喷药 25 次，刷白防虫 2 次；全年打捞人工湖杂草 25 余吨，清掏沱江河进水口 50 次；完成学校各单位、学院维修工程及绿化改造工程共计 189 项，特约保洁、搬运等服务共计 78 项、大型活动物业保障 66 次。

（2）全年完成成都两校区电梯故障维修 302 次，配合完成全年安全检查 8 次。

（3）中心积极筹划推进物业服务项目社会化工作，成都两校区外环境清扫及垃圾收运处置通过公开招标，于 2019 年 3 月成功引入专业环卫作业公司进驻学校开展工作。

（4）中心将提升学生公寓楼内环境卫生质量列为年度重点工作，在充分调研论证基础上拆除学生公寓楼内垃圾堆放点，环境卫生质量得到了明显提升。

（5）在新中国成立 70 周年前夕，在犀浦校区存在 15 年的露天垃圾池“脏乱差”的现象得到彻底整治。

（6）作为“不忘初心、牢记使命”主题教育“为师生办实事”的重要举措，在女生住宿楼试点引入 U 净吹风机，既降低了安全风险，又方便了学生。

（7）建设并启用九里“快递集散中心”，进一步规范管理快递业务，方便师生。

（8）积极拓展校园文化用品服务部业务，增加迎新季日用品售卖版块，让学生用上安全放心的生活用品。

（八）医幼及场馆服务中心

医幼及场馆服务中心现有员工 159 人（其中，事业编制员工 45 人、社会聘用员工 114 人），下设 2 个保障部门（综合事务部和目标督察部）。作为学校后勤服务实体，负责师生医疗保障服务、公费医疗、师生医保、预防保健、公共卫生防疫、医疗继续教育，负责学前教育、体育场馆及学生会堂保障服务等工作。

2019 年，中心秉承“服务到位、保障及时、措施有力、监管有效”的工作理念，在 2019 年不断创新工作方法，强化工作效果，努力提升医疗、幼教和场馆服务水平，提高师生满意度。全年运营收入 2060 万元，较去年增长 200 万元，增长率为 11%。

（1）中心安排自有资金 100 余万元购置了全景牙片机、超短波治疗机和中频治疗仪等医疗设备，提升了校医院的服务水平；安排自有资金 200 余万元改造了幼儿园和场馆的基础设施，改善了幼儿园和场馆的环境；中心争取了近 200 万元资金购置数字化医用 X 射线摄影系统、更换篮球架和改善体育场地照明条件等。

（2）全年监测门诊病人近 4 万人次，随访、指导传染病 94 人次，门诊传染病留观 35 人次，上报发热 1182 人次，腹泻病人 690 人次，X 光筛查 332 人次，其他医学观察 2820 次。全年两校区普通门诊近 4 万人次，急诊 7000 余次。全年完成近 5000 人次教职工体检和 4 万余人次学生体检。全年完成 2.5 万名大学生参保工作，为近 3000 人提供医保报销工作。全年完成近 3000 人次教职工医保报销工作。

（3）校医院与成都市车辆管理所协调配合，在成都两校区开通驾驶员体检和期满换证业务，驾驶员体检业务全年收入约 120 万元，比 2018 年增长 20%。

（4）幼儿园践行“顺应儿童天性，滋养儿童心灵”的办园理念，努力提升幼儿园办学品质，切实为教职工提供优质的幼教保障服务。通过改造幼儿园园前广场、更换电线线路、增添空调、监控等设施设备和自主性游戏和体育材料、图书等物品，提升幼儿园的硬件条件。

此外，幼儿园作为金牛区 4 所优质园所之一，承担了幼儿园游戏质量学术研讨会的观摩现场，接待了全川园长、专家 100 余人；幼儿园独立申报的区级课题顺利通过了课题中期评估；幼儿园的爱国教育主题活动案例在全国性的评选中脱颖而出，被刊登在《中国教育报》。

（5）为全校 2 万余课次的体育教学活动和近 2000 课次的高水平运动队训练提供了场地保障服务。此外，为学校开学典礼、毕业典礼、123 周年校庆等大型庆典，全国大学生足球联赛、四川大学生乒乓球联赛、四川大学生排球联赛和四川大学生 CUBA 分赛、全国测绘大赛、全国高校人工智能大赛等大型赛事和全校师生运动会、全校音乐会和全校双选会等百余场重要活动提供场地和卫生保障，确保重大活动的正常开展，全年未发生安全事故。

（6）联合校外三甲医院举行大型义诊活动，为师生员工及家属普及健康知识，发放健康知识宣传单。首次组织医疗专家为在校离休人员提供医疗上门服务，并建立医疗帮扶关系。

（7）联合饮食服务中心组织赴马尔康松岗镇哈飘村实地开展精准扶贫工作。医务人员为哈飘村 100 余名村民进行医疗检测、诊治并免费发放药品。幼儿园为哈飘村幼儿园捐赠了共计 300 余册幼儿图书、各类益智儿童玩具 600 余件以及一堂生动的幼教课程。

（九）维修、水电及运输服务中心

维修、水电及运输服务中心现有员工 131 人（其中事业编制员工 30 人，社会聘用员工 101 人），下设 2 个保障部门（综合事务部和运营管理部）。作为学校后勤服务实体，负责九里、犀浦两校区供水、供电保障服务工作；负责校内水、电设备及基础设施的维修、抢修工作；负责校内各单位委托的各类修缮及改造工程工作；负责校区间交通运输服务、犀浦校园内交通运输服务、学生实习、会议等大型活动的交通运输服务工作；负责学校公务用车的管理工作。

2019 年，以师生满意度为工作导向，切实做好水电、运输和校园日常维修保障服务工作，取得了较好社会效益与经济效益，中心业务部门共实现产值 1954 万元。

（1）不断加强节约型校园建设，多措并举，九里、犀浦两校区用水量比 2018 年下降 40 余万吨，节约支出 122 万余元。全年共回收水电费 2400 余万元，两校区水电净支出 3100 余万元。

（2）针对两校区地下给水管网陈旧老化，跑水严重，中心安排专人加强夜间巡查、分析数据，邀请专业测漏公司进行漏点排查，对于发现的漏点及时抢修。2019 年共完成 70 处给水管网的抢修。

（3）在全校师生中加强节水、节能宣传活动，全年共组织“世界水日宣传日”“节水宣传周”“节能宣传周”等 5 次大型节水节能宣传活动，参与师生 2 万余人次；指导西南交通大学节能协会，向全校师生宣传节能环保意识，不断增强师生的节能环保意识。

（4）切实做好水电保障工作，全年共计完成 123 周年校庆、研究生考试以及其他重大活动保水保电工作 80 次；全年共计及时处理校外高压供电专线紧急抢修 5 次。

（5）全年共计完成 84 项修缮工程、校内抢修工程 110 项，零星维修 3000 余次，共计完成 880 万元产值；还完成学校安排急难险重任务 5 项。

（6）全年交通车安全行驶 55 万公里，安全运送师生 80 万人次，其中免费服务 70 岁以上退休教职工 8 万人次。

（十）峨眉校区后勤服务中心

峨眉校区后勤服务中心现有员工 260 人（其中，事业编制员工 44 人、社会聘用员工 216 人），下设 5 个保障部门（综合事务部、物业及运输服务部、饮食服务部、水电及维修服务部和学生公寓及医幼服务部）。作为学校后勤服务实体，负责峨眉校区饮食、物业、水电、维修、公寓、医疗、运输、学前教育等的服务保障工作。

在学生人数大幅减少至原有的 39%、后勤服务规模效应不能实现的现实情况下，中心实现年度工作目标、经营目标和亏损控制目标，全年实现收入 1559 万元。

（1）多次对校内高大乔木进行安全隐患检查，对存在安全隐患的枯枝树木进行修剪；多次对校内门市的消防、水电、液化气罐使用及证照进行排检，对存在的问题及时进行整改；国庆节前对校园重点区域进行亮化和美化工作，校园环境卫生及园林绿化维护工作持续改善，清运生活垃圾 2400 余吨，保持了校园环境的干净整洁，为师生员工提供了良好的生活、学习和工作环境。

（2）办理 1800 余名毕业生的离校工作及 917 名新生的入住工作，新生行李发放准确无误，圆满完成迎新工作；顺利完成 2016 级学生搬迁至总校以及地环学院 2017、2018 级学生倒迁至五号学生公寓的工作。

（3）完成新生宿舍楼维修、老服务楼、幼儿园屋面维修，峨眉校区地环学院 OSU 教学区改造工程、峨眉校区地环学院 OSU 安全工程综合实验室改造工程、外国语学院峨眉校区教学、办公区域改造工程等；完成对配电站的储能系统更换及年检工作，消除了校区用电的安全隐患；完成各项考试教学任务及重大活动的保电工作；完成热泵机组的养护及直热式机组水泵的降噪改造工作。

（4）以提高师生满意度为服务切入点，不断努力提升后勤保障能力和服务水平。美化学生食堂环境、办理游泳池高危险性体育项目经营许可证和公共场所卫生许可证、对客房用品进行升级更换等。

（5）开展“情暖交大”义诊活动，邀请峨眉山市人民医院心血管内科、老年病专科等科室专家为在峨老专家、老教师进行家庭随访义诊，为峨眉校区广大教职工进行健康检查。

十八、资产管理与实验教学

（一）概　况

2019 年，资产与实验室管理处在学校党政坚强领导下，以“不忘初心、牢记使命”主题教育总要求为指引，紧紧围绕学校中心工作和“双一流”建设目标，切实做好学校资产管理和实验室工作，提出“1+3”实验室综合管理体系建设方案。目前，已初步完成高水平、高质量教学所需的本、硕、博一体化高水平实验室新体系的构建草案。以原有实验教学体系为基础，以创新管理体制机制为核心，以本科教学实验室条件建设为重点，以加强实验技术队伍建设为保障，依托信息技术手段，为我校双一流建设提供支撑。初步建成资产统筹管理和决策支持平台，统一数据标准，建立数据模板，利用学校数据交互平台，实现数据共享。持续完善实验教学支持服务平台，以实验项目为基础，以切实做好实验教学过程管理服务为目标，对接教务课程系统，实现实验教学与理论教学数据互通。为将实验室安全工作落到实处，2019 年在原有内设机构基础上，设立实验室安全管理科。

（二）实验教学

（1）积极开展国家级虚拟仿真实验教学项目申报工作。2019 年，我校推荐的 9 个虚拟仿真实验教学项目被确立为“2019 年度省级虚拟仿真实验教学项目”。截至目前，我校的省级虚拟仿真实验教学项目的总数已达到 15 项，稳居四川省内第一名（与四川大学、电子科技大学并列）；国家虚拟仿真实验教学项目数量也位居全省第一（与四川大学、成都理工大学并列）。

学院	项目名称	级别	确定时间	备注
交通运输与物流学院	高速铁路列车调度指挥虚拟仿真实验项目	国家级	2017	
地球科学与环境工程学院	高速铁路虚拟场景建模与列车运行仿真实验项目	国家级	2018	
土木工程学院	简支钢桁架静载非破坏性虚拟仿真实验	国家级	2018	
交通运输与物流学院	城市轨道交通调度指挥虚拟仿真实验项目	省级	2018	
土木工程学院	钢筋混凝土简支梁静载破坏虚拟仿真实验	省级	2018	
机械工程学院	汽车驾驶室人机交互界面虚拟仿真设计与校核实验	省级	2018	
电气工程学院	高速铁路供电综合监控虚拟仿真实验	省级	2019	已由省教育厅推荐国家项目评审
交通运输与物流学院	库存管理与自动化仓储虚拟仿真实验	省级	2019	
建筑与设计学院	高铁客站地上地下一体化建筑设计虚拟仿真实验	省级	2019	

续表

学院	项目名称	级别	确定时间	备注
建筑与设计学院	地铁车内空间布局及配色设计虚拟仿真实验	省级	2019	
土木工程学院	土的力学性质三轴虚拟仿真实验	省级	2019	
经济管理学院	产销协同模式下企业运营管理虚拟仿真实验项目	省级	2019	
物理科学与技术学院	广角切伦科夫望远镜探测高能宇宙线虚拟仿真实验	省级	2019	
机械工程学院	地铁环控系统虚拟仿真实验	省级	2019	
电气工程学院	铁路机车电气控制电路板组装虚拟仿真实验	省级	2019	

（2）成功举办西南交通大学第十一届大学生课外创新实验竞赛活动。竞赛活动共有 17 个学院组织了 69 项赛事，16 000 余学生人次参与竞赛活动。竞赛期间，涌现出一批质量高、创意好、难度大的优秀作品。经学院推荐，专家评审，最终评选出校级金奖 10 项、银奖 20 项、铜奖 50 项，优秀奖 100 项。

（3）加强实验教学日常管理，保障实验教学正常、有序开展。继续开展实验教学检查。聘请实验室工作指导委员会专家、学院主管实验室领导、各学科一线教师及相关管理人员，根据实验教学安排，对实验课程进行随机抽查。查找问题，规范实验教学，确保实验教学质量。

（4）积极开展实验教学质量标准研究，建立健全西南交通大学本科实验教学质量保障体系。在现有实验教学保障体系的基础上，进行完善和提升，完成了《西南交通大学本科实验教学质量保障工作手册》的编撰，并已进入出版流程。

（5）完成第 18 期重点实验室开放项目和第 13 期个性化实验项目的结题工作。各项目已完成结题工作。第 13 期个性化实验项目共立项 213 项，报名学生 783 人。第 18 期重点实验室开放项目，立项 95 项，报名学生 330 人。

（三）房屋资源

（1）紧密围绕学校重点发展战略，克服学校房屋总量不足的困难，多渠道筹措房源，为高水平人才、团队、平台建设提供房产资源保障，努力优化资源配置。

（2）房屋资产管理信息化建设工作。通过信息化建设，优化流程，完善内控，让数据多跑路，老师少跑路。打造集房屋管理、周转用房管理、房补和公积金管理、住宿管理等功能于一体的综合平台；引进周转用房智能门锁管理系统，实现教职工申请入驻的线上签约、一卡通授权等功能。

（3）学生公寓管理工作。做好峨眉校区学生倒迁住宿保障工作，并制三校区定宿舍修缮改造使用规划；继续推进扬华斋片区的住宿条件改善，按本硕博分片区管理规划进行分步倒迁修缮。

（4）争取成都市住建局中央财政支持住房租赁市场发展试点项目 500 多万元后补助，用于学校周转房条件改善，实现成都市政府经费支持零突破。积极与银行联系，大力支持学校资产信息平台建设与安全教育活动开展。

（5）配合地方政府开展诸葛庙、银桂桥区域棚改工作。开展工作以来，先后与金牛区政府开展 5 次正式洽谈，向教育部财务司请示汇报 6 次，与街道办事处对接具体工作 25 次，与校内部门书面联系沟通 11 次，接待棚改片区住户上访 4 次，协助处理 2 次群众重大安稳事项，呈报学校棚改工作领导小组会议、事业资产管理委员会、校长办公会、党委常委会集体研究决策共计 12 次。已完成棚改涉及事业资产分类处置方案并呈报教育部备案审批，在学校利益最大化的同时彻底解决学校一直想解决而未能解决的重大遗留难题。

（6）修缮类工作。① 2019 年，在收集汇总的学校维修需求的基础上，完成了 2020—2022 年“中央高校改善基本办学条件专项资金”房屋维修和基础设施类（以下简称国拨修缮）三年滚动计划的编制，计划资金达 87 500 万元。依评审结果制定了 2020 年国拨项目资金计划和排序，并根据学校要求提前启动完成了各项目的维修改造需求确认，配合后基处开展各项目的施工图设计和部分项目的清单编制及控制价的确定。② 2019 年，改变国拨修缮项目执行思路：由应急性简单维修，维修资金分散，变为相对集中维修资金，逐栋建筑物整体维修与应急性维修相结合，避免重复维修出现。完成九里 1 号教学楼（土木馆）；九里杨华斋 1 栋；峨眉校区西山梁 3、4 号；九里 1 食堂（2020 年项目）等构筑物整体修缮。同时，以房屋修缮为契机，推进土木学院，材料学院到位工作，逐步实现学院向楼宇集中。③ 经过三校区 24 栋建筑的排查，33 个配电房的勘察，归类、分析 3000 多条数据，完成空调进教室的建议方案及经费测算工作。

（四）设备家具

（1）设备家具类资产管理制度建立和实施情况。修订发布了《西南交通大学仪器设备家具资产管理办法》，提高了设备家具管理入账标准，简化办事流程，精简审批事项，增加了科研类仪器设备的管理规定，落实了放管服的相关政策。着力提高服务质量和服务水平，优化业务流程，取消了设备家具购置计划审核环节。

（2）我校 2019 年设备家具类资产总量、变动情况。

项　　目	年初余额	本年增加	本年减少	年末余额
专用设备	433 118 764.67	41 160 540.31	8 367 505.58	465 911 799.40
通用设备	1 611 056 051.77	135 223 363.93	52 035 367.19	1 694 244 048.51
家具、用具、装具	126 088 957.86	26 423 752.16	12 75 274.45	151 237 435.57
合计	2 170 263 774.30	202 807 656.40	61 678 147.22	2 311 393 283.48

（3）我校设备家具类资产使用效益及保值增值情况。主动对接各单位家具集中维修和日常维修的需求，2019 年全年组织维修三校区旧家具 2034 件（套），节约购置经费 167 万元。积极推进 2019 年中央改善基本办学条件项目（设备购置类）共 3662 万元实施工作有序进行，在家具项目中积极引入国检机制，执行国检报告合格方可验收的原则，保证了验收工作的顺利进行。2019 年，全年受理报废申请共 549 份，涉及设备、家具资产 1.3 万台（套），原值 3192 万元。组织报废设备、家具资产及废旧物资处置 10 批次，回收残值 25.4 万元，全额上缴国库。

（五）资产综合运行监管

西南交通大学资产运行在保障学校教学科研以及事业发展的需求下，努力探索和研究 BOT 项目和出租出借项目管理方式，在学校国有资产管理制度主题框架下，现行的主要管理制度和文件规章有：《西南交通大学 BOT 项目资产管理办法（试行）》（西交校资实〔2016〕33 号）和《西南交通大学国有资产出租出借（有偿使用）管理办法（修订）》（西交校资实〔2018〕27 号）。

按照资产在形成过程中的具体情况，目前西南交通大学资产运行存在三种模式，一是资产委托管理模式；二是 BOT 项目管理模式；三是直接出租出借模式。2019 年直接借出租资产，资产账面原值总计 501.00 万元。全部属于固定资产中房屋类资产，占固定资产比值为 0.076%；资产性质上，全部属于事业资产。2019 年出租出借取得的收入 178.49 万元。

（六）公共资源

（1）公共资源服务保障。优化“教室、会议室类”教学、科研基础支撑性公共资源管理体系和监管机制，持续提升公共资源保障服务水平。圆满完成 7 次国家级标准化考场需求保障工作及教育部视频直播会议、新中国成立 70 周年庆祝活动、校领导上党课、教代会等重大会议的保障工作。完成 2019 年中央改善基本办学条件项目投入 146.88 万元实现 555 台套教室教学设备的更新和 198 间教室教学设备升级。

（2）大型仪器设备共享。优化现有大仪开放共享平台，引入智能物联网平台，逐步实现设备运行状态实时监控。2019 年纳入平台管理的在用大仪 414 台，价值约 5.04 亿元；279 台 50 万以上的大仪纳入省平台共享。

（七）实验室建设

1. 组织并实施中央高校改善基本办学条件项目（设备购置类）申报、论证、执行与验收工作

2019 年，圆满完成国拨项目（设备购置类）2019 国拨项目预算执行工作，执行项目数 13 个，执行金额 7125.31 万元，其中与实验室建设项目 9 个，执行金额 2685.38 万元，支撑 6 个教学科研单位的学科建设；完成国拨项目（设备购置类）2019—2021 年项目申报，累计申报项目 62 项，申报经费达到 24 544.24 万元。

2. 在深入推进成峨一体化管理的基础上，积极响应峨眉校区定位调整工作

因峨眉校区定位调整产生的成都校区教学实验室调整需求，牵头制定了《2020 年成都校区实验室教学仪器设备等的应急补充方案》，用于成都校区教学实验室仪器设备采购工作。

序号	学院	总预算（万元）	项目招标预算（万元）	项目名称
1	土木工程学院	190.00	43.50	结构实验室钢桁架模型及门式反力架等实验教学设备采购项目
			60.50	结构实验室非金属超声波检测仪等实验教学设备采购项目
			86.00	岩土工程实验室教学设备购置项目
2	电气工程学院	95.00	95.00	2020 年度城轨电气实验教学适应性扩容设备购置
3	机械工程学院	142.00	54.40	单片机、热工及液压设备采购
			71.60	测控基础综合实验平台采购
4	信息科学与技术学院	158.00	82.00	信息学院 2020 年实验室导迁采购项目
5	地球科学与环境工程学院	49.00	48.52	地学学院实验室仪器设备应急补充项目
总计		634.00	541.52	

3. 实验室安全工作

2019 年，持续推进安全检查、安全监督、安全责任落实等工作，细化各实验室的检查项目，对安全隐患实行“零容忍”，全年无重大安全责任事故发生。

（1）加强安全制度建设：出台《西南交通大

学实验室安全分类分级管理办法（试行）》，修订《西南交通大学实验室安全考试准入办法》《西南交通大学实验室安全责任追究办法》。

（2）规范实验安全管理：全年投入安全管理经费 274.10 万元，进一步规范了危废处置、危化品库房标准化建设、气瓶气体使用、特种设备年检与从业人员资格巡查等，处置实验室产生的“三废”约 25 吨，补充实验用品安全柜 148 套、配置急救药箱 72 个。

（3）加大安全检查力度：顺利通过 2019 年教育部科研实验室现场安全专项检查；首次聘请校外第三方机构“成都市安全生产科学技术服务中心”进校开展安全检查。全年开展安全检查 40 余次，发送整改通知 49 份。

（4）推进信息系统建设：全年投入专项建设经费 236.71 万元，完成 388 间实验室实现门禁、监控覆盖，重点打造了九里校区 3 教、犀浦校区 6 教涉化实验室区域，实现了远程控制、监控查看、开放预约等功能。

（5）持续营造安全氛围：全年围绕实验室安全管理开展了“实验室+”主题教育活动，组织覆盖三校区的实验室安全讲座 22 次、安全演练 5 次、安全知识有奖竞答 24 期，活动共涉及 15 000 余人次参与。

（八）分析测试中心

（1）完成 2019 年中央高校改善基本办学条件设备购置项目（827 万）的招标、安装、调试、验收工作；完成 2018 年国拨项目的教育部专家组验收；组织完成 2020 年 435 万元新项目的论证工作。

（2）通过 2019 年中央高校改善基本办学条件修缮类项目（766 万）对九里校区原二食堂场地进行重新设计改造，建成 2800 平方米，分区合理、功能齐全的分析测试中心新场地实验室。

（3）与校内相关学院和课题组开展深度合作，确保中心测试业务良性循环，支撑学校双一流建设；2019 为全校 160 个课题组 615 名老师学生进行了分析测试工作，涉及各类分析测试 1371 项；测试各类样品 7186 个；使用机时合计 3822 小时；实现收入大幅提高。

（4）加强信息化建设，实现全校第一个大型仪器预约管理系统（分析测试中心大型仪器共享平台）上线运行，提升了分测中心的运行效率，得到了院系老师和学生的一致好评。

十九、附属学校

（一）附属中学

西南交通大学附属中学始建于1940年，其前身是国立交通大学唐山工程学院兼办平越中山中学高中班。1986年被首批命名为“四川省重点中学”，1988年被命名为“四川省校风示范学校”，2013年被四川省教育厅命名为“四川省二级示范性普通高中”，同年被评为“四川省阳光体育示范学校”，2018年，被教育部认定并命名为“全国青少年校园篮球特色学校”。办学80年来共培养出4名四川省文、理科高考第一名，17名市、区理科高考第一名。

1. 办学基本条件

学校建有理、化、生标准化实验室，设置了通用技术专用教室、信息技术教室，及其他功能室，学校每间教室均配置了教学需要的多媒体设施设备。学校图书馆藏书7万余册，有100平方米的学生阅览室，有报纸杂志100多种，建有250米塑胶田径运动场、3个标准化篮球场、1个排球场、1个足球场，学校建有标准化学生公寓，学生食堂由西南交大饮食服务中心管理，为师生提供安全、可口、实惠的饮食。

2. 专业师资队伍情况

（1）师资队伍基本情况

2019年全校教职工有113人，专任教师106人，其中高级教师41人，硕士毕业生及研究生学历30人，教师学历达标率100%。金牛区学科中心组成员17人，中青年学科带头人、骨干教师51人。特聘西南交通大学院士、西南交通大学首席教授翟婉明为附中名誉校长。

（2）师资队伍建设情况

教师队伍建设加速推进。本年度参加金牛区教育局师德师风年度考核获满分；以“核心素养导向的课堂改进”主题教学研讨和“课堂教学研修月”活动为抓手，依托名优教师培育平台，全年选派100名左右教师参加了22次全国各地教学研讨跟岗培训，推进拔尖人才、学科带头人、骨干教师等各级教师专业发展成长，

教师专业成果丰硕。本年度教职工专业发展成果331项，其中国家级22项，省级55项，市级34项，区级79项，校级141项。5人获成都市优秀教师、金牛区拔尖人才、金牛区学科带头人等荣誉称号，35人次获区级以上赛课技能比赛表彰。7人开设区级以上专题讲座，15人发表论文，38篇论文获奖，主编参编6部著作。获金牛区第二届小课题优秀研究成果评选二等奖1个、三等奖2个，2个区级规划课题正参加金牛区教育科研课题结题审核。

3. 办学规模

2019年学校占地面积25 333平方米，建筑面积13 741平方米，学校设置有党政办公室、教师发展中心、教务处、德育处、总务处5个部门结构。学校现有20个教学班，学生770人。

4. 教育教学业绩

（1）教学工作业绩

夯实教学管理，高中考成绩斐然。深化课程建设，探索因校制宜的“选课走班”教学，打造“七中网班”品牌。2019年高考再次刷新历史纪录。一本上线率81.3%，超成都市省一级示范校平均上线率19.2%，超成都市省二级示范校平均上线率46.5%；本科上线率99.1%，超成都市省一级示范校平均上线率5.8%，超成都市省二级示范校平均上线率14.5%。理科最高分张芥菠同学687分，被北京航空航天大学工科实验班录取；20多名学生被南开大学、同济大学等“双一流”高校录取，多名艺术特长生被西安美术学院等重点艺术类院校录取。中考重点率、一次性合格率也位列金牛区前茅。学生竞赛获奖46项，

其中国家级 15 项，省级 31 项。

提升办学水平，子弟明显回流。高、初中子弟回流明显，高一子弟就读增长 50%，初一子弟入学率达 25%，创近年新高。

（2）德育工作业绩

关爱学生，推进三全育人。积极构建“亲清”家校关系，拓宽育人渠道。德育处开展与学生代表座谈交流，为学生答疑解惑、规划人生，目前已举行 13 次，参与学生达 300 余人，建成心理咨询室和生涯规划室，开展心理测评摸底，并制定方案。打造涂鸦板，缓解学生压力，培育德智体美劳全面发展的学生。

5. 2019 年附中大事记

（1）2019 年 1 月 4 日，金牛区范家堂副区长、金牛区教育局文贤代局长一行到附中调研，加快推进合作办学事宜。

（2）2019 年 1 月 16 日，附中班子召开年度民主生活会。

（3）2019 年 1 月 17 日，召开工会换届选举大会，选举产生附中第十届工会委员会。

（4）2019 年 2 月 25 日，组织“师生快闪唱祖国”献礼新中国七十华诞开学典礼。

（5）2019 年 3 月 4 日，组织“决战百日，不负芳华”高三百日誓师活动。

（6）2019 年 3 月 14 日，著名儿童文学家曾维惠女士走进附中为初一初二年级学生做“我的写作秘籍”讲座。

（7）2019 年 3 月 15 日，初 2018 级年级组承办 2019 年第一期德育论坛“关注初 2018 级特殊群体学生”。

（8)2019 年 3 月 22—24 日，我校协办的“第十四届国基教育大讲堂 · 蓉城之春——扎根教室，立德树人，创新中小学班会活动课观摩会”在西南交通大学学生会堂举行。

（9）2019 年 3 月 26 日，工会组织教职工去“中国盆景之乡”郫都区安龙村快乐赏春。

（10）2019 年 3 月 28 日，中共西南交通大学委员会第二轮巡察第二巡察组巡察附属中学党总支工作动员会召开，从即日起至 2019 年 5 月 10 日，接受中共西南交通大学委员会第二轮巡察第二巡察组对附属中学党总支开展巡察。2019 年 10 月 12 日，召开巡察反馈会。

（11）2019 年 3 月 28 日，思源大讲堂第九期，中国地震局物理研究员、博士生导师王健教授走进附中为高一高二年级学生做了“从《流浪地球》看地球的奥秘”讲座。

（12）2019 年 4 月 1 日，承办江苏省优秀中小学教师扶贫支教巡讲成都站活动。

（13）2019 年 4 月 1 日，马尔康市教育局局长邓锡英带队到我校开展交流。

（14）2019 年 4 月 2 日，举行大连理工大学优秀生源基地挂牌仪式。

（15）2019 年 4 月 3 日，大学团委副书记何诣寒带队到附中调研共青团工作。

（16）2019 年 4 月 5 日，组织高一、高二年级师生在大学生会堂观看四川人艺为纪念改革开放四十周年创作的话剧《苍穹之上》。

（17）2019 年 4 月 10 日，附中 2019 年招生简章发布。

（18）2019 年 4 月 18 日，四川师范大学教育科学学院院长、博士生导师李松林教授为我校教师做了《学科核心素养导向的深度教学》学术讲座。

（19）2019 年 4 月 19 日，邀请成都医学院大学生志愿者为初二年级学生开展“健康青春”禁毒防艾讲座。

（20）2019 年 4 月 22 日，教职工之家正式运营，安排专人管理，为教职工提供学习、交流、休息、锻炼的场所。

（21）2019 年 4 月 23 日，组织“我们是出色的领航员”第二届校园十佳学生”表彰活动。

（22）2019 年 4 月 26 日，校长郑江、书记朱剑松带队到西南大学附属中学调研交流。

（23）2019 年 4 月 28 日，召开全体党员大会，举行 2017—2019 年“创先争优”推荐表彰。

（24）2019 年 4 月 29 日，组织“弘扬五四精神，唱响红色经典”班级合唱比赛暨五四表彰大会。

（25）2019 年 5 月 9 日，举行校园十大英文歌手大赛决赛。

（26)2019 年 5 月 10 日，开展“勿忘 5 · 12”紧急疏散、防踩踏安全演练。

（27）2019 年 5 月 10 日，初 2017 级年级组承办 2019 年第二期德育论坛“关注中学生心理健康”。

（28）2019 年 5 月 16 日，为喜迎“七一”、

庆祝新中国成立 70 周年，举行“附中好声音，礼赞新中国”教职工歌咏比赛。

（29）2019 年 5 月 18 日，组织“恰风华正茂，书奋斗青春”高三成人礼。

（30）2019 年 5 月 20 日，思源大讲堂第十一期，西南交通大学电气工程学院谭永东教授为高一年级学生做“掀起知识的盖头来”讲座。

（31）2019 年 5 月 31 日，组织“童心向党，争做新时代好少年”六一庆祝活动。

（32）2019 年 6 月 10 日，工会邀请成都体院学院附属医院副院长王强为全校教职工做“健康生活从脊柱开始”讲座。

（33）2019 年 6 月 20 日，举行高 2019 届毕业典礼。

（34）2019 年 6 月 26 日，举行初 2019 届毕业典礼。

（35）2019 年 7 月，确定徐成钢、何强为中共预备党员。

（36）2019 年 7 月 11 日，组织“励志少年行，筑梦象牙塔”走进交大研学旅行。

（37）2019 年 8 月 21 日，组织“我是一个兵”国防教育活动。

（38）2019 年 9 月 2 日，举行秋季开学典礼。

（39）2019 年 9 月 9 日，举行“老师您好！”教师节庆祝活动，表彰了戴伟、李惠、范孝勇、冯永莉、娄作柱等五位为附中工作二十年的教师以及获各级表彰的教师。

（40）2019 年 9 月 18 日，组织新中国成立七十周年庆祝活动“国旗国徽国歌宣讲”活动。

（41）2019 年 9 月 19 日，交大附中 BSLC 图书馆自动化管理系统上线。

（42）2019 年 9 月 20—22 日，承办全国初中数学创新观摩研讨会。

（43）2019 年 9 月 24 日，召开干部宣布大会，免去郑江附中校长职务，另有任用；任命雷国胜为附中校长、苏智勇为副校长（挂职）。

（44）2019 年 9 月 24 日，召开“不忘初心、牢记使命”主题教育动员大会。

（45）2019 年 9 月 27 日，邀请成都市金牛区体育组教研员李玲、成都市体育学科带头人龚颜等，为师生及家长开展成都市金牛区高中阶段学校考试招生体育及健康考试实施新方案培训会。

（46）2019 年 9 月 27 日，高 2018 级年级组承办 2019 年第三期德育论坛。

（47）2019 年 9 月 29 日，举行了庆祝新中国成立 70 周年升旗仪式，组织师生参加西南交大“壮丽七十年，奋斗新时代”合唱比赛获三等奖，开展了“我和国旗合个影”等庆祝新中国成立 70 周年系列活动。

（48）2019 年 10 月，按照金牛区教育局要求，为初中学生提供课后延时服务。

（49）2019 年 10 月 12 日，新修订的附中绩效工资实施办法经教代会表决通过。

（50）2019 年 10 月 17—18 日，举行附中第 47 届校运会。

（51）2019 年 10 月 18—20 日，组织全体党员赴四渡赤水培训学院开展“不忘初心、牢记使命”革命传统教育。

（52）2019 年 10 月 22 日，金牛区 2019 年初中英语“五新研究”——第四届 JNTD 新课堂之“我和我的学生”主题英语演讲比赛在我校举行。

（53）2019 年 10 月 25 日，组织“青春向阳”高一禁毒防艾教育活动。

（54）2019 年 10 月 28 日，组织青年教师做高考题比赛。

（55）2019 年 11 月 19—11 月 20 日，组织教学专题研究活动暨优秀教师课堂观摩活动。

（56）2019 年 11 月 28 日，思源大讲堂十四期，北京炜衡律师事务所高级合伙人李杰律师为初二年级学生做“让我们荡起‘法’之桨”普法讲座。

（57）2019 年 12 月 19 日，傅相万副校长到马尔康市松岗镇挂职副书记，专职开展扶贫工作。王元英教师 9 月赴马尔康支教。全年代培马尔康籍藏族学生 6 名。

（58）2019 年 12 月 20 日，在大学生会堂举行“礼赞新中国、奋进新时代”文艺汇演。

（59）2019 年完成教室多媒体建设、校园局域网建设、LED 大型显示屏建设、校门门禁系统改造、回收铺面改造以及教室信息系统建设和网阅系统建设等。

（60）2019 年学校荣获表彰：在金牛区少工委举办的“我和我的祖国”手语舞展示活动中荣获特等奖；在金牛区教育局举办的“金牛区第八届体育教师技能大赛”团队比赛中荣获团体二等

奖；被评为金牛区学生资助工作先进单位；在2018—2019学年度中被评为初中教学管理优秀等级学校；荣获金牛区校园传染病防控工作先进单位。

（61）2019年，向琼、王纯秀、聂志芬、黎伟、李莲5人退休，曾辉辞职。

（二）子弟小学

西南交大子弟小学坚持“爱与尊重，学与创新”的办学理念，围绕“提升教育品质，打造名校品牌”的办学目标，以“融合高校资源，创新育人课程”为办学特色，以“立德树人”为根本任务，秉承西南交通大学“严谨治学、严格要求”的教风，努力营造“勤学善思、守正创新”的学风，深挖大学教育资源，着力培养培育博爱、好学、灵动、创新的新时代交大少年。

1. 办学基本条件

学校占地6600多平方米，建筑面积4165平方米。学校拥有云网络教室、自然科学实验室、师生阅览室、音乐教室、校园广播电视台、心理咨询室等。我校校园信息化建设稳步向前迈进。

2. 师资队伍建设

学校现有教师45名，本科及以上学历占100%（硕士研究生9人），高级教师3名，一级教师38名，市学科带头人1名，区学科带头人8名，省级骨干教师2名，区教育专家1名，全国优秀班主任1名，成都市优秀班主任3名，区优秀班主任9名。

3. 办学规模

学校目前有17个教学班，学生693人，其中校内子弟453人。

4. 教育教学业绩

本年度我校教师有1人荣获区教育拔尖人才，2人当选区学科带头人，2人当选区优秀青年教师，1人当选成都市优秀班主任，1人当选区优秀德育工作者，1人当选区师德先进个人，1人当选区教坛新秀。11人次在区级教研活动中担任评委和承担讲座任务，3人教师技能大赛获奖，26篇论文获奖，9篇论文发表，主编参编3部著作。

我校学生在金牛区64所学校进行的调研测试中，语、数获得综合排名第五名、第七名的好成绩。以学校团体参加各类赛事获团体奖17项，其中含科技创新类项目3项；个人参加各类学科及艺术竞赛中获奖200余人次。我校“天耀中华”节目在金牛区美育实践活动中表现优异上学习强国。四年级学生黎子琳在西班牙马德里召开的第25届联合国气候变化大会“中国角”系列边会上，以“青年的力量、青年的责任”为主题发表了全英文演讲，荣获2019成都市教育影响城市EPC年度面孔殊荣。

我校4名学生在金牛区首届创客比赛中脱颖而出，荣获一等奖，并代表金牛区参加市级创客比赛获一等奖。

5. 党建与德育工作

学校党建扎实开展“不忘初心、牢记使命”主题教育活动，确保主题教育高标准、高要求、高质量推进；扎实推进巡察整改工作，强化党支部的政治建设；与学校课堂教学、德育工作、校园文化建设深度融合，积极打造以“教育报国守初心、立德树人担使命”为主题的“五位一体”的三全育人平台，以一流的党建工作引领学校品牌建设。

紧扣“壮丽七十年 奋斗新时代”新中国成立70周年主题，多层面地开展“不忘教育初心、牢记育人使命”主题党日实践活动：组织少先队开展百人手语操表演，荣获区一等奖。引领少先队开展“守初心、担使命”庆祝建队70周年活动；带领少先队到建川博物馆举行“传承红色基因、争做新时代好少年”入队仪式。我校在“新时代好少年”主题教育活动中表现突出，荣获教育部少工委颁发的示范学校称号。在“中华魂”主题教育活动中荣获成都市关工委颁发的优秀组织奖。我校在交大师生合唱比赛中获三等奖和最佳组织奖。

2019年，学校获得金牛区教育局目标综合考核优秀等级；获得西南交大卓越绩效优质服务奖；我校成功创建成都市阳光体育示范学校，获得成都市教育局命名。学校办学质量办学声誉迅速提升，同时加快了学校创建名校品牌的建设步伐。展望2020，学校将开启创建成都市新优质学校的新征程。

二十、附　录

（一）西南交通大学 2019 年大事记

【一月】

1 月 3 日，根据教育部党组统一部署，部党组第三巡视组向西南交通大学党委反馈巡视情况。受部党组委托，教育部巡视工作办公室副主任陈伟传达了部党组关于巡视工作的重要指示精神，部党组第三巡视组组长陈德文，副组长袁正宏、史习琳向学校党委和领导班子分别反馈了巡视情况。陈德文代表部党组巡视组进行大会反馈，陈伟对巡视整改工作提出要求。校党委书记王顺洪作表态发言。

1 月 4 日，四川省社科联在成都召开学习贯彻习近平总书记在庆祝改革开放 40 周年大会上的重要讲话精神暨七届三次常务理事会会议。西南交通大学心理健康教育研究中心获“优秀重点研究基地”称号。

1 月 8 日，2018 年度国家科学技术奖励大会在北京人民大会堂隆重举行。习近平、李克强、王沪宁、韩正等党和国家领导人出席大会。西南交通大学主持和参与完成的 3 个项目荣获 2018 年度国家科学技术奖励。西南交通大学名誉教授钱七虎院士荣获 2018 国家最高科学技术奖。西南交通大学高仕斌教授、廖海黎教授作为获奖人代表参加大会。

1 月 11 日，中共西南交通大学委员会召开干部会。校党委书记王顺洪部署学校现阶段的巡视整改工作。学校领导班子全体成员，党委委员，纪委委员，党群部门、行政部门、业务部门、直属单位、各教学科研单位党政负责人参会。

1 月 11 日，国际顶级学术期刊 *Science* 在线发表了西南交通大学与曼彻斯特大学合作研究成果 *Complete steric exclusion of ions and proton transport through confined monolayer water*（《狭窄单层水通道中质子传输与全尺寸离子位阻效应》）。该成果由诺贝尔物理学奖获得者、我校荣誉教授、曼彻斯特大学教授 Sir Andre Geim 引领，我校材料科学与工程学院（材料先进技术教育部重点实验室）杨倩博士参与共同完成。这是杨倩博士参与工作发表的第三篇 *Science* 文章。

1 月 23 日，在中国铁路总公司党组书记、总经理陆东福，总工程师郑健，总经济师兼中央办公厅主任韩江平，副总工程师兼发改委主任黄殿辉，副总工程师、总工程师室首席专家吴克非，以及西南交通大学党委副书记桂富强，副校长朱健梅、姚发明、何川，党委常委沈火明，校长助理应松宝的共同见证下，中国铁路总公司党组成员、副总经理黄民与西南交通大学党委副书记、校长徐飞代表校企双方签署《中国铁路总公司、西南交通大学战略合作协议》。

1 月，四川省委书记、省人大常委会主任彭清华一行来到犀浦校区电气馆，亲切慰问中国工程院院士钱清泉为代表的专家学者。省委常委、秘书长王铭晖，省委常委、省委组织部部长王正谱，省委组织部、省教育厅、省科技厅等有关部门负责同志参加走访。校党委书记王顺洪，党委副书记、校长徐飞，学校有关部门负责人及电气工程学院负责人陪同走访。

【二月】

2 月 22 日，由中国高等教育学会主办的中国高校创新人才培养研讨会暨 2018 年度全国高校学科竞赛排行榜发布会在浙江理工大学举行。在本次会议上公布了 2014—2018 年全国普通高校竞赛评估结果（本科）TOP300 排名，西南交通大学以338项奖项，总分93.09分，位居全国第十二。在2014—2018年理工类本科院校学科竞赛评估结果（本科）中，西南交通大学排名第九。

2月，教育部科技司发布《教育部科技司关于首批高等学校科技成果转化和技术转移基地认定结果公示的函》，西南交通大学成功入选首批高等学校科技成果转化和技术转移基地。此次入选的共有清华大学等22个中央所属高校的基地、首都师范大学等25个地方高校的基地。

2月，教育部思想政治工作司、学位与研究生教育发展中心公布了首批高校“百个研究生样板党支部”“百名研究生党员标兵”创建名单，我校“马克思主义学院博士党支部”和“牵引动力国家重点实验室硕士16级2班党支部”入选全国高校“百个研究生样板党支部”；土木学院博士研究生杨绍林和交运学院博士研究生李进龙入选全国高校“百名研究生党员标兵”。入选总数位列全国并列第二。

2月，2019年国际大学生工程力学竞赛亚洲赛区在河海大学举行，来自亚洲48所高校308名学生参赛。我校学子共获个人赛特等奖2人、一等奖3人、二等奖4人，团队赛获二等奖3队。最终按组委会个人赛前3名总成绩，西南交通大学荣获团体特等奖，位居48所参赛高校的第3名。

【三月】

3月2日，接联合国全球地理空间信息管理局（The United Nations Global Geospatial Information Management，UN-GGIM）主席Abbas Rajabifard教授的通知，经过严格国际评选，西南交通大学地球科学与环境工程学院正式被接纳为UN-GGIM学术网络工作组成员，是目前中国范围内继武汉大学之后第二个成员单位。

3月4日，2018—2019阿迪达斯全国青少年校园足球联赛大学男子校园组西南赛区决赛开幕式在犀浦校区足球场举行。

3月6日，在峨眉校区扬华讲堂召开校区党工委、管委会干部宣布大会。校党委书记王顺洪，校党委副书记、校长徐飞，党工委、管委会全体成员、教师干部代表参会。

3月11日，世界著名钢琴家、茅以升先生的孙女茅为蕙女士来到九里校区，通过访问和参观茅以升铜像、茅以升图书馆、牵引动力国家重点实验室，开展座谈会，对茅以升先生进行缅怀。

3月13日，学校党委召开巡视整改工作领导小组（扩大）会议，巡视整改工作领导小组全体成员以及各相关责任单位主要负责人参加会议。校党委书记、巡视整改工作领导小组组长王顺洪同志对抓紧抓好抓实巡视整改工作提出明确要求。

3月17日，第九届全国大学生机械创新设计大赛决赛承办协议签字仪式和主题研讨会在西南交通大学学术交流中心院士厅举行，这标志着我校正式承办定于2020年举行的第九届全国大学生机械创新设计大赛。

3月18日，为筹备成都2021年世界大学生夏季运动会，国际大体联和中国大体协对犀浦校区体育馆进行考察和评估。

3月19日，校党委书记王顺洪、校长徐飞会见了我校原香港校友会会长、重要捐赠人、2018年思源奖获得者徐立夫先生。党政办公室、对外合作与联络处、学生工作处等单位陪同会见。

3月21日，西南交通大学与戴尔（中国）有限公司共建人工智能及虚拟现实联合实验室签约及揭牌仪式在犀浦校区举行。

3月21日，校党委书记王顺洪会见中国铁建电气化局集团有限公司党委书记、董事长冯学彬一行，并就进一步开展深度合作进行广泛交流。

3月21日，首届粤港澳大湾区磁浮列车与先进轨道交通发展研讨会在香港理工大学举行。国家轨道交通电气化与自动化工程技术研究中心钱清泉院士、高仕斌主任作为大会指导委员会成员应邀出席。

3月21日，南方科技大学副校长、中科院院士汤涛一行来访学，与副校长姚发明进行座谈交流，双方就开展两校战略合作交换意见。

3月22—23日，由教育部思想政治工作司主办、西南交通大学承办的2019年全国高校心理健康教育工作专题培训班在成都举办。教育部思政司副司长张文斌、四川省委教育工委副书记、教育厅党组成员刘立云、西南交通大学党委副书记桂富强等出席会议，心指委秘书处、教育部直属高校、部委属高校、部省合建高校和地方高校的150余名代表参加培训班。

3月23日，第一届四川省高校创新方法应用大赛暨第三届全国高校创新方法应用大赛四川省分赛在我校举行。大赛是经全国高校创新方法应用大赛组委会授权，在教育部创新方法教学指导分委员会指导下，西南交通大学主办的一次高校创新方法省级大赛。

3月23日，2019年四川省青少儿科技挑战赛在九里校区举行。大赛由西南交通大学机械工程学院与四川省青少年科技应用促进会共同主办，吸引了成都七中、成都石室中学、成都九中、绵阳中学、棠湖中学等近20所省内重点中学的近500名师生参与。

3月25日，省委、省政府在成都举行四川省科学技术奖励大会，隆重表彰为我省科技事业作出突出贡献的科技工作者。省委书记彭清华出席大会，省委副书记、省长尹力讲话，省政协主席柯尊平出席，省委副书记邓小刚主持并就贯彻落实会议精神提出要求。2018年度四川省人民政府共授予省科技杰出贡献奖1项，省科学技术进步奖287项，其中：一等奖34项，二等奖81项，三等奖172项。西南交通大学16个项目荣获2018年度四川省科学技术进步奖。其中牵头获得一等奖2项，二等奖2项，三等奖2项。沈中伟教授和戴光泽教授作为获奖代表参会。

3月25日，学校党委再次召开巡视整改工作领导小组（扩大）会议，巡视整改工作领导小组全体成员以及各相关责任单位主要负责人参会。校党委书记、巡视整改工作领导小组组长王顺洪主持会议，并对抓紧抓好抓实巡视整改工作提出明确要求。

3月27日，中共西南交通大学委员会2019年全面从严治党工作会议在九里校区国际会议厅召开。会议主要任务是：学习贯彻落实习近平总书记在第十九届中央纪委三次全会上的重要讲话精神，学习传达十九届中央纪委三次全会和2019年教育系统全面从严治党工作视频会、十一届四川省纪委三次全会精神，分析研判学校全面从严治党形势，部署安排2019年主要工作。校党委书记王顺洪部署2019年学校全面从严治党工作。

3月29日，为践行“交通强国”“一带一路”倡议、“津京冀协同发展”、“长江经济带发展”“粤港澳大湾区城市群发展”等国家重大战略，向重点地区、重大工程、重大项目、重要领域输送毕业生，为广大毕业生打造更多优质就业平台，由招生就业处主办的西南交通大学2019届春季大型双选会暨实习生双选会在犀浦校区举办。

3月，教育部印发《教育部关于公布2018年度普通高等学校本科专业备案和审批结果的通知》，确定新增审批专业名单，西南交通大学为全国35所获批高校之一。西南交通大学新增“人工智能”本科专业。

3月，党的十九大精神宣传专栏征集暨第二届全国高校“名站名栏”评选结果出炉，我校报送的两个专题网站获得优秀奖，分别是西南交通大学党的十九大精神专题学习网站和西南交通大学党委教师工作部（教师发展中心）网站。

【四月】

4月1日，四川省教育厅发布《四川省教育厅关于2018年“四川教师风采”典型代表的通报》（川教函〔2019〕153号），我校黄楠教授获2018年“四川教师风采”典型代表称号。

4月3日，2019年全省高校党的建设工作会议在金牛宾馆隆重召开。省委常委、宣传部部长甘霖，省委组织部副部长、省委党建办主任、省委非公有制经济组织和社会组织工委书记沈晓玲，省委宣传部副部长刘龙章，省委教育工委书记、教育厅厅长朱世宏等出席会议；朱世宏主持会议。全省121所高等院校的党委书记、各市州党委组织部、宣传部分管负责同志和教育部门主要负责同志等共计250余人参会。朱世宏传达了第26次全国高校党的建设工作会议精神。校党委书记王顺洪代表学校作题为《坚持和加强党对学校工作的全面领导 把政治建设贯穿管党治党、办学治校全过程》的大会交流发言。

4月9日，中国人民解放军海军某部首长、上海大学钱伟长学院直属党总支书记吴威率代表团来校调研。副校长、茅以升学院院长冯晓云与代表团就合作共建等议题进行充分交流。

4月12—13日，由中华人民共和国教育部、中华人民共和国商务部、无锡市人民政府主办的第十届服务外包创新创业大赛西部区域赛在陕西省西安市举行。我校入围30支队伍共计148位同学赴西安参赛，11支队伍荣获区域赛一等奖，成功入围全国总决赛，同时获区域赛二等奖19支，获奖质量与数理高居西部区域赛第一。

4月14日，第五届四川省大学生结构设计竞赛在四川大学闭幕。西南交通大学获一等奖1项（结构组）、二等奖1项（岩土组）。其中，结构设计竞赛结构组中获得的第五次一等奖，我校连续6年领跑四川省结构设计竞赛。

4月15日，西南交通大学2019年大学生征兵工作宣传启动仪式在犀浦校区举行。

4月15日，成都市城轨交通产业协会成立大会暨第一届第一次会员代表大会在九里校区举行。

4月16日，在峨眉校区召开峨眉校区党工委（管委会）、峨眉校区后勤服务中心干部宣布大会。校党委书记王顺洪，校党委常委、峨眉校区党工委书记沈火明等参会。

4月19—22日，由教育部高等学校物流管理与工程类专业教学指导委员会、中国物流与采购联合会共同主办的“马钢杯”全国大学生物流设计大赛在安徽马鞍山市举行决赛答辩。两支进入决赛的西南交通大学参赛队双双斩获国家一等奖，其中“锦逸犀交队”同时获得全国唯一“最具企业价值奖”，并于颁奖典礼现场进行互动交流。所得奖项数量及等级均创下全国高校第一及我校本项大赛历史最佳成绩。

4月21日，知名歌手平安在“放飞梦想——天津大学青春歌会”上演唱了西南交通大学选送的人文学院2014届毕业生孔维瑶作品《最美的珍藏》（作曲：王超，作词：孔维瑶、王超，演唱：孔维瑶）。该作品在全国高校逐鹿中，入选新时代原创校园歌曲全国首唱名单，成为9首入选歌曲之一。

4月23日，教育部离退休干部局党委书记、局长于虹率调研组一行来我校离退休工作处调研。校党委书记王顺洪、校党委副书记桂富强等参加调研座谈。

4月24日，学校党委召开巡视整改工作专题会议，总结上一阶段巡视整改工作，对下一阶段工作作出安排部署。校党委书记、党委巡视整改工作领导小组组长王顺洪，校党委副书记、纪委书记、党委巡视整改工作领导小组办公室主任张学龙，以及各责任单位主要负责人参会。

4月24日，成都振兴银变新材料有限公司向西南交通大学捐赠1000万元，用于学校曹建猷教育基金。成都振兴银变新材料有限公司董事长何东武、总经理孙晓琴，西南交大党委书记、基金会理事长王顺洪，副校长、基金会副理事长朱健梅等出席捐赠仪式。

4月25日，由四川省科学技术厅主办的2019年四川省科普讲解大赛决赛在四川大学举行。来自全省有关部门、高等院校以及省级科普基地的42个代表队的73名选手参加了本赛。我校交通运输与物流学院青年教师史磊获一等奖及“最佳形象奖”，并授予“四川省十佳优秀科普使者”称号。史磊也将作为四川省的三名代表之一，参加全国科普讲解大赛总决赛。

4月25日，教育部、国资委联合举办的“国企领导上讲台、国企骨干担任校外辅导员”活动西南交通大学专场报告会在犀浦校区举行。报告会前，校党委书记王顺洪会见了中国中铁股份有限公司党委副书记、执行董事周孟波一行。中国中铁股份有限公司党委副书记、执行董事周孟波，中铁二院党委书记、董事长赵德义，中铁科研院党委书记、董事长徐敦美，中国中铁股份有限公司党委宣传部副部长张瀚等；校党委书记王顺洪、党委副书记桂富强等出席报告会。

4月25—26日，广西壮族自治区党政代表团来川考察。26日下午，四川、广西两省区经济社会发展交流座谈会暨合作协议签署仪式在成都举行。广西壮族自治区政府与西南交通大学签署战略合作框架协议。校党委书记王顺洪出席并见证签约，校党委副书记、校长徐飞代表学校与广西壮族自治区政府签约。

4月28日，西南交通大学纪念五四运动100周年青春歌会暨2018年度共青团工作表彰大会在犀浦校区举行，校党委书记王顺洪，共青团四川省委副书记任世强，共青团四川省委学校部副部长向廷光，共青团成都市委副书记李明蔚，共青团成都市委学校部部长方薇，校党委副书记桂富强，校党委副书记张学龙，副校长朱健梅、蒲云、姚发明，校党委常委沈火明，校党群部门领导及各学院党委工作负责人出席大会，全校团员青年代表、附属中学团员代表和子弟小学少先队员代表共计 5000 余人参会。

4 月 28 日，2019 年四川省庆祝“五一”国际劳动节暨表彰大会在成都召开，大会向荣获全国和四川省五一劳动奖状、五一劳动奖章、工人先锋号的先进集体和先进个人代表颁发奖牌、证书和奖章。西南交通大学土木工程学院获“四川省五一劳动奖状”殊荣。

4 月 29 日，在犀浦校区召开三校区“一体化”峨眉校区工作总结会。学校党委常委兼峨眉校区党工委书记、“三校区一体化办学管理领导小组”副组长沈火明出席会议并作总结发言。

4 月 28 日，2019 年四川省庆祝“五一”国际劳动节暨表彰大会召开，西南交通大学材料科学与工程学院博士生蒋虎南荣获 2019 年全国五一劳动奖章。

【五月】

5 月 11—12 日，2019 中国国土经济学会学术年会暨中国国土经济高质量发展论坛在四川大学举行。本次论坛以中国国土经济高质量发展的理论与实践为主题，由中国国土经济学会主办，西南交通大学与四川大学联合承办。

5 月 13 日，2019 年教育部科学技术委员会全会在京召开，教育部副部长钟登华院士出席会议，并为 2018 年度“中国高等学校十大科技进展”颁奖，教育部科技委主任赵沁平主持会议。翟婉明院士出席会议并领取 2018 年度“中国高等学校十大科技进展”奖项。翟婉明院士主持完成的“新能源悬挂式空铁关键技术与试验工程”，经过地方和高校遴选、部门形式审查、学部初评、专家综合评议和公示 5 个阶段，成功入选，这是翟婉明院士主持的研究成果第二次入选，上一次入选是在 2005 年，即为他的车辆-轨道耦合动力学理论研究成果。

5 月 15 日，党委巡视整改工作领导小组（扩大）会议暨巡视整改落实情况督查及“回头看”工作动员会议在犀浦校区召开。会议任务为部署巡视整改落实情况督查及“回头看”工作。校党委书记、巡察工作领导小组组长、党委巡视整改工作领导小组组长王顺洪出席会议并作重要讲话，校党委副书记、校长、党委巡视整改工作领导小组副组长徐飞主持会议。校党委巡视整改工作领导小组全体成员出席会议。

5 月 16 日，“不忘初心 交通强国”红色文化主题馆开馆。校党委书记王顺洪，党委副书记、纪委书记张学龙，副校长朱健梅、冯晓云，党委常委沈火明等来到主题馆，共上一堂“行走的思政课”。

5 月 16 日，校党委书记王顺洪，党委副书记、校长徐飞，副校长朱健梅、姚发明在犀浦校区会见建筑与设计学院名誉院长、台湾大学李鸿源教授。

5 月 16 日，培根铸魂 弦歌不绝——老中青思政课教师共话新时代思政课建设座谈会在犀浦校区召开。

5 月 17 日，纪录片《竢实扬华·峨眉时期》在九里校区举行首映式。校党委书记王顺洪出席仪式并发表题为《让峨眉之光照耀交大未来》的讲话。校党委副书记张学龙，副校长冯晓云，党委常委沈火明，校长助理应松宝，影片总编导周力军，执行制片人甄虎，学校老领导等出席仪式。

5 月 17 日，西南交通大学校友企业家联盟成立大会在新都区举行，大会由西南交大与新都区委区政府联合举办。

5 月 18 日，西南交通大学建校 123 周年暨机械学科创建 100 周年纪念大会在犀浦校区体育馆隆重举行。出席大会的领导和嘉宾有：四川省人大原副主任、原副校长钮小明，清华大学雒建斌院士，北京飞机强度研究所闫楚良院士，北京大学魏悦广院士，西南交大沈志云院士、翟婉明院士，成都铁路局监管局局长黄卿，大连理工大学副校长贾振元，原机械科学研究院院长海锦涛，全国人大代表刘飞香校友、罗鹏校友，校党委书记王顺洪，党委副书记、校长徐飞等全体在校校领导，原校长周本宽等老领导，成都市市级相关部门和市、区、县有关部门负责人，各兄弟院校领导，成都市第三人民医院和西部战区医院代表，优秀校友代表，教师代表和学生代表。王顺洪主持大会。

5 月 18 日，“‘蓉’归故里·西南交通大学校友返校日——推动双一流大学创建，助力国家中心城市建设大会”在犀浦校区体育馆隆重举行，为母校送上123周岁生日祝福。出席大会的领导和嘉宾有：成都市委副书记、市长罗强，成都市人民政府秘书长周先毅，全国人大代表刘飞香校友、罗鹏校友，校党委书记王顺洪，党委副书记、校长徐飞等全体在校校领导，原校长周本宽等老领导，成都市市级相关部门和市、区、县有关部门负责人，各兄弟院校领导，成都市第三人民医院和西部战区医院代表，优秀校友代表，教师代表和学生代表。徐飞主持大会。

5月20日，54岁的1983级校友贾林昌，成功登上珠穆朗玛峰之巅，并将西南交通大学校旗插在山顶，让校旗在海拔8848米的珠峰顶飘扬。

5月22日，西南交通大学交通运输专业认证现场考查意见反馈会在犀浦校区举行。

5月25日，西南交通大学人文学院成立十五周年纪念大会在大学生活动中心隆重举行。大会由人文学院党委书记向仲敏主持。

5月25—26日，由教育部高等学校交通运输类专业教学指导委员会、教育部高等学校交通工程教学指导分委员会主办的“津发杯”第十四届全国大学生交通科技大赛在云南省昆明市举行决赛答辩。我校学子斩获全国一等奖1项（全国仅8项），三等奖2项，优胜奖1项，获奖质量和总数位列全国前列。

5月28日，中国科学院、中国工程院致贺信祝福沈志云院士生日。

5月30日，中国中铁-西南交大“新时代校企思政联合体”共建项目于九里校区启动，项目旨在构建“立德树人”和“三全育人”的思想政治工作大格局，培育当代优秀大学生，增强国家的核心竞争力。

5月30日，教育部、国资委联合举办的“国企领导上讲台、国企骨干担任校外辅导员”活动西南交通大学思政公开课在九里校区举行。中国铁路工程集团有限公司党委书记、董事长李长进为300余名师生带来《新中国铁路发展的伟大成就与未来展望》主题报告。

5月，接科技部通知，我校申请的“中国-印尼高铁技术联合研究中心”援助项目正式获得批准，项目负责人为我校土木学院蒲黔辉教授。

5月，经欧洲研究委员会（European Research Council）严格评审，我院尹高飞副教授以97分的优异成绩（满分 100），荣获欧盟玛丽·居里学者基金（Marie Skłodowska-Curie Individual Fellowships）。

【六月】

6月3日，成都市教育局、郫都区教育局“组团”来到学校，共同沟通“加强部属高校周边优质中小学建设 为成都发展提供不竭人才动力”提案事宜。

6月4日，由西南交通大学土木工程学院防护结构研究中心联合四川奥思特边坡防护工程有限公司，在重庆市涪陵区开展了高位落石冲击防护的原位试验。本次试验是世界上首次同类型原位足尺试验。

6月5日，副校长姚发明应邀带队赴深圳南方科技大学，就共建西南交通大学前沿科学技术研究院联合研究中心达成协议并签约。

6月10—19日，校党委书记王顺洪利用晚上到学生宿舍分别走访看望全校各个学院的毕业班学生，了解毕业班学生就业、深造情况，唠家常、鼓干劲、释疑惑。

6月11—12日，由民盟中央举办的民盟组织工作会议在安徽省合肥召开。民盟西南交大委员会作为川内5个高校民盟基层组织之一，被授予“高校基层组织盟务工作先进集体”荣誉称号。

6月13日，西南交通大学和比亚迪BMEM研修班启动及签约仪式在比亚迪坪山总部举行。

6月14—16日，48小时的创客马拉松比赛——2019“共创未来”中美青年创客大赛成都分区赛在犀浦校区进行。

6月17日，经光明日报社与学校党委宣传部、招就处前期策划，“2019高校招生服务光明大直播”全媒体团队走进犀浦校区，对我校学生学习生活环境及学校教学、科研情况进行直播，吸引了78.4万人次网友在线观看。

6月22日，学校在犀浦校区举行2019届本科生毕业典礼暨学位授予仪式。

6月22日，西南交通大学2019届研究生毕业典礼暨学位授予仪式在九里校区举行。圆满完成学业的266位博士研究生、3574位硕士研究生整行囊、踏征程。

6月23日，学校在峨眉校区举行2019届本科生毕业典礼暨学位授予仪式。

6月26日，西南交通大学召开“双一流”建设中期自评和第五轮学科评估推进会。校党委书记王顺洪，党委副书记、校长徐飞，中国科学院院士翟婉明，副校长姚发明、周仲荣、冯晓云、何川等出席会议。

6月28日，中共西南交通大学委员会庆祝中国共产党建党98周年暨2017—2019年“创先争优”表彰大会在九里校区举行。

6月28日，西南交通大学2019年宣传思想工作会议在九里校区召开。校党委书记王顺洪，党委副书记、校长徐飞，副书记桂富强，党委常委、副校长朱健梅、蒲云、姚发明、周仲荣、何川，党委常委沈火明出席会议。

6月，国务院学位委员会发布《关于下达工程硕士、博士专业学位授权点对应调整名单的通知》（学位〔2019〕5号）。西南交通大学获批机械、能源动力和交通运输3个博士专业学位授权点和电子信息、机械、材料与化工、资源与环境、能源动力、土木水利、生物与医药、交通运输8个硕士专业学位授权点。至此，学校的工程博士授权点由1个增加为3个，工程专业学位硕士授权点从原来的半覆盖变为全覆盖，工程专业学位研究生教育基本实现了全贯通，标志着学校专业学位教育迈进新的发展进程。

【七月】

7月2日，学校在九里校区牵引动力国家重点实验室召开交通运输工程学部成立暨干部宣布大会，校党委书记王顺洪、中科院院士翟婉明出席大会。聘任翟婉明院士为交通运输工程学部主任。成立交通运输工程学部旨在更好地组织和建设交通运输工程学科，实现“以特树旗”“以特扬名”，通过特色学科，带动学校发展，更好地协调好交通运输工程一级学科下面的四个二级学科的发展，更好地协调好相关学科群的发展。

7月9日，西南交通大学在九里校区国际会议厅举行全校干部教师大会。教育部人事司司长张东刚，四川省委组织部副部长陈冠松出席会议。受教育部党组委派，张东刚宣布了教育部党组和教育部关于西南交通大学校长职务任免的决定：杨丹同志任西南交通大学校长；徐飞同志不再担任西南交通大学校长、党委副书记，另有任用。学校党委书记王顺洪主持会议。

7月23日，彼得·卡尔索普担任西南交通大学名誉教授聘任仪式暨学术报告会在建筑与设计学院举行。

7月，在庆祝中国共产党成立98周年之际，为进一步激励全省各级党组织和广大党员新时代新担当新作为，中共四川省委决定，表彰一批全省优秀共产党员，我校牵引动力国家重点实验室党委列车与线路研究所党支部翟婉明被授予“四川省优秀共产党员”称号。

7月，中央宣传部、中国科协、科技部、中国科学院、中国工程院、国防科工局在北京向全社会公开发布2019年“最美科技工作者”先进事迹，中铁大桥院副总工程师、桥梁设计师、西南交通大学84届校友徐恭义入选。

7月，土木工程学院博士研究生杨绍林获“第十四届中国大学生年度人物”入围奖，这是他继2019年初荣获首批全国高校“百名研究生党员标兵”之后的又一殊荣。

【八月】

8月2日，国家新闻出版署公布《“十三五”国家重点图书、音像、电子出版物出版规划》第三次增补项目名单，西南交通大学出版社《高速列车制动系统》和“基于数据库建设的中国西南少数民族医药文献抢救与整理丛书”2个项目入选。截至目前，我校出版社共有12个项目入选国家“十三五”重点出版规划项目。

8月12—16日，第26届国际车辆系统动力学学术大会（IAVSD2019）在瑞典哥德堡举行。来自28个国家的356位代表出席会议。我校翟婉明院士率29人代表团隆重出席本次大会，是参会人数最多的单位。

8月20—22日，第九届全国大学生电子商务“创新、创意及创业”挑战赛总决赛于西安交通大学举办。我校慧读慧写代表队荣膺特等奖（全国第二名），“YOUNG·生”代表队获一等奖，我校获奖质量和总数连续两年蝉联全国第二，创造四川省和我校代表队该项赛事的最好成绩。

8 月 23 日，西南交通大学 2019 级研究生开学典礼在犀浦校区召开。4813 名研究生新生开启学术生涯的新起点。

8 月 30 日，国家标准委员会正式发布了国家标准《金属材料压入试验强度、硬度和应力-应变曲线的测定》（GB/T 37782—2019）。具有我国自主知识产权的该项新标准，由西南交通大学力学与工程学院蔡力勋教授主持、包陈副教授执笔起草，起草单位包括：西南交通大学、冶金工业信息标准研究院、成都微力特斯科技有限公司、沈阳飞机工业（集团）有限公司、宝山钢铁股份有限公司、国合通用测试评价认证股份公司、中国航发北京航空材料研究院。

8 月 31 日，中国铁道学会理事长、中国工程院院士卢春房校友莅校指导工作。校党委书记王顺洪、校长杨丹与卢春房院士亲切交流，副校长朱健梅、何川参加会见。

8 月，“兆易创新杯”第十四届中国研究生电子设计竞赛全国总决赛在南京举行。我校信息科学与技术学院“WNG”代表队获全国总决赛团队一等奖，并获赛会最佳技术论文奖。

8 月，我校荣获第十四届全国大学生“恩智浦杯”智能汽车竞赛全国总决赛全国一等奖 1 项、全国二等奖 3 项。

8 月，我校材料学院李长清同学、信息学院唐大伟同学荣获 2018 年度“中国大学生自强之星”称号。我校被评为 2018 年度“中国大学生自强之星”奖学金推报工作优秀组织院校。

【九月】

9 月 6 日，由省委宣传部、省委教育工委指导，四川广播电视台、新华文轩出版传媒股份有限公司联合举办“最美教师 荣耀四川”教师节主题活动。翟婉明院士作为入选 10 位“最美教师”之一。

9 月 7—8 日，西南交通大学在犀浦校区体育馆、峨眉校区明诚堂举行 2019 级本科生开学典礼。校党委书记王顺洪、校长杨丹、中国科学院院士翟婉明，全体在校校领导出席典礼，7207 名 2019 级新生上演大合唱，青春告白祖国。

9 月 9 日，西南交通大学“双一流”建设中期自评专家会议在九里校区召开。学校邀请国务院学位委员会交通运输工程学科评议组专家、全国高等学校教学指导委员会专家和交通运输领域的行业专家组成专家组，对学校“双一流”建设中期进展情况进行评议。

9 月 9 日，中共四川省委教育工作委员会、四川省教育厅公布首批四川省教书育人名师名单，首批授予 322 名教师“四川省教书育人名师”称号。西南交通大学翟婉明等 16 名教师获评该称号。

9 月 10 日，全国第 35 个教师节之际，西南交通大学在犀浦校区举行教师节座谈会。校党委书记王顺洪，校长杨丹，党委副书记桂富强、张学龙，副校长冯晓云、姚发明，校长助理应松宝出席座谈会，与教师代表、教学科研以及机关部处相关负责人座谈交流。

9 月 10 日，我校与中车株洲电力机车研究所有限公司交流座谈暨战略合作协议签约仪式在犀浦校区举行。

9 月 11 日，四川省高等教育学会教育信息化专业委员会成立大会在成都召开，西南交通大学当选为专委会理事长单位，学校 CIO、信息化与网络管理处处长赵彦灵教授当选为专委会首任理事长。

9 月 16 日，西南交通大学召开“不忘初心、牢记使命”主题教育动员大会，深入贯彻落实习近平总书记在“不忘初心、牢记使命”主题教育工作会议上的重要讲话精神，严格按照中央、教育部党组对主题教育的部署要求，对全校主题教育进行全面动员与重点部署。校党委书记王顺洪主持会议并作动员部署，教育部直属高校“不忘初心、牢记使命”主题教育第十巡回指导组全体成员出席会议，组长罗中枢讲话。

9 月 19 日，学校在九里校区开展“青春告白祖国”一节特别的爱国思政课主题教育活动。

9 月 20 日，西南交通大学邓自刚研究员因在真空管道磁悬浮交通基础科学和前沿技术研究上所做的工作荣获首届“科学探索奖”。

9 月 24 日，学校党委第三轮巡察动员部署暨巡察干部培训会在犀浦校区召开。校党委书记、党委巡察工作领导小组组长王顺洪出席会议并做动员讲话，校党委副书记、纪委书记、党委巡察工作领导小组副组长张学龙主持会议。校党委巡察工作领导小组成员单位主要负责人、第三轮巡察组全体巡察干部、第三轮被巡察的六个党组织领导班子全体成员出席会议。

9月25日，西南交通大学领导班子举行“不忘初心、牢记使命”主题教育第一次集中学习研讨交流。根据习近平总书记在“不忘初心、牢记使命”主题教育工作会议上的重要讲话精神、中央及教育部党组的部署要求和《西南交通大学开展“不忘初心、牢记使命”主题教育方案》有关要求，从9月25日起，学校领导班子进行为期五天的集中学习。集中学习期间，将围绕“政治坚定守初心 对党忠诚担使命”“立德树人守初心 为国育才担使命”“学习榜样守初心 主动作为担使命”等主题，通过开展党委理论学习中心组学习、专题读书班、观看主题教育视频、专题辅导报告等多种形式，扎实开展学习教育。

9月26日，西南交通大学、武警警官学院双方军民融合交流会暨战略合作协议签约仪式在武警警官学院举行。

9月29日，学校召开院长工作会议专题研究“双一流”建设，校长杨丹，副校长朱健梅、蒲云、冯晓云、姚发明、周仲荣、何川，各学院院长、机关（含业务部门）各部处长参加会议。会议由杨丹主持。

9月30日，“我和我的祖国”西南交通大学庆祝中华人民共和国成立70周年师生文艺晚会在犀浦校区举行。西南交通大学党委书记王顺洪，校长杨丹，中国中铁科学研究院副总经理、国际隧道与地下空间协会主席、西南交通大学校外辅导员严金秀及全体在家校领导出席观看，全校师生员工与校友近四千人观看晚会。

9月，西南交通大学推荐的“陆地交通防灾减灾创新人才示范基地”顺利获批交通运输部2019年度交通运输行业创新人才培养示范基地。

9月，在第35个教师节来临之际，教育部发布《关于表彰全国优秀教师和全国优秀教育工作者的决定》，我校力学与工程学院院长、博士生导师康国政教授获评全国优秀教育工作者。

【十月】

10月1日，庆祝中华人民共和国成立70周年大会、阅兵式和群众游行在北京天安门广场隆重举行。西南交通大学组织三校区师生集体收看国庆庆祝活动直播实况，共同为伟大新中国70年辉煌祝福礼赞。校党委书记王顺洪、校长杨丹等全体在校校领导、各职能部处负责人、各二级学院与犀浦、峨眉、九里三校区近6000名师生共同观看这场振奋人心的庆祝盛会。

10月1日，西南交通大学在犀浦、九里、峨眉三校区举行“奋斗的我 最美的国”庆祝新中国成立70周年升国旗仪式。

10月2日，著名军旅作家项小米来校参观访问，并就进一步挖掘学校红色文化与相关部门负责人进行座谈交流。学校党委书记王顺洪会见项小米一行。

10月15日，教育部直属高校“不忘初心、牢记使命”主题教育第十巡回指导组指导学校主题教育开展情况，并分别参加了“全面加强政治建设及干部政治素养提升”调研座谈会、“坚持立德树人，推进课程（金课）及教学内部质量保障体系建设”调研座谈会。

10月18日，西南（唐山）交通大学建筑与设计学院办学90周年纪念大会在犀浦校区举行。

10月20日，中国科学院学部首个重大咨询评议项目“我国轨道交通发展战略研究”启动会在蓉召开，项目由西南交通大学翟婉明院士牵头主持。

10月23日，西南交通大学与甘肃省天水市秦安县帮扶对接工作会在犀浦校区召开，双方签署结对帮扶工作框架协议。

10月23日，教育部直属高校“不忘初心、牢记使命”主题教育第十巡回指导组莅校，分别参加了图书馆系统与办公室支部“微党课”活动、土木学院2019级硕士道铁三班党支部专题学习分享会。

10月26日，土木工程学院2019级硕士结构班党支部在“不忘初心、牢记使命”主题教育活动返校途中路遇一名落水女孩。支部预备党员陈建成功救起落水女孩。

10 月 28—29 日，在京举行的“2019 中国学术期刊未来论坛”上，中国科学文献计量评价研究中心发布《中国学术期刊影响因子年报（自然科学与工程技术）》研究报告。报告显示，《西南交通大学学报》复合影响因子 U-JIF 为 1.782，在工程技术综合类 142 种学术期刊中位居第 1 位；综合影响力指数 CI 值达到 795.703，在工程技术综合类 142 种学术期刊中位居第 8 位，进入该类学术期刊前 6%。学术期刊影响力指数（Academic Journal Clout Index，CI）为一类期刊中各刊影响力大小的综合指标，该指标将总被引频次（TC）和影响因子（IF）二者结合起来考量，更全面准确地反映了期刊学术影响力状况。

10 月 29—31 日，校长杨丹率队赴马尔康市、阿坝县开展精准扶贫工作。

10 月 30 日，2020 届毕业生秋季双选会在犀浦校区举办。

10 月 31 日，四川省第十八次社会科学优秀成果评奖颁奖大会在成都举行。我校共 22 人次成果进入获奖公告目录。以我校为第一完成单位的共有 16 项（二等奖 4 项、三等奖 12 项）成果获奖，合作申报共有 6 项（二等奖 2 项、三等奖 4 项）成果获奖。本次参评成果、推荐指标及获奖成果均创历年新高。

10 月 31 日至 11 月 2 日，西南交通大学主办第六届信息编码与无线通信前沿国际论坛（The 6th International Workshop on Advances in Informatiaon Coding and Wireless Communications，AICWC’ 2019）。

【十一月】

11 月 1 日，西南交通大学“不忘初心、牢记使命”主题教育校领导班子调研成果交流会在犀浦校区举行。教育部主题教育第十巡回指导组王洪波、陈小龙出席会议。学校主题教育调研组成员校党委书记王顺洪，校长杨丹，党委副书记桂富强、张学龙，副校长朱健梅、蒲云、冯晓云、周仲荣，党委常委沈火明，校长助理王晓茹、应松宝出席会议并汇报调研情况。

11 月 2—5 日，由西南交通大学与电子科技大学共同主办的亚洲通信与光子学会议（Asia Communications and Photonics Conference，ACP2019）在成都环球中心举办。

11 月 3 日，2019 年第六届四川省大学生“生命之星”科技邀请赛暨第三届全国大学生生命科学竞赛四川省决赛在犀浦校区举行。本次赛事由四川省教育厅主办，西南交通大学承办。

11 月 4 日，校党委书记王顺洪以“西南交通大学在民族复兴征程上的责任担当”为题，为全校中层干部及学生党员代表讲授了一堂精彩而又深刻的主题教育专题党课。教育部直属高校“不忘初心、牢记使命”主题教育第十巡回指导组副组长黄宗明，成员陈小龙出席。

11 月 5 日，西南交通大学举行表彰“见义勇为优秀大学生”座谈会，对陈建同学及土木工程学院 2019 级硕士结构班党支部见义勇为的先进事迹进行表彰。

11 月 5 日，乐山市委副书记、市政府市长张彤一行来到峨眉校区调研交流，市校双方就进一步加强务实合作深入交换意见，取得丰硕成果。

11 月 5 日，为广泛听取师生员工对学校工作的意见建议，切实解决师生员工的实际困难，校党委书记王顺洪来到峨眉校区，与师生代表座谈交流。

11 月 6 日，校党委书记王顺洪率队赴峨边彝族自治县双凤村开展精准扶贫工作。

11 月 7 日，按照中央和教育部党组要求，根据学校“不忘初心、牢记使命”主题教育实施方案，西南交通大学在犀浦校区召开党员校领导对照党章党规找差距专题会议。会议由校党委书记王顺洪主持，全体党员校领导参加会议。教育部直属高校主题教育第十巡回指导组组长罗中枢、指导组成员陈小龙到会指导。

11 月 8 日，校党委书记王顺洪代表学校看望四川省优秀共产党员、我校李群湛教授。

11 月 11 日，教育部学生司王辉司长一行到我校进行“不忘初心、牢记使命”主题教育活动检查指导。教育部学生司综合处处长唐小平，教育部直属高校“不忘初心、牢记使命”主题教育第十巡回指导组组长罗中枢，组员王洪波、彭涛、陈小龙；校党委书记王顺洪，校长杨丹，党委副书记桂富强，党委副书记、纪委书记张学龙，党委常委、副校长朱健梅、蒲云、冯晓云、姚发明、何川，党委常委沈火明，校长助理王晓茹出席调研座谈会。会议由王顺洪主持。

11月12日，教育部、国资委联合举办的“国企领导上讲台、国企骨干担任校外辅导员”活动西南交通大学思政公开课在犀浦校区举行。中国中铁股份有限公司总裁、党委副书记陈云为交大师生带来《“一带一路”建设与中国中铁的担当实践》主题报告。

11月13日，校党委书记王顺洪在犀浦校区会见成都市第三人民医院党委书记徐俊波，双方就进一步深化我校与成都市第三人民医院的各领域合作、共建医学院等进行交流。

11月13日，校党委书记王顺洪对西南交大推进科技成果权属改革工作进行专题调研。

11月15日，西南交通大学第二十届工会会员暨第七届教职工代表大会第五次会议在犀浦校区召开。校党委书记王顺洪、校长杨丹等全体在校校领导出席会议。

11月15日，全国“时代楷模”黄大年同志先进事迹报告会在西南交通大学举行，此次报告会是学校开展“不忘初心、牢记使命”主题教育活动的重要内容，同时也是学校师德师风大讲堂的重要一课。

11月17日，马克思主义新闻观研究专家、中国人民大学荣誉一级教授、校务委员陈力丹应邀在犀浦校区举行题为《习近平的宣传观和新闻观》的报告。

11月18日，何梁何利基金2019年度颁奖大会在京举行。中共中央政治局委员、国务院副总理刘鹤出席大会并讲话，全国人大常委会副委员长张春贤，全国政协副主席、中国科协主席万钢出席大会。中国工程院院士、我校1984届电力机车专业校友丁荣军获“科学与技术进步奖”。

11月22日，中国工程院正式公布2019年增选院士结果。华东理工大学教授、西南交通大学校友涂善东当选中国工程院院士。

11月23日，第三届教育部“我心中的思政课”全国高校大学生微电影展示活动颁奖典礼在武汉大学举行，西南交通大学选送的作品《路》荣获全国一等奖、四川省一等奖，并被学习强国四川学习平台推送。

11月24日，人文学院汪启明教授、赵静副教授等著《中上古蜀语考论》获评第十八届王力语言学奖一等奖。

11月25日，西南交通大学召开“不忘初心、牢记使命”主题教育暨党建年度考核工作布置会。党委书记王顺洪出席会议并部署期末学校各项重点工作。党委副书记桂富强，党委副书记、纪委书记张学龙出席会议。

11月26日，西南交通大学举行精准扶贫“以购代捐”农产品发放仪式。

11月28—29日，西南交通大学学术委员会主任、中国科学院院士翟婉明教授应清华大学、北京大学邀请，分别为两校力学领域师生作了题为《中国高速铁路发展及其面临的工程力学问题》的学术讲座。

11月30日，电气工程学院（原电机系）建立70周年纪念大会在犀浦校区举行。校党委书记王顺洪出席并讲话。中国工程院院士钱清泉、四川省人大常委会原副主任、我校原副校长钮小明，校友代表、全国工程勘察设计大师蒋先国出席会议。

11月，教育部公布首届全国高校思想政治理论课教学展示活动获奖名单，西南交通大学思政课教师以优异的表现获得不俗成绩，马克思主义学院刘锋副教授获一等奖，汪澎副教授获二等奖。

【十二月】

12月6日，第三届“交天下菁英，通宇内鼎甲”学者论坛在西南交通大学举行。

12月6日，学校党委召开领导班子“不忘初心、牢记使命”专题民主生活会。教育部人事司高校干部二处熊双林同志，教育部主题教育第十巡回指导组组长罗中枢、副组长黄宗明及成员到会指导。校党委书记王顺洪主持会议，党委领导班子成员参加会议，行政领导班子中的党外人士杨丹校长、周仲荣副校长应邀列席会议。

12月11日，西南交通大学正式发布《大学国际化水平排名（URI-2019）》。榜单显示，清华大学继续高居榜首，与北京大学、上海交通大学、浙江大学、复旦大学位居前五。

12月11日，西南交通大学2018—2019学年先进集体、优秀学生表彰大会于我校犀浦校区举行。

12 月 14 日，西南交通大学乡村振兴与文化旅游发展研究院成立仪式暨“文旅乡建”智库论坛在九里校区举行。

12 月 20 日，2019 年度高等学校科学研究优秀成果奖（科学技术）颁奖仪式在北京举行。我校作为第一完成单位共有 3 项成果入选，其中一等奖 1 项、二等奖 2 项。

12 月 23 日，中国铁道学会公布了 2019 年度“中国铁道学会科学技术奖”获奖项目名单，我校 15 项成果获奖，其中主持获得一等奖 3 项、二等奖 1 项、铁道环保奖 1 项；参与获得特等奖 3 项、一等奖 2 项、二等奖 3 项、三等奖 2 项。

12 月 24 日，全省马克思主义学院建设工作推进会在西南财经大学召开，我校马克思主义学院获评全省马克思主义学院建设科研先进单位。

12 月 27 日，我校铁道工程 77 级校友、原铁道部副部长、铁路总公司副总经理、中国工程院院士卢春房应邀来校作题为《中国高速铁路创新与发展》的学术报告。报告会由校长杨丹主持。

12 月 29 日，“交融奋进 · 悦动新年”——西南交通大学在犀浦校区举办 2020 新年联欢晚会。校党委书记王顺洪，校长杨丹，全体在校校领导出席晚会，700 余名师生及校友观看晚会。

12 月 31 日，学校举行“礼赞新中国 唱响新时代”2020 年新年茶话会，全体在校校领导、学校离退休老同志、各民主党派代表人士、各单位负责人、教师代表、学生代表、留学生代表展望新春，共话发展。

12 月 31 日，我校与四川天府新区成都管委会、京东城市在九里校区贵宾厅商议共建“京东-西南交大-天府新区数字经济产学研总部基地”。校党委书记王顺洪，校长杨丹等出席会见。

12 月，人文学院中文系柏桦教授的诗集《唯有旧日子带给我们幸福：柏桦诗选集》获首届东吴文学奖诗歌奖。

（二）2019 年表彰与奖励

中共西南交通大学委员会 2017—2019 年创先争优表彰名单

1. 先进基层党组织（4 个，按首字笔画排序）

土木工程学院党委
马克思主义学院党委
机关党委
信息科学与技术学院党委

2. 先进党支部（30 个，各类按首字笔画排序）

土木工程学院党委（3 个）：

2017 级博士班党支部
桥梁与造价教工党支部
桥梁系教工党支部

机械工程学院党委（2 个）：

硕士第九党支部
摩擦学党支部

电气工程学院党委（2 个）：

工程中心党支部
峨眉城轨电气系党支部

信息科学与技术学院党委（3 个）：

本科自动化党支部

学生工作组党支部

研 2017-06 党支部

交通运输与物流学院党委（2 个）：

本科国防生党支部

博士 2016 级党支部

经济管理学院党委（1 个）：

机关党支部

马克思主义学院党委（1 个）：

博士生党支部

人文学院党委（1 个）：

中文教师党支部

材料科学与工程学院党委（1 个）：

本科生 2017 级党支部

物理科学与技术学院党委（1 个）：

物理系党支部

外国语学院党委（1 个）：

本科生党支部

建筑与设计学院党委（1 个）：

风景园林系党支部

生命科学与工程学院党委（1 个）：

本科生物工程党支部

力学与工程学院党委（1 个）：

国家级力学实验教学示范中心党支部

数学学院党委（1 个）：

教工信息与计算科学系党支部

地球科学与环境工程学院党委（1 个）：

教工测绘遥感信息党支部

公共管理与政法学院党委（1 个）：

本科第二党支部

牵引动力国家重点实验室党委（1 个）：

列车与线路研究所党支部

竺可桢书院党总支（1 个）：

第一党支部

机关党委（1 个）：

人事处党支部

后勤与基建管理处党委（1 个）：

饮食服务中心党支部

离退休工作处党委（1 个）：

在职党支部

图书馆党总支（1个）：

峨眉读者服务党支部

3.“十佳”先进党支部（10个，按首字笔画排序）

力学与工程学院党委国家级力学实验教学示范中心党支部

土木工程学院党委桥梁系教工党支部

马克思主义学院党委博士生党支部

电气工程学院党委工程中心党支部

机关党委人事处党支部

机械工程学院党委硕士第九党支部

交通运输与物流学院党委博士2016级党支部

材料科学与工程学院党委本科生2017级党支部

牵引动力国家重点实验室党委列车与线路研究所党支部

信息科学与技术学院党委学生工作组党支部

4. 优秀共产党员（100名，各类按姓氏笔画排序）

土木工程学院党委（14名）：

刘先峰	刘　萍	苏　昂	李国庆	李明水
杨庆华	杨绍林	邵子萌	林池锬	闻毓民
晏启祥	童心豪	富海鹰	蔡俊宇	

机械工程学院党委（8名）：

刘培栋	余　涛	张亚非	张则强	秦　娜
钱林茂	曾祥光	管奇卉		

电气工程学院党委（8名）：

白家棣	李春茂	杨　平	何正友	张血琴
张春燕	赵　舵	薛逸凡		

信息科学与技术学院党委（8名）：

吕　彪	刘明慧	李　新	肖皓宇	张跃梁
陆　凡	高　僮	魏国波		

交通运输与物流学院党委（7名）：

王　坤	王炎冰	李　娜	晏　秋	殷　勇
唐李莹	唐智慧			

经济管理学院党委（5名）：

刘　盾	李海波	何　鹏	陈楷文	范　婷

马克思主义学院党委（2名）：

李春梅	赵　晨

人文学院党委（2名）：

向仲敏	刘飞云

材料科学与工程学院党委（3名）：

邓维礼	孟凡彬	徐震昭

物理科学与技术学院党委（2名）：

王静雅　　许宇鸿

外国语学院党委（2名）：

王　涛　　杨安文

建筑与设计学院党委（2名）：

王　唯　　付　飞

生命科学与工程学院党委（2名）：

刘睿颖　　李　昕

力学与工程学院党委（2名）：

杨翊仁　　康国政

数学学院党委（2名）：

冯　颖　　潘小东

地球科学与环境工程学院党委（6名）：

朱　庆　　李晓宇　　李超越　　杨　乐　　赵晓彦

彭道平

公共管理与政法学院党委（3名）：

余小英　　崔山佳　　戴　宾

牵引动力国家重点实验室党委（3名）：

邓自刚　　张梦乡　　翟婉明

竺可桢书院党总支（1名）：

李雪飞

茅以升学院党总支（1名）：

王　宇

心理研究与咨询中心直属党支部（1名）：

宁维卫

唐山研究生院（研究院）直属党支部（1名）：

钱晓群

机关党委（5名）：

冯　涛　　李　立　　张国正　　胡安辉　　贾兆帅

后勤与基建管理处党委（3名）：

马勇锋　　张晓博　　林代章

产业（集团）有限公司党委（1名）：

李润华

离退休工作处党委（3名）：

李　恒　　余瑞华　　廖　军

远程与继续教育学院党总支（1名）：

周　俊

附属中学党总支（1名）：

石　华

图书馆党总支（1 名）：

杨　勇

5. "十佳"优秀共产党员（10 名，按姓氏笔画排序）

邓自刚　宁维卫　朱　庆　许宇鸿　杨安文

何正友　贾兆帅　晏启祥　钱林茂　康国政

6. 优秀党务工作者（10 名，按姓氏笔画排序）

马　琼　王　轶　王　斌　王　霞　刘占祥

李卓慧　杨育鸿　陈　勇　武　俊　章春军

西南交通大学 2019 年共青团工作表彰名单

1. 五四红旗团委（6 个）

茅以升学院团委

人文学院团委

土木工程学院团委

交通运输与物流学院团委

公共管理与政法学院团委

信息科学与技术学院团委

2. 五四红旗团委创建单位（7 个）

生命科学与工程学院团委

建筑与设计学院团委

材料科学与工程学院团委

电气工程学院团委

经济管理学院团委

利兹学院团委

地球科学与环境工程学院团委

3. 校级示范团支部（10 个）

土木学院土木工程 2016 级 18 班团支部

茅以升学院金融学 2016 级 1 班团支部

交运学院交通运输 2016 级 4 班团支部

信息学院轨道交通信号与控制 2016 级 2 班团支部

公政学院公共事业管理 2016 级 1 班团支部

机械学院车辆工程 2016 级 1 班团支部

生命学院生物工程 2016 级 2 班团支部

人文学院传播学 2017 级 2 班团支部

地学学院测绘工程 2016 级 1 班团支部

牵引动力国家重点实验室牵引（研）2017 级 3 班团支部

4. 院级示范团支部（101 个）

土木工程学院（10 个）

2015 级建工 3 班团支部

2016 级土木 11 班团支部

2016 级土木 13 班团支部

2016 级土木 16 班团支部

2017 级土木 4 班团支部

2017 级土木 7 班团支部

2017 级土木 12 班团支部

2017 级土木 15 班团支部

2017 级土木 16 班团支部

2017 级道铁（研）2 班团支部

机械工程学院（9 个）

2015 级机制 1 班团支部
2016 级机械 6 班团支部
2016 级测控 2 班团支部
2017 级机械 1 班团支部
2016 级工业 1 班团支部
2016 级机械 3 班团支部
2017 级车辆 2 班团支部
2016 级机械 8 班团支部
2016 级车辆 5 班团支部

电气工程学院（9 个）

2015 级铁道电化 4 班团支部
2016 级电气 8 班团支部
2016 级电气 5 班团支部
2016 级电气 10 班团支部
2016 级电气 12 班团支部
2016 级电子 1 班团支部
2017 级电气 2 班团支部
2017 级电气 7 班团支部
2017 级电子 1 班团支部

信息科学与技术学院（8 个）

2016 级通信 1 班团支部
2016 级自动 1 班团支部
2017 级轨道 1 班团支部
2017 级轨道 2 班团支部
2017 级轨道 3 班团支部
2017 级计算机 1 班团支部
2017 级软件 1 班团支部
2017 级通信 1 班团支部

经济管理学院（5 个）

2015 级会计 2 班团支部
2016 级会计 1 班团支部
2017 级工程管理 1 班团支部
2017 级会计 2 班团支部
2017 级信息管理 1 班团支部

外国语学院（5 个）

2015 级英语（翻译）2 班团支部
2016 级汉语国际教育 2 班团支部
2016 级英语 1 班团支部
2017 级汉语国际教育 2 班团支部
2017 级英语 1 班团支部

交通运输与物流学院（6 个）

2016 级交通运输 2 班团支部
2016 级交通运输 3 班团支部
2017 级交运詹天佑班团支部
2017 级交通运输 6 班团支部
2017 级物流管理 2 班团支部
2017 级物流工程 2 班团支部

材料科学与工程学院（6 个）

2016 级材料成型 1 班团支部
2016 级材料成型 2 班团支部
2016 级材料成型 3 班团支部
2016 级生物医学工程 1 班团支部
2017 级材料成型 1 班团支部
2017 级无机非金属 1 班团支部

地球科学与环境工程学院（6 个）

2016 级遥感 1 班团支部
2016 级遥感 2 班团支部
2016 级地质 2 班团支部
2016 级地质 3 班团支部
2017 级地信 1 班团支部
2017 级地质 3 班团支部

建筑与设计学院（6 个）

2016 级建筑学 1 班团支部
2016 级建筑学 3 班团支部

2016级城乡规划1班团支部
2017级产品1班团支部
2017级视觉传达2班团支部
2017级城乡规划（研）团支部

物理科学与技术学院（4个）

2016级电讯4班团支部
2017级光电2班团支部
2017级电磁1班团支部
2017级应物2班团支部

人文学院（3个）

2016级汉语言文学2班团支部
2017级汉语言文学1班团支部
2016级音乐表演1班团支部

公共管理与政法学院（2个）

2017级法学3班团支部
2017级法学（研）1班团支部

生命科学与工程学院（3个）

2016级制药工程2班团支部
2017级制药工程3班团支部
2017级生物工程3班团支部

力学与工程学院（3个）

2017级飞行器设计1班团支部
2017级工程力学3班团支部
2017级工程力学2班团支部

数学学院（2个）

2017级统计学1班团支部
2017级数学2班团支部

马克思主义学院（1个）

2017级思政1班团支部

心理研究与咨询中心（1个）

2016级应用心理学1班团支部

牵引动力国家重点实验室（1个）

2017级牵引（研）4班团支部

利兹学院（2个）

2017级电子信息2班团支部
2016级土木1班团支部

茅以升学院（2个）

2016级茅院（交运）1班团支部
2017级茅院（数学）1班团支部

竺可桢书院（7个）

土木学院2016级铁道4班团支部
机械学院2016级交通6班团支部
信息学院2016级网络4班团支部
地学学院2017级资源勘查1班团支部
土木学院2017级桥梁5班团支部
电气学院2017级电气2班团支部
交运学院2016级交运1班团支部

5.“十佳”学生会（10个）

茅以升学院学生会
地球科学与环境工程学院学生会
生命科学与工程学院学生会
交通运输与物流学院学生会
材料科学与工程学院学生会
经济管理学院学生会
电气工程学院学生会
利兹学院学生会
土木工程学院学生会
信息科学与技术学院学生会

6.“十佳”研究生会（10 个）

交通运输与物流学院研究生会
经济管理学院研究生会
机械工程学院研究生会
土木工程学院研究生会
外国语学院研究生会
信息科学与技术学院研究生会
公共管理与政法学院研究生会
建筑与设计学院研究生会
电气工程学院研究生会
地球科学与环境工程学院研究生会

7.“十佳”青年志愿者协会（10 个）

交通运输与物流学院青年志愿者协会
土木工程学院青年志愿者协会
人文学院青年志愿者协会
电气工程学院青年志愿者协会
生命科学与工程学院青年志愿者协会
材料科学与工程学院青年志愿者协会
经济管理学院青年志愿者协会
外国语学院青年志愿者协会
信息科学与技术学院青年志愿者协会
建筑与设计学院青年志愿者协会

8.“十佳”团支部书记（10 人）

陈　鑫	公政学院公共事业管理 2016 级 1 班团支部书记
王帷韬	茅以升学院（金融）2016 级 1 班团支部书记
王一涵	材料学院高分子 2015 级 2 班团支部书记
张金鑫	牵引动力国家重点实验室牵引 2017 级 3 班团支部书记
还鸿新	数学学院数学与应用数学 2016 级 3 班团支部书记
辛　钊	物理学院应用物理 2015 级 2 班团支部书记
王小雨	电气学院电气类 2016 级 5 班团支部书记
秦晋哲	信息学院轨道 2017 级 2 班团支部书记
秦梦瑶	交运学院交运 2016 级 7 班团支部书记
祝欣宇	土木学院土木 2016 级 20 班团支部书记

9. 优秀共青团干部（798 人）

土木工程学院（92 人）

于佳琪	于　浩	马正勇	马凝宇	王二力	王　也	王文昊
王　杰	王乾峋	王骥越	尤子莯	毛子轩	叶　森	付　忻
乐誉清	朱文凯	朱宇星	朱珂雨	任　权	刘川昆	刘伟雄
刘俊潇	刘谦彬	刘　强	安浩然	许　帅	许　洋	纪程杰
李小琴	李玉梅	李志凌	李奇威	李佳欣	李威昊	李昱熙
杨　艺	杨文冲	杨桂畅	时一帆	何宗弈	何思宏	宋　迪
张　孟	张　航	张博涵	张　鹏	陆　粤	陈力文	陈　雨
陈　昕	陈婧雯	林池锬	罗　峰	罗浩原	岳朝阳	金若男
周文强	郑兆光	郑亦轩	赵　阳	赵　浪	赵理阳	胡榆杭

秦艺源　袁作兵　耿明婧　贾晓璇　徐双婷　徐明辉　徐煜进
高子祁　高振兴　郭文静　郭伟相　唐维泽　黄文峰　黄　庆
黄德楷　梅明明　龚禹为　崔凯琪　康逸飞　康敬清　梁　杰
蒋东江　鲁选一　游颖川　谢欣岑　雷尧钧　漆美霖　潘申鑫
戴开来

机械工程学院（59 人）

万梦方　马粕家　王羽扬　王淑莹　公培权　尹首权　甘　霖
卢雨昕　叶梦琪　田子恩　田　威　史志磊　冯　聪　朱广勋
庄宇倩　刘小雨　刘吉潇　刘启超　刘　杰　刘　涛　江开元
许栋来　李三平　李小萱　李林峰　李宗旭　杨　刚　吴秉晗
汪奕鋆　张志奇　张英豪　张　鼎　陈利鹏　陈奕夫　苗亚坤
欧阳鹏　罗　优　罗　睿　郑　重　赵建岗　胡　熠　姜　颖
宫瑜辰　姚建武　莫龙言　夏体磊　柴非凡　党院成　徐诺舟
高天健　高晋琦　郭贵松　崔李滨　蒋吉鑫　雷建岗　管奇卉
熊嘉铭　薛晓峰　魏光敏

电气工程学院（60 人）

王　创　王　彦　王久谊　王　峰　王潜雁　巨　擘　邓　秋
邓　睿　占祥文　吕　洋　朱　玲　任治承　向　钰　向星宇
刘　涵　刘正杰　刘苡辰　刘钰杰　杜　鑫　李　昊　李卫兰
李东杰　李亚鹏　李志铁　李　奇　李明轩　李　楠　李璐瑶
杨祥昱　张海靖　张　晨　张瑞璞　陆佳怡　陈永杰　陈晓雯
罗舒钰　周　楠　孟意林　赵　娜　赵　鹏　袁洲茂　顾婉杨
钱恺逸　徐珊珊　徐家德　高岩松　唐佳璐　唐政全　唐　彦
曹逸滔　龚邻骁　蒋嘉飞　程章桃　蓝　中　雷小力　詹　睿
阙　敏　蔡沛钊　黎秋豪　魏银花

信息科学与技术学院（68 人）

马巧娣　王　凌　王师晗　王靖翔　王榕婧　韦　婵　邓思琦
叶平平　冯杰亨　冯姝雅　成浣滢　朱红艳　朱泉舟　朱理婧
任艺飞　向　婷　邬孟言　刘玉枭　刘沐鑫　刘振威　安　琪
阳　怡　严梓文　李志遥　李君茹　李　新　杨子钰　杨文韬
杨　璟　张浩骞　张跃梁　张鹏飞　陈　欢　陈泽威　陈铭月
罗　逸　周春良　庞博文　屈　霖　郝新欣　胡一楠　秦　欣
秦晋哲　袁　杰　袁　涛　聂宇澜　钱　昊　徐启涵　徐楚昕
徐慧斯　高　僮　高铭远　唐衡璇　唐　鑫　黄云川　黄权胜
黄　怡　董梦瑶　蒋欣洋　韩云昊　覃蓉林　景　新　曾雨晴
谢兰欣　雷雨升　蔡　林　谭皓星　魏　强

经济管理学院（31 人）

叶晓桐　付紫婷　刘丙琪　刘　椰　闫欣雨　闫莉茹　安鸿儒

安静泽　孙雨婷　李恒黎　李雪萌　李　铖　杨心浩　吴　聪
邸俊潭　陈婉馨　林子渊　罗　琴　岳蓝雨　赵　琳　赵翔宇
赵静静　胡　茜　胡渌林　莫代玉　钱　莎　黄鑫桂　梁爱玉
蒋文轶　舒梦婷　满霁萱

外国语学院（30人）

凡　荣　马玉鹤　王芝兰　王玥月　王杰会　王　玲　文　萍
邓欢原　母　芮　刘思旖　许不凡　纪　航　李丽安　李昶昊
杨　婷　张宇佳　张　雪　张　锐　陈佳运　陈　怡　郑云霞
胡恬嫣　钮晓云　夏健鑫　徐梦轩　高　琦　郭　央　蒋国维
韩晶雯　温慧中

交通运输与物流学院（58人）

上官一丹　王致远　王逸鑫　王　箐　毛远思　方旭峰　卢中文
田志鸿　田德鹏　付玉雪　代瑞麟　朱芳仪　乔丽莹　刘劲楠
刘雨欣　李　方　李纪宏　李雨璇　李宓翰　李冠辉　李　然
李搏志　吴可非　何芙馨　张时霜　张黎明　陈佳佩　林宁子悦
欧　婷　罗玉婷　周子涵　周文涛　周文涛　周博文　周锡楠
郑　帅　赵　冰　郝　悦　胡一冰　俞傅伟　洪如昕　顾晨阳
高　鋆　郭玥伶　郭彦锐　桑　潇　黄彦宁　康秋萍　傅　莉
舒　丹　詹丛茵　阚晨妍　缪雨岚　潘　月　杨滨舟　林　蔚
陶春梅　李沛阳

材料科学与工程学院（35人）

马　骏　王月月　王兆峰　王　潇　尤莉娜　尹佳宁　邓偲焱
叶　劲　朱　涛　刘力恒　刘义彰　刘玉婵　刘　进　刘懿瑄
刘　鑫　孙思雨　李　欢　李　想　杨　峰　何忠倩　宋　佳
张旭龙　陈亚蓉　陈齐芊　陈锦涛　罗　逸　周　洁　徐瑶瑶
郭云龙　黄　霜　常栋彪　梁　盈　彭义东　蔡董大　谭　利

地球科学与环境工程学院（46人）

王成龙　邓明园　邓　雯　石泽文　石泽文　白金钊　白晴晴
兰诗寒　吕毓东　刘佳宁　刘　强　苏　婕　李麒麟　杨汉纯
杨　惠　张　杰　张浩兰　张梓琳　张　雪　陈康正　陈燕燕
苑　祎　罗　鑫　周婧怡　周睿枭　庞　茵　侯明越　秦璇睿
袁　鑫　钱彬祥　钱嘉侦　徐　琦　奚博豪　高　颖　郭梦岩
崔金龙　崔新蕾　董　可　曾建顺　谢峥宇　谭鸣凤　潘　越
霍子豪　冀雅云　社土么惹作　努尔尼加提·努尔艾力

建筑与设计学院（49人）

马　卉　王文静　王　欢　王杰雅　王　珩　王浩然　王润琼
王　唯　冯　岩　戎　尚　任禹赫　向巴央希　刘雨萱　刘璐凡

许　洁　杨　娴　肖雨晴　宋雅倩　张　旭　张志鹏　张　泉
张惠媛　张瀚天　张馨月　陈　希　陈紫诺　罗勋锐　周　为
周　冶　周欣怡　胡昌杰　胡佳仪　俞　锦　姜文文　娄晨霄
姚志怀　秦梓萱　贾　瑞　夏谢栋　钱玥希　徐海华　唐程璇
黄　越　曹凤鄂　彭　璨　曾琳茹　温雯锋　裥颖彪　魏曼婷

物理科学与技术学院（23 人）

王龙祥　王灵巧　田小芮　乔小斌　刘孝毅　牟书峥　李永杰
李佳真　何诗琪　张　涛　张　敏　张曜全　陈　锐　周珍羽
周　勃　胡辰凯　侯博文　秦荣荣　曹宗婷　戚天意　彭露露
韩宝佳　雷　钧

人文学院（39 人）

罗　艺　班佳雯　蔡松璇　曾敏莉　程慧仪　程佳琪　崔　洁
崔　倩　代沁雅　杜明阳　甘倬曼　郭守金　郭守金　何　宇
霍　田　李奕潼　刘晗悦　刘禹杉　刘中梅　路　炜　栾　潇
罗　洪　马芷荃　彭　婷　师　旭　王　岚　王玲英　王晓光
王伊鸣　肖依仁　徐　蕾　杨　涛　杨雅贤　张嘉新　张静仪
周　铁　周欣宇　朱　伟　左一寒

公共管理与政法学院（23 人）

王　文　王若雪　王雨婷　朱芸莹　李佳妮　吴少华　邱红平
汪宣霖　张　鑫　陈泽东　陈镒丹　陈　鑫　罗佼妮　郝　宇
胡世博　柴一菲　徐博宇　梁　欢　彭　荐　傅晴晴　谢元桃
谢琴彦　潘君豪

医学院（1 人）

王燕凤

生命科学与工程学院（22 人）

白虎东　兰　洁　朱　萌　刘可贞　孙　源　李红宽　李佳轩
李珊蓉　李　鹏　杨钰琛　杨雅丽　余文嘉　范　强　尚可欣
和智珍　赵鑫辰　胡婧雯　铁　蕾　常允建　阎若禹　雷乾娅
潘　达

力学与工程学院（15 人）

王　貌　冯子夜　汤毓宁　杜金树　李恒达　李恺琦　李晓婧
李　静　杨泞瑞　吴锐东　沙振飞　胡冰晖　秦宇鹏　曹　熙
廖　晗

数学学院（13 人）

王　敏　吉　利　汤　健　杨　涵　张红佳　张　姣　张　璇
陈潭升　胡皓量　彭思思　程智敏　谢欣洁　蔡　逸

马克思主义学院（10 人）

王潇雪　平　可　任秋艳　李明洋　杨小青　杨　楠　张莹霞

周　璇　　贾姣姝　　徐　硕

心理研究与咨询中心（4 人）

王一捷　　胡崟虎　　黄心怡　　薛林凯

牵引动力国家重点实验室（6 人）

王笑冬　　吴秋宇　　张　扬　　陈　显　　姜世霖　　董仕杰

利兹学院（17 人）

王雄鹰	邓斯恬	刘明煦	刘嘉惠	李若凡	杨皓云	吴晨浩
张择正	张雨农	陈　欣	陈恺宇	陈祺琪	骆　言	曹恺悦
盛永佶	褚欣然	廖人霖				

茅以升学院（25 人）

王怡丹	王晨祺	刘　雯	许可涵	李金岳	吴承睿	张少聪
张钰姝	张露阳	陈玥蓉	苗浩冉	周　正	赵天胤	赵日鑫
赵海宁	顾金池	唐天利	黄莉莎	董芷函	韩国君	程　岚
廖海宇	熊宇威	熊晓辉	戴　铁			

竺可桢书院（60 人）

王宇飞	王　杨	牛云彬	古程渝	丘梓溦	朱旭程	伍妍蝶
任冠州	邬林峰	刘　妍	刘　聪	安文垚	李玄妙	李兰茜
李松原	李承伟	李　洋	李　萱	杨晨光	杨铭松	肖发美
肖炜东	肖能飞	邱涌嘉	余康凡	谷　蕊	汪宝玉	张飞越
张梓琳	张舒祺	张善媛	陈万淞	陈金凤	陈泽健	陈留香
陈锐锐	陈　瑶	林韵茹	罗晗葳	罗　曦	周丽霞	周梦婷
周　超	查林弟	姜天恒	骆建波	郭培鹏	黄玉洁	黄宇轩
蒋尚君	焦钰钧	谢职骏	雷黎明	窦湘迪	蔡　玲	鲜奇宇
廖鑫玥	谭文楷	谭　立	霍宗鑫			

附属中学（8 人）

马天骄	李丹婷	李振瀚	宋　超	陈　娇	范　越	郭润媛
曹　奕						

机　关（1 人）

邬洪涛

后　勤（2 人）

陈　飞　　郑永川

图书馆（1 人）

吴　蓉

10. 优秀共青团员（1259 人）

土木工程学院（123 人）

丁　冬	丁　浩	于康庆	门汝祎	马相峰	丰　鑫	王　凤
王　文	王宇博	王　李	王若天	王顺意	王致远	王锡蓁
王　黎	文　艺	尹康帅	孔德睿	史可心	史佳敏	白世豪

白铁磊　吉克叁坡　朱丽莎　朱俊龙　伍相宇　刘一炜　刘丁熙
刘玉琳　刘议文　刘伊腾　刘　坤　刘思键　刘秋阳　刘胤格
刘锦超　许路平　许慧远　孙铭浩　李红裕　李贤敏　李金汪
李润霖　李梦然　李　满　李嘉鑫　杨迎昕　杨佳奇　杨春鹏
杨　倩　杨　盛　杨璐璐　吴　昊　何　菁　沈煜轩　张廷鹏
张　免　张国涛　张俞峰　张益瑄　张　悦　张雯皓　陈伟杰
陈昭颖　陈俊杰　陈榜框　苗天雨　范文昊　林浩宇　杭梓田
易梦雪　罗懋奇　周金林　周　泉　周璐瑶　郑　杰　郑　诺
单　雨　赵何霖　赵勇飞　郝晨哲　郝薛将　胡哲钏　胡晋军
钟浩嘉　段旭翀　侯凯祥　施德兴　袁　竹　徐子峻　高传松
高淑寒　郭子祺　郭　镇　姬云霄　黄宇鹏　黄岑巍　黄　柯
黄绮淇　黄　渝　黄　谦　曹翔鹏　康留辉　董　杰　蒋宸函
韩　琳　惠庆敏　程代旭　温安平　温　静　谢清泉　谢　鹏
靳宇轩　蒲　松　雷　越　蔡高智　蔡　耀　裴　蕾　廖　杭
廖祥宇　熊英健　潘燕萍　魏　勇

机械工程学院（98 人）

门松辰　王子琪　王世尹　王　欢　王　钊　王劭可　毛斐然
卢　一　付峻峰　冯俊男　同晓阳　年宇鹏　朱志轩　朱敏华
向立志　后　豪　刘亚磊　刘郑森　刘政武　刘思璐　刘峻志
刘　磊　齐宇晗　闫皓博　关宇涵　许立强　苏建川　苏楷通
李小花　李子韦　李本林　李欣瑜　李致萱　李晓峰　李　萃
李涵斌　杨　鹏　肖宇光　吴　森　吴舒扬　余慎之　冷海军
沈丹炜　张孔发　张志东　张　威　张家维　张耀文　张籍丹
陈宇山　陈晓磊　陈辉灿　罗振峰　罗谋睿　罗锦泽　周怀诚
郑明月　郑啟崴　孟　林　赵弘暘　赵　博　郝　瑾　郝　磊
胡宇翔　秦之琳　袁增威　夏　凡　顾雨涵　殷宇舰　高　颖
郭锦文　唐　鑫　黄鸿颖　黄　斌　崔俊飞　梁　焱　彭建伟
彭梦颖　董宏升　嵇仕儒　程奕炜　程奕婷　童一潇　曾培洋
曾嘉琛　游丙超　谢昂冶　谢智宇　蓝　宇　蒙春竹　赖　飞
赖宸宇　蔡璨羽　颜　语　魏再新　魏贺晨　魏　爽　魏　翊

电气工程学院（100 人）

马金祥　马　超　王东昊　王　阳　王志恺　王　杰　王诗琦
王晋瑄　王雪琪　王　淮　王斯佳　王　璟　毛宇昕　勾旭宇
卢旭杰　帅雨吉　申峻宇　成文钊　刘飞帆　刘宇飞　刘若涵
次凯旋　孙谢力　李志强　李丽阳　李林蔚　李　杰　李建为
李健乐　李　锐　杨向阳　杨萍萍　吴惟庆　汪黔艳　宋治东
张　毛　张兴斌　张财源　张怀远　张雨博　张思慧　张晅阁

张葆杰　张　寒　陆远方　陈宇舟　陈阳春　陈克华　陈欣昌
罗嘉明　周文卿　周　政　周虹志　周　润　庞鼎烈　赵一鸣
赵一铭　赵倩林　赵鹏飞　胡世杰　胡　梦　柯倩霞　钟　勇
祝　戈　贺　飞　耿孟坤　贾世成　倪嘉昀　徐少聪　高小雅
唐仁卿　唐　岑　唐康丽　陶　鹏　黄杰强　黄柏涵　曹鸿昱
崔梦玮　梁敏怡　彭　亭　彭　童　董　侃　韩士昆　童　果
童　亮　曾广宇　谢华强　谢　诚　谢　培　谢镇鸿　雷　新
解宇嫣　谭羽辰　谭杰夫　熊警翔　潘　飞　霍　彪　戴睿鹏
魏　来　魏利屾

信息科学与技术学院（107人）

王　龙　王　晴　王煜民　王　瑶　尤嘉成　邓　川　龙　芳
卢炫昆　叶少晖　付顺超　冯伟凌　冯思怡　冯姝雅　司春雨
邢鹏程　朱守魁　朱卿瑗　乔　东　刘　阳　刘国升　刘　畅
刘　强　刘震鑫　祁韵妍　许明君　孙雨欣　孙照林　牟明会
苏昕宇　杜世龙　李方舒　李仕俊　李劲松　李怡霏　李虹叶
李姝欣　李晓明　李　诺　李　舒　杨莉君　连世侃　肖学超
肖皓宇　吴艳梅　何　珊　余贝琪　汪禹奇　张　瑞　张红莉
张洪彬　张晓雪　张　琪　张　超　陈丰琴　陈文博　陈佳文
陈佳伟　陈　婕　欧阳小草　欧博雅　罗兆一　罗思涵　金天恺
周　芳　周　鑫　周伟浩　周宇航　周　凯　周庭旭　周莆钧
周莉莹　周栗弘　郑安琪　郑佳琪　孟祥多　赵大燕　赵雪豹
胡　维　胡雯雨　姜有翔　秦文萍　夏嘉伟　徐绍俊　徐　宸
徐臻韬　高国彬　高诗南　郭泠峰　唐大伟　唐　翰　资棋莹
黄春晓　黄　超　曹丹南　龚静懿　梁紫玥　彭莉兰　蒋欣洋
舒　恬　温龙辉　窦　磊　谭　佳　谭博夫　翟冠霖　潘露盛
戴文龙　魏传琪

经济管理学院（56人）

王小凝思　王辰虎　王靖雯　王　睿　叶　诚　田思妮　丘家琪
冯莹莹　冯璐瑶　圣云云　朱嘉雯　刘文凤　刘　娇　刘晓宇
刘倩琳　刘菁华　刘梦竹　刘雅琦　关茜儒　安一帆　许逸岑
杨宇航　吴晨宇　何思雨　张玲慧　陈子豪　陈园园　陈晓雪
陈海波　国　希　周安琪　周　念　周奕奂　周浩宇　郑雪岩
郑舒文　郑寒雪　钟明慧　侯　洋　侯靖宇　徐鑫楠　梅　丹
阎亚楠　梁芮菠　董亮祎　韩尚轩　覃雪莹　程洪霞　鲁丹丹
曾碧玉　谢书君　谢　潇　鄢敏辉　熊盛兰　潘丽萍
祖力呼马尔·热合曼

外国语学院（45 人）

马樱铭	王一伊	王昱霄	王钰靓	王零仪	母康莉	刘小熙
刘晨璐	李月月	李　洋	肖　洁	吴柯颖	邱钰丹	何　敏
余鸿霞	张　臻	陈再浩	陈　怡	陈亭竹	陈静茹	邵文静
武晨昊	周　雨	郑揣鑫	单欣怡	孟都兴怡	经　韵	赵立志
赵　妍	赵娜亭	胡　琳	晏阳红	徐　芳	徐昕捷	曹　爽
龚赞菲	董文琪	蒋思源	程山芳	曾文莉	谢红霞	雷凤琴
裴皓月	熊　燕	潘嘉仪				

交通运输与物流学院（96 人）

万凤铃	王园顺	王雨露	王海山	王梓宇	王曼宁	王　涵
王　颖	王　鑫	方　瑞	孔少哲	申钰洁	田沛翎	田玲玲
冉佳鑫	冯斌才	冯熙彦	吕冰超	先文怡	乔　宇	刘元元
刘书婷	刘圣敏	刘宏伟	刘奕苁	刘　娇	许美婷	纪　文
苏月同	李正坤	李沁遥	李　科	李蓉蓉	李　蕾	杨青蓓
吴梦成	岑秋云	何　娟	沈　怡	宋嫣然	张明姝	张晟国
张啸建	张智越	张鑫洋	陈昌悦	陈怡萱	陈　春	陈姝伶
陈晓锦	周　莉	周　静	周熠萱	法慧妍	孟歆迪	项光灿
项兴琰	胡奉淋	胡睿华	段苏湉	侯佳兴	侯淑芬	俞高赏
姜宇轩	洪诗雨	秦啸天	莫金元	钱凯旭	徐玉洁	徐如君
徐　勇	徐瑞瑶	高艺文	高玮婧	郭东琦	唐　琦	黄文露
黄　希	黄银浩	黄舒婷	常杜娟	崔莲欣	康亚鹏	梁心怡
彭万灵	斯　琪	蒋　玺	蒋浩然	喻　晴	程小洲	曾永家右
温宇轩	雷　渝	解　攀	潘恩培	霍峥岩		

材料科学与工程学院（62 人）

马尧睿	王守旗	王益松	王琪琦	仇　虎	邓文婷	石君利
史靖新	白　佳	伏树雄	任　倩	任家宁	刘　宇	刘红刚
刘志遥	刘闻鑫	刘哲辉	严万春	李　苗	李留帆	李腾龙
杨芯霞	杨国燕	杨明思	杨佳兴	肖　军	吴月皓	邱未灵
汪川哲	沈天翼	张子毅	张冰冰	张志豪	张　洋	张鹏真
陆枳岑	陆登峰	陈雨晴	苗莉君	林东虎	郑逸斌	孟令玎
孟昊天	柯　杨	段中意	段志虹	段晓霖	姚　嘉	贺正琦
徐金跃	徐　玲	郭昱成	席　敏	唐艺涓	唐　国	唐琦斌
黄　及	黄　悦	彭　静	程　帅	慈吉洲	裴玉鹏	

地球科学与环境工程学院（70 人）

马嘉龙	王雪擎	王　晨	王鹏宇	王潇毅	布瑾帛	包雨睿
冯宇淞	吕国森	吕　傲	朱欢欢	任昕芸	刘弘宇	刘家峻
刘　娟	刘梦琳	池韬略	孙　丹	孙蕊时	阳星仪	苏静玲
李成伟	李孟娟	李　栩	李　跃	李智欣	李　瑶	李鲲鹏

杨云萍	杨岱霖	杨项博	杨烈镭	杨悦彤	吴茂林	吴渊
汪鸿浩	张旭东	张宇坤	张杰	张珂欣	张茜	张奕辉
张莉扬	张强江	陈云强	陈绣文	陈蝶	罗越扬	金仔燕
郑嘉睿	赵爽	袁萍	聂金诚	徐思彦	徐润鹏	黄玉滕
黄贤喆	黄镜	曹雪杨	龚恩惠	梁宵节	彭嘉骏	董浩
韩奕菲	粟萌萌	谢金珂	谢常扬	蓝再成	黎俊杰	

安尼卡尔·吐尔洪

建筑与设计学院（74 人）

丁一珂	丁亚轩	丁舒琦	王皓	王嘉昕	王嘉欣	方仁杰
邓力荥	申萌	冯宇程	吉芙瑢	向鑫	刘英啸	刘奕孜
刘彦如	刘晓俐	许天翔	芮典	严晶晶	严湛林	巫雪松
李小芳	李仔悬	李宜航	李晓易	李健男	李嘉俊	杨雨青
杨颜子	吴金星	余婷玉	张小璐	张天璐	张泽旭	张斯扬
张斯园	陈伊晨	陈苇婷	陈雨芊	范婷婷	罗美玲	金尚琪
金磊	周雅婷	郑若涵	赵玉婷	赵茗锐	赵婉露	胡安岩
胡铭凯	胡越	郜家兴	信嘉玉	祝宇	姚凌涵	秦颖
贾进禄	贾逸珂	夏雨荷	钱秋凡	徐梦园	徐蒙	郭慧慧
黄睿	曹峡锡	曹雯畅	曹瑜亮	游欣畅	赖紫依	詹亦琪
缪新宇	樊柳辰	滕双宇	潘宝洁			

物理科学与技术学院（38 人）

何真	王天香	王家兴	王彪	王楠	邓金鑫	代春玥
皮文萱	吕昭斌	朱晓梅	任旭东	刘子滔	刘炳杰	许可
孙泽奇	李钊杰	李若曦	李恪鹏	李晓坤	李倩	杨世杰
肖玥	汪沛	沈一选	张传豪	张怡	张艳秋	张磊
陈辰昱蘖	陈思洁	季天皓	钟文婷	郭畅	龚华金	鹿一驰
韩佩杉	曾祥涛	潘晓颖				

人文学院（53 人）

丁凯峰	马千惠	马彬菁	王立君	王金光	王嘉仪	王魏菁
左瑞雪	田乐乐	朱宇骏	朱良秀	任欣彤	刘茜	池茜
安然	孙允	孙跃豪	严雪娇	苏子涵	李佳霖	李羿萱
李盛兰	李博偲	李朝静	李慧子	杨子淇	杨雨嘉	杨淼
吴婉榕	吴曾钰	邹璧璐	宋永杰	张旭安	张菲菲	张萌蕤
张雅婷	陈萌萌	陈萱	邵菲	周怡廷	侯宝璇	袁文林
徐舟雨	翁秋雨	高赫临	朗杰	陶玉祥	陶恒辉	曾碧君
谢丽萍	谢柯	冀敏璇	帕尔文·帕尔哈提			

公共管理与政法学院（37 人）

于明心	王若兰	王泓泓	王显栋	王娅如	叶彩旭	申红玥
付壮	刘子楠	刘嫄	刘镇豪	刘燕	孙杰	牟小霜

李亦可　李秀娟　李昱辰　张可馨　张容嘉　张雅蓉　陈小方
罗佼妮　罗湘颖　季芸菲　郑　娟　胡添凤　姜湜漪　顾　彧
柴　燕　梁馨元　彭　荐　蒋芳琳　蒋　欣　焦思雨　曾莉鑫
曾　琪　雷　琳

生命科学与工程学院（41人）

丁红玲　王玉峰　王泽世　王钰涓　王　锋　王傲雪　王韶畅
兰　卓　向　月　刘荣荣　池　伟　孙茜沄　孙鹤家　李小龙
李志学　李林朋　李佳玉　李佳宣　李彦敬　李　静　杨　庆
杨程硕　吴泽蓉　何蒙蒙　宋余笑　张广森　张　昱　张嘉彦
张馨元　陈施吉　易　可　郑　颖　宓天宇　郝博新　胡　睿
秦　楠　贾成桓　倪典墨　郭忠静　鲍依晨　黎国洪

力学与工程学院（23人）

王志文　王昭力　王姝予　王　翔　王潇飞　牛国浩　石文翔
刘文虎　李宇豪　连心怡　吴兴杭　宋　鑫　陆　豪　周　瑞
郑斯峥　宗　恒　胡佳晨　胡　秦　洪　旺　徐子高博　高海翔
褚弓瑶　阿地力·阿不都肉苏力

数学学院（23人）

王子成　王亚孟　王佳宵　刘　科　孙　娟　李相江　杨　鑫
肖　婉　邹奉黎　宋美忻　张　宜　张晏铭　张浩洋　陈诗琪
陈浩文　欧阳秋旭　罗江毅　周小兰　俞子歆　高金龙　郭奥洋
曾鑫垚　温苗苗

马克思主义学院（13人）

马雪坤　刘芷芸　刘　爽　李　珂　谷宛蓉　张　丹　周建全
顾　欢　高蒲岳扬　郭　杨　黄文悦　蒋　菡　翟菲菲

心理研究与咨询中心（11人）

王婧嫣　刘灵馨　刘晓梅　许永芳　许唐婧怡　何亚男　宋　艺
张哲毅　徐　展　黄　鑫　蒋　倩

牵引动力国家重点实验室（14人）

王　涛　冯　悦　刘元欣　刘　卓　李思杰　杨　龙　杨树奎
陈丙炎　苑一祥　罗天祺　夏书龙　徐　翔　郭　鑫　魏高恒

利兹学院（19人）

丁　玮　王竟丞　任治玮　许靖业　李昊霖　李俊毅　步东晋
吴征屿　何亚昕　汪泽寰　柯志昊　洪文轩　秦梓鑫　钱舒月
黄子瑞　黄　晨　康雅婷　董书豪　曾　佳

茅以升学院（40人）

王子昂　王　巧　王世豪　王雨润　叶子瑞　叶丽莎　史若冰
曲宏一　刘天远　刘婧蕾　齐兴宇　孙文俊　李大鹏　李永梅

李海杰　李增辉　冷怡霖　张子佩　张文娟　张浩岳　张浩楠
张　森　武子轩　罗洪宇　金　靖　周庭渊　郑　进　赵海洋
胡　光　施柒嫒　栗彤洁　徐庚辰　郭子硕　崔飞杰　彭　炜
董　蓉　舒子腾　温乐鹏　廖紫穹　瞿开城

竺可桢书院（87人）

马丽萍　王一平　王　乔　王玲茂　王　举　王铎颖　王浩铭
王博安　韦玉颖　孔琳皓　邓　骁　代子璇　吕国森　刘天宇
刘　宇　刘怡杉　刘瀚阳　关剑宇　江秋怡　江博慧　安　博
牟　颖　杜少聪　杜雪明　巫烁理　李玉晨　李若月　李祥瑞
李铖锴　李　懋　杨文欣　杨　灿　杨国欣　杨岱霖　杨迦凌
杨是龙　杨　雪　杨博栋　肖雨欣　吴舜尧　余宣庆　邹泉锭
宋　一　张龙飞　张恒翔　张蓝心　张　毅　张　翼　陈宇阳
陈　祝　陈倩媚　林海鑫　林　聪　罗　锦　罗溢鸣　岳浩鹏
岳梦凡　周子潇　周同海　周家豪　郑如悦　赵世华　郝兆扬
胡智淳　柏义阳　贾　康　贾舒婷　倪海川　高雨菡　郭亚林
郭　旭　唐小涵　黄佳润　龚智森　彭小雨　彭　多　傅嘉铭
曾　理　谢铭雪　蒲　锐　雷非凡　蔡伟健　蔡檬屿　裴彦飞
谭茗月　戴逸岩　魏雅静

附属中学（19人）

马瑞琪　王泓坤　文欣怡　江蕊岚　严棕婷　李城香　杨运涛
肖木子　陈嘉雯　林智宏　卓宇茜　周欣然　郑恒毅　胡　蓉
洪艺芳　唐文晴　黄　威　赖　桃　魏小虎

机　关（1人）

黄　原

后　勤（8人）

帅雨婷　汤唯坤　沈昱昊　陈凯能　陈　茜　钟琼瑶　蒋　强
詹　妮

图书馆（1人）

奚　铮

11. 星级志愿者（222人）

土木工程学院（14人）

五星级志愿者（4人）　石　磊　刘谦彬　李志凌　陈昭颖

四星级志愿者（10人）　王　帅　刘玉琳　朱丽莎　李　杏　李泓亿
陈俊杰　唐永吉　耿明婧　康敬清　黄岑嶷

机械工程学院（12人）

五星级志愿者（4人）　齐宇晗　杜梓蔚　崔李滨　解　斛

四星级志愿者（8人）　元　越　冯俊男　田　威　闫皓博　朱树鹏
汪奕鋆　赵　蝉　唐　勇

电气工程学院（12 人）

五星级志愿者（3 人）	任治承	向　钰	李卫兰		
四星级志愿者（9 人）	文俊杰	王翼云	公　洁	申峻宇	向江欣
	李友鹏	杨纪磊	杨　钦	程章桃	

信息科学与技术学院（15 人）

五星级志愿者（3 人）	李岚桢	李其芳	张楷文		
四星级志愿者（12 人）	冯姝雅	包希宁	成晨阳	朱泉舟	李宇涵
	肖欣悦	余贝琪	余炘珂	赵雪豹	贾安尧
	徐林溪	钱　昊			

经济管理学院（12 人）

五星级志愿者（3 人）	邝李洪	叶新婧	许婷丽		
四星级志愿者（9 人）	闫欣雨	闫莉茹	朱雯琪	孙雨婷	胡玉琲
	郭　芊	郭　勇	袁宁遥	潘铭泽	

外国语学院（16 人）

五星级志愿者（3 人）	仪哲甫	刘小熙	张啸之		
四星级志愿者（13 人）	文　萍	冯钰涵	刘敏娜	李　洋	李　雯
	张　洁	陈　诺	陈梦佳	郑云霞	金蕊欣
	胡恬嫣	游　蓉	蒋小玉		

交通运输与物流学院（13 人）

五星级志愿者（2 人）	乔　宇	李玥玲			
四星级志愿者（11 人）	王岳川	王　颖	付玉雪	江　欢	李立坤
	杨凌程	吴梦成	邵军群	陈怡萱	姚添文
	赖　敏				

材料科学与工程学院（14 人）

五星级志愿者（4 人）	尤莉娜	尹佳宁	刘芳勇	苗莉君	
四星级志愿者（10 人）	白　佳	刘新月	刘懿瑄	宋思齐	李雨遥
	何少锋	胡文婷	胡文婷	蒋万君	魏嘉佳

地球科学与环境工程学院（13 人）

五星级志愿者（3 人）	邓明园	李子龙	张　雪		
四星级志愿者（10 人）	李成伟	李　跃	吾梦妍	张思园	陈世贤
	赵先宇	聂金诚	秦璇睿	梁宵节	雷小力

建筑与设计学院（15 人）

五星级志愿者（3 人）	王　欢	范婷婷	赵玉婷		
四星级志愿者（12 人）	冯宇程	李美熙	杨　馨	吴　喆	林　野
	张玉阳	张　泉	金尚琪	赵润奇	贾　瑞
	盛　夏	蒙思渊			

物理科学与技术学院（11 人）

五星级志愿者（3 人）	邓　洲	张　恬	贾　朔		

四星级志愿者（8人）	孙家丽	孙崇文	李子隆	周钰博	赵　鑫
	夏良田	曹　阳	熊　田		

人文学院（11人）

五星级志愿者（2人）	朱宇骏	徐　蕾			
四星级志愿者（9人）	刘　翔	杨　淼	张晓芸	罗　洪	翁秋羽
	陶恒辉	黄惠琳	曾敏莉	曾碧君	

公共管理与政法学院（10人）

五星级志愿者（2人）	陈小方	雷　琳			
四星级志愿者（8人）	文紫静	王雨婷	李昱辰	陈　芳	陈泽东
	陈　渝	赵佳诺	黄雪梅		

生命科学与工程学院（12人）

五星级志愿者（3人）	兰　洁	李钰洁	宫天佑		
四星级志愿者（9人）	丁　贤	刘可贞	刘金宝	李小龙	李翔宇
	陈欣雨	赵艳妮	常允建	程瑞翔	

力学与工程学院（10人）

五星级志愿者（2人）	周书蔚	黄　健			
四星级志愿者（8人）	王一如	王梦雨	刘春宝	杨兴昌	杜金树
	李宇豪	连心怡	段政宇		

数学学院（9人）

五星级志愿者（2人）	汤　健	张红佳			
四星级志愿者（7人）	刘子钰	刘冰玉	孙　娟	张子洲	陈卓仪
	陈潭升	段嗣钊			

利兹学院（11人）

五星级志愿者（2人）	刘嘉惠	骆　言			
四星级志愿者（9人）	于林臻	卞松逸	邓斯恬	杨弘骁	陈　欣
	周勇帜	钱舒月	寇云皓	曾　佳	

茅以升学院（12人）

五星级志愿者（2人）	刘　雯	侯芊如			
四星级志愿者（10人）	王世豪	王红杰	杨珂浩	李增辉	张家诚
	陈玉钰	武子轩	周　正	施柒媛	凌腾肖

12. 自强奖学金（10人）

茅以升学院	王红杰
土木工程学院	王顺意
信息科学与技术学院	杨　洋
生命科学与工程学院	杨靖康
信息科学与技术学院	宋凤丽
交通运输与物流学院	郑　帅
信息科学与技术学院	唐大伟
物理科学与技术学院	黄　敏
牵引动力国家重点实验室	蒋咏志
电气工程学院	谢　诚

西南交通大学 2019 届四川省优秀大学毕业生表彰名单

本科生（69 名）

张　颖	赵天胤	曹艺译	陈晓庆	初晓雷	顾天宇	喻　炜	王明燕
王二力	张金翔	何　澜	龚　雷	张家维	李　帅	陈宇山	郑钦文
庄仁诚	辜秉松	王艺宸	马槐遥	万　悦	蒋鹏远	王　瑞	陈海宇
张雅新	胡　海	刘佳妮	朱禹澜	范景腾	宋凤丽	刘明桓	柳泽晨
左　薇	王永良	冯欣畅	夏露源	刘家奇	王倩妮	邱菲尔	郑家乐
曾　诚	鲁　晨	杨滨舟	巫雪梅	王一涵	黄　璐	冯　勃	陈淑娴
贺俊庆	张玲慧	吴　琪	李　凯	郑画天	许不凡	刘腊梅	肖　越
习　羽	陶汪洋	戎　尚	杨　宁	张　毅	苏明璇	王雨奇	房庆云
李　畅	党湫菂	朱容岐	张雁灵	陈力天			

研究生（33 名）

杨绍林	邱瑞成	汪　鑫	苏　昂	吴　鹏	肖　晨	朱　鑫	邵亚堂
王成杰	雷杰宇	于　磊	刘思琪	周　湘	李宗雷	李彦瑾	李祥尘
桑粒茗	王华高	冯　斌	谢　玮	张耀杰	林　义	肖江浩	刘　骥
宋文伟	敖玮婧	赵　双	刘懿苇	王　玲	敬思惠	石立春	徐艺箐
宋　哲							

西南交通大学 2019 届校级优秀毕业生表彰名单

茅以升学院（41 名）

本科生（41 名）

邱雨鸿	王　林	刘　桓	张　杭	王文捷	刘玉文	任舸帆	林奕翔
郭东博	张　赫	朱　婷	苏启明	霍家旭	张珊珊	孙鸿博	岳子洋
李　君	郑　博	靳怀敏	苗子凌	梁志闯	周雅莹	张　婷	郑淑娟
张明寒	陆昀程	廖　雄	刘嘉锡	张露阳	贺一凡	唐骥骅	周子扬
郭佑星	王　巧	曹清泉	吴锦领	陈　潜	侯思远	马嘉霈	刘　洋
洪宇超							

土木工程学院（121 名）

本科生（81 名）

张檬丹	周凯歌	陆志明	刘　畅	杨建烽	李　茜	丁文灏	袁山明
周林君	李金宜	孙　畅	高斌勇	刘　坤	刘蝉杰	周尚武	利　璐
王　泗	王振宇	林佑玮	赵　东	王一博	邓宇航	孙浚杰	姜逸帆

陈　雨　蒋帆影　武志伟　张　悦　周飞聪　蔡俊宇　周　聪　宋　迪
李思达　戴明昊　李泽星　王锡蓁　李　杰　徐一帆　程　焘　刘新田
姜沫臣　吴斌斌　郭　达　袁子浩　董子开　郭治岳　杨宁欣　王　黎
黄　叶　何锁宋　田宇飞　张梅宁　李中源　王　艾　李　茂　陈坤荣
陈发勇　雷尧钧　刘　璐　李　强　姚成杰　赵小波　胡　博　刘　非
张新玉　游四方　杨　寒　丰　鑫　杨葶葳　陈露明　虞龙平　邱家骏
李书雅　胡　豪　曹凌宇　杨　藩　杨文冲　陈　柳　吴　芮　曹红玲
沙马则火莫

研究生（40 名）

闫孔明　黄　博　贾　毅　陈星宇　钱王苹　李　俊　谢昆佑　赵秋晨
聂　骏　陈世辉　杜宁宁　黄旎诗　张　凯　张　杰　周羽哲　廖　丹
邱俊杰　张　翼　张晨航　许智强　唐协波　张　强　刘　志　吴　峥
许子宜　朱　颖　韩　通　赵银亭　黄　杰　朱洪雪　易志伟　王晓亮
高　雪　赵梦笛　田锐敏　熊　飞　楚　得　肖柯利　康纪平　李小娇

机械工程学院（93 名）

本科生（69 名）

魏明慧　蓝　宇　张　平　姜伟东　乔逸飞　尹纪超　周毅晨　张信民
兰英健　钱世越　翟福琪　秦　天　解国林　孙兆文　杨俊峰　王子豪
黄鸿颖　马　韬　张一楠　卢志帅　徐静吉　陈　辰　顾新壮　王显嵘
黄　璐　曹　奥　向　上　吴晓彤　赵　凡　张晋恺　冯晓卫　郑　杰
夏体磊　谭　磊　苏楷通　焦伟溱　刘旭阳　李　婷　董懿辉　张　恒
郭贵松　李　宝　赖　飞　曾　诚　许　攀　陈超越　李　宁　程　涛
杨　毅　勾　斌　肖　杰　李　治　陶之源　张易飞　张思涵　徐小岚
赵佳佳　赵　强　杨　松　王紫薇　王　超　孙　菡　贾炎燊　杨更生
张怡宁　赵晶晶　林　航　乔江天　邓　涛

研究生（24 名）

代华凤　吴松波　范曙远　王丹阳　邓　星　徐　凯　蔡振宇　包珊珊
张　莉　庄文华　晏海静　王　媛　刘　祺　贺田龙　李　磊　宋靖东
赵相吉　蔡　宁　张　琦　陈　明　张沭玥　刘治勇　唐　林　秦　刚

电气工程学院（85 名）

本科生（62 名）

曾梦江　殷成凤　何志江　李荦一　潘文武　孔　睿　李静雯　皇甫阳
江淑娜　何宗伦　金浩哲　刘瑞煦　顾　琦　汪小丰　陈　思　俞　庭

张志斌　郭毅　郑逸凡　刘佳宁　黄棋伟　甘锐　孙检　王成龙
赵一鸣　尚富琛　万钰旆　谢俊　胡元杰　马智杰　杨旭　王恩昊
马哲　陶明江　王晓梅　陆伟君　李帅　陈顺　刘飞帆　吴霜
吕兴国　曹宇　孙科　庞鼎烈　雷杨　邹雪俐　何杰　张寒
汤鲜　左思家　袁子了　张家畅　邓钰龙　陈伟杰　罗正天　梁仓
潘飞　干雨婕　黄凡旗　伍婕　杨雨杰　范林歌

研究生（23 名）

张煜　唐浩龙　田震　徐琼　安峰　江坷滕　耿照照　尹凯丽
王超　孟翔　徐正　王朋成　周彤昕　岳岩　覃福班　李宏超
简雨沛　伍玉鑫　岳鹏飞　曾绍桓　孙晓菲　江俊飞　韩莹

信息科学与技术学院（100 名）

本科生（75 名）

刘畅　安锐　孙煜南　刘子钰　魏传琪　危卓　杨露　李冠略
杨程　孙齐伟　吕征阳　李兆江　张晓雪　盛丽　王蕾　蔡青青
刘宇　唐晨凯　罗兆一　李晓明　周凯　李浩然　张邵芳　吴方剑
温昕　胡礼如　卢晓孟　章晓晗　余飞宏　许维杰　乔建军　孙营
闫赟　毛钰　李明昱　郭瑞林　蔡思佳　陈明鑫　李方舒　王刚
彭潇　翁爽　姜润皓　周亦凡　徐侃　王秋锋　王文杰　张韦嘉
陈周擎　邓金红　何珊　陈雨　张艳珍　毛静　韦婵　宋月华
黄心怡　杨晨　许明君　徐明珠　于佳　庞琦珂　王筱睿　肖梦雪
张军　梁紫玥　杨文韬　罗思涵　王娅丽　陈虹谕　徐宸　赵原
罗敏　雷雨升　罗宇

研究生（25 名）

刘林志　谭莉　唐堂　张玉云　郭仪　赵青荷　杨秀慧　刘天俊
宁尚明　奚雅雯　苏丽娜　王丹　赵银辉　吴文丰　王祎云　王喜
付永高　孙林川　毛三　李耘书　易心一　刘瑞楠　罗哲明　邓祎宁
林新仪

交通运输与物流学院（77 名）

本科生（58 名）

谢薇　唐诗韵　李婉雯　吴佳媛　王朝辉　廖珮茹　荣腾凤　陈梦菲
怡智航　孙佳　吴佳蔚　卓莹　邬少杰　李巧宜　赵倩　何磊
徐旭　尹德志　刘丹　杨梦颜　王文杰　夏云鹏　王逸群　韦楠楠

蒲杨桐　于学礼　魏婷婷　李巍远　李玥　曾永家右　代瑞麟　田德鹏
郭昊　罗雯　黄琰　冯斌才　古梓劲　郑康康　石敏涵　李娇
贺紫玲　潘雪　朱思敏　刘蓉　伍艺娴　雷渝　段苏湉　林蔚
何虹雨　黄文露　李科　陈思琪　袁欣　张露　刘琦　高艺文
周思源　任一彤

研究生（19名）

姚志洪　章国鹏　苏帆　李丹丹　赖莉娟　毛剑楠　王铭飞　孙妍
马媛　朱子轩　戴文涛　曹阳　叶锦程　葛洋　吴琰飘　庞登瑀
凌敏　赵栋煜　赖宏智

材料科学与工程学院（32名）

本科生（19名）

张佳敏　杨璐　彭琬苏　莫涛　张永鑫　文晓琨　阮月玥　王绮思
于远航　白家元　李天　王秀群　岑岭　吴越　朱硕　周仲毅
吴金结　盛世雨　冯博士

研究生（13名）

蔡皖豪　陈兴　闫帅将　张迪　李峰　周玉　左莹莹　唐攀登
王启猛　危军浩　邓稳　席乃园　王松

地球科学与环境工程学院（43名）

本科生（24名）

文强　喻志鹏　魏壮　余军炎　杨相斌　葛进　任百万　朱柏
谷思文　管允粽　孙冀鹏　徐肇文　王所智　杨乐　范楚梦　栾鑫
李嘉慧　张洁洁　陈小倩　李文静　刘维嵩　朱梦园　周志钻　万琦

研究生（19名）

刘许柯　尚琪森　雷志秋　李世超　刁欣　赵雪　肖星光　赵东生
张腾飞　康琳　郑翔文　周良　张旭　李婧　谢小慧　芦英俊
彭勃　王庆锋　顾玄龙

经济管理学院（43名）

本科生（34名）

高聪敏　程梓羚　熊烨　游凯瑞　郭梦娇　王国飞　高琛傲　蒋紫伊
陈子豪　杨帆归航　杨佳炜　符静娴　熊蒙　张雨梅　钱雨琪　汤嘉诚
刘夕瑶　杨钧杰　何沐春　孔玮玥　莫蕊蕊　范小霜　段宛伶　谢林芸
李广帅　李桢　刘丁睿　王思涵　王郁竹　梅丹　黄文英　陈诗琪
陈敏　谢瑞佳

研究生（9 名）

杨　渠　陈银平　蔡玉叶　唐晓涛　陈　远　黄禹舜　石琳琳　樊瑞晶
张　婷

外国语学院（28 名）

本科生（24 名）

刘三华　何　敏　赵星宇　郝　帅　张靖彬　杨子莹　商雨茹　王羚磬
张争气　崔　珊　冯天宇　王　予　马　源　杜一丹　孙　茜　贾森钠
徐　梦　王莉萍　张曦颖　郑　琪　赵　洋　李昕怡　王雪纯　汤　颖

研究生（4 名）

钟悦欣　李　妍　俞萌萌　张容华

建筑与设计学院（45 名）

本科生（31 名）

周星呈　霍雨佳　张心悦　刘　昕　朱　霞　林家慧　乔一敏　韩　晶
王　浩　韦合普　马佳星　周　冶　朱兰静　王　婷　尤坪汝　俞婷婷
刘晓俐　曾昱玮　赵奕楠　丁茗芊　赵锐雯　张艾佳　李武坤　曾子容
张斯扬　梅映雪　王含钰　阮姗姗　李浩然　刘静怡　金宇航

研究生（14 名）

张瑞佛　葛虹言　宋雅倩　倪　佳　刘　飞　徐　洋　叶皓然　王　坤
邓　荟　赵婧宇　刘艾梅　甘秋林　刘虹霞　邹璨阳

物理科学与技术学院（20 名）

本科生（15 名）

齐一鸣　刘钊希　刘泽国　陈　帅　陈　诺　陈素弘　李　昕　辛　钊
张双敏　周昱成　柳　源　钟文婷　郭子玥　梁立晗　樊耕麟

研究生（5 名）

苏　鹤　郑　艳　母雪玲　杜云婷　张彦婷

人文学院（25 名）

本科生（16 名）

卜丹丹　梁乐凡　焦文欣　黄　松　李盛兰　何小凡　郭佳玉　耿嘉文
崔　昂　陈若茵　钟　云　丁颖佳　张　强　陈威宇　李晨宇　游　宇

研究生（9名）

李思缘　黄玉佳　蒋梦园　李　玲　陈靖元　康　萌　白红丽　任淑莉
张夏青

公共管理与政法学院（20名）

本科生（12名）

许　楠　张　博　董　洁　洪姝瑜　谢翔宇　唐　明　徐博宇　黎　浩
夏艺恣　石红艳　胡竟元　毛雅婧

研究生（8名）

车思涵　刘静雯　赵志强　刘　薇　李良钰　张　耀　刘　锋　陈文昊

生命科学与工程学院（22名）

本科生（18名）

曾钰凌　刘丹丹　曹孟岩　王　蕊　符　欣　张纳川　刘雪飞　马虎林
张敬媛　潘思芮　罗静帆　张　宁　李佳轩　毛夏婷　吴道顺　陈施吉
冯　璐　寸聪瑞

研究生（4名）

孙　勇　邓　银　甘　甜　韦乐华

力学与工程学院（11名）

本科生（6名）

黄茂波　雷　宇　李　琦　宾诚文　李金浪　胡晓宇

研究生（5名）

杨　刚　黎昭文　张志杰　钟佳宏　刘　勤

数学学院（13名）

本科生（10名）

高　炅　贾瑞坚　谭安琪　张嘉琪　崔文芊　周梦梅　谢欣洁　杨思哲
陈麒同　郭奥洋

研究生（3名）

田海涛　苏　阳　高　琪

心理研究与咨询中心（3名）

本科生（3名）

王　颖　唐婵媛　林　琳

马克思主义学院（2 名）

研究生（2 名）

彭　丹　　徐　田

牵引动力国家重点实验室（11 名）

研究生（11 名）

冯　悦　　张梦乡　　雷武阳　　王瑞斌　　孙艳红　　吴明泽　　刘　嘉　　程贤栋
周　凤　　任德祥　　张明远

西南交通大学 2018 年度“华为优秀辅导员”名单

胡　豪（机械学院）　　谢　力（电气学院）　　雍　腾（交运学院）
翟　琦（地学学院）　　张　茜（外语学院）　　高晗雨（建筑学院）
薛　婧（公管学院）　　张敬文（生命学院）　　刘明月（人文学院）
杨　婧（力学学院）

西南交通大学 2018 年度“优秀学生工作干部”名单

茅以升学院：毛　盾　　田弘长
土木学院：石　莹　　付真珍　　刘　萍　　车小洁　　熊　麟
　　　　　张　进　　白　欣
机械学院：唐　序　　李　君　　唐　丹　　王　媛　　刘立国
电气学院：张　异　　林静英　　于　磊
信息学院：廖　凡　　张鹏飞　　刘　娟　　陈延云　　颜　静
　　　　　郭兆煊
交运学院：王炎冰　　张天轶　　余晓珂
利兹学院：刘耀谦　　屈嘉琪
材料学院：胡　博　　黄德明　　熊　芮　　杨　武
地学学院：周　青　　杨都强　　李　婧
经管学院：夏显波　　陈建奇　　贾　佳　　陆宇佳　　谢其莲
　　　　　王　胢
外语学院：王俊棋　　王丽平
建筑学院：刘一杰　　宋雅倩　　王　唯
物理学院：门满洲　　梁含笑
人文学院：王晓研
公管学院：潘宇森
生命学院：高　鹏
数学学院：杨育鸿　　邓思然
牵引动力：李　莹

心理中心：樊　菊
竺可桢书院：余嘉希　杨雪莲　伏云冬　严光银
学生工作部：胡安辉　孙亚男　刘　颖　韩　冰　张庆伟
黄　原　周家瑜
招生就业处：何安涛　吕　冬　陈曦轶　徐　帅　易洺瑶
校团委：罗妍妍　王　蔚　任凯利

2018—2019 学年个人、集体荣誉称号及奖助学金名单

竢实扬华奖章（30 名）

本科生（22 名）

王帷韬（茅以升学院）　裴彦飞（土木学院）　潘克宇（土木学院）　姚　铭（机械学院）
周泓宇（电气学院）　邸世民（电气学院）　金天恺（信息学院）　唐大伟（信息学院）
罗玉婷（交运学院）　陈思远（交运学院）　柯志昊（利兹学院）　陈秋皓（材料学院）
刘　滢（地学学院）　包雨睿（地学学院）　李佳乐（经管学院）　陈再浩（外语学院）
杨司瑶（物理学院）　孙跃豪（人文学院）　毛美琳（公管学院）　韩芳平（生命学院）
周小兰（数学学院）　吴　凡（力学学院）

研究生（8 名）

管奇卉（机械学院）　纪圣塨（信息学院）　靳　龙（材料学院）　任　旭（地学学院）
龚　乐（经管学院）　陈　林（外语学院）　董有恒（力学学院）　王志伟（牵引动力）

忠忱班集体（20 个）

本科生（10 个）

土木 2016-16 班　机械 2017-01 班　电气 2017-09 班　交运 2016-06 班
成型 2017-02 班　地信 2016-01 班　广告 2016-02 班　生物 2016-02 班
茅院（交运）2017-01 班 商英 2017-01 班

研究生（10 个）

土木 18 级博士班　机械 18 级博士班　电气 18 级硕士 3 班　信息 18 级硕士 1 班
交运 18 级博士班　交运 18 级硕士 7 班　经管 18 级硕士 6 班　力学 18 级硕士 1 班
马院 18 级硕士班　牵引 18 级硕士 6 班

本科生先进班集体（118 个）

茅以升学院（5 个）

茅院（材料）2017-01 班 茅院（土木）2018-01 班 茅院（机械）2017-01 班 茅院（交运）2018-01 班
茅院（金融）2016-01 班

土木工程学院（13 个）

土木 2016-13 班　土木 2016-11 班　土木 2016-17 班　土木 2018-05 班
土木 2017-15 班　土木 2017-07 班　土木 2017-03 班　铁道 2016-05 班

土木 2018-22 班 土木 2018-18 班 土木 2018-12 班 土木 2017-16 班
道桥 2016-03 班

机械工程学院（10 个）

车辆 2016-01 班 车辆 2017-02 班 机械 2017-09 班 机械 2016-06 班
车辆 2018-02 班 车辆 2017-05 班 测控 2018-01 班 车辆 2018-03 班
测控 2017-01 班 建环 2017-01 班

电气工程学院（8 个）

电气 2017-10 班 电气 2018-10 班 电气类 2016-14 班 电子 2017-03 班
电气 2018-09 班 电气 2017-02 班 电气 2018-02 班 电气 2018-03 班

信息科学与技术学院（9 个）

轨道 2018-02 班 计算机 2017-02 班 自动 2018-02 班 自动 2018-01 班
计算机 2017-01 班 轨道 2016-02 班 轨道 2016-04 班 轨道 2016-01 班
计算机 2016-01 班

交通运输与物流学院（7 个）

交运 2016-詹班 交运 2017-03 班 交运 2017-05 班 交运 2017-詹班
交运类 2018-02 班 物流类 2018-02 班 物流类 2018-01 班

利兹学院（4 个）

机械（利兹）2017-01 班 电子信息（利兹）2018-01 班 土木（利兹）2018-02 班 机械（利兹）2018-01 班

材料科学与工程学院（5 个）

材料（金属）2016-02 班 材料（无机）2017-01 班 成型 2017 级-01 班 材料（高分子）2018-02 班
材料（高分子）2017-02 班

地球科学与环境工程学院（7 个）

地质 2017-03 班 测绘 2016-01 班 测绘类 2018-02 班 测绘类 2018-05 班
消防 2016-02 班 测绘类 2018-06 班 环境 2016-03 班

经济管理学院（6 个）

金融 2017-01 班 金融 2017-02 班 管理类 2018-06 班 工管 2017-01 班
管理类 2018-03 班 工管 2017-02 班

外国语学院（6 个）

商英 2016-02 班 英语 2017-01 班 英语 2017-02 班 英语 2018-01 班
日语 2018-01 班 外汉 2017-02 班

建筑与设计学院（6 个）

建筑 2018-03 班 视觉 2017-02 班 产品 2017-01 班 建筑 2017-01 班
环艺 2016-01 班 绘画 2018-02 班

物理科学与技术学院（5 个）

电讯（电磁）2018-01 班 电讯（电磁）2017-01 班 电讯（电磁）2018-03 班 电讯（光电）2017-02 班

物理 2018-02 班

人文学院（3 个）

汉语 2016-02 班　　汉语 2017-02 班　　广告 2017-02 班

公共管理与政法学院（3 个）

公共 2018 级-01 班　　法学 2018 级-02 班　　公共 2017 级-01 班

生命科学与工程学院（4 个）

制药 2016-02 班　　生物 2017-02 班　　生物 2017-03 班　　生物 2018-01 班

力学与工程学院（2 个）

工力 2018-04 班　　飞行 2017-01 班

数学学院（2 个）

2018 级数学 1 班　　2018 级数学 2 班

马克思主义学院（2 个）

思政 2017-01 班　　思政 2018-01 班

心理研究与咨询中心（2 个）

2016 级-01 班　　心理 2017-02 班

竺可桢书院（9 个）

交控 2017-02 班　　交控 2018-04 班　　运输（城轨）2017-03 班　智控 2017-03 班

运输（城轨）2018-04 班　商英 2018-02 班　　铁道 2017-01 班　　网络 2017-04 班

道桥 2018-01 班

研究生优秀班集体（26 个）

土木工程学院（3 个）

土木 18 级道铁硕士 2 班　土木 18 级岩土硕士 1 班　土木 18 级道铁硕士 1 班

机械工程学院（1 个）

机械 18 级硕士 9 班

电气工程学院（1 个）

电气 18 级硕士 1 班

信息科学与技术学院（3 个）

信息 18 级硕士 7 班　　信息 18 级硕士 3 班　　信息 18 级硕士 9 班

交通运输与物流学院（4 个）

交运 18 级硕士 2 班　　交运 18 级硕士 3 班　　交运 18 级硕士 5 班　　交运 18 级硕士 6 班

材料科学与工程学院（2 个）

材料 18 级硕士 3 班　　材料 18 级硕士 1 班

地学科学与环境工程学院（2 个）

地学 18 级测绘 2 班　　地学 18 级测绘 1 班

经济管理学院（3 个）

经管 18 级硕士 1 班　　经管 18 级硕士 2 班　　经管 18 级硕士 3 班

外国语学院（1 个）

外语 18 级专硕班

人文学院（1 个）

人文 18 级中文硕士班

心理研究与咨询中心（1 个）

心理 17 级硕士 1 班

牵引动力国家重点实验室（3 个）

牵引 18 级硕士 2 班　牵引 18 级硕士 4 班　牵引 18 级硕士 1 班

唐山研究生院（1 个）

唐院 18 级硕士班

本科生特色班集体（35 个）

茅以升学院（2 个）

茅院（中文）2018-01 班茅院（信息）2018-01 班

土木工程学院（4 个）

地下 2016-02 班　土木 2017-06 班　铁道 2018-03 班　土木 2018-19 班

机械工程学院（3 个）

机械 2016-07 班　测控 2018-02 班　车辆 2018-01 班

电气工程学院（3 个）

电子 2018-01 班　电气 2018-01 班　电子 2018-02 班

信息科学与技术学院（3 个）

电科（微电）2017-02 班轨道 2018-03 班　电科（微电）2017-01 班

交通运输与物流学院（2 个）

交运 2016-07 班　城轨 2016-01 班

利兹学院（1 个）

计算机（利兹）2017-02 班

材料科学与工程学院（2 个）

材料（高分子）2018-01 班　成型 2018-02 班

地球科学与环境工程学院（2 个）

地信 2017-01 班　地质 2018-03 班

经济管理学院（1 个）

工管 2016-01 班

外国语学院（2 个）

英语 2018-02 班　德语 2018-01 班

建筑与设计学院（2 个）

艺术类 2018-01 班　建筑 2018-02 班

物理科学与技术学院（1 个）

电讯（光电）2016-01 班

人文学院（1个）

广告2018-01班

生命科学与工程学院（1个）

制药2018-03班

力学与工程学院（1个）

飞行2018-01班

数学学院（1个）

统计2018-02班

竺可桢书院（3个）

道桥2017-01班　智控2018-01班　网络2018-04班

2018—2019学年荣誉称号、奖助学金拟推荐人选名单

竢实扬华奖章（30名）

本科生（22名）

王帷韬（茅以升学院）　裴彦飞（土木学院）　潘克宇（土木学院）　姚　铭（机械学院）

周泓宇（电气学院）　邸世民（电气学院）　金天恺（信息学院）　唐大伟（信息学院）

罗玉婷（交运学院）　陈思远（交运学院）　柯志昊（利兹学院）　陈秋皓（材料学院）

刘　滢（地学学院）　包雨睿（地学学院）　李佳乐（经管学院）　陈再浩（外语学院）

杨司瑶（物理学院）　孙跃豪（人文学院）　毛美琳（公管学院）　韩芳平（生命学院）

周小兰（数学学院）　吴　凡（力学学院）

研究生（8名）

管奇卉（机械学院）　纪圣塨（信息学院）　靳　龙（材料学院）　任　旭（地学学院）

龚　乐（经管学院）　陈　林（外语学院）　董有恒（力学学院）　王志伟（牵引动力）

忠忱班集体（20个）

本科生（10个）

土木2016-16班　机械2017-01班　电气2017-09班　交运2016-06班

成型2017-02班　地信2016-01班　广告2016-02班　生物2016-02班

茅院（交运）2017-01班　商英2017-01班

研究生（10个）

土木18级博士班　机械18级博士班　电气18级硕士3班　信息18级硕士1班

交运18级博士班　交运18级硕士7班　经管18级硕士6班　力学18级硕士1班

马院18级硕士班　牵引18级硕士6班

本科生先进班集体（118 个）

茅以升学院（5 个）

茅院（材料）2017-01 班 茅院（土木）2018-01 班 茅院（机械）2017-01 班 茅院（交运）2018-01 班 茅院（金融）2016-01 班

土木工程学院（13 个）

土木 2016-13 班 土木 2016-11 班 土木 2016-17 班 土木 2018-05 班
土木 2017-15 班 土木 2017-07 班 土木 2017-03 班 铁道 2016-05 班
土木 2018-22 班 土木 2018-18 班 土木 2018-12 班 土木 2017-16 班
道桥 2016-03 班

机械工程学院（10 个）

车辆 2016-01 班 车辆 2017-02 班 机械 2017-09 班 机械 2016-06 班
车辆 2018-02 班 车辆 2017-05 班 测控 2018-01 班 车辆 2018-03 班
测控 2017-01 班 建环 2017-01 班

电气工程学院（8 个）

电气 2017-10 班 电气 2018-10 班 电气类 2016-14 班 电子 2017-03 班
电气 2018-09 班 电气 2017-02 班 电气 2018-02 班 电气 2018-03 班

信息科学与技术学院（9 个）

轨道 2018-02 班 计算机 2017-02 班 自动 2018-02 班 自动 2018-01 班
计算机 2017-01 班 轨道 2016-02 班 轨道 2016-04 班 轨道 2016-01 班
计算机 2016-01 班

交通运输与物流学院（7 个）

交运 2016-詹班 交运 2017-03 班 交运 2017-05 班 交运 2017-詹班
交运类 2018-02 班 物流类 2018-02 班 物流类 2018-01 班

利兹学院（4 个）

机械（利兹）2017-01 班 电子信息（利兹）2018-01 班 土木（利兹）2018-02 班 机械（利兹）2018-01 班

材料科学与工程学院（5 个）

材料（金属）2016-02 班 材料（无机）2017-01 班 成型 2017 级-01 班 材料（高分子）2018-02 班
材料（高分子）2017-02 班

地球科学与环境工程学院（7 个）

地质 2017-03 班 测绘 2016-01 班 测绘类 2018-02 班 测绘类 2018-05 班
消防 2016-02 班 测绘类 2018-06 班 环境 2016-03 班

经济管理学院（6个）

金融2017-01班　金融2017-02班　管理类2018-06班　工管2017-01班
管理类2018-03班　工管2017-02班

外国语学院（6个）

商英2016-02班　英语2017-01班　英语2017-02班　英语2018-01班
日语2018-01班　外汉2017-02班

建筑与设计学院（6个）

建筑2018-03班　视觉2017-02班　产品2017-01班　建筑2017-01班
环艺2016-01班　绘画2018-02班

物理科学与技术学院（5个）

电讯（电磁）2018-01班　电讯（电磁）2017-01班　电讯（电磁）2018-03班　电讯（光电）2017-02班
物理2018-02班

人文学院（3个）

汉语2016-02班　汉语2017-02班　广告2017-02班

公共管理与政法学院（3个）

公共2018级-01班　法学2018级-02班　公共2017级-01班

生命科学与工程学院（4个）

制药2016-02班　生物2017-02班　生物2017-03班　生物2018-01班

力学与工程学院（2个）

工力2018-04班　飞行2017-01班

数学学院（2个）

2018级数学1班　2018级数学2班

马克思主义学院（2个）

思政2017-01班　思政2018-01班

心理研究与咨询中心（2个）

2016级-01班　心理2017-02班

竺可桢书院（9个）

交控2017-02班　交控2018-04班　运输（城轨）2017-03班　智控2017-03班
运输（城轨）2018-04班　商英2018-02班　铁道2017-01班　网络2017-04班
道桥2018-01班

研究生优秀班集体（26个）

土木工程学院（3个）

土木18级道铁硕士2班　土木18级岩土硕士1班　土木18级道铁硕士1班

机械工程学院（1个）

机械18级硕士9班

电气工程学院（1个）

电气18级硕士1班

信息科学与技术学院（3个）

信息18级硕士7班　信息18级硕士3班　信息18级硕士9班

交通运输与物流学院（4个）

交运18级硕士2班　交运18级硕士3班　交运18级硕士5班　交运18级硕士6班

材料科学与工程学院（2个）

材料18级硕士3班　材料18级硕士1班

地学科学与环境工程学院（2个）

地学18级测绘2班　地学18级测绘1班

经济管理学院（3个）

经管18级硕士1班　经管18级硕士2班　经管18级硕士3班

外国语学院（1个）

外语18级专硕班

人文学院（1个）

人文18级中文硕士班

心理研究与咨询中心（1个）

心理17级硕士1班

牵引动力国家重点实验室（3个）

牵引18级硕士2班　牵引18级硕士4班　牵引18级硕士1班

唐山研究生院（1个）

唐院18级硕士班

本科生特色班集体（35个）

茅以升学院（2个）

茅院（中文）2018-01班　茅院（信息）2018-01班

土木工程学院（4个）

地下2016-02班　土木2017-06班　铁道2018-03班　土木2018-19班

机械工程学院（3个）

机械2016-07班　测控2018-02班　车辆2018-01班

电气工程学院（3个）

电子2018-01班　电气2018-01班　电子2018-02班

信息科学与技术学院（3个）

电科（微电）2017-02班　轨道2018-03班　电科（微电）2017-01班

交通运输与物流学院（2个）

交运 2016-07 班　　城轨 2016-01 班

利兹学院（1个）

计算机（利兹）2017-02 班

材料科学与工程学院（2个）

材料（高分子）2018-01 班 成型 2018-02 班

地球科学与环境工程学院（2个）

地信 2017-01 班　　地质 2018-03 班

经济管理学院（1个）

工管 2016-01 班

外国语学院（2个）

英语 2018-02 班　　德语 2018-01 班

建筑与设计学院（2个）

艺术类 2018-01 班　　建筑 2018-02 班

物理科学与技术学院（1个）

电讯（光电）2016-01 班

人文学院（1个）

广告 2018-01 班

生命科学与工程学院（1个）

制药 2018-03 班

力学与工程学院（1个）

飞行 2018-01 班

数学学院（1个）

统计 2018-02 班

竺可桢书院（3个）

道桥 2017-01 班　　智控 2018-01 班　　网络 2018-04 班

三好学生标兵（220名）

茅以升学院（7名）

黄莉莎　续英杰　戴　铁　郭振威　赵海宁　韩　琳　丁睿建

土木工程学院（24名）

谢文博　金鼎立　吴宏伟　龚旭焘　钟　茜　岳朝阳　吴海兵　陈湛文
谢淑敏　杨景皓　贺　鹏　惠庆敏　杨璐璐　沈煜轩　高传松　李佳欣
卜亦秦　代溟伟　葛　康　林从建　俞拓航　钱克豪　胡振宇　冯禧成

机械工程学院（20名）

朱鹏飞　林杰羽　王宣博　林超雄　韩鑫明　张籍丹　李炎翰　陈亦麟

刘天宇　周　洪　龚屹昂　向松明　王　硕　陈文庆　李晓玉　王　芳
马子非　刘　浜　杨睿祈　顾炜琪

电气工程学院（16 名）

杨泽伟　裴　锐　刘　镝　董　侃　邱哲睿　张博雯　郝兆扬　戴文清
王　阳　张天艺　孙　娜　孙震宇　陈　瑀　许珂瑞　王俊淳　斯　琪

信息科学与技术学院（17 名）

唐　翰　潘姿廷　肖子洋　崔慧丽　孙晓璇　张晓龙　刘于萌　秦晋哲
侯　琴　安　琪　孔欣杰　钱　昊　余鸿兰　宋毅飞　赵泽雨　俞　诣
杨鑫浩

交通运输与物流学院（14 名）

张啸建　王致远　焦钰钧　陈　硕　丁路洒　周熠萱　林米雪　霍峥岩
钱泽林　赵　煜　李嘉权　邵　杰　宋姗珊　吴国桐

利兹学院（8 名）

徐之彦　吴彬青　卢默威　许沂聪　吴征屿　张涵容　胡亚东　章若茗

材料科学与工程学院（9 名）

杨明思　马岳韬　刘新月　黄　及　王月月　孙美琪　郑文涛　陈高伟
郭志敏

地球科学与环境工程学院（12 名）

丁　焕　高涵科　那　强　黄淑怡　许　源　王晓科　肖玥玥　徐　琦
曾思璇　雷　蕾　杨正霖　罗越扬

经济管理学院（13 名）

郑舒文　曾　渝　黎兆基　顾锦芳　汪旭梅　林子渊　梁芮菠　王雯莉
蒲柯羽　贾烜洲　黄佳乐　李新阳　李　铖

外国语学院（7 名）

马樱铭　杨　婷　张一昕　刘玉洁　朱思宇　熊　燕　易贤玉

建筑与设计学院（14 名）

陈雨芊　冯　岩　李　琴　李欣怡　刘艾娜　任榜新　芮　典　邵晓白
史祎昕　王文静　向梦琦　谢千蒙　徐　蒙　张啸寅

物理科学与技术学院（8 名）

时启硕　任旭东　李蔚然　骆懿帆　廖川黎　吴炯燃　纪名洋　朱清扬

人文学院（7 名）

薛稚尧　徐　蕾　罗　艺　路　炜　王　岚　郎佩冉　蒋清州

公共管理与政法学院（5 名）

汪　洋　胡添凤　杨煜天　陈镃丹　张秀清

生命科学与工程学院（7 名）

朱宁馨　　林家慧　　易　可　　贾承霖　　朱　萌　　任晓茜　　陈欣雨

力学与工程学院（4 名）

何　昕　　徐子高博　牛国浩　　向星宇

数学学院（5 名）

罗江毅　　李雨桐　　汪立言　　张　姣　　蔡文凯

马克思主义学院（2 名）

刘　爽　　张佳旺

心理研究与咨询中心（1 名）

倪　萍

竺可桢书院（20 名）

邱滟玲　　罗　虎　　蔡　玲　　沈云鹏　　刘雨欣　　张紫奕　　杨文欣　　任　航
徐新辰　　王星童　　肖能飞　　唐　琪　　王商捷　　郭　旭　　王炳勋　　张弘扬
顾茜雅　　袁　铭　　林韵茹　　焦诗琴

优秀研究生标兵（69 名）

土木工程学院（10 名）

雷康宁　　刘　蕊　　刘　阳　　苏　磊　　田　源　　杨龙城　　张　力　　张雯皓
王天琦　　徐建峰

机械工程学院（7 名）

李正阳　　林　禹　　欧正宇　　张庭生　　成　聪　　程　洋　　杜　宽

电气工程学院（7 名）

邱宜彬　　杨　斌　　刘　凯　　牟大林　　陈垠宇　　宋依桐　　尹　涛

信息科学与技术学院（7 名）

周　培　　朱勉宽　　张　继　　陈云鹏　　张昊楠　　吴　旭　　吴　镭

交通运输与物流学院（6 名）

李进龙　　宁　佳　　杨　雄　　何传磊　　陆　良　　邓晓臻

材料科学与工程学院（4 名）

尚艳磊　　朱忠尹　　黄　霜　　曹　开

地球科学与环境工程学院（5 名）

廖　欢　　王登星　　李茂粟　　郭神福　　杨宗耀

经济管理学院（4 名）

刘　静　　廖治通　　鲁心洁　　颜　清

外国语学院（1 名）

美丽·阿尼帕

建筑与设计学院（3名）

王　金　　向晓琴　　梁　迅

物理科学与技术学院（1名）

秦　涵

人文学院（2名）

李慧敏　　许传东

公共管理与政法学院（2名）

魏远廷　　钱　磊

生命科学与工程学院（1名）

孙鹤家

力学与工程学院（1名）

李孝滔

数学学院（1名）

李沛华

心理研究与咨询中心（1名）

林思勤

牵引动力国家重点实验室（3名）

胡尊祥　　陈　美　　李　行

医学院（2名）

王婷婷　　朱　雄

唐山研究生院（1名）

郝大宁

三好学生（1784名）

茅以升学院（99名）

吴少龙　　王渝淇　　解印山　　兰瑞意　　黄之秋　　张嘉航　　杨俨棣　　任玉豪
李明哲　　王文双　　郑若冰　　赵含晓　　杨珂浩　　杜世伦　　金宇宁　　张浩岳
才　政　　段博凯　　蒋希昊　　张佳俊　　潘　琴　　赵海洋　　林嘉勇　　董芷函
温乐鹏　　赵远钧　　卞梦奇　　胡晓楠　　孟　媛　　喻　翼　　朱雯琪　　林　铭
卓　琪　　周　正　　柳佳音　　陈玉钰　　廖　妮　　李光浩　　王志远　　李楚玥
王林轩　　冷怡霖　　赵一博　　蒋长伟　　茹　行　　肖　力　　王思羽　　张子佩
徐延泽　　赵日鑫　　胡　光　　赵　成　　崔飞杰　　董逸飞　　彭琬颀　　姚远洋
李海杰　　周泽平　　龙建君　　张文轩　　娄星宇　　康　淳　　韩国君　　武子轩
王世豪　　罗渝东　　王　睿　　刘玉岳　　罗　淇　　瞿开城　　李大鹏　　王泽伟
唐天利　　王怡丹　　裴一诺　　李瑞雪　　翟岳华　　白荣民　　鲁　鑫　　陈　玄
周士祺　　李明威　　杨　晗　　于天航　　周明玺　　江文谦　　肖霈霖　　汪世杰

邹　颖　安效灼　程　然　党宇航　张潇锐　王不凡　李琪瑶　周睿琪
王建川　吴雪敏　陈小冲

土木工程学院（194 名）

赵文玉　李文秀　卞香港　鲁选一　杨佳麟　赵理阳　徐才厚　李贤敏
吴　悦　庄丽媛　沈凌铠　黄　丹　卫一博　易梦雪　魏夏鹏　戴朴修
游颖川　雷剑勇　胡继丹　潘文韬　朱之昊　潘　琦　蒲　松　王　杰
魏力峰　刘雨萌　周银龙　米少瑄　熊文威　钟　皓　周　豪　谢金池
马天宇　高成林　窦金行　陈先宇　吕嘉诚　胡哲钏　王琛中　熊英健
龚禹为　刘子琦　张　鹏　胡思安　张永琦　蒋东江　彭梓骞　罗　燕
黄雅茜　郑兆光　魏鸿琳　李欣洧　韦玉颖　盛兆琦　唐小涵　李云健
周　力　陈　晨　兰天阳　李文昊　王玲茂　张　涛　罗　翔　田啸宇
刘轲瑞　彭小雨　李连杰　王晓明　夏子又　刘宝森　贾文怡　陈浠航
邵　坤　张　宇　未娜超　周　超　林建波　刘峻岭　何　菁　李奇威
彭　烨　荣忠乐　陈红宇　徐旭航　田　扬　王宇博　纪程杰　曾海琪
苏胡鑫　王致远　傅钦昭　李一洋　潘燕萍　陈峻博　曾　强　吴润泽
朱鹏霖　冯嘉淇　刘宏博　赵何霖　徐　毅　夏毛瑶　吴焕生　周振宇
沈芊蒙　王艳凤　赵　兴　唐　嘉　刘家明　朱宇星　耿明婧　贤亮鹏
侯明扬　白铁磊　徐子峻　陈俊杰　张洪吉　石凌薇　沈　皓　朱　凯
刘议文　李红裕　刘乙甫　张亦弛　张　免　谢　鹏　尹康帅　丁家浩
陈世航　曹思敏　陈雪莹　陈　豪　李恩轩　吴　玮　严媛媛　向　往
杨宇豪　刘金炜　贺秀萍　姚思喆　彭　慧　徐展飞　梁　源　陈治宇
王　殊　肖琪璋　孙志昂　金嘉淇　刘肖汇　苏圣鹏　文嘉涵　李　策
于兴盈　宋雨萌　豆留盼　沈　哲　张凤明　张成友　周瑶成　庞莹莹
曾弘锐　张烨欣　李斯博　魏子伟　王芝龙　常小兵　李连逸　周久阳
高仕鹏　殷　磊　黄亚阳　王鸿宇　常铭宇　赖家乐　康宇琼　王　城
曹佳涛　唐家豪　周晓天　李泽阳　刘　茜　胡家龙　黎诗睿　林　颖
贺成博　谈　力　白涛硕　廖红波　王彬宇　胡靖康　张津云　胡　锐
欧阳惠怡　丛龙宇

机械工程学院（157 名）

钟卓文　周怀诚　鲁俊钟　齐宇晗　高天健　高钰翔　尹首权　兰建斌
傅渤雅　罗谋睿　崔　赫　梁　焱　曾　锐　郑超群　谢智宇　程奕炜
欧阳汀益　吉宇昂　门松辰　魏　爽　钱　泉　何　闻　潘博雅　贾凌旭
熊嘉铭　陈国平　郭宇星　侯如洁　冯毅诚　吴　森　彭　璨　吴聪瑞
周徐呈　陈　龙　邹雨琦　王亚昆　李　萃　张旭晨　石晟安　谢宇鸿
蹇昊辰　王　昊　李一凡　娄　亮　郭锦文　徐铭坤　张超宙　蔡孙宝
吴志强　孔琳皓　孙陈哲　马泽瑜　王熙茹　辜　铮　张善媛　刘宸依

余康凡　武文泽　沈炼成　王紫航　姚建武　徐诺舟　陈　杰　蒋吉鑫
申祎喆　漆小虎　顾雨涵　薛竹婷　张玉祥　刘　帅　张文恺　曹　婷
孙　建　王　欢　张　超　柯雨彤　郭洪川　王国涛　余　熠　曹铭航
李相江　罗备策　苗怡珺　张一伟　刘一渴　詹金桦　范宇杰　刘小雨
肖丁诚　唐文昊　王敏瑞　程伟旗　马炜鹏　魏　翊　陈利鹏　黄文建
刘峻志　施良宇　陈力啸　谢昂冶　张　源　雷建岗　万梦方　郝　然
邓胜江　蒙春竹　艾子涵　龚璟淳　江晓星　黄若琳　应晨宇　黎世骄
刘仁哲　喻琳婕　牟斌杰　罗浩洋　黄凌钰　朱炳旭　侯彦竹　刘志鹏
张佳悦　王鹏鑫　刘宇辉　周　彬　叶家辉　张乐乐　黄代喜　夏大为
夏江南　胡　玎　黄峥荣　余炯泽　钱　晨　陈　果　李　娜　王旭彤
唐超毅　孙嘉祺　雷沁霖　聂茹涵　宋　涛　刘亚好　魏嘉辰　张雨晗
苟彦杰　陈文瑜　范迦得　陈思媛　何文浩　黎祖狄　莫宇霄　邹　妙
王雨双　刘　鑫　谢民辉　李子昂　刘吉潇

电气工程学院（126 名）

任　钰　任　鑫　单沫文　刘　鑫　郭晨阳　李　佳　陆德伟　彭云尔
冯佳辉　沈　俊　秦科军　邱　跃　杨子玉　张福禄　黄柳青　朱秋月
徐珊珊　朱纹纹　梁冰倩　艾　磊　汪雅彬　袁洲茂　单　煜　刘　聪
李思佳　黄　磊　王铭华　尹春霞　唐茂森　罗嘉明　秦群淋　刘芸江
杨媛平　周　楠　文振明　曾宪锴　李志强　刘宇飞　霍冠霖　王晓菲
程章桃　杨伟康　张晅阁　徐　健　王斯佳　李　锐　郑莹莹　王陆明
辛本坚　李腾木　李润田　刘呈磊　刘　妍　赵向雪　丘梓溦　曾　理
李昌熹　武桢寓　何艺铭　李　威　杨金龙　张超逸　蓝　中　于少筠
欧阳杰　戴睿鹏　邓山辉　李尚志　杨　爽　王　创　王翼云　杨　凯
曹逸滔　杨桢宇　王昊文　周　政　蒋祥宇　曹　伟　王　敏　王雪琪
蒋婉月　邹　帆　程丽红　曹鸿昱　陈思情　蒲艳玲　杜元福　孟海腾
刘　涵　次凯旋　马旭初　丁　璇　冯旭东　程晓东　王子健　黄发平
魏文璇　庞子傲　张曦壬　罗宇靖　郑中阳　徐炜强　王亚磊　顾　颐
龚玺文　帅伟豪　段展宇　姜　攀　宋泓默　段君璋　杨键聪　徐裕强
潘义松　徐嘉琪　李名昊　薛嘉晨　牟晓慧　张　跃　黄　恬　沈家正
甘润民　朱　荣　陈　龙　孙宇航　李　渊　白　航

信息科学与技术学院（132 名）

白千巧　唐禾频　李卓元　唐荣骏　陈佳文　唐衡璇　游钦滟　黎家靖
冯小川　洪　悦　苏博艺　谢兰欣　朱理婧　唐荣娇　刘一琳　刘正琦
王一坚　肖　渝　毛慧慧　刘　畅　高作缘　冯焌豪　石志万　冯康桉
黄　超　李　星　陈宗棋　舒　恬　赵冰清　刘昌源　李达贤　李　诺
郑若璇　刘佳豪　陈文松　李子琛　靳继硕　张舜宇　左文波　周　琦

焦雪莲　周家豪　李若月　王梓　文清　刘书怀　陈瑶　龚谈韬
潘锐　阙蕾宇　谢朝燕　杨雅然　杨宇　袁启航　庞博文　刘君卿
雷筱　陈曦睿　鲁力博　郑志江　王科锦　莫迪凯　郭翔宇　石鹏宇
李劲松　和牧辰　宋一帆　魏名广　王靖　周栗弘　曾文馨　温露雄
李明凯　李怡霏　文源　阳怡　陈林　赵大燕　杨江川　康梦瑶
刘佳欣　李宇涵　罗威　刘家豪　罗俊豪　曾雨晴　张凤娇　李思思
佟秋硕　李欣宜　卢锐恒　陈文博　谭柯龙　郑绚　霍雨佳　李海龙
余梓玄　王皓焱　林恒　丁桢炎　谢星雨　张卓群　王健宇　廖思凯
金佳宁　石博昊　石毅　赵宇星　张翰生　应豪　沈力瑜　王韬铁
闫凌森　邓靖博　洪禧佳　李逸澄　郑泰川　林瑞东　白宇轩　屈晨昕
何康辰　木铭浩　曾沁琰　孙诗翔　高洁　孙怡平　张继松　于楫玉
张星宇　王养浩　司继盛　万冬静

交通运输与物流学院（109 名）

吴雪妍　金志成　陈水旺　郑镕　刘园媛　杨泉明　李响　谢安龙
缪雨岚　龙康　方旭峰　陈晓锦　林叶新　侯康宁　吕亦菲　张黎明
毛远思　胡一冰　龙玉莹　田方晓　孔少哲　俞傅伟　庄益锐　霍浩阳
蒋浩然　苏月同　刘家俊　李蓉蓉　刘伟勋　易佳欣　代念　吕乐
余依桐　上官一丹　尚雅茹　张明姝　程宇涛　高鋆　向岚　汤静娴
杨青蓓　蒋玺　王海山　郭知宇　周柯廷　曾庆文　岑秋云　牛家鑫
闫倩倩　肖翰林　麦启欣　郭苗　张瑞阳　王诗仪　王灿　张钰
杜剑飞　莫金元　杨必成　刘坤　刘元元　张毓玉　宋嫣然　蒋雪莹
周文涛　邹颜刚　彭炜康　令狐丹　梁文馨　陈心宇　张赫洋　曹沐雨
潘郑雨　侯淑芬　王园顺　徐玉洁　钱凯旭　沈怡　罗娇英　刘圣敏
罗飞　郭玥伶　古兴茹　刘一江　欧奕昕　梁洁林　李天卓　郭辰宇
徐雨潇　张奕童　陈炜鑫　潘泓宇　廖红霞　连晓荣　欧丽丽　陈健
朱江华　陈新杰　邹加　宋飞宇　吴问涛　陈海霞　唐中莉　张框
郭迎奥　代欢　郝子萱　蔡中哲　秦啸天

利兹学院（60 名）

吴怡宁　姜永哲　蔡永祺　李昊霖　于耀翔　陈祺琪　董书豪　邹德豪
王竟丞　郭雨鑫　吴方舟　任治玮　陈冠宇　肖官衔　钱舒月　周彧凝
刘剑钊　廖人霖　解炎山　沈梓晗　陈韬　雷奕达　罗璞娴　钱煦和
陈恺宇　肖博文　毕宇辉　许沛森　吴静远　毕云峰　赵宇瑶　郑植
章晋圻　杨圣宇　钟雨欣　王姝晏　李俊毅　孟琰　耿小媛　刘勇
丁剑桥　赵一凡　黄劲烨　张雨农　曹恺悦　胡怿添　刘明煦　周子柯
何昊阳　吴迪　李一笛　梁诗洋　郑琳千　王永鑫　谢鑫淼　马成骁
杨一帆　梁明皓　周珂伊　吴行健

材料科学与工程学院（74 名）

赖黄晋	金磊源	王琪琦	章淑娴	罗　逸	张兴银	陆　琦	支丹丹
邓玉春	黄智杰	张鹏真	杨佳兴	邱菲菲	彭陈程	杨梦毅	邓　茜
尹佳宁	刘懿瑄	张灵瑜	张　坤	陈雨晴	马　骏	刘义彰	金泽原
刘　宇	杨乐瑶	李孟钊	席　敏	邱未灵	杨　阳	彭义东	王生龙
陈齐芊	何忠倩	郑芊宸	曹晓雨	刘景芳	王美娟	胡叶婷	杨　帆
杨于诗	肖　军	朱　涛	马瑞钰	李　欢	刘红刚	金　敏	金　灵
郭昱成	肖玉玺	彭子龙	陈宏宇	王晓婷	颜　阳	刘浩煜	王凤莹
何有灵	赵瑞月	关鑫炎	许玲焱	陈　洁	朱宇辰	吴其兵	孙诗然
李静霖	官　韵	陈思帆	李擎天	殷子浩	李卓见	李俊聪	蒋　琴
王子月	韩　飞						

地球科学与环境工程学院（96 名）

陈燕燕	董　璇	许婧怡	王博轩	舒　煜	李亚博	陈俊凯	肖志杰
金宇侃	杨子心	周仪雯	丁永哲	谷恒超	唐新龙	赵玉好	王语雁
张文举	陈伟豪	范芳妤	吕其睿	陈　梅	潘星宇	冯　禧	陈千喜
虞铮文	王锐其	刘芳菲	崔耀丹	翟　珂	陈羽航	张炜晗	张　燕
戴　昊	喻小宇	陆　童	刘梦琳	刘佳宁	张弈辉	池韬略	王新天
陈元天	高怡凡	邓　雯	廉慧洁	邓媛媛	曾建顺	姜　莹	宋　晴
杨也行	张强江	陈相儒	宋斌斌	卢　飞	崔金龙	李子璐	陈亚虎
白金钊	张莉扬	吕　傲	王　赓	王雨彤	罗　鑫	余唐杰	任昕芸
黄光林	苏　婕	杨雅洁	徐思彦	李　瑶	翟维欣	王雪擎	粟萌萌
吕奕杰	袁　鑫	曹奕馨	齐书峰	杨　惠	任鹏羽	刘越凡	姜　璇
贺丽霞	谭鸣凤	明　杰	龚恩慧	刘佳峻	冯止依	蓝再成	毛子豪
苏静玲	辉春福	喻可凡	赵欣旺	李　洋	陈　哲	曹正阳	林　聪

经济管理学院（96 名）

张艺馨	邓舒文	谢书君	杜璐岑	张欣欣	关茜儒	戴璧娇	黄彩玉
傅韵潮	马露露	罗昊宇	陈凯月	李双妮	张雅蒙	何希来	朱嘉雯
宋　雪	何秀群	彭文祺	徐常皓	黄雅歆	闫欣雨	陈雪玉	张　彤
王　凤	周安琪	尚　伟	陈园园	宋浩男	刘灿晖	沃继贲	毛雯静
张婷婷	龚英刚	张炜尔	游婷婷	王卫杰	刘文凤	补金凤	韩尚轩
肖　玥	毛家雪	孙婧舒	王子悦	冯璐瑶	罗雨薇	胡　茜	莫代玉
胡　潇	马　彦	吴　涛	覃雪莹	任　露	童　晨	薛蓉蓉	王靖雯
邸俊潭	张沛然	吴嘉慧	岳蓝雨	孙雨婷	吴田禾	王婷楠	杨心浩
王君豪	唐诗蕾	吴浩宇	张　博	敬飞艳	刘怡伶	张腾晖	张　玲
刘家杏	苏奕丹	陆　菲	李　璇	张思成	张照艳	李　妍	曾宁欣
李　玲	王冰倩	沈　满	程　程	王　柳	常沛霆	邹雨涵	李昕懿

余逸杨　陈澳　朱美玲　沈孟丽　蒋文挺　袁博文　王秋悦　孙汉青

外国语学院（60名）

钮晓云　王楚可　王一伊　雷凤琴　郭央　肖箫　陈静茹　余鸿霞
唐诗　周雨　朱秋甜　李倩　程山芳　王玥月　孙小杰　刘敏娜
王安钰　李丽安　刘文利　朱雅丽　谢春维　王戬聪　张瑞军　聂海莲
杨之瑜　朱敏格　韩佳雯　刘育晨　刘思旖　周雨平　林昕　王怡晗
安浅潜　岑龙　宋凯悦　朱欣悦　毛一强　张汝男　安文婷　戴悦
徐芳　李柳熳　张淳　徐梦轩　洪昂　蒋国维　周迪　徐驰
尹澜　潘峥　夏健鑫　赵娜亨　张萌　曾琼　周天颖　杨蕾加
黄玉洁　窦湘迪　肖雨欣　焦敏

建筑与设计学院（114名）

陈镜伊　陈琪琦　陈一丹　程伊菲　楚冬惠　崔月婷　丁瀚林　丁舒琦
丁一珂　窦昊然　杜俞洁　冯习单　冯紫涵　郭慧慧　郭亚凝　何钰卓
贺肖淇　胡佳仪　胡铭凯　胡越　黄寒钰　黄龙锟　黄涛　黄彦羽
黄尧　贾诗涵　江海星　姜文文　姜雨芳　蒋知航　焦丽蓓　金箫
柯路恒　李翰林　李佳　李孟圆　李雯　李晓易　李欣雨　李奕轩
李秄頔　凌婳晗　刘嘉毅　刘璐凡　刘千慧　刘奕孜　刘宇庭　刘峥
刘子婧　娄晨霄　马文洁　马雨佳　孟繁熙　石琬琪　史海磊　史云帆
苏巧敏　苏子悦　孙诗雅　覃晴　唐程璇　唐惠茁　滕双宇　王瑞玲
王诗卿　王筱璇　王一初　王义景　王奕斐　王奕轩　王永娣　王子萱
巫雪松　吴嘉玮　吴天昊　夏谢栋　夏远方　肖帅　徐嘉瑞　徐鲁粤
徐璐怡　徐沁仪　闫书铭　严晶晶　杨婧璇　杨倩怡　杨晴　杨雨青
姚凌涵　尤晨淳　俞锦　张峰瑞　张瀚天　张竞予　张珂　张文杰
张渝雯　张虞骞　张宇弛　张玉阳　张钰　张子纯　赵昊宁　赵珂玮
赵丽雅　赵思琦　赵滢瀛　郑小飞　郑悦　周冠宇　周梦瑶　朱小琨
邹清华　曾辰

物理科学与技术学院（68名）

何诗琪　李颖捷　邓金鑫　何坤阳　张艳秋　金述平　朱晓梅　陈思洁
王楠　董瀚　季天皓　肖玥　刘千一　乔小斌　李慧聪　余棪凯
陆泽辉　王婧　姜地　张敏　李永杰　陈钱坤　张怡　张雯锦
王新龙　赵鑫　汪沛　王家兴　宋天助　周恒安　李良柱　周天石
杨帆　胡鸿　张磊　刘子溪　蔡炳华　杨森　翁俊辉　白京城
熊浩然　张佳磊　李若曦　王祚　王弈维　郭俊宏　金辉　李源
石金泽　刘成鑫　邱阳　杨翊平　李耀斌　赵心语　郑熙凌　张一凡
周进　孙硕人　李震宇　胡嫁琪　杨勇　陈镜羽　陈诗涵　赵志岩
刘铸纬　陈天乐　江星怡　孙明皓

人文学院（57名）

侯宝璇	苏子涵	朱　伟	邹璧璐	谢　柯	周　铁	李　薇	胡晨璐
杜明阳	何星泽	杨　涛	徐　丹	胡蝶雨	张　宇	蔡松璇	孙正晨
周怡廷	赵文哲	张萌蕤	徐东辰	帕尔文·帕尔哈提	陈萌萌	甘倬蔓	黄正桑
安　然	高宜琴	徐榕利	左一寒	卢玉倩	夏　鑫	齐晓雨	苏立维
招昀煜	王安琪	申　佳	阎俊宇	蓝郑燕	钱　淳	钱佳西	陈泽远
叶金莹	孙　蕊	陈梦婷	关越元	徐嘉怡	刘黛瑶	姚俊臣	胡海月
张玮婷	魏　岚	黄　欢	林中渠	司逸飞	杜俊棣	赵文豪	黄诗倪
贾贝熙							

公共管理与政法学院（48名）

谢琴彦	唐铭鸿	邱歆怡	于晓倩	沈双颖	朱李缘	王文慧	陈　炜
谢沁希	李佳妮	涂巧妍	顾　彧	牛钰彤	曾莉鑫	蔡茹薪	罗日明
李　衎	付　壮	陈　鑫	张雅蓉	孙思琪	丁观芳	李丽婷	刘　燕
王显栋	周浪西	于梅娜	曾　馨	梁亚朝	翟龙娇	王娅如	左依航
唐　雯	王姿惠	陈美如	鄢　睿	张晓燕	邵　瑜	段寒潇	罗维嘉
谭　芳	王力超	黎　思	傅　丽	赵悦名	陈晓清	陈征雪	李欣童

生命科学与工程学院（57名）

陈　漪	赵辰晖	方　开	谭国栋	彭泽漫	熊旭洲	周依萍	全慧鸽
杨　晨	高立乾	张静妍	马嘉擎	季笑云	孙可一	王欣佩	吴亦鸣
周伊婧	兰佳怡	尚可欣	姚　鹏	梁子涵	黎国洪	张馨元	李林朋
陈　晨	池　伟	王鉴瞩	杨燕春	郑家乐	宓天宇	王溢滟	钱志凯
钱妍羽	赵海云	杨靖康	王韶畅	张广森	杨　岚	王雪玲	吉　也
杨程硕	秦　楠	段贤洁	刘智慧	覃静凤	张　瑜	李诗佳	兰　洁
郑　颖	韩　涛	车昌丽	杨雅丽	吴亭瑶	杨钰琛	王傲雪	周炳鑫
缑绪卓							

力学与工程学院（33名）

熊君媛	刘佳璐	李佳静	曹　熙	何子露	曹圃瑜	刘宗鑫	张雪莲
曹肸丞	陆　豪	褚弓瑶	连心怡	刘文虎	马鹏宇	张剑锋	王诗懿
利　铭	赵嘉华	唐　淇	杨静雷	李润佳	吴海瑞	王　逍	魏其轩
贾熙雷	易灵敏	朱韵融	李宗澎	陈诗煜	王　貌	聂　衍	戴杭岑
陈钰雯							

数学学院（36名）

凡红梅	伍舒妮	江自豪	刘　雯	陈　磊	赵　海	经舒扬	陈苑榕
温苗苗	王子成	郑伟洁	林　玉	刘镇谋	张　澳	付扬鑫	邱　灵
蒋名琪	王一婷	郑艺梅	王　震	吴　双	商嗣源	徐　倩	米贤惠

邓笛扬　蒋小玉　曾鑫垚　王　颖　张　康　陈卓仪　蔡　逸　居卓儒
李　劲　程　前　李昌洲　陈晓凡

马克思主义学院（12 名）

平　可　田　璐　杨柳风　邓盈利　谷宛蓉　任秋艳　杨小青　肖　婕
龚禹竹　黄一嫚　郭修远　田　瑞

心理研究与咨询中心（8 名）

顾卓然　张祍滔　黄心怡　蒋　倩　程　思　蔡亚静　李心怡　王雅男

竺可桢书院（148 名）

敬雅文　龙开天　蒋曼琳　魏林辉　赵世华　张晨妍　唐永红　周子杰
张博豪　谭　黎　曹嘉心　牛云彬　赵铭洋　荆传玉　陈忆涵　张宗宇
林海鑫　杨　雪　车兴果　关剑宇　李昊卿　罗祥威　罗　帅　邓富强
郝书勤　陈俊伟　戴逸岩　毛凯旋　贾　康　曹　冲　和　琦　董欢枝
熊子昂　杨宇涵　王洪一　宋美珍　周思源　罗佳楠　王振洋　张　程
周　喻　胡子威　卢春浩　熊　航　夏覃永　刘盛林　肖　阳　张千源
蒋春阳　邵凯波　蒋舒颖　杨是龙　黄宏威　陈靖雨　常　锟　王雨珂
梁峻宁　涂煜柯　黄宇轩　丁士杰　杨瑞龙　吴林鸿　祁广东　张明可
许篮心　汪　冲　蔡佳倜　黄新页　李　祥　吴　桢　向　洋　彭若愚
李爱贝多　闫姝璇　张婉欣　殷超凡　张雅琪　余宣庆　彭琪雯　彭元贞
张紫竹　宋世杰　谢懿晗　芦嘉诚　王俊凯　彭英杰　李浩源　王　东
李　成　舒　航　魏雅静　马慧敏　王玉莲　李孟璇　梁玉霞　蒋　翠
李永昕　江博慧　王　品　王　强　侯艺琦　王宇飞　杜懿佳　邱　鹏
高瑞玲　黄　胤　祝　畅　詹　雨　粟琬清　贾逸君　申梦君　余芳菲
赵凯文　肖炜东　陈梓薇　李梦迪　周子琪　何　玮　尹海钦　蒋弘瑞
卢诚诚　唐泽龙　贾锦竹　钟雨辛　蔡檬屿　梅诗曼　陈张欣语　王　宇
柏义阳　刘如意　刘　妍　牟　颖　王承志　李良平　叶子强　黄潞潞
舒新建　周柠旭　刘静雯　陈海乐　廖凌枫　高靖涵　张靖滨　陆柏宇
蒋　滨　张潇元　董雯雯　于瀚辰

优秀研究生（428 名）

土木工程学院（67 名）

安少科　樊惠惠　郭　晨　郭　强　郭晓晗　郭雪岩　韩汝利　韩翔宇
何　磊　胡　猛　黄　杰　黄俊飞　蒋　频　冷　丹　李　策　李良杰
李思静　鲁茜茜　罗飞宇　罗浩原　罗　扬　马东华　马杲宇　戚幸鑫
秦鸿佩　任文渊　任　鑫　阮灵辉　邵晨超　沈忠辉　盛　航　舒　阳
苏　婷　孙丹曦　谭　義　唐　旭　王刚勇　朱　磊　王康康　王少华

王　薇　王　绪　王奕彬　王溢轩　王宇航　吴凤波　吴文芊　伍　旺
谢　伟　徐海岩　许雪峰　颜挺毅　杨翠平　杨得海　杨文腾　庾　靖
袁李刚　张川江　张　聪　张　靖　张君臣　赵一静　朱　丹　王　凯
朱　磊　邹　涛　梁　林

机械工程学院（42 名）

胡　月　张鹏飞　余妍金戈　曾艳清　吕常伟　裴　霞　敬瑶阁　杨　杰
龚柯梦　杨　准　潘　飘　陈海超　李凌博　唐吉有　吕瑞欣　李泽东
彭嘉品　肖　滔　叶梦琪　刘晓宁　何沛恒　吴承浩　陆　飞　唐忠智
康　熙　张　强　沈思思　张天明　彭　杰　任　攀　范登鑫　冯济桥
孙浩然　邵一伦　吴小笛　王湛文　祝梓惟　周　杰　杨布雷　郭斌鑫
许　俊　黄　锐

电气工程学院（41 名）

朱晓娟　宋普查　谢　东　罗启珩　易小龙　张　晗　李丽妮　刘雪晴
卢　松　王　峰　廖珍贞　梁开伟　孙小通　邱　彦　左光耀　贺启甫
任永浩　李琦琦　谭　伟　夏文婧　黎国扬　杜一星　任海军　李　磊
李广建　肖　灿　王　康　王　潇　毛诗琴　李若愚　雷　科　李书盼
赵立江　陈　红　刘　梦　康　灿　陈　洋　陈迎迎　贡子峰　刘家材
韩鹏程

信息科学与技术学院（42 名）

吴　宇　杨　刚　黎俊秀　张熠玲　王　璐　廖　涛　叶　帅　席超星
唐　莉　王祉晴　封云飞　窦　磊　熊　状　魏晨旭　白　萌　马敏博
翟冠霖　何洪涛　王　峥　杨　璟　王　盛　周　熹　任文佳　王　睿
陈　欢　范章均　陈珊珊　张志海　周兆升　程　鹏　刘　洋　刘　娜
郝一凡　邓文强　仝　航　崔　轩　曾　嵛　王成玮　陶　霄　何华均
刘　佳　冯鑫儒

交通运输与物流学院（36 名）

赵　斌　李佳励　胡海涛　王　莹　汪意涵　王　霞　蔺湘然　王超宇
杨廷宇　梁　越　李雅洁　张　恭　莫　文　张肇麟　郝　成　陈权超
王　轩　李文涛　修　琮　周　沫　陈锦渠　葛雷雨　贾冰梅　徐逸飞
张奕源　黄　倩　黄　宇　徐桃让　岳　鑫　刘江珊　董佳宁　李俊捷
唐昱恬　刘　华　张文畅　杨　强

材料科学与工程学院（23 名）

郭阳阳　谢美林　代志豪　骆　超　吴海燕　陈　强　梁春明　卢　玉
钱晓英　胡慧怡　田　果　高育育　董　健　冯　雯　高鹏宇　刘怡菱
孙大明　王　庆　武孔昭　万杨杰　刘力克　路槟阳　丁艺蕾

地球科学与环境工程学院（31 名）

饶 鸿	徐 铭	李似宸	王广生	闵雪峰	张文斌	黄鹏诚	陈 霄
闫 贺	王凯红	李奇芪	张 迪	段金亮	李 奎	贺书恒	周 航
肖 玉	刘郭林	王 杰	张 杰	唐 川	张宇坤	刘 静	李嘉钰
武 龙	郝彧露	李世明	白 雪	张一君	文 洪	陈炜鸣	

经济管理学院（22 名）

杨 强	孟江超	高 雍	许 颖	黄俊橙	宋 丹	夏佳玉	赖雪梅
段恒鑫	陈思羽	陈 茜	蔡坤宜	张译丹	刘宇航	胡 伟	赵 锐
程梦琦	林泽勇	邹修箭	乔红秀	王烨娣	席 悦		

外国语学院（6 名）

余紫桐	林雨培	胡助莺	郗雨婷	苏美晨	王零仪

建筑与设计学院（20 名）

李 波	傅德天	林 震	陈璐晴	李丽丽	李津臣	赵伟名	李 渊
付鑫雨	谢易兵	彭圣杰	钱玥希	陈芳冰	佘凤绪	黎智鹏	黄 越
贺 静	周何建	罗晗瑞	林 晨				

物理科学与技术学院（10 名）

刘映蔚	洪 丹	毛双锁	鄂蕴纲	朱振宇	曾雨双	徐 霞	李小霞
钟 汩	朱胜海						

人文学院（11 名）

易 莎	杨金丽	刘晗悦	叶小维	刘雯莉	李晓丽	李惠敏	郑雨馨
覃 薪	何建琴	林於明					

公共管理与政法学院（11 名）

黄路稀	彭 荐	董 蕤	赵文彬	高 琳	林宗平	王身杰	刘 阳
姚亚磊	谢昀鸥	刘 宇					

生命科学与工程学院（8 名）

刘 丽	李亚楠	王伟浩	彭传海	郑 辉	陈安琪	左怀龙	李 飞

力学与工程学院（9 名）

伏甜甜	张媛媛	李高磊	王强胜	陈 珂	金利安	陆宋江	罗 茜
陆晓翀							

数学学院（5 名）

沈炳声	殷泽凯	牛天骄	杨 涵	顾 执

马克思主义学院（4 名）

祝伶俐	张 旭	何万婷	刘 华

心理研究与咨询中心（3 名）

罗维惟	李 斌	李斯琦

牵引动力国家重点实验室（21 名）

戎有鑫　周子伟　蒲　磊　冯　博　何绍友　陈宽裕　李　静　刘清源
陈宗平　张　茜　戴志远　陈永发　朱　彬　黄志川　曾元辰　张金鑫
王腾飞　李佳元　张为黎　杨震寰　秦　登

医学院（13 名）

冯亚星　刘子凡　张艺雯　侯汶青　王文豪　邓　迁　柏玉娣　高　露
李　娜　童　兰　陈　长　黄启林　王叶叶

唐山研究生院（3 名）

张雯睿　周鹏飞　李清扬

优秀学生干部（1882 名）

茅以升学院（50 名）

颜凌轩　夏之瑜　魏易东　刘俊杉　许可涵　刘钊玮　刘心然　马钟霖
胡恒溢　刘长宝　张龙豪　周庭渊　王　坤　张少聪　熊晓辉　王英霞
黄垠钦　余明泽　王子烨　李浩然　胡　汐　刘　鑫　王晨祺　刘天远
吴峻伟　关靖荧　史海超　王竣渝　林子渊　张禧萌　廖海宇　苗浩冉
王伟豪　倪璐玥　王麒铭　杨家懿　伍文凤　王雨润　陈玥蓉　安　鹤
王晨晓　韩梓漩　刘　雯　侯芊如　何雪莹　施柒媛　彭　炜　宋佰吉
郭子硕　程　岚

土木工程学院（206 名）

李威昊　郭文静　赵林林　陈　凯　许昱旻　王昭儒　姬云霄　程　田
鲁宗鹏　马凝宇　谭　伟　李志凌　王元青　梁　润　朱凌凤　宋　宇
廖　伟　张书航　杨忠超　杨　昊　漆美霖　马　元　张曾照　郝晨哲
莫小明　王　童　赖健维　祝欣宇　梁　旭　杜昱衡　刘金卓　张舒祺
周靖涵　邱师津　李奇远　陈子豪　钟雨卓　严　檬　徐康桥　周梦婷
张　科　黄　森　兰永峰　罗　曦　周　帅　舒英杰　邹俊成　宋敏鸽
杨桂畅　罗一鸣　李亚辉　唐维泽　董　杰　曹　琛　何伟超　丁　浩
庞鸿立　陈屹东　徐明晖　于佳琪　温安平　杨易龙　裴　蕾　张天一
苟安迪　罗　峰　徐　舟　杨　倩　白芷毓　杨雨谋　郭伟相　曾梓恒
邱启胶　王文正　方亚彪　康敬清　白世豪　刘丁熙　康　硕　辜世旺
任海容　张　战　王祖鑫　郭　婷　刘家泰　马晓斌　李洪波　李阳阳
徐晓静　李基豪　刘富华　孙峻枫　蔡心怡　汪育杭　丁　毅　冯淑琪
刘　展　陈　龙　庞淇文　胡翰林　彭博览　康雍毅　远　洋　张千虹
梁晓杰　单招文　徐　成　宋思思　徐清九　陈佳宜　于　全　杜　轲
朱蔡亦伊　汪雨浓　余丝雨　汤一剑　刘语泉　白云璐　陈文东　向开来
王文俊　汪小龙　余昊正　杨铭礼　郑宁哲　练家乐　贺浩楠　武玉章

陆　粤　周　燕　李　越　张　天　张　浩　刘　晨　许　帅　许　洋
徐双婷　徐代苓　贾思桢　金若男　刘　佳　王星宇　鲁丁豪　梁禹嵩
石　磊　安　朗　赵勇飞　张毅峰　雷　越　魏　勇　毛子轩　刘谦彬
刘玉琳　唐启辉　郑　爽　唐永吉　叶　森　刘一炜　时一帆　梁　杰
廖　杭　李金汪　黄宇鹏　施德兴　黄绮淇　张阳豪　梁富兴　张晨晨
韩仁杰　陈家欣　陈　娜　李　可　刘　宁　黄　柯　伍相宇　杨　浩
薛　佳　高振兴　谢欣岑　杨文来　乐誉清　赵一玮　赵明蕃　黄　庆
门汝祎　曾怡锋　苗健之　刘　源　张廷鹏　李梦然　许焜星　苗天雨
付　忻　胡欣然　袁　竹　顾　铮　刘伊腾　杨　盛　劳国峰　柯　妍
李昱熙　李嘉鑫　朱丽莎　赵冬梅　钟浩嘉　刘伟雄

机械工程学院（163 名）

陈　栋　秦礼目　罗锦泽　肖　玲　杨金灵　王　辰　李林峰　李致萱
杨天澍　刘耀名　张　威　陈辉灿　张博文　王天鹏　柴非凡　冷海军
李录斌　毛斐然　赵桉颢　高恩南　党院成　魏贺晨　张圣义　后　豪
许振中　李圆圆　田　力　李梦爽　杜金浓　陈　实　王晓虎　秦之琳
王淑莹　胡秉伦　张剑华　徐冬冬　曾敏敏　陈睿林　张宏宇　黄晓钰
王铎颖　马贵林　骆建波　汪奕鋆　刘　鹏　王劭可　卢　一　高晋琦
唐君立　邢汉丞　白　冰　牟　帆　夏铭辰　黄朝勇　朱志轩　袁增威
王子琪　李逸群　宋昭勇　徐　坤　同晓阳　蒋林杰　郑　重　张洪源
卢雨昕　张中奇　谢鑫鑫　欧　虎　冯　聪　张孔发　白煜超　李　涛
秦国浩　刘政武　周琦丰　史志磊　姚　鑫　韩寅鹏　张英豪　赵红智
胡　康　刘启超　杨　鹏　罗梓淇　沈天赐　马　超　张峻崧　丁　鑫
王　雯　付昊宁　顾晨宇　段　鹏　莫康辉　蒋方胜　吴禹辰　黄仁明
蒋淘宇　甘晗熙　张　威　赵治衡　杨兴科　蒋宗帅　袁　敬　张金阳
陈训强　付浩然　李　杰　范书伟　冯虎成　李　迎　邹　旋　杨　浩
张乐恒　阙鹏旭　李冠宇　伍志亮　张琬诗　余　俊　林利忠　龙　浩
范相慧　陈虹霖　郭子涵　姜凯心　张　彬　郭其浩　谷　悦　林　晨
补　曦　张　杰　沈丹炜　贾西贝　朱广勋　王润生　刘　林　吕林灿
郑延龙　闵欣悦　邓雯太　严立峰　欧阳鹏　何聖峰　李俊泽　林　康
程奕婷　袁子淇　陈向阳　李子韦　王鸿羽　颜　语　闫皓博　田　威
朱敏华　冯俊男　刘　杰　田明洁　江开元　高一然　刘　谕　郑啟崴
刘亚磊　郝　瑾　肖宇光

电气工程学院（157 名）

王志恺　龚邻骁　苏旭林　魏　来　钟　勇　詹　睿　贺　飞　冀梦齐
杨正凤　黄　毅　王耀祖　洪　辉　王小雨　李　昊　王云逸　赵倩林
向雯友　张　晨　蒲　媛　张财源　陈晓雯　刘晓天　李智立　李金宇

谭羽辰　童　果　巩素梅　骆柯宇　张思慧　王　宇　王子轩　黄　毅
沈苏阳　刘骆川　扈书菡　王　鑫　勾旭宇　陈　欣　周晨晨　喻佳航
李东杰　杜佳旭　周可心　宋敏思　韦柳幸　王　玺　左语诗　雷腾跃
邱子峻　焦雨婷　彭乐颖　屈伯林　邵云飞　郑睿颖　余松林　吕怡航
陈　明　王诗琦　陈佳雯　唐政全　宋治东　王潜雁　廖海朱　汪黔艳
许淑芬　孙谢力　周丹莹　李康文　吴　昊　巨　擘　向江欣　徐邵文
夏雁冰　杨杰林　杨健文　柯倩霞　曾　创　张嘉宇　李　杰　符　豪
文俊杰　杨向阳　胡泽阳　李云笛　李嘉宁　任　卓　杨建桥　曾绍聪
唐　岑　杨祥昱　王卓然　赵　娜　曾开心　唐康丽　张雨博　李双庆
严一舟　李建为　张雅琼　朱　玲　蒋晓凤　杨双华　刘强强　岳枫云
鲁　怡　戴松森　王　悦　周　杰　洪雅茜　杨碧璇　郑智强　张容赫
邓倩文　刘怡琳　关　宇　费正源　朱　涛　钟　杰　周持杰　颜万瑞
史可燃　吕子佥　邵才瀚　陈　靖　支启莹　国勇健　杨　宇　王静虹
刘雅淇　陈　煜　邱丹洛　赵　晨　段沅廷　严政章　张　敏　孙海洋
胡　静　黄嘉伟文　孙小齐　程少旭　陈瑞龙　林欣雨　解淑祺　霍莎莎
韦雨声　梁　凯　朱玉豪　蒋瞻泽　马　杰　胡方鸿　刘　帆　高江川
高　彦　唐仁卿　王晋瑄　周　润　蒋家豪

信息科学与技术学院（138名）

陈　权　李沁芮　王宗鑫　武晓静　王士恒　陶海波　张天昱　董益民
郑安琪　柴子健　戴　越　陈铭月　郭宇阳　龙　芳　杜鹏程　刘　强
巴俊峰　陶江峰　陆　晓　李　舒　刘浩玮　李峻峰　魏海斌　黄　亮
陈铮鎔　邵桢榆　刘常平　刘衬清　周洋锐　周宇航　李　松　王亚锋
潘露盛　郑佳琪　林知心　李泽鑫　谷　蕊　谢昕昊　魏杨洋　苏诗琴
马丽萍　李青玲　郑中一　宋雨昊　冯心妍　姜奕竹　鲁家齐　徐林溪
何润泽　胡雯雨　王榕婧　闫　晗　薛一朴　段卓君　陈鑫强　周云娇
刘沐鑫　康翰泽　冯伟凌　金嗣东　徐宇新　李仕俊　孟国斌　黄文君
邢鹏程　张成杰　张宇飞　黄　怡　王惠之　王　钰　陈钦骅　潘才富
顾　月　刘震鑫　刘心瑶　孟祥多　刘　睿　张琦琦　李雨镝　梁斯远
王晓亭　隋沛桐　蒋金秋　周　潼　张敖宁　吴　雪　朱　迪　赵　虎
王文奕　李高鉴　杨丽华　熊芳颖　钟欣瑞　金　佳　马永骏　陈忠涵
李丹薇　伍泰来　康新宇　雷书绮　张　清　陈　杰　倪俊杰　乔晓云
张露月　罗　灏　李天阳　赵　盼　赵　睿　车　航　任艺飞　付顺超
高国彬　成晨阳　吴炜琳　孙雨欣　庞岳棋　冯姝雅　刘晓鹏　刘昱均
邓思琦　赵雪豹　胡一楠　毛雨浓　袁　杰　张小龙　孙青楠　张　皓
王　湛　王荣鑫　杨　洋　吴　冕　朱泉舟　黄权胜　赵　春　吕国锦
文煜轩　张瑞琦

交通运输与物流学院（119 名）

廖嘉雯	王　鑫	钟昱辰	朱百川	田志鸿	李搏志	刘雨欣	赵瑞彬
韩佳哲	胡　悦	王　航	姚　露	张时霜	李　方	李玥玲	张雅睿
乔　宇	傅　莉	贺佩华	张昕悦	陈姝伶	霍宗鑫	赵　犇	陈锐锐
左　彤	温宇轩	黄彦宁	刘　渊	胡　笑	周　静	梁心怡	朱芳仪
黄　栩	冯宇静	刘宏伟	乔丽莹	朱　燕	郝　悦	徐　勇	王雨露
李　蕾	胡奉淋	黄小凡	董文韬	焦文静	盛　千	张弘弢	高志涵
杨　淞	董子昕	梁耀文	王子康	宁　哲	章浩淳	张泰杰	吴学凯
李家庆	陈洁旭	乔鸿欣	何昱欣	向云海	欧　婷	田沛翎	法慧妍
许美婷	洪诗雨	先文怡	何芙馨	吴梦成	赵　冰	王逸凡	项光灿
张鑫洋	王梓宇	刘　任	陈　锐	马　璇	程小洲	刘　娇	马　玉
吴沛敏	刘昭君	沈嘉威	谢同佳	谢泽鹏	邓浩伟	黄　言	钟兴莉
高佳颖	彭宏宇	龙燕雨	罗　寒	冯　芊	殷鸿博	郑雯娴	安媚童
李思源	郝研博	粟浩楠	蒋　攀	谭　凯	陈攀攀	谢芸彤	江若彤
黄泓溥	梁　睿	黄文超	邓永洁	洪如昕	胡炯麦	缪书乐	王璐瑶
孟歆迪	刘　睿	王苏国	韩　容	皮雪清	刘宇航	蒋　乐	

利兹学院（60 名）

王淳禾	洪纵横	唐沂鑫	郭雨迪	王雄鹰	李翔宇	范叶婧	邓斯恬
胡书源	李享睿	郑佳雯	夏名雨	曾　欣	谢凌鲲	孟　阳	张秋韵
黄　晨	郭含之	陈　欣	吴晨浩	夏冬子	畅　远	丁　玮	张泽蔚
韩　智	王宇航	黄文豪	朱柏霖	盛路晗	黄子瑞	李禹凝	骆　言
洪文轩	夏　禹	刘彦辉	许靖业	李汶龙	刘浴森	王若萱	刘晏榕
郭轩宇	周冠人	续嘉航	刘文渤	文莉岚	魏毅民	步东晋	尚恒羽
李姝瑶	王鹿鸣	吴松霖	朱　灵	秦梓鑫	褚欣然	张羽翼	康雅婷
刘　聪	丁俞杰	杨珺茹	王思博				

材料科学与工程学院（78 名）

黄　悦	马　睿	韦义成	李　熙	石君利	唐艺涓	朱泽昊	叶　劲
王　鸿	倪　然	罗扬阳	张旭龙	陈锦涛	刘　进	田琳娜	葛洁洁
范　烨	李留帆	慈吉洲	廖子文	王益松	刘闻鑫	邓偲焱	邓文婷
方麒博	宋　佳	吕加友	王兴龙	任家宁	蔡董大	汪川哲	林东虎
常栋彪	樊　曦	李　进	段晓霖	王　潇	孙逍文	罗永杰	孙思雨
郝美琪	于睿智	蒋丽君	陈可可	刘皓然	彭一峰	朱　鹏	牛　茜
文根硕	韩　辉	杨　森	黄牧野	曾千弋	黄凯阳	张　钊	赵雅雯
李卓航	秦路彦	杨晨曦	张倩倩	邢国文	杜佳妮	王　悦	江　欣
何如叶	徐天培	刘心洁	罗仁涓	杨　悦	张雅岚	刘丽华	陈煦芬
江金霞	王兆峰	左梁蕊	徐金跃	方一宇	李佳桐		

地球科学与环境工程学院（110 名）

韩奕菲　司书铭　苏刘鹏　范珈吟　刘海蝶　周梦洋　孙海娇　马少兵
何　欢　宋盼盼　李　昂　李　澜　刘民欢　张子怡　王　程　付兴佳
张雪琪　徐　涵　赵久瑞　黄皓南　王臻杰　邓明园　吾梦妍　聂金诚
曹雪杨　李成伟　梁宵节　崔新蕾　李　跃　郑嘉睿　郑锐杰　魏子佳
孙　丹　钱嘉侦　杨项博　金仔燕　范雨婷　向　冬　米　春　王　晨
陈康正　李孟娟　石泽文　黄玉滕　王骁鸣　汪鸿浩　杨大鑫　徐荣辉
段雯超　徐乔鸿　江雪梅　霍子豪　胡　帅　毕章青　刘　鑫　吴　琦
赵　爽　刘思好　董　可　赵宇萌　陈　蝶　郭梦岩　吴　渊　谢峥宇
黄　镜　王成龙　高嘉楠　唐新龙　代　飞　陈绣文　杨悦彤　张旭东
沈　旭　张冲冲　蒋吉佑　张　杰　兰诗寒　程　苗　庞　茵　张　茜
匡思远　王　港　黄贤喆　朱玉梅　马　源　王鹏宇　李维康　陈彦铭
社土么惹作　周霄辉　钱彬祥　王智煌　胡致远　薛子龙　林睦景　田雨璐
刘晗帆　董　浩　田心怡　张　雪　陈　锋　丘铂钧　朱韵蓉　岳润蕾
周婧怡　李麒麟　郑熙熊　张浩兰　范宁晋　李智欣

经济管理学院（104 名）

刘　颖　刘丽娇　沈思园　余　鑫　赵清纯　郭　芊　国　希　张夏影
张　丽　李昕阳　池　旋　王　晶　罗　琴　张　敏　郑瑞荻　覃　兰
黄　菁　付紫婷　杨春洪　夏境坤　赵静静　丘家琪　刘梦竹　田思妮
刘晓宇　曲凌旭　弓　婷　张涵媛　郝晓琪　朱梦幻　邓茗心　杨绍梅
圣云云　张春莲　刘　洋　郑雪岩　何梦琳　付恋翕　陈梦莹　陈　逊
韦姝卉　胡庆一　赵宗漾　鄢敏辉　周奕奂　邓梓峰　梁丽娜　柴　笛
杨佳艺　赵　琳　吴佳丽　夏春莉　方　钫　陈海波　董亮祎　刘雅琦
刘德亮　邹小杰　李汝洁　常　阔　蒋文轶　丁　枫　谢静洋　王　睿
李恒黎　安静泽　王小凝思　邹　庆　董新彪　廖方英　邓紫莹　邓　洋
李宜非　李迎超　熊雨薇　蒋俊龙　乐佳宁　秦庭炜　吉袖锟　张允涵
杨昌锦　冉　庆　赵燕梅　俞璐琦　樊晓蕊　傅佳晨　彭姝琪　刘佳美
吕海燕　刘美桐　郑浩然　唐　敏　李佳珈　顾启泷　黄思婕　徐彬彬
马海马芸　夏思捷　李海敏　邵　晨　何　松　魏　宁　曹　蓉　蔡旭涛

外国语学院（63 名）

单欣怡　马凌云　刘晨璐　陈亭竹　宋星星　韩晶雯　胡恬嫣　潘嘉仪
周红利　郑云霞　冯钰涵　杨子衿　吴珺瑜　肖　尧　凡　荣　徐上上
张宇佳　尹菊芳　曾小燕　王欣媛　周青青　陈　垚　史凝睿　于思佳
赵　雪　吴小燕　曹　昆　汪昊泽　唐子晴　杨睿敏　王艺璇　李博臻
罗佳欣　肖箐杉　王　婷　卞佳琦　余　港　周雨雯　黄艳秋　王一土

陆盈辰	靳　涵	李紫嫣	邓欢原	张晋瑜	张蓓雯	陈再浩	李昶昊
范昕钰	陈　敏	肖发美	陈泽健	张　楠	彭　渺	袁明烨	苗　圃
许佳琪	李佳敏	杨乔波	师　葳	杨桂炎	王杰会	刘小熙	

建筑与设计学院（105名）

车珍妮	陈　凯	陈思敏	陈亚茹	陈宇豪	陈子扬	陈紫诺	谌昊男
邓舒心	丁亚轩	董　多	杜　宇	范婷婷	冯宇程	郭雅婷	何泰成
洪青源	胡昌杰	霍　妍	贾　瑞	金　磊	赖秋蓉	雷铭烁	李嘉骏
李骄芳	李锞腾	李莉君	李　琪	李蕴杰	李泽艺	梁朝晖	梁　焓
刘彩霞	刘欢欢	刘靖雯	刘雨微	卢国梁	陆新元	吕　薇	蒙思渊
孟君婕	缪新宇	潘哲宇	彭　璨	钱秋凡	钱瑞琪	乔　静	秦梓萱
任逸敏	任禹赫	申　萌	孙雅馨	孙　悦	王　珩	王　欢	王佳妮
王佳莹	王嘉昕	王金明	王柯璇	王梦莎	王晓慧	王　勇	王泽鑫
王智瑶	魏曼婷	文洋洋	吴　迪	肖利莹	谢瑞菊	熊英格	徐可为
徐梦园	许　洁	禤颖彪	薛雨亭	严澍阳	杨文萱	杨　馨	杨雨萱
杨钰珊	姚志怀	叶子璇	尹思懿	尹思源	袁　蕊	詹亦琪	张　冰
张传昌	张昊雨	张浩宇	张惠媛	张　美	张　泉	张晓晗	张雨洁
张志鹏	张子寒	赵婧平	赵茗锐	郑若涵	郑韵捷	周　涛	周雅婷
祝佳琪							

物理科学与技术学院（70名）

侯博文	孙万寿	韦青江	伍泓锦	曾宇鹏	张　涛	王　昂	李　倩
王龙祥	张岩开	刘孝毅	何嘉保	钟起兰	梁　正	邓　洲	孟凡泽
向伟铭	王嘉星	秦荣荣	季海梦	贾　朔	王仁鼎	李云涛	夏良田
张睿智	陈长俊	杨　闯	李佳真	张传豪	刘天宝	唐闰鑫	陈　熙
王天香	何　真	董政绩	邱子彰	郭　畅	郑实琛	戚天意	陈　锐
张高云	龚华金	孙泽奇	刘炳杰	王凯扬	陈济然	李　冬	严浩冥
赵　鹏	朱叶惠	王灵巧	王瑞枫	王瑞兰	张玉涵	薛　源	邱子歌
黄庭岭	陈天鹏	唐汇雲	林涵宇	倪浚哲	钟宇轩	董姝月	孙浩妍
尚逸鸿	杨昕奇	王浩岚	杨翘睿	陈雪娇	孔　鑫		

人文学院（81名）

韩胜杰	李朝静	张显扬	王玲英	朱宇骏	杨子淇	刘虹伶	郭守金
朱良秀	程佳琪	刘　茜	肖依仁	何　飞	喻佳宁	周坤鹏	曾碧君
杨　淼	黄芳卉	周澳辉	雷　铭	徐舟雨	崔　洁	何　宇	陈　萱
仲芷娴	栾　潇	刘　君	刘中梅	李智明	杨怡诗	李羿萱	郎　杰
李奇琪	张嘉新	吴曾钰	陶恒辉	方彦然	周欣宇	谢心怡	程慧仪
吴依蔓	王子墨	付雨桐	袁文林	罗　洪	姚　卉	白　霖	张兆鹏

张真琦 孟雨欣 高北阳 万 奕 田 欣 付雨琦 谭馨悦 尤丽琴
程思语 陈执庭 杜依洋 杨沁琳 万心怡 季芷卿 宫 可 王浩腾
马雅婷 刘梦月 李馨蔚 钱筱羽 陈丹妮 刘澍玥 代江兰 顾宇凡
唐聪睿 梁晓瑜 商忆倩 罗乔美 曾蕙心 李彭帅 闫晓凤 杨 顺
宋 柏

公共管理与政法学院（55 名）

董思宇 柴一菲 李 治 陈治璀 金琬璐 罗 萍 林 娜 吴少华
张璐璐 饶 也 季芸菲 曾维维 卢怡竹 傅晴晴 曹雨薇 郭蕴仪
姜昱州 叶彩旭 宋子越 侯小芳 罗佼妮 李亦可 黄紫菱 袁 启
赵鹏达 刘子楠 熊志斌 孙 杰 蒋芳琳 李昱辰 万奕伶 余 赟
陈 芳 陈 渝 陈泽东 黄雪梅 李蜜蜜 胡诗甜 游选燕 许雯霖
赵紫琪 王岩岩 周茂才 赵诚然 何雅雯 蒋茜茜 朱 欢 李 宁
尹铭育 刘金兴 宋星宇 王泓泓 汪宣霖 王韶雪 张文芳

生命科学与工程学院（57 名）

许语嫣 曾旭东 杜文静 段淇洋 陈梓威 胡师豪 李浩然 罗永江
贺晶晶 庞思奇 王艳琳 邵文浩 刘川溯 刘 源 翟塬琳 赵鑫辰
程瑞翔 孙茜沄 刘可贞 李 彪 刘 月 邓迎春 余文嘉 倪典墨
赵雨轩 铁 蕾 康之汇 杨慧宾 范 强 阎若禹 李凌烜 郝博新
钟司媛清 向 月 黄龙玲 胡婧雯 袁静怡 李 瑶 王 姝 丁红玲
王玉峰 李姗蓉 黄剑锋 王 锋 鲍依晨 李钰洁 丁 贤 李 静
黄 丽 王钰涓 李翔宇 李小龙 陈怡君 黄斌翰 潘 达 熊晓晨
李凯儒

力学与工程学院（34 名）

张天羽 李晓婧 王昭力 王潇飞 杜金树 胡冰晖 胡佳晨 陈海粟
秦宇鹏 吴兴杭 陈俊枭 廖 晗 李恒达 石乔木 刘宇轩 周 瑞
姜吕锋 蒋粤洋 娄喻森 张晓遇 罗 瑶 花江童 朱清锋 汪立帆
张佳鑫 单骏鹏 张 强 霍 聪 王 彪 李宇豪 吴 浩 陶 金
闻 阅 崔俊哲

数学学院（39 名）

汤 健 王梓帆 王 敏 徐 潇 张浩洋 蒋梦怡 程智敏 唐 浩
张可亮 赵柏涵 郭锦熹 叶 娅 罗 玥 柴子瑞 杨沂昆 赵书含
安禾嘉 裴博尊 赵艺琳 李雨静 蔡学峰 丁 钰 段嗣钊 张红佳
韩再生 张 璇 姚越晟 俞子歆 王劲博 王政慧 孙 娟 周晓婷
陈浩文 吉 利 李 奥 汤 琳 谢馨谊 李相江 向瑞烜

马克思主义学院（17 名）

王潇雪　周建全　罗钧文　黄佳怡　孟月暄　余　爽　褚奕雄　崔夏娜
姜雅欣　李良军　滕雨萱　李青潞　郭　杨　贾姣妹　李　珂　顾　欢
尹思棋

心理研究与咨询中心（12 名）

齐　悦　许唐婧怡　许永芳　郭沛知　刘　琳　刘馨洁　陈晓庆　游佳莹
黄欣茹　张浩男　李丙龙　史可心

竺可桢书院（164 名）

谭　毅　吴禾霏　罗丽菊　余　萍　李玄妙　石松阳　丁妍伶　陈天森
马　湘　邱涌嘉　高　峦　黄宇浩　靳籽玉　贺　鑫　邓浩然　邓亚杰
熊灵涵　杨思杰　刘浩宇　胡凌聪　张志强　李春杰　胡　爽　李文昊
汪　曦　钟雨薇　朱崇巍　李煦丹　卞　澜　李如涛　许以凯　谢骋丞
代光耀　黄枭冉　吴传航　刘景羲　廖雨笛　吴浩铭　邓之涵　毛雪怡
吴俊豪　简仕钊　张志鹏　范京燃　周婧楠　王　千　张　豪　陈雨航
宋　一　朱茂源　岳浩鹏　樊成亮　王喜乐　赵子炎　田翰森　刘晓东
杨国欣　郭　琪　尹　杉　熊　芹　董欣荣　刘天宇　唐雁若　祁广东
刘小余　赵启宇　吕飞卓　姜志炜　李婧怡　刘若澳　张利敏　江承蓁
邓　婷　韩昕旻　陈金凤　陈　祝　付玲芳　陈纪宇　李昊洋　钟文梁
胡紫园　叶雨馨　李文博　周　健　陈博涵　万宇翔　任彬榭　孙佳鑫
温佳骏　余韵淇　曾瑞雪　朱重阳　尤海林　陆　懿　谭闻达　陈奕璠
蔡志浩　池欣忆　叶旭泽　黄　卓　张思雨　姚雨婷　廖延婷　段青青
王云彪　刘济玮　潘良皓　代盛仪　彭　多　胡骋希　张金驰　王千雨
熊　妮　王璐璐　赖岑枚　覃光怡　朱海峰　吴　昊　刘昱含　周丽霞
赵大地　刘　捷　伍妍蝶　陈柯颖　赵郅喆　何方耀　郑嘉仪　肖雅怡
冯振洋　穆　璟　李秋颖　罗文静　曾泓杰　魏　雯　陈书畅　潘　蕾
王一翔　何万丰　王禧雨　李嘉慧　孙千禾　张议文　傅嘉铭　周真宇
张偲嘉　黄泓晟　何佳凤　林湘芹　谷妮姗　马忻宇　李柯依　廖鑫玥
吕国森　李承鸿　贾舒婷　孔德炎　刘　鹏　邵维旭　卓悦瀛　丁涵悦
颜鑫芮　于松洋　杨翊堃　张斯林

优秀研究生干部（315 名）

土木工程学院（49 名）

包韵雷　陈林雅　邓　梁　丁晨旭　高刚刚　高勤皓　高　慰　郭惠芹
郭立平　何睿洲　何万平　黄凤娟　黄恒伟　蒋　辉　荆　祥　雷志培
李德斌　李东升　李　俊　李少铮　李星星　李雨强　李　裕　林池锬

罗洋 潘前 秦川 邱景雷 任小川 尚应超 王攀杰 王通
魏欢博 魏欣宇 吴冰强 徐加秋 杨淏博 杨敏婕 张绍洋 张树明
赵大权 周平 周宇锴 周征昊 禚莹 邓旨珩 王也 郭文琦
张峻皓

机械工程学院(28 名)

蔡久凤 孔祥健 张忠良 徐万泽 王伟 田雯迪 柯润康 周红梅
周坤 左丽君 李文秀 何健伟 于志浩 王瀚轩 陈昱坤 许权权
漆令飞 程焯 刘翔云 谢齐 王辞衡 何东峰 刘思璐 刘永康
任冠霖 刘祎程 王昕 刘强

电气工程学院(30 名)

唐毓涛 余彬 王帅 苏冬冬 徐阳 陈勇 朱传林 程肥肥
刘正杰 高亚男 李城汐 戴熙 张宇 喻泉 陶孟兴 邢金慧
赵智钦 李波 程基兴 李鼎铭 张燃 史云涛 付青高 朱磊磊
罗艳 张敬笛 田祥进 杨云涵 晏寒 刘洋

信息科学与技术学院(32 名)

任龙飞 桑彬彬 王国强 刘文鹏 何晓菲 姜自强 吴珊 高僮
冯文沛 温鹏 杨菲 胡书源 王建超 何勇杰 邓棋方 王周
张普 冯一铭 王聪 黄竞磊 闫硕 孙磊 杜强 李天翼
张严 褚心童 姚月 黎辉 陈希翔 陈灏捷 董梦瑶 赖培

交通运输与物流学院(27 名)

陈伟 江文辉 黄晓慧 尹嘉诚 付帅 杨天旻 周心怡 李星桀
钱寒燕 朱茂 苏艺婷 王凯 刘陆 张志博 海星星 毛润丰
刘琪 赏珂祺 王凯 陈木泉 陈娇 何星桥 于永林 张训迪
郑博 曹许漾 唐慧敏

材料科学与工程学院(16 名)

闫成 钱军余 李婷 任倩 段志虹 郭宇 罗涛 曾强
马彦龙 林浩天 蒋雪平 薛贵兰 刘志定 张鹏举 李鹏 陈兵

地球科学与环境工程学院(22 名)

何兴祥 何华东 袁彬 汪琴琴 何苗 林吉富 王敏 李炳
李炯卫 陈柔均 黄小梅 赵媛媛 邓雄伟 张绍科 姜润昱 黎靖
胡代燕 刘强 冀雅云 王森 薛倩 张芮

经济管理学院(17 名)

吴梅婷 刘琪琳 刘璐 杨彬新 黄云飞 谢关淑 聂文帝 刘洋
王昱尧 黄伯承 谢杨 张倍倍 胡元潇 刘依然 余佳莉 吴钰
林琪

外国语学院（4名）

罗　杰　　廖韵秋　　蒋　蓉　　兰恒草

建筑与设计学院（18名）

周　友　　廖俊璞　　权　宜　　沈千惠　　李　壮　　白中华　　罗疑惠　　刘雯雯
辛加坡　　杨一凡　　张小璐　　谭　新　　曾琳茹　　张继引　　张钰杰　　刘　洋
何　明　　余蕊杉

物理科学与技术学院（6名）

施　展　　龙　江　　汪路遥　　杨　凯　　范茁宁　　张　王

人文学院（12名）

李　倩　　周云飞　　李芝敏　　刘　宇　　熊建月　　蒲佳婉　　潘春艳　　何杰丽
叶小欢　　徐　洁　　张　姚　　张静仪

公共管理与政法学院（9名）

郭　熳　　李秀娟　　钱思帆　　索　凯　　柴　燕　　李俊逸　　庄易霖　　游新宇
扈　婧

生命科学与工程学院（6名）

张　扬　　王丽文　　苏晨文　　陈佳琳　　刘　成　　覃力力

力学与工程学院（7名）

程一晋　　陈乾伟　　王　丽　　郭春艳　　段忠英　　马英纯　　冯　超

数学学院（4名）

刘乾玉　　樊佳幸　　薛　婷　　林雨森

马克思主义学院（4名）

唐　瑶　　高泽赟　　王亚梅　　熊　茜

心理研究与咨询中心（3名）

刘媛媛　　徐　展　　李晓凤

牵引动力国家重点实验室（15名）

王　东　　周雄飞　　吕锐娟　　易科尖　　雷亚南　　陈超朋　　张笃超　　魏博文
寇　龙　　吴启凡　　廖婷婷　　陈思杰　　董仕杰　　王笑冬　　张　扬

医学院（4名）

孙　彤　　宋可可　　杨　屹　　周金华

唐山研究生院（2名）

于志达　　吕　甜

明诚奖（本科生，2458名）

茅以升学院（85名）

李若靖　　姚人杰　　展润青　　周彦希　　张维亚　　孙文俊　　陈　欢　　白　展

陈冬燕　廖红玲　杜海龙　梁日娜　王兴越　卢业康　贾春霖　李　松
袁邦峻　赵盛淙　徐文晗　李胤芊　王　欣　严雨竹　罗　然　崔登帅
潘嘉伟　刘居真　翟溢文　杨　健　张　淼　徐茵茹　吕　茜　曹思雨
张　威　董　蓉　董　昱　丁　茹　邱　浩　唐绍武　江　山　刘　毅
屈姝君　齐青华　曾　瑞　戎泽浩　曾钰珂　刘钊佚　刘　畅　刘若诗
杨少鹏　胡　涛　苏泽敏　李沁洋　杜　璞　彭　韬　王浩鼎　林红利
李　晴　刘晨露　王天庆　张家诚　李瑞奇　廖　晋　李祝贺　马万里
罗诗涵　刘艳丽　牟春露　陈奕娴　范宇卓　赵旭东　沈涵鹏　王　童
张万露　邱星宇　谢华辰　朱刚泽　方姣棱　贾璇琦　张子涵　黄睿杰
饶馨雨　李明杰　贾寒琪　王　鑫　卢天赐

土木工程学院（271 名）

许慧远　肖显彪　杨　超　张瑞斌　徐靖威　张碧清　张卓睿　吕梦添
张　航　曾安爽　曹翔鹏　李林泽　罗　艺　邢贺贺　邓鹏昊　黄　谦
殷建纲　岳松涛　王文昊　刘　格　鄢驰宇　张佳鹏　黄文峰　李文硕
贺　祯　张明标　吴景攀　叶来宾　杜鹤霄　黄岑嶷　蔡高智　伍　航
周思澄　庞新龙　刘羽翼　卢玄东　王　昊　于铭钊　汤金蓉　樊浩田
付　顺　李　瑶　梁　宇　王茜茜　谢　兴　徐　煜　李智希　马建波
郑雨琦　蒲怡达　赵博洋　杨吟秋　凡燕莉　张浩杰　杨　昊　刘瀚阳
邓鑫茂　余林琨　张　翼　何绍嵩　柏　梁　李国庆　王浩铭　余思远
郭玉丰　李泓俊　李孜越　武锦琛　陈天瑀　张庆喜　霸　蒙　张光明
董唯佳　尹炜浩　崔冉冉　冯钰虎　孟祥林　管少祥　黎成庆　赵柯瑞
范文昊　黄　鑫　孙鸿强　李英铭　张宇航　彭　鹏　邓红日　戴志行
刘嘉晟　徐　煜　崔　卓　盛如意　李　杰　冯　洋　刘易然　李正秋
苏震乾　杨汝宵　饶千竺　王俊锋　符　文　谢海洋　胡　涛　夏浩天
李志豪　尹　澄　杨　天　周靖翔　肖卓琦　薛宸熙　唐义海　温　宝
周渝淋　许龙漪　杨锦涛　颜立纯　李宇环　李　赟　田睿明　刘　涛
周洋立　杨宇杰　熊文涛　王一博　罗　力　雷青松　黄炜涛　张　晨
黄　瑞　谢显兆　马俊驰　何运清　向流洋　朱毕玉　胡　飞　杨国栋
高金炜　陆广斌　荆予涵　吴轶群　陈　训　赵　磊　贾庆霖　徐艺涵
黄治滔　牛鑫宇　陈俊霏　张圆梦洲　杨承志　黄静汶　任　龙　陈　俊
刘　兴　段旭翀　罗力伟　崔朝阳　芮小豪　刘信宏　王　涛　张永睿
赵　宁　余元林　李沛松　刘　静　汪　虎　陈昭颖　孙健洋　王耀达
刘胤格　苏子峰　黄　智　闫嘉琛　覃慧玲　汪宝玉　周子程　苏振辉
张　维　农雄健　雷江城　范荣威　陈　峰　冯　应　张　韬　卢　昕
张子灏　王柯力　魏钿力　李泓亿　王一飞　李博博　吕文婷　钟慧媛
陈千禧　李杭栩　张海明　李佳明　孙晓君　赵腾飞　邱铉尹　石春鹏

王　文	崔若愚	向嫣然	罗　益	朱俊龙	武　波	李思濛	李修旺
冯师阳	郭珂依	程业飞	代德鑫	胡力志	胡振鹏	杨代琳	吴锜锋
柳　诚	余　翱	刘宇恒	蒲泓兵	米佳恒	赵均铭	任政君	马鸣骏
张辰潇	林伟浩	李浩然	赵　玥	郭子祺	刘宇轩	耿文燕	李城栋
程薛清	许浩南	彭畅宇	王振宇	柳宜淼	龙秋毅	陈慧娟	王梓豪
展凤丽	许云龙	刘亚晗	周璐瑶	倪楚淇	叶高宏	蒋天佑	胡富亮
钟明峻	郑仕良	席旺龙	黄德楷	王　鈺	万丹阳	董文浩	韩博闻
戴开来	王晓靖	杨雯淦	徐镕熙	袁心怡	王永真	蔡思琦	刘琛尧
周文强	袁作兵	郝剑钧	吉克木呷	孙晓婷	陈一凡	刘一凡	

机械工程学院（200 名）

于新善	余泓宇	张润珲	陈　升	何佳霖	方　乾	张耀文	黄金荣
乌文扬	罗　玄	秦会杰	魏沁成	郭金龙	代楚天	王梓帆	张旭欣
李宇珩	胡银中	李昌隆	刘庆森	周宪政	陈柯名	胡　喆	苑　震
师　锴	周楚涵	苏　瑞	蒋鑫池	彭建伟	阳　欣	韩晓明	蔡常宇
王树丰	古洪亮	甘　霖	李小萱	林含潇	廖豪杰	祁凯健	李一凡
庄宇倩	张传阳	宫瑜辰	刘　磊	陈伯清	彭浩然	刘　珏	秦　慧
朱　戎	黄霖川	方嘉龙	吴思城	张　松	王　钊	莫龙言	张　强
钟运涛	张　弘	常肖猛	李子昂	祁春伟	陈　宸	蒋欣言	李祖海
周　涛	付洁懿	彭弘佳	张飞越	姚　琴	邓淏荣	曹贤财	曾　超
陈晓磊	高　颖	唐忠民	赵星宇	李庭熙	姚煜阳	叶秋宇	杨一凡
蒋　超	刘郑森	许立强	包展鹏	曾培洋	杨瑞麟	刘　畅	覃炳霖
余子涵	苗亚坤	任文豪	张天任	郑文轩	刘　浪	吴宇舟	杨　姣
伊敏熠	孔苓吉	魏　俊	吴　刚	夏鸿峰	陆俊宇	时思远	赵雪贝
祝鹏宇	侯可鑫	李博涵	马举词	谭本启	吴　康	崔文涛	庞帅宇
魏丞耀	石　航	周跃伟	刘恩鹏	柯贤峰	高　源	高启发	谷　靖
刘　俊	郭紫慧	罗振峰	黄　晖	赵小松	赵逸飞	孟　旭	洪　铭
肖　雨	肖天硕	罗　鹏	熊国东	呼沛璇	李念勋	万俊豪	熊旭韬
赵英杰	徐　钊	谭宜生	姜思远	罗淑锴	王永丞	孔令楠	王智洋
陈昌杰	彭明燊	杨佳尚	张海洋	余秋霖	高贺新	朱鸿昌	曲江鹏
韩佩汶	李柯桐	迟元斌	马　洋	黄秋人	吴松键	王　聪	姚文龙
李继伟	彭文韬	龚建华	张家志	杨庆丰	张　行	贾慧良	张凯亮
尹　诗	李升富	张　安	李晨溪	陶柯宇	邓丹丹	杨海烈	李　源
罗江函	高志远	王熙然	赵　鑫	王　海	何　莲	穆亚玲	牛志进
陈　鸿	何雨宸	黄科壮	冉　阳	李欣瑜	贺　昱	赵俊杰	王钟平
海萨尔·吐尔德汗	朱英杰	王钰杰	李玉章	周江卫	柳权高	王博宁	武鼎祺

电气工程学院（202 名）

廖玉明　李海洋　郭可健　杨雨　景霖枫　肖烨琦　曹昕雨　郭弘毅
李亚鹏　王梦媛　赖嘉炜　高康程　郑舒宁　谢华强　李加刚　陈佳
袁啸川　肇恒博　张芸瑞　王久谊　杨阔　李美洁　杨尔璇　周荣斌
马超　樊龙海　彭淑婷　张嘉豪　郭夏　雷雨兴　刘思伽　张亦博
谭黎亮　赖磊　蒋良锋　黄冠铭　马彪　黎秋豪　何志康　栾小勇
谢培　蒋嘉飞　戴静轩　温宇健　郭东鑫　钟焰祺　胡世杰　裴文慧
杨珮琦　付豪　周欢　潘梓威　张佳瑜　曾莘桅　边禹铎　杨亚玲
李舒帆　王奇　任超　解佳龙　张秀妤　樊文倩　金耀祖　艾钰璇
郭玲　林小绿　张婉莹　王杨　罗椿曾　石筑鑫　田武鑫　吕润泽
赵鹏　李彦君　王子轩　王秋实　林杰　雷新　肖皓月　邹鹏钧
张智誉　张博　张洪金　李晓婧　王栩　秦传盛　周永航　孙江
李德毅　董洁琮　周铭浩　热依扎·马曼　宋丹　孙超　唐翔　王彦
王晅夷　徐少聪　王小萌　曾渺　唐涛　王磊　刘钰杰　李林峪
尹苏杰　黄小凡　付金伍　孙静　张勤政　王天韪　赵远航　周禹杉
曹蓉　宋雨洪　王粤晖　谢诚　张世豪　李博正　秦政　李靖
雷煜　王可淇　徐子硕　查红原　伍军　王紫莹　寇家旋　袁磊
朱文清　尹喆　梁俊浩　唐鹏飞　梁耕乐　寇锐　沈航宇　李鑫宝
戢印雪　李鸾辉　杨坤　王昊　曹钰乾　郑典涛　张一帆　杜江
刘子硕　陈宇龙　李秉训　张赵辉　张栋雲　蓝康铭　孟杰　张恒鹏
李垚興　孙曼嘉　张永威　商泽强　陈颖　何东林　宁伟宏　张启珍
沈长春　胡鑫垚　刘城良　覃朝珍　王锦源　刘子晟　高宇良　沈悦洋
叶存昕　李海辰　郭一晗　范峻瑞　李旭　刘立敏　余福婧　向钱
谭渌丹　尹佳淇　边士博　方悦冰　蒋鸿杰　瞿明俊　廖兴愿　韩彦宸
杨斌　蒲福龙　陈宏睿　向俊洁　范昱骁　颜新玥　李卫兰　帅雨吉
孙振宇　李林柘　孙浩博　李健乐　黄柏涵　雷小力　朱子阳　张倩文
王浩运　卜天浩

信息科学与技术学院（176 名）

黄辉　李洹　孟萍　商永康　秦安　边照康　张奇峰　赵嘉豪
陆兴程　陈名君　郭楚遥　梁懿　呼亚楠　臧远山　严梓文　田惠
王恺琳　苏铁桓　肖峰　冯杰亨　康书铭　骆敏　黄雨婷　刘晓辉
王俊超　王涛　李明睿　刘路　陈旋　邓杨　黎金宇　祖轩
何昭庆　杨力　王毓鸣　刘瑶　高瀚远　覃蓉林　葛悦　石海丰
曹越　唐婧尧　张昊　陈玉洁　贺浩天　康宇翔　刘晗熠　王典

刘思源　郭培鹏　李　洋　肖　伊　杨晨光　李宋玲　雷非凡　赵双月
杨毅峰　向津良　王靖翔　邓昌林　曾小二　齐英博　缪　微　张伟健
陈兴玉　李风池　赵　鹏　符　燚　马　聪　王果信　常　安　马晓宝
雷　霆　王宇宸　回浩嘉　肖欣悦　王　晴　姚　扬　朱　彤　邹芸竹
蓝芳燕　董　洁　刘泽宇　刘　玉　张　波　丁　逸　高家豪　王　红
陈正辉　薛洪涛　王德媛　吴克楠　邱暨南　李天琪　强　浩　李乾睿
王昊天　夏佳芮　徐冰洁　赵圣雅　毛家兴　张世涞　李晓栋　王祖铭
胡坤鹏　刘龙吉　雷　哲　王鹏旭　唐仕洁　唐　杰　宋　琴　孙铭铎
王梓阳　刘嘉熙　濮家仁　王　琳　周智炜　鄢思娅　李德志　刁　俊
秦　欣　刘　睿　冉鑫怡　成浣滢　宋云昀　张跃梁　张　懿　岳翠堂
李钰晴　刘洁铭　余贝琪　鲁雨婷　余炘珂　包希宁　韩凛风　谭佳雯
江超杰　王柯翔　李　昭　孟洪登　赵　玺　郭澍宇　杨雅琳　石　晨
张一然　汪禹奇　王　博　卢禹良　马爱妮　陶苇杭　徐敬涛　张瀞之
李　毅　孙泽龙　王泽泷　卢　茵　黎文涛　王　静　蒋文杰　刘瑞萱
钱　薇　刘骁毅　陈思思　刘　洋　黄　义　刘济铭　王煜民　周　健
陈轩磊　王　瑶　朱红艳　何明羽　彭梓洋　罗俊辉　郑晶丹　赵　羽

交通运输与物流学院（150 名）

刘奕苁　王琛箐　符　来　刘明明　汪雯文　徐瑞瑶　方　瑞　高玮婧
梁瑛婕　俞高赏　张宇涵　张晟国　岳　瑶　陈志勇　郑　帅　肖晨曦
熊长林　周　益　李双恒　徐杭炜　李若愚　王昕鹏　程驰尧　邓　爽
余　豪　安康洁　任鹏飞　李芳芳　王博安　程　洁　余林青　何思佳
武　晗　崔耀桦　李沁蓿　梁志梅　孟庆莉　俞诚成　冯娄洋　张秋宇
潘恩培　雷　涛　徐婧怡　胡晓骞　邱新洪　王曼宁　张芯雨　张智越
吴修贤　孙思远　马　骁　罗樊朋　孟一新　吴文成　涂婧涵　李金耀
马国韬　梁宇轩　吴嘉奕　梁耀华　张培根　郭彦锐　崔　豪　陈昱彤
廖玉洁　崔新悦　刘希轩　戴上钧　毛天戈　许佳慧　袁一帆　丁鹏翔
陈　双　李恒一　吴　昊　唐悦洋　宋　杰　梅国栋　刘欣然　孙鹤丹
叶肖甫　张豪睿　白　骏　王睿智　王彬旭　张　妮　唐　琦　李立坤
李家文　冯远清　魏蕴涵　邓安娜　廖秀丽　郭宇璇　姜浩晨　贺羽灵
王　颖　邹金含　陈　卓　蔺博学　周天杰　李沁遥　马丽亚　路冀鹏
解增北　陈国伟　薛　睿　付玉红　李俊萱　周　林　谢俊濠　张　巧
冯念宸　黄启悦　李　婧　孙　雨　于鹏飞　单　丹　赵志超　廖蜀娇
李思宇　黎　琪　阿凌龙　罗昊涵　汪　政　王　雷　谌天宇　蓝祎娜
魏　莱　阿依博塔　尹志宇　赵　鹏　王嘉宁　杨　欢　黄舒婷　向志强
刘宗伟　林宁子悦　李雪婧　王　彬　袁　洋　杨皓然　庞琳燕　徐诗雨
于　爽　陈致远　吴正诚　杨舒涵　张思宇　刘李博

利兹学院（75 名）

周方杰　张誉耀　谭玮婧　张正青　唐浩　毛永博　郭启骋　曾佳
熊瑞涵　王一洋　赵子渊　张启辰　薛迪凡　周威铭　钟昱帆　郑琦
谢梓溪　陈元龙　李若凡　秦之傲　张凌睿　黄箫睿　谭涵威　唐浩然
李鑫　夏怡云　聂蔚昕　史嘉琦　陈凯文　罗瑞笛　李新豪　蒋涛
魏凡捷　匡婷　唐蔚珩　许入月　毛励洋　何林聪　刘雨辰　聂琴枫
吕浩然　杨晨　李王逸嘉　何重越　王烨嘉　吴穆清　周勇帜　贾勇
王俊涵　曾子璇　李直幸　石翔宇　周家国　徐淙洋　张懿　吴一昊
李丁阳　武于凡　刘星辰　唐可　白子键　刘峻玮　徐豪　李昊洋
秦宇轩　曾沁琰　方宇晖　李钧泽　张聪　吴俊谋　李泽仁　赵一珺
徐国峰　盛永佶　叶婧竹

材料科学与工程学院（101 名）

刘哲辉　何少锋　何海微　徐瑶瑶　徐聪　刘伯俊　王应国　任宇宣
张志豪　王洁　李晓玉　李金哲　胡文婷　李苗　张子毅　常劭祎
陈俊彤　曹衡　王亚丽　钱雄　周锦霖　崔怡然　赫斌　杨国燕
刘国娟　戴雯颖　吕绍云　彭静　黄晨峻　裴玉鹏　李学涵　马尧睿
严莉　张一鸣　张晨昊　张怀智　吕培源　谭利　张洪波　陈煜坤
晏智辉　王兴　桂嘉悦　曹鑫　王守旗　张亚文　蒯计男　刘玉婵
吴屹盈　邬琦　黄世聪　徐洁　史靖新　宋思齐　刘杰龙　张夏格
姜鸿铁　李子浩　孙思淼　钟正　张时瑞　曹跃鑫　陈松　郑惠琳
赵涛林　张斯涵　许鑫越　吴明俊　王炳亮　侯玉娟　陈宇飞　朱利军
罗茜　彭佳毅　杨琪奇　王云涛　陈亦安　岳耀群　吕陈泷妹　刘仪雯
赵子超　刘新强　刘敏慧　王靖宇　张驰　罗淇天　张美玲　江菡
周泉　邬竣韬　徐靖　郭万顺　葛桐　许永康　李腾龙　浦智能
刘志遥　马宇洁　郑昭鹏　范腾源　彭露

地球科学与环境工程学院（138 名）

傅梦麒　齐振平　林一峰　张东东　黄丽敏　吴有泰　彭鸿博　肖代玉
徐浩　李睿　曲梦卓　卜一凡　王瑄　刘刚　张昊雪　周靖
秦尧　熊浪　刘睿智　张扬　吴昌浩　陈泽寰　周燚　蔡灵
叶纤　霍东峰　章孙彦　汪雨柔　刘怀玉　王静萱　蒋硕匀　郑智宇
郑瑞奇　周蕴培　王嘉宝　邓嘉琳　秦璇睿　周睿枭　陈世贤　熊文
曹儒博　陈柳倩　王冰鑫　葛晓艳　曹铭沛　熊标　王志民　王正一
张思园　蒋笠　孙蕊时　孙鹏程　朱志远　汪昊　赵先宇　燕远志
李嘉晋　钟梦海　吕琦　温磊　周琦文　顾亚虎　吴金泽　龙伟
吴渭峰　李锦涛　尤安俊　冯霄　高文杰　宋思语　杜昊　王晋昆
刘晚枫　惠彬宇　丁俊杰　潘多智　俞妮婕　钟子轩　侯雨含　王子旖

杨烈镭 李雅辰 潘　越 徐润鹏 周锦阳 严榆凡 隋　艺 杨梦琦
王春翔 戴立涛 刘懋桢 王璐璐 韦　一 吴　桐 李熙渔 高　露
巩宏哲 田浩然 滕　强 王楚斌 赵　鹏 房　瑞 王希宇 刘文超
袁　萍 杨昕昱 刘财艺 周雪婷 薛雨微 于起超 杨正宇 夏心仪
钱　坤 陈　铨 唐　甜 唐涵博 李海卫 杨凯文 王志超 姚智博
刘兆乾 林其炜 冯媛橡 舒白欢 黄　宇 康　溪 任纯基 杨云萍
李思宇 黄馨莹 殷　溢 车录胜 陈苠娜 杨碧红 周彤岳 雷志强
张鹏阳 黎佳宝

经济管理学院（126 名）

马靖涵 胡玉珧 许婷丽 黎汀柔 李雪萌 陈婉馨 孟　毅 郑　懿
涂智群 陈光远 张　涛 王雅蓝 王　欣 曹　婧 何思雨 梁建树
周承检 杨　勇 刘菁华 蔺友鹏 卢钰灵 刘　椰 吴　聪 檀子玉
孙兴威 杜慧倩 王　彤 穆叶欣 姚　睿 罗　莉 张若甜 廖珊珊
李晨璐 刁昱文 王玉婷 郑　多 屈秀林 闫　涵 艾思钰 张　璐
尹　琪 杜怡昕 胡昕宇 马　跃 侯　杰 李　萍 李巧琳 刘　娇
巫美玲 南秋盈 金　梦 边浩铮 于依帆 王辰虎 宋　煜 潘铭泽
袁宁遥 穆云凯 李　邢 吕文涵 李泰均 赵俊哲 郑寒雪 曾晨蕙
李文文 程洪霞 王柯屹 马旭蕊 艾　昕 张玉璞 陈昱蓉 张　芬
孙默妍 周千越 仵新宇 查　腾 刘　源 毛欣兰 姜润泽 王淼淼
雷　蕾 高语桐 李佳益 廖灯杰 高　千 高恒凯 孙海玥 应　悦
张　斌 吴浩然 潘阿敏 尹　艳 张鑫诺 焦　琳 宋梦鹏 马浩惟
胡琼尹 潘奕汀 周秋羽 李明霞 路　浩 舒珂叠 周金羽 钱智超
朱浩腾 王菲菲 张　天 张　慧 谢昕宇 程佳雨 熊剑云 徐励漪
张　韫 黎曼仪 肖珺予 李　芳 李逸轩 咸丽娜 张天钰 覃文韬
孙　典 刘欣波 张子辰 陈思扬 魏　欣 蓝　天

外国语学院（84 名）

阮晓菁 李芯怡 公孙苗苗 张睿琪 唐　蕾 周　瑞 郭晓文 王可欣
文　萍 张万琦 漆　薇 金雨欣 高　琦 纪　航 徐婷钰 吴柯颖
陈佳运 游　蓉 赖雪华 张　洁 赵鑫宇 李傲南 杨丽佳 刘雨欣
孟都兴怡 赵　妍 赵立志 陈文婧 刘珍君 顾王洁 文园霞 陈丹彤
赵　静 李静宜 杨武茜 邱　燕 黄雅琪 芦　羿 聂泽东 尚姝燕
张卓然 郑凌桑 刘　威 王宇蒙 徐玮伶 冷竺南 李琰清 袁李书玮
陈　玥 东依辰 何梓莹 武　曦 肖文姣 杨雨馨 吕　瑶 原尚祺
马馨怡 荣之灵 李欣燕 曾　婕 丁尚红 陈　玉 刘梦霞 陈柯宇
李小雨 张枫茹 董文琪 邓梦铃 黄安琪 朱凤智 张　萌 于睿涵
尹　朝 王子青 牛　茹 关晓艺 孙　雯 陈莞尔 黄小冰 曹涧川

李双寅　高天雨　杨晴媛　雷莹雪

建筑与设计学院（163 名）

安成俣　蔡玉泽　曹雯畅　曹瑜亮　常真毓　陈明豪　陈倩瑜　陈苇婷
陈潇昂　陈颖滢　邓人尢　邓婷　邓源源　杜芯雨　段一　樊柳辰
樊汝楠　范书雅　方仁杰　冯春　高越　葛馨　龚力康　郭冰玉
郭丽颖　郭倩伶　郭睿泽　韩子璇　何天宇　黄俊楠　黄晓晨　黄逸菲
黄钰淇　黄紫嫣　贾进禄　贾静璐　金尚琪　金雅萌　匡文欣　赖紫依
李晨晨　李美熙　李沛沛　李思潮　李依婷　李雨锶　李雨桐　李悦茹
栗巾峰　连艺霏　梁峻嵩　廖芮　林伟鹏　刘超　刘丹鹏　刘浩然
刘静文　刘茜茜　刘思源　刘晓　刘羽　刘雨璜　刘梓雯　芦倩
罗静　罗力炜　罗雪蕾　罗勋锐　马瑞　米泽宇　潘宇宁　彭佳苓
齐慧　渠晓峰　任仟禧　阮佳泠　阮伟达　商又荷　圣智云　舒欣润
宋世英　宋晓娟　苏悦　孙康　孙露怡　孙年娟　孙晓晨　谭冰
谭星　田静　汪亲亲　王春华　王皓　王慧　王佳磊　王靖瑶
王俊营　王飘雪　王少奇　王世沛　王思妮　王晓世纪　王星月　王邢
王奕晗　王雨晴　王誉初　王紫依　魏思怡　吴爱千　吴承畅　吴金星
吴俊芳　吴梦　吴宇翔　吴舟汝婕　夏铭坚　夏千烨　肖栩　谢梦
谢秋媛　徐海华　徐一菲　徐子棋　薛泽宇　荀睿　严浩东　阎凤怡
晏昭键　杨琳萱　杨思齐　杨斯予　杨文杰　杨雪　游欣畅　于垚
余紫燕　战武麟　张超杨　张琛昊　张慧伶　张嘉敏　张梦莉　张盼盼
张润旋　张硕　张天璐　张文艳　张馨月　张宇　赵乾斌　郑棚丹
钟熙　周承军　周梦杰　周永楠　朱金涛　朱可迪　朱砚清　祝宇
邹嘉俊　邹鑫　左启强

物理科学与技术学院（92 名）

牟书峥　丁长顺　朱泰荣　刘航　杨世杰　冯桂生　李赟　李庄祯
刘俊　席静怡　陈逸飞　梁潇　李钊杰　赵芷蕊　徐鹤洺　胡辰凯
盛磊杰　宁勇　彭露露　彭启航　王嘉锡　李一鸣　张霄涛　杨语嫣
黄巨枫　周宸逸　潘晓颖　童夏　王威　任启萌　陈涛浪　韩宝佳
刘金玥　梁敏　徐多　高雨卉　邹利　周珍羽　姜楠　李恪鹏
彭莎　陈辰昱蘖　刘帅　鹿一驰　龙林　张燕青　刘韩　李璐
尚陈丞　张靖凯　许磊　刘子杰　张曜全　罗俊　王旸　李志贝
王彪　陈冠谋　曹书豪　曾添友　左明兵　王羚　王鹏龙　杨昕昂
萧贺源　郑龙　黄一格　许正葳　张溪　张帆　蒋文龙　阮国水
潘姿月　王祎轲　尹进然　邵琛皓　李金晶　肖扬　徐紫彤　杨浩
王一民　蒋智千　董思宇　张晓会　文鹏旭　熊波　王李　孙梦怡
刘伟娇　何雨　文瑜　赵宝龙

人文学院（111名）

高虹霓　赵婷婷　汪博洋　程思宇　李一鸣　杨雨嘉　师　旭　李钦钰
周　俊　张雅婷　谢丽萍　马雪兰　张桐彬　孙伟智　刘　辰　陶玉祥
邹　岚　李慧子　王魏菁　薛恺煜　雷　雪　苟姝涵　马千惠　李奕潼
马迪雅　任欣彤　方思思　廖珩宇　沈俊莲　袁茂龄　李奕漩　史琳霄
潘欣悦　袁嘉唯　王金光　齐晓倩　侯晨旭　孙　允　张语萱　刘家强
张晓芸　代沁雅　王雅娴　马芷荃　张一璇　丁　凯　刘　翔　苗　悦
李竞芳洲　陈　晓　欧阳青蕊　刘梦颜　梁　栋　汪鑫宇　马梦华　赵冯缘
黄萧蒙　唐　朝　黄　钰　曹新然　王　宁　彭杨洋　许　翔　谢珊珊
崔惠洁　李皓庭　唐偌婷　郝天乐　梁　婧　白冠熙　雷雨欣　张博颖
赵玉平　魏　宇　吕阳琛　文琰涵　刘　栩　朱宇杰　何昕燕　李珮瑄
李欣悦　泽仁央宗　杨思思　刘新月　曾文星　吴彦熹　候　蓉　段艺帆
鲍　娟　张　悦　高雅茹　刘　芳　姜日琪　陈一丹　王雨馨　龚　睿
叶雨洁　刘占霞　钟蔓君　刘胡蝶　韦虹汝　邱云飘雪　于籍尧　张子晨
黄　洁　陆晓彤　王宜欣　段新宇　王天妍　额尔登　晋旭俊

公共管理与政法学院（67名）

宣绍雯　梁小奕　谢元桃　王　文　杨　倩　任效民　胡小丽　周建南
陈　阳　陶　冶　饶嘉茹　吴懿伦　杜雨钊　李　琪　段　寒　苏容钰
雷　琳　董力华　俞嘉婷　熊文雄　焦思雨　张雨檬　张宇靖　邵芹芹
李婷婷　冉闵瑞雪　杨昕玥　叶　圳　陈　龙　温　程　钟澔棠　王艺伟
陈昶剑　舒士轩　王语嫣　文紫静　符芷晴　辛逸伦　赖俊汝　史赟婵
潘思宇　刘亚楠　李　威　曾怡婷　韩　蓉　张海鹏　刘　涛　张德霞
程　莹　赵若琳　王　腾　刘　萍　杨兰彪　李沛昊　王　瑞　董明昊
毛心雨　王艺颖　袁　帅　田国明　郭　琴　袁　烨　陈丹妮　郑　娟
陈博浩　伍婧恬　周婧仪

生命科学与工程学院（78名）

戴欣悦　陈　旭　朱佳佳　陈浩南　王淋佳　李慧芳　陈益炜　汪冠宇
张盛春　李小蝶　李　晨　江禹辰　孙小丽　吴佳豪　杨　语　柯家伟
周芝兰　洪　冉　马天一　张思煜　蔡静静　骆巧媚　向玉清　郭泽熙
王千瑞　李　璐　艾佳媛　何蒙蒙　何霖霞　王　乐　杨　庆　蔡沁洲
唐家琪　伊尔夏提·匠格瓦尔　李志学　付婷婷　杨　峰　马泽东　王　豪　李泽昊
刘旭玥　郝　昕　杨洪丽　吴　伟　林虹利　俞泽斌　刘思成　宋彩云
牛增和　周以鑫　蒋文建　田文宇　谢金华　万珍伶　曹佳欣　刘雨新
胡克俭　张馨宇　黄键崧　吴　君　杨宝兴　赖文静　罗尹佳　赵　昂
陈茂思　何傲冉　赵艳妮　周宗琴　韦亭廷　陈　正　隆宇航　李佳玉

陶成艳 兰　卓 郭忠静 张嘉彦 陈宇清 魏晨阳

力学与工程学院（46 名）

江振嘉	熊　毅	杨嘉欣	杨伟刚	宋　鑫	伍贤骏	吴锐东	徐未凤
王俊超	邓　彬	张程翔	陈绍强	宗　恒	邓鹤轩	刘怀宇	高海翔
刘开忠	邱钊闻	王锦涛	杨兴昌	胡智创	龙家奇	胡　楠	陈希文
王新童	李诗琳	周　聪	李汨剑	马同午	李乐昊	严能助	林　颖
张宏玉	白浩然	李声涵	黄满意	刘文浩	王梓鹏	祝胜超	贾　彬
丰继佐	宁　河	李恺琦	钟　航	汤毓宁	王　烽		

数学学院（48 名）

余　鹏	李婉露	王晨源	陈　卓	刘荔源	陈英康	连　冠	高金龙
蔡雨欣	王禹航	张子洲	杨嘉琪	肖　铄	还鸿新	赖诗颖	潘昱蓉
郑玄睿	杨燊洋	张效龙	陈梦雪	程同昕	曲希然	李　祥	戴云龙
杜钇静	陈　馨	尚铁栋	卿译方	齐璐娜	欧阳秋旭	马　佳	张　品
周义杰	王君霞	王　朔	王太兴	何姝祺	栗浩南	杨茜雯	张馨心
刘子钰	刘富栋	闵琮惠	余相敏	邓安沄	董秀婷	胡皓量	毛梓年

马克思主义学院（23 名）

高　薇	张　丹	刘芷芸	刘　昱	翟菲菲	李美娴	丁娅芳	陈琳霞
王逸丹	蒋晓涵	刘伊玲	贾婷婷	唐　源	陈　晨	王子琦	马亚慧
李　琦	宋昊洋	韦　依	高好涵	程欣月	周　璇	许珂馨	

心理研究与咨询中心（16 名）

戴发彬	胡崟虎	徐海月	刘芷琳	李　琪	李世姣	肖博文	杨欣怡
彭福焮	林映宏	杨涵玉	张哲毅	张　枭	时新宇	王千惠	宋　艺

竺可桢书院（206 名）

成宣任	郭亚林	王　祥	刘　琛	谢子涵	郭煜轩	祝婷梅	周　超
刘文琦	杨　灿	王　嵘	杨青梅	王宝辉	农德政	梁鑫铭	王鹤桥
刘燕婷	邹泉锭	谭靖川	王　鑫	黎向周	房正龙	王冯雨露	胡金泽
巫烁理	张诗杰	姚雨良	吴太恒	曾　杰	陈明浩	何明蔚	张品先
陈　苗	王　冉	蒲　涛	刘　聪	王一平	胡子健	苏小田	李明东
任银楼	谢　敏	李政贤	林智鹏	张恩慈	崔可儿	胡　鑫	许　甜
范栋奎	曹仕鹏	骆俊杰	陈　旸	刘相程	张锐基	魏豪杰	郑明生
李梦妮	彭　子	申书玥	黄景秋	王　焯	王艺晴	杨　迪	王　潇
王照应	邓博元	杨　润	李飞杨	葛行飞	余雨坤	蒋朝阳	闫宇轩
赵　峰	伍　烯	刘琦欢	胡玉炜	曾诗雅	杨迦凌	苏　骢	张森皓
丁炫灵	钟　昊	郭良泽	于婷婷	杨　悦	杜雪明	代子璇	莫晓菲
徐海泽	王　龙	吴　玲	雷　淇	邹新仟	黄云贤	刘秋奇	陈　前
杜建兵	江豫川	唐亦浓	孙伟涵	王　淇	况凌峰	刘鸿宇	刘　醇

温峰凯　林纪龙　陈炯坤　文永腾　可可木子　邓芷灿　叶贤胜　赵明浩
刘　宇　时卓卿　曾涵诗　唐靖昆　余青松　胡诗意　王心阳　陈松涛
薛可钦　王少雄　宋若涵　唐圣德　邱方铭　丁天旭　吴　毓　张任勇
张文鑫　王涌鉴　曹晓琦　陈达聪　万世杰　贾功宇　冉函函　蔡伟健
赵　悦　蒲　锐　王森琛　辜沁怡　周长玉　冉雪君　刘怡杉　郭乾隆
吴　翔　林　茜　霍睿哲　肖　茜　黄晓庆　黄鑫磊　李　薇　陈　濛
唐弘历　代思平　张　洋　李柯宇　戴金哲　鲜奇宇　向钊苇　黄佳润
江雨珂　刘鹏仪　熊佩云　吴金蔓　潘姿宇　王成豪　程奕闻　彭伟杰
林　聪　宋弘熙　靳孟婷　付铄雅　谭茗月　闫　拓　蔡育宏　李国栋
栗也茹　闫　鹏　何　也　刘子涵　曾　玲　何　萍　张文玥　杨妙妍
伏开心　丁　倩　杨大庆　刘林垚　曾玉宇　丁　香　牟昱霖　廖玲巧
张森儿　林　鑫　张蓝心　谭苗玉　陈思佳　罗光花　王诗琪　闵　雪
彭　羽　刘婧煊　付若兰　严雅岚　余英杰　程　飞

明诚奖（研究生，685 名）

土木工程学院（107 名）

曹智扬　曾冠雄　曾思予　陈昌健　陈　帅　崔　鹏　戴佳程　邓世杰
丁　猛　董　琰　范占锋　奉星宇　付　钰　高鹏兴　郭新新　韩俊辉
何亚东　胡　磊　胡雪晖　黄　林　黄宇航　霍勇宇　纪天乐　江勇涛
江佐阳　姜　浩　姜恒昌　姜兴洪　解丽萍　金　潇　靖洪淼　柯姗姗
李彬嘉　李瑞尧　李志翔　梁学斌　刘德雄　刘　芳　刘海川　刘静文
刘文博　刘欣悦　罗程鸿　罗　登　蒙　伟　孟仁帆　莫志祥　牛家永
潘　璋　裴　城　秦晓同　邱钰峻　冉智文　桑　涛　宋骏修　苏　玥
孙　韬　孙雪菲　唐　绪　陶　磊　万　通　王泓颖　王　李　王路明
王奇灵　王　琦　王钦科　王绍华　王文东　王义超　王益民　王跃儒
王子聪　文彦鑫　吴传杰　吴　南　夏　葳　谢佳桃　熊　骏　徐　凯
徐文强　许　芃　杨忠豪　姚　萌　叶　伦　嬴　岚　于　浩　余　健
袁位佳　张光明　张光炜　张国庆　张家康　张　宁　张　棋　赵若昀
赵文垣　钟光荣　周佳仪　朱　海　邹　鑫　黄琦茗　万世付　陈钲宜
方　晶　朱　宇　刘　朗

机械工程学院（66 名）

龚举华　刘　阳　胡　勇　辜晨亮　陈可为　蒋　烁　杜佳桥　李兆洋
崔　文　王大文　郭　亮　宋子洋　王　雨　孙瑞雪　刘俊琦　贡宏伟
阳　莉　汪　洋　董　勋　蒋孝文　李　策　蒲　静　谢梦柯　夏文超
赵晓男　岑　鑫　李　懿　赵丹丹　李婷婷　付　雷　谢忠宇　孙若愚

尹美贵　仲夏　刘宸宇　吴照奇　涂家超　陈森　李望　徐修立
王晶　李景超　樊孟杰　袁毅　李悦　刘杨成　黄瑶　周云霆
冯成强　彭茂武　何豪　李粤川　迟江峰　李坤　常凯荣　雷鹏程
明仕林　雷浩城　黄之元　赵建岗　孟凡善　由智超　卢昌宏　左荣
宋嘉玲　屈国琛

电气工程学院（67 名）

白龙雷　刘磊　梁乐　尹良震　梁达　张广全　侯明斌　王健
李成坤　李明轩　陈飞彬　李志远　苏鹏　孙镜堤　周瑞兵　刘佳男
余思儒　闫晗　杜辙　陈春蓉　李忠发　何帅　曾怡　李宇
王子杰　陈涛　杜浩　张乔　陈瀚林　刘洋　田航　胡子浪
刘方平　罗书聪　黄沛　张旭峰　蔡尧　李明林　张金泉　杨光
郭历谋　谢松霖　李正康　何澍泽　刘相洪　邓清丽　余昊伦　朱君
黄文龙　罗远培　杨尧　谢东旭　李沛东　晏启翔　张传辉　张云凯
马子钦　李松涛　胡晓　李欣洋　张飞虎　牟飞文　梁兴元　啜杰通
李振伟　赵淑丹　黄勤琴

信息科学与技术学院（68 名）

程楷钧　兰浩　周亚晶　辛宏涵　周银　冉启成　杨健龙　洪进
乔泓鑫　吴艳萍　姚红艳　谢雪　师恩　徐慧斯　何恬田　张德珉
姚迪　陈太波　王鹏　谭博夫　闫龙　蔡单　杜章锦　李俊含
王志　李佳骏　张敬尧　朱斌　黄春晓　柳成焕　周智利　陈宁锴
冯世勤　谢怡　王杰　李叶　陈子骐　张志满　张静　林若兰
杨天懿　李昕陆　姚伦慧　邹菁华　邢志铖　宋朝冉　甘宇　李祎
杜玲玉　任天群　董家希　王陆晞　王杰胜　张舒萌　廖挥若　滕建
郭炀炀　苏楠　邓芷秋　朱小琴　张政宁　邬萌　黄铭　杨雯迪
王大林　陈丽　白文林　刘冰

交通运输与物流学院（63 名）

李文新　李青林　王亚娜　王豹　李想　杨渝华　雷卓亚　黄豪
唐昭　贺晓敏　青科言　张杏蔓　马德明　陈伟　周霞　刘灿
张元元　董韫玮　阳婷　陈凡　马闻博　梁秀琴　王岗　陈端玉
廖继轩　赵毅明　代艺鸿　尹廷玉　尹呈爽　周子朝　景荟颖　吴佳佳
任瀚堃　王夏　闫宇　邢劲宇　罗玥　陈得心　曹青青　李茹雪
王志珍　杨俊　吴悦竹　杨果　夏梓博　张国奥　郭小龙　曹力文
姚清晨　王翔　张双燕　张洪基　肖婧靓　任康　周颖　刘杰鑫
童凌翔　李仕远　何苗苗　常艳杰　彭小倩　范马宁　田弘长

材料科学与工程学院（38 名）

王非森　何洋　刘鲁英　唐琦斌　王林　代静静　荆长飞　郭糠
李厚一　潘骁仁　汪汉萍　柯道瑶　梁盈　马朋召　徐曾　黄华贝
覃燕如　曹胜　余明华　谢菊花　李玉婷　吕星星　刘俊峰　廖晓蕾
闫秀林　许艳君　黄程源　向珊　范一成　兰姗姗　吕炫汉　路伟
罗刚　江志伟　陈龙　刘广超　吴俣　张悦

地球科学与环境工程学院（50 名）

苏丕辉　王岩　王蒙恩　樊欢　罗媛凤　毛鹏飞　庞达　周震
蒋翰　巫升山　夏龙龙　简美玲　孟祥雨　熊亭亭　李诗娆　叶凌梦
盛豪　冉刚　陈旭升　蔡华　伍燚垚　吴越　张敏　肖宇凡
蒋盈盈　陈媚特　赵甫卿　张璇钰　尹恒　吴仁哲　王杰　刘丁毅
朱朝波　廖晓龙　杨远翔　王银海　程思茜　李萍　陈柯　牟春杰
牟陈亚　冯姝　邓凯丰　陈加毅　马国涛　曾浩炜　张昀昊　乔文凡
史安文　何江

经济管理学院（35 名）

梁超　李攀凤　和杉　陈覃霞　余蕊　龚桂琳　邓春梅　王胜楠
马艳林　王树玉　李诗涵　谢其莲　刘梦婷　范琴　张炬　刘广宁
李佳　龙娟　张明薇　许涵睿　祁鑫　黄玲　洪佩佩　杨偲
霍丽先　李小宇　刘宇　颜梦颖　陈志卓　王虹曼　刘玉婷　何田
孙玥　文玲玲　兰清清

外国语学院（10 名）

王思予　谢卓均　李月月　侯爽　王日彤　黄元　谢红霞　肖洁
李文璐　赵智慧

建筑与设计学院（34 名）

熊苑瑾　朱芷璇　尹鑫渝　张力匀　丁宇靖　王莲　陈春戎　尚宸光
赵秦琨　戴明珠　孙通亮　陈力行　胡玲　肖姝龄　尹怀博　卢俊江
冯欢　邹秀平　刘雪瑾　景远　张珂　周小庆　张阳　崔馨月
李雨哲　钱奕衡　王蜜　谭倩倩　王梦宇　何硕硕　兰茜　赵瑞泽
韩烨　田颖

物理科学与技术学院（15 名）

刘晋　任月虹　赵婷　周涛　林月茹　余磊　张迁　陈娇
刘伟红　吴浪　舒君　杜伟　张胤　杨波　蒋城露

人文学院（17 名）

柴影　胡莹　蔡宏全　李雅婷　刘惠　吴艳梅　谢佩纹　张茜

莫　泽　张冬雪　潘　甜　张　涵　徐玥楚　杨　娟　马彬菁　杜雪霓
吴海昱

公共管理与政法学院（20名）

李晓艺　赵健君　李婷婷　曹晶晶　唐　涛　李珊珊　李忠莹　彭宇茜
史　越　吴双双　郑　敏　詹惠丹　古丹宁　董佳琪　毛美玲　柴可歆
谭宗婷　李梦韬　刘樾樾　张可馨

生命科学与工程学院（13名）

杜春燕　袁　洁　张　翼　廖东颖　董钰漫　古袁扬　孙静莹　王　婷
李秋娥　杨志华　邓楷煜　刘甜甜　谢潮音

力学与工程学院（14名）

胡　持　朱星宇　梁　森　兰成坤　上官志浩　赵吉中　陶　玲　杨　阳
王廷钧　唐伟然　刘金生　李吉祥　王琪瑶　何广伟

数学学院（9名）

罗堃元　余洋红　刘国山　蒋秋俊　夏　丹　曾妍郡　李丽虹　胡婷华
林治宇

马克思主义学院（10名）

邢　斐　熊　茜　谢童心　晏盈聪　胡　玲　龚高秦　袁明君　罗紫薇
黄家美　何万婷

心理研究与咨询中心（3名）

常　凯　王玲桂　姜　妍

牵引动力国家重点实验室（33名）

刘玉婷　宋亚东　郑婉婷　丁程程　穆云飞　张晓涵　刘　晨　张青松
徐宏飞　袁宇航　葛　帅　李登辉　李相杰　饶颖宇　许　立　赖思成
桑晓晨　厉　高　袁才钦　李春昱　王　涛　马顺顺　代　胜　余金波
洪　叶　罗　俊　李　广　周　鹏　蒋咏志　肖国放　赵正伟　何庆烈
霍浩翔

医学院（8名）

江　羽　夏　宁　王昕昱　王　冰　毛　锐　李　玫　牟子超　王小艳

唐山研究生院（5名）

施康勋　张　振　李继秀　安　萌　辜　杰

本科生国家奖学金（262名）

茅以升学院（9名）

柳佳音　王帷韬　张佳俊　吴少龙　肖　力　赵海宁　王泽伟　白荣民
肖霈霖

土木工程学院（26 名）

龚旭焘　谢文博　岳朝阳　钟　茜　潘克宇　吴宏伟　金鼎立　谢淑敏
黄　镇　陈湛文　吴海兵　王志鹏　杨景皓　尹康帅　李佳欣　杨璐璐
沈煜轩　钟浩嘉　王艳凤　卜亦秦　胡振宇　葛　康　钱克豪　林从建
俞拓航　冯禧成

机械工程学院（23 名）

姚　铭　林杰羽　朱鹏飞　王淑莹　徐铭坤　林超雄　潘博雅　马泽瑜
张超宙　苗怡珺　魏　翊　曹铭航　沈炼成　顾雨涵　蒋吉鑫　万梦方
陈文瑜　马子非　刘　浜　胡　玎　顾炜琪　李晓玉　朱炳旭

电气工程学院（21 名）

龚邻骁　刘　镝　董　侃　郝兆扬　邸世民　周泓宇　单　煜　徐珊珊
蒋祥宇　孙震宇　张天艺　王　创　王　阳　杨金龙　王俊淳　关　宇
廖红波　许珂瑞　斯　琪　殷子浩　甘润民

信息科学与技术学院（22 名）

张晓龙　冷天然　肖子洋　唐大伟　黄　超　潘姿廷　金天恺　刘于萌
钱　昊　安　琪　侯　琴　孔欣杰　陈文博　秦晋哲　赵泽雨　余鸿兰
宋毅飞　应　豪　陈　哲　俞　诣　吴　玮　赵　盼

交通运输与物流学院（20 名）

胡一冰　王致远　陈思远　张啸建　宋姗珊　余依桐　罗玉婷　张　钰
丁路洒　周熠萱　陈　硕　沈　怡　王锐其　赵　煜　许　源　冯　禧
李　妍　钱泽林　冯　芊　邵　杰

利兹学院（9 名）

徐之彦　李享睿　任治玮　吴征屿　卢默威　许沂聪　郑　植　周珂伊
姜永哲

材料科学与工程学院（10 名）

章淑娴　杨明思　金泽原　杨芯霞　郭昱成　孙美琪　王月月　黄　及
陈高伟　郭志敏

地球科学与环境工程学院（11 名）

王思源　雷　蕾　曾思璇　罗越扬　包雨睿　李子璐　丁　焕　宋斌斌
王晓科　徐　琦　黄淑怡

经济管理学院（13 名）

丘家琪　郑瑞荻　黎兆基　张艺馨　罗昊宇　补金凤　冯璐瑶　吴嘉慧
龚英刚　王君豪　张照艳　黄佳乐　蒲柯羽

外国语学院（9 名）

熊　燕　温　暖　朱思宇　易贤玉　单欣怡　朱秋甜　马樱铭　刘玉洁
张一昕

建筑与设计学院（17 名）

李　琴　李孟圆　林瑾如　陈一丹　巫雪松　陈雨芊　王一初　李翰林
王筱璇　李　雯　姚志怀　任禹赫　吴奕雯　芮　典　徐鲁粤　冯　岩
张子纯

物理科学与技术学院（10 名）

时启硕　李慧聪　任旭东　骆懿帆　周钰博　李蔚然　朱清扬　陈天乐
李耀斌　纪名洋

人文学院（9 名）

徐　蕾　孙跃豪　薛稚尧　苏立维　罗　艺　路　炜　蒋清州　杜俊棣
孙　蕊

公共管理与政法学院（7 名）

罗日明　曾维维　邱歆怡　胡添凤　杨煜天　陈美如　张晓燕

生命科学与工程学院（9 名）

韩芳平　杨靖康　杨程硕　李彦敬　李志学　池　伟　赵辰晖　陈　渏
彭泽漫

力学与工程学院（6 名）

吴　凡　徐子高博　牛国浩　向星宇　唐　淇　李嘉权

数学学院（6 名）

周小兰　郑伟洁　蔡文凯　常怀文　汪立言　严媛媛

马克思主义学院（2 名）

徐　硕　刘　爽

心理研究与咨询中心（1 人）

黄　鑫

竺可桢书院（22 人）

王鑫越　蔡　玲　杨文欣　顾茜雅　李梦迪　邱滟玲　邓富强　杜雪明
常　锟　唐泽龙　郭　旭　王炳勋　任　航　袁　铭　蒋弘瑞　张紫奕
王艺晴　刘雨欣　李　祥　黄潞潞　张潇元　张弘扬

本科生国家励志奖学金（841 名）

茅以升学院（27 名）

赵含晓　卓建阳　卓　琪　段虎昌　陈　欢　黄莉莎　朱雯琪　胡晓楠
才　政　任玉豪　蒋希昊　崔飞杰　熊晓辉　娄星宇　张龙豪　蔡露城
李大鹏　刘玉岳　唐天利　王怡丹　翟岳华　王建川　刘　铁　周明玺
邹　颖　朱文兵　吴雪敏

土木工程学院（92 名）

徐才厚　漆美霖　熊文威　胡继丹　魏夏鹏　周　豪　蒋东江　张永琦
徐代苓　龚禹为　胡思安　胡哲钏　吴　悦　王　杰　谢金池　张　鹏
周银龙　雷剑勇　高成林　魏力峰　卞香港　窦金行　游颖川　陆　粤
鲁选一　未娜超　贾文怡　周　超　林建波　刘宝森　张　科　李连杰
凡燕莉　梁喜燕　韦玉颖　魏鸿琳　崔　峰　钟雨卓　高传松　杨桂畅
赵何霖　彭　烨　刘乙甫　朱宇星　董　杰　陈峻博　雷　越　温安平
田　扬　苟安迪　白铁磊　苏胡鑫　孟祥林　张天一　朱正超　周勇聪
刘家明　赵　兴　白世豪　耿明婧　曾海琪　吴焕生　何　菁　陈　豪
豆留盼　张凤明　孙峻枫　庞莹莹　张　良　常铭宇　李晓珊　赵欣旺
陈雪莹　常小兵　展凤丽　胡　涛　马荐驰　张润泽　唐家豪　彭　慧
苏圣鹏　贺秀萍　曹思敏　王芝茏　熊梓旭　潘　童　何运清　丛龙宇
王彬宇　胡　锐　张津云　贺成博

机械工程学院（79 名）

肖　玲　杨天澍　尹首权　梁　焱　钟卓文　门松辰　傅渤雅　高钰翔
兰建斌　谢智宇　胡　喆　高天健　王　昊　刘吉潇　王天鹏　甘　霖
郭宇星　魏贺晨　陈伯清　李梦爽　张籍丹　张　铭　周　林　任冠州
张善媛　曾敏敏　蒋欣言　孙陈哲　田　威　陈利鹏　向松明　詹金桦
刘小雨　刘　浪　张　源　程伟旗　肖丁诚　卢雨昕　王紫航　刘　鹏
漆小虎　孙　建　张　超　陈　杰　曹　婷　郝　然　龚屹昂　李子韦
蒙春竹　邓胜江　陈文庆　罗梓淇　郑延龙　李　迎　方　开　尹　诗
冯虎成　宋　涛　黎祖狄　张　扬　徐新权　邹　旋　蒋淘宇　李　娜
夏大为　杨佳尚　周　彬　侯运霖　张　威　田茂江　喻琳婕　罗浩洋
刘志鹏　蒋方胜　李俊聪　丁　鑫　谢民辉　张　安　范相慧

电气工程学院（68 名）

鲍光婕　赵鹏飞　曾宪锴　贺　飞　杨伟康　徐　健　楼琳慧　方友旭
孙　晓　程章桃　裴文慧　王陆明　王大森　江文杰　李腾木　赵向雪
文振明　赵倩林　袁洲茂　李志强　任　涵　谢　诚　朱纹纹　秦群淋
彭淑婷　张财源　艾　磊　沈　俊　杨　锐　唐茂森　赵　敏　罗兴隆
蒲艳玲　李双庆　赵　娜　冯旭东　孙　娜　廖海朱　王翼云　江丽娟
周　政　贾世成　王　敏　杨杰林　何艺铭　蓝　中　曹　伟　李　威
王　林　郑智强　魏文璇　姜　攀　李擎天　徐裕强　黄耀兴　石　昊
官　韵　费正源　关鑫炎　帅伟豪　张　敏　王鹏飞　孙宇航　于少筠
高江川　朱玉豪　李思佳　彭一峰

信息科学与技术学院（71 名）

陈文松　朱　陈　郑佳琪　陈　权　游钦滟　唐禾频　郑小莲　夏嘉伟

邢涛涛 肖 渝 毛慧慧 刘 畅 舒 恬 宋晨健 文超豪 崔慧丽
谢兰欣 唐荣娇 张奇峰 苏博艺 黎家靖 林旭虎 周家豪 阙蕾宇
潘 锐 杨 宇 谢朝燕 赵大燕 邓思琦 王 瑶 王 含 张宇飞
魏名广 宋一帆 温露雄 缪 微 李劲松 何瑞峰 刘震鑫 董 洁
李明凯 文 源 阳 怡 张琦琦 成晨阳 何润泽 赵双月 薛洪涛
王 红 王德媛 王晓亭 邓靖博 蒋 琴 韩 飞 吴 雪 谢星雨
钟欣瑞 叶孟昀 唐新龙 廖思凯 宋 琴 谢子轶 孙诗翔 高 洁
邓世豪 代天傲 孙怡平 万冬静 熊旭洲 于楫玉 张继松

交通运输与物流学院（63 名）

杨泉明 龙玉莹 陈水旺 缪雨岚 龙 康 孔少哲 付玉雪 谢安龙
李 响 赵瑞彬 苏月同 刘家俊 郑 帅 王海山 来佳雯 赵 犇
金志成 尚雅茹 高梦雅 程宇涛 张明姝 杨青蓓 解 攀 刘元元
莫金元 闫倩倩 张莉莎 刘 坤 肖翰林 刘 渊 牛一帆 梁文馨
邹颜刚 令狐丹 岑秋云 黄彦宁 王园顺 何 娟 潘郑雨 侯淑芬
罗娇英 高语桐 谭茂屏 焦文静 周瑶成 廖红霞 陈书铭 钟兴莉
谈 力 陈新杰 张 燕 梅国栋 邹 加 谭 凯 崔文博 代 欢
张炜晗 陈海霞 马 璇 蒋 乐 韩仕姣 谢同佳 胡 健

利兹学院（3 名）

许靖业 何林聪 陶德华

材料科学与工程学院（30 名）

邓 茜 王琪琦 张兴银 张圳鹏 韦义成 朱泽昊 唐艺涓 杨佳兴
倪 然 张鹏真 钱 雄 邓玉春 樊 曦 曹晓雨 刘玉婵 金 敏
伏树雄 宋 佳 孙 悦 刘国娟 戴雯颖 徐金跃 葛洁洁 席 敏
陈 洁 肖玉玺 李建涛 王凤莹 陈宏宇 何有灵

地球科学与环境工程学院（41 名）

钱彬祥 齐书峰 杨正霖 袁 鑫 邢本聪 苏 婕 蓝再成 黄光林
谭鸣凤 苏静玲 赵 媛 曹奕馨 刘 娟 张逸萱 黄梦真 刘越凡
卢 飞 崔金龙 陈 蝶 霍子豪 韩兆晨 宋 晴 姜 莹 何 贵
张莉扬 朱欢欢 王 晨 邓媛媛 廉慧洁 王 艺 林 聪 李亚博
陈 梅 姚荣文 包厚富 刘天耀 司春帅 胡致远 付兴佳 陈伟豪
肖志杰

经济管理学院（45 名）

何秀群 闫欣雨 徐祯虹 宋 雪 李昕阳 张婷婷 张 彤 陈凯月
张欣欣 陈淑慧 周诗岚 赵 燕 郭 芊 涂智群 范少香 马露露
莫代玉 陈紫薇 周奕奂 胡 茜 任雪银 薛蓉蓉 谢静洋 曾开艳
李巧琳 肖 玥 唐诗蕾 王婷楠 吴田禾 杨心浩 何梦琳 常 阔

杨贵婷　刘蓉　张斌　吉袖锟　周唯佳　毛欣兰　敬飞艳　冯璐瑶
陆菲　曹蓉　王森森　张腾晖　刘怡伶

外国语学院（29 名）

曾婕　刘梦霞　毛一强　蒋国维　张晋瑜　曾琼　王钰靓　焦敏
任宇璇　安文婷　陈倩媚　肖发美　郭晓文　余鸿霞　周雨　郭央
杨婷　孙小杰　李倩　周红利　刘敏娜　郭馨　林紫微　邹琳
刘文利　朱雅丽　陈垚　李琰清　李灵珊

建筑与设计学院（58 名）

薛雨亭　陆科宇　杨婧怡　刘子婧　王珩　张旭　范悦　王永娣
罗婷　童玉婷　张宇　胡昌杰　赵思琦　焦丽蓓　周梦瑶　胡瑞雪
刘超　严晶晶　王文静　江海星　肖帅　刘宇庭　张义珊　任榜新
李志威　王瑞玲　邹涛　张玉阳　吴金星　赖紫依　史海磊　易茗
赵丽雅　孙诗雅　王泽鑫　车珍妮　冯习单　肖利莹　郭慧慧　陆新元
郑小飞　赵晓玮　阳欣愉　轩寒冰　张传昌　向梦琦　张润旋　夏远方
王义景　李悦茹　杨钰珊　崔月婷　王舒婷　邓婷　陈颖滢　郑悦
吴迪　庞淇文

物理科学与技术学院（34 名）

何诗琪　黄敏　张艳秋　李颖捷　徐健　侯博文　董瀚　沈一选
王龙祥　董政绩　杨淼　杨帆　王瑞兰　张磊　廖川黎　李永杰
张敏　汪沛　王新龙　赵鑫　王李　叶纤　董思宇　张裕安
李源　赵浩杰　黄庭岭　唐汇雲　邱阳　陈丽娜　杨浩　李家文
苟熠　周进

人文学院（29 名）

谢柯　何飞　马蓉国　朱良秀　周坤鹏　王玲英　程佳琪　徐丹
张宇　崔洁　罗洪　袁文林　郎杰　吴依蔓　王安琪　刘中梅
杨森　雷铭　甘倬蔓　黄欢　司逸飞　杨顺　魏岚　陈丹妮
代江兰　胡海月　陈梦婷　唐聪睿　梁晓瑜

公共管理与政法学院（26 名）

涂巧妍　牛怡凡　汪洋　陈茜　谢沁希　王文慧　唐铭鸿　倪悦玲
莫皓月　曾艳　曾馨　黄雪梅　陈泽东　刘燕　陈芳　刘金兴
曾雨欣　邵瑜　王韶雪　程莹　王戬聪　黎思　赖俊汝　朱欢
陈晓清　陈征雪

生命科学与工程学院（26 名）

范强　王溢滟　杨岚　缑绪卓　王雪玲　兰洁　任晓茜　郑颖
刘智慧　刘源　张彩虹　何蒙蒙　王鉴瞩　郭忠静　易可　陈晨
杨燕春　铁蕾　谭国栋　张盛春　张钰　贺晶晶　马嘉擎　庞思奇
张熙　王欣佩

力学与工程学院（17 名）

刘佳璐　郑斯峥　何　昕　王潇飞　宋　鑫　李宇豪　曹肸丞　刘宇轩
王　烽　陆　豪　胡佳晨　朱清锋　彭子豪　钟卫民　赵嘉华　林　颖
陈诗煜

数学学院（18 名）

温苗苗　肖　婉　段嗣钊　陈　磊　朱莹莹　赵永婷　刘　雯　徐　潇
周晓婷　程　前　唐旺霞　张　康　蒋小玉　付扬鑫　米贤惠　郑艺梅
邓笛扬　吴　双

马克思主义学院（7 名）

陈　茜　任秋艳　周水斌　肖　婕　张佳旺　许珂馨　田　瑞

心理研究与咨询中心（5 名）

王一捷　王婧嫣　程　思　倪　萍　李心怡

竺可桢书院（73 名）

张博豪　牛云彬　杨思杰　邓亚杰　谭　黎　王　鑫　张雅琪　李　佳
彭琪雯　魏雅静　王玉莲　肖炜东　罗丽菊　唐永红　罗　虎　魏林辉
罗　帅　车兴果　曹　冲　李昊卿　贾　康　沈云鹏　熊　芹　尹　杉
陈靖雨　杨是龙　郭　琪　邵凯波　牟　颖　肖能飞　王　宇　刘　妍
梅诗曼　李良平　卢诚城　廖延婷　侯艺琦　王宇飞　黄　卓　马玉琴
叶雨馨　王少雄　任彬榭　温佳骏　周　健　李文博　张偲嘉　梁玉霞
周碧桦　文皓茹　张千源　周　喻　董欢枝　宋美珍　代光耀　张　程
王洪一　李婧怡　吴　桢　张明可　黄新页　王星童　吴林鸿　崔文辉
丁　倩　郑嘉仪　朱　朗　何万丰　高瑞玲　陈　刚　粟琬清　王云彪
尤海林

本科生综合奖学金（4408 名）

茅以升学院（234 名）

一等奖学金（40 名）

林　铭　王林轩　解印山　王渝淇　杨珂浩　李增辉　蒋文韬　冷怡霖
郑若冰　刘长宝　张少聪　李明哲　赵琳盈　孟　媛　赵一博　陈敬梓
董逸飞　刘俊杉　许可涵　张文轩　赵日鑫　李海杰　颜凌轩　韩国君
刘天远　罗　淇　王世豪　饶馨雨　韩　琳　江文谦　邱　浩　于天航
王思羽　张禧萌　武　林　党宇航　陈小冲　安效灼　李琪瑶　周睿琪

二等奖学金（74 名）

吴鑫睿　王志远　陈萱颖　刘心然　蒲诗雨　周　正　温乐鹏　李楚玥
刘钊玮　董芷函　李冬冬　陈俊文　卞梦奇　陈玉钰　黄之秋　赵远钧
张　莹　金宇宁　蓝阳泽　刘　雯　何雪莹　施柒媛　李永梅　胡宇豪

喻翼　王英霞　周庭渊　段博凯　张浩楠　潘琴　石渊博　李光浩
潘嘉伟　彭琬颀　张子佩　胡光　赵成　邱雪　夏之瑜　康淳
魏易东　程岚　周泽平　武子轩　林健兴　刘仁辉　宋佰吉　瞿开城
王雨润　王睿　喻智睿　李瑞雪　廖海宇　唐晨　裴一诺　苏泽敏
史海超　周士祺　郑湘龙　李明威　杨晗　李沁洋　罗诗涵　戎泽浩
杨阳箫　程然　刘钊佚　王伟豪　郑星宇　张潇锐　黄睿杰　倪璐玥
吕茜　杨家懿

三等奖学金（120 名）

杨侨伟　高祥胜　胡世杰　廖紫穹　古理全　周彦希　费虎　陈冬燕
白展　冯波　李婧祺　孙文俊　李正道　张凯　赵盛淙　黄梦源
胡恒溢　蓝钰铭　廖梦　黄垠钦　王兴越　余明泽　李浩然　李海蓉
于婕　罗然　贾晨杰　李薇　葛若楠　梁日娜　梁金钰　叶青
陈帅　郑进　冯欣炜　李京　侯芊如　褚旭　黄崇昊　石文旭
谌沂阳　胡明成　王文双　蔡新忆　王坤　刘居真　曾琰　马钟霖
徐云　姚人杰　张海博　蒋长伟　王欣　王智　何明峰　李胤芊
徐茵茹　朱刚泽　徐延泽　李建文　茹行　王泊心　张坤　王继成
黄鹏　曹思雨　徐庚辰　太兴园　张森　王钰迪　徐文晗　周姝
李金岳　张飞　唐郡阳　孙建华　姚程彬　齐青华　庄成　苗浩冉
张家诚　董蓉　栗彤洁　孔磊　杨少鹏　吴峻伟　陈坤璇　王嘉澎
陈玄　李泳江　唐绍武　王云帆　杨俊城　肖毅　王竣渝　周佳傲
胡涛　关靖荧　王晨晓　韩梓漩　刘毅　伍文凤　侯心宇　林子渊
江山　李晴　贾寒琪　郭星灿　曾楷　王梓尧　李子勇　沈涵鹏
文梓旭　王伊菲　王不凡　刘畅　刘宗欣　彭韬　安鹤　相予茉

土木工程学院（464 名）

一等奖学金（74 名）

刘子琦　刘雨萌　马天宇　朱之昊　沈凌铠　蒲松　戴朴修　黄丹
米少瑄　潘文韬　卫一博　李贤敏　熊英健　彭梓骞　许帅　潘琦
陈先宇　庄丽媛　吕嘉诚　王琛中　邵坤　裴彦飞　舒英杰　陈浠航
彭小雨　田啸宇　陈晨　陈燕洁　王玲茂　兰天阳　任天唯　王致远
李昱熙　李红裕　李一洋　唐嘉　康逸飞　赵勇飞　刘议文　沈皓
徐子峻　张洪吉　曾强　丁家浩　李鑫　夏毛瑶　张廷鹏　徐毅
时一帆　陈俊杰　沈哲　宋雨萌　李连逸　殷磊　劳国峰　周晓天
王鸿宇　李恩轩　胡家龙　刘金炜　刘肖汇　于兴盈　肖琪璋　曹佳涛
孙志昂　赖家乐　戴昊　徐展飞　李斯博　王殊　胡靖康　欧阳惠怡
白涛硕　黎诗睿

二等奖学金（148 名）

林浩宇　唐杰　戴开来　李志凌　李帷韬　徐双婷　唐文　王东
张天　刘谦彬　安朗　梁小波　贾思桢　阮舒敏　王童　孔德睿
张曾照　黄雅茜　钟皓　邓鹏昊　刘新华　朱凌凤　尚黛梦　张子为
吴光源　于铭钊　张明标　朱星宇　李越　宋宇　贺浩楠　高子祁
郑兆光　杜鹤霄　张佳鹏　刘宇辰　祝欣宇　徐靖威　张宇　殷芝
宋敏鸽　莫逢源　刘峻岭　刘瀚阳　夏子又　杨昊　姚文浩　刘轲瑞
杨吟秋　赵博洋　张涛　李欣洧　盛兆琦　邱师津　李文昊　朱丽倩
李云健　唐小涵　周力　朱鹏霖　管少祥　李嘉鑫　刘一炜　何晓龙
王泽昆　陈红宇　张亦弛　董唯佳　余元林　易鹏豪　张晓驰　黎成庆
沈芊蒙　刘宏博　王慧君　丁浩　荣忠乐　苏震乾　杨倩　张免
嵇诚　刘伊腾　冯钰虎　乐誉清　黄绮淇　张昕阳　李伟平　方哲
贤亮鹏　刘丁熙　袁作兵　李抒效　王宇博　唐启辉　徐旭航　侯明扬
朱凯　吴润泽　曾弘锐　胡飞　刘欣　李志豪　张成友　王乃夫
施罗健　张烨欣　李泽阳　张阳豪　许浩南　周久阳　陈龙　任海容
李杭栩　黄亚阳　徐清九　冯应　陈璘潇　陈治宇　黄文洲　辜世旺
徐艺涵　王城　姚思喆　张千虹　郑禹豪　李浩宇　刘茜　李佳明
李策　郑传湉　杨国栋　尹澄　文嘉涵　周伟亮　康宇琼　杨逸
魏子伟　余昊正　刘富华　陈文东　陈帆　杨承志　徐国驰　向嫣然
陈裕文　程薛清　黄静汶　杨展

三等奖学金（242 名）

李沛松　张浩　郑亦轩　赵一玮　鲁宗鹏　马赞扬　蒋宸函　罗实
杜昱衡　胡文哲　石磊　何矗　吕悦　朱智勇　陈俊　余祯
马凝宇　陈凯　张祖迪　李广浩　何宗弈　丁妍文　梁旭　王元青
谭伟　左婧怡　卢剑波　杨忠超　陈欣妮　王帅　毛子轩　叶来宾
曾文浩　程星源　杨林霖　郭兴川　朱牧原　伍航　胡科鹏　许慧远
贺祯　王耀达　郝晨哲　卢玄东　汪铸航　苗天雨　秦文广　汤金蓉
吴景攀　黄彬　刘兴　梁润　钟昌翌　胡大宇　顾金驰　罗艺
谭诗麒　安浩然　梁禹嵩　王文旭　廖伟　严健雄　殷建纲　周夕乔
黄德贵　周帅　李嘉文　余林琨　牛妤冰　胡梦瑶　邹明杰　徐溢
聂家威　陶然　邓鑫茂　张翼　朱庆海　吴孟轩　徐康桥　杨金月
王东辉　罗锦　覃慧玲　杨希　金梦曦　苏如珅　查林弟　鲁丁豪
蒲怡达　马建波　李奇远　周靖涵　侯婧雯　李懋　廖翔　严檬
陈子豪　徐煜　杨易龙　裴蕾　陈屹东　王文正　郑爽　王晨露
覃蒙勇　刘易然　张毅峰　邓忠艺　冯洋　胥思明　魏荣华　李泓俊
陈远文　邱启胶　张哲　康敬清　李金汪　李龙祥　何伟超　庞鸿立

霸　蒙　杨雨谋　杨文来　李英铭　任泽鑫　王义翔　符　文　刘伟雄
范文昊　张　维　罗　磊　宁云飞　李亚辉　徐明晖　彭　鹏　王俊锋
闻庆晟　袁心怡　李梦然　门汝祎　周振宇　康　硕　顾　铮　李再生
李搏凯　戴志行　白芷毓　冉彭鑫　李　涵　石凌薇　吴蔓莹　徐　舟
尹炜浩　魏　勇　盛如意　罗　峰　江　峰　郭玉丰　薛　佳　张　琦
徐　陵　杨　浩　廖　杭　肖浩文　田　颖　许亦鸣　陈佳宜　周玉龙
王岩岩　刘　展　薛皓匀　王柯力　彭博览　陈　训　农雄健　徐　成
柯　妍　赵言文　唐义海　杨宇杰　谢　莉　龚新明　李　钰　徐晓静
付云晨　梁振宇　薛宸熙　罗晓龙　曾怡锋　黄银华　钟慧媛　吕思聪
马晓斌　郭　婷　杜　轲　罗云龙　李基豪　王呈金　戴健炜　肖卓琦
郑宁哲　冯治皓　赵　磊　周安琦　吕文婷　张钰涵　程业飞　袁　杰
李　可　周洋立　杨鑫杰　孙正辉　郭光耀　邢文杰　耿文燕　倪睿思
何志强　高金炜　贾庆霖　杨铭礼　刘　智　尹　强　彭畅宇　黄　瑞
陈文泰　张　战　胡富亮　魏　嘉　范荣威　白云璐　余丝雨　刘　波
杨　杰　韩仁杰　高乐心　王　蓉　沙马伍呷　张又文　胥岚月　朱蔡亦伊
向开来　陈家欣

机械工程学院（377 名）

一等奖学金（57 名）

周怀诚　郑超群　崔　赫　程奕炜　欧阳汀益　罗谋睿　李致萱　李一凡
李炎翰　冯毅诚　熊嘉铭　彭　璨　陈国平　何　闻　韩鑫明　谢宇鸿
邹雨琦　陈亦麟　余康凡　王熙茹　张艺晓　刘宸伊　刘一渴　冯俊男
罗备策　谢昂治　张中奇　张洪源　闫皓博　陈力啸　徐诺舟　刘天宇
尤飞越　李逸群　欧阳鹏　刘　帅　薛竹婷　郑　重　余　熠　雷建岗
沈天赐　何文浩　王旭彤　魏嘉辰　聂茹涵　钱　晨　黄代喜　黄峥荣
张乐乐　余炯泽　牟斌杰　应晨宇　王　芳　张佳悦　侯彦竹　万俊豪
刘育诚

二等奖学金（119 名）

张润珲　郭金龙　吉宇昂　罗　玄　柯亚汉　张锐奇　李宗旭　王文波
秦会杰　刘　珂　王怡豪　代楚天　王梓帆　魏沁成　娄　亮　黄霖川
郭锦文　胡秉伦　赵桉颢　蒋鑫池　崔李滨　刘　磊　党院成　阳　欣
吴舒扬　陈　龙　贾凌旭　祁凯健　李　萃　王亚昆　刘　珏　蹇昊辰
石晟安　林　晨　孟恬甜　钟运涛　辜　铮　付洁懿　蔡孙宝　吴志强
王铎颖　马贵林　吴舜尧　孔琳皓　武文泽　唐文昊　郭玉祥　刘　杰
庞帅宇　孔苓吉　吴宇舟　贺　凡　施良宇　李若旭　刘峻志　范宇杰
苏　斌　马炜鹏　黄文建　王敏瑞　冯　聪　王劭可　段诏新　曾　超
常峻萌　孟祥宇　何雨宸　朱志轩　同晓阳　蒋　超　唐君立　张玉祥

徐　坤　王　欢　詹　飞　程奕婷　柯雨彤　王国涛　郭洪川　高启发
林则烨　胡成宇　汪义飞龙　范迦得　孙嘉祺　卢秀杰　刘亚好　吕林灿
唐超毅　丁则剑　陈葛瑞　王　聪　苟彦杰　陈思媛　邹　妙　谷　悦
彭元贝　陈　果　叶家辉　罗清源　夏江南　刘宇辉　王鹏鑫　黄凌钰
黎世骄　刘仁哲　黄若琳　杨小雨　阮晨毅　顾晨宇　刘浩煜　陈佳龙
熊国东　陈龙飞　江晓星　龚璟淳　艾子涵　王雨双　刘　鑫

三等奖学金（201 名）

张力升　王　斌　董林威　白　璐　涂　钊　李一辉　方　乾　罗　铭
罗锦泽　于新善　刘耀名　王　辰　乌文扬　周楚涵　陈　栋　张耀文
杨金灵　刘名远　陈柯名　李昌隆　黄金荣　李林峰　陈　升　秦之琳
王　钊　张　强　张成哲　康稚林　李录斌　陈　旸　廖煜晖　庄宇倩
冷海军　柴非凡　曾禹钦　赵王昱斐　韩晓明　王树丰　祁　飞　廖豪杰
朱振东　李小萱　林含潇　苏　瑞　徐　鹏　罗　睿　杜金浓　王思奇
秦　慧　张旭晨　廖亚龙　杨苗锐　谭钦允　彭浩然　李圆圆　杜志毅
刘文敏　叶　靓　李子昂　陈睿林　黄钟韵　杨東雨　王宇星　邓淏荣
张泽鑫　胡靖波　骆建波　张飞越　李思禹　徐冬冬　万乐柯　徐铭柯
祁春伟　常肖猛　肖奕璇　周琦丰　李　涛　刘毅超　何　康　张洪嘉
姚　鑫　冯馨悦　张孔发　伊敏熠　蒋林杰　薛晓峰　高　源　欧　虎
赵红智　史志磊　钱润升　朱宇飞　胡　康　付峻峰　江　珊　杨　姣
时思远　李　伟　韩寅鹏　张英豪　魏　俊　陈晓磊　朱敏华　汪奕鋆
黄崇凯　刘泽锋　江俊雄　唐忠民　刘郑森　余子涵　白　冰　朱广勋
万成麒　周仁杰　邢汉丞　杨博睿　包展鹏　彭武茂　叶秋宇　王子琪
刘　媛　苗亚坤　许立强　严立峰　姚煜阳　黄朝勇　黄陶俊　刘　畅
沈丹炜　张天任　郑文轩　王鸿羽　王坤宇　肖宇光　颜　语　王博宁
李　杰　周浩南　李金泰　游梓艺　刘　谕　张琬诗　刘浩渲　龙　浩
谢毅恒　林利忠　迟元斌　阙鹏旭　高恒凯　卢浩伦　莫宇霄　李冠宇
陈如意　温御杨　董　齐　余　俊　姚文龙　余秋霖　黄仁明　吴鑫豪
赵俊杰　张金阳　周　锐　邓胜心　孟　雨　胡婧薇　易蓝新　梁　毅
甘晗熙　杨兴科　刘奉昌　徐复诞　蒋宗帅　陈昌杰　赵治衡　彭明燊
熊永康　潘欣媛　洪　铭　刘雄强　廖宇涵　孙佰龙　曾楷煜　吕　涵
徐　钊　马　超　陈　肯　于长江　李熙林　罗文滔　赵英杰　付昊宁
吴禹辰　段　鹏　李子昂　高　乐　高一然　姜凯心　郭其浩　林　晨
李俊泽

电气工程学院（343 名）

一等奖学金（60 名）

冯佳辉　王　宇　邱　跃　邱哲睿　陈灵灵　王斯佳　李　锐　王晓菲

吕怡航　李昌熹　曾　理　刘　聪　刘芸江　张　俊　梁冰倩　李　佳
魏利屾　裴　锐　郑莹莹　陆德伟　李亚鹏　杨　凯　吕润泽　王诗琦
李及人　曹鸿昱　欧阳材科　左洵赫　程晓东　陶　进　谢涵铮　李尚志
李康文　戴睿鹏　张超逸　林　颖　陈诗坤　郭辰宇　龚玺文　徐炜强
陈羽航　宋泓默　刘家杏　汪冠宇　王子健　杨键聪　王亚磊　罗宇靖
李名昊　张雨晗　高立乾　朱宇辰　陈　瑀　金嘉淇　周依萍　刘立敏
李　渊　张　跃　陈　龙　吴国桐

二等奖学金（101 名）

汪雅彬　黄　毅　尹春霞　李　硕　樊龙海　张福禄　董博文　刘　鑫
倪思杰　王志恺　龚文治　任　钰　雷腾跃　李子睿　郭　玲　吴雪莲
郭　夏　刘　妍　丘梓溦　张婉莹　王　杨　王浩然　黄大锐　李金宇
巩素梅　孙鑫宇　魏　来　秦科军　李航瑛　李臻恺　朱秋月　单沫文
骆柯宇　楼成康　刘　鑫　郭晨阳　黄　磊　朱昕阳　杨子玉　黄　毅
叶峻涵　李林柘　刘凯腾　夏雁冰　马旭初　王泽志　李杨龙　蒋晓凤
李建为　孟海腾　岳枫云　程丽红　杜元福　曾雪薇　谯　柯　唐明巍
宋治东　郭家炜　罗舒钰　李　杰　查红原　黄有为　虞媛俪　朱子阳
张怀远　刘遵臻　王秋实　尹苏杰　庞子傲　邱丹洛　黄文韬　周持杰
马含青　谢　涛　吴沛阳　张恒鹏　张　框　赵海云　邵才瀚　黄发平
黄小川　聂　衍　潘义松　林雨眠　刘俊江　陈　煜　徐嘉琪　黄嘉伟文
郑中阳　薛嘉晨　段君璋　刘怡琳　程少旭　沈孟丽　倪景涛　白　航
杨　斌　霍莎莎　吴　忌　朱　荣　沈家正

三等奖学金（182 名）

王传儒　吕　霄　罗　雨　潘　禹　太国云　储洋洋　陈廷凯　郑鸿彬
沈志康　陈华生　王　洋　张思慧　谭羽辰　李东杰　喻佳航　宋敏思
周晨晨　王　玺　勾旭宇　李晓娇　李　莹　韦柳幸　管淇星　帅雨吉
杨珮琦　樊文倩　陈　欣　苏金刚　左语诗　张秀妤　周可心　黄柳青
周　楠　胥执舟　邓时毅　宋诚鑫　吴菲宇　屈柏林　石筑鑫　谭智毅
王禹桥　田武鑫　兰腾坤　母博宇　罗椿曾　周　童　郭东鑫　李　东
彭乐颖　王耀祖　胡富平　辛本坚　顾霄航　杨　钦　蒲　媛　徐如馨
王小雨　曾子安　王　忠　阳　洋　王子轩　詹　睿　陈豪杰　范展程
王　刚　穆宏伟　肖迪文　刘晓天　王文琪　章梦柯　吴　桐　刘佐政
杨媛平　艾钰璇　吴泽宇　周宗耀　向江欣　谢宝平　张智誉　刘　顿
吴运强　唐　涛　何兴宏　李远瀛　孙久龙　胡泽阳　汪　杰　周　望
王粤晖　顾　凡　杨双华　王卓然　张　弛　解朝波　严一舟　张雨博
雷　煜　伍　军　鲁　怡　张雅琼　徐邵文　李嘉宁　许淑芬　王晋瑄
郭昌昊　王卓奕　周铭浩　廖家平　杨向阳　廖海涛　杨明泽　文俊杰

周润　王潜雁　符豪　程立安　陈佳雯　徐子硕　黄小凡　汪黔艳
曾绍聪　雷小力　刘强强　孙谢力　刘瑶　刘钰杰　柯倩霞　李秉训
刘雅淇　林楷睿　钟杰　潘宝诣　赵晨　杨童鑫　龚开元　江菡
邵泽宇　蓝康铭　陈靖　许浩宸　洪雅茜　谭天　孙海洋　安冉
朱涛　周杰　吕子佥　曹敏　张子豪　王辰　彭莉莎　杨超麟
邓倩文　薛付智　李竞航　曹钰乾　张睿杰　徐朋程　李逸飞　王海
帅怡　胡静　蒋家豪　严政章　梁俊浩　阴文湘　蒋瞻泽　徐春茂
方悦冰　陈宏睿　罗兵　林欣雨　高彦　陈瑞龙　梁凯　包兆桐
甘运　单招文　瞿明俊　解淑祺　王信禹　刘帆

信息科学与技术学院（353 名）

一等奖学金（61 名）

左文波　靳继硕　唐翰　唐衡璇　陈佳文　孙晓璇　郑若璇　冯焌豪
高作缘　周莆钧　石志万　冯康桉　朱理婧　洪悦　冯小川　王一坚
李若月　杨雅然　刘书怀　袁启航　龚谈韬　李宇涵　罗俊豪　杨江川
曾文馨　欧佳宁　刘晓鹏　石鹏宇　莫迪凯　李思思　李欣宜　王雨彤
陈林　李怡霏　谭柯龙　陈曦睿　鲁力博　吴炯燃　刘铸纬　张翰生
梁源　赵志岩　郑绚　沈力瑜　陈俊凯　王韬轶　罗俊辉　赵宇星
丁桢炎　金佳宁　宁尚涵　何康辰　木铭浩　杨睿祈　喻小宇　罗佳兰
舒煜　白宇轩　张星宇　王养浩　司继盛

二等奖学金（112 名）

李子琛　张舜宇　曹越　石海丰　武晓静　白千巧　袁涛　黄辉
唐荣骏　鲁惟淼　杨雨桐　李诺　李达贤　丛丽静　冯杰亨　吴冕
刘嘉望　赵冰清　刘昌源　刘路　李星　陆晓　李明睿　郭宇阳
覃瑶　刘正琦　刘一琳　陈名君　曹嘉琛　戴越　刘晓雯　李泽鑫
文清　郑中一　宋雨昊　鲁家齐　焦雪莲　林知心　王梓　张丁荣
罗歆然　陈轩磊　邹芸竹　王惠之　丁峥元　罗威　刘佳欣　杨莉君
和牧辰　周栗弘　王靖　仇存辉　张永兴　王阳　周云骄　佟秋硕
刘心瑶　陈瑾如　卢锐恒　朱泉舟　罗章成　马晓宝　王宇宸　高家豪
杨张　贾钰林　雷筱　曾小二　杨毅峰　孙雨欣　陈宗镭　林恒
闫凌森　李海龙　金佳　张慕帆　曹秦臻　管厚淳　洪禧佳　杨鹏飞
周超波　邓艳槟　余梓玄　叶正阳　王健宇　吴雨晨　方一宇　石毅
张卓群　卢禹良　文煜轩　石博昊　陈秉宏　曾沁琰　张露月　许德宇
王语雁　汪思敏　林瑞东　孙硕人　汪雨浓　张清　吕其睿　唐凌霄
周旭　屈晨昕　刘嘉熙　闫宇辰　赵睿　孙鸣阳　熊静雯　程晔

三等奖学金（180 名）

唐婧尧　葛悦　张昊　覃蓉林　包锴楠　张欣玉　陈弈轩　王士恒

邹昊天	袁嘉骏	李　洹	胥成雨	李嘉雄	王宗鑫	李沁芮	杨　力
刘雅蕾	刘常平	张夏玫	祖　轩	宋云昀	高国彬	刘　强	邹汶材
吴乾霆	康书铭	巴俊峰	于卓如	陈　卓	陈铮镕	陈　旋	朱玲俐
黄　亮	邵桢瑜	祁祥威	刘晓辉	方名文	黄雨婷	王　涛	李　舒
肖　峰	陆兴程	梁　懿	徐迪缘	邵润齐	姚维文	郑安琪	呼亚楠
冯思怡	孙　琳	龙　芳	肖　伊	杨晨光	马丽萍	魏杨洋	刘晗熠
罗　霄	冯心妍	田思阳	贺浩天	王　典	苏诗琴	李青玲	李宋玲
张海桃	姜奕竹	李　洋	刘思源	欧方维	谭皓星	许丁文	徐启涵
朱　彤	胡一楠	王　钰	张嘉琦	蒋欣洋	陈乐施	资棋莹	符　燚
刘梓锋	李超然	苗　宽	马　聪	王果信	赵　鹏	金嗣东	庞岳棋
李加桥	段卓君	张　懿	钟昱璁	邹逸祺	张伟健	刘　玉	曾　逸
赵　研	周学豪	吕国锦	徐梓芯	孟祥多	朱俊东	孟国斌	回浩嘉
汪　怡	胡向理	雷　霆	田　猛	秦　康	苏　圣	吴炜琳	黄旭光
聂彬宇	胡雯雨	张正裕	徐林溪	王亦婧	赵笠婷	郭海锟	曾涌钦
周　潼	王舒豪	夏佳芮	邹高远	徐冰洁	孙佳琪	蒋金秋	徐敬涛
王佳辉	罗泽阳	王泽泷	蔡静静	李雨镝	李逸凡	高嘉艺	杨　佳
龚柏源	何　雨	王文奕	谢麟冰	何立爽	王天淏	李高鉴	李　毅
杜欣洋	杨思远	孙铜泽	王承祥	翟林帆	吴克楠	张瑞琦	熊芳颖
唐　杰	宋俊波	乔晓云	密善杰	黎梓丰	李健睿	吴炳文	师炜文
陈忠涵	丁振宇	杨晨曦	林涵宇	胡坤鹏	徐启佳	赵　晴	文俊杰
郑泰川	雷书绮	范峻凌	刘瑞萱	鄢思娅	张悦晗	李天阳	蒋文杰
苏　筠	史一诺	刘　洋	李德志				

交通运输与物流学院（294 名）

一等奖学金（45 名）

林叶新	俞傅伟	张黎明	侯康宁	田方晓	刘园媛	吕亦菲	李蓉蓉
蒋浩然	陈彦儒	左　彤	曾庆文	霍宗鑫	上官一丹	易佳欣	代　念
汤静娴	杜剑飞	周文涛	蒋雪莹	罗迪月	张毓玉	张瑞阳	王　灿
郝　悦	霍峥岩	胡奉淋	牛家鑫	徐玉洁	林米雪	刘圣敏	罗　飞
宋　杰	罗维嘉	郝子萱	张沛文	江若彤	张奕童	郑文涛	钱　辰
朱江华	吴问涛	古兴茹	董文韬	唐中莉			

二等奖学金（78 名）

霍浩阳	王先寅	郭东琦	李搏志	吴可非	刘承希	方旭峰	张宇涵
王　妗	庄益锐	朱百川	李佩珊	刘伟勋	周子涵	蒋　玺	张昕悦
郭知宇	陈锐锐	周柯廷	安文垚	赵建勋	陈非逸	王凯越	许江珊
马镰瑜	胡琪琳	贺佩华	高　鋆	向　岚	朱芳仪	张栩菲	周　静

程小洲　麦启欣　纪　文　郭　苗　王诗仪　宋嫣然　杨必成　彭炜康
陈心宇　郭玥伶　蒋思奇　先文怡　钱凯旭　陈　越　曹沐雨　徐如君
缪书乐　丛红炜　陈炜鑫　皮雪清　吴佳豪　凌雲锋　胡航绮　高　林
刘　璐　张文举　邓浩伟　陈　健　宁　哲　欧丽丽　徐雨潇　李天卓
连晓荣　潘泓宇　宋飞宇　梁　铖　杨逸帆　刘英杰　杨世瑞　廖玉洁
彭　哲　于鲲鹏　蔡中哲　吴学凯　安媚童　李佶霖

三等奖学金（171 名）

周玉军　侯佳兴　徐武胜　徐瑞瑶　俞高赏　洪如昕　袁梦琦　吴婉晴
陈　飞　张希捷　岳　瑶　周锡楠　张　俊　张星瑶　梁瑛婕　汪雯文
彭万灵　王晓红　李纪宏　韩　菲　朱晓颖　姚　露　陈佳佩　钟昱辰
纪成嫣　宋　磊　方　瑞　王鸿鉴　刘雨欣　林丽霞　肖晨曦　张时霜
梁　源　李　方　黄　希　姜宇轩　刘劲楠　王迎迪　刁雨晨　龚　然
倪　雁　刘倖溧　崔耀桦　曾媛杰　程　洁　王博安　唐艺丹　梁志梅
王新杰　王涵瑞　刘奕炏　王琛箐　周博文　王　鑫　李　贺　程驰尧
周　莉　李双恒　卿　雨　王雅宁　于　童　杜　倩　傅　莉　翟锦秀
王天碧　谢卓祺　张雅睿　徐杭炜　罗文蓓　任鹏飞　郭子榕　孙逸宸
朱成佳　乔　宇　安康洁　胡　笑　乔丽莹　邱新洪　胡睿华　蔡雨婷
法慧妍　孙乙敏　雷棵蘖　伍夷祺　欧　婷　常杜娟　袁　洋　孟歆迪
潘恩培　胡家华　王金成　梁心怡　杨忠兴　王苏国　余林青　刘宏伟
桂腾敏　张鑫洋　雷博文　陈胤玺　李　壮　刘　睿　张　爽　黄佳祎
朱　燕　贺山成　张赫洋　田玲玲　冯绮璐　赵　丽　喻　晴　俞诚成
周莹莹　吴　航　张雅岚　邹蕙伊翎　吴文成　卢中文　王璐瑶　陈　锐
王雨露　王　钞　吴心如　张　欣　许美婷　王骄阳　王晨宇　吴嘉奕
蔡鑫美　姚家炜　蒙宇菲　陈昱彤　杜文静　王子康　刘一江　梁耀文
李恒一　向志强　朱旭新　彭宏宇　钱雨欣　路冀鹏　吴沛敏　范一杰
盛　千　廖　洋　刘佳乐　黄泓溥　谢泽鹏　郝研博　董子昕　张允涵
郭迎奥　陈一帆　龙燕雨　纪晓鹏　马丽亚　李伟亮　李心怡　郑　倩
李灏东　张　杨　高佳颖　张　妮　黄　言　栾　颖　乔鸿欣　梁　睿
宋晓航　何昱欣　王睿智

利兹学院（149 名）

一等奖学金（23 名）

钱舒月　刘明煦　周新蕊　王竟丞　胡书源　邓博威　黄劲烨　赵宇瑶
毕宇辉　许沛森　尹力威　吴晨浩　杨珺茹　孟　琰　郑琳千　梁诗洋
刘　勇　周彧凝　何昊阳　王京龙　陈星宇　李姝瑶　朱　灵

二等奖学金（47 名）

唐滢江　文梦凡　吴怡宁　李崧睿　于耀翔　洪纵横　孟　阳　祁铭鸿

万羽中 周世文 薛迪凡 王雄鹰 张择正 张雨农 杨 晨 曹恺悦
吴静远 杨思宇 邹德豪 肖博文 廖人霖 陈蕴洲 李欣妍 陈 韬
雷奕达 丁俞杰 褚欣然 李俊毅 钟雨欣 梅笑寒 王永鑫 谢鑫淼
吴 迪 耿小媛 罗璞娴 王鹿鸣 杨一帆 谢凌鲲 蔡熙辰 文莉岚
钱煦和 胡怿添 李新豪 沈梓晗 马成骁 冯韵嘉 张子晗

三等奖学金（79 名）

张誉耀 柯志昊 蒋 维 章以煊 李金雨 陈 柯 唐 浩 骆 言
毛永博 任睿劼 黄馨洁 窦翔宇 郭雨迪 胡吉鑫 王一洋 张笑碧
李翔宇 谢鸿杰 胡中天 熊海琳 李王逸嘉 韩 玺 许人月 刘彦辉
康雅婷 夏 禹 盛永佶 温沛铮 杨温博 罗宇轩 徐阳生 刘清欢
毕云峰 靳宁远 蔡龙骧 李邵男 喻沛然 程军舒 陈元龙 杨岳林
黄 晨 郑淑琼 辛淏炎 章晋圻 黄子瑞 乔 艺 王震霆 盛路晗
张华健 蔡浩伟 李泽仁 续嘉航 郭启骋 尹开新 王烨嘉 何重越
周冠人 聂琴枫 杨 锐 刘晏榕 辜宇豪 王怡琳 杜秋辰 武于凡
李昀瀚 刘心宇 肖煜东 李汶龙 刘星辰 郭轩宇 唐 可 曾沁琰
赵一珺 郑紫涵 肖亦江 何元昊 吴俊谋 欧 畅 秦卓航

材料科学与工程学院（169 名）

一等奖学金（27 名）

金磊源 刘新月 刘义彰 罗 逸 支丹丹 李晓玉 彭陈程 陈秋皓
陈雨晴 王美娟 刘景芳 郑芊宸 刘 宇 杨 阳 王生龙 杨 帆
肖 军 李孟钊 李留帆 赵瑞月 许玲焱 梅家栋 孙诗然 李静霖
王子月 吴其兵 张倩倩

二等奖学金（49 名）

杨梦毅 李雨遥 赖黄晋 王宜平 石君利 王 恒 谢 晨 张志豪
马 骏 李 苗 陈 耀 张玉玥 陆 琦 常劭祎 张子毅 刘懿瑄
张灵瑜 黄智杰 林雯静 马诗隽 胡叶婷 王 潇 段晓霖 刘红刚
何忠倩 王兴龙 熊文轩 彭义东 马瑞钰 杨于诗 孙逍文 杨乐瑶
李学涵 朱 涛 邱未灵 泮吉祥 姚 嘉 赵雅雯 杨琪奇 李卓见
陈煦芬 陈可可 陈思帆 江 欣 赵逸鸥 李佳桐 彭 露 颜 阳
王晓婷

三等奖学金（93 名）

韩智慧 孟昊天 魏 超 王云芸 魏嘉佳 徐瑶瑶 严万春 贾昕怡
吕佳辉 王兆峰 李旭松 韦骁峰 付 恒 尤莉娜 胡文婷 张博健
吕瑞洁 曲 茗 孟令玎 潘天宇 张芷璇 杨凯淞 张旭龙 张伊扬
陈锦涛 张奇强 龚岩嵩 袁力军 崔怡然 王亚丽 姚淑一 王力霆

徐　洁　陆登峰　潘俊江　林东虎　张圣云　李　进　陈杰霖　林祥荣
韩泓屹　吴月皓　吕加友　刘锦宁　张梦星　左梁蕊　陈煜坤　陈谭琳
田颖睿　孙烨阳　范　烨　金　灵　罗永杰　刘鸿铭　王益松　李志勇
陶泽林　尹泽召　凌唯一　罗　斌　张炳旭　郝美琪　苗敬杰　干智杰
黄牧野　彭佳毅　吴卓尧　王鉴文　曾千弋　杨　昕　董一婷　邓宇轩
蒋丽君　张雅岚　江金霞　谢传亮　胡浩俊　刘新强　徐天培　岳耀群
张智宣　李卓航　吴　忧　谭　氏　冯　波　徐佳悦　王炳亮　邹　燚
文根硕　荣怀清　张斯涵　王　超　张玉清

地球科学与环境工程学院（222 名）

一等奖学金（27 名）

任鹏羽　吕奕杰　毛子豪　赵聆利　刘晗帆　徐思彦　李　瑶　陈燕燕
董　璇　兰诗寒　贺丽霞　汪鸿浩　白金钊　陈相儒　张强江　王新天
陈元天　池韬略　肖玥玥　赵纯强　高怡凡　范辰昕　那　强　翟　珂
曹正阳　高涵科　邵佳宁

二等奖学金（66 名）

王鹏宇　喻可凡　杨　惠　徐清杨　刘佳峻　明　杰　卢　冲　陈志辉
张冲冲　冯止依　杨雅洁　孔凡昊　姜　璇　张之逸　许婧怡　翟维欣
王雪擎　谢峥宇　王博轩　粟萌萌　郑静如　代如玉　龚恩慧　徐　珊
王骁鸣　陈华江　陈亚虎　聂金诚　吕　傲　冯　霄　赵　爽　金仔燕
吴金泽　李成春　黄玉滕　余唐杰　闻　翔　丁俊杰　崔新蕾　张弈辉
刘梦琳　钟浩淼淼　陆　童　吴玉婷　罗妮亚　李孟娟　路　浩　李　洋
周仪雯　乔亦弘　张雪琪　王　程　侯雨含　崔耀丹　刘芳菲　蒋硕匀
陈千喜　杨　鹭　谭　霈　丁永哲　杨碧红　苏刘鹏　范宁晋　范芳好
熊　浪　金宇侃

三等奖学金（129 名）

陈　壮　刘志仿　陈星宇　钟海林　高小波　李熙渔　王成龙　张晓勇
徐　航　李　智　滕　强　邓　威　钱嘉侦　邓迎春　张　杰　邓明园
吕改杰　冯宇凇　吴　涛　沈　旭　陈豪杰　都　鑫　王志超　马　源
张　雪　田心怡　朱紫琦　史昱翔　苑　祎　杨斯意　庞　茵　张宇君
陈绣文　周雪婷　易炚利　袁　萍　张　宇　李　昊　谢　悦　刘财艺
乔晓琪　董　可　刘思好　李　倩　陈　铨　祝浩翔　杨汉纯　徐荣辉
任晓月　杨　超　杨大鑫　唐健峰　刘宏伟　黄　镜　段雯超　孙　丹
尤安俊　熊　标　罗　鑫　王　澳　周琦文　吕　琦　顾亚虎　石泽文
王静波　温　磊　黄之铖　郑嘉睿　吴　琦　刘佳宁　田雨璐　彭佳蕊
俞妮婕　熊仁萱　韩奕菲　米　春　布瑾帛　毛家好　韩晓艺　周婧怡
陈康正　傅梦麒　钟梦海　丘铂钧　陈俊桦　余章应　欧阳群　冯炜成

刘　刚　孙金彪　刘洪江　张鹏阳　林其炜　余　爽　韩祝军　高嘉楠
赵久瑞　徐子琦　隋　艺　吴家驹　邓嘉琳　张佳澳　文　怡　杨时超
张　鑫　朱韵蓉　陈　珂　韩　淳　汪雨柔　李　澜　张子怡　陈苨娜
郑智宇　刘民欢　刘懋桢　王　轩　徐　涵　李竞轩　董永豪　宋盼盼
戴立涛　陈泽寰　刘航源　谢　俊　代　飞　吴贵涛　黄皓南　严雨婷
马少兵

经济管理学院（225 名）

一等奖学金（35 名）

顾锦芳　李佳乐　彭文祺　张　丽　曾　渝　李双妮　陈园园　李　铖
戴璧娇　余　鑫　邓舒文　国　希　汪旭梅　胡　潇　王雯莉　游婷婷
梁芮菠　毛家雪　王子悦　邸俊潭　张沛然　安静泽　罗　莉　韩尚轩
邹雨涵　李　玲　程　程　李新阳　沈　满　曾宁欣　常沛霆　苏奕丹
陈　卓　朱映霖　贾烜洲

二等奖学金（71 名）

宋浩男　刘灿晖　覃　兰　周承检　范作垚　徐常皓　朱嘉雯　何希来
安鸿儒　张雅蒙　弓　婷　周安琪　尚　伟　付紫婷　沃继赟　王　凤
罗　敏　赵清纯　杨月瑶　郑镇仕　陈静静　杜璐岑　刘　颖　张夏影
孙　越　吴　涛　覃雪莹　李文文　邹小杰　张涵媛　罗雨薇　罗　奇
朱璇玮　王靖雯　蒋文轶　申兆艺　张雯雯　郑宇恒　孙婧舒　丁　枫
张炜尔　张　露　李晨璐　孙雨婷　余镇全　史文炜　刘文凤　陈海波
南秋盈　林婉婷　陈　澳　宁春明　彭姝琪　蒋文挺　王秋悦　袁博文
周秋羽　冉　庆　傅佳晨　潘奕汀　李昕懿　潘阿敏　雷　娟　查　腾
张晓雅　邓美云　李迎超　雷　蕾　张　博　王竞玉　吴浩宇

三等奖学金（119 名）

徐鑫楠　童小轩　靳银丽　刘梦竹　彭诗慧　徐子琪　罗　琴　罗　倩
石婷婷　伍韵洁　吴艳霞　蔡齐岳　张雯霏　王　晶　曹　婧　张心雨
王　欣　田思妮　费安绮　王　婧　吴璐岑　张　承　王嘉伟　吴　聪
蔺友鹏　黄鑫桂　赵静静　许瑞希　王莉娜　史文慧　许婷丽　杨泽彦
王　彤　李　菲　廖　岐　胡玉珧　沈思园　郭群辉　陈雅洁　董　倩
李鼎臣　黄耀镕　陈诗晴　柴　笛　杨佳艺　卢　熔　牛倩茹　邓梓峰
汤鑫燚　罗英瑜　胡昕宇　黄慧娟　王艺燃　闫莉茹　董亮祎　付恋翕
周千越　宋　煜　刘　茜　马旭蕊　张春莲　李汝洁　鄢敏辉　谢　潇
刘雅琦　赵宗漾　韦姝卉　叶晓桐　金叶琪　勾文婧　伍洛熠　赛汶君
圣云云　孙小一　任　露　曹静雯　王舸蓉　屠佳丽　王　强　刘　洋
姚　睿　申海婷　曾艺蔓　刘　娇　秦庭炜　程佳雨　焦　琳　徐飞红

杨昌锦　刘金宇　樊晓蕊　孙汉青　张　慧　胡琼尹　邓　洁　杨智立
乐佳宁　靳亚南　孙海玥　张天钰　夏露君　孔韦江　孙　冰　李　悦
马海马芸　曹　炽　蒋俊龙　邹　庆　邓　洋　邵　晨　李宜非　汪　波
唐　敏　卢商羽　仵新宇　邓紫莹　潘应心　刘　捷　郑浩然

外国语学院（145 名）

一等奖学金（23 名）

李柳熳　张汝男　杨孟谦　徐　驰　潘　峥　李昶昊　尹　澜　黄玉洁
窦湘迪　陈静茹　雷凤琴　钮晓云　李虹霏　王玥月　潘嘉仪　韩佳雯
张运来　王怡晗　杨之瑜　宋凯悦　刘育晨　周雨平　谢春维

二等奖学金（49 名）

徐　芳　陈　怡　林雨烟　余　港　朱欣悦　武圆圆　洪　昂　陈再浩
尹　远　周　迪　赵娜亨　夏健鑫　韦婷婷　戴　悦　张枫茹　刘小熙
范昕钰　杨蕾加　肖雨欣　周天颖　唐　诗　刘晨璐　郑云霞　王一伊
王楚可　马凌云　肖　箫　夏荣林　吴珺瑜　纪　航　程山芳　胡恬嫣
王安钰　李丽安　朱敏格　武　曦　张宜远　林　昕　刘乙亭　安浅潸
岑　龙　唐子晴　邹雨欣　刘思旖　郑凌桑　何梓莹　杨睿敏　张瑞军
聂海莲

三等奖学金（73 名）

史诺文　马馨怡　冯　叶　包兴佳　高　鼎　王盛东　卞佳琦　原尚祺
李　玥　王子青　张蓓雯　冼思强　叶露明　王祥双　张梦楚　李紫嫣
何爱琳　张欣洁　靳　涵　董文琪　王一土　李小雨　陆盈辰　刘丹丹
陈泽健　崔　好　杨晴媛　李双寅　高天雨　王艺璇　张　楠　凡　荣
罗铁洋　陈亭竹　宋星星　王杰会　张睿琪　杨乔波　李芯怡　夏　帆
阮晓菁　任昊南　杨子衿　张　泽　黎瑛琪　高　琦　万可怡　冯钰涵
漆　薇　符腾予　陈佳运　吴柯颖　徐婷钰　顾王洁　吴小燕　瞿远颖
杨武茜　赵　雪　王宇蒙　徐祎琇　张笑雨　辛　悦　徐上上　汪佳怡
张卓然　陈　玥　田琳娜　曹　昆　翟　煜　黄雅琪　于思佳　耿慧爽
徐　聪

建筑与设计学院（282 名）

一等奖学金（44 名）

杨雨青　侍宇枢　孙星灿　王若名　金　磊　黄　尧　张　钰　丁瀚林
刘艾娜　刘璐凡　邵晓白　杨婧璇　温雯锋　胡铭凯　姜雨芳　余紫燕
黄　涛　王佑祺　丁一珂　黄彦羽　王杰雅　徐沁仪　张啸寅　吴天昊
丁舒琦　徐　蒙　胡佳仪　杨雨萱　张　珂　程伊菲　卓菁菁　王奕斐
王诗卿　赵昊宁　谢千蒙　徐宇飞　柯路恒　吴　誉　苏子悦　史祎昕
刘千慧　曾　辰　杜俞洁　李欣怡

二等奖学金（89 名）

罗思蜀　李伟琼　孟繁熙　徐嘉瑞　刘奕孜　张瀚天　张文杰　张超扬
徐璐怡　于　垚　朱小琨　石琬琪　郭亚凝　苏　悦　蒋知航　王子萱
吴嘉玮　夏雨荷　战武麟　阮佳泠　徐　梦　赖叶红　史晓彤　陈琪琦
潘哲宇　娄晨霄　何佳睿　陈亚茹　杨思齐　李晓易　何钰卓　唐程璇
李秄頣　刘丹鹏　李帅帅　夏谢栋　肖雨婧　谭晓姣　俞　锦　文　静
李嘉骏　姚凌涵　周冠宇　杨　晴　张子寒　闫书铭　胡　越　陈镜伊
贺肖淇　黄紫嫣　赵茗锐　史云帆　陈伊晨　邹清华　姜文文　金　箫
徐梦园　杨倩怡　范芷绮　祝　宇　凌婳晗　张　泉　王慧文　刘欢欢
刘怡麟　刘雨微　张宇弛　张李星月　贾诗涵　严澍阳　张虞骞　杨茹玥
孟君婕　陈倩瑜　王奕轩　苏巧敏　张竞予　任旭梅　邹　娜　陈俊潮
祝佳琪　张梦莉　冯紫涵　杜芯雨　李骄芳　李奕轩　刘嘉毅　黄寒钰
王金明

三等奖学金（149 名）

刘　羽　王　怡　申思雨　夏铭坚　罗雪蕾　朱梁晨　刘天宇　郝艺璐
刘　杨　朱可迪　徐一菲　周　睿　宋楷楠　颜歆滢　李依婷　黄晓晨
梁　焓　张渊志　许　洁　罗启松　孙雅馨　曹峡锡　刘桉炽　王浩然
蒙思渊　赵婉露　康纤星晨　郑博闻　李思文　雷思静　李敏侨　杨文杰
禤颖彪　刘浩然　王嘉文　李晨晨　杜　媛　张天璐　邢怡雯　马国钦
林伟鹏　胡　蓉　王　欢　胡晨宇　玉　璋　张　燕　郁明翔　李　钦
王晓慧　王佳莹　卢国梁　雷景涵　胡如意　魏曼婷　罗　炜　赵　亮
沈孙文茜　杜苗苗　孙语晨　孙　悦　张　欢　张懿钒　张　丹　王嘉昕
梁峻嵩　叶子璇　刘文博睿　俞嘉佳　滕双宇　申　萌　覃　晴　向　鑫
金尚琪　严浩东　杜　宇　郑韵捷　冯宇程　肖　雯　霍　妍　贺思敏
张惠媛　张　冰　周佳妮　尹思源　窦昊然　冯　春　彭迦琛　黄逸菲
陈思敏　连艺霏　钱秋凡　郑若涵　魏思怡　丁亚轩　何泰成　周　涛
毛雨谦　何天宇　段婉晴　匡文欣　吴雯丽　詹亦琪　刘　峥　王皓冉
杨文萱　王沛霖　张渝雯　王奕晗　李　佳　李欣雨　王艺桥　冯康芸
张峰瑞　张浩宇　张昊雨　张雨洁　谢　梦　陈宇豪　周梦杰　郭倩伶
吴爱千　吴承畅　赵滢瀛　白雨杨　齐　琪　乔雅雯　吕　薇　刘思源
赵珂玮　李莉君　楚冬惠　孔垂艺　王佳磊　王智瑶　李荟荟　唐惠茁
黄龙锟　王晓世纪　朱砚清　程珂柠　王　邢　张晓晗　张慧伶　夏千烨
雷铭烁　贾庚辰　马雨佳　王思妮　吴　浩

物理科学与技术学院（160 名）

一等奖学金（20 名）

邓金鑫　金述平　皮文萱　杨司瑶　韩佩杉　肖　玥　季天皓　刘千一

何　真	周天石	胡　鸿	李若曦	姜　地	宋天助	王家兴	王　祚
郑熙凌	胡嫁琪	张一凡	陈诗涵				

二等奖学金（49 名）

田小芮	何坤阳	朱晓梅	王嘉星	秦荣荣	向伟铭	岳　芳	余桃凯
张霄涛	陆泽辉	万家辉	雷　钧	乔小斌	张岩开	杨世杰	蔡炳华
白京城	熊浩然	郭　畅	翁俊辉	邱子彰	张佳磊	张　怡	陈钱坤
王　婧	陈冠谋	张雯锦	陈济然	刘金玥	王凯扬	周恒安	李良柱
王弈维	郭俊宏	张怡然	王　羚	江星怡	孙浩妍	金　辉	郑　龙
石金泽	贾宸骁	赵心语	刘成鑫	杨翊平	范文博	倪浚哲	李震宇
邱子歌							

三等奖学金（91 名）

贾　朔	刘　俊	李钊杰	陈逸飞	季海梦	李　倩	彭露露	宁　勇
胡辰凯	张文昊	赵芷蕊	朱恩望	伍泓锦	韦青江	孙万寿	冯育川
曾宇鹏	张　涛	代春玥	丁长顺	刘　航	牟书峥	王璐瑶	刘孝毅
罗　娜	钟起兰	何嘉保	王名涌	张高云	黄曼莉	刘克楠	刘　韩
张燕青	陈　锐	谢成星	龚华金	郑实琛	戚天意	丁天斌	杨　闯
曹书豪	徐　峥	陈长俊	左明兵	张睿智	张传豪	曾添友	童　夏
薛　凡	赵泽轩	于　淇	高雨卉	倪晨峰	徐　多	李　冬	严浩冥
孙梦怡	牛美婷	励钦翔	徐　开	王浩岚	邹海洋	张泽琛	官　泳
徐东辉	熊　波	袁泽森	李　轲	薛　源	何欣雨	阮国水	韩永琦
杨行健	许正葳	赵　嘉	黄一格	杨守康	陈　龙	邓柯杉	荆彦舒
尹进然	钟宇轩	陈镜羽	潘姿月	杨　勇	王祖鑫	朱月梅	肖旻月
杨　浩	王笑寒	王祎轲					

人文学院（145 名）

一等奖学金（22 名）

杨盛果	周　铁	邱新然	苏子涵	朱　伟	蔡松璇	王　岚	徐东辰
夏　鑫	齐晓雨	左一寒	卢玉倩	赵文哲	黄正燊	赵文豪	曾蕙心
钱佳西	申　佳	姚俊臣	郎佩冉	关越元	徐嘉怡		

二等奖学金（47 名）

杜明阳	李　薇	刘　辰	胡蝶雨	胡晨璐	何星泽	侯宝璇	陶玉祥
陈　康	田欣雨	姚胜楠	邹璧璐	帕尔文·帕尔哈提	陈萌萌	安　然	曹冬妮
徐榕利	马李庆琴	张靓怡	招昀煜	周怡廷	孙正晨	羊宇婷	陈思宇
张萌蕤	付雨桐	陈　萱	王　赓	方彦然	钱筱羽	季芷卿	张玮婷
林中渠	叶雨洁	蓝郑燕	钱　淳	阎俊宇	李雨霞	贾贝熙	叶金莹
李青潞	李馨蔚	黄诗倪	谭馨悦	姜日琪	谢婷婷	刘黛瑶	

三等奖学金（76 名）

王紫颖　朱宇骏　李　想　杨子淇　武怡雯　刘思雨　汪　洋　喻佳宁
王伊鸣　王立君　张羽蔚　赵婷婷　许文婷　高秋实　杨　涛　张文欣
李朝静　王惠雯　饶　玮　谢知晓　张怡婷　仲芷娴　徐舟雨　高宜琴
李佳霖　周芸靖　周怡萱　段涵宇　马千惠　张语萱　侯晨旭　李奇琪
张雄飞　齐晓倩　崔平昊　王月琛　姚　卉　李天媛　周欣宇　李奕漩
史琳霄　吴曾钰　周澳辉　石　鑫　刘若涵　李晓倩　聂宇辰　周川慧
雷　雪　王浩腾　白冠熙　万心怡　张博颖　杨泽琨　谭思源　罗　慧
薛　雨　宫　可　田　欣　陈泽远　石湘怡　张真琦　杨菁菁　孟雨欣
刘澍玥　张文芳　吕阳琛　刘　芳　刘梦月　程思语　杜依洋　张钰莹
邱凡洁　付雨琦　唐偌婷　商忆倩

公共管理与政法学院（117 名）

一等奖学金（19 名）

徐晓妍　牛钰彤　顾　彧　孙凡博　李　衎　季芸菲　朱李缘　周浪西
李昱辰　焦思雨　郑　娟　翟龙娇　王娅如　鄢　睿　丁观芳　王姿惠
顾晨曦　王力超　张秀清

二等奖学金（39 名）

王雨婷　吴少华　蔡茹薪　李佳妮　刘婷婷　李燕彬　韦一凡　陈　炜
胡小丽　沈双颖　金琬璐　付　壮　谢琴彦　秦晓佳　刘子楠　唐　雯
李亦可　蒋芳琳　梁亚朝　邵芹芹　曹雨薇　李丽婷　李蜜蜜　文紫静
于梅娜　陈　渝　傅　丽　李欣童　章正源　尹铭育　李汶芮　许　瀛
左依航　李琴心　邵诗懿　张芷涵　段寒潇　赵悦名　何雅雯

三等奖学金（59 名）

刘岚涛　马苏扬　饶　也　饶嘉茹　陈丽蓉　华郁蓉　王佳慧　陆志杰
张璐璐　于明心　陈小方　苟小霞　程　修　董思宇　卢　慧　王　文
何进业　于晓倩　陈治璀　岳姗姗　王显栋　宋子越　黄紫菱　罗佼妮
赵鹏达　冯　研　张雨檬　施庆洁　熊文雄　吴楚灵　徐艳荣　刘思雨
钟澔棠　郭蕴仪　张雅蓉　苏箫箫　陈　卓　陈　龙　杨　敏　阳彦志
李　宁　刘　涛　刘　艳　谭　芳　刘旻雯　王艺颖　杨兰彪　韩　蓉
陈雨青　郑梦瑶　许雯霖　游选燕　胡诗甜　许欣怡　许　珂　林　巧
史赟婵　辛逸伦　刘芮伶

生命科学与工程学院（126 名）

一等奖学金（20 名）

朱　萌　王韶畅　杨　舒　覃静凤　秦　楠　李诗佳　周伊婧　陈欣雨
张馨元　贾承霖　倪典墨　王千瑞　郑家乐　利　铭　石龙润　赵　漪
姚雨庭　林家慧　张静妍　朱宁馨

二等奖学金（41 名）

张广森	杨雅丽	钱妍羽	康之汇	钱志凯	吉　也	段贤洁	韩　涛
张　瑜	车昌丽	宋彩云	贾舒杰	杨钰琛	兰佳怡	尚可欣	梁子涵
翟塬琳	程瑞翔	黎国洪	姚　鹏	胡昊哲	王傲雪	余文嘉	艾佳媛
李　瑶	奉雅岚	周炳鑫	陈益炜	吴亭瑶	张蒙蒙	戴欣悦	全慧鸽
陈浩南	陈梓威	季笑云	吴亦鸣	温子靖	孙可一	周芝兰	杨　晨
江禹辰							

三等奖学金（65 名）

李钰洁	俞泽斌	王瑜颖	郝博新	董玲玲	蔡子君	李琴瑶	阎若禹
刘思成	薛　璇	宓天宇	熊晓晨	利荷露	黄龙玲	杨小禾	李文芳
曹佳欣	胡婧雯	向　月	刘旭玥	万珍伶	孙　皓	邓　加	袁静怡
陈怡君	王玉峰	漆宇骋	赵鑫辰	周飞扬	李凯儒	孙茜沄	张东明
李　静	王钰涓	黄剑锋	黄　丽	骆巧媚	范依霖	史疏雨	王　姝
张雪盈	吴泽蓉	邓迎春	张雁春	陈雨亭	张羽翔	许雨嫣	陈　旭
王烁棫	辛伟明	陈洁如	王丹萌	陈　新	罗尹佳	杨　晨	杨　语
汪明珠	谢辰辰	柯家伟	张思煜	邵文浩	王艳琳	徐　诚	高　龙
李浩然							

力学与工程学院（84 名）

一等奖学金（14 名）

郝一涵	李佳静	王姝予	洪　旺	连心怡	褚弓瑶	王　貌	周　瑞
胡冰晖	吴海瑞	李润佳	杨静雷	孙明皓	蒋粤洋		

二等奖学金（24 名）

刘宗鑫	何子露	曹　熙	黄伟洋	曹圃瑜	吴锐东	孙吴雪鹏	姜吕锋
刘文虎	邓鹤轩	马鹏宇	王诗懿	毛志坚	张剑锋	王俊超	张程翔
王　逍	张　强	朱韵融	黄满意	李宗澎	魏其轩	张栖方	陈希文

三等奖学金（46 名）

郑婉倩	陈鸿明	徐未凤	杜金树	杨泞瑞	淳于展帆	彭　鑫	王昭力
王梦凡	盖孟键	周书蔚	胡　秦	吴兴杭	刘开忠	胡智创	陈俊臬
吴　浩	何昕玥	李恒达	郭艺军	崔俊哲	闻　阅	陈绍强	高海翔
陈希贤	陈海粟	尹　宏	邓　彬	吴雨融	王宇驰	罗　瑶	李艾霖
陈钰雯	李佑龙	吴欣羽	马博涵	刘文浩	戴杭岑	向泓宇	汪立帆
唐浚杰	易灵敏	赵梦凡	李诗琳	张晓遇	匡蜀黔		

数学学院（96 名）

一等奖学金（16 名）

赵　海	陈苑榕	叶　娅	张治飞	管子晴	伍舒妮	杨靖羽	居卓儒
陈卓仪	赵梓琪	车　可	杨子心	张　澳	刘镇谋	王一婷	徐久芸

二等奖学金（28 名）

向延誉 高　帅 唐天翼 王一川 经舒扬 伍莞秋 王　敏 路海娇
凡红梅 卿译方 陈诗琪 李　劲 李相江 李昌洲 王雨佳 金慧英
姚奕帆 王　颖 张棹帆 林　玉 邱　灵 杨佳煌 徐　倩 黄子路
李宏亮 李雨静 蒋名琪 商嗣源

三等奖学金（52 名）

李婧然 程智敏 张可亮 曾雨欣 张红佳 吴昊禹 陈　琪 陈英康
黄益新 汤　健 余　鹏 蒋梦怡 贾吉舒 胥子威 曹　犇 王晨源
陈　卓 李佳冰 肖李文 蔡若琳 曾　天 陈浩文 张馨心 苏　艺
刘雪丹 杨玉斌 邹奉黎 李　奥 阮　航 张　筱 姚越晟 吴志超
胡振耘 卢哲园 曲希然 柴子瑞 罗迟驰 裴博尊 赵书含 谢　刚
安禾嘉 余　钰 董秀婷 陈　杰 朱宸琛 张津瑜 毛加平 王丹婷
陈　瑗 赵艺琳 蔡学峰 李诗琦

马克思主义学院（27 名）

一等奖学金（5 名）

杨柳风 田　璐 杨小青 顾　欢 黄一嫚

二等奖学金（10 名）

刘　昱 冷　羽 邓盈利 李　珂 罗钧文 程欣月 郭　杨 郭修远
李　军 褚奕雄

三等奖学金（12 名）

王潇雪 刘　茜 敬思嘉 高　薇 高妤涵 光星月 丁娅芳 马梦玲
孟月暄 刘亦欣 郝思怡 崔夏娜

心理研究与咨询中心（27 名）

一等奖学金（3 名）

顾卓然 张袥滔 蔡亚静

二等奖学金（7 名）

许唐婧怡 刘芷琳 李世姣 蒋　倩 黄心怡 王雅男 黄欣茹

三等奖学金（17 名）

冉　莹 齐　悦 宋　艺 许永芳 史可心 张哲毅 王　聪 李　琪
刘若懿 李丙龙 张浩男 杨涵玉 赵　洁 陈晓庆 刘馨洁 游佳莹
齐子行

竺可桢书院（369 名）

一等奖学金（54 名）

赵铭洋 杨　雪 张宗宇 林海鑫 李爱贝多 杨雅兮 张　洋 舒　航
马慧敏 李飞杨 余雨珅 敬雅文 赵世华 龙开天 张浩然 毛凯旋

关剑宇	罗祥威	徐新辰	涂煜柯	王雨珂	刘天宇	柏义阳	刘如意
汪鑫伟	钟雨辛	唐　琪	王　品	邱　鹏	李永昕	谢懿晗	张紫竹
宋世杰	芦嘉诚	李孟璇	丁涵悦	胡子威	肖　阳	熊　航	周思源
王振洋	祁广东	彭若愚	向　洋	蔡佳倜	张靖滨	叶子强	廖凌枫
叶贤胜	詹　雨	赵凯文	代盛仪	刘盛林	罗佳楠		

二等奖学金（107名）

潘逸琪	张　爽	杨青梅	周子杰	陈忆涵	荆传玉	房正龙	黎向周
谭靖川	邱艺丁	钟文梁	张婉欣	殷超凡	陈纪宇	廖鑫玥	张洁滢
李柯依	李承鸿	崔启亮	陈宇阳	李玄妙	孔　硕	成宣任	蒋曼琳
张晨妍	吴太恒	陈俊伟	陈明浩	卞　澜	戴逸岩	陈　苗	曾　杰
张品先	钟雨薇	黄宏威	黄宇轩	任世欣	梁峻宁	张森皓	丁炫灵
蒋舒颖	丁士杰	蒋春阳	陈张欣语	谢　颖	王承志	朱海峰	熊　妮
王璐璐	付铄雅	蔡檬屿	施赛龙	覃光怡	江博慧	鄢　锐	李维妮
彭　多	杜懿佳	冉雪君	彭元贞	王　东	李　成	王俊凯	彭英杰
陈博涵	李浩源	林湘芹	蒋萌莼	周真宇	何俊谊	和　琦	张　豪
郭柄宏	卢春浩	周婧楠	彭　子	李梦妮	周　童	杨宇涵	郑臣君
毛雪怡	李政贤	刘　聪	李泓毅	余　玺	王辰星	陈　前	许篮心
董欣荣	汪　冲	汪炯藤	陈海乐	陈书畅	刘静雯	曾玉宇	赵玲巧
高靖涵	蒋　滨	李耀铧	申梦君	余芳菲	蒋琛琛	贾逸君	谭闻达
祝　畅	黄晓庆	刘小余					

三等奖学金（208名）

张　科	王　嵘	周逸昊	梁鑫铭	王鹤桥	王进宝	周红林	尚珂瑄
张潇翔	廖楠洋	唐礼泽	黄宇浩	熊灵涵	苑慧杰	刘文琦	邹泉锭
李昊洋	宋朝阳	陈金凤	付玲芳	杨嘉明	曾涵诗	王宁馨	徐永岑
陈松涛	陈　祝	孙千禾	王禧雨	蒋　洁	李嘉慧	傅嘉铭	谭苗玉
焦　悦	谭　勉	王子安	周　超	祝婷梅	吴禾霏	王　祥	刘钫文
石松阳	余　萍	丁妍伶	刘晋升	汪　曦	曾雨萌	李煦丹	李春杰
刘　聪	曾　虞	张志强	巫烁理	李如涛	胡金泽	许以凯	张诗杰
谢清山	周小川	朱崇巍	刘　征	何明蔚	赵子炎	杨译林	于婷婷
刘琦欢	王子涵	郭良泽	方思宇	杨　悦	宋　一	钟　昊	伍　烯
胡馨月	赵　峰	朱茂源	胡玉炜	刘晓东	曾诗雅	吴　昊	邓金炎
刘　捷	杨知鑫	刘鹏仪	江雨珂	伍妍蝶	赵郅喆	宋弘熙	赵大地
林　聪	李国栋	张蓝方	刘欣锐	刘昱含	周丽霞	赖岑枚	陈玉佳
高伟豪	赵　悦	李兰茜	张思雨	黄　蓉	李　聪	鲜奇宇	周长玉
岳梦凡	叶旭泽	池欣忆	张苏芸	刘洁鑫	牟柏林	付　森	刘能惠
贾功宇	胡紫园	王涌鉴	朱河伟	唐圣德	骆俊杰	饶显宏	孙佳鑫

冯枢恒　曹晓琦　薛可钦　朱重阳　杨子豪　陈洪漫　陈　瑜　何佳凤
周小游　王佳禧　黄泓晟　马长康　王　焯　吴俊豪　刘恒源　陈　旸
范京燃　汤博涵　黄景秋　陈雨航　胡子健　黄丙权　简仕钊　吴传航
邓之涵　罗　源　曹仕鹏　刘景羲　任银楼　涂博文　张宇阳　谢骋丞
崔可儿　吴浩铭　黄枭冉　蒲光鑫　张赛诺　蒋鸿琛　张毛杰　徐海东
雷　淇　陈盈科　吴思佳　刘若澳　林锦鹏　吕飞卓　杨瑞龙　窦雨琪
谭雨轩　陈宜鹏　周治銘　吴　玲　刘丽芝　唐亦浓　穆　璟　舒新建
张文玥　罗文侯　肖浩科　唐靖沂　彭伟芮　杨大庆　潘　蕾　何向知
王一翔　杨妙妍　赖苏玲　魏　雯　陆柏宇　周柠旭　姜月瑶　霍睿哲
潘良皓　王　千　李　薇　张　洋　林　茜　兰　鑫　曾　慧　黄炼博
潘玉杰　曾文燚　段青青　刘济玮　雷志鹏　尹邦扬　黄子凌　苏小田

本科生专项奖助学金（628 名）

感恩中国近现代科学家奖学金（22 名）

王帷韬（茅以升学院）　龚邻骁（电气学院）　韩芳平（生命学院）　周小兰（数学学院）
陈思远（交运学院）　唐大伟（信息学院）　王龙祥（物理学院）　徐　丹（人文学院）
陈镒丹（公管学院）　胡一冰（交运学院）　李　琴（建筑学院）　马岳韬（材料学院）
林瑾如（建筑学院）　朱鹏飞（机械学院）　吴　凡（力学学院）　杜雪明（竺可桢书院）
杨文欣（竺可桢书院）郑舒文（经管学院）　金天恺（信息学院）　杨璐璐（土木学院）
秦晋哲（信息学院）　顾雨涵（机械学院）

感恩中国近现代科学家助学金（32 名）

马　睿（材料学院）　郑　帅（交运学院）　杨芯霞（材料学院）　王陆明（电气学院）
王月月（材料学院）　陈倩媚（外语学院）　唐天利（茅以升学院）令狐丹（交运学院）
肖能飞（竺可桢书院）杨　洋（信息学院）　温苗苗（数学学院）　金志成（交运学院）
范　悦（建筑学院）　王天鹏（机械学院）　蒋吉鑫（机械学院）　杨正霖（地学学院）
罗娇英（交运学院）　漆美霖（土木学院）　何秀群（经管学院）　高钰翔（机械学院）
刘吉潇（机械学院）　任榜新（建筑学院）　陈　鑫（公管学院）　王艳凤（土木学院）
王　创（电气学院）　张晓龙（信息学院）　肖　帅（建筑学院）　张照艳（经管学院）
郭翔宇（信息学院）　谢　柯（人文学院）　蓝　中（电气学院）　邓富强（竺可桢书院）

小康工业奖学金（35 名）

张嘉航（茅以升学院）姚远洋（茅以升学院）崔　卓（土木学院）　周　涛（机械学院）
姚　琴（机械学院）　刘启超（机械学院）　卢　一（机械学院）　刘政武（机械学院）
唐康丽（电气学院）　陈晓雯（电气学院）　冯姝雅（信息学院）　王梓帆（信息学院）
王　茜（信息学院）　秦啸天（交运学院）　韩佳哲（交运学院）　申钰洁（交运学院）
张　坤（材料学院）　邱菲菲（材料学院）　彭　静（材料学院）　李成伟（地学学院）
王潇毅（地学学院）　社土么惹作（地学学院）李　萌（经管学院）　张　萌（外语学院）

曾小燕（外语学院） 方仁杰（建筑学院） 贾　瑞（建筑学院） 陈思洁（物理学院）
王　楠（物理学院） 陶恒辉（人文学院） 曾莉鑫（公管学院） 刘可贞（生命学院）
张雪莲（力学学院） 马亚慧（马克思主义学院）郝书勤（竺可桢书院）

董事会奖学金（8名）

邱星宇（茅以升学院）雷沁霖（机械学院） 步东晋（利兹学院） 谭　利（材料学院）
朱梦幻（经管学院） 许佳琪（外语学院） 袁嘉唯（人文学院） 刘　琳（心理中心）

穗港泰奖学金（6名）

丁睿建（茅以升学院）汪世杰（茅以升学院）杜　舟（信息学院） 吕　乐（交运学院）
彭子龙（材料学院） 徐梦轩（外语学院）

罗忠忱教授奖学金（3名）

金一杲（茅以升学院）王丽君（地学学院） 孙思琪（公管学院）

双优基金二等奖（2名）

周钲皓（机械学院） 申书玥（竺可桢书院）

双优基金三等奖（1名）

金法军（信息学院）

惠霞教育助学金（1名）

焦钰钧（交运学院）

黄山教育助学金（10名）

张栋雲（电气学院） 廖嘉雯（交运学院） 李麒麟（地学学院） 郑雪岩（经管学院）
陈　敏（外语学院） 张志鹏（建筑学院） 夏良田（物理学院） 栾　潇（人文学院）
李林朋（生命学院） 刘怡杉（竺可桢书院）

江西校友会助学金（4名）

王　明（电气学院） 吴　婷（信息学院） 胡佳慧（地学学院） 欧阳宇轩(竺可桢书院）

广州校友会红棉助学金（2名）

郭丹枫（外语学院） 许俊伟（数学学院）

美洲校友会助学金（2名）

谢瑜婕（信息学院） 曹家琪（数学学院）

丰田助学金（5名）

唐占江（土木学院） 谢庭晖（电气学院） 郭俊洋（信息学院） 张淑雅（交运学院）
华正旭（公管学院）

茅以升工程教育学生奖（1名）

戴　轶（茅以升学院）

茅以升铁道教育希望之星（3名）

张浩岳（茅以升学院）郭子硕（茅以升学院）王晨祺（茅以升学院）

交大出版·唐臣奖学金荣誉学生奖（11名）

郭振威（茅以升学院）杜世伦（茅以升学院）鲁　鑫（茅以升学院）兰瑞意（茅以升学院）

续英杰（茅以升学院） 杨俨棣（茅以升学院） 贾春霖（茅以升学院） 龙建君（茅以升学院）
王麒铭（茅以升学院） 陈玥蓉（茅以升学院） 赵海洋（茅以升学院）

交大出版·唐臣奖学金创新奖（2名）

刘 鑫（茅以升学院） 王 鑫（茅以升学院）

铁工77级奖学金（3名）

赵文玉（土木学院） 纪程杰（土木学院） 代溟伟（土木学院）

中国港湾奖学金一等奖（1名）

高仕鹏（土木学院）

中国港湾奖学金二等奖（3名）

罗 翔（土木学院） 贺 鹏（土木学院） 林嘉勇（茅以升学院）

西南交大土木工程设计有限公司奖学金（10名）

卫苗苗（土木学院） 杨佳麟（土木学院） 赵理阳（土木学院） 李奇威（土木学院）
傅钦昭（土木学院） 陈世航（土木学院） 杨宇豪（土木学院） 熊子昂（竺可桢书院）
康潇月（竺可桢书院） 周 成（茅以升学院）

钱冬生教育基金奖学金（2名）

向 往（土木学院） 夏覃永（竺可桢书院）

复光铁道奖学金（6名）

李文秀（土木学院） 易梦雪（土木学院） 王晓明（土木学院） 潘燕萍（土木学院）
惠庆敏（土木学院） 邱涌嘉（竺可桢书院）

铁79校友奖学金（10名）

刘 晨（土木学院） 赖健维（土木学院） 李 旭（土木学院） 罗 曦（土木学院）
谢 鹏（土木学院） 曾梓恒（土木学院） 刘语泉（土木学院） 张圆梦洲（土木学院）
贺 鑫（竺可桢书院） 邓浩然（竺可桢书院）

成都杰瑞达奖学金（2名）

冯嘉淇（土木学院） 黄 柯（土木学院）

隔而固奖学金（4名）

黄文峰（土木学院） 赵明蕃（土木学院） 陈俊林（土木学院） 李修旺（土木学院）

中国港湾助学金（8名）

罗 燕（土木学院） 赵冬梅（土木学院） 黄 森（土木学院） 谢欣岑（土木学院）
蔡 耀（土木学院） 远 洋（土木学院） 林兆添（土木学院） 郭亚林（竺可桢书院）

土木九八级二班奖学金一等奖（1名）

谢 敏（竺可桢书院）

土木九八级二班奖学金二等奖（2名）

赵 阳（土木学院） 汪小龙（土木学院）

土木九八级二班奖学金三等奖（3名）

许昱旻（土木学院） 刘 玲（茅以升学院） 陆广斌（土木学院）

中车株机资助奖学金一等奖（2 名）

江开元（机械学院）　王　硕（机械学院）

中车株机资助奖学金二等奖（4 名）

齐宇晗（机械学院）　吴　森（机械学院）　周　洪（机械学院）　李相江（机械学院）

中车株机资助奖学金三等奖（8 名）

钱　泉（机械学院）　张　晨（电气学院）　尹佳宁（材料学院）　王宣博（机械学院）
张一伟（机械学院）　申祎喆（机械学院）　张文恺（机械学院）　欧阳杰（电气学院）

学书奖学金（10 名）

曾　锐（机械学院）　刘庆森（机械学院）　魏　爽（机械学院）　高恩南（机械学院）
张圣义（机械学院）　吴聪瑞（机械学院）　侯如洁（机械学院）　周徐呈（机械学院）
毛斐然（机械学院）　边寅初（机械学院）

杭州中力奖学金（3 名）

鲁俊钟（机械学院）　姚建武（机械学院）　王智洋（机械学院）

良愫助学金（14 名）

曹瑞彬（机械学院）　罗章萧（机械学院）　孙清云（机械学院）　刘　敏（机械学院）
徐嘉豪（机械学院）　普布欧珠（机械学院）李楚慧（机械学院）　张宇康（机械学院）
谢　郑（机械学院）　茹柯耶·亚森(机械学院)张　彬（机械学院）　马举词（机械学院）
杨迦凌（竺可桢书院）付鑫裕（机械学院）

杭州中力助学金一等奖（1 名）

森巴特·哈尔恒（机械学院）

杭州中力助学金二等奖（3 名）

张　威（机械学院）　高晋琦（机械学院）　陈向阳（机械学院）

杭州中力助学金三等奖（4 名）

杨　刚（机械学院）　苏　骢（竺可桢书院）牟　帆（机械学院）　李　艳（机械学院）

暖通 95 助学金（4 名）

杨　鹏（机械学院）　刘　俊（机械学院）　唐　鑫（机械学院）　郭紫慧（机械学院）

班长奖学金（3 名）

巨　擘（电气学院）　占祥文（电气学院）　张容赫（电气学院）

亚派科技奖助学金（5 名）

吴长伟（电气学院）　李　昊（电气学院）　刘宇飞（电气学院）　荆　锐（电气学院）
余宣庆（竺可桢书院）

莱福德奖学金（12 名）

刘呈磊（电气学院）　胡　悦（电气学院）　王铭华（电气学院）　彭云尔（电气学院）
杨鸿毅（电气学院）　霍冠霖（电气学院）　张晅阁（电气学院）　戴文清（电气学院）
杨桢宇（电气学院）　唐　岑（电气学院）　邹　帆（电气学院）　周之强（电气学院）

“星空计划”专项奖学金（20 名）

邱子峻（电气学院）　刘骆川（电气学院）　任　超（电气学院）　任　鑫（电气学院）
武桢寓（电气学院）　曹逸滔（电气学院）　唐政全（电气学院）　杨　爽（电气学院）
邓山辉（电气学院）　刘　涵（电气学院）　顾　月（信息学院）　贾锦竹（竺可桢书院）
袁子昆（信息学院）　李卓元（信息学院）　刘佳豪（信息学院）　张天昱（信息学院）
陈铭月（信息学院）　康梦瑶（信息学院）　黄　怡（信息学院）　陈钦骅（信息学院）

中安红棉奖学金（12 名）

杨海瞳（电气学院）　漆念尊（电气学院）　刘普仁（电气学院）　高岩松（电气学院）
张博雯（电气学院）　闫姝璇（竺可桢书院）夏宇翔（电气学院）　次凯旋（电气学院）
王雪琪（电气学院）　蒋婉月（电气学院）　段展宇（电气学院）　韦雨声（电气学院）

开马绿能奖学金（15 名）

李润田（电气学院）　任远哲（电气学院）　蔡沛钊（电气学院）　杨泽伟（电气学院）
罗嘉明（电气学院）　丁　璇（电气学院）　李云笛（电气学院）　王昊文（电气学院）
陈思倩（电气学院）　朱　玲（电气学院）　张龙轩（电气学院）　顾　颐（电气学院）
牟晓慧(电气学院)叶存昕(电气学院)黄　恬(电气学院)

07 茅电凌睿助学金（4 名）

李垚興（电气学院）　熊鹏川（电气学院）　张　舵（电气学院）　职　鑫（电气学院）

国睿奖学金（4 名）

刘家豪（信息学院）　曾雨晴（信息学院）　庞博文（信息学院）　刘君卿（信息学院）

计算机自控八五校友奖学金（5 名）

苏金领（信息学院）　陈　瑶（信息学院）　张凤娇（信息学院）　李明飞（信息学院）
王皓焱（信息学院）

电算七九助学奖学金一等奖（1 名）

王商捷（竺可桢书院）

电算七九助学奖学金二等奖（2 名）

孙青楠（信息学院）　丁　倩（竺可桢书院）

电算七九助学奖学金三等奖（3 名）

邹　童（信息学院）　张小龙（信息学院）　刘朝博（信息学院）

佳士光彩助学金（8 名）

张跃梁（信息学院）　熊　杰（信息学院）　潘才富（信息学院）　张亚军（信息学院）
丁　贤（生命学院）　李慧芳（生命学院）　翁丰垚（生命学院）　李鹏智（生命学院）

新国线专项奖学金之科创学术优秀奖（2 名）

陈晓锦（交运学院）　吴雪妍（交运学院）

新国线奖学金特等奖（1 名）

郑　镕（交运学院）

新国线奖学金一等奖（7 名）

赵　冰（交运学院）　洪诗雨（交运学院）　谢俊濠（交运学院）　毛远思（交运学院）
龙施宇（交运学院）　黄　胤（竺可桢书院）田沛翎（交运学院）

新国线奖学金二等奖（11 名）

秦梦瑶（交运学院）　杨悦苓（交运学院）　郑雯娴（交运学院）　陈海源（竺可桢书院）
周世锐（交运学院）　欧奕昕（交运学院）　彭　炜（茅以升学院）田志鸿（交运学院）
郑浩月（交运学院）　向云海（交运学院）　姚雨婷（竺可桢书院）

利兹学院奖学金一等奖（11 名）

蔡永祺（利兹学院）　郭雨鑫（利兹学院）　董书豪（利兹学院）　吴彬青（利兹学院）
杜甫成（利兹学院）　范叶婧（利兹学院）　王宇晨（利兹学院）　张羽翼（利兹学院）
刘浴森（利兹学院）　章若茗（利兹学院）　胡亚东（利兹学院）

利兹学院奖学金二等奖（25 名）

肖官衍（利兹学院）　王淳禾（利兹学院）　唐沂鑫（利兹学院）　吴方舟（利兹学院）
陈冠宇（利兹学院）　李昊霖（利兹学院）　邹新睿（利兹学院）　陈祺琪（利兹学院）
赵一凡（利兹学院）　洪文轩（利兹学院）　王姝晏（利兹学院）　秦梓鑫（利兹学院）
陈恺宇（利兹学院）　刘　聪（利兹学院）　解炎山（利兹学院）　刘剑钊（利兹学院）
丁剑桥（利兹学院）　梁明皓（利兹学院）　李一笛（利兹学院）　周子柯（利兹学院）
吴行健（利兹学院）　杨圣宇（利兹学院）　张涵容（利兹学院）　程宇辉（利兹学院）
安宣谕（利兹学院）

金材 91 自强奖学金一等奖（1 名）

黄　及（材料学院）

金材 91 自强奖学金二等奖（3 名）

李　欢（材料学院）　陈齐芊（材料学院）　罗仁涓（材料学院）

立德奖学金（1 名）

常栋彪（材料学院）

高分子奖学金（1 名）

李金哲（材料学院）

中海达奖学金（12 名）

龙　伟（地学学院）　曾建顺（地学学院）　杨也行（地学学院）　邓　雯（地学学院）
潘星宇（地学学院）　谷恒超（地学学院）　侯秋雨（信息学院）　辉春福（地学学院）
李思佳（地学学院）　黄贤喆（地学学院）　张卓尔（地学学院）　罗渝东（茅以升学院）

刘丹奖学金（7 名）

陈　锋（地学学院）　任昕芸（地学学院）　吾梦妍（地学学院）　韩莹莹（地学学院）
赵宇萌（地学学院）　王　娇（地学学院）　匡思远（地学学院）

师益环境奖学金（6 名）

张　茜（地学学院）　董　浩（地学学院）　郭梦岩（地学学院）　郑熙熊（地学学院）

李智欣（地学学院）　刘　鑫（地学学院）

航 78 级校友新生奖学金（5 名）

乔媛文（地学学院）　周嗣恒（地学学院）　刘　畅（地学学院）　郑力晗（地学学院）
汤承玉（地学学院）

地 83 级校友新生奖学金（3 名）

马逸初（地学学院）　刘倚赫（地学学院）　刘慰心（地学学院）

地学学院 SWJTU-OSU 合作办学专项奖学金全额奖（2 名）

焦诗琴（竺可桢书院）林韵茹（竺可桢书院）

地学学院 SWJTU-OSU 合作办学专项奖学金一等奖（4 名）

尹海钦（竺可桢书院）董雯雯（竺可桢书院）陈梓薇（竺可桢书院）贾舒婷（竺可桢书院）

地学学院 SWJTU-OSU 合作办学专项奖学金二等奖（6 名）

于瀚辰（竺可桢书院）李艾峰（竺可桢书院）颜鑫芮（竺可桢书院）周子琪（竺可桢书院）
邵维旭（竺可桢书院）何　玮（竺可桢书院）

地学学院 SWJTU-OSU 合作办学专项奖学金三等奖（10 名）

程　飞（竺可桢书院）张梓琳（竺可桢书院）陈恬妮（竺可桢书院）余英杰（竺可桢书院）
蒋朝阳（竺可桢书院）张斯林（竺可桢书院）杨翊堃（竺可桢书院）陈炯坤（竺可桢书院）
石　璇（竺可桢书院）于松洋（竺可桢书院）

地学学院 SWJTU-OSU 合作办学专项奖学金四等奖（10 名）

谈思岑（竺可桢书院）聂一凡（竺可桢书院）谢宗昊（竺可桢书院）段再航（竺可桢书院）
文永腾（竺可桢书院）可可木子(竺可桢书院)徐　溯（竺可桢书院）李海朝（竺可桢书院）
孔德炎（竺可桢书院）邓芷灿（竺可桢书院）

毛子洄基金奖学金（8 名）

梁建树（经管学院）　关茜儒（经管学院）　王卫杰（经管学院）　李娇阳（经管学院）
王冰倩（经管学院）　何　松（经管学院）　廖　妮（茅以升学院）顾金池（茅以升学院）

中安经管奖学金（14 名）

关玉荷（经管学院）　吴　越（经管学院）　张　敏（经管学院）　姜蕴恒（经管学院）
王玉婷（经管学院）　韦晨璐（经管学院）　梁　茜（经管学院）　陈思嵘（经管学院）
刘丽娇（经管学院）　尹显莉（经管学院）　周安利（经管学院）　吴佳丽（经管学院）
张若甜（经管学院）　李海敏（经管学院）

管 84 级、85 级校友经英励志奖学金（12 名）

陈雪玉（经管学院）　黄雅歆（经管学院）　黄彩玉（经管学院）　谢书君（经管学院）
邓茗心（经管学院）　王　柳（经管学院）　朱美玲（经管学院）　李　璇（经管学院）
胡庆一（经管学院）　马　彦（经管学院）　童　晨（经管学院）　俞璐琦（经管学院）

管信 2001 级经英奖学金（6 名）

陈瑞雪（经管学院）　郑淑琼（经管学院）　程洪霞（经管学院）　刘德亮（经管学院）
尹　艳（经管学院）　舒珂叠（经管学院）

本　科 1993 级“经管本科 93 级”奖学金（5 名）

胡渌林（经管学院）　夏春莉（经管学院）　赵　琳（经管学院）　余逸杨（经管学院）
张思成（经管学院）

平安产险四川分公司“金种子”奖学金卓越奖（1 名）

岳蓝雨（经管学院）

平安产险四川分公司“金种子”奖学金优秀奖（9 名）

陈　鸿（经管学院）　梁丽娜（经管学院）　张纬纬（经管学院）　杨绍梅（经管学院）
王安琼（经管学院）　方　钫（经管学院）　胡嘉琪（经管学院）　杨明霞（经管学院）
巴艳·巴格达提（经管学院）

“周成勇”奖学金（6 名）

毛雯静（经管学院）　冯莹莹（经管学院）　李　艺（经管学院）　王　睿（经管学院）
林子渊（经管学院）　张　玲（经管学院）

Aedas–西南交大建筑奖学金一等奖（2 名）

徐寅莹（建筑学院）　尤晨淳（建筑学院）

Aedas–西南交大建筑奖学金二等奖（2 名）

马文洁（建筑学院）　周雅婷（建筑学院）

Aedas–西南交大建筑创新奖（3 名）

胡　琳（建筑学院）　洪啸林（建筑学院）　邓文珺（建筑学院）

常新奖学金（10 名）

朱叶惠（物理学院）　梁　敏（物理学院）　刘子溪（物理学院）　麦展彰（物理学院）
王一民（物理学院）　王政然（物理学院）　肖　扬（物理学院）　王鹏龙（物理学院）
李佳真（物理学院）　张　溪（物理学院）

公共管理与政法学院学生奖学金（8 名）

柴一菲（公管学院）　雷　琳（公管学院）　汪宣霖（公管学院）　谢元桃（公管学院）
舒士轩（公管学院）　潘君豪（公管学院）　袁　启（公管学院）　傅晴晴（公管学院）

立天助学金（2 名）

王文洋（生命学院）　聂高睿（生命学院）

孙训方奖学金（4 名）

项子恒（力学学院）　石乔木（力学学院）　王志文（力学学院）　申　毅（力学学院）

力 86 奖学金（2 名）

熊君媛（力学学院）　廖　晗（力学学院）

力学研 85 奖助学金（2 名）

宋志诚（力学学院）　贾熙雷（力学学院）

力 86 助学金（2 名）

邓磊鑫（力学学院）　王　翔（力学学院）

出版社奖学金一等奖（1 名）

王　震（数学学院）

出版社奖学金二等奖（3 名）

古春艳（数学学院）　王子明（数学学院）　汪　成（数学学院）

出版社奖学金三等奖（4 名）

马锦华（数学学院）　王劲博（数学学院）　俞子歆（数学学院）　陈晓凡（数学学院）

极客数学帮奖学金（5 名）

江自豪（数学学院）　罗江毅（数学学院）　蔡　逸（数学学院）　张　璇（数学学院）
李雨桐（数学学院）

朴新教育奖学金（2 名）

曾鑫垚（数学学院）　张　姣（数学学院）

朴新教育学生干部奖学金（2 名）

马　佳（数学学院）　罗钧霄（数学学院）

朴新教育国际游学奖学金（1 名）

王政慧（数学学院）

极客数学帮助学金（2 名）

魏　鑫（数学学院）　王昱丹（数学学院）

“同心院友基金”优秀奖（3 名）

姜雅欣（马克思主义学院）　谷宛蓉（马克思主义学院）　龚禹竹（马克思主义学院）

景尧奖（助）学金学习优秀奖（3 名）

平　可（马克思主义学院）　李　琦（马克思主义学院）　宣　晔（公管学院）

“同心院友基金”自强奖（1 名）

张　丹（马克思主义学院）

景尧奖（助）学金学习自强奖（3 名）

胡　春（马克思主义学院）　贾姣妹（马克思主义学院）　罗　萍（公管学院）

89 扬华奖学金（20 名）

郭煜轩（竺可桢书院）　曹嘉心（竺可桢书院）　高　峦（竺可桢书院）　陈俊伟（竺可桢书院）
范栋奎（竺可桢书院）　李忠宇（竺可桢书院）　张志鹏（竺可桢书院）　樊成亮（竺可桢书院）
杜建兵（竺可桢书院）　刘　涛（竺可桢书院）　曾瑞雪（竺可桢书院）　熊珮云（竺可桢书院）
陈柯颖（竺可桢书院）　张德成（竺可桢书院）　王　强（竺可桢书院）　李柯宇（竺可桢书院）
陈奕璠（竺可桢书院）　张雪芮（竺可桢书院）　蒋　翠（竺可桢书院）　葛行飞（竺可桢书院）

研究生专项奖助学金（170 名）

董事会奖学金（5 名）

严丛文（土木学院） 秦小云（信息学院） 王精滢（交运学院） 李亚楠（生命学院）
李 梦（地学学院）

黄山教育助学金（3 名）

高 慰（土木学院） 王亚梅（马克思主义学院）李姗姗（心理中心）

欧维姆奖学金（7 名）

徐海岩（土木学院） 张 庆（土木学院） 黎权文（土木学院） 王奇灵（土木学院）
董宇苍（土木学院） 尹 超（土木学院） 吴传杰（土木学院）

复光铁道奖学金（2 名）

徐加秋（土木学院） 温 静（土木学院）

西南交大土木工程设计有限公司奖学金（5 名）

郭新新（土木学院） 张 力（土木学院） 荆 祥（土木学院） 王天琦（土木学院）
王刘翀（土木学院）

铁 工 77 级奖学金（3 名）

张景钰（土木学院） 沈忠辉（土木学院） 仲 恒（土木学院）

隧道奖学金（1 名）

张 霄（土木学院）

钱冬生教育基金奖学金（3 名）

郭俊杰（土木学院） 阮灵辉（土木学院） 刘静文（土木学院）

铁 79 级校友奖学金（5 名）

赵泽明（土木学院） 胡 猛（土木学院） 苏 婷（土木学院） 高 原（土木学院）
刘奕斌（土木学院）

中国港湾奖学金一等奖（1 名）

刘 阳（土木学院）

中国港湾奖学金二等奖（3 名）

郭 晨（土木学院） 陈林雅（土木学院） 孙润方（土木学院）

隔而固奖学金（4 名）

易 强（土木学院） 刘 芳（土木学院） 郭晋豪（土木学院） 李佳元（牵引动力）

中车株机资助奖学金（10 名）

陈冠鹏（机械学院） 冯 岩（机械学院） 郭 亮（机械学院） 李凌博（机械学院）
饶 鑫（机械学院） 王 伟（机械学院） 臧付连（机械学院） 曹 开（材料学院）
李书盼（电气学院） 陈俊宇（电气学院）

杭州中力奖学金（2 名）

龚举华（机械学院） 谷腾达（机械学院）

杭州中力助学金一等奖（1名）

张　军（机械学院）

杭州中力助学金二等奖（1名）

刘思璐（机械学院）

杭州中力助学金三等奖（1名）

卢昌宏（机械学院）

中安红棉奖学金（5名）

梁　乐（电气学院）　宋普查（电气学院）　韩鹏程（电气学院）　颜兆田（电气学院）
汪　良（电气学院）

莱福德奖学金（5名）

潘鹏宇（电气学院）　孟　翔（电气学院）　周述晗（电气学院）　王　安（电气学院）
曾　怡（电气学院）

“星空计划”专项奖学金（10人）

陈　红（电气学院）　陈浔俊（电气学院）　戴文睿（电气学院）　赵智钦（电气学院）
费　跃（电气学院）　颜　宇（信息学院）　徐慧斯（信息学院）　朱翌明（信息学院）
郝一凡（信息学院）　何华均（信息学院）

开马绿能奖学金（8人）

王路伽（电气学院）　蔡君懿（电气学院）　刘　磊（电气学院）　何应达（电气学院）
李丽妮（电气学院）　李明轩（电气学院）　黄宇剑（电气学院）　陈　炜（电气学院）

亚派科技奖助学金（5人）

尹良震（电气学院）　刘元立（电气学院）　胡军杰（电气学院）　陈飞彬（电气学院）
赵　峰（电气学院）

华为奖学金一等奖（8人）

张　乔（电气学院）　张国瑞（电气学院）　程治淇（信息学院）　张熠玲（信息学院）
姚　迪（信息学院）　魏晨旭（信息学院）　曹汉坤（信息学院）　刘丰玮（信息学院）

华为奖学金二等奖（12人）

龚天勇（电气学院）　唐昕宇（电气学院）　梁开伟（电气学院）　邱宜彬（电气学院）
陈　婕（信息学院）　藤彩洪（信息学院）　李　辉（信息学院）　刘　博（信息学院）
朱勉宽（信息学院）　周亚晶（信息学院）　黎俊秀（信息学院）　陈宁锴（信息学院）

国睿奖学金（6名）

何勇杰（信息学院）　任文佳（信息学院）　陈　欢（信息学院）　董纷纷（信息学院）
张思杨（信息学院）　褚心童（信息学院）

平志奖学金（2名）

顾　执（信息学院）　王德贤（信息学院）

佳士光彩助学金（8 名）

石丽红（信息学院） 丛德铭（信息学院） 熊发庆（信息学院） 王艺霏（信息学院）
陈安琪（生命学院） 邓楷煜（生命学院） 刘甜甜（生命学院） 刘心语（生命学院）

新国线奖学金（6 名）

罗孝羚（交运学院） 江文辉（交运学院） 徐桃让（交运学院） 翟国聪（交运学院）
张肇麟（交运学院） 梁秀琴（交运学院）

高分子奖学金（1 名）

王 颖（材料学院）

中海达奖学金（3 名）

王登星（地学学院） 陈 力（地学学院） 张昀昊（地学学院）

刘丹奖学金（4 名）

潘旭秦（地学学院） 安官平（地学学院） 罗玉兰（地学学院） 王文俊（地学学院）

航 78 级校友新生奖学金（2 名）

李明珠（地学学院） 梁欣荣（地学学院）

地 83 级校友新生奖学金（2 名）

郑 涛（地学学院） 杨相斌（地学学院）

“周成勇”奖学金（4 名）

刘 静（经管学院） 徐 杨（经管学院） 邓春梅（经管学院） 崔春晖（经管学院）

毛子洄基金奖学金（2 名）

杨 强（经管学院） 宋慧玲（经管学院）

中安经管奖学金（3 名）

吴可可（经管学院） 龚桂琳（经管学院） 余 曦（经管学院）

平安产险四川分公司“金种子”奖学金卓越奖（1 名）

熊璐洁（经管学院）

平安产险四川分公司“金种子”奖学金优秀奖（1 名）

刘芷言（经管学院）

孙训方奖学金（2 名）

陈义甫（力学学院） 陆晓翀（力学学院）

出版社奖学金一等奖（1 名）

曾学强（数学学院）

出版社奖学金二等奖（2 名）

沈炳声（数学学院） 张明兴（数学学院）

出版社奖学金三等奖（4 名）

刘芳蕊（数学学院） 曹杨丽（数学学院） 李兰君（数学学院） 刘乾玉（数学学院）

朴新教育奖学金（1 名）

林雨森（数学学院）

“同心院友基金”优秀奖（1名）

刘　未（马克思主义学院）

“同心院友基金”自强奖（1名）

晏盈聪（马克思主义学院）

唐山现代建筑扬华助学基金（2名）

郝大宁（唐山研究生院）周鹏飞（唐山研究生院）

陈有仁扬华助学基金（1名）

刘矗东（唐山研究生院）

西南交通大学2019年度优秀博士、硕士学位论文名单

1. 西南交通大学2019年度优秀博士学位论文

序号	作者姓名	专　业	论文题目	指导教师
1	余传锦	桥梁与隧道工程	复杂山区桥梁大风行车安全预警系统研究	李永乐
2	丁海波	道路与铁道工程	沥青低温规范分级改进及废机油底渣改性沥青	邱延峻
3	逄子龙	桥梁与隧道工程	复杂岛礁海域波浪场及随机波浪对大跨海洋桥梁的作用研究	秦顺全
4	高鸣源	道路与铁道工程	磁浮式轨道振动俘能理论及应用技术	王　平
5	杨　阳	结构工程	翼型及矩形的气动导纳	李明水
6	盛　曦	道路与铁道工程	轨道结构振动传递特性及控制措施研究	王　平
7	王　路	桥梁与隧道工程	悬索桥主缆与索鞍间滑移机理理论及试验研究	沈锐利
8	赵相吉	摩擦学	表面缺陷对钢轨滚动磨损与接触疲劳性能影响研究	郭　俊
9	曹晓玲	供热、供燃气、通风及空调工程	套管式相变蓄热器传热特性及优化设计研究	袁艳平
10	徐　磊	车辆工程	考虑空时动态效应的列车-轨道系统随机动力学研究	翟婉明
11	张　捷	载运工具运用工程	高速列车车内低噪声设计方法及试验研究	金学松
12	冯　玎	电气工程	基于运行特性的高铁牵引供电系统可靠性与风险评估研究	何正友
13	韩　莹	电气工程	独立型燃料电池直流微电网能量管理及其应用研究	陈维荣
14	李帅兵	电气工程	基于大数据分析的牵引变压器绝缘老化特征提取与状态诊断研究	吴广宁
15	李宗雷	信息与通信工程	相干探测布里渊光时域分析传感技术研究	闫连山
16	闫　莉	通信与信息系统	高铁5G网络架构及无线资源管理研究	方旭明
17	易修文	计算机科学与技术	基于大数据和人工智能技术的空气污染问题研究	李天瑞
18	张耀杰	管理科学与工程	贷款保险定价研究——基于企业贷款的视角	史本山

续表

序号	作者姓名	专　业	论文题目	指导教师
19	杨　艺	系统工程	基于同构 Archimedean t-模和 s-模的勾股模糊决策理论与方法	吕红霞
20	任凌宝	材料科学与工程	微合金化对 AZ80 组织演化与力学性能的影响研究	权高峰
21	魏　枭	材料科学与工程	共传输双药的多功能聚合物胶束在乳腺癌治疗中的研究	周绍兵
22	贺观圣	电磁场与微波技术	运动黑洞引力场中的相对论效应研究	林文斌
23	陈　辉	固体力学	能量中值等效理论与小试样材料测试方法	蔡力勋
24	姜中山	测绘科学与技术	GNSS 地壳形变与断层活动特征研究	黄丁发

2. 西南交通大学2019年度优秀硕士学位论文

序号	作者姓名	专　业	论文题目	指导教师
1	梁基冠	岩土工程	不同阻尼比下日本俯冲带板间地震动水平分量的衰减关系研究	赵兴权
2	任　荣	桥梁与隧道工程	超声激励下混凝土板裂缝生热的机理以及影响因素研究	蒋雅君
3	韦　旺	桥梁与隧道工程	基于拟静力试验的混凝土空心墩延性抗震性能研究	邵长江
4	梁　坤	桥梁与隧道工程	大断面水下电力盾构隧道整环结构原型加载试验	何　川
5	谢宏伟	桥梁与隧道工程	钢-超高性能混凝土组合结构大直径栓钉的抗剪性能研究	蒲黔辉
6	赵秋晨	桥梁与隧道工程	轨道交通大跨度钢桁斜拉桥结构噪声预测方法与试验研究	李小珍
7	邓　涛	桥梁与隧道工程	地下互通隧道组合式通风方法及其控制技术研究	王明年
8	李　欣	桥梁与隧道工程	引水小断面隧道 TBM 破岩力学分析及掘进参数优化研究	张志强
9	李　思	桥梁与隧道工程	山岭隧道支护组合形式优化研究	仇文革
10	郑　棣	建筑与土木工程	装配式梁柱节点的抗震性能研究	徐腾飞
11	陈晓丽	建筑与土木工程	宽路堤作用下软土地基沉降特性分析	蒋　鑫
12	乔杨锴	建筑与土木工程	被动柔性防护网系统的大变形机理与控制	余志祥
13	刘　凯	建筑与土木工程	上方铁路动载作用下隧道结构早龄期阶段动力响应研究	郑余朝
14	刘　炎	建筑与土木工程	考虑边坡后缘拉应力区的地震稳定性极限分析	张迎宾
15	吴承伟	建筑与土木工程	桥梁圆形墩柱水流力及流场研究	杨万理
16	牛澎波	交通运输工程	准零刚度磁流变阻尼浮置板轨道非线性减振机理及参数设计研究	韦　凯
17	龙　昊	桥梁与隧道工程	高速铁路桥梁附加变形对轨道不平顺的映射影响机理研究	勾红叶
18	周　文	建筑与土木工程	桥梁附加变形对高速列车时频域动力性能的影响机制与行车安全评价准则	勾红叶
19	温志鹏	建筑与土木工程	泥石流冲击作用下车-线-桥系统的动力响应及高速列车运行安全研究	张　迅
20	李新舜	建筑与土木工程	预应力 CFRP 板锚具设计与性能试验研究	叶华文

续表

序号	作者姓名	专 业	论文题目	指导教师
21	张 捷	车辆工程	机车齿轮传动系统弯扭耦合非线性动力学分析	王俊国
22	庄文华	摩擦学	界面状态对切向微动损伤机理的调控	朱旻昊
23	张沭玥	摩擦学	钢轨打磨过程中材料去除行为仿真研究	刘启跃
24	苏超然	摩擦学	激光离散淬火对钢轨滚动磨损与损伤性能影响	刘启跃
25	卢小东	机械设计与理论	沟槽结构阻尼件对滑动摩擦系统动态行为的研究	赵 婧
26	王 媛	机械设计与理论	基于亥姆赫兹共鸣器的轨道交通降噪发电声屏障设计及仿真研究	张祖涛
27	刘 祺	机械电子工程	基于深度学习的铣刀磨损状态监测方法研究	高宏力
28	刘潇枭	摩擦学	基于导电性变化的单晶硅表面机械损伤检测方法研究	余丙军
29	郭光冉	摩擦学	基于定位氧化掩膜诱导选择性刻蚀的单晶硅表面无损结构加工研究	余丙军
30	宋炎林	供热、供燃气、通风及空调工程	十二烷/膨胀石墨定形相变材料蓄冷特性研究	袁艳平
31	贡 健	摩擦学	面向化学机械抛光的单晶氟化钙微观去除机理研究	陈 磊
32	何 宇	供热、供燃气、通风及空调工程	三水醋酸钠过冷度及传热性能的同步优化研究	袁艳平
33	蔡 宁	机械设计与理论	多约束拆卸线平衡问题的多目标离散果蝇优化与仿真分析	张则强
34	施浩川	摩擦学	激光表面强化对钢轨焊接接头磨损与损伤性能影响	刘启跃
35	周 超	摩擦学	基于摩擦诱导 TMAH 选择性刻蚀的硅表面纳米加工方法研究	钱林茂
36	邵亚堂	车辆工程	高速动车组变轨距转向架方案及动力学性能研究	黄运华
37	雷武阳	载运工具运用工程	高温超导磁悬浮车悬浮漂移特性研究	邓自刚
38	刘 凯	交通运输工程	车轮多边形引起的动态响应有限元分析	敬 霖
39	吴明泽	交通运输工程	高速铁路接触网定位装置用 Al-Si-Mg 铝合金疲劳性能和强度评估研究	张继旺
40	冯 悦	车辆工程	SUS301L-MT 材料的动态本构及断裂失效模型研究	肖守讷
41	刘 康	交通运输工程	空心绕组上方无绝缘高温超导磁体的力学特性实验研究	马光同
42	张 勇	车辆工程	低真空管道磁浮运输系统气动特性仿真研究	郑 珺
43	张呈象	电气工程	高速动车组网侧变流器的控制优化研究	葛兴来
44	邱宜彬	电气工程	基于混合藤 Copula 模型的多风电场出力相关性建模及其在电力系统经济调度中的应用	李 奇
45	洪志湖	电气工程	机车用燃料电池混合动力缩比系统设计	李 奇
46	李 媛	电气工程	基于不对称松耦合线圈的 3kW 无线充系统的设计与优化	马红波
47	王亚绮	电气工程	模型预测控制在车网低频振荡的应用研究	刘志刚
48	耿照照	电气工程	基于无源控制的高速铁路牵引网低频振荡抑制方法研究	刘志刚
49	刘 静	电气工程	双馈风机变换器谐波建模及谐波不稳定分析	刘志刚

续表

序号	作者姓名	专　业	论文题目	指导教师
50	曾绍桓	电气工程	三态 Boost 变换器建模与控制技术研究	周国华
51	王　超	轨道交通电气化与信息技术	行波磁场中磁通泵励磁超导磁体的损耗机制与补偿方法	马光同
52	钱航宇	电磁悬浮与超导工程	磁耦合感应式超导磁体非接触供电仿真模拟与基础实验	马光同
53	尹凯丽	控制科学与工程	基于非线性函数扩展的主动噪声控制算法研究	赵海全
54	许　潘	电气工程	弓网电弧特性及其与弓网材料相互作用的建模仿真研究	高国强
55	汪　亮	电气工程	VSC-HVDC 输电系统过电流分析与抑制	林　圣
56	刘宇文	电气工程	双端柔性直流输电系统稳定性分析及其控制器设计	王　涛
57	邓文丽	电气工程	光伏接入电气化铁路牵引供电系统的适应性及对策研究	戴朝华
58	简雨沛	控制工程	非完全重复环境下压电陶瓷高精密运动控制方法	黄德青
59	郭　仪	信息与通信工程	面向数字型光载无线系统的信号处理技术	叶　佳
60	唐　堂	信息与通信工程	基于子载波索引调制的光载无线通信技术	邹喜华
61	王　喜	集成电路工程	功率 VDMOS 器件的解析模型及特性研究	白天蕊
62	叶　飞	计算机科学与技术	基于数据智能的客户购车偏好模型构建及客户资源分析系统	孙林夫
63	程海霞	信息与通信工程	基于调频微波光子信号的测距测速研究	邹喜华
64	李　鑫	电子与通信工程	反馈信道物理层安全的研究	代　彬
65	刘恒江	信息与通信工程	基于机器学习的高速光信号的调制格式识别和 OS	易安林
66	陈　雪	微电子学与固体电子学	用于 SPIC 的智能晶闸管器件研究	白天蕊
67	吴文丰	电子与通信工程	基于 LTE-R 的车地安全认证机制研究	张文芳
68	向重洋	计算机技术	高速服务区多目标检测与跟踪算法研究与实现	彭　强
69	周　湘	电子与通信工程	基于深度学习的高铁驾驶员 EEG 警觉度检测方法研究	张祖涛
70	雷丽婷	计算机科学与技术	面向无线通信的认证及密钥协商机制研究	张文芳
71	赵青荷	信息与通信工程	基于空间约束性半非负矩阵分解的 SAR 图像变化检测研究	李恒超
72	严　巍	信息与通信工程	流水线型神经 IIR 自适应滤波器的理论和应用研究	张家树
73	桂梅书	控制理论与控制工程	真实感全局光照算法的研究：从离线到实时	侯　进
74	姜　瑶	信息与通信工程	基于被动补偿的微波信号光纤稳相传输技术研究	邹喜华
75	徐翌明	信息与通信工程	基于载波抵消的可重构微波光子滤波器研究	潘　炜
76	刘昊明	信息与通信工程	基于级联外调制器的平坦光频梳产生技术研究	潘　炜
77	张　丽	会计学	政策不确定性、银行关联与企业债务融资	叶　勇
78	蒋　晨	管理科学与工程	风险规避对企业社会责任分担策略的影响	聂佳佳
79	柳　娟	工业工程	碳交易下考虑低碳偏好的产品定价策略研究	应松宝
80	张　婷	管理科学与工程	考虑网络外部性的企业技术创新策略研究	郭　强
81	黄禹舜	会计学	控股股东股权质押影响上市公司“高送转”吗？	黄登仕

续表

序号	作者姓名	专业	论文题目	指导教师
82	胡顾妍	会计学	风险投资对企业技术创新的影响研究—来自创业板上市公司的实证证据	宋竞
83	但颖	管理科学与工程	考虑延保服务的闭环供应链模型研究	代颖
84	秦松昆	应用经济学	多元框架下国际原油价格与中国股票市场联动性研究	魏宇
85	陈银平	管理科学与工程	不同分销渠道下供应链退款保证策略研究	聂佳佳
86	鲍琴	管理科学与工程	PPP项目运营期政府监管演化博弈研究	赵冬梅
87	杨渠	应用经济学	四川省高技术产业R&D绩效评价研究	窦祥胜
88	柯湾	管理科学与工程	共享单车大学生用户持续使用意愿影响因素研究	刘春
89	田顺年	工程管理	网络视角下的大型复杂工程项目生产开发模式研究	周国华
90	李忠灿	交通运输工程	基于列车运行实绩的广铁集团高速铁路初始晚点影响模型研究	文超
91	邢颖	交通运输规划与管理	基于再生制动能量吸收的城轨列车节能运行研究	程学庆
92	冯涛	交通运输工程	铁路综合客运枢纽城市功能开发研究	陶思宇
93	李启洋	物流工程	考虑随机产出和品牌竞争力的农产品供应链结构决策研究	毛敏
94	陈玉婷	交通运输工程	路段施工区影响下的干线协调控制研究	杨达
95	袁野	交通运输规划与管理	技术站作业系统能力三参数区间泛灰数表示及协调优化研究	薛锋
96	苏岳	交通运输规划与管理	考虑多类公交车的公交线路设计优化及实例分析：连续近似建模法	刘晓波
97	李祥尘	交通工程	考虑非对称特性的车辆跟驰行为建模与分析	罗霞
98	李奇	物流工程	高铁快运网络节点规划与选址研究	贺政纲
99	葛洋	交通运输规划与管理	基于混合型多属性决策的中欧班列路径选择优化	汤银英
100	胡小林	物流工程	动态并行分区拣选系统下订单拣选与配送联合优化研究	徐菱
101	朱子轩	交通运输规划与管理	高速铁路列车追踪间隔时间压缩策略仿真分析研究	何华武
102	陈艳娜	物流工程	双渠道与程序公平关切下的农产品供应链运作协调研究	冯春
103	王雪	交通运输工程	基于多品种流方法的编组站阶段计划解编作业优化研究	寇玮华
104	张英	设计学	从“边缘”到“主体”——美国抽象表现主义女性艺术家研究	舒群
105	王晨宇	设计学	基于色彩、材质和灯光的地铁车辆内饰设计研究	支锦亦
106	赵婧宇	建筑学	基于“积极老龄化”理念下大学校园公共活动空间的适老性研究	付飞
107	张迪	材料科学与工程	聚乳酸多孔纤维膜制备及其功能调控的研究	王勇
108	杨文锦	材料工程	超音速火焰喷涂CoMoCrSi高温合金涂层的切向及冲击磨损性能研究	蔡振兵
109	邓稳	材料科学与工程	低维全无机钙钛矿CsPbBr3的制备及其光电探测性能研究	杨维清
110	柏奇琪	材料科学与工程	聚苯乙烯导热复合材料的制备、结构调控及性能研究	王勇

续表

序号	作者姓名	专　业	论文题目	指导教师
111	古冰妮	材料科学与工程	三维碳超球体的可控制备、微结构及电化学储能研究	杨维清
112	唐鹏飞	材料科学与工程	仿贻贝电活性抗氧化支架的制备及其用于伤口组织修复的性能研究	鲁　雄
113	田　甜	生物医学工程	基于四臂聚乙二醇形状记忆水凝胶的研究	周绍兵
114	杨　鑫	化学工程与技术	载酶海藻酸钙微球稳定 Pickering 乳液及其在两相界面催化中的研究	孟　涛
115	甘　甜	药学	香叶子和乌药抗抑郁活性及香叶子化学成分的研究	蒋合众
116	陈　霜	制药工程	金属-有机复合材料的吸附、催化与载药性质研究	王萃娟
117	雷晓云	药学	欧洲红豆杉中化学成分的研究	周先礼
118	汪永恒	光学	涂层下金属表面裂纹的感应热成像检测研究	高晓蓉
119	周　哲	物理电子学	高功率极化转换天线罩与圆极化相移表面研究	李相强
120	曹晨旭	力学	被动围压下冻土的损伤型动态本构模型研究	朱志武
121	熊　健	力学	梯度位错结构 Cu 单晶微柱压缩的离散位错动力学模拟	张　旭
122	刘凤玲	英语语言文学	高中生思辨能力与英语议论文写作水平的相关性研究	吕长竑
123	冯家欢	翻译	柏桦英文诗集《风在说》副文本翻译实践报告	杨安文
124	贺斯琴	汉语国际教育	埃及高等翻译学院初级水平汉语学习者词汇偏误研究	任显楷
125	谢　玮	安全工程	考虑能见度状况的个体及小群体疏散实验研究	张玉春
126	伍潘	环境科学与工程	成都市 PM2.5 水溶性无机离子及气态前体物污染特征分析	郭玉文
127	罗进奇	环境工程	四川盆地典型城市大气单颗粒气溶胶理化特征研究	程　军
128	曹　野	环境工程	超声强化零价铜活化过硫酸盐降解水中双酚 AF 的研究	王　群
129	罗梓尹	环境工程	Fe0-O3/H2O2 高级氧化体系处理准好氧矿化垃圾床出水中难降解有机物研究	李启彬
130	南　轲	测绘科学与技术	基于卷积特征的多模态遥感影像匹配研究	齐　华
131	张琳琳	测绘工程	面向高性能可视化的精细建筑物模型碎片化纹理优化方法	朱　庆
132	雷　军	地质资源与地质工程	格构锚固边坡锚拉力应力扩散机理与稳定性分析方法研究	肖世国
133	孙来宾	地质资源与地质工程	稳定性不良斜坡地段桥梁群桩基础计算分析方法研究	肖世国
134	包建强	测绘工程	工业摄影测量在 CRTSⅢ型轨道板智能检测系统中的应用	张献州
135	涂晋升	测绘工程	利用 GNSS-R 观测数据反演土壤湿度	张　瑞
136	张　霄	新闻传播学	“后真相”的共振：“江歌案”中的媒体报道与受众解读	吴小玲
137	武　晨	公共管理	PPP 模式下邻避设施规划建设的演化博弈分析	李华强
138	赵　双	公共管理	易地扶贫搬迁户的可持续生计现状与影响因素研究——基于习水县的调研	于凌云
139	张雯琴	数学	两类私有信息检索方案的研究	周正春
140	田海涛	统计学	带有序多分类解释变量的线性回归模型估计方法及其应用研究	李维萍
141	李　霞	数学	几类线性的构造及其参数	周正春

（三）2019年接受捐赠情况

2019 年度接受捐赠情况（不在年鉴中展示，接受捐赠具体明细请登录基金会网站查阅 http://foundation.swjtu.edu.cn）

（四）2019年西南交通大学各地校友会统计

序号	校友会名称	序号	校友会名称
境内			
1	西南交通大学北京校友会	2	西南交通大学深圳校友会
3	西南交通大学广东校友会	4	西南交通大学郑州校友会
5	西南交通大学南京校友会	6	西南交通大学上海校友会
7	西南交通大学洛阳校友会	8	西南交通大学四川校友会
9	西南交通大学长沙校友会	10	西南交通大学武汉校友会
11	西南交通大学泸州校友会	12	西南交通大学西安校友会
13	西南交通大学大连校友会	14	西南交通大学兰州校友会
15	西南交通大学唐山校友会	16	西南交通大学广西校友会
17	西南交通大学南宁校友会	18	西南交通大学柳州校友会
19	西南交通大学河北校友会	20	西南交通大学常州校友会
21	西南交通大学天津校友会	22	西南交通大学安徽校友会
23	西南交通大学浙江校友会	24	西南交通大学珠海校友会
25	西南交通大学苏州校友会	26	西南交通大学柳州呼和浩特友会
27	西南交通大学山海关校友会	28	西南交通大学沈阳校友会
29	西南交通大学重庆校友会	30	西南交通大学厦门校友会
31	西南交通大学西藏校友会	32	西南交通大学东莞校友会
33	西南交通大学哈尔滨校友会	34	西南交通大学贵州校友会
35	西南交通大海南校友会	36	西南交通大学青岛友会
37	西南交通大学宁波校友会	38	西南交通大学济南校友会
39	西南交通大学昆明校友会	40	西南交通大学青年校友会
41	西南交通大学安徽青年校友会	42	西南交通大学河北青年校友会
43	西南交通大学北京青年校友会	44	西南交通大学大连青年校友会
45	西南交通大学四川青年校友会	46	西南交通大学湖南青年校友会
境外			
47	西南交通大学香港校友会	48	西南交通大学华盛顿地区校友会
49	西南交通大学加拿大/温哥华校友会	50	西南交通大学马尼托巴校友会
51	西南交通大学多伦多校友会	52	西南交通大学埃德蒙顿校友会
53	西南交通大学北加州校友会	54	西南交通大学越南校友会
55	西南交通大学新加坡校友会	56	西南交通大学日本校友会
57	西南交通大学丹麦校友会		

续表

序号	校友会名称	序号	校友会名称
行业/学院/年级			
58	西南交通大学地质、测绘、环境行业校友会	59	西南交通大学 MBA 校友会
60	西南交通大学 MBA 深圳校友会	61	西南交通大学 MBA 浙江校友会
62	西南交通大学 MBA 天津校友会	63	西南交通大学 EMBA 校友会
64	西南交通大学 EMBA 广东校友会	65	西南交通大学 EMBA 上海校友会
66	西南交通大学人文学院院友会	67	西南交通大学 MPA 校友会
68	西南交通大学同心校友会	69	西南交通大学 92 级工民建校友会
70	西南交通大学 2018 届年级校友理事会	71	西南交通大学 2019 届年级校友理事会
72	西南交通大学广西南宁铁路局校友会	73	西南交通大学昆明铁路局校友会
74	西南交通大学校友企业家联盟	75	交通大学校友总会读书会

（五）2019年社团一览表

序号	大类	社团名称	社团星级	备注
1	公益实践类	贫困地区教育观念救助会	5 星	
2	公益实践类	大学生创新创业俱乐部	5 星	
3	公益实践类	公益协会	4 星	
4	公益实践类	环保志愿者协会	4 星	
5	公益实践类	动植物协会	3 星	
6	公益实践类	大学生创业孵化工作室	3 星	
7	公益实践类	留守儿童关爱协会	3 星	
8	公益实践类	自我成长与发展协会	3 星	
9	公益实践类	国际交流协会	3 星	
10	公益实践类	大学生就业与创业协会	3 星	
11	公益实践类	思益社	2 星	
12	公益实践类	节能协会	2 星	
13	公益实践类	启梦社	2 星	
14	公益实践类	中华创新与创业联盟	2 星	
15	理论研究类	大学生心理学会	5 星	
16	理论研究类	中医药文化与健康协会	5 星	
17	理论研究类	外语协会（峨眉校区）	5 星	
18	理论研究类	国际关系研究会	4 星	
19	理论研究类	消防安全协会	3 星	
20	理论研究类	雾都天文社	3 星	
21	理论研究类	国防教育协会	3 星	

续表

序号	大类	社团名称	社团星级	备注
22	理论研究类	证券交流协会	3星	
23	理论研究类	校辩论队（峨眉校区）	3星	
24	理论研究类	习近平新时代中国特色社会主义思想学习研究会	3星	
25	理论研究类	研究生心理学会	2星	
26	理论研究类	弈天棋社（峨眉校区）	1星	
27	理论研究类	45º 天文社（峨眉校区）	1星	
28	理论研究类	大学生心理学会（峨眉校区）	1星	
29	理论研究类	推理社（峨眉校区）	1星	
30	理论研究类	翻译协会（峨眉校区）	1星	
31	体育健身类	篮球协会	5星	
32	体育健身类	街舞协会	5星	
33	体育健身类	体育舞蹈协会	5星	
34	体育健身类	足球运动管理联合会	4星	
35	体育健身类	磐石社	4星	
36	体育健身类	健美操协会	4星	
37	体育健身类	排球协会	4星	
38	体育健身类	自行车协会	4星	
39	体育健身类	网球协会	4星	
40	体育健身类	游泳协会	4星	
41	体育健身类	乒乓球协会	4星	
42	体育健身类	中武国术会（峨眉校区）	4星	
43	体育健身类	篮球联盟（峨眉校区）	4星	
44	体育健身类	羽毛球协会（峨眉校区）	4星	
45	体育健身类	武术协会	3星	
46	体育健身类	双节棍协会	3星	
47	体育健身类	棋牌协会	3星	
48	体育健身类	跆拳道协会	3星	
49	体育健身类	轮滑协会	3星	
50	体育健身类	羽毛球协会	3星	
51	体育健身类	台球协会	3星	
52	体育健身类	瑜伽协会	3星	
53	体育健身类	跑步协会	3星	
54	体育健身类	毽球协会	3星	
55	体育健身类	乒乓球协会（峨眉校区）	3星	

续表

序号	大类	社团名称	社团星级	备注
56	体育健身类	空手道协会	2星	
57	体育健身类	花式跳绳协会	2星	
58	体育健身类	太极拳协会	2星	
59	体育健身类	射声弓箭社	2星	
60	体育健身类	电子竞技协会	2星	
61	体育健身类	滑板协会	2星	
62	体育健身类	足球协会（峨眉校区）	1星	
63	体育健身类	网球协会（峨眉校区）	1星	
64	体育健身类	健身协会	1星	
65	体育健身类	极限飞盘协会	1星	
66	体育健身类	排球协会（峨眉校区）	1星	
67	文化艺术类	校辩论队	5星	
68	文化艺术类	校园媒体俱乐部	5星	
69	文化艺术类	大学生艺术团	5星	
70	文化艺术类	大学生书画协会	5星	
71	文化艺术类	外语协会	5星	
72	文化艺术类	南国相声社	5星	
73	文化艺术类	演讲与口才协会	5星	
74	文化艺术类	社交与口才协会（峨眉校区）	5星	
75	文化艺术类	洛灵诗歌协会	4星	
76	文化艺术类	镜湖文学社	4星	
77	文化艺术类	动漫同人社	4星	
78	文化艺术类	汉服社	4星	
79	文化艺术类	魔术协会	4星	
80	文化艺术类	旅游文化协会	3星	
81	文化艺术类	科幻协会	3星	
82	文化艺术类	粤语社	3星	
83	文化艺术类	刀笔油画协会	3星	
84	文化艺术类	中外文化交流与传播协会	3星	
85	文化艺术类	书香汉韵社（峨眉校区）	3星	
86	文化艺术类	米若可动漫社（峨眉校区）	3星	
87	文化艺术类	音乐协会（峨眉校区）	3星	
88	文化艺术类	摄影协会	2星	
89	文化艺术类	齐契古风社	2星	
90	文化艺术类	手作创意设计协会	2星	

续表

序号	大类	社团名称	社团星级	备注
91	文化艺术类	美妆护肤与礼仪形象协会	2星	
92	文化艺术类	彝文化协会	2星	
93	文化艺术类	岗拉梅朵锅庄舞协会	2星	
94	文化艺术类	白日梦影社	2星	
95	文化艺术类	街舞协会（峨眉校区）	2星	
96	文化艺术类	竹林书会（峨眉校区）	1星	
97	文化艺术类	影领前线电影协会（峨眉校区）	1星	
98	文化艺术类	影像力摄影协会（峨眉校区）	1星	
99	文化艺术类	扬音吉他社	1星	
100	文化艺术类	茶文化协会	1星	
101	文化艺术类	犀源诵读爱好者协会	1星	
102	文化艺术类	听音FM协会	1星	
103	文化艺术类	钢琴社	1星	
104	文化艺术类	魔方协会	1星	
105	文化艺术类	广播剧社	1星	新增
106	文化艺术类	广告创意协会	1星	新增
107	校园服务类	国旗班	5星	
108	校园服务类	校园大使团	5星	
109	校园服务类	礼仪队	5星	
110	校园服务类	新唐苑	5星	
111	校园服务类	书志-图书馆学生管理委员会	5星	
112	校园服务类	大学生班级联合会	5星	
113	校园服务类	校史馆讲解团	5星	
114	校园服务类	大学生伙食管理委员会	4星	
115	校园服务类	招生宣传志愿者协会	4星	
116	校园服务类	纸鸢书院西南交通大学分社	4星	
117	校园服务类	校友志愿者协会	3星	
118	校园服务类	尊老敬老协会	3星	
119	校园服务类	雷锋公司协会	3星	
120	校园服务类	Office职场训练营	3星	
121	校园服务类	计划财务处助理团	2星	
122	校园服务类	文物管理协会	2星	
123	校园服务类	思源社	2星	
124	校园服务类	教学信息站	1星	
125	校园服务类	交大Kelly说协会	1星	

续表

序号	大类	社团名称	社团星级	备注
126	校园服务类	校团委学生助理团	1 星	
127	校园服务类	高速铁路科普基地志愿者协会	1 星	
128	校园服务类	地产菁英俱乐部	1 星	
129	校园服务类	安全教育协会	1 星	
130	校园服务类	人才工作室（学生团队）	1 星	
131	学术科技类	数学建模协会	5 星	
132	学术科技类	交通运输科技协会	5 星	
133	学术科技类	大学生物理协会	5 星	
134	学术科技类	数学建模协会（峨眉校区）	5 星	
135	学术科技类	基础数学协会	4 星	
136	学术科技类	测量协会	4 星	
137	学术科技类	交大 PPT 协会	4 星	
138	学术科技类	大学生生命科学学会	4 星	
139	学术科技类	化学协会	4 星	
140	学术科技类	计算机科技与应用协会（峨眉校区）	4 星	
141	学术科技类	大学生电子科技协会（峨眉校区）	4 星	
142	学术科技类	投资理财协会	3 星	
143	学术科技类	ACM 协会	3 星	
144	学术科技类	创造学会	3 星	
145	学术科技类	机器人协会	3 星	
146	学术科技类	大学生法律协会	3 星	
147	学术科技类	计算机与网络科技协会	3 星	
148	学术科技类	环境协会	3 星	
149	学术科技类	力学与科技协会	3 星	
150	学术科技类	物流协会	3 星	
151	学术科技类	创客协会	3 星	
152	学术科技类	交通与物流协会（峨眉校区）	3 星	
153	学术科技类	机械创意与制作协会（峨眉校区）	3 星	
154	学术科技类	菁蓉协会	2 星	
155	学术科技类	航模协会	2 星	
156	学术科技类	综合设施工程协会	1 星	
157	学术科技类	电子科技协会	1 星	
158	学术科技类	STEAM 实验与创新协会	1 星	
159	学术科技类	大学生力学研究协会（峨眉校区）	1 星	
160	学术科技类	ACM 协会峨眉分会（峨眉校区）	1 星	
161	学术科技类	网络安全协会	1 星	新增
162	学术科技类	翻译协会	1 星	新增

（六）2019年西南交通大学出版社出书目录

ISBN	分类	书　　名	作者	开本	出版时间
978-7-5643-6216-4	F234.4-53	现代财务与会计探索（第五辑）	黄辉，尹建平，主编	16	2019年1月
978-7-5643-6359-8	F532	中低速磁浮交通发展战略研究	钱清泉，高仕斌，著	16	2019年1月
978-7-5643-6481-6	H12-64	汉字应该这么学——图解201个汉字部首和1000个例字	邓舒月，编著	16	2019年1月
978-7-5643-6517-2	K928.42	蜀都水香——依水而生的天府锦城	张义奇，著	16	2019年1月
978-7-5643-6518-9	K820.9	蜀都家谱——老族谱中的百姓家史	彭雄，著	16	2019年1月
978-7-5643-6520-2	J292.12	墨田野草——张毓明硬笔书法作品集	张毓明，著	16	2019年1月
978-7-5643-6521-9	K820.871.1	蜀都名儒——五老七贤演绎成都	王跃，著	16	2019年1月
978-7-5643-6527-1	K297.11	蜀都遗韵——记忆留存的历史余味	王跃，著	16	2019年1月
978-7-5643-6535-6	U239.5	城市轨道交通事故处理	孙纪胜，袁佳，主编	16	2019年1月
978-7-5643-6540-0	I207.2	蜀都竹枝——竹枝词中的民俗万象	谢天开，著	16	2019年1月
978-7-5643-6553-0	U238	高速铁路概论（AR版）	陈锦生，应夏晖，主编	16	2019年1月
978-7-5643-6554-7	TM621	钢铁企业自备电厂机组配置优化、煤气系统优化调度	孟华，著	16	2019年1月
978-7-5643-6555-4	F224.5	不确定环境下的多项目动态调度研究	王伟鑫，葛显龙，著	16	2019年1月
978-7-5643-6557-8	TP311.132.3	MySQL数据库应用与实例教程	单光庆，主编	16	2019年1月
978-7-5643-6558-5	TG5	金属切削动力学	马术文，编	16	2019年1月
978-7-5643-6563-9	U292.5	铁路通过能力计算方法	闫海峰，鲁工圆，薛锋，编	16	2019年1月
978-7-5643-6584-4	P314.1	福泉骊珠——遵化汤泉浴日	晏子有，晏颖，著	16	2019年1月
978-7-5643-6587-5	TN92	无线短距离通信技术开发项目教程	张玲丽，虞沧，主编	16	2019年1月
978-7-5643-6598-1	G623.202	小学语文教学设计与实施	饶满萍，主编	16	2019年1月
978-7-5643-6601-8	U216.61	设备维护体系培训教程（第2版）（上、下册）	张朝辉，主编	16	2019年1月
978-7-5643-6607-0	J213	油画创作教程	原春鸣，编著	16	2019年1月
978-7-5643-6612-4	TP393；TN91	计算机网络与通信	于彦峰，主编	16	2019年1月
978-7-5643-6615-5	U492.4；U492.8	城市公共交通安全管理	庞远智，主编	16	2019年1月
978-7-5643-6623-0	J222.7	砚前呓语——大慈写意花鸟作品集	章凯，绘	16	2019年1月
978-7-5643-6627-8	O212.1	非线性协整时间序列的非参数方法及其应用研究	舒晓惠，著	16	2019年1月
978-7-5643-6628-5	U264.2	交流传动机车牵引与控制（第2版）	张铁竹，侯灵芬，主编	16	2019年1月
978-7-5643-6629-2	G613.7	幼儿游戏活动指导	廖俐，石媛，主编	16	2019年1月
978-7-5643-6630-8	U269	高速铁路动车组制动系统维护与检修	李西安，王亦军，主编	16	2019年1月
978-7-5643-6642-1	O1-05	数学游戏与数学文化	彭康青，主编	16	2019年1月

续表

ISBN	分类	书　名	作者	开本	出版时间
978-7-5643-6645-2	U284.48	列车运行自动控制系统	韦成杰，李珊珊，主编	16	2019年1月
978-7-5643-6646-9	TP242.3	服务机器人技术及应用	谷明信，赵华君，董天平，主编	16	2019年1月
978-7-5643-6648-3	TP368.1	单片机原理及应用（c语言版）	万学春，亓晓彬，主编	16	2019年1月
978-7-5643-6649-0	F560.6	航空公司运行程序 Airline Operations Procedure	罗凤娥，李黎莎，编著	16	2019年1月
978-7-5643-6651-3	O172	微积分基础(第二版)	黄宽娜，牟谷芳，主编	16	2019年1月
978-7-5643-6654-4	TG659	数控机床故障诊断与维修	聂振华，岳秋琴，主编	16	2019年1月
978-7-5643-6658-2	C53	西华青年文萃——西华大学研究生优秀论文选（2018年）	费凌，陈广贵，主编	16	2019年1月
978-7-5643-6666-7	U216-65	神朔铁路检修作业标准（电务专业）	神朔铁路分公司，编	16	2019年1月
978-7-5643-6667-4	U216-65	神朔铁路检修作业标准（供电专业）	神朔铁路分公司，编	16	2019年1月
978-7-5643-6669-8	TP751.1	遥感与数字图像处理	赵虎，周晓兰，聂芳，马永俊，主编	16	2019年1月
978-7-5643-6670-4	U212.24	铁道工程测量实训指导书	耿文燕，潘鹏飞，卢再光，主编	16	2019年1月
978-7-5643-6671-1	U238	高速铁路轨道施工与维护	穆阿立，扈涛，主编	16	2019年1月
978-7-5643-6673-5	TU375.2-64	四川省预应力钢筋混凝土叠合板	四川省建筑科学研究院，主编	16	2019年1月
978-7-5643-6674-2	TU375.1	四川省预应力钢筋混凝土叠合梁：矩形	四川省建筑科学研究院，主编	16	2019年1月
978-7-5643-6675-9	U29-65	神朔铁路技术管理规则（供电专业）	神朔铁路分公司，编	16	2019年1月
978-7-5643-6676-6	TM3；TM921	电机与拖动学习指导与实验教程	徐晓玲，张建辉，主编	16	2019年1月
978-7-5643-6677-3	U29-65	神朔铁路技术管理规则（电务专业）	神朔铁路分公司，编	16	2019年1月
978-7-5643-6680-3	TM3；TM921	电机及电力拖动（第四版）	曲素荣，索娜，主编	16	2019年1月
978-7-5643-6686-5	U29-65	神朔铁路技术管理规则（工务专业）	神朔铁路分公司，编	16	2019年1月
978-7-5643-6687-2	U216-65	神朔铁路检修作业标准（工务专业）	神朔铁路分公司，编	16	2019年1月
978-7-5643-6691-9	U472.9；F766	二手车鉴定评估与交易实务	邱官升，主编	16	2019年1月
978-7-5643-6696-4	S436.8-33	园艺植物病虫害防治实验实训	甘丽萍，主编	16	2019年1月
978-7-5643-6708-4	S631.1	胭脂萝卜资源开发与利用	张杰，谭雪梅，张桂芝，著	16	2019年1月
978-7-5643-6713-8	TU755.6-65	四川省现浇混凝土免拆模板建筑保温系统技术标准	中国建筑西南设计研究院有限公司，主编	32	2019年1月
978-7-5643-6714-5	F590	旅游心理学	廖兆光，主编	16	2019年1月
978-7-5643-6718-3	F239.0-44	审计学题库及答案解析	吴先聪，主编	16	2019年1月
978-7-5643-6720-6	U269	高速铁路动车组机械设备维护与检修	牛小伟，马松花，主编	16	2019年1月
978-7-5643-6721-3	F272	创业经营管理	张志新，董婕妍，主编	16	2019年1月
978-7-5643-6722-0	U455；U457	隧道施工养护实训指导书	孙洪硕，卞家胜，刘阳，主编	16	2019年1月

续表

ISBN	分类	书　名	作者	开本	出版时间
978-7-5643-6725-1	R778.1-49	青少年近视防控手册	易虹，主编	16	2019年1月
978-7-5643-6726-8	U216	铁路线路监测与养护实训指导书	王大帅，陈彦恒，卞家胜，主编	16	2019年1月
978-7-5643-6728-2	TN91	电信工程项目实施	赵新颖，朱锦，主编	16	2019年1月
978-7-5643-6731-2	O151.2	线性代数（第二版）	付宇，叶俊，林映光，主编	16	2019年1月
978-7-5643-6732-9	U294	铁路特殊条件货物运输学生工作页	张晓玲，主编	16	2019年1月
978-7-5643-6733-6	TU723.31	建设工程造价	郭俊雄，韩玉麒，主编	16	2019年1月
978-7-5643-6734-3	F284	建设项目组织与管理	韩玉麒，高倩，主编	16	2019年1月
978-7-5643-6735-0	F284	工程项目成本管理	高倩，余佳佳，主编	16	2019年1月
978-7-5643-6738-1	TB237	AutoCAD工程绘图实践训练	钞俊荣，主编	16	2019年1月
978-7-5643-6740-4	U266	动车组车辆构造与设计（第2版）	商跃进，董雅宏，编著	16	2019年1月
978-7-5643-6741-1	U223.6	铁道供电远动系统运行与维护	徐百钊，等编著	16	2019年1月
978-7-5643-6742-8	TN；TM	电子技术基础简明教程（电工学II）	王英，主编	16	2019年1月
978-7-5643-6743-5	TN79	数字电路与逻辑设计	蒋万君，主编	16	2019年1月
978-7-5643-6744-2	TH137；TH138	液压与气压传动技术运用	蔺心书，李洪萍，主编	16	2019年1月
978-7-5643-6745-9	O4-33	大学物理实验	刘伟岐，强伟荣，王福谦，主编	16	2019年1月
978-7-5643-6746-6	TN-33	电子技术基础实验与实训教程：模拟电子技术·数字电子技术	王英，主编	16	2019年1月
978-7-5643-6747-3	TU85	建筑应用电工	梅春燕，杨琳琳，主编	16	2019年1月
978-7-5643-6748-0	TP3	大学计算机	王观玉，周力军，杨福建，主编	16	2019年1月
978-7-5643-6749-7	TP3-44	大学计算机实践指导	王观玉，周力军，吉双鼎，主编	16	2019年1月
978-7-5643-6751-0	TP393.092.2	Web程序设计实践	袁军，郑添键，卢玉，司永洁，编著	16	2019年1月
978-7-5643-6752-7	F299.233	房地产开发经营与管理	余佳佳，郭俊雄，主编	16	2019年1月
978-7-5643-6758-9	R151.3	营养配餐	刘丹，尹显锋，主编	16	2019年1月
978-7-5643-6759-6	S865.3	宠物美容与护理	陈张华，张斌，林建和，主编	16	2019年1月
978-7-5643-6760-2	O13	高等数学及其应用（下）	胡成，吴田峰，刘洋，主编	16	2019年1月
978-7-5643-6762-6	H019	演讲与口才	余珊，王薇薇，主编	16	2019年1月
978-7-5643-6765-7	G420-53	教学智慧——教师均衡的艺术	赵艳红，著	16	2019年1月
978-7-5643-6767-1	D923.01	婚姻家庭继承法案例教程	田建强，牟文义，编著	16	2019年1月
978-7-5643-6769-5	K203	渠江吟诵（春夏篇）（第2版）	赵军，陈春燕，雷霖，邢蓉，主编	16	2019年1月

续表

ISBN	分类	书　　名	作者	开本	出版时间
978-7-5643-6770-1	TU5	土木工程材料	刘秋美，刘秀伟，主编	16	2019年1月
978-7-5643-7206-4	G4-53	当代教育 2019. 第3册	王家洋，主编	16	2019年1月
978-7-5643-5163-2	I247.8	班玛藏区的红色记忆——红军长征途经青海班玛的故事	周忠瑜，编著	16	2019年2月
978-7-5643-6639-1	TU85	智能楼宇现场设备安装	周烨，韦政，赵子云，邱孝扬，王庆江，主编	16	2019年2月
978-7-5643-6664-3	K825.46	绿树情韵	高维真，著	16	2019年2月
978-7-5643-6678-0	U293.3	铁路客运组织	胡小敏，主编	16	2019年2月
978-7-5643-6679-7	X9	安全学原理	邹碧海，主编	16	2019年2月
978-7-5643-6681-0	U175.5	管线敷设	崔平，韦政，张清良，邱孝扬，主编	16	2019年2月
978-7-5643-6692-6	G210.7；G213	网络编辑实务——网络信息内容建设与运营（第2版）	王向军，编著	16	2019年2月
978-7-5643-6727-5	TU22	建筑构造	柯龙，赵睿，主编	16	2019年2月
978-7-5643-6736-7	TU712	工程监理	樊敏，宋世军，编著	16	2019年2月
978-7-5643-6737-4	H193.9	四川省普通高校在校生专升本考试大学语文	郑海涛，高长，张天儒，主编	16	2019年2月
978-7-5643-6750-3	C53	成都东软学院学刊（第四辑）	张应辉，主编	16	2019年2月
978-7-5643-6753-4	U264.91	电力机车制动机	左继红，李云召，主编	16	2019年2月
978-7-5643-6754-1	TN919	数据通信技术与应用	于彦峰，主编	16	2019年2月
978-7-5643-6756-5	G62-53	走向卓越——南宁经济技术开发区第一小学校本研修的实践与探索	蓝瑞美，主编	16	2019年2月
978-7-5643-6757-2	U266	动车组构造（第2版）	侯梅英，何洲红，主编	16	2019年2月
978-7-5643-6761-9	TM7；U2	电力系统与轨道交通ETAP仿真技术及实践	左丽霞，韦宝泉，主编	16	2019年2月
978-7-5643-6764-0	P54	构造地质学	李忠，郝娜娜，王京，主编	16	2019年2月
978-7-5643-6768-8	H152.3	应用写作	刘兴吉，主编	16	2019年2月
978-7-5643-6771-8	TP312.8	JavaEE开发教程	刘云玉，原晋鹏，罗刚，主编	16	2019年2月
978-7-5643-6772-5	TP391.72	计算机二维绘图设计——AutoCAD 2017中文版	赵雷，齐红星，主编	16	2019年2月
978-7-5643-6773-2	TM571.6；TN773	PLC与变频器控制	宋云波，主编	16	2019年2月
978-7-5643-6774-9	TH11	机械应用基础	庄智，李惠群，张涓涓，编著	16	2019年2月
978-7-5643-6775-6	TS251	畜产品加工技术	林建和，陈张华，主编	16	2019年2月
978-7-5643-6779-4	D923.25	不动产登记典型案例剖析	刘守君，编著	16	2019年2月
978-7-5643-6570-7	S85	乡村兽医指南	申海燕，郝瑞芳，王群亮，主编	16	2019年3月

续表

ISBN	分类	书　　名	作者	开本	出版时间
978-7-5643-6581-3	X832-62	水质自动监测系统运行管理技术手册	罗彬，张丹，编著	16	2019 年 3 月
978-7-5643-6620-9	U269	高速铁路动车组牵引系统维护与检修	洪从鲁，张洪河，主编	16	2019 年 3 月
978-7-5643-6633-9	U285.6	通信信号产品制造与工艺管理	陈志红，任全会，主编	16	2019 年 3 月
978-7-5643-6637-7	U260.13	高速列车制动系统	李和平，李芾，著	16	2019 年 3 月
978-7-5643-6685-8	TU723.32	安装工程计量与计价	马驰瑶，主编	16	2019 年 3 月
978-7-5643-6689-6	TU2	广义计划学——建筑业持续健康发展的关键理论与实践	李百毅，郑敏，李百战，著	16	2019 年 3 月
978-7-5643-6703-9	F590.6-45	大学生山岳景区实践教程	袁毅，主编	16	2019 年 3 月
978-7-5643-6710-7	F127.71	四川革命老区发展研究（第五辑）	刁永峰，主编	16	2019 年 3 月
978-7-5643-6712-1	TU74	建筑施工技术	郭凤双，施凯，主编	16	2019 年 3 月
978-7-5643-6716-9	TU227-65	四川省既有玻璃幕墙安全性检测鉴定标准	四川省建筑科学研究院，主编	32	2019 年 3 月
978-7-5643-6719-0	D92-4	民族高校卓越法律人才培养模式研究	安静，向前，李娜，姜勇，编著	16	2019 年 3 月
978-7-5643-6724-4	F530.9	高速铁路客运服务与礼仪（第 2 版）	潘自影，主编	16	2019 年 3 月
978-7-5643-6729-9	V243.1-53；V355.1-53	航空通信导航监视与空管新技术——第九届中国航空学会通信导航监视及空管学术会议暨航电与空管分会 2018 年学术年会（CCATM2018）论文集	潘卫军，邹伟，主编	16	2019 年 3 月
978-7-5643-6755-8	TP3	四川省普通高校在校生专升本考试计算机基础	王娟，主编	16	2019 年 3 月
978-7-5643-6766-4	O13	四川省普通高校在校生专升本考试高等数学	杨丽，唐婷，邵艺，主编	16	2019 年 3 月
978-7-5643-6778-7	TH137；TH138	液压与气动技术	陈沪，主编	16	2019 年 3 月
978-7-5643-6780-0	U293.3	高速铁路服务英语（第 2 版）	倪华，主编	16	2019 年 3 月
978-7-5643-6781-7	C913.3	国民休闲与生活教育——理论与实践	秦学，著	32	2019 年 3 月
978-7-5643-6782-4	F810.62	纳税会计实务	杜凯龙，刘冬青，徐永红，主编	16	2019 年 3 月
978-7-5643-6783-1	TG801	互换性与测量技术基础	彭全，何聪，寇晓培，主编	16	2019 年 3 月
978-7-5643-6784-8	F530.6	铁路运输市场营销	李玲，常利平，主编	16	2019 年 3 月
978-7-5643-6785-5	G623.232	小学阅读课程文体研究	柳舒，黄伟，游文秀，贺征珍，陈春蓉，编著	16	2019 年 3 月
978-7-5643-6786-2	F230-44	基础会计学练习册	程岩，刘春艳，主编	16	2019 年 3 月
978-7-5643-6788-6	Z427	成都东软学院学刊（第三辑）	张应辉，主编	16	2019 年 3 月
978-7-5643-6789-3	O631.2-33	高分子物理实验	朱江，倪海涛，曾建兵，主编	16	2019 年 3 月
978-7-5643-6790-9	D922.5	劳动与社会保障法——规范与应用	岳宗福，秦敏，主编	16	2019 年 3 月

续表

ISBN	分类	书　　名	作者	开本	出版时间
978-7-5643-6791-6	TP311.561	Python 入门与实战	王跃进，主编	16	2019年3月
978-7-5643-6792-3	D219	坚定理想信念　放飞青春梦想——大学生党的教育读本	易志军，王立智，主编	16	2019年3月
978-7-5643-6793-0	F124.7；D669.3	社会资本与社区治理	李佑静，著	16	2019年3月
978-7-5643-6794-7	O342	结构分析有限元程序应用	齐欣，李翠娟，孟庆成，编著	16	2019年3月
978-7-5643-6795-4	G718.5-53	成都工业职业技术学院教师论文集（2018）	成都工业职业技术学院，编	16	2019年3月
978-7-5643-6796-1	K825.38	铁路人生——蔡庆华口述做人做事	蔡庆华，口述	16	2019年3月
978-7-5643-6799-2	O4-33	大学物理实验（第3版）	向必纯，主编	16	2019年3月
978-7-5643-6806-7	U238；U239.5	铁路（高铁）及城市轨道交通给排水工程设计	梁政，编著	16	2019年3月
978-7-5643-6808-1	H315.9	新时代应用翻译研究——理论与实践	陈海兵，陈丹，周勇，李超，著	16	2019年3月
978-7-5643-6634-6	J607.274	北川羌族情歌的音乐特征与传承发展	杨梅，著	16	2019年4月
978-7-5643-6657-5	B248.21-53	阳明先生集要三编——黔南今本：全2册	(明) 王守仁，著	32	2019年4月
978-7-5643-6723-7	TB23	工程识图与CAD（第2版）	孙再鸣，杨小玉，主编	16	2019年4月
978-7-5643-6776-3	K825.46；K828.4	复兴交大的榜样力量——西南交通大学“扬华人物”访谈录	高平平，主编	16	2019年4月
978-7-5643-6777-0	U269	机车检修体系培训教程（全3册）（第2版）	张朝辉，主编	16	2019年4月
978-7-5643-6787-9	TM；TN	电工电子技术基础与技能	蔺心书，孟庆洁，主编	16	2019年4月
978-7-5643-6797-8	G619.2	甘孜州农牧区特色化学前教育研究	捌马阿末，著	16	2019年4月
978-7-5643-6801-2	P208	ArcGIS 工程实践常见技术问题与解决方法	高松峰，苗东利，张宏敏，著	32	2019年4月
978-7-5643-6803-6	I207.414	明清刊本《西游记》语-图互文性研究	杨森，著	16	2019年4月
978-7-5643-6804-3	K827=7	末代瓦寺土司口述影像史	索国光，口述	16	2019年4月
978-7-5643-6809-8	U472.41	汽车电器设备检测与维修	王谦，何加龙，周海涛，主编	16	2019年4月
978-7-5643-6810-4	U491	交通运输工程概论 (Traffic and Transportation Engineering)	王汝佳，李广军，主编	16	2019年4月
978-7-5643-6811-1	F241.32	现代学徒制：理论与实证	杨小燕，著	16	2019年4月
978-7-5643-6812-8	V323.9	直升机飞行教员手册	犹铁，于大浩，杨晓强，朱通，贺强，主编	16	2019年4月
978-7-5643-6813-5	P694-62	地质灾害防治项目预算编制与审查实用手册	吴宝和，石胜伟，谢忠胜，编著	16	2019年4月
978-7-5643-6814-2	TG9	机械钳工技能训练	刘莹，刘志阳，主编	16	2019年4月
978-7-5643-6815-9	U26	机车运用与规章	唐春林，曲璟，主编	16	2019年4月

续表

ISBN	分类	书　　名	作者	开本	出版时间
978-7-5643-6817-3	N11	现代科技创新成果英文赏析	王凤琴，康勇，马静，编著	16	2019年4月
978-7-5643-6818-0	A84；D610	“毛泽东思想和中国特色社会主义理论体系概论”项目化学习与实践指导	唐家州，主编	16	2019年4月
978-7-5643-6819-7	F230	会计专业实训项目标准化指导书	黄世一，主编	16	2019年4月
978-7-5643-6820-3	S688.1	川派盆景制作技法	蒋跃军，邹盼红，著	16	2019年4月
978-7-5643-6821-0	TP312.8	visual c#任务导向型实训教程	甘井中，邱杰，吕洁，主编	16	2019年4月
978-7-5643-6823-4	G792	经典悦读（第九辑）	徐飞，主编	16	2019年4月
978-7-5643-6824-1	G792	经典悦读（第十辑）	徐飞，主编	16	2019年4月
978-7-5643-6827-2	I217.1	青年说——感恩中国科学家：倾听100名西部学子的声音	高平平，主编	16	2019年4月
978-7-5643-6832-6	F230	会计乐旅	杨尚军，著	16	2019年4月
978-7-5643-6838-8	G615；G612	农村幼儿教师质量保障机制研究——基于贵州普及学前教育进程中的调查	梁小丽，樊婷婷，著	16	2019年4月
978-7-5643-6842-5	U231.3	珠三角复合地层盾构施工技术	邓勇，张云飞，主编	16	2019年4月
978-7-5643-6845-6	H0	西方语言哲学家思想研究	陈韵，甘小兰，黎明，张莉，著	16	2019年4月
978-7-5643-6848-7	H31	欧盟治理文件中“信息过量”的文化研究(A Cultural Study of Overinformativeness in EU Governance Files)	张璐，钱亚旭，著	16	2019年4月
978-7-5643-6849-4	H03；H0-05	双语心理词汇研究	黎明，张莉，李娜，陈韵，著	16	2019年4月
978-7-5643-6852-4	H319.32	大学英语口语教学模式研究	张莉，陈韵，著	16	2019年4月
978-7-5643-6856-2	G642.477；H315	实用英语毕业论文写作	任桂婷，高扩昌，主编	16	2019年4月
978-7-5643-6857-9	I712年7月4	女性形象与经典重构：从霍桑到厄普代克(Female Image and Canon Reconstruction: from Hawthorne to Updike)	张秦，钱亚旭，著	16	2019年4月
978-7-5643-6859-3	G210	A Cultural Study of Evasive Answers in the Sino-US Press Conference“闪避回答”的文化研究——以中美新闻发言为例	钱亚旭，张秦，著	16	2019年4月
978-7-5643-6861-6	K872.71	“5·12”汶川地震中四川省文博单位可移动文物受损调查报告	四川博物院，编	16	2019年4月
978-7-5643-5947-8	F426.82	川鄂古盐道	赵逵，著	16	2019年5月
978-7-5643-6479-3	U239.5	轨道路基施工技术	梁莉，阳江，主编	16	2019年5月
978-7-5643-6519-6	F426.82	川黔古盐道	邓军，著	16	2019年5月
978-7-5643-6574-5	TP311.52	软件需求工程	舒红平，魏培阳，主编	16	2019年5月
978-7-5643-6576-9	TP311.52	软件项目管理	舒红平，曹亮，主编	16	2019年5月
978-7-5643-6668-1	TU756.4-65	四川省预制装配式自保温混凝土外墙板生产、施工与质量验收标准	成都市土木建筑学会，成都建工第六建筑工程有限公司，主编	32	2019年5月

续表

ISBN	分类	书　　名	作者	开本	出版时间
978-7-5643-6688-9	TU93-65	四川省建筑地下结构抗浮锚杆技术标准	四川省建筑科学研究院，主编	32	2019年5月
978-7-5643-6707-7	TB332	石墨烯材料热学和电学性能研究——从非简谐效应视角	郑瑞伦，夏继宏，杨文耀，著	16	2019年5月
978-7-5643-6763-3	R47	护理礼仪	李春梅，主编	16	2019年5月
978-7-5643-6798-5	G212	新闻采访与写作	杨洁，主编	16	2019年5月
978-7-5643-6800-5	G635.5	高中生涯认知发展教育理论与实践	张科，成必成，主编	16	2019年5月
978-7-5643-6816-6	TH16	工程训练	杨进德，主编	16	2019年5月
978-7-5643-6822-7	F273.2；F272.4	协同产品创新知识网络构建及管理研究	苏加福，杨涛，著	16	2019年5月
978-7-5643-6825-8	V233.7	航空发动机FADEC系统安全性分析方法研究	闫锋，付尧明，付金华，著	16	2019年5月
978-7-5643-6826-5	K287.4	当代羌族文化的教育传承与创新	刘义，著	16	2019年5月
978-7-5643-6829-6	G649.21	新建本科院校应用技术转型的“现代学徒制”路径研究	刘彤，陆薇，许志强，曹典，王煜，著	16	2019年5月
978-7-5643-6833-3	G632.421	行走在实践与理论之间——特级教师王富英教育教学研究	王富英，著	16	2019年5月
978-7-5643-6834-0	O22	运筹学（第2版）	寇玮华，编著	16	2019年5月
978-7-5643-6835-7	J632.32	古筝基本功进阶训练教程	刘蕊，编著	16	2019年5月
978-7-5643-6837-1	J607.2	茶马古道上的民间音乐文化“活化石”——张家界骡马号子传承人寻访与曲词整理	伍育琦，高忠根，编著	16	2019年5月
978-7-5643-6839-5	C916	社会工作综合实践能力培养教程	田光辉，姜又春，主编	16	2019年5月
978-7-5643-6840-1	B849.1	心理咨询技能训练	马淑琴，冉俐雯，编著	16	2019年5月
978-7-5643-6841-8	U239.5-64	城市轨道交通安装工程安全文明施工管理要点图解	中国中铁电气化局集团有限公司，编	32	2019年5月
978-7-5643-6843-2	G4-53	当代教育（2019）　第1册	王家洋，主编	16	2019年5月
978-7-5643-6844-9	Q949.408	武功山地区维管束植物物种多样性编目	陈功锡，等编著	16	2019年5月
978-7-5643-6846-3	U266	高速铁路动车组控制系统维护与检修	李向超，李世伦，主编	16	2019年5月
978-7-5643-6847-0	TE687	油气田常用安全消防设施器材的使用与维护	王永强，林德健，王建军，主编	16	2019年5月
978-7-5643-6850-0	P283.7	大比例尺数字化测图技术（第4版）	李玉宝，等编著	16	2019年5月
978-7-5643-6853-1	TN929.1	基于光OFDM及其相关技术的室内可见光通信研究	贾科军，著	16	2019年5月
978-7-5643-6854-8	G127.56	西江水韵	谭志坚，王易萍，编著	16	2019年5月
978-7-5643-6858-6	U419	新疆特殊地区公路	郑育新，著	16	2019年5月
978-7-5643-6862-3	TM571.2；TM571.6	电气控制与PLC技术	吴何畏，主编	16	2019年5月
978-7-5643-6865-4	J06	创新从现在开始	赵恒，谭艳芳，著	16	2019年5月

续表

ISBN	分类	书　　名	作者	开本	出版时间
978-7-5643-6867-8	TP242-49	机器人——动力世界（小学三年级）	马书根，主编	16	2019年5月
978-7-5643-6868-5	TP242-49	机器人——拼搭世界（小学一年级）	马书根，主编	16	2019年5月
978-7-5643-6869-2	U293.3	高速铁路乘务工作实务	李培锁，邓岚，赵小红，主编	16	2019年5月
978-7-5643-6871-5	TS201.1-33	食品工艺学实验	阳晖，李宇，冯晓汀，主编	16	2019年5月
978-7-5643-6873-9	K924.13-64	魅力汉中	曾小珊，主编	16	2019年5月
978-7-5643-6875-3	N55	中西科学期刊比较研究	张勇刚，著	16	2019年5月
978-7-5643-6876-0	TS201.3	恩施市传统发酵食品微生物多样性研究	湖北文理学院智微园大学生科技服务团，编著	16	2019年5月
978-7-5643-6877-7	F592.3	旅游社区参与研究	王芳，著	16	2019年5月
978-7-5643-6878-4	F272.35	风险管理实训	程岩，吴霞，主编	16	2019年5月
978-7-5643-6879-1	TS207.3	襄阳市食品品质评价研究	湖北文理学院智微园大学生科技服务团，编著	16	2019年5月
978-7-5643-6884-5	G623.502	“三教”教学理念在农村小学数学教学中的实践应用	陈祖芳，王德兴，毛正坤，主编	16	2019年5月
978-7-5643-6886-9	U266	高速铁路动车组驾驶与运用	李冰毅，朱亚男，主编	16	2019年5月
978-7-5643-6888-3	U239.5	城市轨道交通快慢车理论	陈福贵，著	16	2019年5月
978-7-5643-6501-1	P588.24	西南红层特殊岩土性质与工程应用	谢强，郭永春，赵文，文江泉，编著	16	2019年6月
978-7-5643-6616-2	J657.41	布索尼钢琴作品选	张果，主编	16	2019年6月
978-7-5643-6632-2	B222.2-49	我读《论语》——孔子和他的弟子们	刘纯茂，刘艾林，编著	16	2019年6月
978-7-5643-6659-9	G711；G718.5	高职院校大学生思想分类引导与文化素质教育创新实践——以成都航空职业技术学院为例	杨建国，尹成鑫，杨湘伶，陈玉华，编著	16	2019年6月
978-7-5643-6807-4	F590-53；F061.6-53	旅游与国土资源管理探索（第二辑）	张维贵，王宁，主编	16	2019年6月
978-7-5643-6830-2	K827=1	“禹”身份研究	李殿元，著	16	2019年6月
978-7-5643-6851-7	I516.2	林克译文精选集	（德）荷尔德林，等著	32	2019年6月
978-7-5643-6855-5	B223.15	大成之道——《道德经》治世思想新探	李韵奕，著	16	2019年6月
978-7-5643-6860-9	F832.764	宏观与微观双重视角下湖南武陵山片区普惠金融发展研究	彭耿，刘芳，著	16	2019年6月
978-7-5643-6863-0	G883.2	实用健身与训练指导	兰成伟，编著	16	2019年6月
978-7-5643-6864-7	U41	公路工程检测技术	费月英，任小艳，主编	16	2019年6月
978-7-5643-6870-8	K875.42	文房清供	四川博物院，编	16	2019年6月
978-7-5643-6872-2	D632.4	库区移民安置补偿政策优化研究	何思妤，陈彦，张兵，曾维忠，蓝红星，著	16	2019年6月
978-7-5643-6874-6	G641	新时代高职院校工科专业课程思政教育探索	叶勇，康亮，著	16	2019年6月

续表

ISBN	分类	书　　名	作者	开本	出版时间
978-7-5643-6881-4	G649.20	教育政策法律——理论与实践	李祥，曾瑜，编著	16	2019年6月
978-7-5643-6882-1	G634.605	巽崖起航——高考数学解题技巧：全2册	任莉，汪九均，主编	16	2019年6月
978-7-5643-6883-8	J222.7	石壶绘事	四川博物院，编	16	2019年6月
978-7-5643-6885-2	O13	数学（第3版）	何丽亚，江海洋，谢燕，主编	16	2019年6月
978-7-5643-6887-6	U298.1；U298.6	高铁乘务安全管理与应急处置（第2版）	王慧，主编	16	2019年6月
978-7-5643-6889-0	F407.471.5	汽车服务接待	钱芬，李杨，罗彩茹，张雅婷，杨晓明，主编	16	2019年6月
978-7-5643-6890-6	U293.3	高速铁路动车乘务实务（第2版）	王慧，马海漫，主编	16	2019年6月
978-7-5643-6891-3	F7-44	商务英语专业八级模拟试题集	邹莉，曹瑞斓，陈蓉，主编	16	2019年6月
978-7-5643-6892-0	V323	现代飞行程序设计	朱代武，陈肯，周继华，编著	16	2019年6月
978-7-5643-6893-7	U239.5	城市轨道交通运营管理实务	魏玉梅，主编	16	2019年6月
978-7-5643-6894-4	K828.1	有观“手艺人”——绘说传统职业一百种	杨小燕，魏会超，王朔，编著	16	2019年6月
978-7-5643-6895-1	R47	护理技能综合应用及临床思维训练	朱华云，主编	16	2019年6月
978-7-5643-6896-8	R322	解剖学基础项目教学	马晓梅，刘军鹏，主编	16	2019年6月
978-7-5643-6897-5	J605.2	口述史视野下的贵州省音乐非物质文化遗产传承人及其音乐研究	王建朝，单晓杰，著	16	2019年6月
978-7-5643-6898-2	H109.2-44	语文知识200问	邵茹波，编著	16	2019年6月
978-7-5643-6899-9	TN92	动态博弈及其在下一代无线通信网络中的应用（Dynamic Game and Its Application in Next-Generation Wireless and Communication Networks）	许海涛，等著	16	2019年6月
978-7-5643-6900-2	U2-39	铁路运输设备辅助设计	黄艺娜，旷利平，主编	16	2019年6月
978-7-5643-6901-9	C931.2	标准化工程	于影霞，尹春建，编著	16	2019年6月
978-7-5643-6902-6	D909.242	唐代制定法与判例中的家族秩序	田野，著	16	2019年6月
978-7-5643-6903-3	U239.5	城市轨道交通接触网系统及其运维技术	赵国伟，董昭德，袁志宏，编著	16	2019年6月
978-7-5643-6904-0	G633.302-53	这样走过	杨秀华，著	16	2019年6月
978-7-5643-6905-7	U227	现代有轨电车供电工程施工技术	李曙斌，主编	16	2019年6月
978-7-5643-6906-4	TP391.414	三维建模项目实战	秦亚军，黄开云，段光奎，主编	16	2019年6月
978-7-5643-6907-1	U269	动车组辅助供电配电系统与设备检修——工学结合一体化课程解决方案	何洲红，侯梅英，著	16	2019年6月
978-7-5643-6908-8	D632	促使改变　让美好发生——3E社工干预策略及实践	3E社工师，著	16	2019年6月
978-7-5643-6909-5	U227	现代有轨电车通信信号工程施工技术	龚云雷，刘平，主编	16	2019年6月

续表

ISBN	分类	书　　名	作者	开本	出版时间
978-7-5643-6910-1	TP309	信息安全基础	杨建强，李学锋，主编	16	2019年6月
978-7-5643-6911-8	G623.312-53	春华秋实——珠海市周淑芳教师工作室英语教学成果集	周淑芳，主编	16	2019年6月
978-7-5643-6912-5	U266	动车组空调系统检修与维护（第2版）	顿小红，编著	16	2019年6月
978-7-5643-6913-2	B82-057	工科大学生工程伦理观研究	铁怀江，著	16	2019年6月
978-7-5643-6914-9	TM571.61	西门子S7-300 PLC应用技术项目化教程	谢锡锋，主编	16	2019年6月
978-7-5643-6915-6	F590.65	旅游行业中小企业经营管理	徐宏，编著	16	2019年6月
978-7-5643-6918-7	U443.3	桥梁上部结构施工	胡金桂，主编	16	2019年6月
978-7-5643-6919-4	TS251.5	不同加工条件对牛肉肌内胶原蛋白特性及肉品质影响研究	常海军，著	16	2019年6月
978-7-5643-6920-0	TS261.3	襄阳市浓香型白酒窖泥微生物多样性研究	湖北文理学院智微园大学生科技服务团，编著	16	2019年6月
978-7-5643-6921-7	TP273；TM571.61	工业控制PLC基础实训	龚清林，王德春，邓勇，主编	16	2019年6月
978-7-5643-6922-4	TM571.2；TM571.6	电气控制与PLC	亓晓彬，万学春，主编	16	2019年6月
978-7-5643-6923-1	G127.71	治蜀兴川——论感恩与敬畏公共文化建设	钟佩霖，著	16	2019年6月
978-7-5643-6924-8	U231；U284.59	地铁调度：场景构建与应急实践	夏景辉，主编	16	2019年6月
978-7-5643-6925-5	G623.202	小学语文课堂教学提升技巧	勾祖鹏，著	16	2019年6月
978-7-5643-6926-2	TN79	数字电子技术	代红英，李翠锦，陈成瑞，编著	16	2019年6月
978-7-5643-6928-6	TQ316	高分子材料与加工实验教程	胡扬剑，舒友，罗琼林，主编	16	2019年6月
978-7-5643-6929-3	TM3	多轴电机总量一致性控制技术	张昌凡，林真珍，著	16	2019年6月
978-7-5643-6930-9	F713.36	筑梦“三创”，温暖相伴——全国大学生电子商务“三创”竞赛指导	苗苗，毛美琳，杨子淇，谢柯，著	16	2019年6月
978-7-5643-6931-6	X932	防火防爆技术	张艳艳，孙辉，陈晨，主编	16	2019年6月
978-7-5643-6933-0	U293.1	铁路客运组织	余为红，主编	16	2019年6月
978-7-5643-6934-7	J60-059	音乐教育的行与思	苏世奇，著	16	2019年6月
978-7-5643-6935-4	U443	桥梁下部结构施工	张颖，主编	16	2019年6月
978-7-5643-6936-1	D922.17	测绘法律法规与测绘管理监理（第2版）	杨明强，魏亮，主编	16	2019年6月
978-7-5643-6941-5	O194	微尺度悬臂输液管道的非线性动力学研究	郭勇，著	16	2019年6月
978-7-5643-6942-2	H146.3；H314.3	基于多维句法视角的汉英特殊句式对比研究	王数财，著	16	2019年6月

续表

ISBN	分类	书　名	作者	开本	出版时间
978-7-5643-6945-3	TP393	计算机网络技术实践	王刚，杨兴春，编著	16	2019年6月
978-7-5643-6946-0	D922.297	建设工程法规	郭凤双，向铮，向启懋，主编	16	2019年6月
978-7-5643-6947-7	O183.2	张量的谱理论和数值代数几个问题的迭代解法	何军，著	16	2019年6月
978-7-5643-6949-1	TS252.51；F713.55；F713.32	国产婴幼儿奶粉供应链消费者信心重建与绩效提升策略研究	王淑慧，著	16	2019年6月
978-7-5643-6952-1	U29-65	神朔铁路技术管理规则——机务专业	神朔铁路分公司，编	16	2019年6月
978-7-5643-6954-5	F426.2	丝绸之路经济带能源合作研究	张磊，著	16	2019年6月
978-7-5643-6955-2	F125.535.3	中巴经济走廊互联互通研究	程云洁，著	16	2019年6月
978-7-5643-6962-0	I230	滇南往事——曲靖乡土题材剧作集	袁燚，著	16	2019年6月
978-7-5643-6964-4	G619.21	民族地区幼儿教育实践探索	樊婷婷，梁小丽，刘琼，主编	16	2019年6月
978-7-5643-6968-2	U239.5	城市轨道交通运营安全预警与应急保障技术研究	黎新华，丛丛，李俊辉，著	16	2019年6月
978-7-5643-5937-9	F275	财务管理专业建设的理论与实践	黄辉，杜迎新，顾飞，主编	16	2019年7月
978-7-5643-6652-0	J613	基础乐理专题强化训练	叶卫国，杨锴，雷晓文，主编	16	2019年7月
978-7-5643-6690-2	TH11	机械基础	孟莹，主编	16	2019年7月
978-7-5643-6699-5	G647-53	做成做优：西南交通大学第三届机关优秀工作案例集	王顺洪，主编	16	2019年7月
978-7-5643-6805-0	F532.3	长三角高速铁路运营管理创新与应用	曲思源，著	16	2019年7月
978-7-5643-6831-9	G127.714	天府文化之源——都江堰	李冰研究中心，主编	16	2019年7月
978-7-5643-6866-1	J6；J7	音乐舞蹈专业英语（Practical English for Music and Dance）	七一初，李晓红，晏乔，主编	16	2019年7月
978-7-5643-6880-7	J222.7	巴蜀过客	四川博物院，编	16	2019年7月
978-7-5643-6917-0	U27	轨道交通车辆新技术	徐传波，张中央，蒋益平，主编	16	2019年7月
978-7-5643-6927-9	G619.29	新编外国幼儿教育史	王棋纬，黄胜，主编	16	2019年7月
978-7-5643-6937-8	TU204-44	建筑制图习题集	汪勇，陈坤，徐红，黎玉彪，主编	8	2019年7月
978-7-5643-6939-2	TP311.55	软件测试原理及应用	崔梦天，张波，郭雪峰，编著	16	2019年7月
978-7-5643-6940-8	G444	心理健康教育	尹秋云，主编	16	2019年7月
978-7-5643-6943-9	F532.9	高铁简史（A Brief History of High-Speed Rail）	胡启洲，曲思源，编著	16	2019年7月
978-7-5643-6950-7	R36	病理学基础项目教学	石玉芹，马晓梅，主编	16	2019年7月
978-7-5643-6951-4	U266	动车组概论	李英勇，主编	16	2019年7月

续表

ISBN	分类	书　　名	作者	开本	出版时间
978-7-5643-6953-8	TH16	工程训练	朱民，主编	16	2019年7月
978-7-5643-6958-3	K-4	从史实到价值——基于历史学科思想的深度问题教学	郭子其，著	32	2019年7月
978-7-5643-6960-6	F426.89	烟草商业企业卷烟物流成本控制与优化	谌微微，杨晓华，李康，著	16	2019年7月
978-7-5643-6961-3	G633.412	思维导图与中学英语课堂教学创新——运用思维导图提高中学英语课堂教学效益的实践与思考	周强名师工作室，著	32	2019年7月
978-7-5643-6963-7	G842	新编软式排球教程	修艳，主编	16	2019年7月
978-7-5643-6965-1	U472.41	汽车电器系统检修	郭仲伦，吴继坚，王朝武，主编	16	2019年7月
978-7-5643-6966-8	F713.365.2	电子商务实战：网店运营	陈庆，主编	16	2019年7月
978-7-5643-6967-5	TN911.72	数字信号处理学习教程	原萍，彭乐乐，主编	16	2019年7月
978-7-5643-6969-9	TH16	机械制造装备及设计	牛永江，编著	16	2019年7月
978-7-5643-6970-5	G613	幼儿园区域活动新思考	黄玉娇，周霞，编著	16	2019年7月
978-7-5643-6971-2	TU18	智慧建筑集成技术	伍银波，岑健，主编	16	2019年7月
978-7-5643-6972-9	U264.03	电力机车构造（第2版）	高伟，钟恩松，主编	16	2019年7月
978-7-5643-6974-3	D923.4	知识产权法	漆海燕，李飞鸣，马丽，主编	16	2019年7月
978-7-5643-6975-0	U239.5	城市轨道交通机械基础	张波，唐春林，主编	16	2019年7月
978-7-5643-6976-7	G808.2	区域联动视角下贵州山地户外运动赛事设计与发展	李晓，著	16	2019年7月
978-7-5643-6978-1	TN321	多元非晶氧化物薄膜及其薄膜晶体管	岳兰，著	16	2019年7月
978-7-5643-6980-4	U266.2	轨道交通驾驶专业群实习实训指导书	单绍平，张金瑞，主编	16	2019年7月
978-7-5643-6982-8	D616	价值观自信——自信中国的价值支撑	周忠华，著	16	2019年7月
978-7-5643-6983-5	I207.409；B949.2	佛教中国化进程与晋—唐文言小说演进研究	刘惠卿，著	16	2019年7月
978-7-5643-6989-7	G4-53	当代教育2019. 第2册	王家洋，主编	16	2019年7月
978-7-5643-6990-3	H311	英语语音语调实训教程（Practice for Better Pronunciation）	袁利，主编	16	2019年7月
978-7-5643-6991-0	U293.22	票务管理（初级）	哈尔滨地铁集团有限公司，编	16	2019年7月
978-7-5643-6992-7	H319.39	高职新视界英语	刘倩，主编	16	2019年7月
978-7-5643-6995-8	U239.5	城市轨道交通车辆构造与运用	旷利平，黄艺娜，主编	16	2019年7月
978-7-5643-6997-2	TB22	工程测量（含实训指导）	高珊，张玉龙，霍如桃，主编	16	2019年7月
978-7-5643-6998-9	TB22	工程测量	邓鑫洁，唐丽，主编	16	2019年7月

续表

ISBN	分类	书　　名	作者	开本	出版时间
978-7-5643-6999-6	TU57-44	建筑防水 100 问	四川省建设科技发展中心，四川省建筑标准设计办公室，四川省建筑防水协会，主编	32	2019 年 7 月
978-7-5643-7000-8	TP368.1；TP312.8	单片机原理与应用——基于 C 语言	阚永彪，张洋，主编	16	2019 年 7 月
978-7-5643-7004-6	I206.6	中国现代文学名著导读（第 2 版）	刘学明，编著	16	2019 年 7 月
978-7-5643-6592-9	TM	电工（中级）实训指导教程	唐宇，陈大兴，谭科华，主编	16	2019 年 8 月
978-7-5643-6672-8	U239.5	城市轨道交通供电综合自动化技术	王吉峰，主编	16	2019 年 8 月
978-7-5643-6715-2	V355.1；R851.2	空中交通管制员疲劳管理	杨昌其，编著	16	2019 年 8 月
978-7-5643-6916-3	G634.303	青春的旅程，让文学照亮成长之路——华德福高中的文学课	（美）大卫·斯隆(David Sloan)，著	16	2019 年 8 月
978-7-5643-6956-9	F560.6	航空公司突发事件应急处置与管理	罗凤娥，赖欣，张成伟，主编	16	2019 年 8 月
978-7-5643-6957-6	U412.36	大道兴川	四川省交通宣传中心，编著	32	2019 年 8 月
978-7-5643-6973-6	O21	概率论与数理统计	孙燕斌，曾祥楷，主编	16	2019 年 8 月
978-7-5643-6979-8	TQ02-33	工程化学基础实验（第 2 版）	童志平，主编	16	2019 年 8 月
978-7-5643-6981-1	G212	媒介融合背景下的创新采访与写作	雷璐荣，编著	16	2019 年 8 月
978-7-5643-6985-9	F560.9	空乘礼仪实用教程	董沁媛，关晓儇，主编	16	2019 年 8 月
978-7-5643-6986-6	U238-44	高铁问答（Questions and Answers of High-Speed Rail）	胡启洲，曲思源，编著	16	2019 年 8 月
978-7-5643-6987-3	G62	让每一个生命自由生长	朱祥烈，主编	32	2019 年 8 月
978-7-5643-6988-0	R730.2	肿瘤细胞图像识别	甘岚，周庆忠，赵海霞，著	16	2019 年 8 月
978-7-5643-6993-4	TB301	材料力学	王丽娟，张镇，邓成尧，主编	16	2019 年 8 月
978-7-5643-6994-1	U1	综合交通运输概论（第 4 版）	连义平，主编	16	2019 年 8 月
978-7-5643-6996-5	I217.2	薇薇的小升初	肖雯文，著	16	2019 年 8 月
978-7-5643-7001-5	TP212.06；TM93	传感检测与电子测量	付涛，主编	16	2019 年 8 月
978-7-5643-7002-2	O21-44	概率论与数理统计习题册	西南交通大学数学学院统计系，编著	16	2019 年 8 月
978-7-5643-7003-9	TG9	钳工工艺与技能	葛志宏，唐启金，孔永祥，主编	16	2019 年 8 月
978-7-5643-7005-3	U293.3	高速铁路客运服务心理学	王慧，主编	16	2019 年 8 月
978-7-5643-7006-0	U239.5	站务专业（初级）	哈尔滨地铁集团有限公司，编	16	2019 年 8 月
978-7-5643-7007-7	TP3	计算机应用基础	尹小敏，编著	16	2019 年 8 月

续表

ISBN	分类	书　　名	作者	开本	出版时间
978-7-5643-7008-4	TP368.1	单片机应用技术	李亚妹，尹昶，主编	16	2019年8月
978-7-5643-7010-7	R197.32-62	四川省医院卫生统计工作手册	周力，潘惊萍，段占祺，编著	16	2019年8月
978-7-5643-7011-4	R199.2-62	四川省基层医疗机构卫生统计工作手册	周力，潘惊萍，张菊英，编著	16	2019年8月
978-7-5643-7012-1	TU5	建筑材料	王琳，桑鹏程，主编	16	2019年8月
978-7-5643-7013-8	TM07	机电设备故障诊断与维修	胡然，主编	16	2019年8月
978-7-5643-7014-5	V211.73	民用飞行模拟技术与应用	陈又军，苏彬，著	16	2019年8月
978-7-5643-7015-2	K826.14	星耀长河——杰出天文学家落下闳	张治平，侯开良，著	16	2019年8月
978-7-5643-7016-9	O61；O65	无机及分析化学	朱江，倪海涛，主编	16	2019年8月
978-7-5643-7017-6	TM72	开普仿真试验技术汇编	许昌开普检测研究院股份有限公司，编著	16	2019年8月
978-7-5643-7018-3	U231	PLC在地铁设备中的应用	李广军，崔继仁，主编	16	2019年8月
978-7-5643-7019-0	G633.962	中学体育课程资源开发与利用	吴湘军，主编	16	2019年8月
978-7-5643-7020-6	B261.5	贺麟人生哲学研究	代发君，著	16	2019年8月
978-7-5643-7021-3	G632.0	教育质量综合评价改革校本化行动实例	张学文，朱守群，主编	16	2019年8月
978-7-5643-7022-0	U264.035	DK-1型电空制动机检修试验	张棋宣，马进先，王宝泉，邱忠勇，主编	16	2019年8月
978-7-5643-7023-7	U269	铁道机车车辆常用工量具	刘宏利，林辉，主编	16	2019年8月
978-7-5643-7024-4	U239.5	车辆检修工（初级）	哈尔滨地铁集团有限公司，编	16	2019年8月
978-7-5643-7025-1	U239.5	车站设备检修工（初级）	哈尔滨地铁集团有限公司，编	16	2019年8月
978-7-5643-7026-8	U27	车辆设备工（初级）	哈尔滨地铁集团有限公司，编	16	2019年8月
978-7-5643-7027-5	F275	财务管理	陈宣君，主编	16	2019年8月
978-7-5643-7028-2	TU721	建筑施工组织	杨春燕，王娟，余晓琨，主编	16	2019年8月
978-7-5643-7029-9	U231.4	线路检修工（初级）	哈尔滨地铁集团有限公司，编	16	2019年8月
978-7-5643-7030-5	U270.1	车辆系统动力学仿真	王孝鹏，著	16	2019年8月
978-7-5643-7031-2	TP3	计算机专业英语	张天华，李家元，主编	16	2019年8月
978-7-5643-7032-9	O242.23	层次优化问题的理论及算法	李高西，著	16	2019年8月
978-7-5643-7033-6	TP311.5	Unity3D游戏开发项目教程	王霞，李文明，吴金，主编	16	2019年8月
978-7-5643-7034-3	U239.5	信号检修工（初级）	哈尔滨地铁集团有限公司，编	16	2019年8月
978-7-5643-7035-0	O29	应用数学基础	马玉军，陈锐，崔立书，主编	16	2019年8月

续表

ISBN	分类	书　名	作者	开本	出版时间
978-7-5643-7036-7	TQ	化学化工英语	刘子富，主编	16	2019年8月
978-7-5643-7037-4	U239.5	通信检修工（初级）	哈尔滨地铁集团有限公司，编	16	2019年8月
978-7-5643-7038-1	U239.5	电客车司机（初级）	哈尔滨地铁集团有限公司，编	16	2019年8月
978-7-5643-7039-8	U239.5	行车调度员与车场调度员（初级）	哈尔滨地铁集团有限公司，编	16	2019年8月
978-7-5643-7040-4	U239.5	设备调度员（初级）	哈尔滨地铁集团有限公司，编	16	2019年8月
978-7-5643-7041-1	U239.5	工程车司机（初级）	哈尔滨地铁集团有限公司，编	16	2019年8月
978-7-5643-7042-8	U239.5	城市轨道交通施工安全管理	刘连珂，编著	16	2019年8月
978-7-5643-7043-5	U215	铁道工程施工图识图技能实训指导书	马志芳，卢再光，齐悦，主编	8	2019年8月
978-7-5643-7044-2	U231.8	供电检修工（初级）	哈尔滨地铁集团有限公司，编	16	2019年8月
978-7-5643-7045-9	U455	隧道工程施工	瞿万波，王毅，主编	16	2019年8月
978-7-5643-7046-6	U472	汽车检测与维修：发动机分册	刘建军，高浩，吴龙，主编	16	2019年8月
978-7-5643-7047-3	TM133	电路分析（第3版）	谭永霞，主编	16	2019年8月
978-7-5643-7048-0	F560.81	飞行签派专业英语教程（English Course for Flight Dispatcher）	罗凤娥，李黎莎，罗军，编著	16	2019年8月
978-7-5643-7049-7	F230	基础会计详解与实务	袁紫嫣，侯艳，李加强，主编	16	2019年8月
978-7-5643-7050-3	C912.31	公共关系理论与实务	金良奎，主编	16	2019年8月
978-7-5643-7053-4	U284.59	列车调度指挥和调度集中系统维护	余红梅，主编	16	2019年8月
978-7-5643-7054-1	TH126	机械制图（第3版）	汪勇，张玲玲，主编	16	2019年8月
978-7-5643-7055-8	U238	高速铁路动车运用所工程设计关键技术	王利锋，李豫，徐久勇，吴桂虎，丁娜，著	16	2019年8月
978-7-5643-7056-5	TP391.72	计算机辅助绘图与三维造型	强华，吴绍峰，武时会，主编	16	2019年8月
978-7-5643-7057-2	U472	汽车检测与维修：底盘与电器分册	刘建军，高浩，徐思明，主编	16	2019年8月
978-7-5643-7058-9	TH137；TH138	液压与气压传动技术	赵雷，陈翠，主编	16	2019年8月
978-7-5643-7059-6	TU238.2	室内设计方法与表现	胡发仲，主编	16	2019年8月
978-7-5643-7060-2	U293.3	高速铁路客运组织（第2版）	王慧，马海漫，主编	16	2019年8月
978-7-5643-7062-6	TS972.111	烹饪原料知识	谢君宪，周虎春，主编	16	2019年8月
978-7-5643-7063-3	G612	幼儿活动设计	周燕，主编	16	2019年8月
978-7-5643-7064-0	TM；TN	电工电子技术基础	陈晓红，孙文波，张贵良，主编	16	2019年8月

续表

ISBN	分类	书　　名	作者	开本	出版时间
978-7-5643-7065-7	U264	电力机车高低压试验	何旭东，张吉婷，郭雷，刘畅，主编	16	2019 年 8 月
978-7-5643-7066-4	G647.4	打造安定团结模范校园——西南交通大学安全工作管理制度汇编	靳能法，贾兆帅，主编	16	2019 年 8 月
978-7-5643-7067-1	R151.4；TS201.6	膳食营养与食品安全	周启华，王良云，主编	16	2019 年 8 月
978-7-5643-7068-8	O189	无限维拓扑学引论	杨寒彪，编著	16	2019 年 8 月
978-7-5643-7069-5	TM07	机电设备维修技术	王宁，傅春燕，主编	16	2019 年 8 月
978-7-5643-7070-1	F719.2	前厅服务与管理	黄敏，主编	16	2019 年 8 月
978-7-5643-7071-8	B222.1	国学　四书选读	何世凡，主编	16	2019 年 8 月
978-7-5643-7072-5	O63-33	高分子化学实验	朱江，曾建兵，主编	16	2019 年 8 月
978-7-5643-7073-2	O61；O65	无机及分析化学学习指导与习题解答	朱江，刘红盼，主编	16	2019 年 8 月
978-7-5643-7076-3	TP311.13	大数据智慧管理与分析之技术和实践——从数据仓库/OLAP 到 NoSQL 和 NewSQL	朱焱，编著	16	2019 年 8 月
978-7-5643-7077-0	U264.91	机车网络控制基础	朱慧勇，张省伟，主编	16	2019 年 8 月
978-7-5643-7078-7	F49	IT 实用英语	程静，主编	16	2019 年 8 月
978-7-5643-7079-4	G451.6-62	班主任专业化成长指南	王建民，高建仁，莫仁，主编	16	2019 年 8 月
978-7-5643-7080-0	U284.92	信号基础设备维护	常仁杰，李春莹，主编	16	2019 年 8 月
978-7-5643-7082-4	U238	高速铁路概论	连义平，刘艳红，主编	16	2019 年 8 月
978-7-5643-7083-1	TU5	土木工程材料（含试验指导书　）	曹建生，主编	16	2019 年 8 月
978-7-5643-7084-8	U213.4	无损检测之钢轨探伤	马占生，主编	16	2019 年 8 月
978-7-5643-7086-2	G624.233	阅读为王——天立小学阶梯阅读课程实操手册	舒凯，主编	16	2019 年 8 月
978-7-5643-7087-9	G612	田园课程	王晓艳，主编	16	2019 年 8 月
978-7-5643-7089-3	G886.9	公共体育课之跆拳道课程	卓岩，编著	16	2019 年 8 月
978-7-5643-7090-9	TU723.3	安装工程计量与计价	郑晓蕾，陈淑珍，孙敬涛，主编	16	2019 年 8 月
978-7-5643-7091-6	G718.5-62	四川交通职业技术学院学生手册（2019）	四川交通职业技术学院，编	16	2019 年 8 月
978-7-5643-7092-3	TH126-44	画法几何与机械制图（含习题集）	高成慧，夏庆国，朱定见，主编	16	2019 年 8 月
978-7-5643-7094-7	TV7；X321.271.2	西部民族地区水电开发区生态补偿机制与模式研究——以四川甘孜藏族自治州为例	陈鹰，杜明义，张琪，曾雪玫，著	16	2019 年 8 月
978-7-5643-7095-4	U26	铁道机车车辆（第 2 版）	马军强，主编	16	2019 年 8 月
978-7-5643-7096-1	U21	赣瑞龙铁路工程总结	赣龙复线铁路有限责任公司，编	16	2019 年 8 月
978-7-5643-7098-5	TU758.11	装配式钢结构施工技术	邵浙渝，刘天姿，主编	16	2019 年 8 月

续表

ISBN	分类	书　　名	作者	开本	出版时间
978-7-5643-7099-2	U284.59	行车调度自动控制	李珊珊，穆中华，主编	16	2019年8月
978-7-5643-7100-5	U213.4-44	钢轨探伤习题集与报告册	马占生，秦立朝，赵长波，郭庆，编著	16	2019年8月
978-7-5643-7103-6	U472.9；F766	二手车鉴定评估与交易	周海涛，孙永科，何加龙，主编	16	2019年8月
978-7-5643-7104-3	F407.471.5	汽车售后服务流程	苟鸿娅，肖林，王黎明，主编	16	2019年8月
978-7-5643-7105-0	D922.296	铁路运输经济法规（第2版）	孔荣，主编	16	2019年8月
978-7-5643-7106-7	TU712.3	装配式建筑工程质量检测	甘其利，陈万清，主编	16	2019年8月
978-7-5643-7107-4	TP307	计算机维护与维修项目化教程	陈军，孙承庭，主编	16	2019年8月
978-7-5643-7109-8	TB41	工程控制爆破	张志呈，著	16	2019年8月
978-7-5643-7110-4	TU248.1；U291.7	铁路站场及枢纽设计（第2版）	张春民，主编	16	2019年8月
978-7-5643-7111-1	U443	结构设计基础	杨义，主编	16	2019年8月
978-7-5643-7112-8	U284.18	车站信号自动控制	吴雄升，赵宁，主编	16	2019年8月
978-7-5643-7114-2	TU723	工程招投标实务与案例	向铮，郭凤双，主编	16	2019年8月
978-7-5643-7116-6	U238	高速铁路概论	孙桂岩，主编	16	2019年8月
978-7-5643-7117-3	TB3；TG306	工程材料与金属热加工	王斌武，魏真，主编	16	2019年8月
978-7-5643-7118-0	TQ016	化工基础实验	沈王庆，李国琴，黄文恒，主编	16	2019年8月
978-7-5643-7119-7	TH166	智能制造概论	祝林，陈德航，主编	16	2019年8月
978-7-5643-7120-3	G647.38	大学生职业规划与人生发展	鄢万春，吴玲，主编	16	2019年8月
978-7-5643-7121-0	TB3	专业英语：材料类（Professional English（Materials））	何丽红，主编	16	2019年8月
978-7-5643-7122-7	TP36	微机原理与接口技术实验教程——基于Proteus仿真	李崇维，段绪红，李德智，主编	16	2019年8月
978-7-5643-7124-1	F062.4	工程经济学	马锋，刘保华，张晓华，主编	16	2019年8月
978-7-5643-7125-8	TP312.8	PHP应用开发基础	张书波，徐福平，罗强，主编	16	2019年8月
978-7-5643-7126-5	TU758.11；TU723.3	装配式钢结构工程计量与计价	杨秀明，刘俊胜，主编	16	2019年8月
978-7-5643-7127-2	TU721.1；TU712.1	装配式建筑施工组织设计和项目管理	王颖佳，黄小亚，主编	16	2019年8月
978-7-5643-7128-9	TB22	工程测量实训手册	邓鑫洁，唐开荣，主编	16	2019年8月
978-7-5643-7129-6	TG502.3	零件普通机床加工	姚允刚，主编	16	2019年8月
978-7-5643-7130-2	TG547	零件数控铣床加工	姚允刚，主编	16	2019年8月
978-7-5643-7131-9	TH13；TG519.1	零件数控车床加工	姚允刚，主编	16	2019年8月

续表

ISBN	分类	书　名	作者	开本	出版时间
978-7-5643-6938-5	G622.0	教育现代化进程中的农村小学可持续发展问题研究	董文军，著	16	2019年9月
978-7-5643-6948-4	TH117；TB114.2	机械装备摩擦学设计及典型失效案例分析	朱旻昊，主编	16	2019年9月
978-7-5643-7009-1	X931-54	四川安全生产年鉴（2017）	四川省人民政府安全生产委员会办公室，编	16	2019年9月
978-7-5643-7085-5	G647.9	大学生健康教育读本	徐晓宗，主编	16	2019年9月
978-7-5643-7088-6	Q948.527.11；Q958.527.11	借问芳名——西南交通大学风物志（犀浦·夏）	汪铮，郑澎，罗蕾，刘禹杉，著	16	2019年9月
978-7-5643-7093-0	H319.32	朗读与背诵（ELOCUTION AND RECITATION）	丁晶，杨振刚，编著	16	2019年9月
978-7-5643-7097-8	F713.36	电子商务实战：移动电商	罗忠诚，主编	16	2019年9月
978-7-5643-7113-5	TU758	装配式建筑构件吊装技术	王颖佳，付盛忠，王靖，主编	16	2019年9月
978-7-5643-7115-9	TP242-49	机器人——机械元素 ：小学二年级	马书根，主编	16	2019年9月
978-7-5643-7132-6	TU767	装配式建筑装饰施工与施工组织管理	崔艳清，夏洪波，钟元，主编	16	2019年9月
978-7-5643-7133-3	TU712.2	装配式建筑工程监理实务	李浪花，程俊，主编	16	2019年9月
978-7-5643-7134-0	TB41	爆破施工	陆春昌，张恩正，主编	16	2019年9月
978-7-5643-7135-7	I209.6	中国现代文学课程实践训练指导	朱茂青，王远明，编著	16	2019年9月
978-7-5643-7137-1	TH16	机械制造工程训练	陈勇志，陈海彬，何楚亮，主编	16	2019年9月
978-7-5643-7139-5	J616	声乐分级实训教程	张慧，主编	16	2019年9月
978-7-5643-7140-1	TM	电工	任小文，李红远，主编	16	2019年9月
978-7-5643-7141-8	TU714.2	土建工程施工安全管理与控制	郑育新，编著	16	2019年9月
978-7-5643-7142-5	F592.77	乌江流域旅游资源概论	刘军林，白瑞芬，编著	16	2019年9月
978-7-5643-7143-2	H319.39	英语专业综合测试教程（第2版）	陈万明，主编	16	2019年9月
978-7-5643-7144-9	I287.8	色彩大战	唐以宣，绘	16	2019年9月
978-7-5643-7145-6	K825.2	南阳关公文化	河南赊店关公文化研究会，西南交通大学中国宗教研究中心，编	16	2019年9月
978-7-5643-7146-3	TP393.08	信息安全与网络对抗技术实践	张文静，蒋岚，周巧雨，刘晓，主编	16	2019年9月
978-7-5643-7147-0	U2	铁路线路与站场设备运用（第2版）	王金香，主编	16	2019年9月
978-7-5643-7150-0	TN91	现代交换技术	张俞，主编	16	2019年9月
978-7-5643-7151-7	TU56	装配式建筑装饰材料与应用	何春柳，张勇一，主编	16	2019年9月
978-7-5643-7153-1	G639.2-39	区域基础教育信息化推进路径研究：以教育信息化2.0为背景	刘凤娟，著	16	2019年9月

续表

ISBN	分类	书　　名	作者	开本	出版时间
978-7-5643-7154-8	TV642.4；TV541	混凝土拱坝筑坝技术——大岗山水电站工程专辑	黄彦昆，邵敬东，主编	16	2019年9月
978-7-5643-7155-5	G633.72	高中物理合作学习任务设计	袁勇，主编	16	2019年9月
978-7-5643-7156-2	TB23	工程制图（含习题集）	冯芳，邓成尧，陈天星，主编	16	2019年9月
978-7-5643-7157-9	G647.38	职业与人生	边明伟，编著	16	2019年9月
978-7-5643-7160-9	TS756；TS766	云南手工造纸工艺及手工纸耐久性研究	李忠峪，著	16	2019年9月
978-7-5643-7164-7	O657	仪器分析	熊维巧，主编	16	2019年9月
978-7-5643-7165-4	U268.48	复兴号动车组司机操作及整备	谢小宁，蓝正新，覃海军，主编	16	2019年9月
978-7-5643-7166-1	TH-39	光机电一体化设备的安装与调试	姚允刚，主编	16	2019年9月
978-7-5643-7167-8	U469.5	公路甩挂车辆调度管理技术	赵鲁华，高乃修，管德永，著	16	2019年9月
978-7-5643-7168-5	U284.41	区间闭塞设备维护	穆中华，主编	16	2019年9月
978-7-5643-7171-5	TS215	马铃薯产品综合开发研究	吴笛，著	16	2019年9月
978-7-5643-7178-4	H319.9	雅思口语一点通	梁根顺，总主编	16	2019年9月
978-7-5643-6828-9	TU206	概念·探索·呈现——西南交通大学建筑与设计学院毕业设计作品集	沈中伟，支锦亦，编	16	2019年10月
978-7-5643-6944-6	F724.72	线上农产品供应链金融运作模式及激励契约	徐鹏，著	16	2019年10月
978-7-5643-6977-4	G633.512	一场穿越时空的探险：原来孩子可以这样学历史（Teaching History）	（德）克里斯托夫·林登贝格，著	16	2019年10月
978-7-5643-7052-7	F530.9	城市轨道交通客运服务心理学(第2版)	邹雄，主编	16	2019年10月
978-7-5643-7074-9	TQ325.1	聚丙烯树脂新技术及实用加工手册	朱江，徐康茗，李仕波，编著	16	2019年10月
978-7-5643-7101-2	K872.71	先秦至两汉——巴蜀文物精品集	四川博物院，编	16	2019年10月
978-7-5643-7102-9	U472.4	汽车车身修复技术：配实训工单	朱蓬勃，主编	16	2019年10月
978-7-5643-7148-7	K294.2	陇中文化研究（第三辑）	连振波，主编	16	2019年10月
978-7-5643-7152-4	U455	地质复杂隧道施工预报研究与工程实践	何发亮，卢松，丁建芳，郭如军，李苍松，著	16	2019年10月
978-7-5643-7158-6	TG760.2-39	UG NX 12.0 模具设计技术与实战	周慧兰，主编	16	2019年10月
978-7-5643-7159-3	H019	演讲与沟通	沈春娥，主编	16	2019年10月
978-7-5643-7161-6	TN710.6	高频电子线路	李刚，胡旭，主编	16	2019年10月
978-7-5643-7162-3	TU712	建筑工程试验与检测	王毅，张恩正，主编	16	2019年10月
978-7-5643-7163-0	F560.81	签派资源管理	罗凤娥，孙立新，编著	16	2019年10月
978-7-5643-7170-8	F532.9	西成高铁：从栈道到高铁 ：联通梦想的千年演进	张丰，王越，著	16	2019年10月

续表

ISBN	分类	书　名	作者	开本	出版时间
978-7-5643-7172-2	TU755	装配式建筑混凝土结构施工技术	孙俊霞，王丽梅，主编	16	2019年10月
978-7-5643-7173-9	U238	高速铁路牵引供电接口管理	朱申，许红健，主编	16	2019年10月
978-7-5643-7174-6	F713.36	农村电子商务	冉启全，章继刚，陈维波，主编	16	2019年10月
978-7-5643-7175-3	D669.8	高职院校毒品预防教育	徐友辉，编著	16	2019年10月
978-7-5643-7176-0	K297.1	茶马古道“锅庄文化”文史调查与研究辑要	焦虎三，焦好雨，编著	16	2019年10月
978-7-5643-7179-1	TU47	基础工程实训教程	倪海涛，朱江，蒲勇，主编	16	2019年10月
978-7-5643-7180-7	U239.5	城市轨道交通供电系统设计管理与服务	于松伟，韩连祥，陈德胜，编著	16	2019年10月
978-7-5643-7181-4	U238；U224	高速铁路牵引变电所	李佳琦，王向利，主编	16	2019年10月
978-7-5643-7183-8	K297.1-53；K872.71-53	蜀学（第十六辑）	西华大学，四川省人民政府文史研究馆，蜀学研究中心，主办	16	2019年10月
978-7-5643-7184-5	TU85	智能楼宇系统的安装与调试	张雪峰，姚允刚，主编	16	2019年10月
978-7-5643-7185-2	U491	系统可靠性与安全性	胡启洲，主编	16	2019年10月
978-7-5643-7186-9	K203	中国文化英语自主学习研究——基于语料库数据驱动视角	赵应吉，著	16	2019年10月
978-7-5643-7192-0	G436	微课、慕课与翻转课堂视频制作一本通	朱定见，编著	16	2019年10月
978-7-5643-7196-8	U239.5	城市轨道交通风险管控机制优化研究	刘连珂，著	16	2019年10月
978-7-5643-7198-2	G632.421	“三转变”课堂的理论与实践	陈庆康，卢雄，杨洪林，主编	16	2019年10月
978-7-5643-7202-6	K928.71	清代云南会馆研究	马晓粉，著	16	2019年10月
978-7-5643-7203-3	G615	幼儿教师一日工作行为规范	高晓东，何松涛，主编	16	2019年10月
978-7-5643-7204-0	G613	幼儿教师教学基础技能训练（全3册）	高晓东，陈华，主编	16	2019年10月
978-7-5643-7207-1	U415.1	公路工程项目全寿命周期BIM智慧化管理系统研究	王兴平，尹紫，尹杰，赵建华，侯俊平，鲁楠，张玉泉，郝绪德，著	16	2019年10月
978-7-5643-7209-5	U270.3	城市轨道交通车辆构造	李飞，袁野，吴慧聪，主编	16	2019年10月
978-7-5643-7215-6	U458	隧道生产安全事故应急预案范本	国家安全生产应急救援中心，中国中铁股份有限公司，中铁二局集团有限公司，国家隧道应急救援中铁二局昆明队，中国中铁爆破安全技术中心，编著	16	2019年10月
978-7-5643-6567-7	Z822.1	四川省图书馆藏民国文献书目：中文平装图书目录：全十册	何光伦，林英，主编	16	2019年11月
978-7-5643-6836-4	F493.51	印度IT产业迅猛发展的要素论析	胡启明，著	16	2019年11月

续表

ISBN	分类	书　名	作者	开本	出版时间
978-7-5643-7061-9	R714.61	高级母婴护理师培训教程	四川省妇幼保健院，四川省妇女干部学校，编	16	2019年11月
978-7-5643-7075-6	U238	高速铁路运输组织方法与实践	薛锋，主编	16	2019年11月
978-7-5643-7081-7	TN86	通信电源系统	郭小婧，朱锦，主编	16	2019年11月
978-7-5643-7108-1	U472.43	汽车发动机构造与维修：配实训工单	陈波，主编	16	2019年11月
978-7-5643-7136-4	TM	电工技术与安全用电	董新，主编	16	2019年11月
978-7-5643-7149-4	P618.11	煤层气在储层中的吸附解吸规律及其压裂液增产技术研究	周成裕，李俊，贾振幅，黄磊光，著	16	2019年11月
978-7-5643-7169-2	TU241.5	民居·聚落：西南地区乡土建筑文化	季富政，著	16	2019年11月
978-7-5643-7177-7	U292.92	朔黄铁路重载操纵技术（上下册）（含图册）	张朝辉，主编	16	2019年11月
978-7-5643-7182-1	TU4	岩土力学：基本内容·例题与习题	钟志彬，邓荣贵，崔凯，张晋，主编	16	2019年11月
978-7-5643-7187-6	Z427	成都东软学院学刊：第五辑	张应辉，主编	16	2019年11月
978-7-5643-7188-3	U238	西南山区高速铁路建设绿色化技术与工程实践	王明慧，张桥，周铭湘，编著	16	2019年11月
978-7-5643-7189-0	S339.3	种子质量检测基础知识和技能训练	师宗璞，郭晓华，何兵兵，主编	16	2019年11月
978-7-5643-7190-6	X21	传统聚落的生态智慧及当代发展：基于武陵山片区的重点调查	方磊，著	16	2019年11月
978-7-5643-7191-3	F56	民航英语听说教程（An English Listening and Speaking Course for Aviation Students）	殷艳，黄大勇，主编	16	2019年11月
978-7-5643-7193-7	U292.91	高速列车系统动力学	罗仁，石怀龙，编著	16	2019年11月
978-7-5643-7195-1	F719.3	餐饮服务与管理基础知识及实务	苏金香，主编	16	2019年11月
978-7-5643-7201-9	D996.4	国际投资法理论与实践：核心专题解析	董静然，主编	16	2019年11月
978-7-5643-7208-8	R318	生物医学工程学	常向荣，陈俊英，主编	16	2019年11月
978-7-5643-7210-1	U46	中职汽车类专业课程改革实务	何向东，编著	16	2019年11月
978-7-5643-7211-8	K928.942.4	礼县旅游知识（INFORMATION ON TOURING TO LIXIAN）（汉英对照）	黄旭东，主编	16	2019年11月
978-7-5643-7212-5	S220.7	农机维修项目技能大赛实训指导	曹江平，李星照，赵楠，主编	16	2019年11月
978-7-5643-7214-9	G322	我国双创背景下科技资源共享服务平台建设	张蜀艳，著	16	2019年11月
978-7-5643-7216-3	U239.5	轨道交通设备及其维护（Rail Transit Equipment and Its Maintenance）	魏玉梅，主编	16	2019年11月
978-7-5643-7217-0	R473.59	老年护理	任艳萍，喻志英，主编	16	2019年11月
978-7-5643-7218-7	U284.48	列车运行安全装备	张琼洁，主编	16	2019年11月
978-7-5643-7220-0	TN	电子技术与实训	李芳，主编	16	2019年11月
978-7-5643-7221-7	G649.287.19-54	重庆文理学院年鉴（2019）	蔡华锋，主编	16	2019年11月

续表

ISBN	分类	书　名	作者	开本	出版时间
978-7-5643-7222-4	R195.1-54	四川卫生健康统计年鉴（2018）	四川省卫生健康委员会，编	16	2019年11月
978-7-5643-7223-1	R192	形体训练与医护礼仪实训指导	侯丽丽，王敦丽，主编	16	2019年11月
978-7-5643-7224-8	U238-65	高速铁路供电规程与规则	张大庆，杨伟，主编	16	2019年11月
978-7-5643-7225-5	B516.35	论黑格尔哲学的三个原则	何云松，著	16	2019年11月
978-7-5643-7226-2	K290-02	方志哲学	耿俊杰，著	16	2019年11月
978-7-5643-7229-3	F56	民航综合英语教程（An Integrated English Course for Aviation Students）	黄大勇，赵卿，主编	16	2019年11月
978-7-5643-7231-6	TP242-49	机器人——控制世界：小学四年级	马书根，主编	16	2019年11月
978-7-5643-7232-3	F243	人力资源管理——理念·案例·实践	田斌，编著	16	2019年11月
978-7-5643-7233-0	I561.073	中国莎士比亚研究（第1辑）	李伟民，主编	16	2019年11月
978-7-5643-7236-1	TU984.2	客·家·情——广东省梅州市历史城区保护与更新规划	漆平，赵炜，主编	16	2019年11月
978-7-5643-7238-5	P2	测量学	张燕茹，蔡庆空，汤俊，林友军，主编	16	2019年11月
978-7-5643-7241-5	U298	铁路运输安全管理	赵小红，胡斌，周阳，主编	16	2019年11月
978-7-5643-7242-2	TQ174.6	陶瓷包装设计	周作好，著	16	2019年11月
978-7-5643-7243-9	G642.423	新形势下高校实验室管理	钟冲，主编	16	2019年11月
978-7-5643-7244-6	TP3	计算机专业英语	李月波，朱靖，主编	16	2019年11月
978-7-5643-7245-3	P74	北部湾海洋资源产业化发展研究	朱芳阳，李燕，王淑慧，王小琴，乔玥，肖敏，佟艳芬，著	16	2019年11月
978-7-5643-7249-1	TU-092.816	黔东南民族建筑木结构	王展光，蔡萍，主编	16	2019年11月
978-7-5643-7251-4	U416.1	斜坡软弱地基路堤力学行为及工程对策研究	蒋鑫，等著	16	2019年11月
978-7-5643-7254-5	F592.771	峨眉山旅游蓝皮书——中英文版（2018）	郭剑英，宋秋，（澳）张科德，武克军，但强，著	16	2019年11月
978-7-5643-7255-2	U447	重返桥梁垮塌现场——世界著名钢桥失效事故分析	叶华文，著	16	2019年11月
978-7-5643-7256-9	I207.65	人文地理学视野下的晚明游记研究	邹定霞，著	16	2019年11月
978-7-5643-7257-6	F570.6	民间资本介入城市公交可行性定量评价方法及机理	薛运强，著	16	2019年11月
978-7-5643-7260-6	TP242.2	工业机器人应用项目教程	何涛，主编	16	2019年11月
978-7-5643-7262-0	U279.3	城市轨道交通车辆检修	李怡，袁佳，唐艳红，主编	16	2019年11月
978-7-5643-7263-7	U264.5	重载电力机车最优黏着控制及其应用	赵凯辉，李鹏，何静，著	16	2019年11月
978-7-5643-7264-4	U260.13	面向协同算法的高速列车鲁棒制动控制方法	何静，杨步充，著	16	2019年11月

续表

ISBN	分类	书　　名	作者	开本	出版时间
978-7-5643-7266-8	F592.3	康养旅游——实践探索与理论创新	蒲波，杨启智，刘燕，编著	16	2019年11月
978-7-5643-7267-5	J607.2-05	故乡的歌——泸州市民间音乐文化教学资源集萃	祝云，主编	16	2019年11月
978-7-5643-7273-6	J624.16	钢琴基础系统训练——和弦篇	张洪，编著	16	2019年11月
978-7-5643-7275-0	F719.2	饭店管理	韩喜红，主编	16	2019年11月
978-7-5643-7277-4	I207.22	桃花源说诗	酉阳土家族苗族自治县民族宗教事务委员会，编	16	2019年11月
978-7-5643-7281-1	D923.25	不动产登记典型判例解析	刘守君，编著	16	2019年11月
978-7-5643-7284-2	TN2-33	光电技术实验	魏彦锋，谢志远，陈培杰，主编	16	2019年11月
978-7-5643-7291-0	F426.82	《四川盐法志》整理校注	（清）丁宝桢，纂	16	2019年11月
978-7-5643-6693-3	J732.2	唱萨朗	陈兴龙，杨森，著	16	2019年12月
978-7-5643-6984-2	G633.412	语篇视角下的高中英语阅读教学	文亚光，郑春红，著	16	2019年12月
978-7-5643-7051-0	G641.6；D920.4	思想道德修养与法律基础实践教程	宋星，主编	16	2019年12月
978-7-5643-7219-4	J3	雕塑本体语言研究——以威廉·塔卡《雕塑的语言》的雕塑观为视角	杜娟娟，谭娟，游矜，著	16	2019年12月
978-7-5643-7235-4	P588.11	西昆仑塔什库尔干至莎车一带中酸性岩浆活动及地质意义	黄建国，著	16	2019年12月
978-7-5643-7252-1	G652.0	师范生教学技能训练与考核研究	唐世纲，主编	16	2019年12月
978-7-5643-7265-1	U469.7	新能源汽车维护与保养	罗宏亮，汪亮，李小燕，主编	16	2019年12月
978-7-5643-7268-2	G613.6	幼儿教师装饰画手工技能训练	刘远明，主编	16	2019年12月
978-7-5643-7270-5	G259.256	四川省委党校图书馆藏线装书图录	吴刚强，主编	16	2019年12月
978-7-5643-7280-4	G649.287.11	西南交通大学校史资料新编（第一辑）	熊瑛，崔啸晨，鲍洪刚，主编	16	2019年12月
978-7-5643-7290-3	G649.287.11-54	西南交通大学年鉴（2018）	《西南交通大学年鉴》编辑委员会，编	16	2019年12月
978-7-5643-7297-2	F127.719	区域发展不平衡不充分的测度与分解——以重庆市为例	任晓红，著	16	2019年12月
978-7-5643-7299-6	U471.3	城市公交车驾驶员职业技能培训教程	钟晓芬，吴刚，汪亮，主编	16	2019年12月
978-7-5643-7316-0	F323.6	农村人力资本发展的制度因素研究	何静，著	16	2019年12月
978-7-5643-7320-7	F302	农林经济管理专业写作实践教程	伍国勇，编	16	2019年12月
978-7-5643-7321-4	G642.0-53；G644-53	西南交通大学希望学院教研与科研论文集（2018）	陈叶梅，主编	16	2019年12月
978-7-5643-7327-6	G210	新闻叙事与文化记忆——史态类新闻研究（修订本）	杨琴，著	16	2019年12月

续表

ISBN	分类	书　名	作者	开本	出版时间
978-7-5643-7328-3	G649.2-62	西南交通大学本科实验教学质量保障工作手册	钟冲，董艳云，宋世军，编著	16	2019年12月
978-7-5643-7333-7	F259.277.1	大格局下四川物流园区发展与创新	文德华，主编	16	2019年12月
978-7-5643-7335-1	U213.1	高速铁路中等压缩性土地基工程技术研究与应用	李安洪，姚裕春，蒋关鲁，余雷，著	16	2019年12月
978-7-5643-7339-9	F426.82	中国盐文化（第12辑）	曾凡英，主编	16	2019年12月
978-7-5643-7344-3	K297.1-53；K872.71-53	蜀学（第十七辑）	西华大学，四川省人民政府文史研究馆，蜀学研究中心，主办	16	2019年12月
155643.13		四川省建筑物移动通信基础设施建设标准	中国建筑西南设计研究院有限公司，中国铁塔股份有限公司四川省分公司，主编	32	2019年4月
155643.14		四川省居住建筑节能设计标准	中国建筑西南设计研究院有限公司，主编	32	2019年4月
155643.15		四川省第三卫生间设计标准	四川省建筑设计研究院，主编	32	2019年3月
155643.16		四川省地面工程施工工艺标准	四川建筑职业技术学院，四川华西集团有限公司，四川省建设工程质量安全监督总站，主编	32	2019年3月
155643.17		四川省智能建筑工程施工工艺标准	四川建筑职业技术学院，四川华西集团有限公司，四川省建设工程质量安全监督总站，主编	32	2019年4月
155643.18		四川省彩色透水水泥混凝土整体路面技术标准	四川省建筑设计研究院，主编	32	2019年4月
155643.19		四川省绿色环保搅拌站建设、管理和评价标准	四川省散装水泥办公室，四川省散装水泥和预拌砂浆推广发展协会，主编	32	2019年4月
155643.20		四川省居住建筑油烟气集中排放系统应用技术标准	中国建筑西南设计研究院有限公司，主编	32	2019年5月
155643.21		四川省建筑岩土工程测量标准	中国建筑西南勘察设计研究院有限公司，主编	32	2019年6月
155643.22		四川省城市综合管廊管线工程技术标准	中建地下空间有限公司，成都市市政工程设计研究院，主编	32	2019年5月
155643.23		四川省城市综合管廊运营维护技术标准	中建地下空间有限公司，成都市蓉城管线投资有限公司，主编	32	2019年6月
155643.24		四川省公共厕所标准图集	成都市建筑设计研究院，四川国恒建筑设计有限公司，主编	32	2019年6月

续表

ISBN	分类	书　　名	作者	开本	出版时间
155643.25		悬挂式单轨交通车辆通用技术条件	西南交通大学，中唐空铁集团有限公司，主编	32	2019年5月
155643.26		TL系列建筑构造防水图集	西南地区建筑标准设计协作小组，四川西南建标科技发展有限公司，组编	32	2019年6月
155643.27		四川省柔性饰面板块建筑外墙装饰工程技术标准	四川省建筑科学研究院，主编	32	2019年6月
155643.28		四川省装配式混凝土建筑轻质条板隔墙技术标准	成都市土木建筑学会，成都建工第七建筑工程有限公司，主编	32	2019年6月
155643.29		四川省城市桥梁预制拼装桥墩生产、施工与质量验收技术标准	成都市土木建筑学会，成都建工工业化建筑有限公司，主编	32	2019年6月
155643.30		四川省多层装配式钢结构住宅技术标准	四川省建筑设计研究院，主编	32	2019年6月
155643.31		四川省装配整体式叠合剪力墙结构技术标准	四川省建筑设计研究院，美好建筑装配科技有限公司，主编	32	2019年7月
155643.32		四川省抹灰石膏应用技术标准	四川省建材工业科学研究院，主编	32	2019年6月
155643.33		悬挂式单轨交通动力蓄电池系统技术条件	西南交通大学，中唐空铁集团有限公司，主编	32	2019年7月
155643.34		四川省装配式混凝土结构工程施工与质量验收标准	成都市土木建筑学会，成都建工集团有限公司，主编	32	2019年6月
155643.35		四川省烧结自保温砖和砌块墙体保温系统技术标准	四川省建材工业科学研究院，成都市墙材革新建筑节能办公室，主编	32	2019年7月
155643.36		四川省建筑工程安全文明施工标准化图集	四川华西集团有限公司，主编	16	2019.10
155643.37		悬挂式单轨交通轨道梁桥施工及验收标准	西南交通大学，中唐空铁集团有限公司，主编	32	2019年8月
155643.38		四川省城镇供水厂运行管理标准	四川省城镇供水排水协会，成都市兴蓉环境股份有限公司，主编	32	2019年8月
155643.39		四川省农村现代夯土建筑技术标准	四川省建筑科学研究院有限公司，主编	32	2019年8月
155643.40		四川省房地产市场信息平台建设技术标准	四川省建设科技发展中心，四川亿联科技有限公司，主编	32	2019年8月
155643.41		四川省环保预制装配式板房制作、安装及验收技术标准	中国建筑西南设计研究院有限公司，威特龙消防安全集团股份公司，主编	32	2019年8月

续表

ISBN	分类	书　名	作者	开本	出版时间
155643.43		威盾防水系统构造	西南地区建筑标准设计协作领导小组，四川西南建标科技发展有限公司，组编	16	2019年8月
155643.44		四川省烧结复合自保温砖和砌块墙体保温系统技术标准	四川省建材工业科学研究院，成都市墙材革新建筑节能办公室，主编	32	2019年8月
155643.45		四川省混凝土结构预制内隔墙板连接构造图集	四川省建筑设计研究院，主编	16	2019年10月
155643.46		四川省钢结构预制内隔墙板连接构造图集	四川省建筑设计研究院，主编	16	2019年10月
155643.47		四川省钢结构农房标准图集（双桁架结构体系）	四川省建筑设计研究院，四川中建西勘九鼎建设项目管理有限公司，主编	16	2019年11月
155643.49		四川省农村居住建筑烧结自保温砖和砌块墙体保温系统技术标准	四川省建材工业科学研究院，主编	32	2019年10月
155643.50		四川省城市桥梁预制拼装桥墩设计标准	成都市土木建筑学会，上海市城市建设设计研究总院（集团）有限公司，主编	32	2019年9月
155643.51		太阳能热水系统建筑设计与应用	西南地区建筑标准设计协作领导小组，四川西南建标科技发展有限公司，组编	16	2019年11月
155643.52		四川省装配式混凝土住宅建筑设计标准	四川省建筑设计研究院，主编	32	2019年10月
155643.56		四川省城镇道路路面设计标准	中国市政工程西南设计研究总院有限公司，主编	32	2019年11月
155643.57		四川省房屋建筑和市政基础设施工程施工安全隐患排查治理标准	中国水利水电第七工程局有限公司，四川省建设工程质量安全监督总站，主编	32	2019年11月
155643.58		四川省建筑基坑支护结构构造图集	中国建筑西南勘察设计研究院有限公司，主编	16	2019年12月
155643.59		四川省高烈度区多高层建筑钢结构技术标准	中国五冶集团有限公司，国家钢结构工程技术研究中心，主编	32	2019年12月
155643.60		四川省农村现代夯土建筑构造图集	四川省建筑科学研究院有限公司，主编	16	2019年11月

（七）2019年度重要文件索引

序号	发文编号	标　　题
1	西交党〔2019〕4号	中共西南交通大学委员会关于印发《西南交通大学“双肩挑”人员薪酬管理办法》的通知
2	西交党〔2019〕6号	中共西南交通大学委员会 西南交通大学关于印发2019年工作要点和2018年工作总结的通知
3	西交党〔2019〕7号	中共西南交通大学委员会关于成立党委巡视整改工作领导小组及办公室的通知
4	西交党〔2019〕9号	中共西南交通大学委员会关于印发《西南交通大学新时代学生工作振兴行动计划》的通知
5	西交党〔2019〕10号	中共西南交通大学委员会关于印发《中共西南交通大学委员会第二轮巡察暨教育部党组巡视整改落实情况督查及“回头看”专项工作的实施方案》的通知
6	西交党〔2019〕11号	中共西南交通大学委员会关于印发《中共西南交通大学委员会巡察工作联席会议制度（试行）》的通知
7	西交党〔2019〕12号	中共西南交通大学委员会关于印发《中共西南交通大学委员会巡察干部队伍管理办法（试行）》的通知
8	西交党〔2019〕13号	中共西南交通大学委员会关于印发《中共西南交通大学委员会巡察工作规程(试行)》的通知
9	西交党〔2019〕14号	中共西南交通大学委员会关于进一步改进会风的意见
10	西交党〔2019〕15号	中共西南交通大学委员会 西南交通大学关于印发《关于加强教职工集中学习交流研讨的实施办法（试行）》的通知
11	西交党〔2019〕16号	关于印发《中共西南交通大学委员会关于坚持和完善党委领导下的校长负责制的实施办法》的通知
12	西交党〔2019〕17号	中共西南交通大学委员会关于印发《西南交通大学“三重一大”集体决策制度实施办法》的通知
13	西交党〔2019〕18号	中共西南交通大学委员会关于印发《中共西南交通大学委员会全体会议议事决策规则》等五个文件的通知
14	西交党〔2019〕19号	中共西南交通大学委员会关于印发《西南交通大学2019年党委理论学习中心组学习计划》的通知
15	西交党〔2019〕20号	中共西南交通大学委员会关于进一步加强和改进党委理论学习中心组学习的意见
16	西交党〔2019〕21号	中共西南交通大学委员会关于加强政治建设的实施意见
17	西交党〔2019〕22号	中共西南交通大学委员会关于新形势下加强督查督办工作统筹联动机制建设的实施意见（试行）
18	西交党〔2019〕23号	中共西南交通大学委员会关于印发《关于纪检监察机构“转职能、转方式、转作风”的实施办法》的通知
19	西交党〔2019〕24号	中共西南交通大学委员会关于印发《关于在校属各二级党组织设立纪委的实施办法》的通知
20	西交党〔2019〕25号	中共西南交通大学党委关于印发《2019年全面从严治党工作要点》的通知
21	西交党〔2019〕26号	中共西南交通大学委员会关于进一步加强领导班子谋大局议大事能力建设的意见
22	西交党〔2019〕27号	中共西南交通大学委员会关于印发《关于机关作风建设的实施办法》的通知
23	西交党〔2019〕29号	中共西南交通大学委员会关于印发《西南交通大学领导干部能上能下暂行规定》的通知
24	西交党〔2019〕30号	中共西南交通大学委员会关于印发《西南交通大学文件管理办法》的通知
25	西交党〔2019〕31号	中共西南交通大学委员会关于印发《关于中层领导干部任免实行票决制的实施办法（试行）》的通知

续表

序号	发文编号	标　　题
26	西交党〔2019〕32 号	中共西南交通大学委员会关于印发《西南交通大学 2018—2022 年干部教育培训规划》的通知
27	西交党〔2019〕33 号	中共西南交通大学委员会关于印发《关于进一步激励领导干部新时代新担当新作为的实施细则》的通知
28	西交党〔2019〕34 号	中共西南交通大学委员会关于印发《关于干部队伍建设规划（2019-2024）》的通知
29	西交党〔2019〕35 号	中共西南交通大学委员会关于印发《基层党支部和支部书记考核办法（试行）》的通知
30	西交党〔2019〕36 号	中共西南交通大学委员会关于印发《关于进一步完善党员干部直接联系群众工作制度的若干规定》的通知
31	西交党〔2019〕37 号	中共西南交通大学委员会关于印发《基层党组织党建工作考核办法》的通知
32	西交党〔2019〕38 号	中共西南交通大学委员会关于印发《西南交通大学青年教师党员发展规划（2019—2025 年）》的通知
33	西交党〔2019〕39 号	中共西南交通大学委员会关于印发《入党积极分子培训管理办法》的通知
34	西交党〔2019〕41 号	中共西南交通大学委员会关于印发《关于开展大学生思想政治教育工作专项督导的实施方案》的通知
35	西交党〔2019〕44 号	中共西南交通大学委员会关于印发《西南交通大学中层领导干部选拔任用工作规定》的通知
36	西交党〔2019〕45 号	中共西南交通大学委员会关于印发《2018 年度领导班子民主生活会整改落实方案》的通知
37	西交党〔2019〕46 号	中共西南交通大学委员会关于印发《教职工党支部工作规定》的通知
38	西交党〔2019〕47 号	中共西南交通大学委员会关于印发《西南交通大学辅导员队伍建设规定》的通知
39	西交党〔2019〕51 号	中共西南交通大学委员会 关于印发《2017-2019 年创先争优表彰工作方案》的通知
40	西交党〔2019〕52 号	中共西南交通大学委员会关于印发《西南交通大学教师师德失范行为处理办法（试行）》的通知
41	西交党〔2019〕56 号	中共西南交通大学委员会关于进一步加强和改进离退休工作的实施意见
42	西交党〔2019〕58 号	中共西南交通大学委员会关于印发《关于党费收缴、使用和管理的实施细则》的通知
43	西交党〔2019〕59 号	中共西南交通大学委员会关于印发《基层党组织党建活动经费使用和管理办法》的通知
44	西交党〔2019〕64 号	中共西南交通大学委员会 西南交通大学关于印发《西南交通大学庆祝中华人民共和国成立 70 周年主题宣传教育活动方案》的通知
45	西交党〔2019〕66 号	中共西南交通大学委员会关于印发《西南交通大学峨眉校区定位优化推进方案》的通知
46	西交党〔2019〕68 号	中共西南交通大学委员会关于进一步加强和改进新闻舆论工作的实施意见
47	西交党〔2019〕69 号	中共西南交通大学委员会关于 2017-2019 年创先争优表彰的决定
48	西交党〔2019〕70 号	中共西南交通大学委员会 关于表彰 2018 年宣传思想工作先进集体和先进个人的决定
49	西交党〔2019〕71 号	中共西南交通大学委员会关于印发 《关于重大事项请示报告制度的实施细则》的通知
50	西交党〔2019〕72 号	中共西南交通大学委员会关于印发《西南交通大学新时代“大思政”育人工作实施方案》的通知

续表

序号	发文编号	标题
51	西交党〔2019〕74号	中共西南交通大学委员会关于印发《西南交通大学“立德树人”先进集体和先进个人评奖办法》的通知
52	西交党〔2019〕77号	西南交通大学关于表彰2018年度“唐立新优秀学者奖”“唐立新优秀教学教师奖”“唐立新优秀学生工作奖”“唐立新后勤服务杰出员工奖”的决定
53	西交党〔2019〕80号	中共西南交通大学委员会关于印发《中共西南交通大学委员会第三轮巡察实施方案》的通知
54	西交党〔2019〕83号	关于公布学校党政领导班子成员分工及联系单位的通知
55	西交党〔2019〕86号	中共西南交通大学委员会关于成立成都西南交通大学出版社有限责任公司直属支部委员会的通知
56	西交党〔2019〕87号	中共西南交通大学委员会关于印发《关于支持学校党外人大代表、政协委员和民主党派、统战团体负责人深入联系学生工作的方案》的通知
57	西交党〔2019〕89号	中共西南交通大学委员会关于向“身边榜样”陈建同志学习的通知
58	西交党〔2019〕92号	中共西南交通大学委员会关于表彰2019年“立德树人”先进集体和先进个人的决定
59	西交党〔2019〕94号	中共西南交通大学委员会关于印发《关于深入学习宣传贯彻党的十九届四中全会精神的工作方案》的通知
60	西交党〔2019〕96号	中共西南交通大学委员会关于成立思想政治理论宣讲团的通知
61	西交党〔2019〕98号	中共西南交通大学委员会关于印发《“不忘初心、牢记使命”主题教育专项整治方案》的通知
62	西交党〔2019〕99号	中共西南交通大学委员会关于印发《“不忘初心、牢记使命”主题教育整改方案》的通知
63	西交党〔2019〕102号	关于印发《中国共产党西南交通大学委员会全体会议议事规则（修订）》等三个文件的通知
64	西交党〔2019〕103号	关于印发《中国共产党西南交通大学委员会关于校领导一线规则的实施方案》的通知
65	西交校〔2019〕1号	西南交通大学关于印发《西南交通大学安全生产事故应急处置预案》的通知
66	西交校〔2019〕2号	西南交通大学关于印发《西南交通大学安全生产常态化监督检查工作办法》的通知
67	西交校〔2019〕3号	西南交通大学关于印发《西南交通大学安全生产工作责任追究实施办法》的通知
68	西交校〔2019〕4号	西南交通大学关于印发《西南交通大学安全生产工作管理规定》的通知
69	西交校〔2019〕6号	西南交通大学关于印发《西南交通大学档案管理办法（试行）》的通知
70	西交校〔2019〕7号	西南交通大学关于印发《西南交通大学安全工作问题及隐患整改方案》等文件的通知
71	西交校〔2019〕8号	西南交通大学关于评选2018年度思源奖、感动交大十大年度人物（集体）、优秀校友工作者的通知
72	西交校〔2019〕9号	西南交通大学关于进一步做好校情通报工作的实施意见
73	西交校〔2019〕11号	西南交通大学关于2018—2019学年 第二学期暑假、2019—2020学年第一学期寒假及新学期开学时间的通知
74	西交校〔2019〕12号	西南交通大学关于聘任2019届校友工作班级理事的决定
75	西交校〔2019〕13号	西南交通大学关于启用新合同印章的通知
76	西交校〔2019〕34号	关于西南交通大学2019—2020年第一学期教职工集中学习交流研讨安排的指导意见
77	西交校〔2019〕35号	西南交通大学关于印发《社会引资工作管理办法（试行）》的通知
78	西交校〔2019〕37号	西南交通大学关于印发《电子邮箱管理暂行办法》的通知
79	西交校〔2019〕40号	西南交通大学关于表彰2018年度筹资工作先进个人的决定

(八)2019年度新闻媒体报道西南交通大学的主要消息索引

序号	媒体	标题	日期
1	《光明日报》	用真理赢得青年的心——记年届九旬仍活跃在思政课堂的西南交大教授朱铃	1月10日
2	中央电视台	超级实验室	1月14日
3	《光明日报》	沈志云:一场世界范围的铁路颠覆性技术革命	1月24日
4	《人民日报》	西南交通大学以权属改革推动专利市场化——科研成果 不再“躺着睡觉”(全面深化改革这五年)	1月25日
5	《中国教育报》	打造聪明的高铁接触网医生——访西南交通大学国家科技进步奖二等奖获得者高仕斌团队	1月25日
6	《科技日报》	唤醒“沉睡”中的科技成果——西南交大“混改”试验效应明显	2月1日
7	《光明日报》	翟婉明:高铁引领世界也是中国梦的一部分	2月27日
8	《中国科学报》	基地认定“加压”高校科技成果转化	2月28日
9	《新闻联播》	立德树人 培根铸魂——习近平总书记在学校思想政治理论课教师座谈会上的重要讲话引发热烈反响	3月19日
10	教育部战线联播	西南交通大学大力加强体育育人工作	4月4日
11	《科技日报》	翟婉明院士:高铁科研容不得一丝功利与浮躁	4月9日
12	《新华网》	西南交大校长徐飞:让高校不再是人生阶段性学习的驿站	4月10日
13	中央电视台	新时代新青年宗立冬:吃磨炼之苦,尽为民之心	5月4日
14	《中国教育报》	西南交大用对话反思激活思政课	5月24日
15	《中国交通报》	把“小课堂”“大熔炉”结合起来 西南交大携手中国中铁开展“国企领导上讲台”思政课活动	6月6日
16	《中国科学报》	给山区道路加上“金钟罩”——西南交大团队实现柔性防护新进展	6月20日
17	《中国交通报》	西南交大引导式高位落石柔性防护系统首试 以柔克刚守护山区道路安全	6月27日
18	《人民日报》	王顺洪:用高质量党建引领一流高校建设	7月9日
19	全国高校思想政治工作网	探索高校科研育人的‘动车模式’”	8月26日
20	中央电视台	感念师恩 先生的教诲 心中的明灯	9月10日
21	《新闻联播》	莘莘学子:用青春告白祖国	9月15日
22	中央电视台	勇挑时代重担 担当新作为	9月19日
23	中央电视台	“爱要大声说出来,我给祖国表个白”	9月20日
24	新华社	青春告白祖国:西南交大学子讲述自己的青春报国故事	9月20日
25	中央电视台	桥与风的抗衡	9月21日
26	中央电视台	给隧道做体检	9月23日
27	《光明日报》	在为民解忧中践行初心使命	9月24日
28	中央电视台	动车轴端的导电法宝	9月24日
29	《中国交通报》	不忘初心 交通强国 ——西南交通大学服务新中国轨道交通发展综述	9月26日

续表

序号	媒体	标题	日期
30	《经济日报》	西南交通大学打通科技成果转化通道	10月19日
31	《人民日报》	西南交通大学推进科技成果权属改革 激发创新力 摘得金果子	10月22日
32	《中国教育报》	西南交大增加思政课深度宽度温度——把思政教育做到学生心坎里	10月25日
33	新闻和报纸摘要	西南交通大学：打通科技成果转化的“最后一公里”	10月26日
34	《中国青年报》、学习强国	翟婉明：未来的火车可以在空中“飞”吗？	11月1日
35	《中国交通报》	西南交大专题党课推动主题教育出实效	11月14日
36	新闻联播	“娃娃书记”肖晗：奋斗的青春在扶贫	12月25日

（九）2019年西南交通大学董事单位名单

序号	单位名称	加入时间
1	唐山市人民政府	1997年
2	鄂尔多斯市人民政府	2012年
3	成都市金牛区人民政府	1998年
4	成都市双流区人民政府	1996年
5	成都市新都区人民政府	2010年
6	成都市郫都区人民政府	2004年
7	遂宁市大英县人民政府	2000年
8	深圳市交通运输局	1997年
9	茅以升科技教育基金会	2004年
10	中国铁路沈阳铁路局集团有限公司	1994年
11	中国铁路郑州铁路局集团有限公司	1994年
12	中国铁路北京铁路局集团有限公司	1994年
13	中国铁路广州铁路局集团有限公司	1994年
14	中国铁路乌鲁木齐铁路局集团有限公司	2002年
15	中国铁路成都铁路局集团有限公司	1994年
16	中国铁路兰州铁路局集团有限公司	1995年
17	中国铁路呼和浩特铁路局集团有限公司	1994年
18	中国铁路哈尔滨铁路局集团有限公司	2004年
19	中国铁路昆明铁路局集团有限公司	1998年
20	中国铁路物资股份有限公司	1995年
21	中国铁道科学研究院有限公司	2005年
22	中国中铁股份有限公司	1994年

续表

序号	单位名称	加入时间
23	中国铁建股份有限公司	1994年
24	中铁一局集团有限公司	1994年
25	中铁二局集团有限公司	1994年
26	中铁三局集团有限公司	1994年
27	中铁四局集团有限公司	1994年
28	中铁五局集团有限公司	1994年
29	中铁六局集团有限公司	1994年
30	中铁丰桥桥梁有限公司	1994年
31	中铁八局集团有限公司	2004年
32	中铁电气化局集团有限公司	1994年
33	中铁大桥局集团有限公司	1994年
34	中铁隧道集团有限公司	1994年
35	中铁十一局集团有限公司	2002年
36	中铁十四局集团有限公司	1994年
37	中铁十五局集团有限公司	1997年
38	中铁十七局集团有限公司	2001年
39	中铁二十局集团有限公司	2001年
40	中铁二十三局集团有限公司	2004年
41	中铁二十五局集团有限公司	2005年
42	中国土木工程集团公司	1994年
43	中铁建工集团有限公司	2000年
44	中铁建大桥局集团有限公司	2014年
45	中铁建电气化局集团有限公司	2012年
46	中铁第一勘察设计院集团有限公司	1994年
47	中铁二院工程集团有限责任公司	1994年
48	中国铁路设计集团有限公司	1994年
49	中铁第四勘察设计院集团有限公司	1994年
50	中铁中铁科学研究院有限公司	2012年
51	中国中车股份有限公司	1994年
52	中国中车集团株洲电力机车研究所有限公司	1999年
53	中国中车集团资阳机车有限公司	1997年
54	中国中车成都机车车辆公司	1997年
55	中国中车集团眉山车辆有限公司	1994年
56	中国中车集团四方机车车辆股份有限公司	1999年
57	中国中车集团株洲电力机车有限公司	1999年

续表

序号	单位名称	加入时间
58	中国中车集团唐山轨道客车有限责任公司	2012 年
59	中国中车集团太原轨道交通装备有限责任公司	1994 年
60	中国中车集团大同电力机车有限责任公司	1994 年
61	中国中车集团长春轨道客车股份有限公司	2012 年
62	中国中车集团大连机车车辆有限公司	1998 年
63	中国中车集团大连机车研究所有限公司	1998 年
64	北京地铁监理公司	1994 年
65	神华集团朔黄铁路公司	1994 年
66	成都轨道交通集团公司	2007 年
67	达成铁路有限责任公司	2000 年
68	广西建工集团有限公司	2012 年
69	云南铜业股份有限公司	2011 年
70	湘电集团有限公司	2000 年
71	西门子（中国）有限公司	1998 年
72	成都市新筑路桥机械股份有限公司	2007 年
73	中国智能交通系统（控股）有限公司	2010 年
74	深圳中航电脑系统工程有限公司	2011 年
75	常州长青交通股份有限公司	2011 年
76	南京瑞尔士轨道检测有限公司	2011 年
77	今创集团	2011 年
78	江苏虎甲投资有限公司	2011 年
79	四川启迪物流有限公司	2011 年
80	四川通达企业集团	2000 年
81	四川水井坊股份有限公司	1998 年
82	四川剑南春集团有限责任公司	2004 年
83	成都天台山制药有限公司	1994 年
84	四川省兴民房地产开发有限责任公司	2002 年
85	成都军蓉房地产开发有限责任公司	2004 年
86	同冠教育集团	2014 年
87	四川亘缘有限公司	2015 年
88	中国十九冶集团有限公司	2015 年
89	中电建路桥集团有限公司	2015 年
90	中铁隆工程集团有限公司	2015 年
91	神州高铁技术股份有限公司	2015 年
92	四川缘满集团	2017 年
93	北京天宜上佳高新材料股份有限公司.	2018 年

（十）2019年与学校签订合作协议的单位

序号	签约单位	签约时间
1	兰州铁路监督管理局	2019 年 1 月
2	戴尔（中国）有限公司	2019 年 1 月
3	中国铁路总公司	2019 年 1 月
4	广西壮族自治区人民政府	2019 年 4 月
5	比亚迪股份有限公司	2019 年 5 月
6	成都市路桥工程股份有限公司	2019 年 5 月
7	国家市场监督管理局认证认可技术研究中心、中国合格评定国家认可中心、国家市场监督管理总局信息中心、中国网络安全审查技术与认证中心、中国检验检疫科学研究院、深圳市标准技术研究院、江苏检验检疫质量研究中心、中国国际贸易促进委员会商业行业委员会、启明星辰信息技术集团股份有限公司、阿里巴巴（中国）有限公司	2019 年 5 月
8	厦门市人民政府	2019 年 6 月
9	徐州城市轨道交通有限责任公司	2019 年 8 月
10	中车株洲电力机车研究所有限公司	2019 年 9 月
11	中国人民武装警察部队警官学院	2019 年 9 月
12	秦安县人民政府	2019 年 10 月
13	中国移动通信集团四川有限公司	2019 年 11 月
14	四川体育职业学院	2019 年 12 月